웹 프로그래밍 기본 완성 :
HTML5, CSS3, JavaScript

손승일 지음

PREFACE

최근 몇 년 사이 웹 프로그래밍 관련 서적이 꾸준히 출간되고 있고, 각 책마다 저마다의 특징을 갖고 있습니다. 특히, AI 기술이 급격하게 발전하면서 이제는 AI와 협업하여 유용한 웹 사이트를 구축할 수 있는 시대가 되었습니다. 혹자는 AI의 등장으로 더 이상 웹 프로그래밍을 배울 필요 없이 프롬프트만으로 웹을 만들 수 있다고 말하기도 합니다.

하지만 높은 퀄리티와 유지보수가 용이한 웹을 만들려면 여전히 웹 프로그래밍의 기본적인 지식이 필수적입니다. 저 또한 웹 개발의 기본기를 탄탄하게 다지는 것이 훨씬 더 유리하다고 믿는 사람 중 한 명입니다.

웹을 구성하는 3가지 핵심 기술은 HTML, CSS, JavaScript입니다.

HTML은 웹의 뼈대를 만드는 언어이고, CSS는 웹에 디자인을 입혀 다양한 사용자 경험을 구현하는 언어이며, JavaScript는 웹에 동적 생명력을 불어넣는 언어입니다.

이 세 가지 언어는 웹 개발자가 되기 위해 반드시 알아야 할 핵심 기술입니다. 이 책은 이 세 가지 언어를 충실하게 이해하고 구현할 수 있도록 돕는 초석을 제공하는 데 중점을 두었습니다.

저자는 여러 자료를 검토하고 취합하여 웹 프로그래밍의 기반을 다질 수 있는 예제들을 엄선했습니다. 특히 실무에서 중요하게 다루는 내용에 대해서는 깊이 있게 다룰 수 있도록 노력했습니다.

HTML, CSS, JavaScript의 내용은 매우 방대합니다. 이 책에 핵심 내용을 담기 위해 많은 시간을 할애했지만, 모든 기능을 다루지 못한 아쉬움도 있습니다. 그러나 이 책에서 제공하는 기술들을 잘 습득한다면, 한 단계 높은 난이도의 웹 기술도 훨씬 쉽게 익힐 수 있을 것이라고 확신합니다.

이 책은 웹 프로그래밍 기초 지식부터 시작하여 HTML5와 CSS3의 기초 및 고급 지식을 차례로 학습합니다. 마지막으로는 8개 장으로 구성된 JavaScript를 통해 웹에 동적인 기능을 구현하는 방법을 배울 것입니다.

PREFACE

이 책을 마친 후에는 리액트(React.js)나 Next.js와 같은 프레임워크를 학습할 것을 추천합니다. 현재 웹 개발의 일반적인 추세는 이 책에서 배운 HTML, CSS, JavaScript를 기반으로 리액트 같은 프레임워크를 결합하여 웹 애플리케이션을 완성하는 것입니다. 앞으로 웹 개발에 AI 활용이 필수가 될 것이며, 이미 많은 전문가가 AI와 협업하여 생산성과 경쟁력을 높이고 있습니다.

물론, 완전한 웹 사이트를 개발하려면 웹 서버 관련 언어에 대한 학습도 필요합니다. 아무쪼록 이 책이 여러분이 훌륭한 웹 개발 전문가로 성장하는 데 튼튼한 기반 지식을 쌓는 소중한 기회가 되기를 진심으로 바랍니다.

2025.8

저자 손 승 일

C O N T E N T S

PREFACE 3

CHAPTER 1 웹 프로그래밍을 위한 기초 13

    1.1   인터넷이란 15
    1.2   월드 와이드 웹(World Wide Web) 16
    1.3   웹의 탄생 16
    1.4   주요 웹 브라우저 17
    1.5   웹 점유율 19
    1.6   웹 브라우저의 동작 원리 20
    1.7   IP 주소(Internet Protocol Address) 23
    1.8   웹 편집기 24
    1.9   HTML 태그 모음 34
    ■ 연습문제 37

CHAPTER 2 HTML 기초 39

    2.1   HTML이란 41
    2.2   웹 페이지 제작을 위한 준비 작업 44
    2.3   HTML 기본 구성 45
    2.4   HTML의 기본 태그들 46
    2.5   미디어 태그들 74
    2.6   목록 태그(〈ul〉, 〈ol〉) 85
    2.7   테이블 태그(〈table〉) 92
    2.8   폼 요소(〈form〉) 99

2.9 시멘틱(Semantic) 태그(의미론적 태그) ... 141
■ 연습문제 ... 146

CHAPTER 3 기초 CSS ... 149

3.1 CSS 개요 ... 151
3.2 CSS 스타일 시트의 디자인 적용 방법 ... 153
3.3 주요 선택자 ... 162
3.4 가상(의사) 클래스 선택자(Pseudo-class Selector) ... 177
3.5 의사(가상) 요소 선택자(Pseudo-element Selector) ... 181
3.6 CSS 칼라(Color) 속성 ... 190
3.7 길이(크기) 단위 ... 195
3.8 Text 속성 ... 197
3.9 폰트(Font) ... 211
3.10 박스 모델(Box Model) ... 219
3.11 패딩(Padding) 속성 ... 227
3.12 마진(Margin) 속성 ... 233
3.13 테두리(Border) 속성 ... 238
3.14 아웃라인(Outline) 속성 ... 248
3.15 박스 그림자(Box-shadow) 속성 ... 249
3.16 배경(Background) 속성 ... 251
3.17 불투명도(Opacity) 속성 ... 256
3.18 커서(Cursor) 속성 ... 259
■ 연습문제 ... 262

CHAPTER 4 고급 CSS — 265

- 4.1 개요 — 267
- 4.2 Display 속성 — 268
- 4.3 Visibility 속성 — 277
- 4.4 Position과 left, right, top, bottom 속성 — 278
- 4.5 Z-index 속성 — 291
- 4.6 Overflow 속성 — 293
- 4.7 Float 속성 — 295
- 4.8 List-style 속성 — 301
- 4.9 Table 관련 속성 — 305
- 4.10 Form 속성 — 313
- 4.11 Transformation 속성 — 325
- 4.12 Transition 속성 — 333
- 4.13 Animation 속성 — 338
- 4.14 Filter 속성 — 348
- ■ 연습문제 — 351

CHAPTER 5 플렉스 박스 레이아웃 — 355

- 5.1 개요 — 357
- 5.2 플렉스 박스의 주축(Main axis)과 교차축(Cross axis) — 359
- 5.3 플렉스 컨테이너(Flex Container) — 360
- 5.4 플렉스 아이템(Flex item) — 373
- 5.5 flex를 사용한 컨텐츠의 정중앙 정렬 — 381
- 5.6 미디어 쿼리(@media) — 383
- ■ 연습문제 — 388

CONTENTS

CHAPTER 6　JavaScript 시작하기　391

- 6.1　개요　393
- 6.2　식별자(Identifier)와 주석(Comment)　395
- 6.3　변수와 상수　408
- 6.4　다이얼로그 박스를 사용한 메시지 출력 및 데이터 입력　416
- 6.5　연산자(Operator)　418
- 6.6　데이터형(Data Types)　424
- 6.7　숫자(Number)　426
- 6.8　문자열(String)　431
- 6.9　템플릿 리터럴(Template Literal)　438
- 6.10　부울(Bool)　442
- 6.11　배열(Array)　444
- 6.12　구조분해 할당(Destructuring Assignment)　459
- 6.13　전개 연산자(Spread Operator)　464
- ■ 연습문제　469

CHAPTER 7　조건문과 반복문　473

- 7.1　if 문　475
- 7.2　if-else 문　476
- 7.3　if-else-if 문　478
- 7.4　switch 문　480
- 7.5　for, for-in, for-of 문　484
- 7.6　while, do-while 문　488
- 7.7　break와 continue 문　490
- ■ 연습문제　494

CONTENTS

CHAPTER 8 함수   497

   8.1   기본 함수   499
   8.2   익명 함수(Anonymous Function)   503
   8.3   함수의 Arguments 객체   505
   8.4   화살표 함수(Arrow Function)   507
   8.5   함수의 정의 출력하기   509
   8.6   지역(Local) 변수와 전역(Global) 변수   510
   8.7   중첩 함수   512
   8.8   콜백(Callback) 함수   514
   8.9   타이머 함수(Timer Function)   516
   8.10   Write( ) 메서드   520
   8.11   함수에서 구조 분해 할당과 전개 연산자 활용하기   522
   ■ 연습문제   525

CHAPTER 9 객체   529

   9.1   객체 만들기   532
   9.2   객체 생성자(Constructor) 함수   536
   9.3   프로토타입(Prototype) 속성   541
   9.4   객체와 배열   544
   9.5   메서드 재사용[call(), apply()]   548
   ■ 연습문제   552

CONTENTS

CHAPTER 10 Date, Math 그리고 JSON 객체 — 555

10.1 Date 객체 — 557
10.2 Date 포맷 — 560
10.3 Date 객체 핵심 메서드 — 563
10.4 Math 객체 — 567
10.6 JSON — 571
■ 연습문제 — 575

CHAPTER 11 HTML DOM 객체 — 577

11.1 HTML DOM의 정의 — 580
11.2 HTML DOM document 객체 — 582
11.3 HTML 콜렉션 요소 다루기 — 594
11.4 웹 페이지의 객체(노드) 생성하기 — 596
11.5 DOM 트리 순회 — 598
11.6 Node 객체의 메서드 — 607
11.7 classList 객체 — 611
■ 연습문제 — 614

CHAPTER 12 BOM (Browser Object Model) 객체 — 617

12.1 개요 — 619
12.2 window 객체 — 620
12.3 window 객체의 주요 메서드 — 625
12.4 Location 객체 — 631

12.5	history 객체	634
12.6	Screen 객체	635
12.7	Navigator 객체	638
■ **연습문제**		641

CHAPTER 13 이벤트 643

13.1	개요	645
13.2	마우스 이벤트	647
13.3	입력 폼 이벤트	651
13.4	키보드 이벤트	654
13.5	이벤트 객체	656
13.6	기타 이벤트	660
13.7	이벤트 등록 및 제거	662
13.8	이벤트 버블링(Bubbling) 및 캡처링(Capturing)	664
13.9	이벤트 위임(Event Delegation)	666
13.10	예외(Exception) 처리	668
■ **연습문제**		673

INDEX 675

CHAPTER 1

웹 프로그래밍을 위한 기초

 CONTENTS

1.1 인터넷이란

1.2 월드 와이드 웹(World Wide Web)

1.3 웹의 탄생

1.4 주요 웹 브라우저

1.5 웹 점유율

1.6 웹 브라우저의 동작 원리

1.7 IP 주소(Internet Protocol Address)

1.8 웹 편집기

1.9 HTML 태그 모음

■ 연습문제

1.1 인터넷이란

인터넷(Internet)이란 전 세계의 컴퓨터들이 서로 연결되어 정보를 주고받을 수 있도록 만든 거대한 네트워크 자체를 의미한다. 우리들이 일상생활에서 접하는 웹, 이메일, 소셜 미디어(SNS) 등 많은 것들이 인터넷의 존재로 가능해졌다. 인터넷은 인터넷 프로토콜인 TCP/IP에 근거해 전 세계의 컴퓨터들을 연결한 네트워크이다.

그리고 2개 이상의 서로 다른 네트워크를 연결하는 기술이나 과정을 인터네트워킹(Internetworking)이라 한다. 인터넷은 인터네트워킹 기술을 통해 만들어진 최종 결과물이라고 할 수 있다. 인터네트워킹을 위해 라우터나 스위치와 같은 네트워크 장비를 사용한다.

인터넷을 활용해 구현할 수 있는 응용은 다음과 같은 것들이 있다.

■ **인터넷 응용 서비스의 유형**

- 월드 와이드 웹(www)
- 파일 공유(토렌트 등)
- e-mail(전자 메일)
- Web Cam
- 동영상 스트리밍 및 채팅
- VoIP(인터넷 전화)
- 온라인 게임 및 온라인 쇼핑
- 온라인 뱅킹
- 온라인 교육: 온라인 강의, 온라인 도서관 등
- 파일 전송(FTP)
- 텔넷: 원격으로 접속해 명령을 실행 및 파일 전송을 하는 프로토콜
- DNS(Domain Name Server)
- 클라우드 스토리지 : 구글 드라이브, 드롭박스 등

위의 인터넷 응용 서비스의 유형을 확인하면 알 수 있듯이, 월드 와이드 웹은 인터넷 서비스의 한 유형에 해당한다.

1.2 월드 와이드 웹(World Wide Web)

월드 와이드 웹(World Wide Web, WWW, W3)은 인터넷에 연결된 컴퓨터를 통해 사람들이 정보를 공유할 수 있는 전 세계적인 정보 공유 시스템을 의미한다. 월드 와이드 웹은 줄여서 'www'나 'w3'로 간략화하여 표기하는 것이 일반적이며, 간단히 WEB이라고 부른다. 월드 와이드 웹 컨소시엄(W3C)은 HTML이나 CSS, XML 등과 같은 웹 언어나 인터넷 프로토콜 등에 대한 공개 웹 표준을 제정하고 관리하는 일을 맡고 있다.

웹은 기본적으로 다음의 특징을 가지고 있다. 웹 페이지는 하이퍼텍스트(HyperText)로 연결되어 있다. 즉, 하나의 페이지에서 다른 페이지로 쉽게 이동할 수 있도록 링크를 설정할 수 있다. 이때 문서 내에서 다른 문서로 연결해 보여주는 것을 하이퍼링크(Hyperlink)라고 한다. 일반적으로 HTML 언어를 사용해 작성한 하이퍼텍스트 문서를 웹 페이지라고 한다. 그리고 웹 페이지에는 텍스트뿐만 아니라 이미지, 동영상, 음악 등 다양한 형태의 멀티미디어를 포함할 수 있다. 아울러 웹 페이지는 사용자의 입력에 따라 동적으로 변화할 수 있는 상호 작용이 가능하다. 이를테면, 임의의 버튼을 클릭하거나 폼 요소에 데이터를 입력하면 웹 페이지가 상응하는 액션을 취할 수 있다. 웹 프로그램으로 작성된 문서는 HTTP(HyperText Transfer Protocol)라는 프로토콜을 사용해 통신하게 된다.

웹은 클라이언트(Client)와 서버(Server) 방식으로 동작한다. 웹 브라우저(Web Browser)는 웹 페이지를 검색하거나 보여주기 위해 사용하는 프로그램이다.

1.3 웹의 탄생

1989년 팀 버너스 리(Tim Berners-Lee)는 유럽 입자 물리 연구소(CERN)에서 연구원으로 재직하며, 다양한 국가의 연구자들이 서로 다른 컴퓨터 시스템을 사용하여 정보를 공유하는 데 어려움을 겪고 있음을 인지하였다. 서로 다른 운영체제와 프로그램을 사용하던 연구자들은 자신들이 개발한 정보를 다른 연구자들과 쉽게 공유할 수 없었다.

이러한 애로 사항을 극복하기 위해 팀 버너스 리는 문서 내의 특정 단어나 구절을 클릭하면 관련된 다른 문서로 이동하는 것을 가능하게 하는 하이퍼텍스트에 관심을 가졌다. 팀 버너스 리는 이러한 하이퍼텍스트 개념을 토대로 모든 정보가 거대한 웹으로 연결되는 시스템을 제안하였다.

팀 버너스 리는 웹(www)을 구현하기 위해 3가지 핵심 사양을 제안하였다. 웹 페이지를 만드는 언어로, 텍스트, 이미지, 링크 등을 포함하여 웹 페이지의 구조를 정의한 HTML(HyperText Markup Language)을 정의하였고, 웹 클라이언트와 웹 서버 간의 통신을 위한 HTTP(Hyper-Text Transfer Protocol)를 개발하였으며, 웹 페이지의 주소를 나타내는 일련의 문자열인 URL(Uniform Resource Locator)을 제안하였다. URL은 인터넷상의 모든 자원(웹 페이지, 이미지, 동영상 등)을 고유하게 식별하는 주소이다.

웹은 초기에는 학계와 연구기관에서 주로 사용되었지만, 포털 사이트를 비롯한 상업적인 목적으로도 활용되면서 급격하게 발전하였다.

■ 팀 버너스 리가 최초 개발한 내용

- HTML (HyperText Markup Language): 웹 페이지의 구조를 정의하는 언어
- HTTP (HyperText Transfer Protocol): 웹 브라우저와 웹 서버 간의 통신 프로토콜
- URL (Uniform Resource Locator): 웹 페이지의 주소

1.4 주요 웹 브라우저

최초의 웹 브라우저는 World Wide Web이라는 이름으로 1990년에 CERN에서 팀 버너스 리가 개발하였다. 팀 버너스 리는 오늘날 우리들이 사용하는 월드 와이드 웹(World Wide Web)의 창시자이다. 이러한 월드 와이드 웹은 대중적인 사용보다는 연구자들 사이에서 주로 사용되었다.

대중적으로 알려지게 된 최초의 웹 브라우저는 미국 일리노이 대학의 NCSA 연구소에서 1993년 그래픽 사용자 인터페이스(GUI)를 기반으로 하여 이미지 표시 등 다양한 기능을 제공한 Mosaic이다. 마크 앤드리슨(Marc Andreessen)과 에릭 비나(Eric Bina) 2명이 공동으로 개발하였다.

이후 1994년 12월 넷스케이프 내비게이터(Netscape Navigator)가 출시되었다. 출시 후 폭발적인 인기를 끌었고, 당시에 웹 브라우저 시장을 석권하면서 웹의 발전에 크게 기여하였다. 그러나 1995년 마이크로소프트는 인터넷 익스플로러 1.0을 출시하였으며, 윈도우 운영체제를 설치할 때 기본 웹 브라우저로 설치되면서 급속도로 시장 점유율을 잠식하였다. 이후 마이크로소프

트에서 웹 표준이 아닌 ActiveX 기술을 적용해 웹 페이지에서 다양한 기능을 수행할 수 있도록 해주는 기술을 도입해 20년 이상 사용하였지만, 보안 취약성과 다른 웹 브라우저와의 호환성 문제 등으로 인해 외면받기 시작해 결국은 시장에서 퇴출당하였다.

2000년대 초·중반에 걸쳐 Mozilla의 파이어폭스(Firefox), Google의 크롬(Chrome) 등 새로운 웹 브라우저들의 등장으로 인터넷 익스플로러의 점유율은 하락하기 시작하였다. 이러한 웹 브라우저는 웹 표준을 준수하고 성능이 뛰어나 웹을 사용하는 일반 대중이 이러한 웹 브라우저를 선택하는 비율이 높아지기 시작하였다.

또한, 마이크로소프트사의 엣지(Edge)는 인터넷 익스플로러를 대체하기 위해 2016년 개발된 새로운 웹 브라우저로 윈도우10에 기본으로 설치되었다. 엣지는 빠른 속도와 간편한 사용성, 그리고 웹 표준을 준수하고 있지만, 그 사이에 구글의 크롬은 전 세계 웹 브라우저 시장의 3분의 2 이상을 장악하게 되었다.

다음은 2020년 이후에 주목받고 있는 주요 웹 브라우저들을 정리한 것이다.

브라우저 이름	출시년도	특징
Edge(엣지)	2016	Windows용 최고의 AI 기반 브라우저
Chrome(크롬)	2008	속도, 확장 기능 및 크로스 플랫폼 호환성 면에서 최고
Safari(사파리)	2003	애플사의 Mac 및 iOS의 전용 웹 브라우저
Firefox(파이어폭스)	2004	개인정보 보호 및 사용자 정의에 적합
Opera(오페라)	1995	내장 도구 및 사용자 정의에 적합
Brave(브레이브)	2016	개인정보 보호에 가장 좋고 광고 없는 최고의 브라우저
삼성 인터넷	2013	빠르고 스마트한 모바일용 안드로이드 전용 브라우저

이러한 브라우저들은 오늘날 거의 매달 업데이트되면서, 서로 선의의 경쟁을 펼치고 있다.

아래 그림은 여러분들이 웹에서 주요 웹 브라우저를 검색하면 보여주는 각 웹 브라우저의 로고들이다.

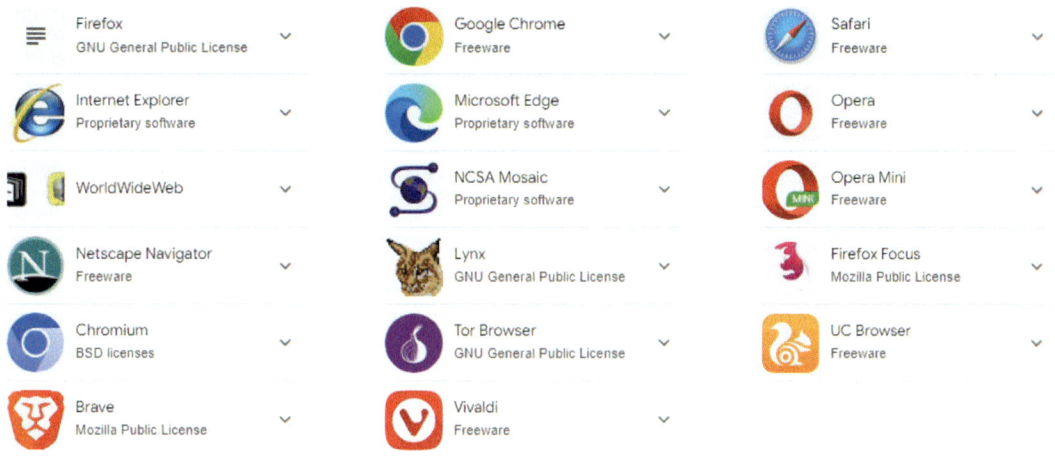

주요 웹브라우저의 로고

1.5 웹 점유율

데스크톱, 모바일, 태블릿용 웹 브라우저를 통합한 2024년 6월부터 11까지 세계 시장 점유율은 다음 그림과 같다.

이러한 통계는 "https://gs.statcounter.com/browser-market-share" 사이트를 참조하였다. 구글 크롬 웹 브라우저가 전체 세계 시장의 3분의 2인 66%로 압도적인 1위를 독주하고 있으며, 다음으로 애플의 사파리 웹 브라우저가 대략 18%의 세계 시장을 점유하고 있으며, 마이크로소프트의 엣지는 대략 5%의 세계 시장 점유율을 차지한다. 기타 모질라의 파이어폭스, 삼성 인터넷 그리고 오페라 웹 브라우저들은 대략 2% 정도의 세계 시장 점유율을 차지하고 있다. 크롬, 사파리, 엣지가 향후에도 세계 시장을 주도하는 웹 브라우저의 지위를 한동안 유지할 것으로 예상된다.

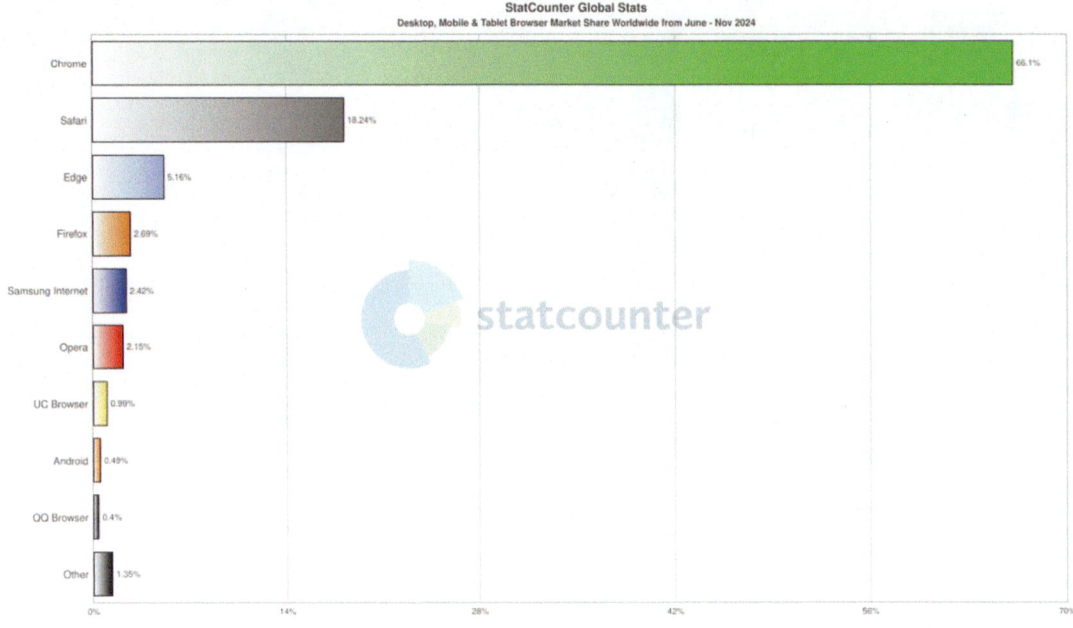

웹 브라우저의 세계 시장 점유율

1.6 웹 브라우저의 동작 원리

본 절에서는 웹 브라우저의 동작 원리를 간단히 살펴볼 것이다. 우리가 인터넷을 통해 다양한 콘텐츠에 접근할 때, 필요한 핵심 툴이 웹 브라우저이다. 웹 브라우저 주소창에 접속하고자 하는 주소(URL)를 입력한 후 실행하면, 브라우저는 일련의 과정을 거쳐 지정한 페이지를 브라우저 화면상에 출력해 준다.

1 URL(Uniform Resource Locator) 입력

사용자는 웹 브라우저 주소창에 웹 브라우저의 주소인 URL을 입력한 후 실행한다.

웹 브라우저는 DNS를 통해 얻은 IP 주소를 여러 곳에 저장하며, 이를 통해 웹 페이지를 더 빠르게 로딩하도록 해 사용자 경험을 향상한다. 브라우저 캐쉬, 운영체제 캐쉬 및 라우터 캐쉬 등에 DNS에서 얻은 IP 주소를 저장해 사용한다. 이를 통해서 웹 페이지의 로딩 속도를 크게 향상한다. 그렇지만 캐쉬에서 IP 주소를 발견하지 못하면, DNS 서버를 검색해 IP 주소를 얻어내야 한다.

2 DNS(Domain Name Server) 조회(DNS Lookup)

웹 페이지 탐색의 첫 단계로 입력한 페이지의 자원이 정확히 어디에 위치하는지 알아내야 한다. 만약 웹 브라우저 주소창에 https://www.sample.com을 입력해 실행하면, 웹 브라우저가 저장(캐싱)하고 있는 IP 주소 168.125.78.91과 같은 서버에 접속한다. 그렇지만, 한 번도 방문한 적이 없는 사이트에 접속하려 한다면, DNS 조회를 해야 한다.

웹 브라우저가 DNS 조회를 요청하면, 도메인 이름 서버(DNS 서버)는 요청받은 도메인 이름에 해당하는 실제 IP 주소를 알려준다. 최초의 요청이 성공한 다음, 웹 브라우저는 IP 주소를 일정 기간 저장(캐싱)하게 된다. 도메인 이름 서버에 요청하기 전, 캐시에서 IP 주소를 찾아내면 즉시 실제 서버로 요청하게 된다.

3 TCP 핸드 쉐이크와 TLS 협상

정확한 IP 주소가 결정되면, 웹 브라우저는 서버와 TCP(Transmission Control Protocol) 3방향 핸드 쉐이크를 통해 연결을 설정한다. 3방향 핸드 쉐이크는 다음과 같다.

> 1 단계는 클라이언트가 서버에게 'SYN' 신호를 보내 통신이 가능 한지를 확인한다.
> 2 단계는 서버가 클라이언트에게 'SYN/ACK'를 보내 통신할 준비가 되어 있음을 알린다.
> 3 단계는 클라이언트가 서버에게 'ACK' 신호를 보내면서 전송 시작을 알린다.

그리고 HTTPS를 이용한 안전한 연결을 위해서는 별도의 핸드 쉐이크를 수행한다. TLS 협상이라고 하는 이러한 핸드 셰이크는 송수신 암호화에 사용할 암호를 결정하고, 서버를 확인하고, 실제 데이터 전송 전에 안전한 연결이 보장되도록 한다.

4 DOM 트리 및 CSSOM 구축

웹 브라우저가 첫 번째 데이터의 덩어리(Chunk)를 수신하면, 수신된 데이터에 대해 구문 분석(Parsing)을 시작한다. 구문 분석은 웹 브라우저가 네트워크를 통해 받은 데이터를 DOM(Document Object Model)이나 CSSOM(CSS Object Model)으로 변환하는 과정이다. 이는 향후 렌더러(Renderer)가 웹 브라우저 화면에 웹 페이지를 그리는 데 사용한다. CSS 객체 모델은

DOM과 유사하며, DOM과 CSSOM은 모두 트리구조이다.

5 렌더링(Rendering)

렌더링이란 우리들이 눈으로 보는 웹 페이지, 즉, 웹 브라우저 화면을 만들어내는 과정이다. 웹 브라우저가 HTML, CSS, 자바스크립트로 작성된 웹 페이지의 소스 코드를 사용해 시각적으로 보이는 화면으로 변환하는 과정이라 말할 수 있다. 렌더링 과정에는 스타일, 레이아웃, 페인트 단계로 구분된다.

스타일은 DOM과 CSSOM을 합쳐 렌더 트리를 만드는 과정이다. 계산된 스타일 트리(즉, 렌더 트리)는 DOM 트리의 루트부터 시작하여 눈에 보이는 노드를 순회하며 생성된다.

레이아웃은 렌더 트리에 있는 모든 노드의 너비, 높이, 그리고 위치를 결정하는 과정이다. 아울러 페이지 내에서 각 객체의 크기와 위치를 계산한다.

렌더링의 마지막 단계는 각 노드를 화면에 페인팅(그리기)하는 것이다. 페인팅에서 텍스트, 색상, 테두리, 그림자, 버튼 혹은 이미지(Image) 같은 객체를 포함한 전체 요소들을 화면에 그리는 과정이다.

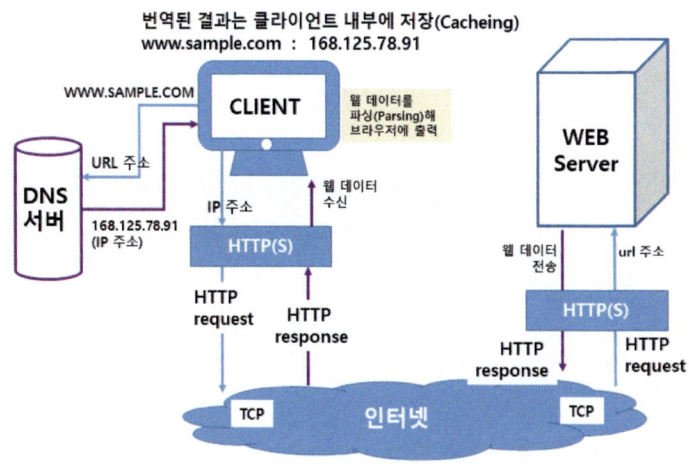

웹 동작 원리

1.7 IP 주소(Internet Protocol Address)

IP 주소는 컴퓨터 네트워크에서 장치들을 서로를 인식하고 통신하기 위해서 사용하는 고유한 주소이다. 즉, IP 주소는 인터넷에 연결된 모든 장치에 부여한 고유 주소라고 할 수 있다. 우리가 세계 어느 곳으로 든 물건을 보낼 때 수신자의 정확한 주소를 기재하면 최종적으로 해당 주소의 수신자에 도착하는 것처럼 인터넷에 연결된 모든 컴퓨터, 스마트폰, 포털 서버, 웹 서버, 데이터베이스 서버 등은 고유한 IP 주소를 가진다. 이러한 고유한 주소를 기반으로 인터넷에 연결된 장치들은 상호 데이터의 송수신이 가능하다.

인터넷상에서 데이터를 보낼 때 목적지의 주소를 정확히 작성하는 것이 필요하지만, 다시 응답을 받아야 하므로 반드시 데이터를 전송하는 자신의 주소도 함께 전송해야 한다.

현재 사용 중인 IP 주소의 종류는 2가지가 있다. 최초의 IP 주소 표준은 1983년부터 현재까지 사용하고 있는 32비트 주소 체계인 IPv4이다. 초기 인터넷에서 사용되던 IP 주소 버전으로, 32비트를 8비트 단위로 분할해 4개의 숫자를 읽고 각 숫자 사이에 점을 찍어 표현한다.

예를 들어, 187.167.0.1과 같이 IP 주소를 표현한다. 그렇지만, 인터넷 사용자가 폭발적으로 증가하면서 IPv4의 주소 체계만으로는 한계가 있다는 것을 인식하였다. 물론 현재도 IPv4가 주류를 이루고 있다.

1995년 IPv4의 한계를 극복하기 위해 개발된 새로운 버전의 128비트 IP 주소 체계를 발표하였다. IPv6 주소는 IPv4와 달리 16진수로 표기되며, 콜론(:)으로 구분된 16비트로 된 8개의 숫자 묶음으로 표현한다. 예를 들면, 2005:0Bb8:95b2:0000:0000:5c2f:0917:8213과 같이 표현한다. 최근 새로운 서비스나 콘텐츠를 제공할 때 IPv6를 사용하는 경우가 증가하면서 IPv6의 점유율은 이전에 비교해 증가하는 추세이다. 전 세계적으로 2023년 기준으로 IPv4와 IPv6의 네트워크상의 데이터 트래픽을 기준으로 비교했을 때, 64대 36 정도라고 한다. 하지만, 향후 IPv6 주소 체계를 사용하는 추세는 급격하게 증가할 것으로 예상된다.

아래 그림은 IPv4의 헤더를 포함 패킷의 구조를 보여준다. 참조 사이트는 https://upload.wikimedia.org/ wikipedia/commons/6/60/IPv4_Packet-en.svg이다.

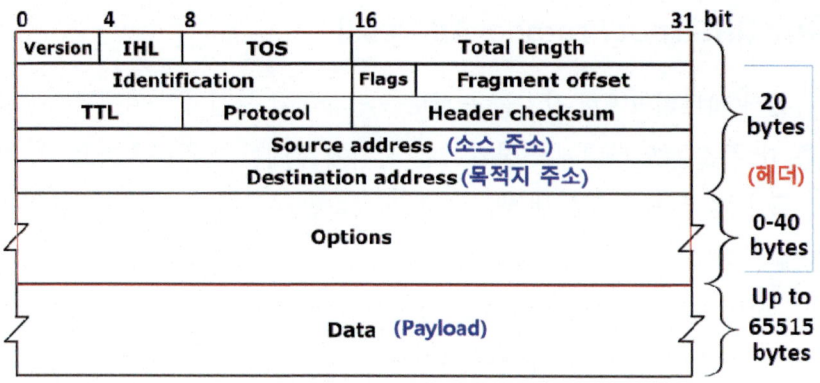

IPv4 주소 체계를 사용하는 IP 패킷의 구조

아울러 다음 그림은 IPv6 주소 체계를 사용할 때의 IP 패킷의 헤더 구조이다. IPv6의 헤더 크기는 40바이트로 고정되어 있다.

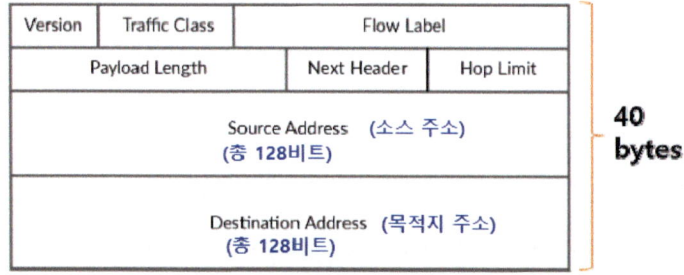

- payload length : 16비트로 헤더 뒤에 오는 데이터의 길이
- header length는 40바이트로 고정됨

IPv6 주소 체계를 사용하는 IP 헤더 구조

1.8 웹 편집기

오늘날에는 온라인 웹 편집기도 이전과 비교해 매우 많이 사용되고 있다. 현재 주목받고 있는 CodePen, Replit, StackBlitz, CodeSandbox, Gitpod, AWS Cloud9, Google Colaboratory 및 OneCompiler 등이 있다. 여러분들은 필요에 따라 온라인 편집기나 이어서 설명할 VS Code를

설치해 웹 제작 실습을 수행할 수 있다.

여러분들이 설치해야 하는 가장 유명한 필수 프로그램은 "Visual Studio Code"이다. 웹 사이트 주소는 "https://code.visualstudio.com/"이지만, 주소를 외우지 말고, 구글 검색창에 "vs code"를 타이핑해 검색하면 쉽게 사이트를 찾을 수 있다. 사이트에 접속하면 메인 화면에 프로그램을 다운로드 할 수 있는 버튼이 보이며, 이 버튼을 클릭하여 다운로드한 다음에 설치를 진행하면 된다. 웹 사이트에 접속한 메인 화면은 다음과 같다. 그리고 비쥬얼 스튜디오 코드는 간단하게 "VS code(VS 코드)"라고 부른다.

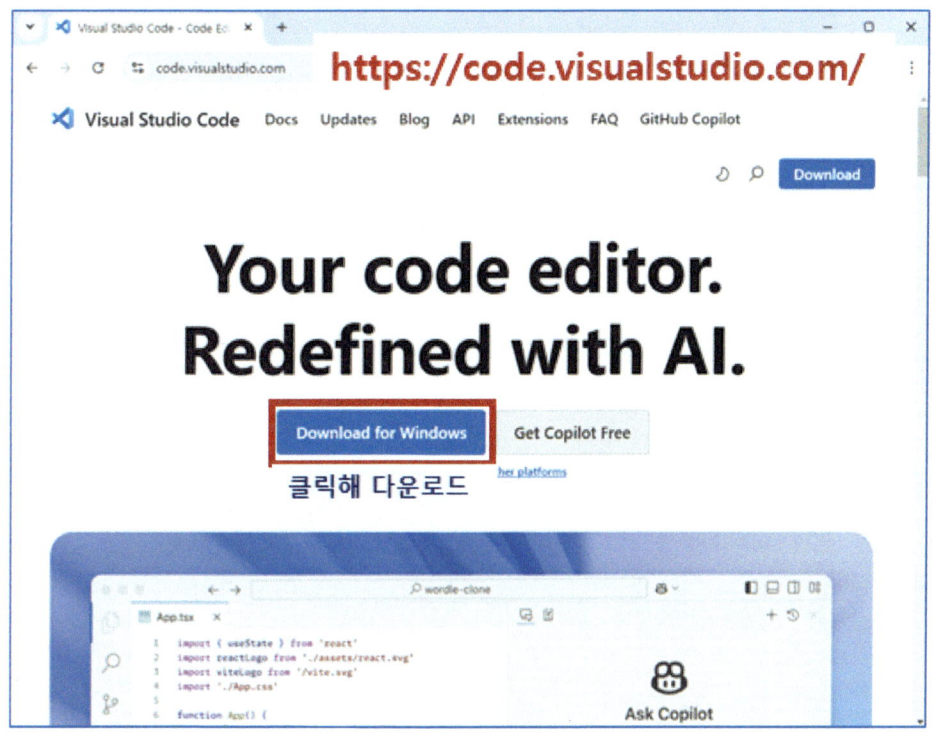

"Visual Studio Code"의 설치 과정에서도 기본 선택으로 프로그램을 설치하면 된다. 여러분들은 비쥬얼 스튜디오 코드에서 프론트 엔드 웹 개발을 위해 소스 코드를 코딩하고, 코딩된 소스를 실행해 보고, 필요한 패키지(라이브러리)를 설치하는 등의 일련의 통합 작업을 수행할 수 있다. 비쥬얼 스튜디오 코드를 설치한 다음에 실행해 보면 다음과 같은 화면을 볼 수 있다.

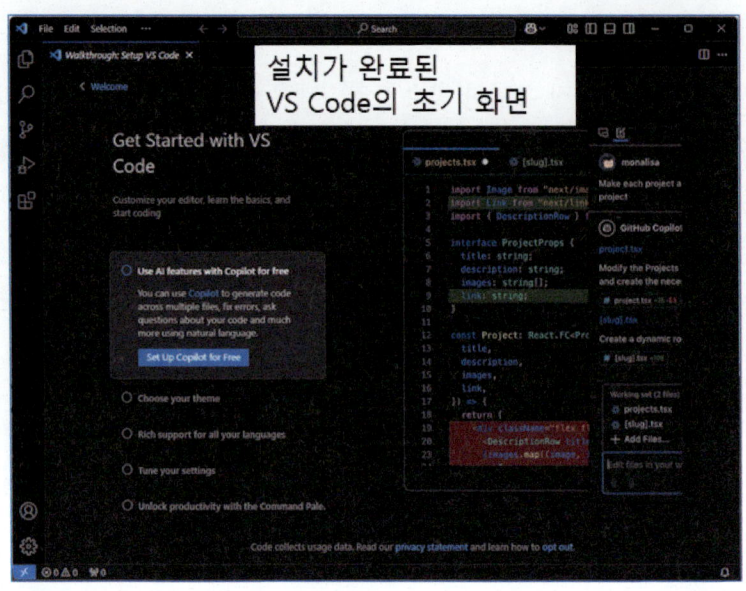

Github에서 제공하는 COPILOT AI의 도움을 활용하기 위한 추가적인 설정을 할 수 있다. 이때는 깃허브의 계정을 등록해야 하는 번거로움이 있지만, 코딩에 AI를 활용하는 것이 보편화될 것으로 예상되기 때문에 여러분들도 깃허브 계정을 등록하길 권고하는 바이다. 깃허브와 연관된 부분은 아래 그림까지만 설명할 것이다.

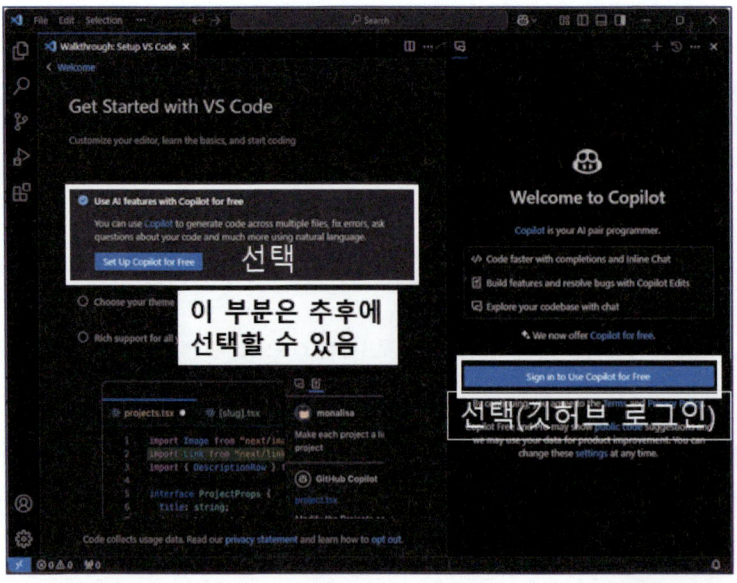

VS Code 편집기를 사용하는 기본적인 내용을 설명할 것이다. 화면의 좌측 상단부의 버튼을 클릭하면 에디터의 사이드바를 여닫을 수 있다. 이는 직접 여러분이 클릭해 보기 바란다. 또한 좌측의 중간 부분에 있는 버튼은 새로운 확장 프로그램을 설치할 때 사용한다. 버튼을 클릭한 다음에 찾는 확장 프로그램을 검색하고 검색이 되면 프로그램을 클릭한 다음에 우측에 나타나는 "install" 버튼을 클릭하면 확장 프로그램이 설치된다.

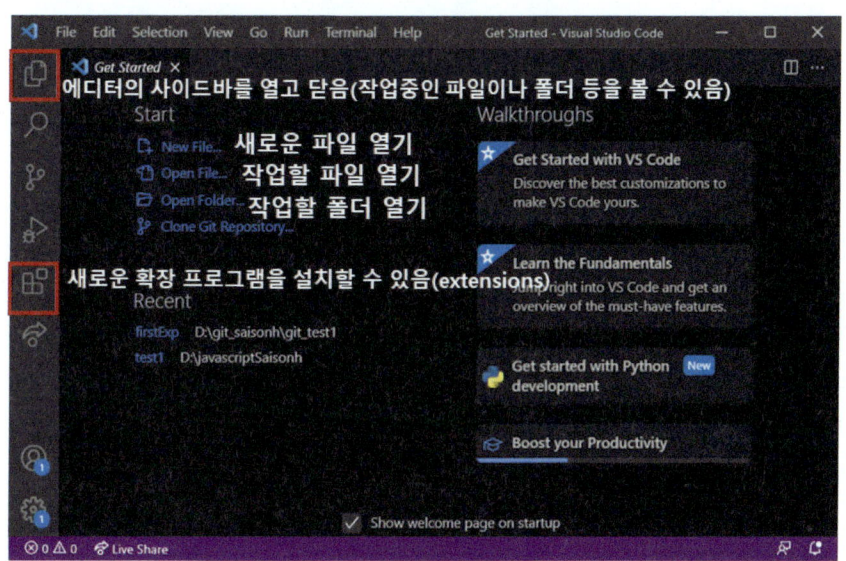

아래는 비쥬얼 스튜디오 코드에서 좌측 상단부의 버튼을 클릭했을 때의 변화를 보여준다. 해당 버튼을 클릭할 때마다 폴더 및 파일 목록을 볼 수 있는 나타났다가 사라지는 것을 확인할 수 있을 것이다. 버튼 대신에 "Ctrl + b" 단축키를 눌러도 동일한 기능을 수행한다. 그림에도 나와 있지만, 폴더를 open할 수 있다. 그렇지만 우측에 창에서도 새로운 파일 생성이나 기존의 파일 열기, 폴더 열기 등이 제공되는 것을 알 수 있다.

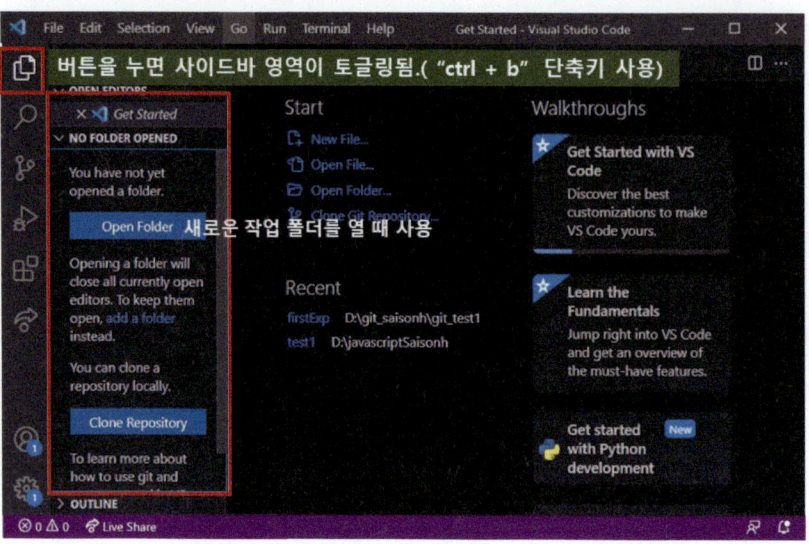

만약에 여러분들이 기존의 폴더를 찾아서 열기 등을 할 때 "Do you trust the authors of the files in this folder?"와 같은 메시지 창이 보이면 다음 그림과 같이 조치하면 된다. 폴더 열기를 할 경우에는 일반적으로 미리 폴더를 생성한 후 해당 폴더를 찾아서 열면 된다.

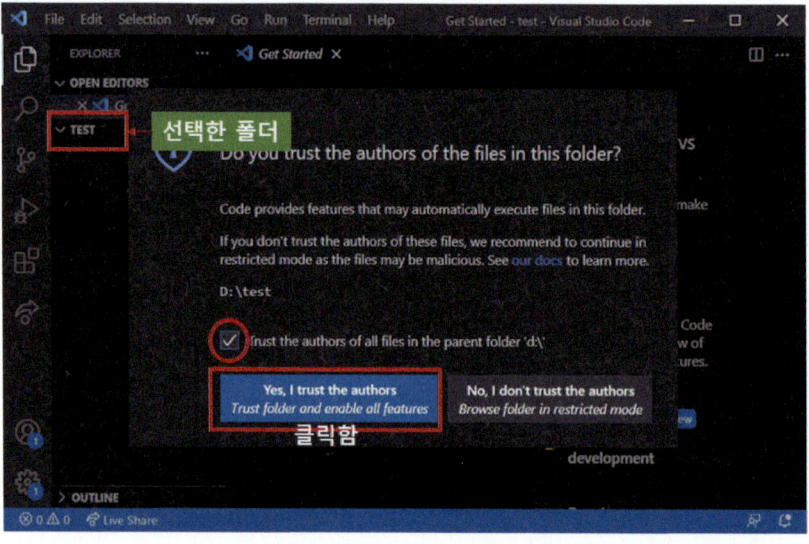

폴더를 열면 좌측 사이드바의 빈 공간에서 마우스 오른쪽 버튼을 클릭해 새로운 파일이나 폴더를 생성하는 것이 가능하다.

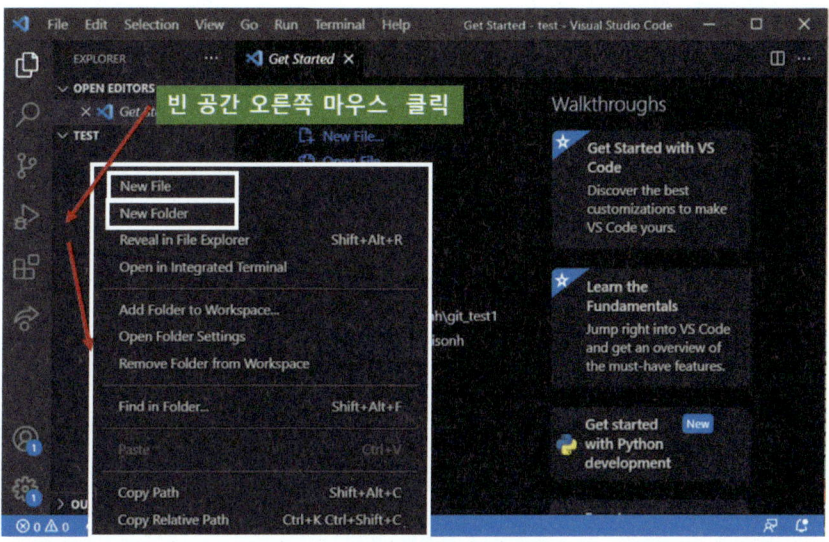

좌측 하단의 바퀴 모양 버튼을 클릭하면 "command palette"와 "settings" 항목을 볼 수 있다. "command palette"는 단축키인 "Ctrl + Shift + p"를 사용할 수 있다. 이는 여러 명령에 대한 신속한 검색 및 수행을 할 때 사용한다. "Settings"를 통해 여러 가지 설정을 수행할 수 있다. "command palette"를 사용하는 간단한 예는 다음 그림과 같다.

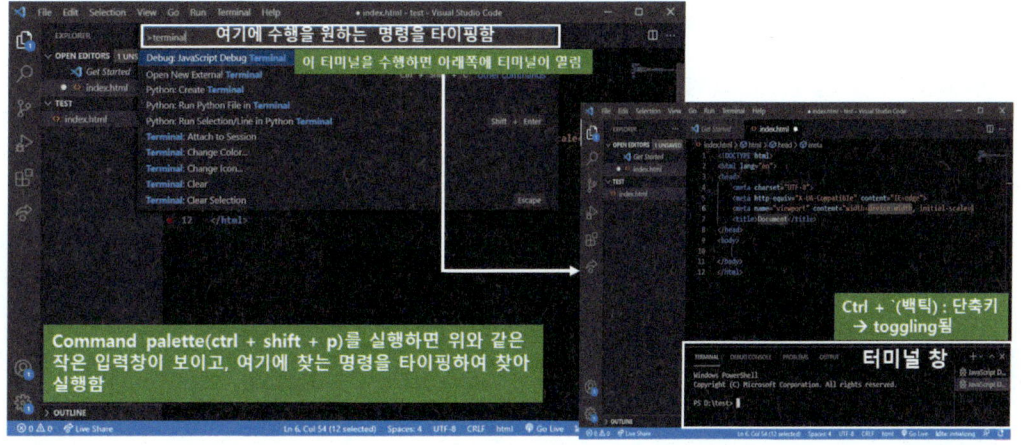

CHAPTER 1 웹프로그래밍을 위한 기초 **29**

키보드를 통해 명령을 입력하여 수행할 수 있는 터미널 창을 실행할 수도 있는데, 이는 "Ctrl +`(백틱)" 단축키를 사용해 단축키를 누를 때마다 터미널 창을 나타나게 하거나 보이지 않게 할 수 있다.

또한 여러분들이 비쥬얼 스튜디오 코드의 편집기를 사용하다 보면 편집과 수행을 한 번에 할 수 있도록 지원하기 위한 각종 확장 프로그램을 설치할 수 있다. 확장 프로그램의 종류는 매우 다양하다. 일반적인 HTML, CSS, 자바스크립트를 사용한 간단한 프론트 엔드 웹 디자인을 할 경우에 라이브 웹 서버를 설치해 편집기에서 작성한 코드를 즉시 실행할 수 있다. 아래는 extensions를 통해 라이브 웹 서버를 설치하는 과정을 보여준다.

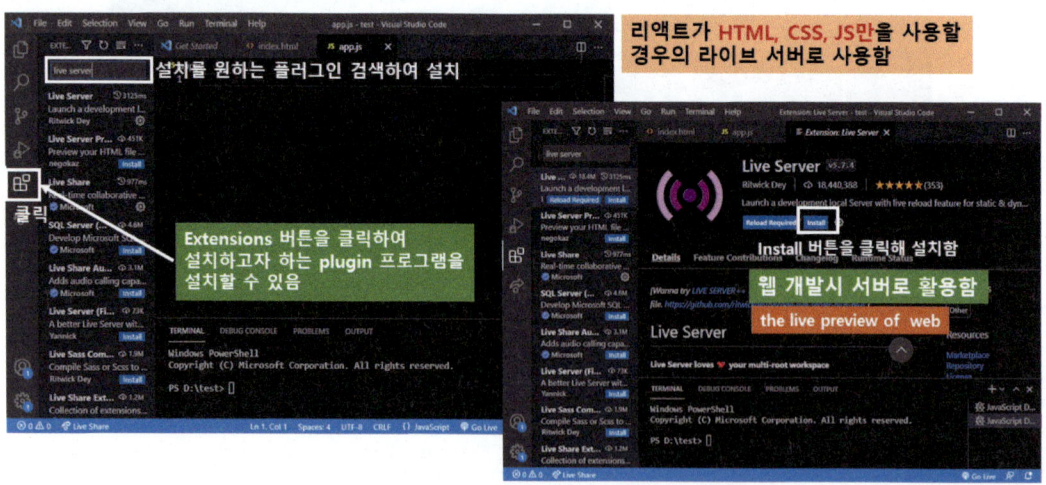

HTML 태그 이름을 변경하면 쌍을 이루는 닫힘 태그의 이름도 자동적으로 변경해주는 "auto rename tag" 확장 프로그램도 설치할 것을 추천한다.

이제는 비쥬얼 스튜디오 코드의 단축키를 소개할 것이다. 단축키를 알고 있으면 훨씬 빠른 속도로 코딩을 수행할 수 있다. 따라서 여기에 소개된 단축키는 자주 사용되는 것이니 여러 번 반복해서 실습해 보기를 권고한다.

Visual Studio Code 툴의 단축키(Shortcut)

단축키	설명
Ctrl + /	주석(comment)을 추가하거나 제거함(toggling)
Ctrl + b	좌측의 사이드바 메뉴를 토글링함(열기/닫기)
Ctrl + z	이전 실행을 취소함(되돌리기)
Ctrl + f	파일 내에서 검색
Ctrl + d	현재 선택한 단어와 일치하는 다음 단어를 선택함. 여러 번 사용 가능함.
Ctrl + Shift + i	한 번에 일치하는 모든 단어를 선택함
Alt + ↑↓	선택한 코드 영역을 한 줄 씩 위나 아래로 옮김. 일부 코드를 위로 올리거나 아래로 내릴 때 사용함
Alt + Shift + ↑↓	선택한 코드 영역을 위나 아래쪽에 복사함
Ctrl + Home/End	해당 파일의 맨 윗 줄이나 맨 마지막 줄로 이동
Ctrl + Enter	한 라인의 위치에 상관없이 아래 빈 줄을 생성함
Ctrl + ` (back tick)	terminal(console)을 빠르게 열거나 닫음

그리고 비쥬얼 스튜디오 코드 툴에는 기본적으로 확장 프로그램 "EMMET"이 설치되어 있다. 이 부분은 HTML을 처음 접하는 독자라면, 일단 스킵(Skip)하고 나중에 다시 학습하는 것이 더 효율적일 수 있다. HTML과 CSS의 작업 속도를 향상할 수 있으므로 알고 있으면 매우 유용하다. 주의할 점은 *.js 파일에서는 "EMMET"이 제대로 적용되지 않는다. "EMMET"의 규정에 따라 작성을 완료한 다음에 "Enter"키나 "Tab"을 누르면 자동 완성된다. 참고로 맨 처음 태그명을 기술하지 않으면 "div" 태그로 생성된다. *.html 파일을 열고 코드 편집 창에서 아래와 같이 수행해 보아라.

EMMET의 사용 예: ![Tab] 키 혹은 [Enter] 키] → 자동 완성

![[Tab] 키 혹은 [Enter] 키]	HTML의 기본 골격을 자동으로 생성해 줌
.fruit[이하 생략]	`<div class="fruit"></div>`
div	`<div></div>`
input	`<input type="text">`
form	`<form action=""></form>`

>: 자식 요소	div>ul>li
	`<div>`
	    `<ul>`
	        `<li></li>`
	    `</ul>`
	`</div>`

+: 형제 요소	div>p+span[탭 혹은 엔터키]
	`<div>`
	    `<p></p>`
	    `<span></span>`
	`</div>`

*: 해당 요소 반복 생성	div>ul>li*3
	`<div>`
	    `<ul>`
	        `<li></li>`
	        `<li></li>`
	        `<li></li>`
	    `</ul>`
	`</div>`

( ): 그룹화	div>(section>ol>li*3)+footer
	`<div>`
	    `<section>`
	        `<ol>`
	            `<li></li>`
	            `<li></li>`
	            `<li></li>`
	        `</ol>`
	    `</section>`
	    `<footer></footer>`
	`</div>`

.: 클래스, #: id	div.cla1#id1 -> `<div class="cla1" id="id1"></div>`

[attr 열거]: 속성 기술	`input.prA[name="na2" value='10']` -> `<input type="text" class="prA" name="na2" value="10">`

$: 순차 증가하는 숫자	`div>ul>li.class$*3`
	`<div>`
	`    <ul>`
	`        <li class="class1"></li>`
	`        <li class="class2"></li>`
	`        <li class="class3"></li>`
	`    </ul>`
	`</div>`

@: 뒤의 숫자가 시작값	`div>ul>li#id$@3*2`
	`<div>`
	`    <ul>`
	`        <li id="id3"></li>`
	`        <li id="id4"></li>`
	`    </ul>`
	`</div>`

{ }: content를 전달	`.grade{최종 학점은 A+}` -> `<div class="grade">최종 학점은 A+</div>`
:type	`form>input:email` -> `<form action=""><input type="email" name="" id=""></form>`

다음으로 *.html 파일을 작업할 경우에 더미(Dummy) 텍스트를 자동 생성하는 방법은 알고 있는 것이 좋다. "lorem"을 사용하여 더미 텍스트를 생성할 수 있다. 몇 가지 방법이 있는데, 아래의 예를 보면서 이해하기 바란다.

---

1) lorem(enter key) => 대략 30 단어의 더미 텍스트 생성
2) lorem워드수(enter key) => 워드수만큼 더미 텍스트 생성
3) lorem*단락수(enter key) => 단락 수만큼 단락 더미 텍스트 생성

p>lorem5(enter key)
`<p>Lorem ipsum dolor sit amet.</p>`

div*3>lorem10(enter key)
`<div>Lorem ipsum dolor, sit amet consectetur adipisicing elit. Odit, iusto.</div>`
`<div>Totam enim voluptatum facere quibusdam amet. Quas dicta similique veritatis!</div>`
`<div>Deserunt magnam aliquid necessitatibus facere! Optio ab neque quisquam laboriosam!</div>`

EMMET은 CSS를 작성할 때도 단축키를 사용한 자동 완성을 지원하고 있다. 예를 들면, "dn"을 타이핑하고 탭이나 Enter 키를 치면 "display: none;"으로 자동 변환해 준다. 나머지 경우들에 대한 것은 여러분이 다음 그림을 보고 실습해 보기 바란다. 실제로 실무에 계속 사용해야 자신의 것으로 습득된다는 것을 기억하기 바란다.

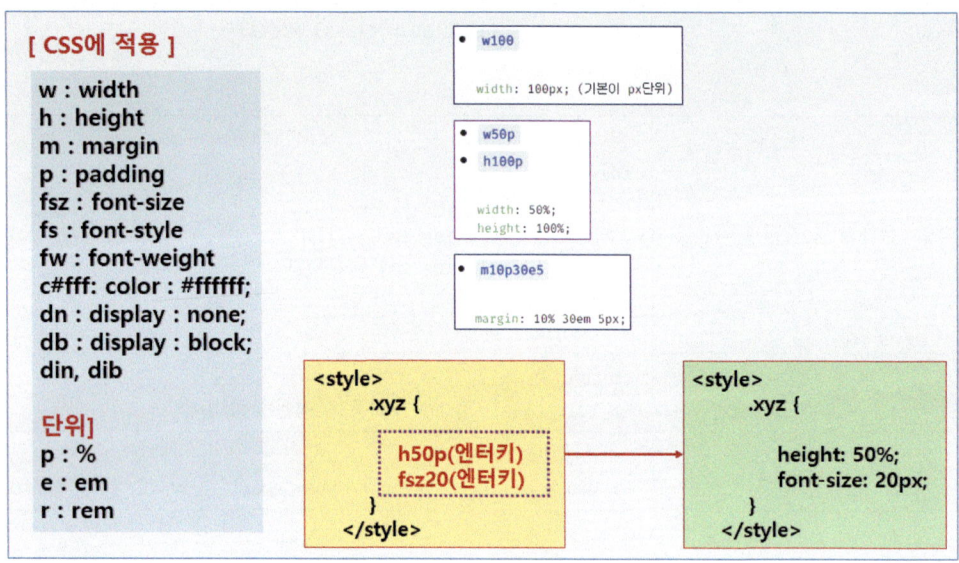

1.9 HTML 태그 모음

웹 브라우저 화면은 HTML, CSS 그리고 JavaScript 언어를 사용해 구현된다. HTML(HyperText Markup Language)은 웹 페이지의 구조와 콘텐츠를 정의한다. CSS(Cascading Style Sheet)는 HTML로 정의된 콘텐츠의 스타일(외형)을 디자인한다. JavaScript는 웹 페이지에 동적이고 인터랙티브한(Interactive) 기능을 부여해 콘텐츠에 생명력을 부여한다. 이러한 3가지 기술이 잘 조화를 이루면 멋진 웹 페이지가 완성된다. 여기서 먼저 다음 장부터 학습하게 될 HTML의 태그 요소들을 정리하여 표로 보여주고 있다. HTML은 태그 기반의 언어이다. 여러 번 반복해서 보면, 조금씩 친숙해질 것이다. 여러분들은 다음 장부터 아래 제시된 HTML 태그를 본격적으로 학습할 것이다.

구분	태그명	설명	주요 속성
기본 구조	`<html>`	HTML 문서의 루트 요소	lang
	`<head>`	메타데이터와 제목을 정의	
	`<title>`	탭에 표시되는 문서 제목 정의	
	`<body>`	문서의 본문 내용 기술	
텍스트 컨텐트	`<h1>` ~`<h6>`	제목(Headings) (h1이 32px크기로 제일 큼)	
	`<p>`	단락(문단)	
	`<a>`	하이퍼링크 정의	
	`<span>`	인라인 텍스트 컨테이너	
	`<strong>`	강한 강조시 사용(중요성 강조)	
	`<em>`	강조를 의미하며, 기울임체로 출력(억양/감정적 강조)	
	`<b>`	볼드체(진하게)	
	`<i>`	이탤릭(기울임체)	
	`<sup>`	윗 첨자(Superscript)	
	`<sub>`	아랫 첨자(Subscript)	
미디어	`<img>`	이미지 삽입	src, alt, width, height
	`<audio>`	오디오 삽입	src, controls, autoplay, loop
	`<video>`	비디오 삽입	src, controls, autoplay, loop, width, height
	`<source>`	`<audio>`나 `<video>`의 소스를 지정	
	`<iframe>`	다른 HTML 문서를 브라우저 내부에 추가로 창을 만들어 삽입	src, width, height, frameborder
폼 관련 요소	`<form>`	사용자 입력을 위한 폼 정의	action, method, enctype
	`<input>`	사용자 입력 필드 (type 속성에 매우 많은 종류 존재함)	type, name, value, placeholder, required
	`<fieldset>`	폼에서 관련된 입력 필드들을 그룹으로 묶음	
	`<legend>`	`<fieldset>` 요소에 제목(레이블)을 제공하는 데 사용	
	`<button>`	폼 요소의 전달에 사용	type, disabled
	`<textarea>`	여러 줄의 텍스트 입력(메모장)	name, rows, cols, placeholder
	`<select>`	드롭다운 리스트의 정의	multiple

구분	태그명	설명	주요 속성
	`<option>`	드롭다운 리스트의 항목을 구성	value, selected
표 (Table)	`<table>`	표 정의	
	`<tr>`	표의 행(Table row) 정의	
	`<td>`	표의 데이터 셀(Data cell) 정의	
	`<th>`	표의 헤더 셀 정의	
	`<caption>`	표의 제목 정의	
	`<thead>`	표의 헤더 셀을 감쌈(옵션)	
	`<tbody>`	표의 본문을 감쌈(옵션)	
	`<tfoot>`	표의 각주를 감쌈(옵션)	
리스트 (목록) (list)	`<ul>`	순서 없는 리스트 정의	type
	`<ol>`	순서 있는 리스트 정의	type, start
	`<li>`	리스트 개별 항목 정의	
블록	`<div>`	블록(박스) 수준의 컨테이너	
시멘틱 태그	`<section>`	문서의 섹션 정의	
	`<article>`	독립적인 문서 컨텐츠 정의	
	`<main>`	주요 문서의 내용을 정의	
	`<aside>`	부수적인 컨텐츠를 정의	
	`<header>`	머리말(헤더부) 정의	
	`<footer>`	각주(바닥글) 정의	
기타 태그	`<style>`	CSS를 정의하는 영역	
	`<link>`	외부 자원 연결(스타일시트 등 읽어오기)	
	`<script>`	자바스크립트 코드를 포함	src, type, defer 등
	`<meta>`	문서의 메타정보 설정	charset, name, content

연습문제

1. 인터넷을 정의한 것으로 가장 적절한 것은?
   ① 전 세계의 컴퓨터들이 서로 연결되어 정보를 주고받는 네트워크
   ② 개인용 컴퓨터의 운영체제
   ③ 모바일 기기만을 위한 네트워크
   ④ 특정 지역의 컴퓨터 네트워크

2. 인터넷 서비스의 유형이 아닌 것은?
   ① 월드 와이드 웹 (WWW)　　② 파일 공유 (토렌트 등)
   ③ 텔넷　　④ 컴퓨터 하드웨어 제작 및 운영체제

3. 웹을 최초로 개발한 사람은 (　　)이며, 그는 최초의 웹 브라우저인 World Wide Web과 최초의 웹 서버를 개발했다.

4. IPv4 주소 체계는 (　　)비트로 구성되며, IPv6 주소 체계는 (　　)비트로 구성된다.

5. VS Code에서 터미널을 열고 닫는 단축키는 (　　)이다.

6. 웹 브라우저와 웹 서버 간에 데이터를 주고받기 위한 통신 규약을 (　　)라고 하며, 웹 페이지를 요청하고 응답받는 데 사용되는 핵심적인 프로토콜이다.

7. URL(Uniform Resource Locator)이란 무엇인가?

8. DNS(Domain Name Server)의 역할을 간단히 설명하시오.

9. VS Code에서 확장 프로그램을 설치하는 방법을 설명하시오.

CHAPTER **2**

HTML 기초

CONTENTS

2.1 HTML이란

2.2 웹 페이지 제작을 위한 준비 작업

2.3 HTML 기본 구성

2.4 HTML의 기본 태그들

2.5 미디어 태그들

2.6 목록 태그(〈ul〉, 〈ol〉)

2.7 테이블 태그(〈table〉)

2.8 폼 요소(〈form〉)

2.9 시멘틱(Semantic) 태그(의미론적 태그)

■ 연습문제

본 장에서는 HTML의 기본 개념과 필수 요소를 학습하고, 간단한 웹 페이지를 작성할 수 있는 기초 지식을 제공할 것이다.

2.1 HTML이란

HTML은 HyperText Markup Language의 약자로 웹 페이지의 구조를 정의하는 표준 마크업 언어이다. 마크업 언어(Markup Language)는 텍스트 문서에 특정 태그(Tag)를 사용해 문서를 구조화하고 서식(형식이나 양식)을 지정하는 언어이다. HTML 태그는 웹 브라우저에서 문서를 어떻게 출력할 것인지를 알려주는 역할을 한다. <html> 태그는 HTML 요소(element)라고도 부르며, HTML 문서를 구성하는 기본 단위이다. <html> 태그는 HTML 페이지의 루트(ROOT) 요소(객체)이다. <p> 태그는 단락을 표현할 때 사용하며, <div> 태그는 1개 이상의 서로 다른 HTML 요소들의 묶는 컨테이너로 사용한다.

HTML 요소는 일반적으로 시작 태그와 종료 태그, 그리고 콘텐츠로 정의된다. 시작 태그(Opening tag)는 요소(태그명)의 이름을 꺾쇠 괄호로 감싸 <태그명>과 같이 표기하고, 종료 태그(Closing tag)는 요소명 앞에 '/'를 추가한다는 것을 빼고는 시작 태그의 표기 방식과 거의 같은 </태그명>으로 표기한다. 그리고 시작 태그와 종료 태그 사이에 콘텐츠(Contents)를 작성한다. 물론 향후 학습하겠지만, <img>,
 태그와 같이 일부 HTML 태그는 콘텐츠가 없는 경우도 있는데, 이때는 시작 태그만 존재해도 된다. 물론 종료 태그가 없음을 시작 태그 기술부의 마지막에 '/'를 사용해
와 같이 표기하기도 한다.

태그 기반의 언어인 HTML은 다음과 같은 역할을 맡는다.

- 웹 페이지의 구조 정의: HTML은 웹 페이지의 기본적인 틀을 제공
- 하이퍼링크 생성: 하이퍼링크를 생성해 다른 웹 페이지도 이동하거나 다운로드
- 웹 콘텐츠 표현: 텍스트뿐만 아니라 이미지, 오디오 및 동영상 등 미디어 콘텐츠를 웹 페이지에 표현
- 입력 폼 생성: 사용자로부터 정보를 입력받는 웹 폼을 생성

HTML은 Tim Berners-Lee가 1991년 최초로 개발하였으며, 오늘날 인터넷에 연결된 컴퓨터들은 상호 연결되어 있다. 주요 웹 브라우저는 이미 1장에서 소개하였는데, 구글 Chrome, 모질라

의 Firefox, 마이크로소프트의 Edge, 애플의 Safari, 오페라 소프트웨어가 중심이 된 Opera 그리고 브레이브 소프트웨어의 Brave 웹 브라우저가 있다.

HTTP(HyperText Transfer Protocol)는 웹에서 정보를 주고받는 데 사용되는 기본적인 통신 규약이다. HTML 문서와 같은 리소스들을 가져올 수 있도록 해주는 프로토콜이다. 웹에서 이루어지는 모든 데이터 교환의 기본으로 클라이언트와 서버 프로토콜이라고 한다. 일반적으로 웹 브라우저(클라이언트)는 서버에 데이터를 요청한다. 하나의 완전한 문서는 텍스트, 레이아웃 설명, 이미지, 비디오, 스크립트 등 불러온(Fetched) 하위 문서들로 재구성된다.

하나의 완전한 웹 문서를 브라우저 화면에 출력하는 과정은 다음 그림과 같다.

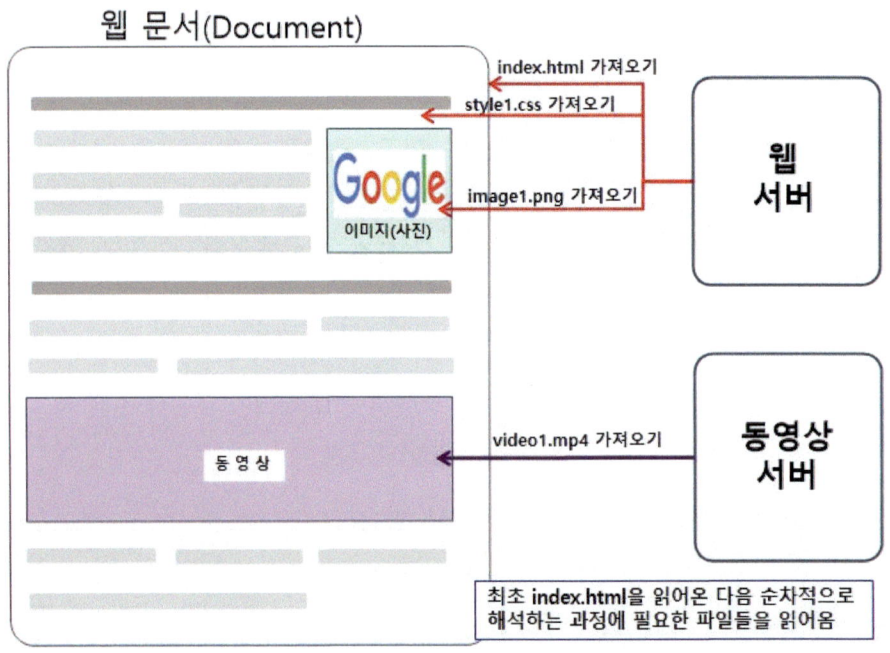

URL(Uniform Resource Locator)은 인터넷 상의 고유한 자원의 주소이다. 브라우저는 HTML 페이지, CSS 문서, 이미지 등과 같은 게시된 자원을 가져오기 위해 URL을 사용한다. 만약에 http://www.example1.com:80/path/to/someFile.html?key=love&name=lion과 같은 내용이 브라우저의 주소창에 보인다면, 다음과 같은 해석을 할 수 있다.

> http://www.example1.com:80/path/to/someFile.html?key=love&name=lion
>
> - http: 프로토콜
> - www.example1.com: Domain Name 혹은 host Name 오리지널 서버의 IP 주소
> - 80: 포트 번호(Port number), http는 80번 포트 사용. 16비트
> - Path/to: 서버 내에서의 경로
> - someFile.html: 해당 경로에 존재하는 파일명
> - key=love&name=lion: 웹 서버로 전달하는 파라미터(검색 키-값 쌍 등)
> - Origin(오리진): ⟨scheme⟩://⟨hostname⟩:⟨port⟩ [프로토콜부터 PORT까지]

포트는 네트워크를 통해 데이터를 주고받는 통로이다. 각 포트는 고유한 번호를 가지며, 이러한 포트 번호를 통해 특정 프로그램이 데이터를 송수신하는지 구분한다. 예를 들어, HTTP를 사용하는 웹 브라우저는 80번 포트를 사용한다. 포트는 16비트 크기이다. 아래는 몇 가지 중요한 포트와 서비스를 정리한 것이다.

포트번호	서비스 명	설명
20	FTP 데이터	파일 전송 프로토콜 (데이터 전송)
21	FTP	파일 전송 프로토콜 (제어 연결)
22	SSH	Secure Shell. 보안 로그인
25	SMTP	단순 메일 전송 프로토콜
53	DNS	도메인 이름 시스템
80	HTTP	HTTP(HyperText Transfer Protocol)
443	SSL을 통한 HTTP	HTTPS(HyperText Transfer Protocol Secure)
3306	MySQL	MySQL 데이터베이스 시스템
5432	포스트그레SQL	PostgreSQL 데이터베이스 시스템
2484	오라클 DB	Oracle 데이터베이스

2.2 웹 페이지 제작을 위한 준비 작업

웹 디자인은 크게 프론트 엔드(Front-end) 디자인과 백 엔드(Back-end) 디자인으로 구분할 수 있다. 프론트 엔드 디자인은 사용자가 직접 보고 상호작용을 하는 웹 브라우저 화면의 겉모습을 설계하는 일을 말한다. 이러한 디자인을 사용자 인터페이스(User Interface: UI) 혹은 사용자 경험(User eXperience: UX)이라고 부른다. 프론트 엔드 디자인에 사용하는 주요 프로그래밍 언어는 HTML, CSS, Javascript이다. 본 교재에서는 프론트 엔드를 위한 3가지 언어를 순차적으로 학습할 것이다. 그리고 웹 제작을 위해 처음 학습하는 학생들은 프론트 엔드 디자인 영역에 해당하는 UI 설계부터 시작하게 된다. 프론트 엔드는 클라이언트 영역이다.

백 엔드 디자인은 사용자가 요청한 정보 처리, 데이터베이스와 상호작용 및 클라이언트에서 필요한 데이터 제공 등을 효과적으로 수행할 수 있도록 구현하는 것을 의미한다. 웹 서버용 프로그램으로는 PHP, C, 파이썬 및 JAVA 언어 등이 있으며, 데이터베이스는 MySQL, PostgreSQL, SQL 서버, ORACLE DB, MongoDB 등이 있다. 그 밖에 구글에서 제공하는 Firebase는 개발자들이 서버를 직접 구축하지 않고도 데이터베이스, 인증, 파일 저장 등 다양한 기능을 활용하여 웹이나 모바일 앱을 빠르게 개발할 수 있도록 돕고 있다. 즉, 복잡한 서버 관리 없이 앱 개발에 집중할 수 있게 해주는 도구라고 생각할 수 있다. 일반적으로 백 엔드 디자인은 프론트 엔드 디자인을 학습한 이후에 다룬다.

이 교재에서 여러분들은 프론트 엔드 디자인을 학습한다고 이해하고 있으면 된다. 웹 페이지 학습자들이 미리 준비하고 있으면 유익한 것을 아래 간단히 정리하였다.

- Visual Studio Code 설치(1장에서 학습)
- 가급적 자신의 노트북이나 지정된 컴퓨터를 사용하기
- 자신이 찍은 사진 10~20장을 준비해 이미지 관련 실습에 활용하기
- Notion 개인 사이트 혹은 Github 저장소를 보유해 수업이나 학습중 작성한 코드를 저장

2.3 HTML 기본 구성

웹 페이지 기본적인 구성은 다음과 같다. <html> 태그 내에 head부와 body부로 구성된다. 웹 브라우저는 한 번에 하나의 HTML 문서를 브라우저 창에 보여준다. 그리고 문서의 최상단에 <!doctype html> 태그를 위치시킨다. 이는 HTML5 형식으로 문서를 작성하고 있음을 웹 브라우저에 알려주기 위해 사용한다.

■ HTML의 기본 구성

- <!doctype html>
  항상 문서의 최상단에 HTML5 형식으로 문서를 작성하고 있음을 브라우저에 알리기 위해 작성함
- <html>~</html>
  헤드부와 바디부를 감싸는 HTML 루트 태그
- <head>~</head> : 헤드부
  문서 제목, CSS스타일 정의, 메타데이터 정의, 자바스크립트 작성, LINK 파일 연결 등을 수행
- <body>~</body> : 바디부
  브라우저 화면에 출력되는 내용을 작성하는 부분. 자바스크립트 코드 작성

다음은 HTML 기본 구성으로만 생성된 sample.html 파일이다. HTML 문서를 저장할 경우에 확장자는 *.html을 사용한다.

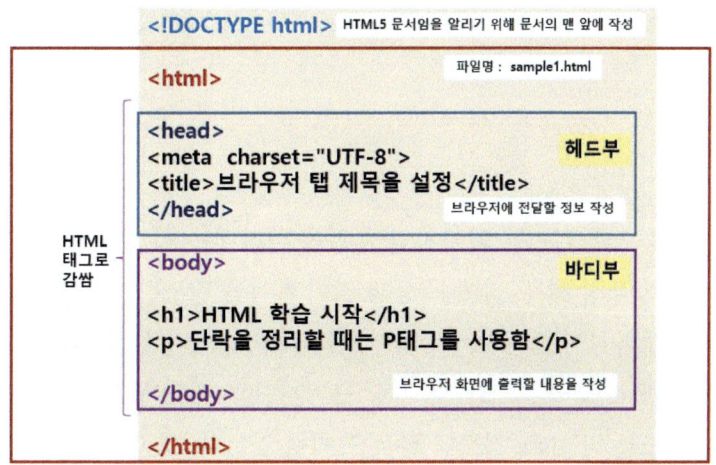

<meta> 태그의 charset 속성은 HTML 문서에서 사용되는 문자 인코딩 방식을 지정하는 속성이다. <meta charset="UTF-8">은 HTML 문서에서 UTF-8 인코딩 방식을 사용한다는 것을 규정한다. UTF-8 문자 인코딩은 가장 널리 사용되는 유니코드(Unicode) 인코딩 방식으로 HTML 문서의 문자 인코딩으로 UTF-8을 사용하기 바란다. 유니코드는 전 세계의 모든 문자를 컴퓨터에서 일관되게 표현하고 다룰 수 있도록 제안된 국제 표준이다.

다음은 HTML 태그부를 구성하는 방법에 대해 소개할 것이다.

2.4 HTML의 기본 태그들

본 절에서는 HTML 문서를 구성하는 다양한 주요 태그들을 소개할 것이다. 참고로 HTML 태그명은 대소문자 구분을 하지 않는다. 마크업을 표시하는 < > 안에서 첫 번째 위치하는 것은 언제나 태그명이다. 태그명 다음에는 태그의 속성(Attribute 혹은 Property)을 정의할 수 있다. 속성="값"의 형식으로 태그의 속성들을 추가할 수 있다. 즉, 속성에 값을 할당하며, 할당하는 값은 항상 문자열로 할당하는 것이 원칙이다. 속성을 효과적으로 잘 활용하는 것은 중요하다. <input> 태그는 입력 폼 요소를 작성할 때 사용하는 태그이며, 나중에 자세히 학습할 것이다.

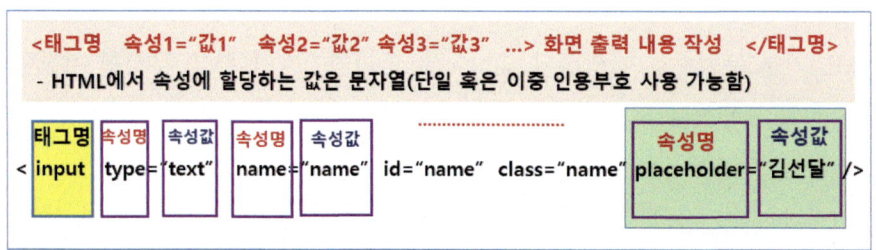

1 제목 태그(<h1>~<h6>)

<H1>부터 <H6>까지의 태그는 웹 페이지의 제목을 나타내는 데 사용되는 HTML 태그이다. 신문 기사 제목이나 책의 장 제목, 절 제목 등과 같이 제목을 강조하면서 다양한 크기로 표현하기 위한 태그이다. 6개의 H 태그는 브라우저에 따라 약간의 크기 오차는 존재한다. <H1> 태그가 32px(픽셀(화소):Pixel)의 폰트 크기로 가장 크며, <H4> 태그는 기본 폰트 크기인 16px 크기를 갖고, <H6> 태그는 약 10px 정도의 폰트 크기를 갖는다. 또한 <H1>~<H6> 태그는 진하

게 글씨를 표현한다. 새로운 H 태그가 시작될 때마다 새로운 줄에 콘텐츠를 출력하는데, 이러한 태그를 '블록 태그'라고 부른다. H로 시작하는 태그의 폰트 크기를 대략적인 표로 나타내면 다음과 같다. 글자 크기 단위인 16px은 1em과 같은 크기를 의미한다.

태그 종류	글자크기(px)	글자크기(em)	설명
⟨h1⟩	32px	2em	가장 큰 제목
⟨h2⟩	24px	1.5em	큰 제목
⟨h3⟩	18px	1.2em	중간 크기 제목
⟨h4⟩	16px	1em	일반 크기 제목
⟨h5⟩	13px	0.83em	매우 작은 크기 제목
⟨h6⟩	10px	0.67em	가장 작은 크기 제목

아래 예제를 보고 여러분들이 직접 타이핑한 후 실행보기 바란다.

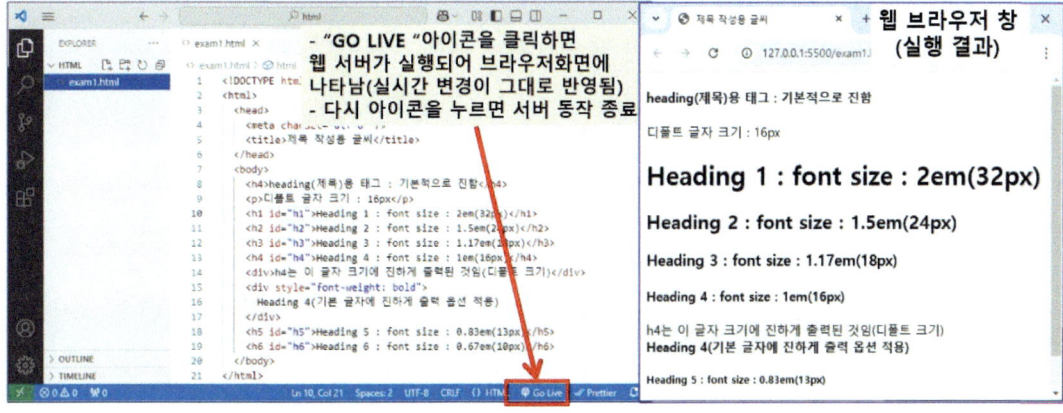

2 문단 태그(⟨p⟩)

<p> 태그는 HTML에서 문단(paragraph)을 나타내는 태그이다. 일반적인 문단은 문단의 시작과 끝을 다른 내용과 구분하기 위해 대략 한 줄씩 띄운다. HTML의 <p> 태그도 문단의 시작과 끝을 자동으로 한 줄씩 띄워서 다른 문단이나 내용과 구분한다.

다음은 <p> 태그에 대한 예제 소스이다.

```
<!DOCTYPE html>
<html>
<head>
  <meta charset="utf-8">
  <title>단락 정의 P태그</title>
</head>
<body>
<h2>문단 연습하기</h2>
<p>문단1: Lorem Ipsum is simply dummy text of the printing and typesetting industry.</p>
<p>문단2: Lorem Ipsum has been the industry's standard dummy text ever since the 1500s,</p>
<p>문단3: when an unknown printer took a galley of type and scrambled it to make a type specimen book.</p>
<p style="color: red">문단4: [결론] p 태그는 자동으로 새로운 줄(Line)에서 시작하며, p 태그의 시작과 끝은 항상 1줄을 띄운다(1줄에 해당하는 마진[여백]).</p>
</body>
</html>
```

다음은 <p> 태그 예제 소스 코드에 대한 웹 브라우저 실행 화면이다.

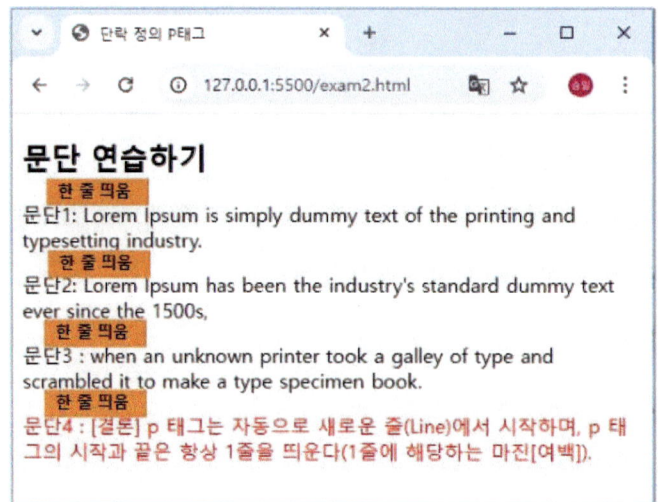

3 타이틀 태그(〈title〉)

웹 브라우저 탭 상에 페이지 제목을 출력할 때 사용하는 태그다. 사용자의 경우에는 타이틀 내용을 확인하고 해당 페이지의 내용을 빠르게 예측할 수 있다. 타이틀 내용은 간결하고 명확하며, 키워드를 포함하도록 작성하는 것이 좋다. 다음은 타이틀 태그를 설명하기 위한 예제이다.

```
<!DOCTYPE html>
<html>
<head>
<title>페이지 제목달기</title>
</head>
<body>
  <h2>HTML 학습을 시작하고 있습니다.</h2>
  <h3>타이틀은 브라우저 탭에 제목을 출력한다.</h3>
  <p>HTML, CSS, javascript를 배울 것입니다. 기대해 주세요.</p>
  <p title="요소에 마우스를 올려 놓으면 툴팁(tooltip)으로 설명을 제공한다">
  여기에 마우스를 위치해 보아요(title 속성은 tooltip 목적으로 사용)</p>
</body> </html>
```

아래 그림은 위의 예제를 실행한 웹 브라우저 화면이다. <title> 태그의 내용이 브라우저의 탭 제목으로 출력됨을 알 수 있다. 또한 태그 다음에 지정하는 title 속성은 요소에 마우스를 올려 놓으면 툴팁 설명을 제공하는 용도로 사용한다.

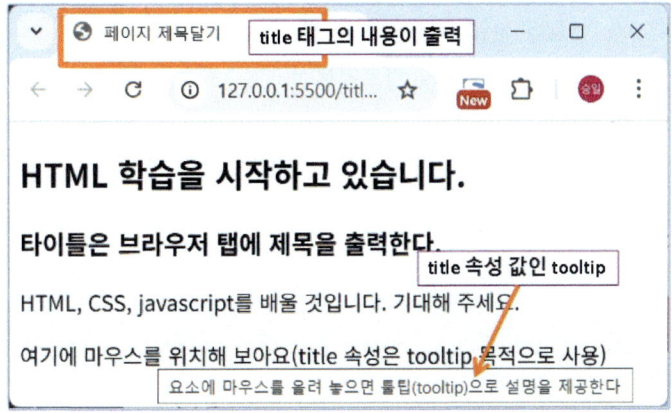

4 줄바꿈 태그(〈br〉)

C언어, 파이썬 언어 등과 같은 일반적인 프로그래밍 언어는 콘솔 창에 새로운 줄로 출력하고 싶으면, '\n'을 사용하였다. 아래 한글과 같은 일반 문서 편집기처럼 여러분들이 Enter 키를 누르고 타이핑하면 줄 바꿈이 발생할 수도 있다. 그러나 HTML은 '\n'이나 Enter 키를 적용해도 여러분들의 생각처럼 한 문단 내에서 새로운 줄로 변경되지 않는다.

다음 HTML 예제를 살펴보자. <div> 태그 내에 '\n'이나 Enter 키를 적용해 줄 변경하려는 의도로 코딩하였지만, 실제의 실행 결과는 줄 바꿈과 상관이 없는 것을 브라우저 실행 결과를 보면 알 수 있다.

```
<!DOCTYPE html>
<html>
<head>
  <meta   charset="utf-8">
  <title>줄을 바꾸는 방법</title>
</head>
<body>

<H3>기존의 문서 편집기와 달리 줄 바꿈이 자유롭지 않아요.</H3>

<div>
  1. 첫 번째 줄에는 당신의 이름을 적습니다.'\n'
  2. 두 번째 줄에는 당신의 나이를 적습니다.
  3. 세 번째 줄에는 당신의 취미를 적습니다.
  4. 각 숫자의 번호가 새로운 줄에서 시작하면 좋겠어요.
  5. 실제로 확인한 출력은 예상과 전혀 다르지요.
</div>
</body>
</html>
```

아래는 웹 브라우저에서 실행 결과이다.

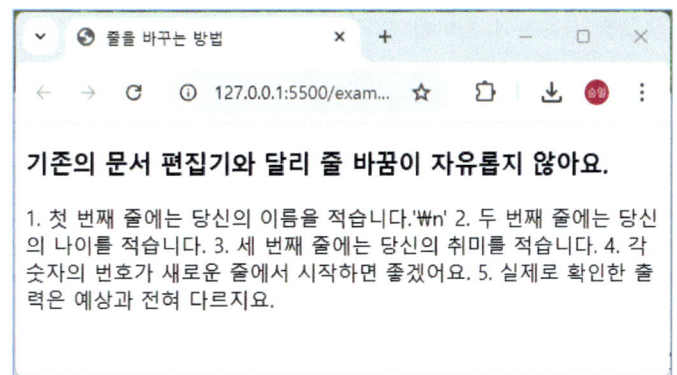

HTML에서 한 문장 내에서 줄 바꿈을 구현하려면, 줄 바꿈을 원하는 위치에
 태그를 넣으면 된다. 즉,
 태그는 HTML 문서에서 텍스트를 다음 줄로 변경해서 표시하고 싶을 때 사용하는 태그이다. 그런데
 태그는 종료 태그가 존재하지 않는다. 이처럼 종료 태그가 없으면, 시작 태그 끝에 '/'를 추가하여 닫는 방식을 사용할 수도 있고, 시작 태그만 사용할 수도 있다. <meta> 태그 등을 비롯한 일부 태그가 종료 태그가 없는데, 이러한 태그들은 다음에 다시 설명할 것이다. HTML 태그는 대소문자 구분을 하지 않는다.

```
<!DOCTYPE html>
<html>
<head>
  <meta charset="utf-8">
  <title>줄을 바꾸는 방법</title>
</head>
<body>

<h3>기존의 문서 편집기와 달리 &lt;br&gt; 태그를 사용해 줄 바꿈을 해요.</h3>

<div>
  1. 첫 번째 줄에는 당신의 이름을 적습니다.<br>
  2. 두 번째 줄에는 당신의 나이를 적습니다.<br>
```

```
        3. 세 번째 줄에는 당신의 취미를 적습니다.<br />
        4. 각 숫자의 번호가 새로운 줄에서 시작하면 좋겠어요.<br />
        5. &lt;br&gt; 태그를 사용하니 줄바꿈이 되지요.
    </div>
</body>
</html>
```

위의 예제 소스를 실행해 브라우저 화면에서 확인해 보면
 태그에 의해 줄 바꿈이 발생하였음을 확인할 수 있다.

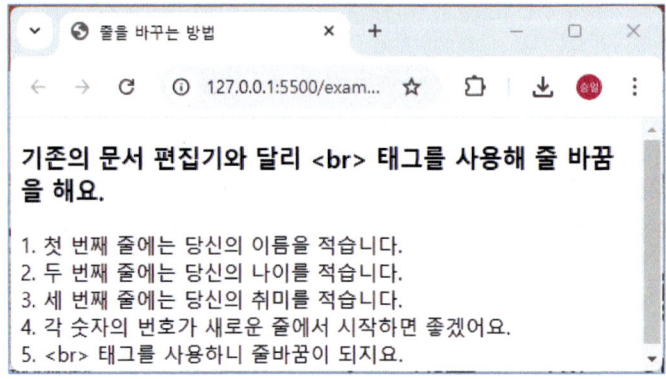

5 문자열 사이에 공백 넣기( )

일반 편집기와 달리 HTML 문서는 한 칸 띄어쓰기는 가능하지만, 2칸 이상의 띄어쓰기는 특수 문자를 사용해야 한다. 아래는 우리가 인위적으로 몇 군데에 2칸 이상의 공백을 삽입하였지만, 실제의 브라우저 출력은 다른 것을 확인할 수 있다.

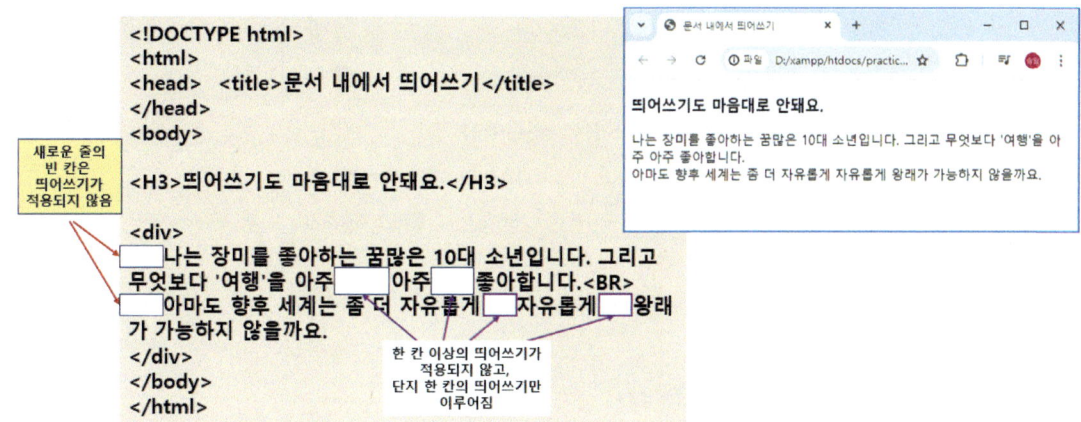

1칸을 초과하는 띄어쓰기는 특수 문자인 ' '를 사용한다. 한 칸에 한 번씩 사용하며, 반드시 &로 시작하고, ;(세미콜론)으로 종료해야 한다.

```
<!DOCTYPE html>
<html>
<head><head><meta charset="utf-8">
<title>문서 내에서 띄어쓰기</title></head>
<body>

<h3>1칸을 초과하는 띄어쓰기는  사용</h3>

<div>
 나는 장미를 좋아하는 꿈많은 10대 소년입니다. 그리고 무엇보다 '여행'을
아주    아주    좋아합니다.<BR>
   아마도 향후 세계는 좀 더 자유롭게    자유롭게      왕래가 가능하지 않을까요.
</div>
</body> </html>
```

위의 예제 소스를 수행한 브라우저 출력은 다음과 같으며, 2칸 이상의 띄어쓰기를 구현할 수 있다.

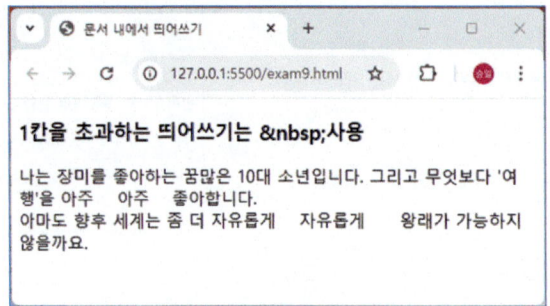

6 Preformatted 텍스트 출력(⟨pre⟩)

<pre> 태그 안에 작성한 텍스트는 사용자가 작성한 그대로의 형식을 유지하여 웹 브라우저에 출력된다. 즉, <pre> 태그는 미리 서식화된(preformatted) 텍스트를 표현할 때 사용하는 HTML 태그이다. <pre> 태그 내의 텍스트는 들여쓰기, 줄 바꿈, 공백 등이 그대로 반영되어 브라우저에 출력된다. 아주 간헐적으로 사용되는 태그이다.

```
<!DOCTYPE html>
<html>
<head><head><meta charset="utf-8"><title>문서에서 작업한 것과 같은 출력</title></head>
<body>
<h3>Preformatted 태그(&lt;pre&gt;)</h3>
<pre>
     <b>바람</b>  - 윤동주 시인
  바람은 어디에서 오는 걸까?
  산 너머, 바다 너머,
  아마도 하늘 너머에서 오는 걸까?

  바람은 무엇을 하러 오는 걸까?
  나뭇잎을 흔들고, 꽃잎을 날리고,
  우리의 머리카락을 스치는 걸까?
     (저작권이 만료: 감사합니다.)
</pre>
</body></html>
```

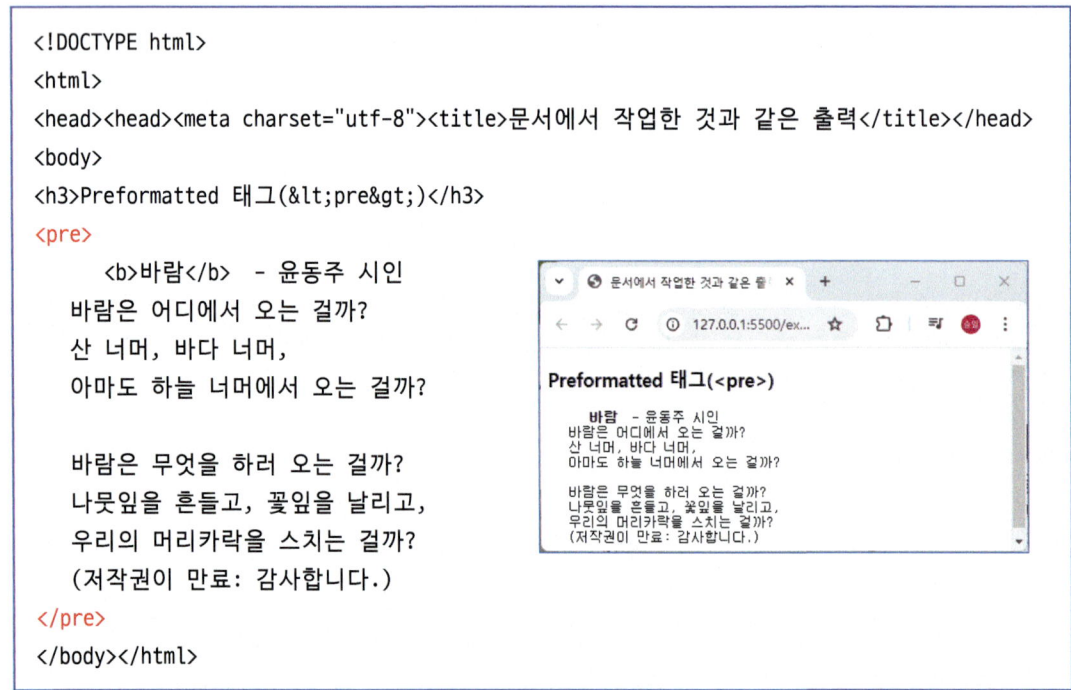

7 수평선 긋기(<hr>)

<hr> 태그는 HTML 문서에서 수평선을 그리는 데 사용되는 태그이다. <hr> 태그는 영어로 horizontal rule(수평선)의 약자이다. <hr> 태그는 다음에 학습할 CSS border 속성을 사용해 색, 두께, 선 스타일 등을 자유롭게 변경할 수 있다. 단독 태그로 내용을 구분하거나 강조하기 위한 수평선을 생성할 때 사용한다. 여기에 적용한 CSS 속성도 눈여겨 보기 바란다. 그리고 웹 브라우저의 출력 결과도 잘 살펴보자.

```html
<!DOCTYPE html>
<html>
<head><head><meta charset="utf-8"><title>수평선 긋기</title></head>
<body>

<h3>수평선 긋기(&lt;hr&gt;)</h3>
<hr style="border:2px solid blue">
<pre>
        <b>바람</b>  - 윤동주 시인
<hr>
    바람은 어디에서 오는 걸까?
    산 너머, 바다 너머,
    아마도 하늘 너머에서 오는 걸까?

    바람은 무엇을 하러 오는 걸까?
</pre>
<hr  style="border:2px solid blue; width:70%">
<p>수평선...</p>
</body></html>
```

8 문자열 서식화 태그들

HTML은 문자열을 다양하게 꾸밀 수 있는 서식화(포맷팅) 태그들을 지원하고 있다. 다음은 이러한 태그들을 표로 정리한 것이다.

태그명	요약	스타일	예시
<b>	Bold 체	텍스트를 두껍게 표시	<b>굵은 글씨</b>
<strong>	중요한 텍스트	텍스트의 중요성을 표시(시각장애인들에게 읽어줄 때 강조해서 읽어줌)	<strong>중요한 내용</strong>
<i>	Italic 체	텍스트를 기울어지게 표현	<i>이탤릭체</i>
<em>	강조 텍스트	텍스트를 강조하여 표시(시각장애인에게 읽어줄 때 강조해서 읽어줌)[emphasis]	<em>강조된 내용</em>
<mark>	강조 표시	텍스트 형광펜으로 하이라이팅하게 표현	<mark>강조표시</mark>
<small>	작은 글씨	텍스트 크기를 작게 표시(약 13.33px) 기준 글씨의 85% 선으로 표시	<small>작은 글씨</small>
<del>	취소선 텍스트	텍스트의 중앙에 선을 그어 삭제 되었음을 표시	<del>삭제된 내용</del>
<ins>	insert 텍스트	텍스트에 밑줄을 그어 삽입되었음을 표시	<ins>삽입된 내용</ins>
<sub>	아래 첨자	텍스트를 위쪽에 작게 표시	log₂7
<sup>	위 첨자		10²=10

이러한 텍스트 서식화 태그들은 인라인(Inline) 태그 요소라고 하는데, 이러한 태그들은 줄 바꿈을 유발하지 않는다.

다음은 문자열 서식화 태그들을 종합해 작성한 예제이며, 뒤이어 실행해 출력된 브라우저 화면을 보여준다.

```
<!DOCTYPE html>
<html>
<head>  <meta  charset="utf-8">  <title>문자열 Formatting</title></head>
<body>
<h3>다양한 형식의 문자열로 꾸미기</h3>

<b>볼드체로 진하게 출력</b><br>
<strong>strong 태그 내에는 중요한 것을 작성</strong><br>
<i>이탤릭체를 원하면 i 태글 사용하세요.</i><br>
<em>em 태그 내에는 강조하고 싶은 내용을 작성</em><br>
<mark>글씨에 형광펜을로 하일라이팅하고 싶으면 mark 태그 사용</mark><br>
```

```
<small>small 태그를 적용하면 대략 13.33px 크기</small><br>
<del>del 태그를 적용하는 글씨 중앙에 선을 그어 삭제를 표현함</del><br>
<ins>ins 태그는 텍스트 아래쪽에 밑줄을 그어요</ins><br>
<div>(sub 태그는 밑첨자)log<sub>2</sub>10</div>
<div>(sup 태그는 윗첨자)10<sup>2</sup> = 100</div>

</body></html>
```

9 HTML 주석(Comment)

HTML 주석은 웹 페이지에 실제로 출력되지 않고, 개발자가 코드를 이해하거나 유지 보수할 때 도움을 주는 역할을 한다. HTML 코드의 문서화나 코드 수정의 근거 등을 작성할 때 사용하면 유용하며, 프로젝트의 인수인계를 위해서는 문서화가 필수적이다. HTML 문서 내에서 주석을 사용하는 방식은 다음과 같다.

■ 주석의 기본 문법

```
<!--    여기에 주석을 작성합니다.    -->
주) 줄 수에 상관없이 <!--부터  -->사이의 내용은 주석임
```

위에서 볼 수 있는 HTML의 주석은 C 언어 등의 주석 표기 방법과 다르다는 것을 명심하기 바란다.

다음은 HTML 주석을 사용한 예제이다.

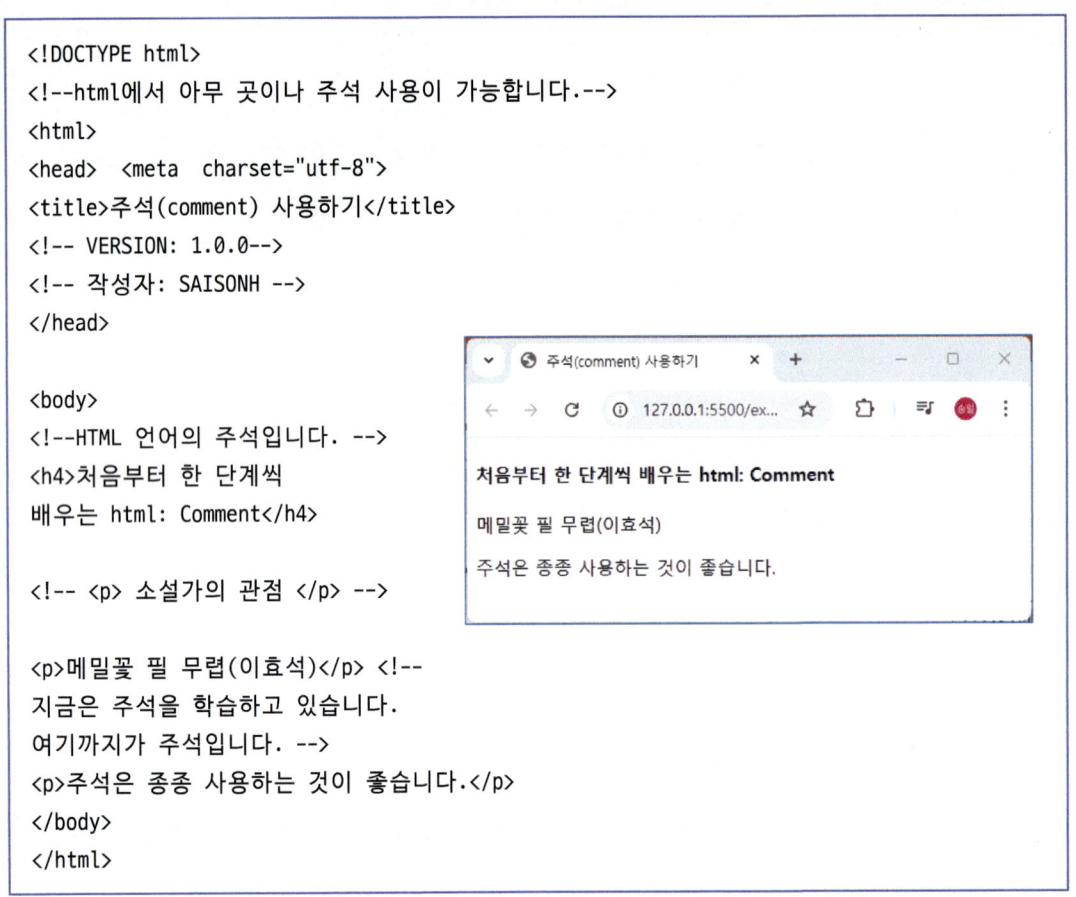

10 HTML 특수 문자(HTML Entities)

HTML 엔터티는 특별한 의미를 가진 문자(특수 문자)를 표현하기 위해 웹 표준에서 사용하는 코드이다. 앰퍼샌드(&)로 시작해 세미콜론(;)으로 끝나는 특별한 형식을 준수해야 한다. 이전에 설명하였던 도 특수 문자에 해당한다. HTML에서 태그 요소를 감싸는 <, >와 같은 기호도 특수 문자로 표현해야 한다.

■ HTML 특수 문자 표기법

- 방식 1: &entity_이름;
  엔터티 이름은 대소문자의 구분을 함
- 방식 2: &#entity_number; (&와 ;은 필수)
  &#십진수; 혹은 &#x16진수;로 숫자를 표현함

다음은 주요 HTML 엔터티를 정리해 보여주고 있다.

특수문자	엔터티이름	엔터티번호	특수문자	엔터티이름	엔터티번호
〈	&lt;	&#60;	£	&pound;	&#163;
〉	&gt;	&#62;	Σ	&sum;	&#8721;
빈 칸			▽	&nabla;	&#8711;
&	&amp;	&#38;	♣	&clubs;	&#9827;
€	&euro;	&#8364;	÷	&divide;	&#247;
©	&copy;	&#169;	→	&rarr;	&#8594;
®	&reg;	&#174;	♥	&hearts;	&#9829;

참고로, 온도를 나타내는 ℃는 ℃로 HTML 문서에 작성하면 된다. 그런데 21℃를 다른 방식으로 표현할 경우에는 21°C와 같이 표현할 수 있다.

HTML 엔터티 특수 문자를 활용한 예제는 아래와 같다.

```
<!DOCTYPE html>
<html>
<head>
  <meta charset="utf-8">
  <title>HTML 엔터티</title>
</head>
<body>
<h4>HTML 엔터티(Entity)[특수 문자]
```

```
    실습</h4>

<div>카피 라이트: &copy;홍길동</div>
<div>텍스트로 태그를 출력하고 싶으면
&lt;div&gt;로 ...</div>
<div>Ampersand: &amp;로 작성</div>
<div>하트: &hearts; &#9829; 새롬</div>
<div>빈 칸:      
...</div>
<div>클로버: &clubs; &#9827;</div>
<div>오늘의 온도는: 21&#8451; (21&deg;C) </div>
</body>
</html>
```

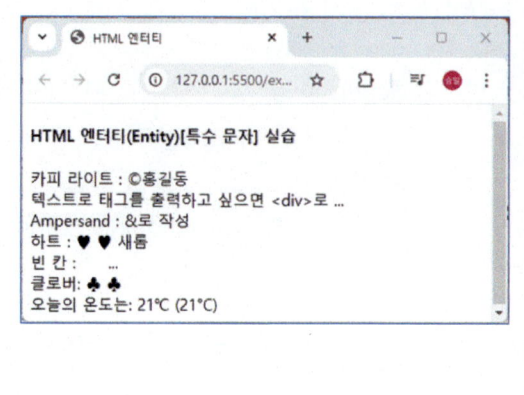

11 분할/컨테이너(<div>)

<div> 태그는 HTML 문서에서 영역 분할(Division)이나 구역(Section)을 정의할 때 사용하는 태그이다. 즉, 웹 페이지의 내용을 그룹으로 묶어서 관리하는 컨테이너(Container) 역할을 한다. <div> 태그는 HTML에서 가장 대표적인 블록 태그이다. 블록 태그는 새로운 줄에서 시작한다. 웹 페이지를 논리적인 구조로 분할하여 관리하고 스타일을 적용할 때 유용하다. <div> 태그는 과거부터 CSS를 이용하여 DIV 태그에 스타일을 적용하여 웹 페이지의 레이아웃을 구성할 때 많이 사용하였지만, 최근에는 차후에 설명할 시멘틱(Semantic: 의미론적) 태그를 사용한다. <div> 태그는 새로운 줄에서 시작하지만, <p> 태그처럼 단락의 전후에 한 줄 띄우기 등은 없으며 단순히 영역만 묶는 기능을 한다.

```
<!DOCTYPE html>
<html>
<head>  <meta  charset="utf-8">  <title>div 태그</title></head>
<body>
<div><SPAN STYLE="color:red">[DIV1]</SPAN>DIV 태그는 브라우저 출력을 보면 알 수 있듯이
블록 태그이지만, P 태그처럼 전후의 한 줄 삽입 같은 것이 없습니다. 단순히 논리적으로
분할하는 기능을 수행합니다. 이러한 논리적 분할에 CSS 디자인 등이 적용되면 거의 모든 변화가
```

```
가능합니다. </div>
<div><SPAN STYLE="color:blue">[DIV2]</SPAN>It is a long established fact that a reader
will be distracted by the readable content of a page when looking at its layout.</div>
<div><SPAN STYLE="color:green">[DIV3]</SPAN>The standard chunk of Lorem Ipsum used since
the 1500s is reproduced below for those interested. Sections</div>
<div><SPAN STYLE="color:red">[DIV4]</SPAN>If you use this site regularly and would like to
help keep the site on the Internet, please consider donating a small sum to help pay for
the hosting and bandwidth bill.</div>

</body>
</html>
```

아래는 <div> 태그 예제에 대해 실행한 브라우저 출력 화면을 보여준다.

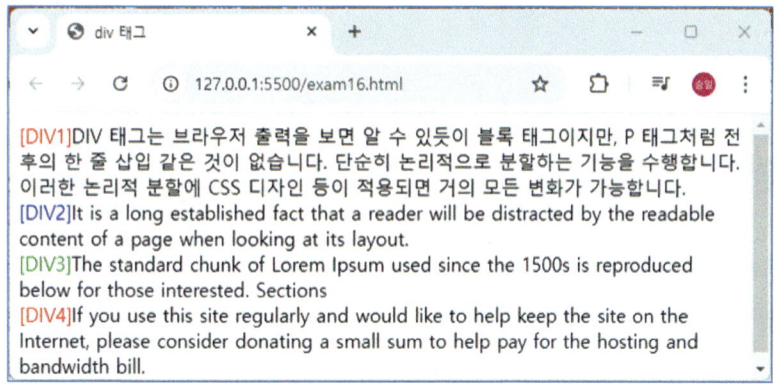

12 <span> 태그

<span> 태그는 HTML 문서에서 특정 텍스트 부분을 감싸서 스타일을 적용하거나 스크립트를 통해 조작하기 위한 인라인 요소이다. 인라인 요소는 줄 바꿈을 유발하지 않고, 주변 텍스트와 자연스럽게 어울리면서 일부 텍스트에 특별한 디자인 효과를 적용할 때 사용하는 태그이다. 텍스트 요소에 특별한 디자인을 적용하거나 자바스크립트의 동적 동작을 적용할 때 사용한다.

<div> 태그는 전체 블록을 감싸는 컨테이너 역할을 하지만, <span> 태그는 일부 텍스트만을 감싸서 디자인을 적용할 때 사용한다.

```
[HTML <span> 태그]
<span  style="디자인적용">텍스트작성</span>
```

다음은 <span> 태그를 활용한 예제이다.

```
<!DOCTYPE html>
<html>
<head>
  <meta  charset="utf-8">
  <title>span 태그</title>
  <style>
  /* 여기에도 CSS 디자인을 적용할 수 있음 */
  </style>
</head>

<body>

<h4>span 태그</h4>
<div><span style="color:red">span 태그</span>는 가장 많이 사용되는 <span style="font-size:24px;background-color:yellow;">inline 태그</span>로 다른 텍스트와 나란히 위치됩니다. 특히 span 태그를 사용해 <span style="font-weight:bold;">다양한 디자인</span>을 적용할 수 있어요.</div>
</body>
</html>
```

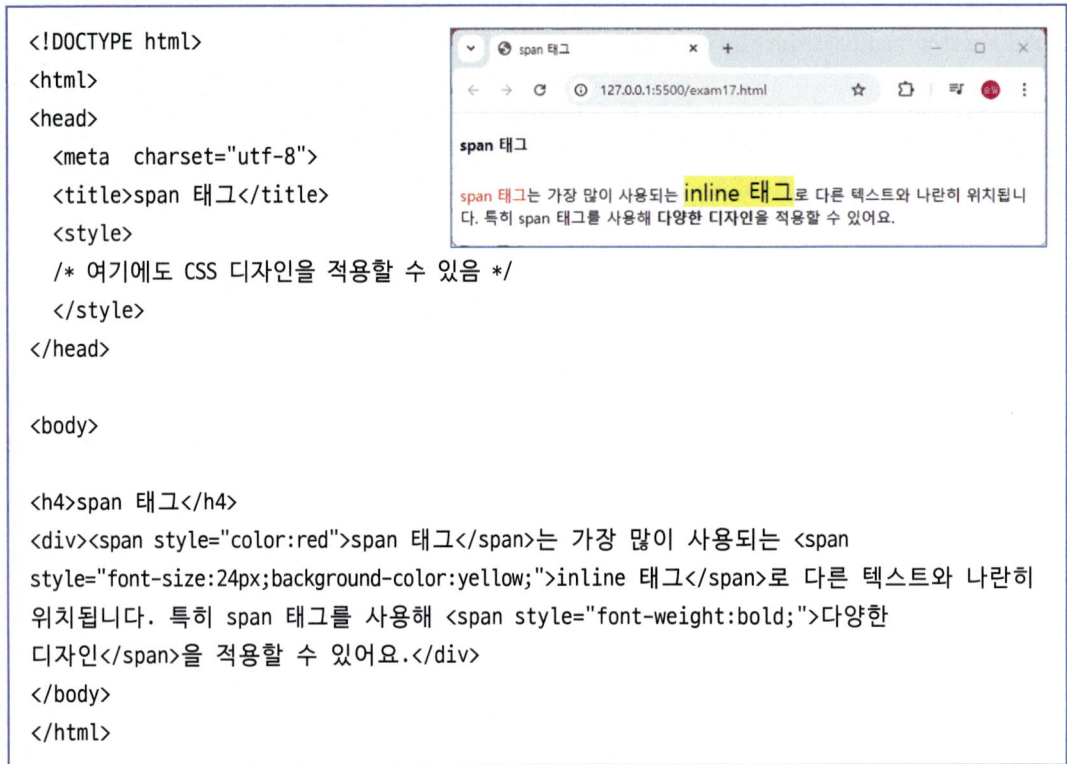

13 종료 태그가 없는 단독 태그

, <hr>, <meta> 태그 등은 종료 태그가 없는 단독 태그들이다. 이러한 태그들은 시작 태그와 종료 태그를 반드시 필요로 하는 XML 표기법과 호환되도록 원한다면 <br />, <hr />, <meta />와 같이 시작 태그의 끝부분에 '/'를 추가해 주어야 한다. 일단, 종료 태그가 없는 단독 태그들을 간략하게 표로 정리해 보았다. 여기에 정리된 태그들은 차후에 자세히 설명할 것이다. 다만, <meta> 태그에 대해서는 여기서 자세히 설명할 예정이다.

태그명	종류	설명	예시
img	이미지	웹 페이지에 이미지를 삽입	<img src="img1.jpg" alt="이미지설명">
input	입력양식	사용자 입력을 위한 폼 요소	<input type="text">
hr	수평선	웹 페이지에 수평선을 그려줌	<hr>
br	줄 바꿈	브라우저 화면에서 줄 바꿈	
(=
)
link	연결	외부 스타일 시트 및 아이콘 연결	<link rel="stylesheet" href="style1.css">
meta	메타정보	웹 페이지에 대한 메타정보를 제공	<meta charset="utf-8">
base	.	기본 URL(base URL)	<base href="https://www.exam.com ">

여기서는 <meta> 태그에 대해 자세히 알아볼 것이다. HTML 메타 데이터는 웹 브라우저에 전달하는 데이터를 의미한다. 즉, 웹 페이지에 출력되지는 않지만, 검색 엔진, 기타 웹 서비스 등이 웹 페이지를 이해하고 처리하는 데 필요한 정보를 말한다. 여러분들은 웹 문서에 대한 문자 인코딩 방식을 적용할 때 사용해 본 경험이 있을 것이다. <meta> 태그는 항상 <head> 태그부 내에 작성해야 한다. 즉, 헤드부는 본래 브라우저 화면에 출력되는 부분이 아니다. 상당수의 <meta> 태그는 "name"과 "content" 속성을 사용한다.

■ meta 태그

```
<meta  name="..."   content="...">
name: 정보의 유형
content: 메타 데이터 값
```

다음 <meta> 태그를 사용하는 예를 표로 정리한 것이다.

1) <meta name="author" content="크리스티나">
   - 웹 페이지의 작성자와 간략한 설명
2) <meta name="description" content="html css javascript">
   - description은 검색 엔진에서 중요하게 활용됨

3) `<meta name="viewport" content="width='device-width',initial-scale=1.0 ">`
   - 모든 장치에서 웹 콘텐츠가 잘 보이도록 뷰포트 설정

다음은 \<meta\> 태그를 사용한 예를 보여준다. \<head\> 태그로 감싸야 한다는 것을 기억하자.

```html
<head>
  <meta charset="UTF-8">
  <meta  name="author" content="홍길동">
  <!- description은 검색에 유용하게 활용됨   -->
  <meta  name="description" content="html css javascript firebase">
  <meta  name="viewport" content="width=device-width, initial-scale=1.0">
  <title>웹 페이지 제작 실습</title>
</head>
```

14 인용문을 위한 태그(\<blockquote\> 혹은 \<q\>)

\<blockquote\> 태그는 다른 출처에서 가져온 비교적 긴 인용문에 적용하는 태그이다. 일반 텍스트보다 좌측 및 우측 모두 40px 정도 들여쓰기해 출력되므로 기존 텍스트와 구분된다. 블록 인용문은 전체 내용을 따옴표와 같은 인용 부호로 표시해 인용문임을 시각적으로 표현하기도 한다. \<cite\> 태그를 내부에 적용해 인용문의 출처를 표현할 수 있다.

\<q\> 태그는 비교적 짧은 인용문을 표현하기 위해 사용하는 태그이다. \<q\> 태그 내의 콘텐츠는 내용의 양 끝에 이중인용부호("")를 붙여 보여준다. \<q\> 태그를 사용하지 않고 문서에 직접 따옴표(")를 사용해 작성하는 것도 가능하다. 이때는 들여쓰기 등의 속성은 적용되지 않는다.

■ 블록 인용문

```html
<blockquote>세상에서 가장 아름다운 여행은 자기 자신으로 향하는 여정이다.
<cite>댄 길버트</cite>
</blockquote>
```

■ 짧은 인용문

<q>우리가 보는 것은 우리가 되고 싶은 것이 무엇인지를 결정한다.</q>

<blockquote> 태그와 <q> 태그를 사용한 예제는 다음과 같으며, 브라우저 실행 화면도 예제 소스 다음에 볼 수 있다.

```
<!DOCTYPE html>
<html>
<head> <meta charset="utf-8"> <title>단락 정의 P태그</title></head>
<body>
<h4>아래는 ipsum 사이트에서 가져온 내용이다. 본문의 내용은 해당 사이트에서 복사해 오세요.</h4>

<blockquote cite="https://www.lipsum.com/" style="background: lightgray;">
Lorem Ipsum is simply dummy text of the printing and typesetting industry. Lorem Ipsum has been the industry's standard dummy text ever since the 1500s, when an unknown printer took a galley of type and scrambled it to make a type specimen book. It has survived not only five centuries, but also the leap into electronic typesetting, remaining essentially unchanged. It was popularised in the 1960s with the release of Letraset sheets containing Lorem Ipsum passages, and more recently with desktop publishing software like Aldus PageMaker including versions of Lorem Ipsum.
<cite>[출처: ipsum lorem]</cite>
</blockquote>
<div>위의 내용 blockquote 태그를 적용한 것이다. 반드시 직접 타이핑을 해보아야 합니다.</div>
<p>다음은 단순 인용문입니다.
<q>인용문임을 표시하기 위해 양쪽에 따옴가 있지요.</q><br>
"하지만 우리가 사용하는 일반적인 따옴표를 사용해도 가능해요."</p>
</body>
</html>
```

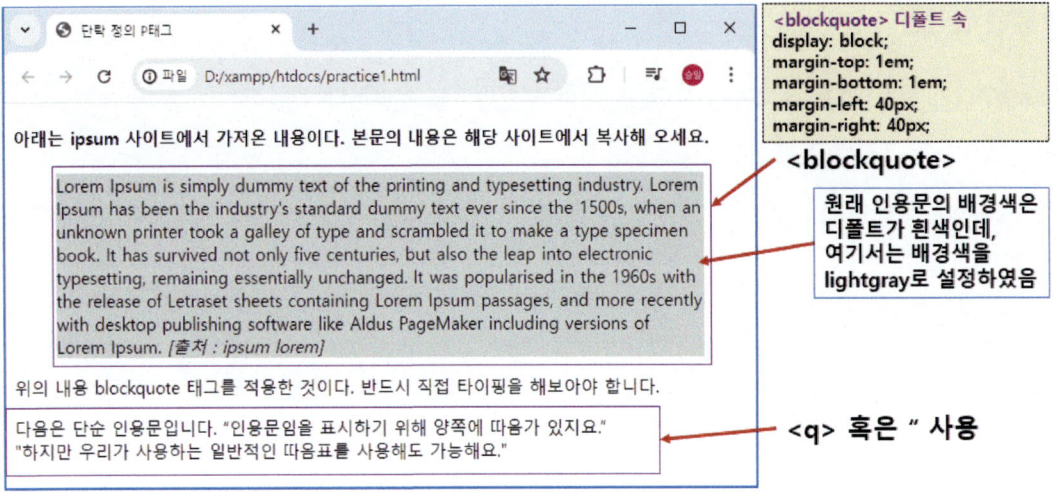

15 앵커 태그(<a>)

<a> 태그는 HTML에서 하이퍼링크(Hyperlink)를 생성할 때 사용하는 태그이다. 하이퍼링크란 웹 페이지 내의 다른 부분 혹은 외부 웹 사이트로 이동하도록 연결하는 것이다. 물론 외부의 파일도 열 수 있다. <a> 태그로 감싼 화면에 출력된 텍스트(링크 텍스트라고 함)를 클릭하면 href 속성에 설정한 URL 주소로 이동한다.

■ 앵커 태그의 기본 문법

```
<a  href="링크주소" target="링크가열릴방식" [download]> 화면에서 클릭할 링크 텍스트 </a>
```

- href: 링크가 연결된 URL 주소 지정
- target: 링크를 클릭했을 때, 링크가 열리는 방식을 지정
    1) _blank: 새로운 창에서 열림
    2) _self: 현재 창에서 열림 (디폴트)
    3) _parent: 부모 창에서 열림
    4) _top: 최상위 창에서 열림
    5) iframe 이름: iframe에 URL 링크 내용을 출력하고 싶을 때 사용함
- download: 링크 클릭 파일을 자신의 PC에 다운로드하도록 지정
    페이지 이동이 아닌 파일(이미지, pdf 파일 등) 저장
    새 파일명으로 저장하고 싶으면, 속성값으로 새 파일명 할당

위의 target 속성 중에서 "iframe 이름"을 주목하기 바란다.

웹 브라우저 화면은 하나의 프레임으로 생각할 수 있는데, 이러한 프레임 내부에 별도의 내용을 독립적으로 출력할 수 있는 내부 프레임을 iframe이라 부르는데, 이러한 iframe에 부여한 이름을 말한다.

다음은 <a> 태그를 사용한 하이퍼링크를 실습하기 위한 예제이다. 출력을 보면 알 수 있듯이, 링크가 설정되어 있으면 링크된 텍스트(연결 문서)에 밑줄이 있는 텍스트로 출력되며, 글자 색도 기존 텍스트와 다르게 출력되는 것을 확인할 수 있을 것이다.

```html
<!DOCTYPE html>
<html>
  <head>
    <meta charset="utf-8" />
    <title>a 태그</title>
  </head>

  <body>
    <h4>링크</h4>
    <!--다른 외부 사이트를 열기 -->
    <a href="https://www.google.com/">구글 사이트 연결하기</a><br />
    <div>링크 사이트는 디폴트가 현재창이 됩니다.</div>
    <!-- HTML 파일 열기 -->
    <a href="나의사진_index.html">HTML 문서 열기(폴더에 문서파일이 존재해야 함)</a><br />

    <!-- 파일 다운로드하기 -->
    <a href="태국여행 계획.hwp" download="태국여행1">
      태국여행계획다운로드하기(폴더에 hwp 파일을 존재해야 함)</a>
    <div>
      다운로드에 값을 할당하지 않으면 href에 설정한 이름과 동일하게
      다운로드되며, download에 값을 설정하면 설정한 이름이 파일 이름이 됨.
      확장자는 동일함
    </div>
  </body>
</html>
```

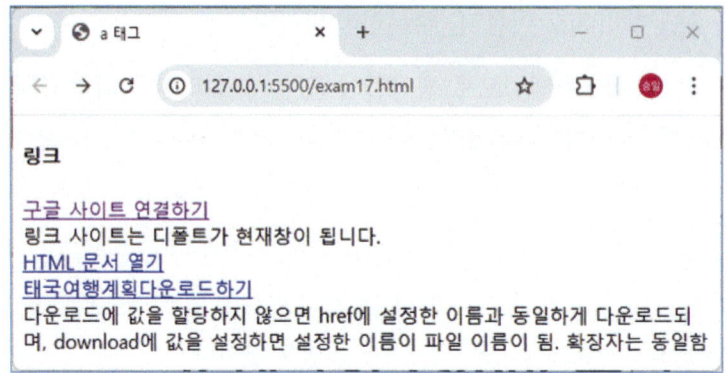

다음 <a> 태그의 target 속성을 알아보기 위한 예제이다. 특히 새로운 창에 문서를 출력하는 "_blank"는 많이 사용되므로 꼭 기억하고 있기 바란다. 그리고 <ifame> 태그는 웹 브라우저 내에 별도의 내부 프레임(Inline Frame)을 생성하는 태그이다. 이 태그의 속성 중의 하나인 src 속성은 내부 프레임에 기본적으로 출력되는 URL을 할당하고, name 속성은 <a> 태그의 target 속성에 할당한 값 중에서 iframe의 이름이 매칭되면 <a> 태그에 설정한 URL의 내용이 인라인 프레임 내부에 출력된다. <iframe> 태그는 width와 height 속성도 존재한다.

```
<!DOCTYPE html>
<html>
<head>    <meta    charset="utf-8">    <title>a 태그의 target 속성</title></head>
<body>
<h4>링크 with a Tag(Target 속성)</h4>
<!--다른 외부 사이트를 새로운 창에 보여줌 -->
<a   href="https://www.google.com/" target="_blank">새창에서 구글 사이트 보기</a><br>

<!--다른 외부 사이트를 부모 창에 보여줌 -->
<a   href="https://www.google.com/" target="_parent">부모 창에서 구글 사이트 보기</a><br>

<!--다른 외부 사이트를 최상위 창에 보여줌 -->
<a   href="https://www.google.com/" target="_top">최상위 창에서 구글 사이트 보기</a><br>

<!--특정 링크를 iframe(inline frame)에서 볼 수 있음 -->
<a   href="./hello.html" target="ifname1">내부의 iframe에 링크 보기</a><br>
```

```
<iframe name="ifname1" src="https://picsum.photos/200"
width="400" height="200"></iframe>
</body>
</html>
```

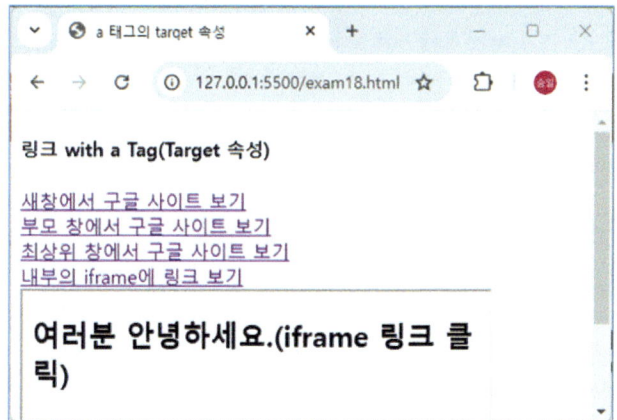

위의 브라우저 화면에서 각 링크된 텍스트들을 클릭해 보기 바란다.

<a> 태그 내에 링크된 텍스트(연결 문서) 대신에 이미지를 사용해 다른 사이트로 이동하는 것이 가능하다. 이미지를 표현하는 태그는 <img>이며, src 속성에 이미지의 주소를 할당하면 된다.

```
<!DOCTYPE html>
<html>
<head>  <meta  charset="utf-8">  <title>이미지를 사용한 링크</title></head>

<body>
<h4>이미지를 링크를 수행할 때 사용 가능함</h4>
<div>링크: 웹 페이지에서 이미지를 클릭하면 다른 웹 페이지나 파일로 이동<br>
아래 이미지를 클릭하면 픽썸의 포토 사이트로 연결됩니다.</div>

<a href="https://picsum.photos/">
    <img src="https://picsum.photos/100/100"  alt=" 픽썸 포토 링크">
</a>
```

```
        </body>
</html>
```

<a> 태그를 이용해 한 페이지 내에서 이동하는 것이 가능하다.

■ 앵커 태그를 이용한 동일 페이지 내에서 이동

```
<a href="#id명" > 클릭하면 #id 위치로 이동 </a>
```
• 클릭하면, 선택된 id를 갖는 태그의 내용이 브라우저의 가장 위에 출력됨

여러분들은 href 속성에 할당하는 "#id명"를 처음 접했을 것이다. 이것은 HTML의 태그들은 다른 태그들과 유일하게 구분되는 식별 값인 id 속성을 가질 수 있다. 각 태그에 할당하는 ID 값은 반드시 중복되지 않도록 해야 한다. 만약에 여러분들이 웹 문서로 작성된 내용을 브라우저 화면에서 읽을 때, 교재의 각 장에 id를 설정해 동일 문서 내 이동을 위해 활용할 수 있다. 한 가지 주목할 것은 <a> 태그의 href 속성 할당시 id명은 반드시 "#id명" 처럼 id명 앞에 #이 위치한다는 것이다.

```
<a href="#id1" >1장으로 가기</a>
<a href="#id2" >2장으로 가기</a>
<a href="#id3" >3장으로 가기</a>
<div  id="id1">1장. ~~~~ 내용 작성 ~~~~ </div>
<div  id="id2">2장. ~~~~ 내용 작성 ~~~~ </div>
<div  id="id3">3장. ~~~~ 내용 작성 ~~~~ </div>
```

다음은 한 문서 내에서 이동을 구현한 예제이다. 만약에 "2장"으로 출력된 링크된 텍스트를 클릭하면 2장의 내용이 웹 브라우저의 최상단에 위치해 출력되는 것을 확인할 수 있을 것이다.

```
<!DOCTYPE html>
<html> <head>  <meta  charset="utf-8">  <title>페이지 내에서 이동</title></head>
<body>
<h4>한 페이지 내에서 이동(A 태그와 id)</h4>
<a href="#chap1">1장</a><br>
<a href="#chap2">2장</a><br>
<a href="#chap3">3장</a><br>

<p id="chap1">
[1장] Lorem Ipsum is simply dummy text of the printing and typesetting industry. Lorem
Ipsum has been the industry's standard dummy text ever since the 1500s, when an unknown
printer took a galley of type and scrambled it to make a type specimen book. It has survived
not only five centuries, but also the leap into electronic typesetting, remaining
essentially unchanged. It was popularised in the 1960s with the release of Letraset sheets
containing Lorem Ipsum passages, and more recently with desktop publishing software like
Aldus PageMaker including versions of Lorem Ipsum.
</p>
<p id="chap2">
[2장] Contrary to popular belief, Lorem Ipsum is not simply random text. It has roots in
a piece of classical Latin literature from 45 BC, making it over 2000 years old. Richard
McClintock, a Latin professor at Hampden-Sydney College in Virginia, looked up one of the
more obscure Latin words, consectetur, from a Lorem Ipsum passage, and going through the
cites of the word in classical literature, discovered the undoubtable source. Lorem Ipsum
comes from sections 1.10.32 and 1.10.33 of "de Finibus Bonorum et Malorum" (The Extremes
```

```
of Good and Evil) by Cicero, written in 45 BC. This book is a treatise on the theory of
ethics, very popular during the Renaissance. The first line of Lorem Ipsum, "Lorem ipsum
dolor sit amet..", comes from a line in section 1.10.32.
</p>

<p id="chap3">
[3장] There are many variations of passages of Lorem Ipsum available, but the majority have
suffered alteration in some form, by injected humour, or randomised words which don't look
even slightly believable. If you are going to use a passage of Lorem Ipsum, you need to be
sure there isn't anything embarrassing hidden in the middle of text. All the Lorem Ipsum
generators on the Internet tend to repeat predefined chunks as necessary, making this the
first true generator on the Internet. It uses a dictionary of over 200 Latin words,
combined with a handful of model sentence structures, to generate Lorem Ipsum which looks
reasonable. The generated Lorem Ipsum is therefore always free from repetition, injected
humour, or non-characteristic words etc.
</p>

</body></html>
```

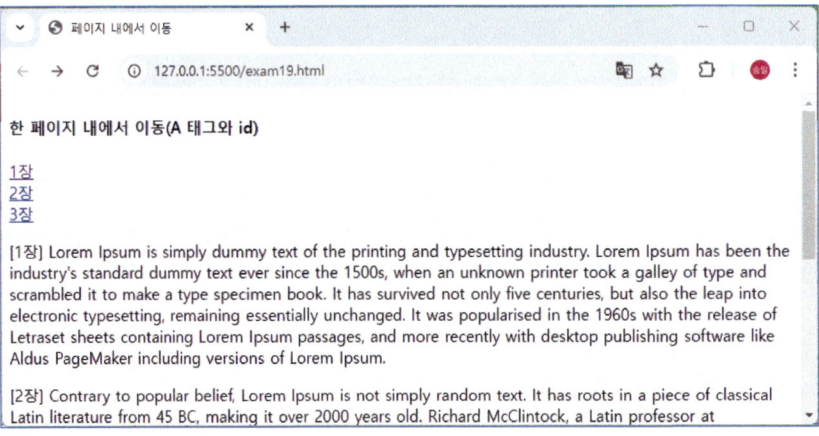

16 정의 목록(Definition List) 태그(〈DL〉, 〈DT〉, 〈DD〉)

마치 사전처럼 단어와 단어의 의미를 모아서 정의할 때 사용한다. <dl> 태그 내에 <dt> 태그를 먼저 정의하고, <dd> 태그에서 상세한 설명을 기술한다.

■ 정의 목록

- ⟨dl⟩: 정의 목록(Definition List)으로 전체 정의 목록을 감쌈
  ⟨dt⟩와 ⟨dd⟩로 정의 목록을 구성하는데, 개수의 제한은 없음
- ⟨dt⟩: 설명할 용어(Description Term)를 작성함
- ⟨dd⟩: 상세 설명(Description Details)을 작성함

```
<dl>
   <dt>용어 제목</dt>
   <dd>용어에 대한 설명</dd>
   ...
</dl>
```

```
<dl> 기본형 :
    display: block;
    margin-top: 1em;
    margin-bottom: 1em;
<dt> : display: block;
<dd> 기본형 :
    display: block;
    margin-left: 40px;
```

정의 목록을 사용한 예제는 다음과 같다.

```
<!DOCTYPE html>
<html>
<head> <meta charset="utf-8" /> </head>
<body>
<h4> 설명(정의) 목록 - 설명할 용어 및 상세 설명 </h4>
<hr />
<dl>
  <dt>하늘</dt>
  <dd>지평선이나 수평선 위로 보이는 무한대의 넓은 공간</dd>
  <dt>바다</dt>
  <dd>지구 위에서 육지를 제외한 부분으로 짠물이 괴어 하나로 이어진 넓고 큰 부분</dd>
  <dt>땅</dt>
  <dd>강이나 바다와 같이 물이 있는 곳을 제외한 지구의 겉면</dd>
  <dt>수풀(숲)</dt>
  <dd>나무들이 무성하게 우거지거나 꽉 들어찬 것</dd>
</dl>
</body>
</html>
```

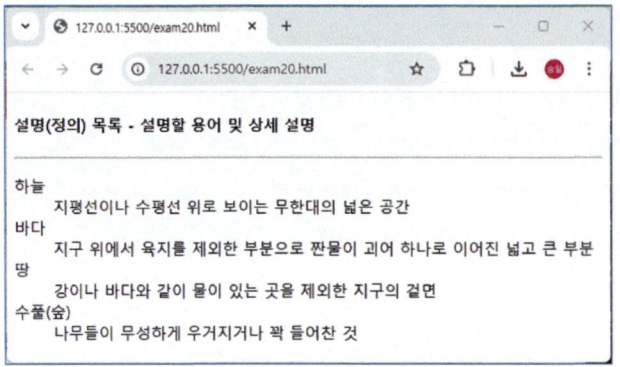

2.5 미디어 태그들

<img> 태그, <audio> 태그, <video> 태그, <source> 태그, <embed> 태그 등은 멀티미디어용 태그에 속한다. 또한 <iframe> 태그도 내부 프레임에 유튜브와 같은 동영상이나 다른 문서 등을 볼 수 있기 때문에 미디어 태그에서 설명할 것이다.

1 이미지 태그(<img>)

웹 문서에 이미지를 포함시키려 한다면, <img> 태그를 사용한다.

■ img 태그의 기본 문법

```
<img src="이미지 url" alt="이미지 설명" width=""  height="">
```

- src: 이미지 파일의 url.
- alt: 이미지를 출력할 수 없는 경우 대체 텍스트를 활용
  웹 접근성과 관련해 시각장애인들에게 읽어주는 내용 작성
- width, height: 너비와 높이에 대한 설정을 할 수 있음(기본 단위: px)
  (이미지의 크기를 지정하지 않으면 브라우저는 원본 이미지 크기를 사용)

다음은 <img> 태그를 사용한 예제를 보여준다. <img> 태그는 자동 줄 바꿈을 발생하지 않는 인라인 형식의 태그이다. 아래 예제 PC의 "D:" 드라이브에서 이미지를 읽어오는 부분은 여러분들이 실제 상황에 맞도록 변경해야 한다.

```html
<!DOCTYPE html>
<html>
<head>
  <meta  charset="utf-8">
  <title>이미지 보여주기</title>
</head>
<body>
<h4>이미지를 읽어와 보여주기</h4>
<div>img 태그는 인라인 태그로 줄 바꿈이 발생하지 않아요</div>
<!--자신의 로컬 pc의 특정 폴더에서 읽어오기-->
<img src="D:/d/2021사진모음/20180925_114059.jpg"  alt="코스모스 사진"
 width="250" />

<!-외부의 URL 주소에서 이미지 읽어오기-->
<img src="https://picsum.photos/200/190" alt="입썸 포토 사이트에 읽어오기">
</body>
</html>
```

2 오디오 태그(<audio>)

<audio> 태그는 웹 페이지에 오디오 파일을 삽입하여 재생할 수 있도록 해주는 태그이다. 오디오를 웹 브라우저에 포함하여 다양한 음악 및 효과음과 같은 사용자 경험을 제공할 수 있다. <audio> 태그를 정의해 오디오를 재생하는 방법은 2가지 방법을 사용해 구현할 수 있다. 첫 번째 방법을 먼저 설명할 것이다.

```html
<audio controls>
    <source src="flower.ogg"  type="audio/ogg">
    <source src="flower.mp3"  type="audio/mpeg">
    여기에는 오디오 재생이 불가할 때 출력되는 내용을 적습니다.
</audio>
```

- source 내의 src 속성에 등록한 순서대로 실행 가능한 오디오 파일 검색
  (type 오디오 유형을 알려주는 MIME 타입이라함)

- 가장 먼저 재생할 수 있는 파일을 발견하면 해당 파일을 실행함
- controls: 재생 컨트롤(볼륨 조정 포함)을 브라우저 창에 보여줌

<audio> 태그에서 종료 태그는 반드시 존재해야 한다. <audio> 태그를 표현하는 두 번째 방법은 다음과 같다. 이 방식을 더 많이 사용한다.

```
<audio  controls  src="flower.mp3" ></audio>  :  종료 태그 필수
```
- mp3는 사실상 모든 브라우저가 지원하므로 한 줄로 간단히 작성함

<audio> 태그에 자주 사용하는 속성을 추가하여 표현하면 다음과 같다.

```
<audio controls src="flower.mp3"  [ autoplay   loop   muted ]></audio>
```
- autoplay(자동재생), loop(반복재생), muted(묵음) 등의 속성을 적용할 수 있음.

오디오 샘플 파일은 https://www2.cs.uic.edu/~i101/SoundFiles/ 사이트 접속에 사용할 수 있으며, 본 교재에서도 오디오 샘플 파일을 사용한다.

```
<audio controls
  src="https://www2.cs.uic.edu/~i101/SoundFiles/BabyElephantWalk60.wav"  ></audio>
```

HTML에서 지원하는 오디오 유형은 다음과 같이 정리할 수 있다. MIME(Multipurpose Internet Mail Extensions) 타입은 웹 서버가 클라이언트(보통 웹 브라우저)에게 전송하는 데이터의 종류를 알려주는 정보이다. 즉, 서버가 클라이언트에게 어떤 이미지 파일인지 혹은 PDF 파일인지 등을 알려주는 정보이다. HTML 문서의 MIME 타입은 "text/html"이고, pdf 파일의 MIME 타입은 "application/pdf"이다.

형식	설명	MIME 타입
MP3	가장 보편적이고 호환성이 높음	audio/mpeg
OGG	MP3와 비슷한 음질, 파일 크기 작음.	audio/ogg
WAV	무손실 음질	audio/wav
AAC	MP3보다 높은 효율성	audio/aac
OPUS	높은 효율성과 음질	audio/opus

<audio> 태그와 <video> 태그에 공통적으로 적용할 수 있는 속성을 정리하였다. 여기에 정리한 속성들을 적절히 잘 활용하기 바란다.

오디오와 비디오 태그의 공통 속성

속성	설명
autoplay	콘텐츠가 자동으로 재생되도록 설정(디폴트: false)
controls	재생 컨트롤(볼륨 조절 포함)을 표시(디폴트: false)
loop	콘텐츠를 반복 재생(디폴트: false)
muted	콘텐츠를 음소거 상태로 시작(디폴트: false)
poster	재생 전에 표시할 이미지의 URL을 지정(video 태그만 지원)
preload	콘텐츠의 로드 방식을 지정((디폴트: NONE)
src	재생할 미디어 파일의 URL을 지정
style	태그에 직접 CSS 스타일을 적용

3 비디오 태그(<video>)

<video> 태그는 웹 페이지에 동영상 파일을 삽입해 재생할 때 사용하는 태그이다. 최근 동영상을 활용하는 빈도는 더 증가하는 추세이다.

<video> 태그를 정의해 비디오를 재생하는 방법은 2가지 방법을 사용해 구현할 수 있다. 첫 번째 방법을 먼저 설명한다.

```
<video width="320" height="240" controls>
    <source src="sun1.mp4" type="video/mp4">
```

```
      <source src=""sun1.ogg" type="video/ogg">
      여기는 정상적인 비디오 재생이 불가할 때 출력됩니다.
</video>
```

비디오 태그의 기본 속성으로는 width와 height 속성이 있다. 그리고 비디오 태그도 반드시 시작 태그와 종료 태그로 구성되어야 한다. <video> 태그를 표현하는 두 번째 방법은 다음과 같다. 이 방식이 더 많이 사용된다.

```
<video width="320" height="240"  src="sun1.mp4 " controls ></video>
```

- mp4는 사실상 모든 브라우저가 지원하므로 한 줄로 간단히 작성함

<video> 태그에 자주 사용하는 속성을 추가하여 표현하면 다음과 같다.

```
<video width="320" height="240"  src="sun1.mp4 " type="video/mp4"
        controls   [ autoplay  loop   muted ]></video>
```

HTML에서 지원하는 비디오 유형(MIME)은 다음과 같다.

형식	설명	MIME 타입
MP4	대부분의 브라우저 기기에서 지원	video/mp4
WebM	MP4와 비슷한 품질을 제공하면서 파일 크기가 작음	video/webm
Ogg	WebM과 유사하지만, 호환성은 떨어짐	video/ogg

다음은 여러분들이 동영상 링크를 사용해 실습할 때 활용 가능한 유용한 샘플 무료 동영상 URL 사이트를 정리한 것이다. 필요할 때 적절히 활용하기 바란다.

■ **무료 동영상 사이트**

- http://commondatastorage.googleapis.com/gtv-videos-bucket/sample/BigBuckBunny.mp4
- http://commondatastorage.googleapis.com/gtv-videos-bucket/sample/ElephantsDream.mp4
- http://commondatastorage.googleapis.com/gtv-videos-bucket/sample/ForBiggerBlazes.mp4

위의 동영상 사이트를 이용해 여러분의 웹 페이지에 아래에 제시된 것처럼 소스에 포함시켜 실행시켜 보자.

```
<video controls width="320" height="240"
src="http://commondatastorage.googleapis.com/gtv-videos-bucket/sample/BigBuckBunny.mp4" >
</video>
```

<embed> 태그는 과거에는 외부 콘텐츠를 웹 페이지에 포함시키기 위해 사용되었지만, 최근에는 <iframe> 태그로 교체되고 있다. 따라서 본 교재에서는 <embed> 태그는 다루지 않을 것이다.

4 인라인 프레임 태그(<iframe>)

<iframe> 태그는 Inline Frame의 약자로 HTML 문서 내에 다른 웹 페이지를 삽입할 때 사용한다. 인라인 프레임에 유튜브, 이미지, HTML 문서, URL의 출력이 가능한 브라우저 안의 창이다. 인라인 프레임은 보안에 취약할 수 있기 때문에 신뢰할 수 있는 출처의 내용만을 보여줄 수 있도록 주의해야 한다. 인라인 프레임의 기본 문법은 다음과 같다.

■ **<iframe> 태그의 기본 문법**

```
<iframe  src="삽입할 페이지url" width="너비" height="높이"
         frameborder="0"  allowfullscreen ></iframe>
```

- src: 삽입할 콘텐츠의 URL
- width, height: iframe의 너비 및 높이
- frameborder: iframe 테두리 표시 여부 (디폴트는 0으로 테두리 없음을 표시)
- allowfullscreen: 전체 화면 표시 허용 여부(유튜브에서 많이 사용)

다음은 <iframe> 태그를 활용한 간단한 예제이다.

```html
<!DOCTYPE html>
<html>
<head>
  <meta charset="utf-8" />
  <title>iframe 연습</title>
</head>

<body>

    <h2>인라인 프레임을 간단한 예제입니다.</h2>
    <iframe src="https://www.example.com"
      width="400" height="200"></iframe>
    <p>일반 문서도 읽어와 인라인 프레임에 보여줄 수 있어요.</p>

</body>
</html>
```

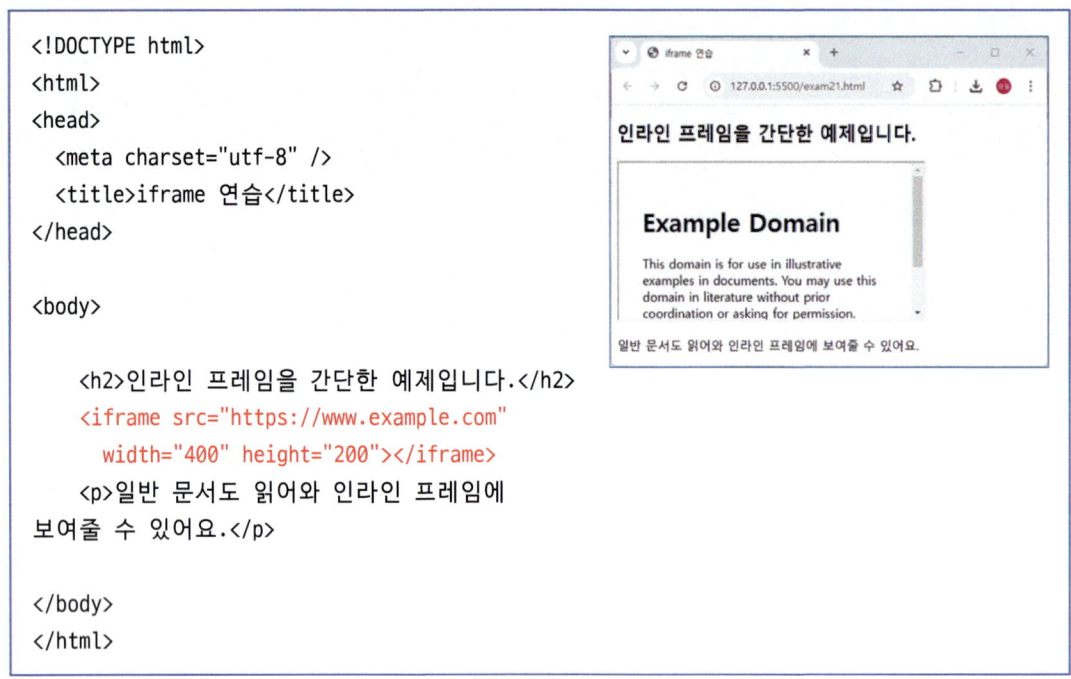

만약에 특정 유튜브 영상을 여러분들의 웹 페이지에 포함하고 싶다면, 다음의 과정을 거치면 된다. 유튜브 홈페이지에서 원하는 영상을 선택한 다음 공유 버튼을 클릭하고 "퍼가기" 메뉴를 선택 후 "복사" 버튼을 클릭해 복사한다. 아래 그림을 참고하자.

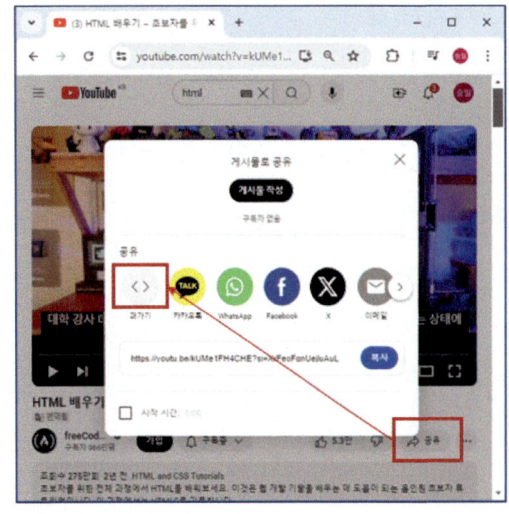
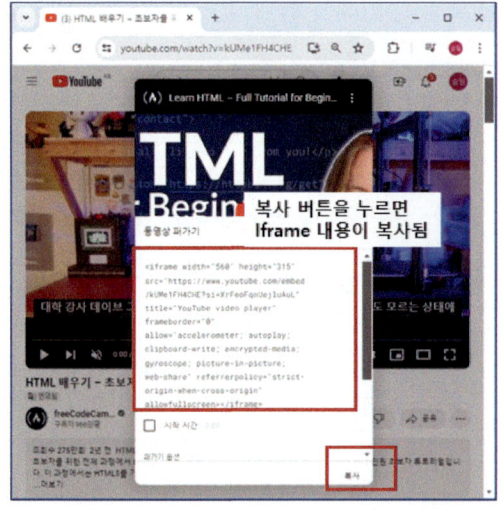

유튜브에서 여러분들의 웹 브라우저에 삽입할 수 있는 영상을 위와 같이 복사하면 아래와 같이 인라인 프레임으로 구성된 것을 알 수 있다.

```
<iframe width="560" height="315"
src="https://www.youtube.com/embed/kUMe1FH4CHE?si=XrFeoFqnUejluAuL" title="YouTube
video player" frameborder="0" allow="accelerometer; autoplay; clipboard-write;
encrypted-media; gyroscope; picture-in-picture; web-share"
referrerpolicy="strict-origin-when-cross-origin" allowfullscreen></iframe>
```

위의 내용을 여러분들이 작업 중인 파일의 원하는 위치에 "paste"하면 동영상을 재생할 수 있다. 다음은 유튜브 동영상을 포함하는 예제이다. 앵커 태그를 적용해 인라인 프레임에 출력하는 방식도 포함하고 있다. 인라인 프레임에 출력하려면 <a> 태그의 target 속성에 인라인 프레임의 name 값을 할당하는 것을 잊지 말자.

```
<!DOCTYPE html>
<html>
<head>  <meta  charset="utf-8">  <title>iframe</title></head>
<body>
<h4>iframe</h4>
<a  target="myFrame"
href="https://www.youtube.com/embed/oBNuuDdWES4?si=AI-AJkVm-g4cvRKf"> 이 유튜브를
iframe에서 보여줘1</a><br>
<a target="myFrame" href="https://picsum.photos/200"> 이미지를 iframe에서 보여줘1</a>
<div><i>iframe의 사용은 꼭 필요한 경우에 한해 제한적으로 사용하세요.</i></div>

<iframe name="myFrame" width="560" height="315" src="
https://www.youtube.com/embed/pg5CcinU70Q?si=p4-OWZBh2i8UrxRo" title="YouTube video
player" frameborder="0" allow="accelerometer; autoplay; clipboard-write;
encrypted-media; gyroscope; picture-in-picture; web-share"
referrerpolicy="strict-origin-when-cross-origin" allowfullscreen ></iframe>

</body>
</html>
```

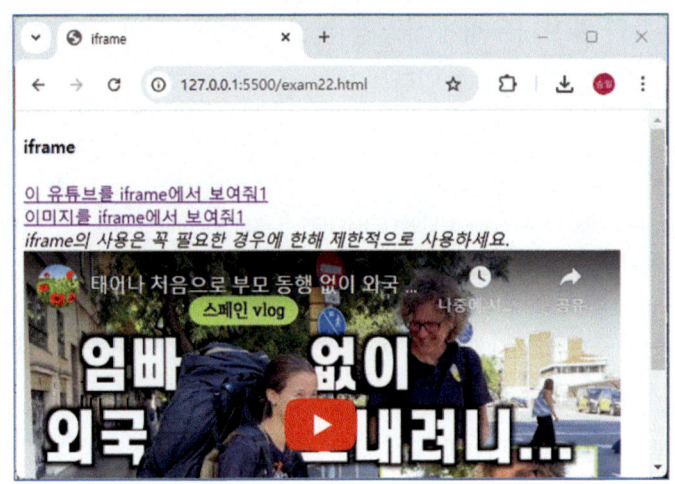

4 Map 태그(<map>)

<map> 태그는 이미지 내에서 특정 영역(Area)을 클릭 가능한 링크로 설정할 때 사용하는 HTML 태그이다. <map> 태그는 독립적으로 사용하지 않고 <img> 태그와 함께 사용한다. 이미지의 특정 부분을 클릭하면 다른 페이지로 이동하거나 특정 기능을 수행하도록 구현할 수 있다. 주목할 것은 좌표는 항상 브라우저 창이 아닌 이미지의 좌측 상단을 좌표 (0, 0)으로 하며, 단위는 px을 사용한다. <img> 태그의 속성은 usemap="#mapName"을 사용해야 한다. mapName은 <map> 태그의 name 혹은 id 속성에 설정한 값과 같아야 한다. <map> 태그의 기본 문법은 다음과 같다. 맵은 이미지 맵이라고도 한다. <map> 태그 내의 <area> 태그는 이미지에서 클릭 가능한 영역을 정의하기 위한 태그이다.

```
<img src="..." alt="..." width="" height="" usemap="#myMap">
- 이미지 태그에 usemap 속성을 추가하고,
  # 기호와 함께 map 태그의 name 속성 값을 연결(실제 사용하는 이미지 정의)

<map id="myMap">    <!-- id는 usemap과 동일 -->
    <area   shape = "rect"   coords = "0,0,50, 50"  href = 링크url1"  target = "_blank">
    <area   shape = "circle"  coords = "73,168,32"  href = "링크url2"  target = "_blank">
    <area ... 중간 생략 (원하는 링크만큼의 area 태그를 사용 가능함)
    <area    shape="poly"   coords="260,96,209,249,130,138"   href="링크url3"
            target="_blank">
</map>
```

<img>와 <map> 태그의 관련된 주요 속성을 정리하면 다음과 같다.

- <img>의 usemap 속성: 이미지에 연결될 이미지 맵의 이름
- <map>의 id(name) 속성: <img> 태그의 usemap 속성과 같은 이름
- <area>: 이미지에서 클릭 가능한 영역을 정의
    - shape 속성: 영역의 모양을 지정(rect(사각형), circle(원), poly(다각형))
    - coords 속성: 영역의 좌표를 지정. shape 설정에 따라 해석이 다름
    - href 속성: 영역 클릭시 이동한 URL 주소 설정
    - target: _self, _blank, _top, _parent, iframe이름 중 선택

다음은 <area> 태그의 shape 속성과 coords 속성을 정리한 것이다.

shape 값	좌표 설정(coords 속성)
rect	x1, y1, x2, y2 //(x, y) 좌표 쌍(사각형)
circle	xc, yc, radius //원의 중심좌표 x, y와 반지름(radius)
poly	x1,y1,x2,y2,x3,y3,...,xn,yn //(x, y)좌표를 연결하는 다각형(polygon)

다음은 <map> 태그를 사용해 링크를 구현한 예제이다.

```html
<!--map을 사용해 이미지에 링크걸기(useMap1.html)-->
<!DOCTYPE html>
<html>
  <head>
    <meta charset="utf-8" />
    <title>HTML area Tag</title>
  </head>
  <body>
    <h1>안녕하세요.</h1>
    <h2>use map을 실습하고 있어요....</h2>
    <h3>좌표는 이미지를 기준으로 (0,0)부터 부여됩니다.</h3>
    <h4>
      이미지의 좌측상단이 (0,0)이고, 우측하단이 (width, height)에 대응됩니다.
```

```html
      </h4>
    <div>
      <img
        src="https://picsum.photos/300/300"
        alt="usemap"
        border="2"
        usemap="#myMap"
      />
      <map id="myMap">
        <!--<area shape = "poly"  coords = "0,0,50, 50"-->
        <area
          shape="rect"
          coords="0,0,50, 50"
          href=" https://www.google.com/ "
          alt="블라블라"
          target="_blank"
        />

        <area
          shape="rect"
          coords="250,250, 300, 300"
          alt=" 블라블라 "
          href=" https://www.naver.com "
          target="_blank"
        />

        <area
          shape="circle"
          coords="150,150, 30"
          alt=" 블라블라 "
          href=" https://www.daum.net "
          target="_blank"
        />
      </map>
    </div>
  </body>
</html>
```

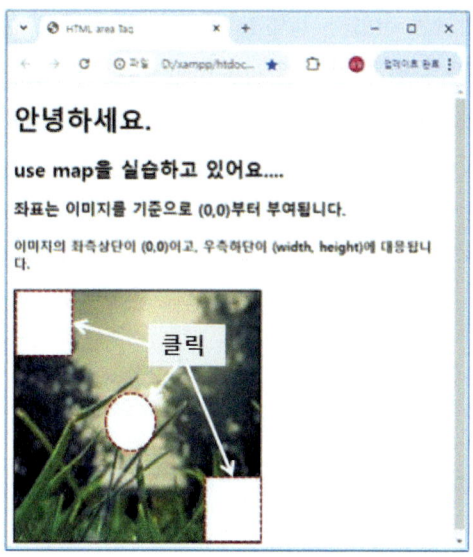

2.6 목록 태그(⟨ul⟩, ⟨ol⟩)

HTML에서 리스트 태그는 여러 항목을 순서대로 나열하거나 분류할 때 사용하는 태그이다. HTML은 순서가 없는 목록(<ul>)과 순서가 있는 목록((<ol>)으로 구성된다.

1 순서가 없는 목록 태그(⟨ul⟩)

<ul> 태그는 HTML에서 순서가 없는 목록(Unordered List)을 생성할 때 사용하는 태그이다. 즉, 목록의 항목들에 특별한 순서를 지정하지 않는다. <ul> 태그의 기본 문법은 다음과 같다.

```
<ul type="마커유형">
  <li>첫 번째 항목(item)</li>
  ...
  <li>n 번째 항목(item)</li>
</ul>
 - ul: Unordered list를 나타내는 태그
       type 속성: 항목 앞에 출력되는 마커의 모양 결정(디폴트:Disc).
                circle, square, none
 - li: 리스트 항목(List item)
```

목록의 개별 항목은 <li> 태그를 사용해 표현한다. <ul> 태그의 속성인 type은 HTML5 이전에 마커(Marker: 글머리기호)를 지정하기 위해 사용하였으나, HTML5부터는 CSS에서 list-style-type 속성을 사용한다. <ul> 태그 내에 다시 <ul>이나 <ol> 태그를 중첩하여 사용할 수 있다. 다음은 <ul> 태그를 사용한 예제이다.

```
<!DOCTYPE html>
<html>
  <head>
    <meta charset="utf-8" />
  </head>
  <body>
    <h4>UL(Unordered List) 태그의 기초</h4>
    <hr />
    <ul>
      <li>항목 1(첫 번째 항목)</li>
      <li>항목 2(두 번째 항목)</li>
      <li>항목 3(세 번째 항목)</li>
    </ul>
    <p>
      각 항목의 앞에 오는 디폴트 마커는 black disc입니다. 이것은 속성 설정을
      통해 변경 가능합니다.
    </p>
  </body>
</html>
```

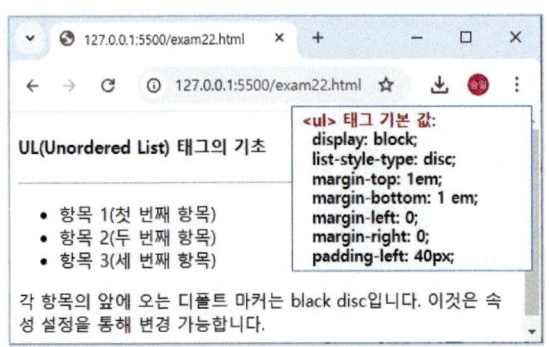

CSS를 학습하면 마커에 대한 색, 크기 등에 대한 디자인을 적용할 수 있다.

<ul> 태그의 속성으로 type을 적용해 마커(글머리기호)의 모양을 변경할 수 있다. 다음 예제를 살펴보기 바란다. 다만, 이 방식은 HTML5의 표준은 아니다.

```
<!DOCTYPE html>
<html>
  <head>
    <meta charset="utf-8" />
  </head>
  <body>
    <h4>UL(Unordered List) 태그의 기초</h4>
    <hr />
    <ul type="square">
      <li>항목 1(첫 번째 항목)</li>
      <li>항목 2(두 번째 항목)</li>
      <li>항목 3(세 번째 항목)</li>
    </ul>
    <p>
      각 항목의 앞에 오는 디폴트 마커는 black disc입니다.
      이것은 속성 설정을 통해 변경 가능합니다.
    </p>
  </body>
</html>
```

type="square"
- 항목 1(첫 번째 항목)
- 항목 2(두 번째 항목)
- 항목 3(세 번째 항목)

type="circle"
- 항목 1(첫 번째 항목)
- 항목 2(두 번째 항목)
- 항목 3(세 번째 항목)

type="none"
항목 1(첫 번째 항목)
항목 2(두 번째 항목)
항목 3(세 번째 항목)

<ul> 태그 내의 내용은 좌측으로부터 패딩을 40px 띄운 위치에 출력된다. 그리고 마커의 위치를 결정하는 CSS 스타일인 list-style-position의 값은 디폴트 값이 40px를 띄운 외부에 위치하는 outside이지만, inside 값을 적용하면 마커가 40px 띄운 영역에 위치한다. 아래의 예제를 살펴보기 바란다. 아직은 CSS를 제대로 배우지 않았기 때문에 대충 살펴보면 된다.

```
<!DOCTYPE html>
<html>
  <head>
```

```html
    <meta charset="utf-8" />
</head>
<body>
    <h4>UL(Unordered List) 태그의 기초: 마커의 위치</h4>
    <hr />
    <ul style="list-style-position: outside">
      <li>항목 1(list-style-position 디폴트 값)</li>
      <li>항목 2(list-style-position: outside)</li>
      <li>항목 3(list-style-position outside)</li>
    </ul>
    <ul style="list-style-position: inside">
      <li>항목 1(inside 값의 설정은 많지 않음)</li>
      <li>항목 2(list-style-position: inside)</li>
      <li>항목 3(list-style-position: inside)</li>
    </ul>
</body>
</html>
```

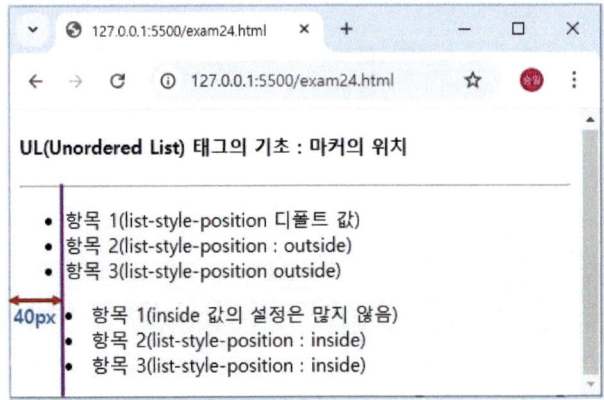

2 순서가 있는 목록 태그(⟨ol⟩)

<ol> 태그는 HTML에서 순서가 있는 목록(Ordered List)을 생성할 때 사용하는 태그이다. 각 항목 앞에 숫자, 알파벳, 로마숫자 번호를 차례대로 붙여 시각적으로 표현할 때 사용한다. 일반적으로 항목들 간의 순서가 중요할 때 사용한다. <ol> 태그 내에 다시 <ul>이나 <ol> 태그를 포

함하는 것이 가능하다. <ol> 태그 내에 각 항목을 표시하기 위해 <li> 태그를 사용한다. <ol> 태그의 기능은 각 항목이 좌측으로부터 40px 이동한 위치에 출력시키는 것과 순서를 나타내는 마커를 출력한다. <ol> 태그의 기본 문법은 다음과 같다. <ol> 태그는 type 속성에 지정하는 값을 제외하면 <ul> 태그의 사용 방식과 같다.

```
<ol type="1">
  <li>첫 번째 항목(item)</li>
  ...
  <li>n 번째 항목(item)</li>
</ol>
```

- ol: Ordered list를 나타내는 태그
    type 속성: 순서를 나타내는 기호 지정(1, a, A, i, I)
- li: 리스트 항목(List item)

다음은 <ol> 태그를 사용한 간단한 예제이다.

```
<!DOCTYPE html>
<html>
  <head>
    <meta charset="utf-8" />
  </head>
  <body>
    <h4>OL(Ordered List) 태그의 기초</h4>
    <hr />

    <ol>
      <li>항목 1(순서가 있는 태그의 디폴트 출력)</li>
      <li>항목 2(아라비아 숫자가 마커로 사용됨)</li>
      <li>항목 3(순서가 있는 태그의 디폴트 출력)</li>
    </ol>
  </body>
</html>
```

<ol> 태그의 type을 정리하면 다음과 같다. CSS 스타일에 대한 부분도 일단을 추가하였다.

type 값	마커	CSS 스타일(list-style-type)
1	디폴트. 1,2,3,.. 값	decimal(1,2,3...), decimal-leading-zero(00, 01, 02,...)
a	소문자 a, b, c,...	lower-alpha
A	대문자 A, B, C,...	upper-alpha
i	로마숫자 i, ii, iii,...	lower-roman
I	로마숫자 I, II, III,...	upper-roman

CSS를 학습한 이후에는 HTML5 표준인 list-style-type 속성을 사용하자.

다음은 <ol> 태그에 type 속성을 사용한 예제이다.

```
<!DOCTYPE html>
<html>
  <head>
    <meta charset="utf-8" />
  </head>
  <body>
    <h4>OL(Ordered List) 태그의 기초: type</h4>
    <hr />
    <ol type="a">
      <li>항목 1(type='a'일 때)</li>
      <li>항목 2</li>
      <li>항목 3</li>
    </ol>
    <ol type="A">
      <li>항목 1(type='A'일 때)</li>
      <li>항목 2</li>
      <li>항목 3</li>
    </ol>
    <ol type="i">
      <li>항목 1(type='i'일 때)</li>
```

```
    <li>항목 2</li>
    <li>항목 3</li>
  </ol>
  <ol type="I">
    <li>항목 1(type='I'일 때)</li>
    <li>항목 2</li>
    <li>항목 3</li>
  </ol>
</body>
</html>
```

다음은 목록 내에 다시 목록을 포함하는 중첩 리스트에 대한 예제이다. 중첩 리스트는 필요에 따라 얼마든지 사용할 수 있다.

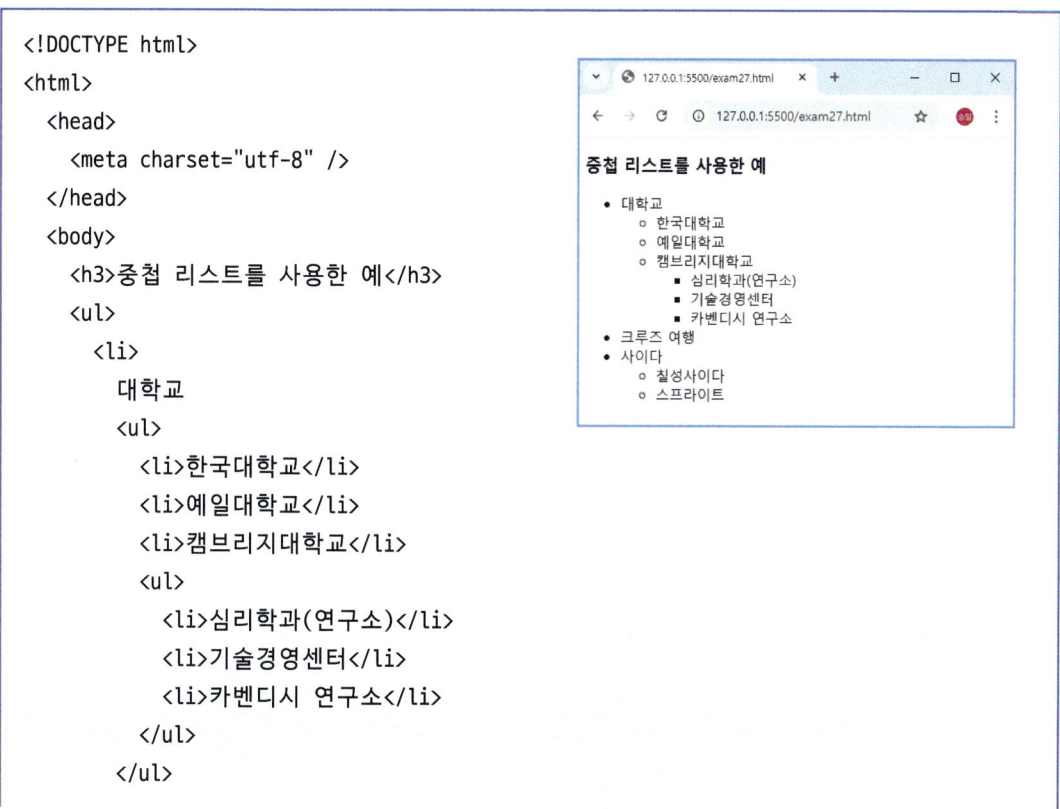

```
<!DOCTYPE html>
<html>
  <head>
    <meta charset="utf-8" />
  </head>
  <body>
    <h3>중첩 리스트를 사용한 예</h3>
    <ul>
      <li>
        대학교
        <ul>
          <li>한국대학교</li>
          <li>예일대학교</li>
          <li>캠브리지대학교</li>
          <ul>
            <li>심리학과(연구소)</li>
            <li>기술경영센터</li>
            <li>카벤디시 연구소</li>
          </ul>
        </ul>
```

```
        </li>
        <li>크루즈 여행</li>
        <li>
            사이다
            <ul>
                <li>칠성사이다</li>
                <li>스프라이트</li>
            </ul>
        </li>
    </ul>
  </body>
</html>
```

다음은 <ul> 태그와 <ol> 태그의 특징을 비교한 것이다.

특징	UL 태그	OL 태그
순서	• 순서없음	• 순서있음
마커 (글머리기호)	• 원, 디스크, 사각형, 불릿 등	• 숫자, 알파벳, 로마숫자
참고	• 메뉴 작성 등에 사용 • 순서가 없는 항목의 나열	• 순서가 있는 레시피 등 작성 • 회의 순서나 목차 작성

2.7 테이블 태그(<table>)

<table> 태그는 데이터를 테이블(표) 형태로 정리하고 시각적으로 보여줄 때 사용하는 태그이다. 행과 열로 구성된 2차원 표에 데이터를 출력해 준다. 테이블의 기본 구성은 다음과 같다.

- <table>: 전체 테이블을 감싸는 최상위 태그. 테두리 선을 위한 Border 속성 있음(표준 아님)
- <tr>: 테이블의 한 행(Row)을 나타냄. <th>태그 혹은 <td> 태그를 감쌈.
- <th>: 테이블의 머리글 셀(Header Cell)을 표현. 진한 글씨로 표시되는 테이블의 칼럼명
- <td>: 테이블의 데이터 셀(Data Cell)을 나타냄

다음 가장 간단한 형태의 테이블을 생성하는 예제이다.

```html
<!DOCTYPE html>
<html lang="en">
  <head>
    <meta charset="UTF-8" />
    <meta name="viewport" content="width=device-width, initial-scale=1.0" />
    <title>테이블 기초</title>
  </head>
  <body>
    <table>
      <tr>
        <th>성명</th> <th>나이</th> <th>성별</th> <th>취미</th>
      </tr>
      <tr>
        <td>데이비드</td> <td>20</td> <td>남</td> <td>마라톤</td>
      </tr>
      <tr>
        <td>크리스티나</td> <td>21</td> <td>여</td> <td>암벽등반</td>
      </tr>
    </table>
  </body>
</html>
```

기본형으로 생성된 테이블에서는 표의 테두리 선이 없는 것을 확인할 수 있다.

다음은 테두리가 있는 기본 테이블을 생성하는 예제이다. 표에 테두리 선을 그려주는 <table> 태그의 border 속성이 있지만, 표준이 아니므로 CSS를 학습 전까지만 사용하자. 그리고 테이블의 헤더 셀들을 수평 방향뿐만 아니라, 수직 방향으로도 적용하고 있으니 살펴보기 바란다.

```html
<!DOCTYPE html>
<html>
  <head>
    <meta charset="UTF-8" />
  </head>
  <body>
    <h4>테이블 기초 연습(테두리)</h4>
    <h4>수평 방향의 제목(항목)</h4>
    <table border="1">
      <tr>
        <th>성명</th>
        <th>이메일</th>
        <th>전화번호</th>
        <th>취미</th>
      </tr>
      <tr>
        <td>홍 길동</td>
        <td>gildong@sample.com</td>
        <td>010-1234-4321</td>
        <td>등산하기</td>
      </tr>
    </table>
    <h4>수직 방향의 제목(항목):</h4>
    <table border="">
      <tr>
        <th>성명:</th>
        <td>홍 길동</td>
      </tr>
      <tr>
        <th>이메일:</th>
        <td>gildong@sample.com</td>
      </tr>
      <tr>
        <th>전화번호:</th>
        <td>010-1234-4321</td>
      </tr>
```

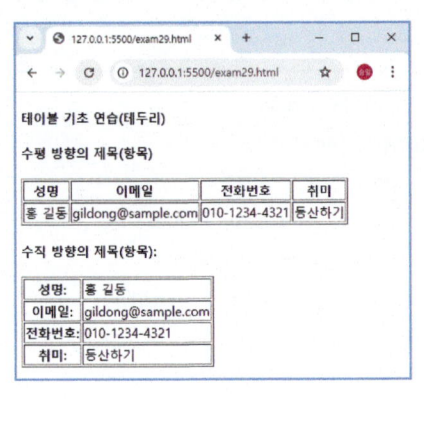

```
            <tr>
              <th>취미:</th>
              <td>등산하기</td>
            </tr>
         </table>
      </body>
</html>
```

다음은 <table> 태그 내에서 사용하는 테이블과 관련된 추가적인 태그 요소들 소개할 것이다.

⟨caption⟩	표 제목을 달 때 사용함
⟨thead⟩	표의 머리글 전체를 감쌈(헤더부를 그룹핑(묶음))
⟨tbody⟩	표의 본문을 감쌈(테이블 body를 그룹핑(묶음))
⟨tfoot⟩	표의 푸터를 감쌈(테이블의 가장 아래 위치하는 부분)
rowspan	2행(세로방향) 이상의 셀들을 합칠 때 사용하는 속성
colspan	2열(가로방향) 이상의 셀들을 합칠 때 사용하는 속성

<table> 태그 내의 <td> 혹은 <th> 태그는 2개 이상의 행이나 열을 하나로 합칠 수 있는 속성이 있다. 즉, 하나의 셀이 여러 개의 행이나 열을 차지하는 것을 의미한다. 행이나 열 합치기를 시작하는 셀에 "rowspan"이나 "colspan"을 선언해야 한다. 아래 그림을 살펴보면 이해할 수 있을 것이다.

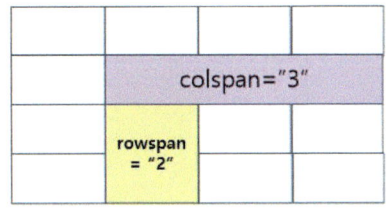

다음은 테이블에서 2개 이상의 행이나 열을 합쳐 하나의 셀로 관리하는 예제이다. 이 예제에서는 HTML 헤드부의 <style> 태그 내에 테이블 관련 CSS 디자인을 적용하였다. 간단히 설명하면, <tabe>, <th> 및 <td> 태그에 경계선(Border) 속성을 적용한 것인데, 선 두께는 1px, 선 스타

일은 실선 그리고 선 색은 빨강으로 설정한 것이다.

```
<!DOCTYPE html>
<html>
  <head>
    <meta charset="UTF-8" />
    <style>
      /*아래는 테이블의 외곽선을 그릴 때 사용하는 디자인 옵션*/
      table,
      th,
      td {
        border: 1px solid red;
      }
    </style>
  </head>
  <body>
    <h4>colspan: 열을 합침, rowspan: 행을 합침</h4>

    <table>
      <tr>
        <th colspan="2">성명</th>
        <th>취미</th>
        <th>비고</th>
      </tr>
      <tr>
        <td>홍</td>
        <td>길동</td>
        <td>축구</td>
        <td rowspan="3">이상무</td>
      </tr>
      <tr>
        <td>제임스</td>
        <td>버틀러</td>
        <td>3종 경기</td>
      </tr>
```

```
      <tr>
        <td>나</td>
        <td>자신</td>
        <td>배드민턴</td>
      </tr>
    </table>
  </body>
</html>
```

과제 아래와 같은 시간표를 테이블을 사용해 구현하시오.

교시	월요일	화요일	수요일	목요일	금요일
1	수학				
2	수학		영어	국어	
3			영어	국어	현장 실습
4	과학		영어		현장 실습
5	과학	수학			
6		수학	자유시간		

다음은 테이블의 완전한 태그를 포함한 구현에 관해 설명할 것이다. 여기서 설명하는 것처럼 표를 구현하는 경우는 많지 않지만, 상황에 따라서는 여기서 소개한 태그를 사용하면 편리할 때도 있으니 이해하고 있으면 좋을 것 같다.

<thead>, <tbody>, <tfoot> 및 <caption> 태그는 테이블을 논리적으로 구분할 때 사용하는 태그이다. 즉, <thead>는 테이블의 머리글(Head)을 의미하며, <tbody>는 테이블의 본문을 의미하고, <tfoot>은 테이블의 바닥글을 의미한다. <caption>은 테이블의 최상단에 출력되는 표 제목이다. 이러한 태그를 사용하면 테이블의 각 부분을 명확히 구분하므로 가독성이 높으며, <table> 태그 내에서의 코딩 순서와 상관없이 테이블의 일정한 위치에 출력된다. 즉, 코딩 순서와 무관하게 <caption>, <thead>, <tbody> 그리고 <tfoot>의 순서로 테이블을 완성해 브라우저에 출력된다. 다만, 여러분들은 코딩 순서와 출력이 매칭되도록 코딩할 것은 권고한다. 아래 그림을 살펴보자.

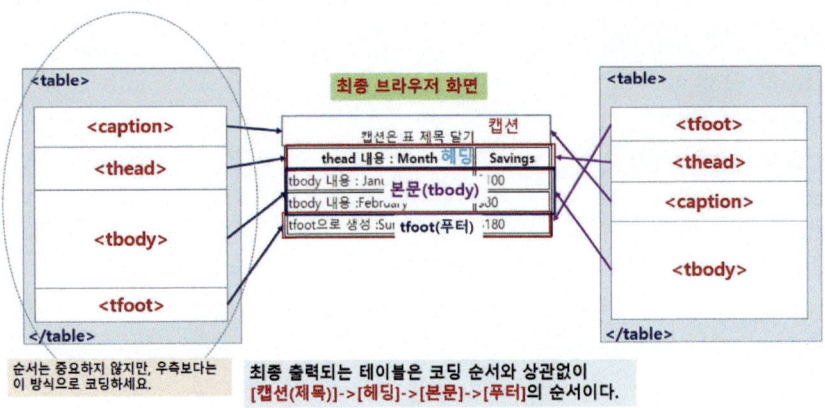

다음 예제는 테이블을 논리적으로 적용하는 태그를 적용하여 표를 구현한 것이다.

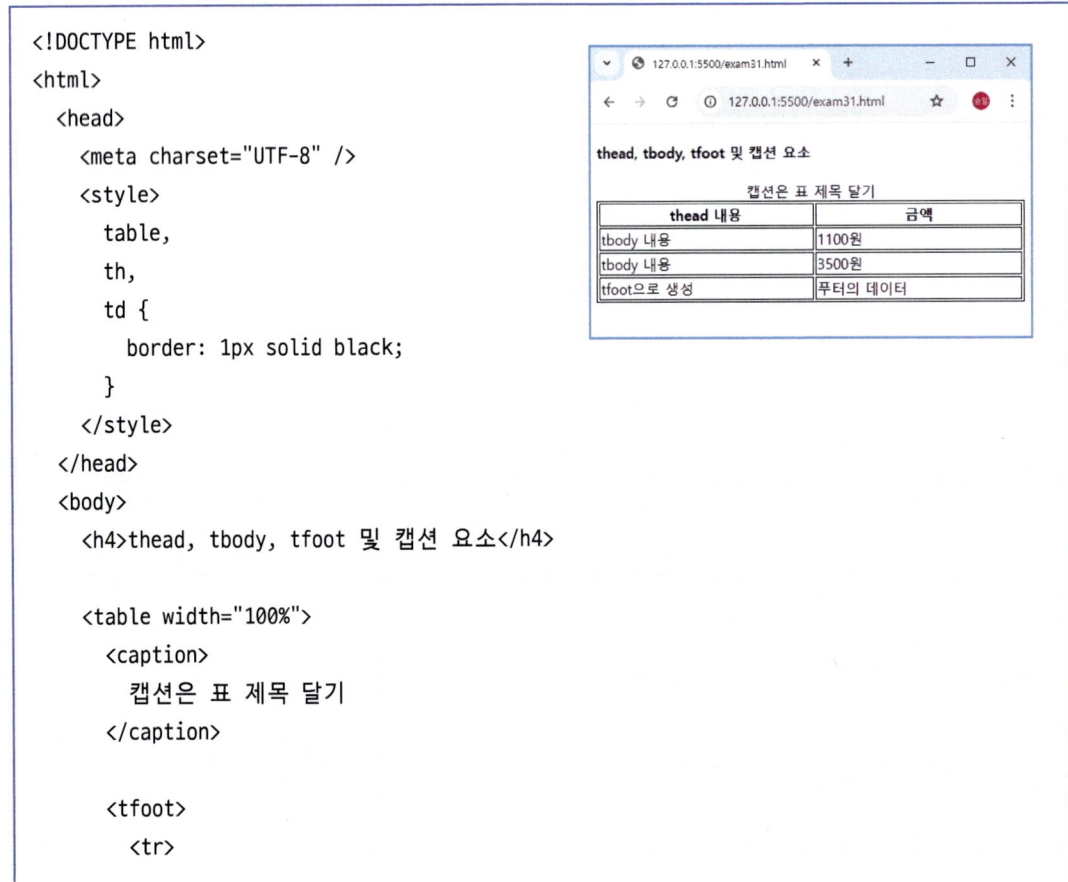

```
<!DOCTYPE html>
<html>
  <head>
    <meta charset="UTF-8" />
    <style>
      table,
      th,
      td {
        border: 1px solid black;
      }
    </style>
  </head>
  <body>
    <h4>thead, tbody, tfoot 및 캡션 요소</h4>

    <table width="100%">
      <caption>
        캡션은 표 제목 달기
      </caption>

      <tfoot>
        <tr>
```

```
          <td>tfoot으로 생성</td>
          <td>푸터의 데이터</td>
        </tr>
      </tfoot>
      <thead>
        <tr>
          <th>thead 내용</th>
          <th>금액</th>
        </tr>
      </thead>
      <tbody>
        <tr>
          <td>tbody 내용</td>
          <td>1100원</td>
        </tr>
        <tr>
          <td>tbody 내용</td>
          <td>3500원</td>
        </tr>
      </tbody>
    </table>
  </body>
</html>
```

2.8 폼 요소(〈form〉)

폼(Form) 요소는 HTML에서 사용자가 서버와 통신하기 위해 다양한 형태의 정보를 입력할 수 있도록 지원하는 태그 요소를 말한다. 로그인, 회원가입, 게시글 작성 등과 같은 일을 수행하기 위해서는 반드시 폼 요소들을 사용해야 한다. 폼 요소들을 감싸는 최상위 태그는 <form> 태그이다. <form> 태그 내에서 사용하는 태그들은 <input>, <textarea>, <select>, <button>, <label>, <datalist>, <option>, <fieldset>, <legend> 태그 등이 있다. 본 절에서는 폼 요소에 대해 상세히 소개할 것이다.

1 폼 태그(〈form〉)

<form> 태그는 HTML에서 사용자 입력을 받기 위한 컨테이너 역할을 수행한다. 즉, 사용자가 입력한 데이터를 제출할 수 있는 양식으로 모으기 위해 사용한다. 일반적으로 취합된 데이터는 서버로 전송한다. <form> 태그의 기본 문법은 다음과 같다.

```html
<form action="폼을 처리할 url" method="전송_방식" target="">
 <!-- 폼 요소 작성(input, textarea, select, button, label) -->
 <input type="text" name="username">
 <input type="password" name="password">
 <input type="submit" value="제출">
</form>
```

- action 속성: 작성한 폼 데이터를 처리할 URL
- method 속성: 디폴트는 get 방식이며, post 방식도 있음(method="get" 혹은 "post")
- target 속성: action에 설정한 서버 실행 결과를 보여줄 때, 타겟 설정(디폴트 :현재 창)

사용자가 제출 버튼을 클릭하면 <form> 태그 안의 데이터는 서버 상의 URL(action 값)로 전송된다. 서버는 수신한 데이터를 지정한 방식으로 처리한다. <form> 태그의 method 속성은 다음의 2가지 방식 중 하나로 설정할 수 있다.

〈form〉 태그의 method 속성

get 방식	• 디폴트 방식으로 데이터가 URL 다음 ? 뒤에 쿼리 스트링 형태로 붙어 전송(최대 2KB의 데이터 전송 가능) (예: http://example.com?name=홍길동&email=hgd1@hk.com) • 민감하지 않은 데이터를 전송할 때 사용함
post 방식	• 데이터를 HTTP를 요청하는 BODY 내에 포함해 전달 • 데이터의 크기에 대한 제한이 없음 • 보안상 민감한 정보를 전송할 때 주로 사용

다음은 <form> 태그를 사용해 서버에 데이터를 전송하는 예제이다. 이 예제는 실제 서버와 연동되지 않기 때문에 정상적인 실습은 가능하지 않다. <input> 속성 중에서 placeholder는 값을

입력하지 않았을 때 입력 필드 안에 표시되는 임시 텍스트로 입력해야 할 내용을 미리 알려주는 힌트나 안내 역할을 한다. 즉, 해당 필드에 어떤 방식으로 데이터를 입력해야 하는지 알려주는 안내 정보이다.

```html
<!DOCTYPE html>
<html>
  <head>
    <meta charset="UTF-8" />
    <title>폼 학습 시작하기</title>
  </head>
  <body>
    <h2>HTML의 기본</h2>
    <div style="margin-bottom: 1em">FORM: 블록 태그, input: inline태그</div>

    <form action="serverSideProgram.php" method="get">
      <input type="text" id="fname" name="fname" placeholder="홍길동" /><br />
      <input
        type="email"
        id="email"
        name="email"
        placeholder="aaa@gmail.com"
      /><br />
      <input type="submit" value="제출버튼" style="margin-top: 1.2em" />
    </form>

    <p>
      가장 기본적인 form 양식입니다. 여러분들이 서버로 전송할 데이터는 이곳에
      작성하고, type=submit(전송버튼)을 클릭하면 서버측에 데이터가 전달됩니다.
    </p>
  </body>
</html>
```

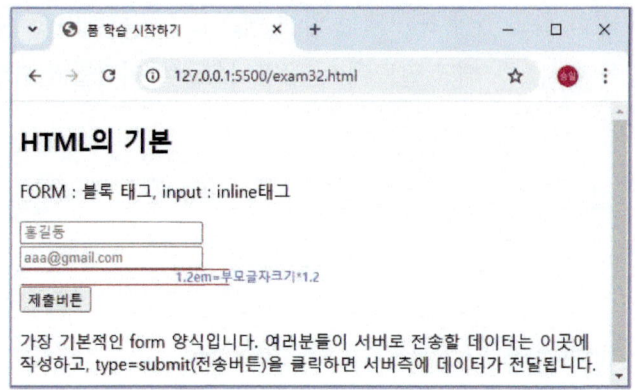

버튼의 margin-top에 1.2em을 할당한 것은 부모 글자 크기인 16px의 1.2배(=1.2em) 상단(Top) 여백을 설정하기 위함이다. <input> 태그의 name 속성은 반드시 사용하는 습관을 가져야 한다. 서버의 값을 전달할 때, name 속성에 할당한 값은 key로 사용되기 때문이다. 그리고 여러분들이 실제로 입력한 값은 value에 해당한다. 서버에 key-value 쌍 형태로 전달된다는 것을 알고 있어야 한다.

2 레이블 태그(⟨label⟩)

<label> 태그는 폼 요소(input, textarea 등)에 대한 설명이나 제목을 제공하는 역할을 한다. 폼 요소와 연결되어 있어 사용자가 label(제목, 상표)을 클릭하면 연결된 폼 요소가 선택되는 효과를 얻는다. Label 요소의 for 속성과 특정 폼 요소의 id 속성의 값을 상호 일치시키면, 레이블 요소 선택 시 자동으로 폼 요소가 선택된다. <label> 태그의 기본 문법은 다음과 같다.

```
<label for="name">성   명 :</label><br>
<input type="text" id="name" name="username">
```
• 레이블 요소인 "성명"을 클릭하면 자동으로 id가 name인 input 폼이 선택

<label> 태그의 내용을 클릭해도 <input> 태그 폼을 직접 클릭한 것과 같은 효과를 얻을 수 있는 방법은 <label> 태그가 <input> 태그를 감싸는 것이다. 이 경우에는 <label> 태그의 for 속성과 <input> 태그의 id 속성을 생략할 수 있다.

```
<label>성  명:
<input type="text" name="username"></label>
```

- 레이블이 input 요소 전체를 감싸면 for와 id를 생략할 수 있음 (가급적 위의 방식 사용)

다음은 <label> 태그의 기능을 알아보기 위한 간단한 예제이다.

```html
<!DOCTYPE html>
<html>
  <head>
    <title>레이블 태그 연습</title>
    <meta charset="utf-8" />
    <link rel="stylesheet" href="styles.css" />
  </head>
  <body>
    <h1 class="title">Label 태그 연습</h1>
    <label for="name">성 명 :</label>
    <input type="text" id="name" name="username" /><br /><br />
    <label for="pwd">패스워드: </label><input type="password" id="pwd" />
   <br /><br />
   : 레이블 요소인 "성 명"을 클릭하면 자동으로 id가 name인 input 폼이 
     선택(포커싱됨)
  </body>
</html>
```

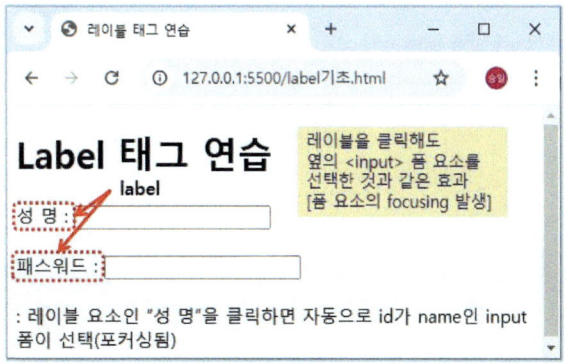

다음은 <label> 태그가 <input> 태그를 감싸 구현한 것과 이전 예제의 방식을 혼합한 것이다. 이전 예제와 마찬가지로 레이블을 클릭하면 입력 요소가 선택된다.

```html
<!DOCTYPE html>
<html><head> <meta charset="UTF-8" />
<title>레이블과 입력 폼의 조합</title></head>
<body>
<h4>LABEL과 입력 폼 요소의 결합</h4>

<form  action="serverSideProgram.php"  method="get" >
  <label >성      명: <input type="text" id="name"
   name="username" size="12"></label><br>
  <label >비밀 번호: <input type="password" id="password"  name="passowrd"
   size="11" maxlength="8"></label><br>
  <label for="tel">전화 번호 :
  <input type="tel" id="tel" name="tel" pattern="010-[0-9]{4}-[0-9]{4}"
   placeholder="010-2321-2321" ></label><br>
  <label for="email">전자 메일 :
  <input type="email" id="email" name="email" placeholder="abc@gmail.com"><br>
  <input type="submit" value="제출하기" style="margin-top: 1em;align-text:center;">
</form>
</body></html>
```

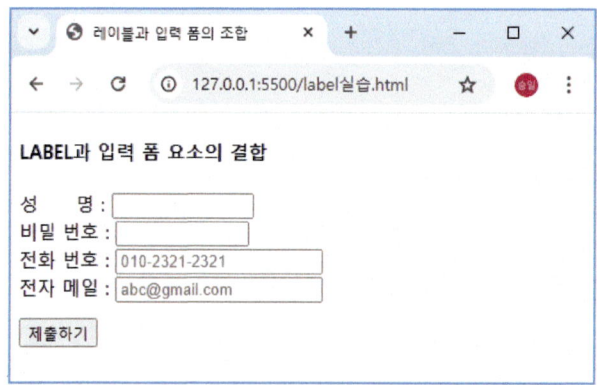

3 필드셋과 레전드 태그(⟨fieldset⟩, ⟨legend⟩)

<form> 태그 내에서 사용하며, <fieldset> 태그는 양식 내에서 논리적으로 관련된 입력 요소들을 하나로 그룹화하기 위해 사용하는 태그이다. 이러한 그룹화는 시각적으로 구분하여 사용자에게 더 명확하게 내용을 전달할 수 있다. 그룹화된 폼 요소들을 논리적으로 묶기 위해 전체를 테두리 선으로 감싸서 보여준다.

<legend> 태그는 <fieldset>으로 그룹화한 요소들에 제목을 부여하고 싶을 때 사용하는 태그이다. 물론 필드셋을 반드시 동반해야 하는 것은 아니다.

일반적으로 필드셋과 레전드는 함께 사용하며, 논리적 구분을 할 필요가 없으면 레전드만 사용하기도 한다. 레전드만 사용하면 논리적으로 구분하는 테두리 선이 출력되지 않는다. 다음은 필드셋과 레전드에 대한 이해를 돕기 위한 예제이다.

```
<!DOCTYPE html>
<html>
<head><meta charset="UTF-8" /><title>필드셋과 레전드</title></head>
<body>
<h4>fieldset & legend</h4>

<form>
  <fieldset>
    <legend>서비스 요청자 정보</legend>
    <label for="name"> 이 름: </label>
    <input type="text" id="name" name="name"><br>
    <label for="tel">폰 번호:</label>
    <input type="tel" id="tel" name="tel"><br>
    <label for="email">이메일:</label>
    <input type="email" id="email" name="email">
  </fieldset><br>
  <fieldset>
    <legend>업체에 요청 사항</legend>
    <label for="req1">요청 제목:</label>
    <input type="text" id="req1" name="req1"><br>
    <textarea  name="memo" cols="50" rows="5">여기에 작성하세요.</textarea>
```

```
    </fieldset>
</form>

</body></html>
```

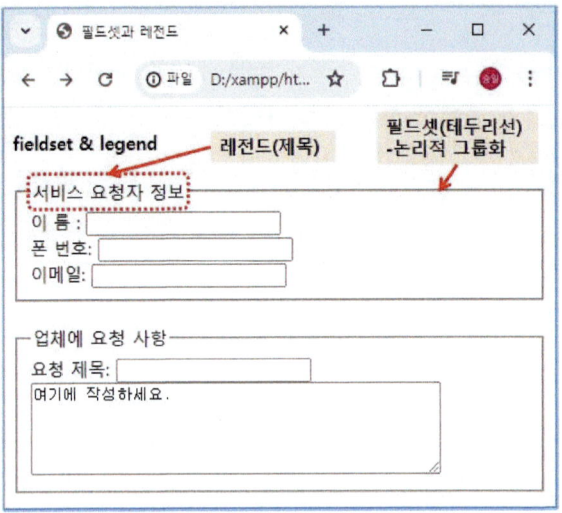

4 버튼 태그(<button>)

<button> 태그는 웹 페이지에서 클릭할 수 있는 버튼을 생성할 때 사용하는 태그이다. 이 태그는 자바스크립트와 연동해 동적 동작의 수행을 제어할 수 있다. 그리고 여러분들이 작성한 폼 데이터를 버튼 클릭하면 서버에 전송을 개시하게 할 수도 있으며, 작성 중인 폼 요소의 내용을 초기화할 때도 사용할 수 있다. 다음은 <button> 태그의 기본 문법으로 2가지 방식으로 생성할 수 있다. 두 번째 방식은 <input> 태그를 사용한다. 두 방식 모두 type을 button, submit, reset 중에서 용도에 맞게 설정하면 된다.

■ 방식 1

```
<button type="button | submit | reset"> 화면에 보이는 버튼</button>
```
type 속성에는 button, submit, reset

- button: 일반 버튼(브라우저의 동적 동작을 위해 이벤트와 연동해 사용함)
- submit: 서버의 폼 요소를 전송할 때 사용한 버튼
- reset: 폼 요소의 작성 내용을 초기화할 때 사용하는 버튼

■ 방식 2

```
<input type="button | submit | reset" value= "화면에 보이는 텍스트" >
```

일반적으로 <button> 태그는 폼 요소 내에서는 뒤에 위치하고 있다. 폼 요소 데이터의 전송이나 초기화를 위한 용도로 사용한다. 다음의 간단한 예를 살펴보기 바란다.

```
<form action="/test_target.php" method="get">
    이름: <input type="text" name="name" placeholder="홍길동"><br>
    패스워드: <input type="password" name="pwd"><br><br>
    <button type="submit">로그인</button>
    <button type="reset">초기화</button>
</form>
```

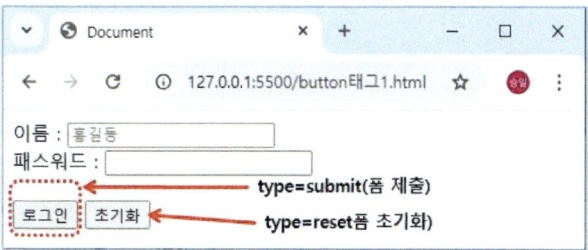

<button> 태그는 이벤트와 연동해 사용할 수 있다. onclick 속성은 이벤트를 설정하는 속성이다. 여기에 자바스크립트로 코딩하는데, 본 예제에서는 간단히 브라우저에서 별도의 창으로 경고창을 보여주는 함수인 alert()를 사용하고 있다. <input> 태그도 type 속성을 버튼 관련 값으로 지정하면 같은 결과를 얻을 수 있다.

■ 이벤트와 연동한 버튼 사용

```
<button onclick="alert('버튼을 클릭했군요.');">경고창 보기</button>
<input onclick="alert('안녕')" type="button" value="경고창 보기"/>
```

다음은 이벤트를 통해 경고창을 띄우는 예제이다. 예제의 버튼을 클릭하면 별도의 경고창이 뜨는 것을 확인할 수 있다.

```
<!DOCTYPE html>
<html lang="en">
  <head>
    <meta charset="UTF-8" />
    <meta name="viewport" content="width=device-width, initial-scale=1.0" />
    <title>Document</title>
  </head>
  <body>
    <h1>Button 연습</h1>
    <h3>버튼은 줄 바꿈을 발생하지 않는 인라인 태그이다.</h3>
    <h4>여러분들이 원하는 방식으로 버튼 태그 생성하세요.</h4>
    <button onclick="alert('버튼을 클릭했군요.[버튼태그]');">
      경고창 보기 </button>
    <input onclick="alert('안녕[입력태그]')"
      type="button"
      value="화면에출력되는버튼명"
    />
  </body>
</html>
```

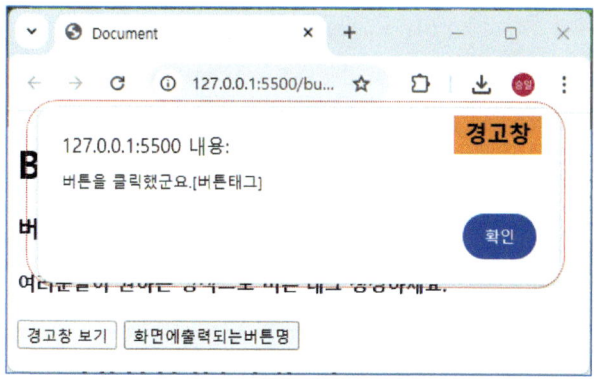

5 입력 태그(〈input〉)

<input> 태그는 20개가 넘는 type 속성을 제공하는데, 이를 표로 정리한 것이다. <input> 태그는 HTML에서 가장 중요한 태그에 속한다.

type 값	설명
text	한 줄 텍스트 입력
password	비밀 번호 입력(입력 값을 검은색 disc로 대체해 보여줌)
email	이메일 형식의 입력
url	URL 형식으로 입력
tel	전화 번호 입력
file	업로드 파일 선택기
checkbox	체크박스(선택 상자)
radio	라디오 버튼. 2개이 이상에서 하나를 선택할 때 사용함
hidden	브라우저에서는 보이지 않지만, 서버에 전송할 값을 설정
search	검색 필드(창) 생성
color	색상 선택기
number	숫자 입력 필드
range	슬라이더 입력 필드
date	날짜 선택기
month	월(달) 선택기

type 값	설명
week	주 입력(선택)(1월 첫 번째 주부터 경과된 주)
time	시간
datetime-local	날짜와 시간을 설정
image	이미지를 사용한 폼 제출(submit) 버튼
button	버튼 생성
submit	양식(Form) 제출 버튼 생성
reset	Form 데이터를 초기화하는 버튼

<input> 태그는 또한 type 이외에도 많은 속성들을 지원하고 있다. 여기서 소개한 속성들은 종종 사용되기 때문에 잘 파악하고 있어야 한다.

입력 태그 속성들	설명
value	입력 필드의 초기값을 설정
max, min	입력 필드에 입력할 수 있는 최대/최소 값을 설정
maxlength	입력 필드에 입력할 수 있는 최대 글자 수를 설정
size	입력 필드의 가로 길이(글자 수)를 설정
step	입력 필드에 입력할 수 있는 숫자의 간격을 설정
required	입력 필드가 필수 입력임을 지정
checked	지정된 입력 필드가 페이지 로딩시 자동 선택 type="radio", type="checkbox"
selected	select 태그에서 최초 자동 선택 설정
disabled	필력 필드를 사용하지 못하게 비활성화시킴
pattern	입력 값을 검사할 정규식(Regular Expression)을 지정
readonly	읽기 전용으로 입력 필드를 지정(값 변경 불가)

주) name, id, class 속성은 모든 태그에 사용할 수 있음

<input> 태그의 type 속성 별로 설명할 것이다.

■ type="text"

<input> 태그의 type 속성이 text이면, 한 줄의 입력을 전달할 때 사용하는 입력 폼 요소로 사용자가 키보드를 이용해 텍스트 데이터를 입력한다. 기본 문법은 다음과 같다.

```
<input type="text" id="name" name="name" placeholder="이름 입력">
```

- name 속성: 서버에 데이터 전달시 name 속성에 값을 할당해 전송함(name="홍길동")
  서버 단에서 name은 객체의 key에 해당하고, 값은 value에 해당함
- id 속성: HTML 문서 내에서 중복되지 않고 유일하게 존재하는 이름
- placeholder 속성: 입력해야 할 내용을 미리 알려주는 힌트나 안내 역할
- class 속성: HTML 문서 내에서 중복이 허용되는 이름. 그룹 단위로 디자인 적용시 유용
- value 속성: 텍스트 입력 필드에 실제로 할당된 값
- required 속성: 옵션으로 입력 필드에 값이 할당되어 있어야 함.
  비어 있으면, 다음 단계로 진행이 안됨

[이름 입력]

■ type="password"

입력 태그에서 password 속성 값은 비밀번호를 입력하는 필드이다. 이는 사용자가 입력하는 문자를 화면에 표시하지 않고 ●를 화면에 출력해 비밀번호의 유출을 방지한다. 비밀번호를 포함하는 폼을 서버에 전송할 경우에는 암호화된 형태로 전송해 보안을 확보해야 한다. 회원등록, 로그인 폼, 비밀번호 변경 폼 등 비밀번호 입력이 필요한 모든 곳에서 사용할 수 있다. 기본 문법은 다음과 같다.

```
<input type="password" id="password" name="password"
       maxlength="7" placeholder="비밀번호 입력">
```

- maxlength 속성: 패스워드 입력 필드에 실제로 입력할 수 있는 최대 글자 수를 설정

[●●●●●●]

■ type="email"

입력 태그에서 email 속성 값은 이메일을 입력하는 필드이다. 이메일 주소 형식에 맞게 입력하도록 유도하며, 브라우저는 입력된 값의 유효성을 검사할 수 있다. 간단한 유효성 검사에서는 @ 기호가 포함되어 있는지 조사해, @가 존재하지 않으면 다음 단계로 진행하지 않는다. 기본 문법은 다음과 같다.

```
<input type="email" id="email" name="email" placeholder="이메일 주소 입력"
 pattern="[a-z0-9._]+@[a-z0-9-]+\.[a-z]{2,4}" >
```

- pattern 속성: 정규 표현식(Regular expression)
  [a-z0-9._]+: 소문자(a-z), 숫자(0-9), ., _ 문자를 1개 이상(+) 포함
  @: 이메일에 필수 사용되는 @이 존재
  [a-z0-9]+: 소문자나 숫자가 1개 이상(+) 존재해야 함
  \. : .(dot)이 존재해야 함. .만 사용하면 임의의 한 문자를 의미함.
  [a-z]{2,4}: 소문자가 2개에서 4개 존재해야 함.

```
saranghae123@hk.com
```

위에서 소개된 pattern 속성은 최근에는 자주 사용되므로, 더 자세한 것은 구글링을 통해서 여러분들이 원하는 것을 찾아보고 필요한 수정을 할 것을 권고하는 바이다. 자세한 설명은 생략하고, 아래는 간단한 예시이다. 여기서 .(dot)은 '\.'으로 작성해야 한다.

saranghae123@hs.ac.kr의 패턴식(정규 표현식)

- pattern = "[a-z0-9-]+@hs\.ac\.kr"
  (위의 정규 표현식에서 @hs.ac.kr은 반드시 존재해야 한다)

■ type="tel"

입력 태그에서 tel 속성 값은 전화번호를 입력하는 필드이다. 이는 전화번호를 입력할 수 있도록 하며, 모바일 장치에서는 일반적으로 숫자 키패드가 출력되게 한다. 입력 폼을 제출할 때, 전화번호도 서버로 전송된다. 기본 문법은 다음과 같다.

```
<input type="tel" id="tel" name="tel" pattern="010-[0-9]{4}-[0-9]{4}"
  placeholder="010-2321-2321">
```

- pattern: 정규 표현식("010-[0-9]{4}-[0-9]{4}" 해석(아래 참고))
  010-로 시작하고, 0~9 사이의 숫자가 4자리, 다음은 -가 있고,
  마지막으로 0~9까지의 숫자가 4자리 요구됨

```
010-2321-2321
```

다음은 현재까지 학습한 입력 태그의 유형들을 종합한 예제이다. 여기서 "required" 속성이 존재하면, 해당 필드를 반드시 작성해야 한다는 것을 의미한다. 즉, 작성하지 않으면 다음 단계로 진행하지 않는다. 그리고 정규 표현식을 규정하는 pattern 속성이 있으면, 규정된 패턴을 만족하지 못하면 "요청한 형식과 일치시키세요"를 출력하며 다음 단계로 진행하지 않는다.

```
<!DOCTYPE html>
<html>
  <head>
    <meta charset="utf-8" />
    <title>input 태그 연습1</title>
  </head>
  <body>
    <h2>input 태그 실습1</h2>
    <form action="demofile.php">
      성 명: <input type="text" id="name" name="name" placeholder="이름 입력"
              required /><br />
      패스워드: <input type="password" id="password" name="password"
              maxlength="7" placeholder="비밀번호 입력" required /><br />
      이메일: <input type="email" id="email" name="email"
              placeholder="이메일 주소 입력"
              pattern="[a-z0-9._]+@[a-z0-9-]+\.[a-z]{2,4}" required /><br />
      전화번호: <input type="tel" id="tel" name="tel"
              pattern="010-[0-9]{4}-[0-9]{4}"
              placeholder="010-2321-2321" required /><br />
```

```
      <input   type="submit"  value="제출하기" />
    </form>
  </body>
</html>
```

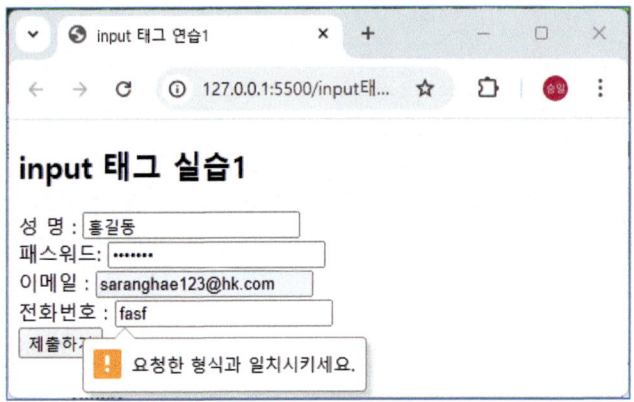

- **type="url"**

입력 태그에서 url 속성 값은 URL 주소를 입력하는 필드이다. 사용자가 유효한 웹 주소 형식으로 입력하도록 유도하며, 브라우저는 입력한 데이터의 유효성을 간략하게 조사한다. 주소 양식에 맞지 않는 URL이 서버로 전송되는 것을 방지할 수 있다. Placeholder 속성을 사용해 유효한 URL 형식의 입력을 안내하도록 "http://www.sample.com"과 같이 힌트를 제공하자.

입력 폼 전송은 name속성_설정값="사용자_입력값" 형태로 서버에 전달된다. 기본 문법은 다음과 같다.

```
<input  type="url"  id="url"  name="url"
 placeholder="https://www.sample.com"  [required]>
```
- id, name, type에 설정한 값이 같아도 서로 다른 속성이 이므로 충돌하지 않음

다음은 type="url"에 대한 간단한 예제이다. 만약에 URL 양식에 맞지 않게 여러분들이 입력한다면, 다음 단계로 진행하지 않는다.

```
<!DOCTYPE html>
<html>
  <head>
    <meta charset="UTF-8" />
    <title>URL 주소 필드 실습</title>
  </head>
  <body>
    <h4>URL 속성 실습</h4>

    <form action="./test.php">
      <label for="url">URL 주소 :</label>
      <input type="url" id="url" name="url" placeholder="http://example.com" />
      <input type="submit" value="제출하기" />
    </form>
  </body>
</html>
```

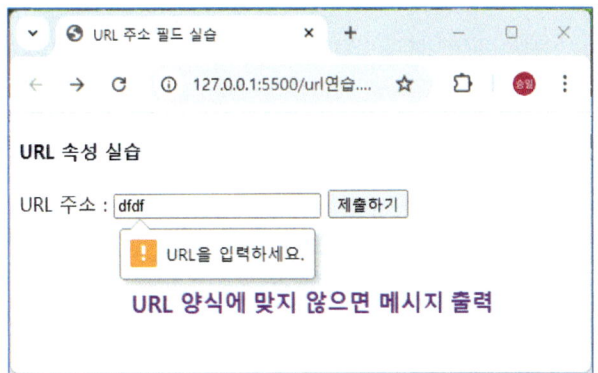

- type="radio"

입력 태그에서 radio 속성 값은 라디오 입력 버튼을 생성할 때 사용한다. 라디오 버튼은 그룹 단위로 작동하며, 사용자는 그룹 내에서 단 하나의 버튼 요소만 선택하는 것이 원칙이다. 같은 그룹일 경우에는 name 속성에 동일한 이름을 할당해야 한다. 속성 value에 설정된 값이 폼 전송 시 서버에 전달되는 값에 해당한다. 이는 상품 선택이나 설문조사에서 하나만 선택할 때 활용할 수 있다. 2개 이상을 선택할 때는 checkbox 속성을 사용한다. 기본 문법은 다음과 같다.

> `<input type="radio" id="hobby" name="hobby" value="등산" [checked] >`

- checked 속성: 초기 화면(로딩)에서 선택된 상태로 보여줌.

○ 테니스 ● 배드민턴 ○ 마라톤 (배드민턴은 checked 상태임)

다음은 라디오 버튼에 대한 예제이다. 일반적으로 라디오 버튼은 여러 개 중에서 하나를 선택할 때 사용한다는 것을 기억하자. <label>과 <input> 태그를 쌍으로 사용해 레이블을 선택해도 입력 요소를 선택할 수 있도록 하였다.

```html
<!DOCTYPE html>
<html>
<head><meta charset="UTF-8" /><title>라디오 버튼 실습</title></head>
<body>
<h4>RADIO 버튼 실습</h4>

<form action="serverSideProgram.php" method="get" >
  <input type="radio" id="climb" name="hobby"  value="등산"><label for="climb">등산</label><br>
  <input type="radio" id="cycle" name="hobby"  value="싸이클"><label for="cycle">싸이클</label><br>
  <input type="radio" checked id="Jogging" name="hobby"  value="조깅"><label for="Jogging">조깅</label><br>
  <input type="radio" id="yocht" name="hobby"  value="yocht"><label for="yocht">요트</label><br>

</form>
</body></html>
```

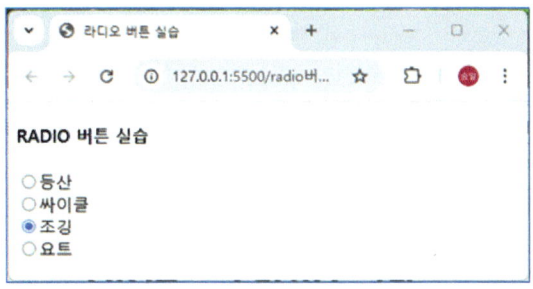

■ type="checkbox"

입력 태그에서 checkbox 속성값은 체크박스 입력 버튼을 생성할 때 사용한다. 사용자가 여러 개의 옵션 중에서 하나 이상을 선택할 때 사용한다. 반면, 라디오 버튼은 여러 개 중에서 하나만 선택할 때 사용한다. 각 체크박스는 독립적으로 선택되거나 해제가 가능하다. 선택된 체크박스의 모든 값은 폼 전송 시 서버로 전송되어야 한다. value 속성에 설정된 값들이 전송되는 값이다. Checked 속성의 사용은 초기 로딩 시 선택된 상태로 체크박스를 설정할 때 사용한다. 기본 문법은 다음과 같다. 2개 이상을 선택하기 위해서는 name에 설정하는 값들이 서로 달라야 한다.

```
<input type="checkbox" name="hobby1" value="coding">
<input type="checkbox" name="hobby2" value="hiking">
<input type="checkbox" name="hobby3" value="marathon">
```

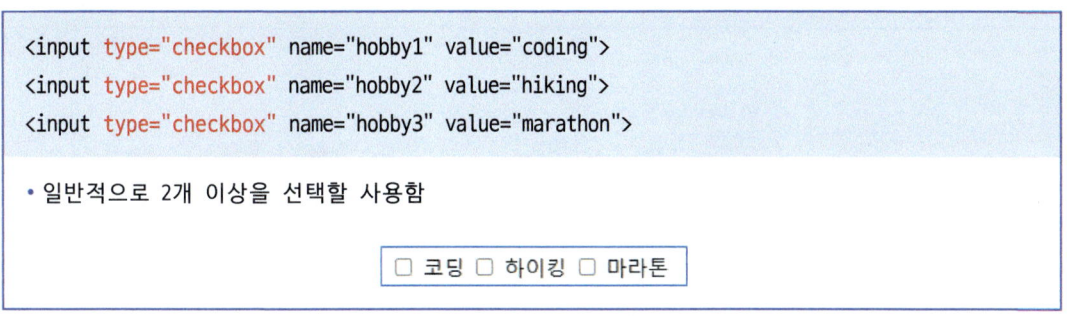

- 일반적으로 2개 이상을 선택할 사용함

다음은 체크박스 버튼에 대한 예제이다. 여러 옵션 중에서 하나 이상의 값을 선택해 서버에 전송할 수 있다.

```
<!DOCTYPE html>
<html>
<head><meta charset="UTF-8" />
<title>체크박스 버튼 실습</title></head>
<body>
<h4>체크박스 버튼 실습</h4>

<form  action="serverSideProgram.php"  method="get" >
  <input type="checkbox" id="climb" name="hobby1"  value="등산"><label for="climb">등산</label><br>
  <input type="checkbox" id="cycle" name="hobby2"  value="싸이클"><label for="cycle">싸이클</label><br>
  <input type="checkbox" checked id="Jogging" name="hobby3"  value="조깅"><label for="Jogging">조깅</label><br>
  <input type="checkbox" id="yocht" name="hobby4"  value="yocht"><label for="yocht">요트</label><br>
  <input type="submit" value="나의 취미 제출하기">
</form>
</body>
</html>
```

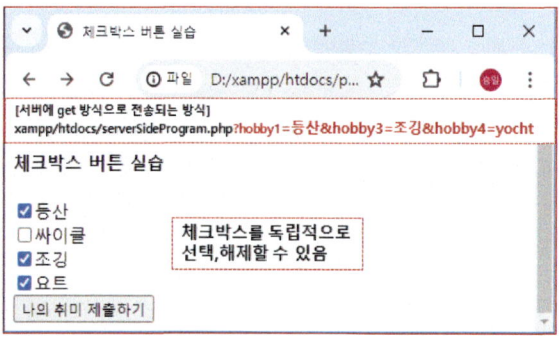

- type="image"

입력 태그에서 image 속성값은 일반 함수나 이벤트를 수행하거나 서버에 폼 요소 값을 전달할 때 사용할 수 있다. 다만, 기본 제공 형식의 버튼을 사용하는 것이 아니라, 사용자가 지정한 이미지를 버튼으로 사용한다. 이것은 이전의 <button> 태그를 이용해 구현한 것과 동일한 버튼을 구현할 수 있다. 기본 문법은 다음과 같다.

> ```
> <input   type="image"   src="sample.jpg"   alt="이미지설명" />
> ```
>
> • src 속성: 버튼으로 사용할 이미지 소스

다음의 입력 태그의 image 속성값에 대한 예제이다. 이 예제는 <button> 태그를 사용해 구현하는 것이 가능하다.

```
<!DOCTYPE html>
<html>
  <head>
    <meta charset="UTF-8" />
  </head>
  <body>
    <h2>이미지를 사용한 폼 제출 예</h2>
    <div style="margin-bottom: 1em">FORM: 블록 태그, input: inline태그</div>

    <form action="serverSideProgram.php" method="get">
      <input type="text" id="name" name="name" placeholder="홍길동" /><br />
      <input
        type="email"   id="email"   name="email"
        placeholder=aaa@gmai.com  /><br /><br />
      <input type="image" src="https://picsum.photos/50/50" width="50" />
    </form>

    <hr />
    <h3>아래 그림을 누르면 경고창이 수행된다.</h3>
    <input
      onclick="alert('여러분 힘내세요.')"
      type="image"    src="https://picsum.photos/200"    width="200"  />
  </body>
</html>
```

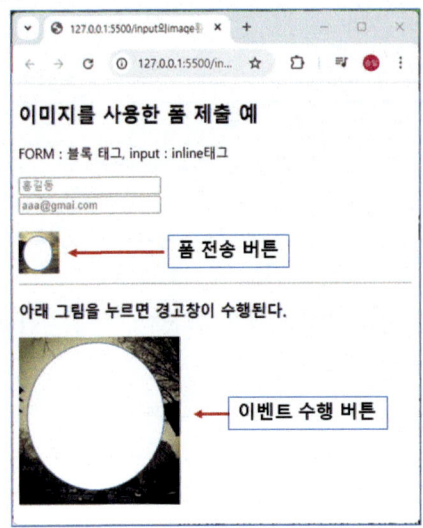

■ type="file"

자신의 컴퓨터에 저장된 파일을 선택하여 웹 서버에 전달할 때 사용하는 파일 선택 입력 요소이다. 선택된 파일은 폼 데이터와 함께 서버로 전송된다. 파일 업로드를 위한 필수 속성은 enctype="multipart/form-data"로 반드시 설정해야 한다. 전송 method는 post 방식이어야 한다. 이미지나 파일을 서버에 업로드할 때 이 속성을 사용한다. 기본 문법은 다음과 같다.

```
<form action="upload.php" method="post" enctype="multipart/form-data">
    <input type="file" name="upload">
    <input type="submit" value="파일 업로드">
</form>
```

- action 속성: 파일이 업로드될 서버 측 스크립트의 경로
- method 속성: 파일 업로드에는 POST 메서드를 사용
- enctype 속성: 폼 데이터의 인코딩 방식을 지정(multipart/form-data)

다음은 서버에 파일을 전송하기 위한 파일 속성값을 활용하는 예제이다.

```
<!DOCTYPE html>
<html>
<head><meta charset="UTF-8" />
        <title>이미지/파일 업로드 양식</title></head>
<body>
<h4>파일(이미지) 업로드 양식</h4>
<form action="testUpload.php" method="post" enctype="multipart/form-data">
  <input type="file" name="myFile"><br>
  <input type="submit" value="파일 서버로 전송" style="margin-top:0.8em;">
</form>
</body>
</html>
```

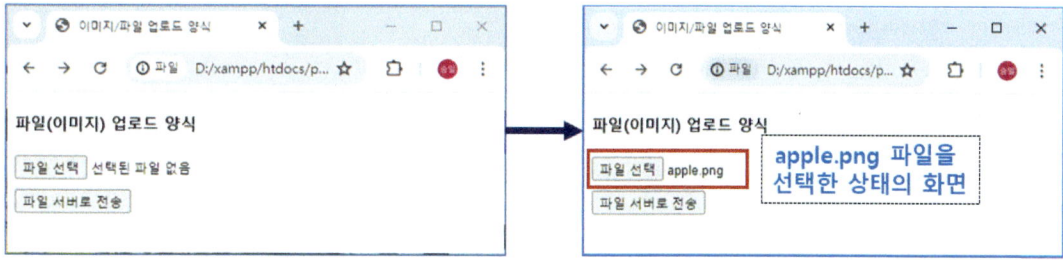

■ type="search"

웹 페이지에서 검색 기능을 구현하기 위해 고안된 입력 요소로 검색어를 입력받는 필드를 생성할 때 사용한다. 이 속성은 사용자에게 검색을 수행한다는 것을 명확하게 알려주고 싶을 때 사용한다. 동작 방식은 type="text"의 동작 방식과 같지만, 검색 기능을 강조하기 위해 사용한다. 간단한 예제는 다음과 같다.

```
<form action="/sample.php">
  <label for="search">검색어 입력 :</label>
  <input type="search" id="search" name="search">
  <input type="submit" value="Submit">
</form>
```
검색어 입력: [   ] [Submit]

■ type="color"

먼저 HTML에서 사용하는 색상(Color) 코드를 설명할 것이다. HTML에서는 몇 가지 방식으로 색상을 표현할 수 있다. 이러한 색상 표현 방법에 대해 간단히 알아볼 것이다. 먼저 가장 자주 사용되는 방법의 하나는 16진수(Hexadecimal) 색상 코드이다. 16진수 칼라 표현은 #RRGGBB;와 같다. RR은 빨간색(Red), GG는 초록색(Green), BB는 파란색(Blue)을 의미하며, 각 색은 0~255(#00~#FF) 사이의 값을 표현한다. R은 4비트를 의미하고, RR은 8비트를 뜻한다. 24비트 색상 코드 표현 방식의 간략한 예는 다음과 같다.

```
#FF0000: 빨간색 (Red: FF, Green: 00, Blue: 00)
#00FF00: 초록색 (Red: 00, Green: FF, Blue: 00)
#0000FF: 파란색 (Red: 00, Green: 00, Blue: FF)
#FFFFFF: 흰색 (Red: FF, Green: FF, Blue: FF)
#000000(=#0): 검정색 (Red: 00, Green: 00, Blue: 00)

[글자 색 설정]
<p style="color: #FF0000;">이 텍스트의 글씨는 빨간색입니다.</p>
```

색상을 색상 이름(Color Name)으로 사용하는 것도 가능하다. #FF0000 대신에 'red'로 사용할 수 있다. 그리고 색상 이름은 대문자와 소문자를 구분하지 않는다.

"https://www.computerhope.com/htmcolor.htm" 사이트를 접속해 보면 HTML에서 지원하는 140여 개의 색상 이름을 볼 수 있다.

다음은 HTML에서 사용하는 색상 표현 방식을 그림으로 보여주고 있다.

- 16진수 칼라 표현 : **#RRGGBB**; #55ccff (red(00~FF),green(00~FF), blue(00~FF))

HTML에서 색상을 표현하는 또 다른 방식은 RGB(Red, Green, Blue) 함수는 빛의 삼원색인 빨강, 초록, 파랑을 조합하여 모든 색상을 표현하는 방식이다. 여기서는 각 색을 0~255 사이의 십진수 값을 사용한다.

기존 색상 표현 방식에 투명도를 조절하는 알파(Alpha) 요소가 추가된 RGBA(Red, Green, Blue, Alpha) 함수가 있다. 투명도는 0부터 1 사이의 값을 갖는다. 0은 완전히 투명해 보이지 않는 상태이며, 1에 수렴할수록 완전히 불투명하게 표현된다.

"https://www.w3schools.com/html/html_colors_rgb.asp" 사이트를 참고하기 바란다.

```
rgba(0, 0, 255, 0): 완전히 투명한 파란색 (보이지 않음)
rgba(0, 0, 255, 0.5): 50% 투명한 파란색 (반투명)
rgba(0, 0, 255, 1): 완전히 불투명한 파란색
```

Type="color"는 사용자가 색상을 직접 선택할 수 있도록 하는 입력 요소를 생성한다. 색상 선택 도구를 통해 원하는 색상을 선택하거나, 16진수 색상 코드를 직접 입력할 수 있다.

16진수로 #RRGGBB 형식으로 색상 코드를 직접 입력하여 색상을 지정하는 것이 가능하다.

Type="color"의 기본 문법은 다음과 같다.

```
<input   type="color"   id="myColor" name="myColor"   value='#ff0000'>
```

- value="#ff0000": 초기값으로 빨간색을 설정
    [색상 버튼을 클릭해 다른 색으로 변경하는 것도 가능함]

■ type="hidden"

UI에는 보이지 않지만, 폼 데이터와 함께 서버로 전송되는 숨겨진 데이터가 필요할 때 사용한다. 즉, UI에서는 불필요하지만, 서버 측에 반드시 전달해야 하는 정보가 있을 때 사용한다. 그리고 Hidden 영역에 민감한 정보를 취급하는 바람직하지 않다. 필요하다면 암호화 등의 적절한 조치를 해야 한다. 기본 문법은 다음과 같다.

```
<input   type="hidden"   name="hiddenKey" value="alphaca">
```

- value: 숨겨진 필드에 저장할 값

type="hidden"을 활용하는 예제는 다음과 같다.

```
<!DOCTYPE html>
<html>
<head><meta charset="UTF-8" />
<title>hidden 필드</title></head>
<body>
<h4>Hidden 필드는 사용가 볼 수 없음(input)</h4>

<form action="/testSample.php">
  <label for="name"> 성   명: </label>
  <input type="text" id="name" name="name"><br>
  <label for="passwd">비밀번호 :</label>
```

```
        <input type="password" id="passwd" name="passwd"><br>
        <input type="hidden" id="hiddenKey" name="hiddenKey" value="alphaca"><br>
        <input type="submit" value="제출하기">
    </form>
</body>
</html>
```

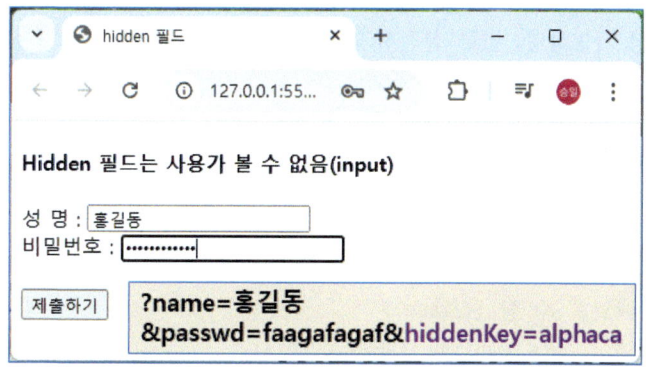

■ type="number"

<input> 태그의 type 속성을 number로 설정하면, 사용자가 숫자만 입력할 수 있는 필드를 생성한다. 이 경우에 문자나 특수문자 등의 입력을 허용하지 않으며, 숫자를 증가/감소시킬 수 있는 화살표 버튼이 자동으로 생성된다. 기본 문법은 다음과 같다. min, max 속성을 설정하지 않으면, 최소값과 최대값의 제한은 없다. 최소 및 최대값 사이의 숫자만 설정할 수 있다. 그리고 정수 이외의 부동 소수점(실수)도 입력 가능하다.

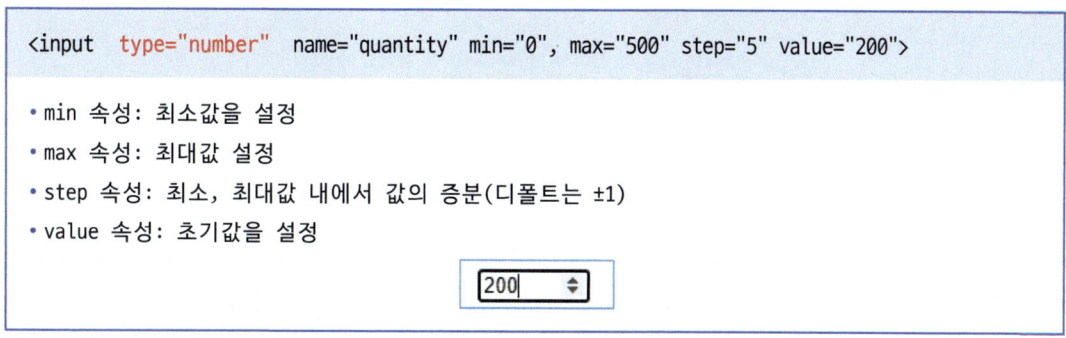

다음은 입력 태그의 type을 number로 설정해 숫자 입력 필드를 사용하는 예제이다.

```html
<!DOCTYPE html>
<html>
<head><meta charset="UTF-8" /><title>number 필드</title></head>
<body>
<h4>type=number 속성</h4>
<p>type=number는 최대 및 최소 속성(max, min)을 설정할 수 있다. 아울러 값의 증분은 step
속성을 사용해 설정 가능하며, 값을 설정하지 않으면 +/-1을 증분으로 사용한다. 그리고 value
속성은 초기 값을 설정할 때 사용한다. </p>

<form action="/testSample.php">
  <label for="amount">금  액 :</label>
  <input type="number" id="amount" name="amount" min="0" max="100000"
    step="10000" value="10000"><br>
  <label for="quantity">수 량 :</label>
  <input type="number" id="quantity" name="quantity"
    min="0" max="300" value="70"><br><br>
  <input type="submit" value="제출하기">
</form>
</body>
</html>
```

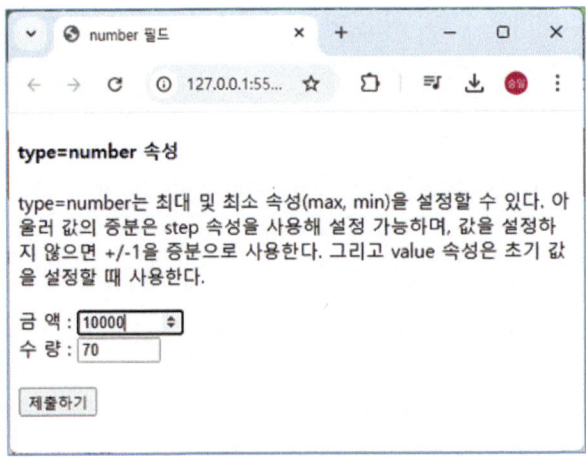

■ type="range"

HTML 입력 태그에서 type 속성의 값이 range이면, 슬라이더를 이용해 범위 내의 숫자 값을 선택할 때 사용한다. 디폴트 값은 0에서 100 사이의 값이다. Number 속성값과 마찬가지로 min, max, step 속성을 사용할 수 있다. 기본 문법은 다음과 같다.

```
<input type="range" min="0" max="100" value="50">
```
• min, max, step 및 value의 사용법은 type="number"와 동일함

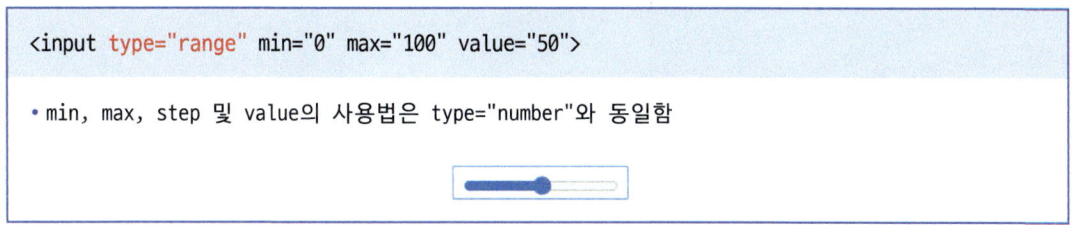

진행률을 표시하거나 밝기나 볼륨 조정 표시 등에 활용이 가능하다. 나중에 학습할 자바스크립트를 이용하여 슬라이더의 값을 동적으로 변경하거나, 값이 변경될 때마다 특정 함수를 실행할 수 있다.

다음은 입력 태그의 type 속성을 range 값으로 설정했을 때의 예제이다. 자바스크립트를 사용해 슬라이더의 값이 변경되면, 값이 브라우저에 출력되도록 하였다.

```
<!DOCTYPE html>
<html><head><meta charset="UTF-8" /><title>Range 필드</title></head>
<body>
<h4>Range 필드</h4>
<p>속성 값 range(범위)는 디폴트로 0~100사이의 값을 표시합니다. 그렇지만, min, max의 속성을 사용해 최소 및 최대값을 설정하는 것이 일반적이다. step 증분 속성의 사용도 가능하다. 출력이 값이 아니라 슬라이드 방식이라는 것이 특이하다.디폴트 초기값은 중간값이다.</p>

<label for="growth">성장률 (0~200 사이의 값):</label>
<input type="range" id="growth" name="growth" min="0" max="200">
<h4>성장률의 실제 값: <span id="rangeValue">100</span></h4>

<script>
    //이것은 자바스크립트 코드임
```

```
    const rangeSlider = document.getElementById('growth');
    const rangeValue = document.getElementById('rangeValue');
    //아래는 입력이 변화하면 이벤트 함수가 수행됨
    rangeSlider.addEventListener('input', ( ) => {
        const sliderValue = rangeSlider.value;
        rangeValue.innerHTML = sliderValue;
    })
</script>
</body></html>
```

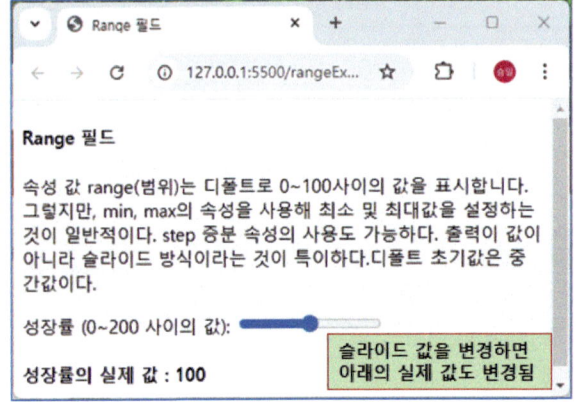

■ type="date"

HTML 입력 태그에서 type 속성의 값이 date이면, 날짜 선택이 가능한 입력 필드이다. 달력 형태의 인터페이스 도움을 받아 사용자가 원하는 날짜를 쉽게 선택할 수 있다. 달력을 통해 년, 월, 일을 선택하여 날짜를 지정한다. 선택된 날짜는 입력 폼 데이터 전송 시 서버로 전송된다. 기본 문법은 다음과 같다.

```
<Input type="date" name="eventDay" min=""  max="">
```

- min: 선택 가능한 최소 날짜 (min= "2026-07-20")
- max: 선택 가능한 최대 날짜 (max= "2026-08-27")

- min/max를 벗어나는 날짜는 선택할 수 없음

다음은 입력 태그의 type 속성을 date로 설정했을 때의 예제이다.

```
<!DOCTYPE html>
<html>
<head><meta charset="UTF-8" /><title>Date 필드</title></head>
<body>
<h4>Date 필드</h4>

<form action="/testSample.php">
  <label for="eventDay">빛의 축제 :</label>
  <input type="date" id="eventDay" name="eventDay"
   min="2026-07-20" max="2026-08-15">
  <input type="submit" value="Submit">
</form>
</body>
</html>
```

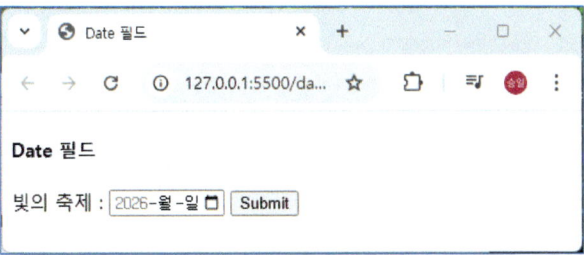

■ type="datetime-local"

HTML 입력 태그에서 type 속성의 값이 datetime-local이면, 시간존 없이 날짜와 시간을 설정할 수 있는 입력 필드이다. 이것은 달력과 시계를 결합한 형태의 인터페이스를 제공하여 사용자가 원하는 날짜와 시간을 선택할 수 있다. 기본 문법은 다음과 같다.

```
<input type="datetime-local" name="meeting" value="" min=""  max="">
```
- value: 초기값(value="2025-10-07T09:15")
- min: 선택 가능한 최소 날짜와 시간
- max: 선택 가능한 최대 날짜와 시간

회의 일시, 이벤트일시, 과제제출 일시 등을 등록할 때 활용할 수 있다. 다음은 입력 태그의 type 속성을 datetime-local로 설정했을 때의 예제이다.

```
<!DOCTYPE html>
<html>
<head><meta charset="UTF-8" /><title>DateTime-local 필드</title></head>
<body>
<h4>DateTime-local 필드</h4>

<form action="/testSample.php">
  <label for="eventDay">Fire Fly Festival :</label>
  <input type="datetime-local" id="eventDay" name="eventDay"
    value="2026-07-30T17:30"
    min="2026-07-20T11:20"  max="2026-08-15T12:00">
  <input type="submit" value="Submit">
</form>

</body>
</html>
```

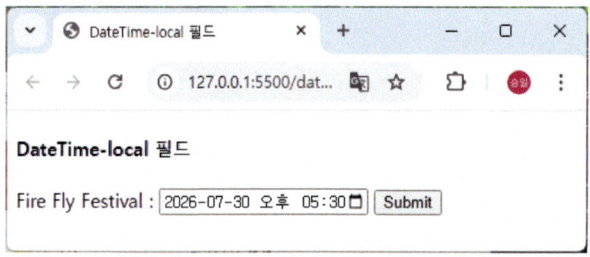

■ type="time"

HTML 입력 태그에서 type 속성의 값이 time이면, 시간존 없이 사용자가 시간을 선택하기 위해 사용하는 필드이다. 일반적으로 시계 형태의 인터페이스를 제공하여 사용자가 시간을 선택할 수 있다. 시계를 통해 시와 분을 선택하여 시간을 지정할 수 있다. 기본 문법은 다음과 같다.

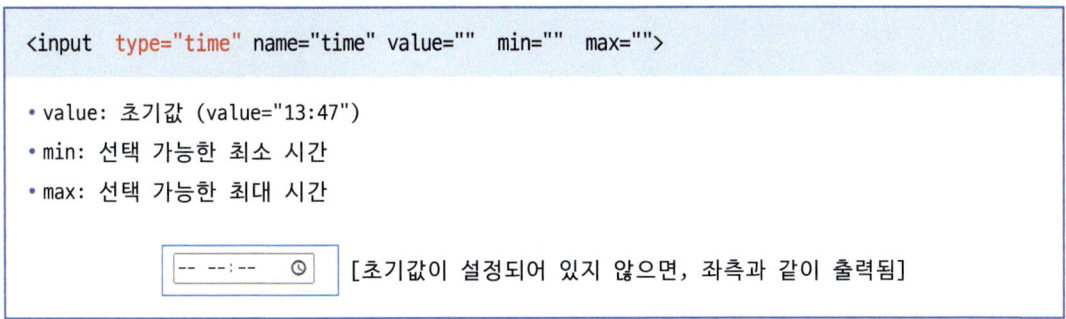

■ type="month/week"

HTML 입력 태그에서 type 속성의 값을 month나 week로 설정할 수 있다. Month는 년과 월을 선택할 수 있는 입력 필드이고, week는 년과 주를 선택할 수 있는 입력 필드이다. 월이나 주를 설정하는 기본 문법은 다음과 같다.

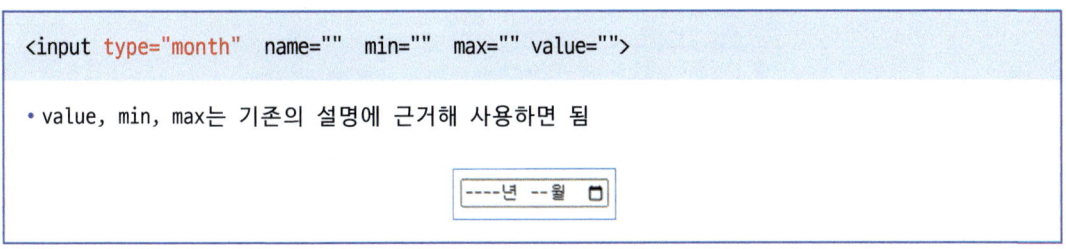

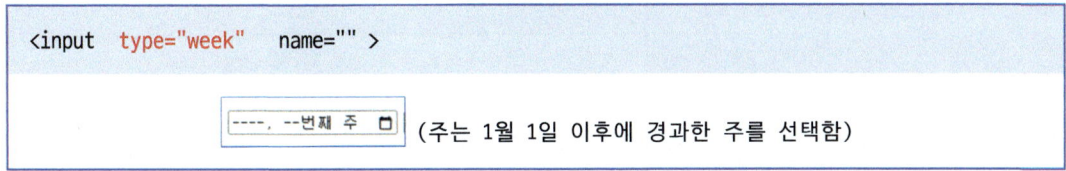

다음은 입력 태그의 type=time, month, week를 사용한 간단한 예제이다.

```html
<!DOCTYPE html>
<html>
  <head>
    <title>날짜 및 시간 입력 예제</title>
    <meta charset="utf-8" />
  </head>
  <body>
    <h2>다양한 날짜 및 시간 입력 필드</h2>

    <form>
      <label for="time">시간 선택하기:</label>
      <input type="time" id="time" name="time" /> <br />
      <label for="month">월 선택하기:</label>
      <input type="month" id="month" name="month" />  <br />
      <label for="week">주 선택하기기:</label>
      <input type="week" id="week" name="week" />
    </form>
  </body>
</html>
```

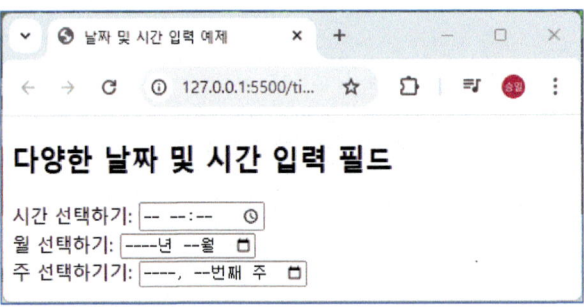

6 데이터리스트 태그(⟨datalist⟩)

<datalist> 태그는 입력할 값을 미리 목록에 등록해 놓고, 등록된 목록에서 하나를 선택할 수 있다. 이 태그는 <input> 태그와 연동해 사용되는 태그이다. <input> 태그의 list 속성 설정값과

datalist 태그의 id 설정값이 같아야 한다. 각 항목은 option 태그로 지정하며, 출력값은 value 속성에 설정하면 된다. 여기서 사용하는 option 태그는 종료 태그를 사용하지 않는다. 기본 문법은 다음과 같다.

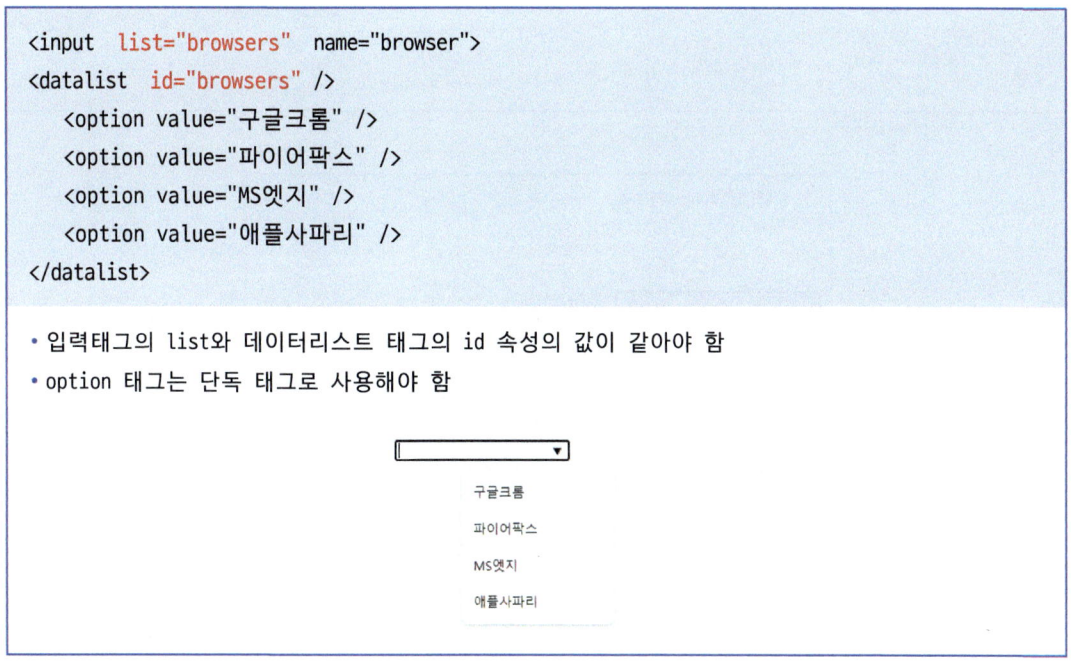

```
<input  list="browsers"  name="browser">
<datalist  id="browsers" />
   <option value="구글크롬" />
   <option value="파이어팍스" />
   <option value="MS엣지" />
   <option value="애플사파리" />
</datalist>
```

- 입력태그의 list와 데이터리스트 태그의 id 속성의 값이 같아야 함
- option 태그는 단독 태그로 사용해야 함

다음은 위에서 설명한 데이터리스트에 대한 예제이다.

```
<!DOCTYPE html>
<html>
  <head>
    <title>데이터리스트 실습습</title>
    <meta charset="utf-8" />
  </head>
  <body>
    <input list="좋아하는언어" placeholder="좋아하는 언어 선택" />
    <datalist id="좋아하는언어">
      <option value="HTML"></option>
```

```html
        <option value="CSS"></option>
        <option value="JavaScript"></option>
        <option value="React"></option>
        <option value="Vue"></option>
    </datalist>
  </body>
</html>
```

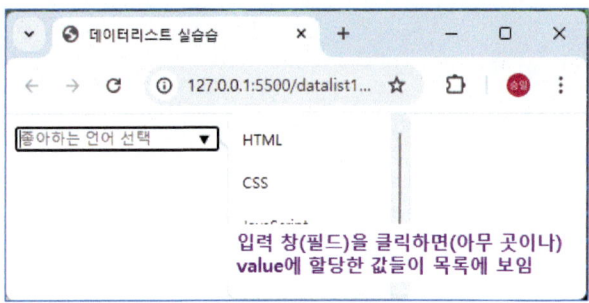

7 상세 태그 및 요약 태그(〈details〉, 〈summary〉)

HTML에서 <details> 태그와 <summary> 태그는 항상 함께 사용된다. 이 태그들은 접기 및 펼치기 기능을 구현한다. 상세 정보를 기술한 <details> 태그 내에 요약 정보를 보여주기 위한 <summary> 태그에 핵심 내용을 작성한다. <Summary> 태그의 내용을 클릭하면 상세 내용이 펼쳐지거나 보이지 않게 접힌다. <Details> 태그 요소에 open 속성을 적용하면 초기 상태를 접힌 상태가 아닌 열린 상태로 설정할 수 있다. 이러한 태그들의 조합은 활용 빈도가 높다. 기본 문법은 다음과 같다.

```
<details [ open ] >
    <summary>핵심 제목만을 간단히 작성</summary>
    <p>상세한 내용을 여기 작성합니다. </p>
</details>
```

- open 속성을 활성화하면, 최초 화면이 상세 부분 열린 상태로 설정됨.

<details> 태그와 <summary> 태그를 활용한 예제는 다음과 같다.

```
<!DOCTYPE html>
<html>
  <head>
    <meta charset="UTF-8" />
    <title>details와 summary</title>
  </head>
  <body>
    <h4>details와 summary 태그의 활용</h4>
    <details>
      <summary>슬로베니아</summary>
      <p style="color: white; background: darkgray">
        서쪽으로는 이탈리아, 서남쪽으로는 아드리아해, 남동쪽으로는 크로아티아,
        북동쪽으로는 헝가리, 북쪽으로는 오스트리아와 국경을 맞대고 있다. 수도는
        류블랴나이다.</p>
    </details>
    <details open>
      <summary>크로아티아</summary>
      <p>크로아티아는 지중해(아드리아해)와 접한 발칸 반도 서북쪽에 구
        유고슬라비아 연방에서 분리독립한 남유럽 국가이다. 수도는
        자그레브(Zagreb)이다. 1991년에야 독립을 선언한 신생국이다.</p>
    </details>
    <details>
      <summary>파타고니아</summary>
      <p>남아메리카 최남단에 위치한 지역명이다. 아르헨티나와 칠레에 걸쳐 있다.
        지구상에서 남극 대륙과 일부 섬을 제외하고 가장 남쪽에 있는 지역으로,
        남극에 가까운 고위도 지역이기에 기후도 남반구에서는 드물게도 상당히 추운
        편이다. </p>
    </details>
  </body>
</html>
```

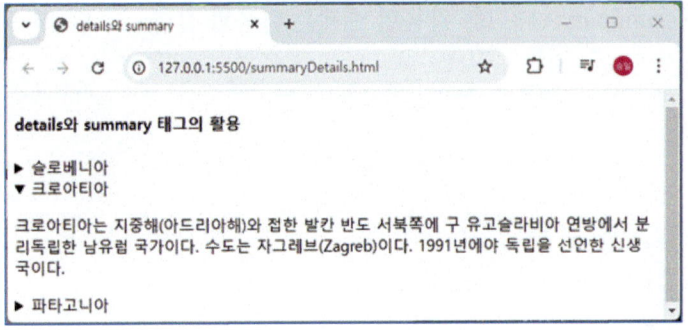

8 Select 태그(<select>)

<select> 태그는 드롭다운 목록(Drop-down list)에 등록된 아이템 중에 하나를 선택하는 폼 요소이다. 개별 아이템들은 <option> 태그를 사용해 표현한다. 디폴트는 드롭다운 목록의 첫 번째 아이템이 선택되어 표시된다. 특정 아이템을 초기 선택된 것으로 설정하려면 해당 <option> 태그에 selected 속성 사용한다. 기본 문법은 다음과 같다.

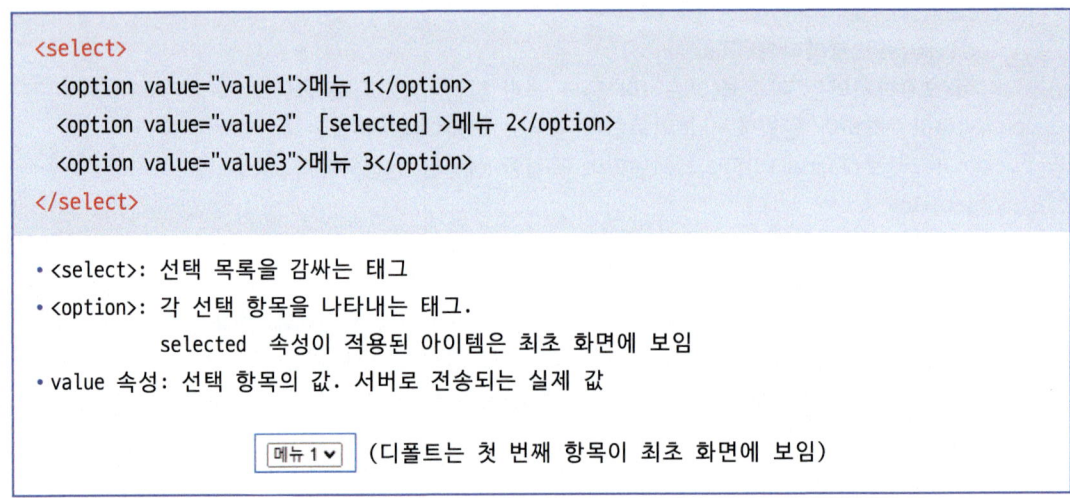

다음은 <select> 태그를 사용해 드롭다운 목록에서 하나의 아이템(항목)을 선택하는 예제이다.

디폴트는 브라우저 화면에 첫 번째 아이템이 나타나지만, <option> 태그에 selected 속성을 적용하면 적용된 아이템이 브라우저 첫 번째 화면에 나타난다.

```
<!DOCTYPE html>
<html>
<head><meta charset="UTF-8" /></head>
<body>

<h4>SELECT 폼 요소(selected 속성 적용)</h4>

<form action="/testSample.php">
  <label for="country">방문할 국가 선택 :</label>
  <select name="country">
    <option value="korea">한국</option>
    <option value="us">미국</option>
    <option value="france"  selected>프랑스</option>
    <option value="thailand">태국</option>
    <option value="japan">일본</option>
  </select>
  <input type="submit"  value="선택 완료">
</form>

</body>
</html>
```

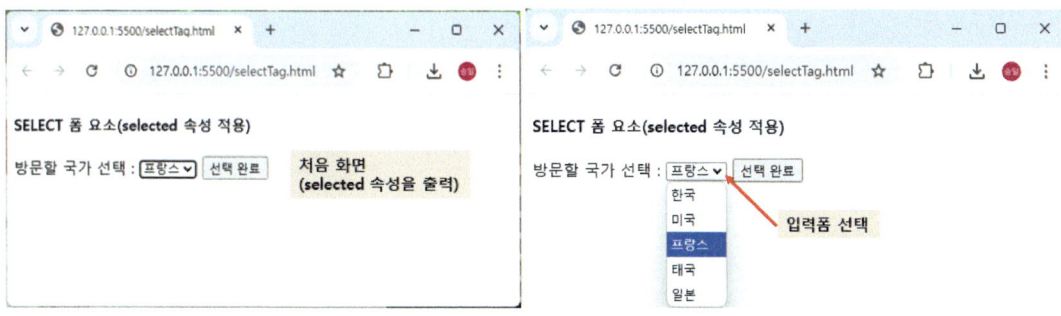

여러 개를 선택하려면 select 태그의 속성으로 multiple을 설정할 수 있다. 한 번에 보이는 아이템의 개수는 size='값'으로 설정할 수 있다. 1개 이상의 항목을 선택할 때는 "Ctrl"+ "마우스 클릭"으로 항목을 선택하면 된다. <select> 태그의 name 속성에 [ ](대괄호)를 추가하면, php 서버에 배열 요소로 전달된다고 한다.

```
h4>SELECT 폼 요소(multiple 속성 적용)</h4>

<form action="/testSample.php">
  <label for="country">방문할 국가 선택 :</label>
  <select name="country[]" size="4" multiple>
     <option value="brazil">브라질</option>
     <option value="us">미국</option>
     <option value="france">프랑스</option>
     <option value="thailand">태국</option>
     <option value="croatia">크로아티아</option>
     <option value="spain">스페인</option>
     <option value="korea">한국</option>
     <option value="japan">일본</option>
  </select>
  <input type="submit"  value="선택 완료">
</form>
```

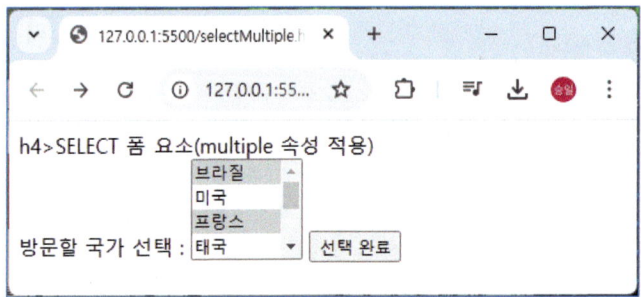

9 〈textarea〉 태그

<textarea> 태그는 사용자가 여러 줄의 텍스트를 입력할 수 있는 창을 제공하는 입력 필드이다. 회원가입을 하게 된 이유, 간단한 메모를 입력하는 것처럼 다양한 용도로 활용할 수 있다. 기본 문법은 다음과 같다.

```
<textarea  name="comment"  rows="10"  cols="50">
          여기에 텍스트 영역에 나타나는 초기값을 작성할 수 있습니다.
</textarea>
```

- Rows: 텍스트 영역이 차지하는 행 수를 설정
- Cols: 텍스트 영역에서 사용할 칼럼 수를 설정
- rows/cols 속성 대신에 CSS에서 width와 height 속성을 사용할 수 있음

[참고]
```
<textarea  name="comment"  style="width:500px;  height:600px;">
```

다음은 <textarea> 태그를 사용하는 예제이다.

```
<!DOCTYPE html>
<html>
<head><meta charset="UTF-8"/> <title>textarea</title></head>
<body>
<h4>textarea(텍스트 영역)을 생성해 글을 써보아요</h4>

<form >
  <textarea name="comment" rows="7" cols="50">
   여기에 필요하면 초기값을 작성할 수 있어요. 7행 50칸의 텍스트 입력 가능한 영역이
생성됩니다.</textarea>
  <br><br>
  <input type="submit">
</form>
</body>
</html>
```

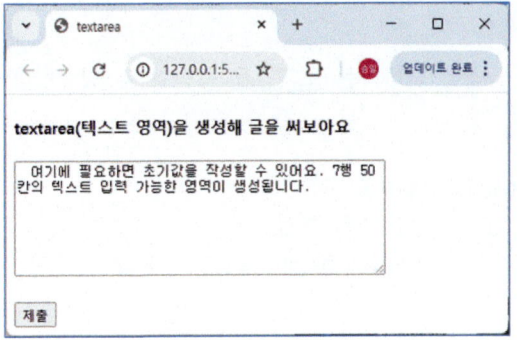

10 <progress> 태그

<progress> 태그는 어떤 일의 진행 과정을 시각적으로 표현할 때 사용하는 태그이다. 보통은 자바스크립트와 연동하여 사용한다. 파일의 업로드 진행 과정을 보여줄 수 있으며, <label> 태그와 결합해 사용하는 경우가 많다. <range> 태그와 달리 마우스를 사용한 값의 변경은 허용하지 않는다. 간단히 예제만 살펴보면 다음과 같다.

```
<!DOCTYPE html>
<html><head><meta charset="UTF-8" /></head>
<body>
<h4>progress 태그</h4>
<p>value가 변경되면 화면의 슬라이드도 동일하게 변경됨. 자바스크립와 연동해야 의미가 있음.</p>

<label for="filedown">파일 다운로드(%): </label>
<progress id="filedown" value="20" max="100"> 20% </progress>
</body></html>
```

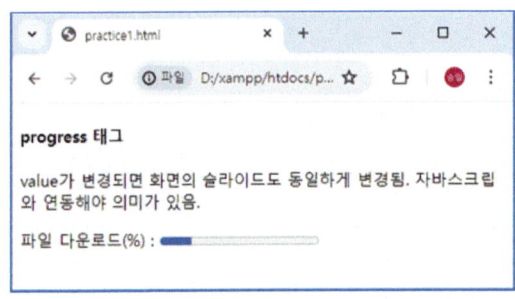

2.9 시멘틱(Semantic) 태그 (의미론적 태그)

시맨틱(Semantic) 태그는 HTML 문서의 의미를 명확하게 표현하기 위해 사용하는 태그이다. 즉, 태그의 이름을 실제 웹 페이지에서 사용되는 의미에 맞게 태그에 이름을 부여하는 개념이다. 검색 엔진은 시맨틱 태그를 통해 웹 페이지의 내용을 더 정확하게 파악하고, 검색 결과에 더 적절하게 노출시킬 수 있다. 그리고 시맨틱 태그를 사용하면 HTML 문서의 구조가 더 명확해져 코드 유지보수가 편리하다. 시멘틱 태그 사용의 장점을 아래 정리하였다.

■ 시멘틱 태그 사용의 장점

- 웹 접근성 향상
- 유지보수가 용이함
- 검색 엔진 최적화(SEO)에 유리

시멘틱 태그 중에서 <header> 태그는 페이지의 헤더 부분을 작성할 때 사용하며, <nav> 태그는 네비게이션 메뉴를 생성할 때 사용한다. 여러분들은 웹 개발 시 시멘틱 태그를 사용하는 습관들을 들였으면 한다. HTML5에 새롭게 추가된 태그들이다.

다음은 많이 사용되는 시멘틱 태그를 정리한 것이다.

시멘틱 태그	설명
<header>	페이지의 헤더 부분을 나타냄. 머리말
<nav>	네비게이션 메뉴를 나타냄. 하이퍼링크들의 묶음
<section>	페이지의 주요 내용을 담는 섹션을 나타냄
<article>	독립적인 콘텐츠 블록을 나타냄(예, 블로그 게시글, 뉴스 기사)
<aside>	본문 내용과 관련된 부가적인 정보를 담는 사이드바를 나타냄
<footer>	페이지의 푸터 부분을 나타냄. 꼬리말
<main>	페이지의 메인 콘텐츠 영역을 나타냄
<figure>	이미지, 차트, 코드 스니펫 등의 콘텐츠와 캡션을 함께 나타냄

다음은 과거의 웹 디자인 방식과 오늘날 권고하는 웹 디자인 방식을 설명하고 있다.

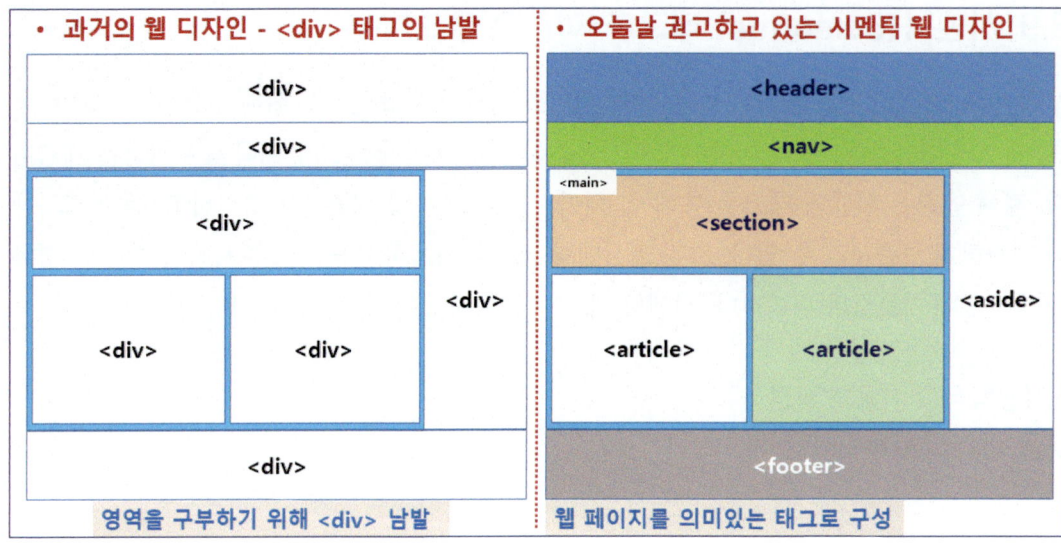

마지막으로 시멘틱 태그를 사용해 웹을 디자인하는 간단한 예제이다. 여러분들은 아직 CSS를 제대로 학습하지 않았기 때문에 일단은 가볍게 살펴보기 바란다.

```
<!DOCTYPE html>
<html>
  <head>
    <meta charset="UTF-8" />
    <title>레이아웃 예제</title>
    <style>
      body,
      html {
        margin: 0;
        padding: 0;
        min-width: 600px;
      }
      .header {
        width: 100%;
        height: 100px;
        text-align: center;
        background-image: url("https://picsum.photos/1200/300");
```

```css
  }
  .nav {
    display: flex;
    gap: 4px;
    background-color: lightgrey;
  }
  .nav > div {
    gap: 4px;
    padding-block: 8px;
    padding-inline: 3rem;
    background-color: mistyrose;
    flex: 1;
  }
  .nav > div:hover {
    background-color: red;
    color: white;
  }
  .container {
    display: flex;
    gap: 2px;
    height: 500px;
  }
  .container > main {
    flex: 3;
    background-color: yellow;
  }
  .container > aside {
    flex: 1;
    background-color: dodgerblue;
  }
  .main {
    display: flex;
    flex-direction: column;
  }
  .main > article {
    flex: 2;
    background-color: yellow;
```

```
      }
      .main > section {
        flex: 1;
        background-color: gray;
      }
      .footer {
        height: 100px;
        background-color: cyan;
      }
    </style>
  </head>
  <body>
    <header class="header">
      <h1>나의 웹 페이지 제작 역사</h1>
    </header>
    <nav class="nav">
      <div>메뉴 1</div>
      <div>메뉴 2</div>
      <div>메뉴 3</div>
      <div>메뉴 4</div>
      <div>메뉴 5</div>
    </nav>
    <div class="container">
      <main class="main">
        <article>여기에 아티클을 작성하세요.</article>
        <section>여기에 섹션을 작성하세요.</section>
      </main>
      <aside>여기는 부가 정보는 작성하는 영역입니다.</aside>
    </div>
    <footer class="footer">
      <address>주 소: 대한민국 ....</address>
    </footer>
  </body>
</html>
```

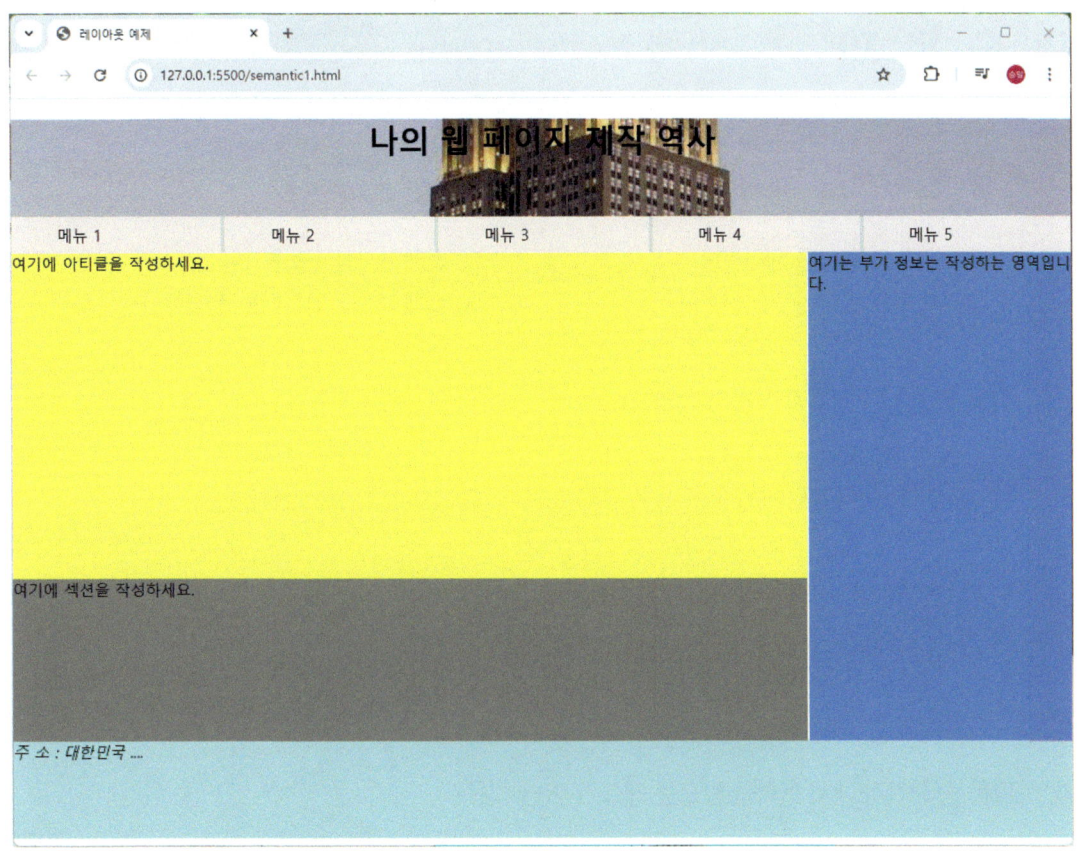

연습문제

1. HTML의 역할로 올바른 것은?

   ① 웹페이지의 동작을 제어한다. ② 웹페이지의 구조를 정의한다.
   ③ 웹페이지의 스타일을 지정한다. ④ 웹페이지의 데이터를 저장한다.

2. 다음 중 올바른 HTML5 문서 선언은?

   ① 〈!DOCTYPE html5〉 ② 〈!DOCTYPE html〉
   ③ 〈!DOCTYPE HTML5〉 ④ 〈!DOCTYPE XHTML〉

3. 웹 문서의 메타데이터를 정의하는 태그는?

   ① 〈meta〉 ② 〈style〉
   ③ 〈script〉 ④ 〈div〉

4. 다음 중 HTML에서 목록을 만드는 태그가 아닌 것은?

   ① 〈ul〉 ② 〈ol〉
   ③ 〈li〉 ④ 〈span〉

5. ul, ol 태그는 디폴트 설정은 대략 왼쪽 패딩(padding-left) 값은 (   )을 가지며, 왼쪽 마진(margin-left)은 0이다.

6. 외부 문서나 특정 위치로 이동할 수 있도록 연결하는 하이퍼링크를 만들 때 사용하는 태그는 (   )태그이다.

7. 〈img〉 태그의 (   )속성은 이미지를 설명하는 대체 텍스트를 제공하는 중요한 역할을 한다. 시각 장애인은 스크린 리더기를 사용해 이미지 대신에 대체 텍스트의 내용을 듣는다.

연습문제

8. ⟨iframe⟩ 태그의 주요 용도는?

   ① 자바스크립트를 실행한다. ② 이미지 슬라이드를 생성한다.
   ③ 웹 페이지 내부에 다른 웹 페이지를 삽입한다. ④ 외부 CSS 파일을 불러온다.

9. 다음 중 HTML5에서 새롭게 추가된 태그가 아닌 것은?

   ① ⟨article⟩   ② ⟨section⟩
   ③ ⟨font⟩   ④ ⟨aside⟩
   ⑤ ⟨main⟩   ⑥ ⟨header⟩

10. HTML에서 비디오를 삽입할 때는 (   ) 태그를 사용하고, 오디오를 삽입할 경우에는 (   )태그를 사용한다.

11. 웹페이지에서 사용자 입력을 받을 때 사용하는 ⟨input⟩ 태그의 속성 중, 비밀번호 입력을 위한 type은 (   )이다.

12. (   ) 태그는 사용자 입력을 받는 폼을 정의하는 컨테이너이며, (   )태그는 폼 내부에서 실제 입력 필드를 생성하는 역할을 한다.

13. HTML 문서의 문자 인코딩을 표준은 ⟨meta⟩ 태그의 속성으로 설정하는데, charset=(   ) 로 설정하여, 세계의 모든 언어와 특수 문자를 올바르게 표시할 수 있도록 해준다.

14. HTML에서 ⟨div⟩ 태그와 ⟨span⟩ 태그의 차이점을 설명하시오.

15. HTML 문서의 기본 구조를 필수 태그를 포함해 작성하시오.

연습문제

16. 다음과 같은 시간표를 HTML을 사용해 완성하시오.

주간 시간표

시간	월요일	화요일	수요일	목요일	금요일
09:00 - 10:00	수학	영어	과학	역사	체육
10:00 - 11:00	수학	영어	과학	역사	체육
11:00 - 12:00	수학	영어	과학	역사	체육
12:00 - 13:00	점심시간				
13:00 - 14:00	음악	미술	사회	물리	화학
14:00 - 15:00	음악	미술	사회	물리	화학
15:00 - 16:00	음악	미술	사회	물리	화학

17. 다음은 ul 및 ol 태그를 사용해 동태찌개 레시피를 작성한 HTML 문서이다. 아래와 같은 출력을 갖는 HTML 코드를 작성하시오.

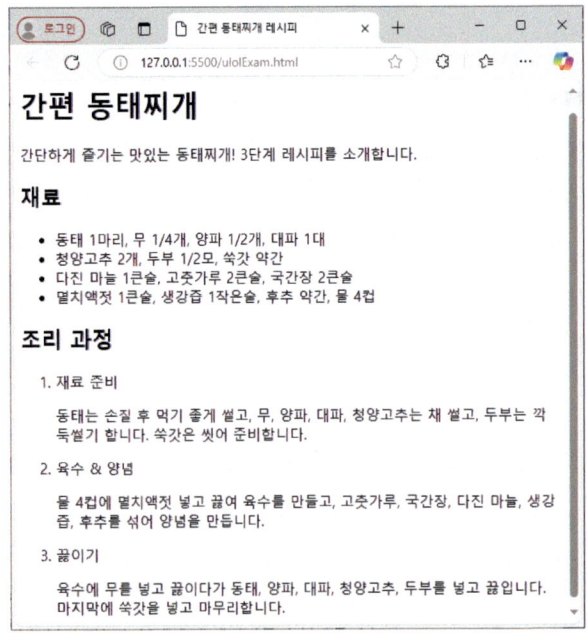

CHAPTER **3**

기초 CSS

CONTENTS

3.1 CSS 개요

3.2 CSS 스타일 시트의 디자인 적용 방법

3.3 주요 선택자

3.4 가상(의사) 클래스 선택자(Pseudo-class Selector)

3.5 의사(가상) 요소 선택자(Pseudo-element Selector)

3.6 CSS 칼라(Color) 속성

3.7 길이(크기) 단위

3.8 Text 속성

3.9 폰트(Font)

3.10 박스 모델(Box Model)

3.11 패딩(Padding) 속성

3.12 마진(Margin) 속성

3.13 테두리(Border) 속성

3.14 아웃라인(Outline) 속성

3.15 박스 그림자(Box-shadow) 속성

3.16 배경(Background) 속성

3.17 불투명도(Opacity) 속성

3.18 커서(Cursor) 속성

- 연습문제

3장과 4장에서는 CSS에 대해 학습한다. 3장에서는 CSS의 개념과 기본적인 활용 방법에 관해 설명하며, 4장에서는 CSS의 고급 과정을 설명할 것이다.

3.1 CSS 개요

CSS는 Cascading Style Sheet의 약자로, HTML이나 XML로 작성된 문서의 외관을 디자인하고 꾸미는 데 사용하는 언어이다. CSS는 HTML 문서에 글자 색, 글꼴, 크기, 배경, 링크의 색상과 크기 변경, 레이아웃 등 다양한 스타일을 적용해 차별화한 웹 페이지로 탄생시키는 핵심적인 역할을 한다. HTML 문서의 변경이 없이 디자인을 변경하고 싶으면, CSS 스타일만 변경하면 된다.

한 번 작성한 CSS 스타일은 여러 페이지에 적용하여 웹 사이트 전체의 디자인을 일관되게 유지할 수 있고, 중복 코드를 줄일 수 있다. CSS를 통해서 데스크탑, 태블릿, 스마트폰 등 디바이스의 화면 크기에 따라 디자인을 유연하게 조절하는 반응형 설계가 가능하다. 현재는 CSS3(CSS 레벨 3)이 최신 버전이다.

대부분의 HTML 태그는 디폴트 CSS 속성을 갖는다. 여기서 배우는 CSS 스타일에서 지원하는 것들을 정리하면 다음과 같다.

- 텍스트의 색, 크기, 폰트, 투명도, 정렬을 조작
- 문서의 여백, 패딩, 너비, 높이 등을 지정
- 테두리(경계)를 생성하고, 색상, 두께, 선 스타일을 지정
- 박스모델(Box Model)에 기반한 디자인
- 배경색, 배경 이미지 등을 조작
- 리스트, 링크, 테이블 등에 대한 디자인
- Position, z-index, overflow, float 등에 대한 조작
- Inline요소, block요소, inline-block 요소를 변경 가능
- 요소의 변환(회전, 이동 등), 천이, 애니메이션
- 텍스트 효과, 그림자 효과, 그레디언트(gradient) 등의 조작
- 기타 다양한 방식으로 최적화된 레이아웃을 지원(flex, grid)

주) CSS 스타일을 적용해 디폴트 속성을 바꿀 수 있음

다음은 앞으로 여러분들이 사용할 CSS 일부 주요 속성을 정리한 것이다.

- 색: color(글자색), background-color(배경색)
- 텍스트 정렬: text-align(속성값: left, right, center)
- 크기: width(너비), height(높이)
- 폰트: font-family(글씨체), font-size(글자크기), font-weight(폰트 굵기)
- 여백: marign
  내부 여백: padding
  테두리: border
- 디스플레이: display(속성값: block, inline, inline-block, flex, grid, none)
- 위치: position(속성값: static(디폴트), relative, absolute, fixed, sticky)
- 위치 조절: top, right, left, bottom
- 요소 좌우 띄워 배치: float(속성값: left, right), clear(해제)

1 CSS 기본 구문

CSS는 선택자(Selector)와 선언 블록(Declaration Block)으로 구성된다. 선택자는 스타일을 적용하려는 HTML 요소이며, 태그, ID, 클래스(Class) 등이 선택자로 사용될 수 있다. 실제로 선택자가 될 수 있는 것은 매우 많다. 선언 블록은 ;(세미콜론)으로 구분된 1개 이상의 선언문으로 구성된다. 각 선언문은 속성명(Property name)과 값(Value)의 쌍(Pair)이며, :(콜론)으로 분리된다.

아래 그림은 선택자로 HTML 태그 요소를 예로 사용한 CSS 기본 구문이다.

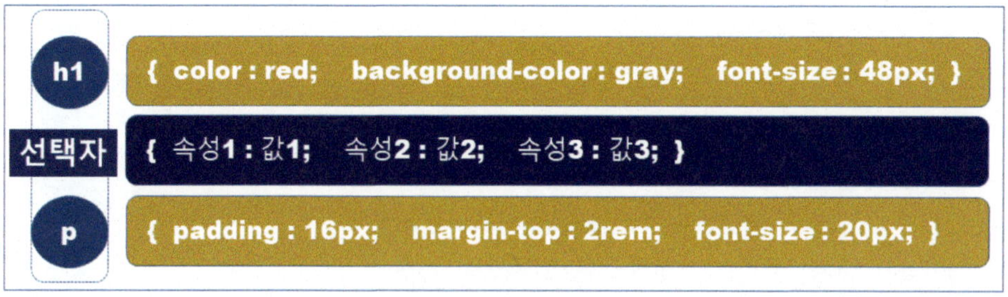

h1	{ color : red; background-color : gray; font-size : 48px; }
선택자	{ 속성1 : 값1; 속성2 : 값2; 속성3 : 값3; }
p	{ padding : 16px; margin-top : 2rem; font-size : 20px; }

CSS는 규칙 기반 언어로 웹 페이지의 특정 요소 또는 요소 그룹에 적용할 스타일을 지정한다. 다음은 CSS 구문 작성법을 요약한 것이다. 본 교재에서는 "스타일"과 "디자인"을 같은 의미로 사용할 것이다.

■ CSS 구문 작성법

1. 맨 먼저 스타일(디자인)을 적용할 선택자를 결정
2. 선택자 다음의 { }(선언블록) 안에 디자인을 기술
3. 중괄호 안에 "속성: 값;"으로 지정하고 싶은 속성에 값을 할당.
   단, 속성-값 쌍의 기술이 끝나면 ;(세미콜론) 필요함
4. 속성이나 값에 따옴표를 사용하지 않음
5. 단위가 존재하면 값과 함께 작성해야 함
6. 주석(comment): /* 주석 작성 */ (C언어의 멀티라인 주석 방식과 같음)

CSS 선택자에 대한 것만 종합적으로 정리하면 다음과 같으며, 여러분들은 이러한 선택자를 사용하는 방법을 학습하게 될 것이다.

선택자	설명
태그 선택자	저정한 태그 요소(div, p)
클래스 선택자	특정 클래스를 갖는 요소(.class-name)
ID 선택자	고유한(유일한) ID를 갖는 요소(#id-name)
자식 선택자	특정 부모의 지정 자식 요소(div 〉 p)
후손 선택자	특정 부모 내의 모든 지정 요소(div p)
형제 선택자	같은 부무를 갖는 형제 요소(div+p)
속성 선택자	특정 속성을 갖는 요소 ([속성명="value"])

3.2 CSS 스타일 시트의 디자인 적용 방법

CSS 스타일 시트를 작성할 수 있는 3가지 방법이 있다. 여기서 소개하는 3가지 방법은 모두 자주 사용하기 때문에 잘 이해하고 있어야 한다.

적용 방법	설명
인라인 스타일 (우선순위: 1)	태그 요소의 style 속성에 작성 (`<div style="color:red;">`)
내부 스타일 시트 (우선순위: 2)	`<HEAD>` 태그 내에 `<style></style>` 태그 안에 작성 → head 안에 `<style>` 태그를 여러 번 작성하는 것도 가능 (중복된 속성의 경우에는 마지막 설정한 값이 선택됨)
외부 스타일 시트 (우선순위: 3)	외부 파일로 스타일 시트 작성 `<link href=" 파일명">`태그를 사용해 외부 파일 불러옴 `<style>`태그내에 '@import url(파일명);' 사용

외부에 작성하는 CSS 스타일 시트 파일은 확장자가 *.css이다.

1 Inline 스타일을 사용한 CSS 적용

인라인(Inline) 스타일을 적용한 디자인 적용은 이미 이전 장에서도 몇 번 소개된 바가 있다. 태그 요소의 style 속성에 스타일 시트를 작성한다. 인라인 스타일이 우선순위가 가장 높다. 즉, 상이한 적용 방식으로 동일한 스타일 중복 시 인라인 스타일이 적용된다. 되도록 사용을 자제하는 것이 좋다.

```html
<!DOCTYPE html>
<html>
<head>
<meta charset="utf-8">
</head>
<body>
<!-- 태그 옆에 인라인 CSS를 작성하는 예제 -->
<h2 style="color: darkblue">대한민국의 <span style="color:dodgerblue">자동차</span> 수출</h2>
<hr style="border: 2px solid green;">
<p style="font-size: 20px;">2024년 대한민국의 자동차 수출은 상반기 기준으로 전년보다 <span style="color: red; font-weight: bold;">47%</span> 증가했다. 이는 9년 만에 최대 실적을 경신한 것이다. 앞으로도 수출 성장세를 이어갔다. </p>
</body>
</html>
```

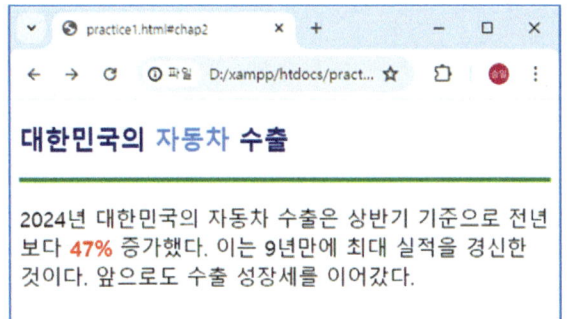

2 〈style〉 태그 내에 CSS 작성

HTML의 <head> 태그 안의 <style> 태그 내에 CSS를 작성한다.

다음은 <style> 태그 내에 작성한 CSS 적용 예제이다. Color 속성은 글자색을 지정하고, text-align은 텍스트 정렬 방식을 지정하고, background-color는 배경색을 지정하며, font-size는 글자 크기를 지정하는 속성이다.

```html
<!DOCTYPE html>
<html>
<head><meta charset="utf-8">
<style>
p {
   color: blue;
   text-align: center;
   background-color: mistyrose;
   font-size: 24px;
}
</style>
</head>
<body>
<p>글자색은 파란색이고, 텍스트는 가운데 정렬</p>
<p>배경색은 mistyrose로 설정했어요.</p>
<p>글자 크기는 24 픽셀로 설정했어요.</p>
</body>
</html>
```

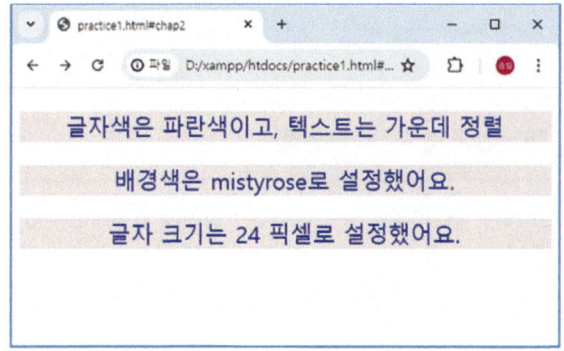

<style> 태그 내에 주석을 작성할 수 있다. 주석은 다음과 같이 작성한다.

```
<style>
 /* 여기에 주석 작성  */
 h1 { color: dodgerblue;  }
</style>
```

- [참고] 셀렉터, 속성, 속성값: 대소문자 구분 없음

<style> 태그 내에 작성한 CSS를 적용한 다른 예제이다.

```
<!DOCTYPE html>
<html>
<head><meta charset="utf-8">
<style>
/* 스타일에서 주석은 이처럼 작성합니다.  */
/* 셀렉터, 속성, 속성값: 대소문자 구분 없음  */
body {background-color: lightgray;}
p {
  COLOR: blue;
  text-align: center;
  background-color: mistyrose;
}
```

```
SPAN { font-size: 24px;
       font-weight: bold;
       COLOR: TOMATO;
}
</style>
</head>
<body>
<h3>head 태그 내에 style 태그 내에 css 작성 예</h3>
<hr>
<p>아름답고 웅장한 <span>지리산</span>을 잘 보존하자.</p>
</body>
</html>
```

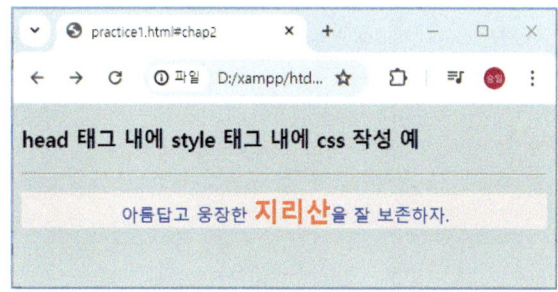

"*"(와일드 카드) 선택자는 웹 문서 내의 모든 태그 요소를 선택할 때 사용한다. 와일드 카드 선택자에 CSS 디자인을 적용하면 모든 태그에 적용된다. 아래 예제를 살펴보기 바란다.

```
<!DOCTYPE html>
<html>
<head><meta charset="utf-8">
<style>
/* 모든 태그 요소를 선택할 때는 '*'를 사용 */
* {
    color: hotpink;
    //box-sizing: border-box;
    margin: 0px;
```

```
        }
    </style>
</head>
<body>
<h4 >파타고니아</h4>
<p>남아메리카 최남단에 위치한 지역명이다. 아르헨티나와 칠레에 걸쳐 있는 지역이다.</p>
<div>16세기에 유럽인이 상륙했으며 파타곤(Patagon)이라는 거인이 산다고 해서 파타고니아라고
불렀다고 한다.
</div>
</body>
</html>
```

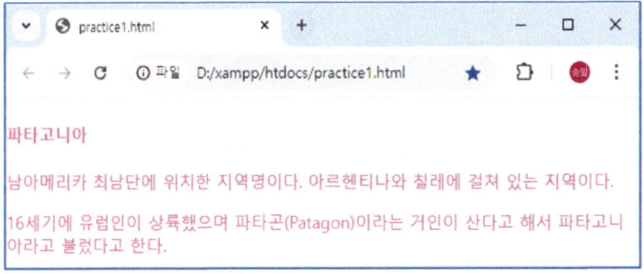

3 외부 파일에 CSS 작성

CSS 디자인을 독립적인 외부 파일로 작성할 수 있다. 외부의 독립적인 CSS 파일은 시작과 끝에 <style>, </style> 태그를 포함하지 않아야 한다. 독립적인 파일로 작성한 CSS 파일은 2가지 방법으로 HTML 파일에서 읽어올 수 있다. 외부에 작성한 CSS 파일이 style11.css라고 하자.

```
1) <HEAD> 태그 내에 작성함
   <link rel="stylesheet" href="./style11.css">

2) <STYLE> 태그 내에 작성함
   @import url("./style11.css");
```

위의 두 방식 중에서 실무에서는 <link> 태그를 사용한 외부 파일 읽기를 주로 사용한다.

먼저 외부에 작성한 style11.css 파일은 다음과 같다.

```css
/*  파일명:   style11.css    */
/*<style> 태그를 사용하지 않아야 합니다. */
body {
  margin-inline: 36px;   /*좌우 여백을 36px로 설정함*/
}
h2 {
    color: darkblue;
}
hr {
    border: 2px solid  green;
}
p {
    font-size: 20px;
}
/* h2 요소 내의 자식 span 태그 요소 지정 */
h2 > span {
    color:dodgerblue
}
/* p 요소 내의 자식 span 태그 요소 지정 */
p > span {
    color: red;
    font-weight: bold;
}
```

<link> 태그를 사용해 style11.css 파일을 읽어와 사용하는 방법은 다음과 같다. 외부 css 파일과 HTML 문서 파일은 동일한 폴더에 존재해야 한다.

```html
<!DOCTYPE html>
<html>
<head>
<meta charset="utf-8">
<link rel="stylesheet"  href="./style11.css">
```

```
</head>
<body>
<h2 >대한민국의 <span>자동차</span> 수출</h2>
<hr style="border: 2px solid  green;">
<p style="font-size: 20px;">2024년 대한민국의 자동차 수출은 상반기 기준으로 전년보다
<span>47%</span> 증가했다. 이는 9년만에 최대 실적을 경신한 것이다. 앞으로도 수출 성장세를
이어갈 것으로 예상된다. </p>

</body>
</html>
```

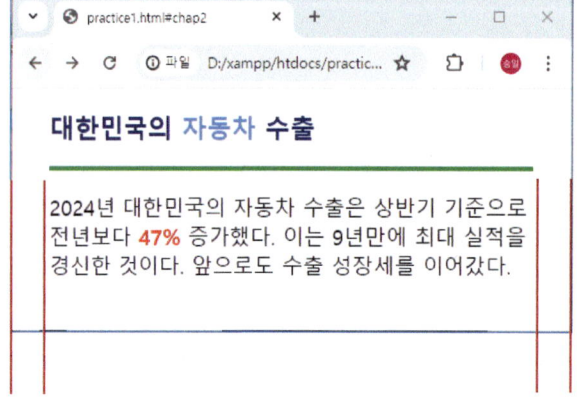

Margin-right : 36px

다음은 <style> 태그 내에 @import url(파일명);을 사용해 외부 CSS 디자인 파일을 읽어올 수 있다. 결과는 위의 예제와 동일한 결과를 얻을 수 있다.

```
<!DOCTYPE html>
<html>
<head>
<meta charset="utf-8">
<style>
  @import   url("./style11.css");
```

```
</style>
</head>
<body>
<h2 >대한민국의 <span>자동차</span> 수출</h2>
<hr style="border: 2px solid  green;">
<p style="font-size: 20px;">2024년 대한민국의 자동차 수출은 상반기 기준으로 전년보다 <span>47%</span> 증가했다. 이는 9년만에 최대 실적을 경신한 것이다. 앞으로도 수출 성장세를 이어갔다. </p>
</body>
</html>
```

4 CSS 스타일 속성 적용 우선 순위

CSS 스타일 속성이 중복되면 우선순위가 높은 속성값이 HTML 문서에 적용된다. 우선순위가 같다면 마지막에 작성된 것이 HTML 문서에 적용된다. 사용자가 CSS 디자인을 적용하지 않더라도 브라우저의 디폴트 스타일은 기본적으로 적용된다.

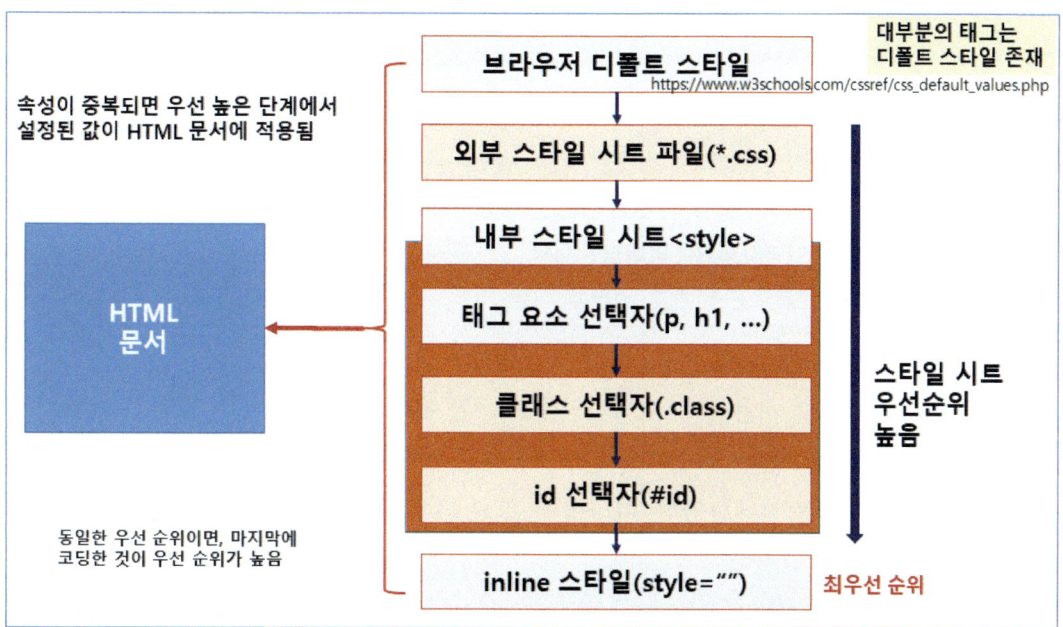

3.3 주요 선택자

HTML의 태그가 선택자로 사용될 수 있고, '*'(와일드카드)가 선택자로 사용될 수 있다는 것은 이미 앞에서 설명하였다. 여기서는 CSS 디자인을 위해 사용하는 중요한 선택자를 소개할 것이다.

1 클래스 선택자(.class)

CSS에서 클래스 선택자는 HTML 태그 요소의 속성 중의 하나로 class가 있으며, class 속성에 클래스의 이름으로 할당해 클래스를 선언한다. 클래스는 고유한 것이 아니라 HTML 문서에서 중복 할당이 가능하다. 즉, 한 학급에 취미가 같은 학생은 여러 명 있을 수 있는 것과 같은 개념이다. 그리고 각 태그명은 여러 개의 클래스명을 가질 수 있다. 클래스 선택자는 클래스 이름 앞에 .을 붙인 것이다. 외부 파일이나 <style> 태그에서 클래스 선택자로 요소를 선택해 CSS 스타일 시트를 적용할 수 있다. 기본 방식은 다음과 같다.

```
...생략
<style>
.class1 {
  text-align: center;
  color: red;    font-size: 20px;    background-color: mistyrose;
}
</style>
...생략
<p    class="class1">안녕하세요. 파이팅!</p>
<div    class="class1">클래스 이름은 여러번 사용 가능</div>
```

다음은 클래스 선택자를 사용해 CSS 디자인을 적용한 예제이다. 클래스 간의 우선 순위는 같으므로 속성이 중복될 경우 뒤에 코딩된 것이 우선 순위가 높다. 예제는 클래스 active와 second에 CSS 디자인을 적용하였다. 하나의 태그 요소에 대해 여러 개의 클래스를 등록할 수 있다.

```html
<!DOCTYPE html>
<html>
<head> <meta charset="utf-8">
<style>
.active {
    text-align: center;   /*텍스트 가운데 정렬*/
    color: tomato;   /*글자색은 토마토색*/
}
.second {
    color: navy;   /*글자색은 네이비색*/
    text-align: left; /*텍스트 왼쪽 정렬(디폴트)*/
}
</style>
</head>
<body>
<h4  class="active">대한민국의 인구</h4>
<p  class="active  second">아시아에서는 13번째, 세계에서는 29번째로 인구가 많은 나라이다.
</p>
<h4  class="active">브라질 상파울루</h4>
<p  class="active second">브라질 최대, 남반구 최대의 도시이며, 2023년 인구는 상파울로 도시권 기준으로 2262만명이다.</p>
</body>
</html>
```

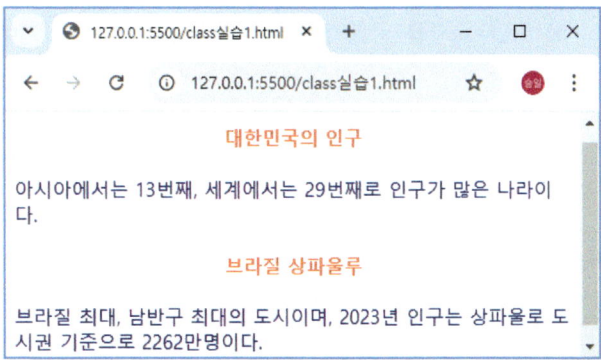

같은 태그 요소 중에서 특정 클래스로 제한해 CSS 디자인을 적용할 수 있다. 아래 기본 개념을 소개하였다. CSS 디자인에서 종종 사용하고 있다.

■ 요소.클래스명

```
div.second
```

- 클래스명이 second인 div 태그에 대해서만 CSS 디자인을 적용한다는 의미
- 즉, 요소(태그 등)가 같지 않다면, 클래스명이 같아도 디자인을 적용하지 않음

다음 예제를 잘 살펴보기 바란다.

```
<!DOCTYPE html>
<html>
  <head>
    <meta charset="utf-8" />
    <style>
      .second {
        color: navy;
        text-align: left;
      }
      div.second { /*div태그중에서 클래스가  second인 것*/
        color: MediumVioletRed;
        font-weight: bold; /*글자를 굵게 표현*/
      }
    </style>
  </head>
  <body>
    <div class="second">div 태그의 second 클래스에 디자인 적용</div>
    <div>(클래스 속성이 없는 div 태그)</div>
    <h4 class="active">대한민국의 인구</h4>
    <p class="active second">
       아시아에서는 13번째, 세계에서는 29번째로 인구가 많은 나라이다.
    </p>
```

```
    <h4 class="active">브라질 상파울루</h4>
    <p class="active second">
        브라질 최대, 남반구 최대의 도시이며, 2023년 인구는 상파울로 도시권
        기준으로 2262만명이다.
    </p>
  </body>
</html>
```

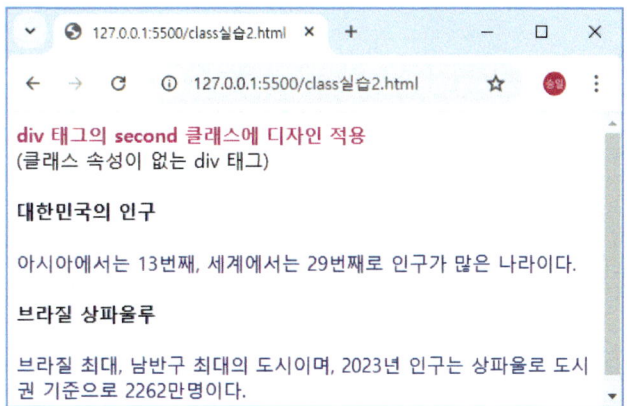

2 ID 선택자(#id명)

HTML의 태그 속성 중에서 요소에 고유한(유일한) 이름을 부여하기 위해 ID 속성을 사용한다. ID 속성값(#ID명)은 유일(Unique)해야 하며, 중복하지 않도록 주의해야 한다. 즉, 유일한 하나의 요소만을 선택하기 위해 사용한다. ID 이름 앞에 #을 붙이면 ID 선택자가 되며, 이는 ID 이름을 갖는 요소를 가리킨다. 기본적인 사용법은 다음과 같다.

```
...생략
<style>
#id1 {   /*ID명이 id1인 요소에 CSS 디자인 적용*/
  text-align: center;
  color: red;    font-size: 20px;    background-color: gray;
}
```

```
</style>
...생략
<p   id="id1">안녕하세요. 파이팅!</p>
<p > 이것은 id 속성이 없는 p 태그입니다.</p>
```

위에서 "p#id1"과 같은 표현은 별다른 의미가 없다. 왜냐하면, ID는 원래 유일한 것이어야 하기 때문이다. ID가 중복되면 자바스크립트 등과 연동해 사용할 때, 예상치 못한 문제가 발생할 수 있다.

다음은 ID 선택자를 사용해 CSS 디자인을 적용하는 예제이다.

```
<!DOCTYPE html>
<html>
  <head>
    <meta charset="utf-8" />
    <style>
      #onlyOne { /*ID명은 중복되지 않고 유일해야 함*/
        text-align: center;
        color: red;
        background-color: lightyellow;
      }
    </style>
  </head>
  <body>
    <h2 id="onlyOne">홍 길동</h2>
    <hr />
    <p>
        홍길동은 조선 연산군 때 충청도 일대를 중심으로 활동한 도적떼의 우두머리다.
        홍길동은 허균이 지은 소설 '홍길동전'의 주인공입니다.
    </p>
  </body>
</html>
```

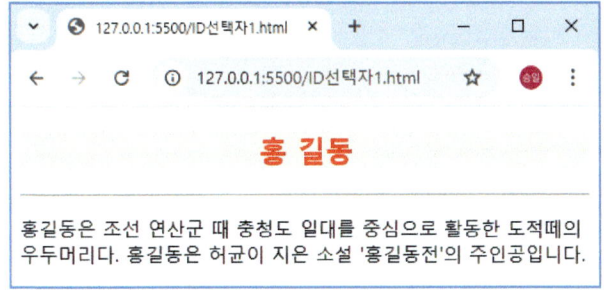

3 그룹 선택자(Grouping Selector)

그룹 선택자는 여러(Multiple) 요소를 동시에 선택하는 것을 말한다. 즉, 여러 요소를 동시에 선택하는 방법이다. 같은 디자인을 적용할 선택자들을 콤마(,)로 구분해 열거하면, 한 번에 CSS 스타일을 일괄적으로 지정할 수 있다. 다음과 같은 방법으로 작성한다.

■ 그룹 선택자

- 콤마(,)로 구분해 열거한 모든 선택자에 일괄적으로 디자인 적용함
  h1, p, div { ... }   //모든 h1, p, div 태그에 같은 디자인 적용
  p, .class1, #id { ... } //p 태그, class1 클래스, id1인 id 요소에 같은 디자인 적용

다음은 그룹 선택자를 적용한 예제이다. 예제는 모든 h3 태그와 p 태그에 같은 디자인을 적용한다.

```
<!DOCTYPE html>
<html>
<head> <meta charset="utf-8">
<style>
h3, p {
  color: dodgerblue; /*밝고 선명한 파랑색*/
  margin-left: 16px; /*요소의 왼쪽 여백을 16픽셀로 설정*/
}
</style>
```

```
</head>
<body>
<h3>2개의 선택자에 동일한 디자인 적용하기 연습</h3>
<div>
   <h4>망이/망소이의 난</h4>
   <p>망이·망소이의 반란은 고려 무신집권기 초기인 1176년부터 이듬해까지 약 1년 반에 걸쳐서 충청도 공주 명학소를 중심으로 일어난 농민과 천민들의 난이다.</p>
</div>

<h4>기타 사항 </h4>
<p>캐나다 대서양 최대 도시 노바스코샤 핼리팩스</p>
</body>
</html>
```

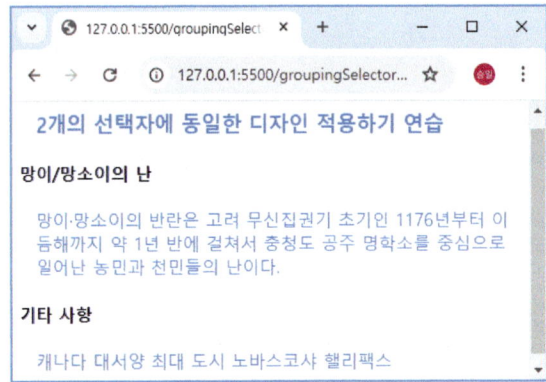

4 자식(Child) 및 자손(Descendant) 선택자

CSS에서 자식 선택자는 부모 요소의 직계 자식 요소에만 CSS 디자인을 적용하는 선택자이다. 즉, 부모 요소 안에 바로 속해 있는 자식 요소를 지정하여 CSS 디자인을 적용할 때 사용한다. 부모-자식 관계를 의미하는 자식 선택자를 지정할 때는 부모와 자식 요소 사이에 ">"을 넣어서 선언한다. 기본 문법은 다음과 같다.

■ 자식 선택자

- `p > span { ... };` //p 태그 요소의 자식인 span 태그를 선택
- `div > p > ul { ... };` //div 요소의 자식인 p 요소에 대해 자식인 ul 요소 선택

다음은 자식 선택자를 사용해 CSS 디자인을 적용하는 예제이다. UL 태그의 자식 LI 태그 요소에만 디자인을 적용하는 예이다.

```
<!DOCTYPE html>
<html><head> <meta charset="utf-8"> <style>
ul > li {
   color: red;
}
</style></head>
<body>
<h3>라면을 끓이자.</h3>
<hr>
<div>
   <h3>라면 끓이기</h3>
    <ul>
       <li>물과 스프를 넣고 끓인다</li>
       <li>면을 넣는다</li>
       <ol>
          <li>파를 넣는다.</li>
          <li>달걀을 넣는다.</li>
       </ol>
       <li>3~4분 정도 기다린다</li>
       <li>저어서 맛있게 먹는다</li>
    </ul>
</div>
</body></html>
```

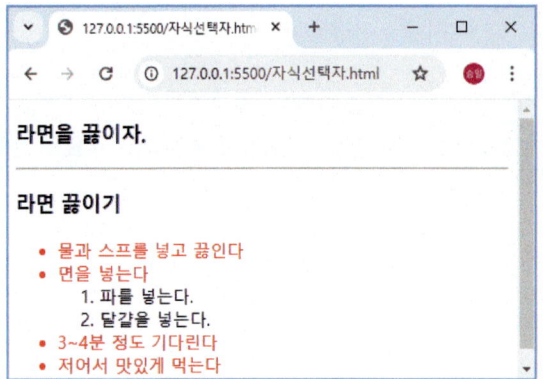

다음은 자손(후손) 선택자에 대해 알아보자. 부모 요소 내부에 있는 모든 요소를 자손이라 하며, 부모 요소와 자손 요소 사이에 공백(띄어쓰기)을 적용해 선언한다.

■ 자손(후손) 선택자

- `div  ol { ... };` //div 태그 내의 모든 ol 태그를 선택(자식, 손자 등. 모든 후손 ol 선택)

자식 선택자와 자손 선택자는 많이 사용되는 선택자이므로, 반드시 잘 파악하고 있어야 한다. 다음은 자손 선택자를 사용하는 예제이다. 예제는 UL 태그 내의 후손인 모든 LI 태그에 CSS 디자인을 적용하고 있다.

```
<!DOCTYPE html>
<html>
  <head>
    <meta charset="utf-8" />
    <style>
      ul li {
        color: red;
      }
    </style>
  </head>
  <body>
```

```
        <h3>라면을 끓이자.</h3>
        <hr />
        <div>
            <h3>라면 끓이기</h3>
            <ul>
                <li>물과 스프를 넣고 끓인다</li>
                <li>면을 넣는다</li>
                <ol>
                    <li>파를 넣는다.</li>
                    <li>달걀을 넣는다.</li>
                </ol>
                <li>3~4분 정도 기다린다</li>
                <li>저어서 맛있게 먹는다</li>
            </ul>
        </div>
    </body>
</html>
```

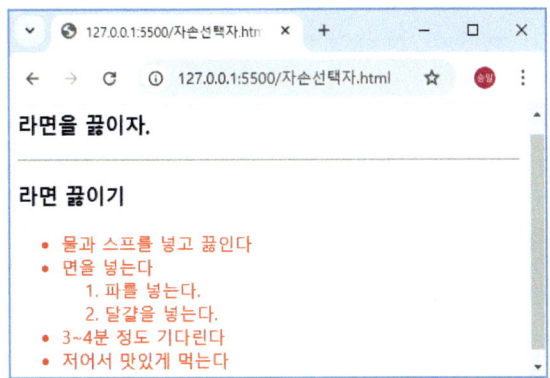

5 인접 형제 선택자(Adjacent Sibling Selector: +)

인접 형제 선택자는 같은 부모를 가진 형제 요소 중에서 바로 다음에 오는 요소에만 CSS 디자인을 적용할 때 사용한다. 반드시 같은 부모 요소를 가져야 한다. 여기서 '인접'의 의미는 "즉시 뒤따르는" 요소를 의미한다. 기본 문법은 다음과 같다.

■ 인접 형제 선택자

> • div + p { ... }; //같은 부모 내에서 div 태그 요소 바로 뒤에 있는 태그 요소 선택

다음은 인접 형제 선택자를 적용한 간단한 예제이다.

```html
<!DOCTYPE html>
<html><head> <meta charset="utf-8">
<style>
h3 + p { color: red; }   /*h3 태그 바로 뒤에 오는 p 태그 선택*/
</style></head>
<body>
<div>
    <h3>인접형제 선택자 학습하기</h3>
    <p>cat fish</p>
    <p>bass</p>
</div>
</body></html>
```

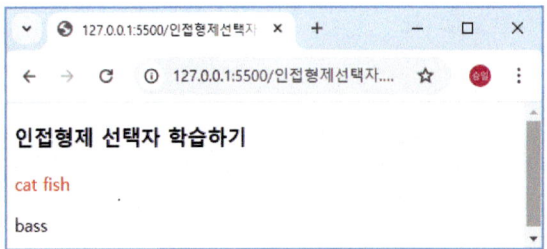

6 일반 형제 선택자(General Sibling Selector: ~)

일반 형제 선택자는 같은 부모를 가진 형제 요소 중에서 지정한 요소 다음에 오는 모든 요소에 CSS 디자인을 적용할 때 사용한다. 형제 요소는 같은 부모 요소를 공유하는 모든 요소를 의미한다.

■ 일반 형제 선택자

- `div ~ p { ... };` //같은 부모 내에서 div 태그 요소 다음에 오는 모든 형제 p 태그 선택

인접 형제 선택자는 특정 요소를 즉시 뒤따르는 하나의 형제 요소만 선택하지만, 일반 형제 선택자는 특정 요소 다음에 오는 모든 형제 요소를 선택한다. 다음은 일반 형제 선택자를 적용한 간단한 예제이다.

```html
<!DOCTYPE html>
<html>
  <head>
    <meta charset="utf-8" />
    <style>
      p ~ p {  /*p 태그 뒤에 오는 모든 형제 p 태그 선택*/
        color: dodgerblue;
      }
    </style>
  </head>
  <body>
    <div>
      <p>p 태그 요소입니다.</p>
      <span>span 태그 요소입니다.</span>
      <p>다른 p 태그 요소입니다.</p>
      <p>또 다른 p 태그 요소입니다.</p>
    </div>
  </body>
</html>
```

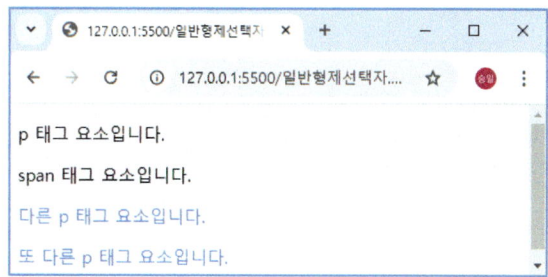

다음은 인접 형제 선택자와 일반 형제 선택자를 적용한 예제이다. 예제를 잘 살펴보기 바란다.

```html
<!DOCTYPE html>
<html>
  <head>
    <meta charset="utf-8" />
    <style>
      p + p {
        color: blue;
      }
      .size {
        font-size: 1.5rem;
      } /*부모 폰트 크기 1.5배*/
      div ~ p {
        font-weight: bold; /*굵은 글씨*/
        font-style: italic; /*기울임 글씨체*/
      } /*굵은 글씨*/
    </style>
  </head>
  <body>
    <h3>인접 형제 선택자 및 일반 형제 선택자</h3>
    <p>독립적인 p 태그 내용</p>
    <hr />
    <p>첫 번째 문단</p>
    <p class="size">두 번째 문단</p>
    <p>세 번째 문단</p>
    <p>네 번째 문단</p>

    <div>이 태그 뒤에 오는 모든 p 태그 선택</div>
    <p>div뒤 첫 번째 문단</p>
    <p>div뒤 두 번째 문단</p>
    <h3>이것은 h3 태그 내용임</h3>
    <p>div뒤 세 번째 문단</p>
    <p>div뒤 네 번째 문단</p>
  </body>
</html>
```

7 속성 선택자(Attribute Selector)

속성 선택자는 HTML 요소의 속성을 기준으로 스타일을 지정하는 CSS 선택자이다. 속성 선택자는 단독 사용이 가능하고, 앞에 요소가 오면 해당 요소로 제한된다. 대괄호([ ]) 안에 선택할 속성을 지정한다. 다음은 속성 선택자를 적용해 요소를 선택하는 방법을 정리한 것이다. 그리고 속성값은 원칙적으로 모두 문자열로 표현한다. 또한, 속성 명과 값은 대소문자를 구분하므로 주의해야 한다.

구문	설명	예시
[속성명]	속성을 가진 모든 요소 선택	[target]-target 속성을 가진 모든 요소
[속성명="value"]	속성값과 일치하는 요소 선택	[target="_parent"]
[속성명^="value"]	지정 문자열로 시작하는 요소 선택	a[href^="https"] - href가 https로 시작하는 모든 〈a〉 태그
[속성명$="value"]	지정 문자열로 끝나는 요소 선택	a[herf$=".png"] - href가 .png로 끝나는 모든 〈a〉 태그
[속성명*="value"]	지정 문자열을 포함하는 요소 선택	a[herf*="sample"] - href가 sample을 포함하는 모든 〈a〉 태그

속성 선택자는 특히 <input> 태그와 관련된 속성과 연계해 많이 사용한다. 예를 들면, input[type="text"], input[type="password"] 혹은 input[type="number"] 등과 같은 방식으로 속성 선택자를 사용한다.

다음은 속성 선택자를 사용해 CSS 디자인을 적용한 예제이다.

```html
<!DOCTYPE html>
<html>
<head><meta charset="utf-8">
<style>
[class^="test"] { /*클래스 속성이 test 문자열로 시작하는 것 */
  background: mistyrose;
}
p[class*="text"] {/*p태그중에서 클래스명에 text를 포함하는 것*/
   color: red; font-weight: bold;
}
[class$="er"] { /*클래스 속성이 er로 끝나는 것*/
   color: white;
}
</style>
</head>
<body>
<h2>CSS [속성명(옵션^|$*...)="value"] 선택자</h2>

<h3 class="test-header">여러분 응원합니다.</h3>
<p class="test-text">서두르지 마세요.</p>
<p class="testcontent">하나씩 해결해 갑시다.</p>

</body></html>
```

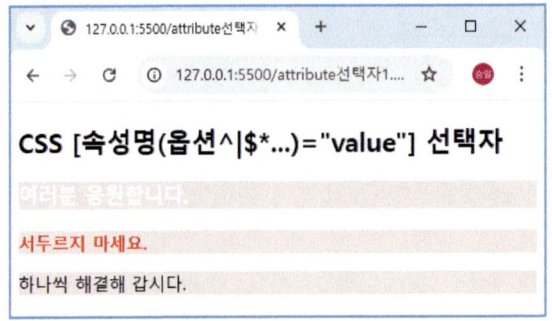

3.4 가상(의사) 클래스 선택자(Pseudo-class Selector)

가상 클래스 선택자는 HTML 요소에 특별한 상태나 조건을 정의해 CSS 디자인을 적용하는 선택자이다. 즉, 요소의 상태나 문서 구조에 따라 동적인(Dynamic) 스타일 변경을 구현할 수 있다. 이를테면, 요소에 대해 마우스가 위에 놓이거나, 포커스를 얻는 상태가 되면 새로운 스타일이 동적으로 적용되도록 할 수 있다. 또한 첫 번째 자식, 마지막 자식, 짝수/홀수 번째 자식 등 문서 구조에 따라 다른 스타일을 적용할 수도 있다. 기본적인 문법은 다음과 같다.

■ 가상 클래스 선택자

```
선택자:pseudo-class {
   속성1: 값1; 속성2: 값2; 속성3: 값3;
 };
ex) a:hover {color: purple; }/*앵커 태그위에 마우스를 올리면 글자색을 빨강으로 변경*/
```

선택자 다음에 :(콜론)이 오고, 다음에 가상(의사) 클래스가 위치한다.

자주 사용하는 가상 클래스(Pseudo-class) 선택자의 종류를 아래와 같이 정리하였다.

가상 클래스	설명
:hover	요소 위에 마우스를 올려놓을 때 디자인 스타일을 적용함
:active	마우스 등으로 요소가 선택(클릭)되었을 때 디자인을 적용함 (링크를 누르고 있는 상태)
:link	<a>태그와 관련 있으며, 방문하지 않은 링크에 스타일 적용함
:visited	<a>태그 요소로 방문한 적이 있는 링크에 스타일 적용
:focus	폼 요소에서 키보드나 마우스에 의해 선택되어 포커스를 받을 때 스타일 적용함(ex: input[type="text"]:focus)
:first-child	부모 요소 내의 첫 번째 자식 (ex: p:first-child)
:last-child	부모 요소 내의 마지막 자식
:nth-child(2n) :nth-child(2n+1)	임의 부모 태그 내에서 짝수(2n) 번째 요소나 홀수(2n+1) 번째 요소에 스타일 적용. [짝수: 2n, even 사용 가능. 홀수: 2n+1, odd 사용 가능] :nth-child(even): 짝수 번째 요소, :nth-child(odd): 홀수 번째 요소

가상 클래스	설명
:nth-child(3)	:nth-child(3)은 세 번째 자식 요소에 스타일 적용
:checked	<input> 태그에서 checked로 설정된 요소에 스타일 적용함

먼저 링크(Link) 관련 가상 클래스 선택자에 대한 예제이다. 방문한 링크(:visited), 방문하지 않은 링크(:link), 요소를 클릭하고 있는 상태(:active)에 대한 브라우저 화면을 확인해 보아야 한다. 그리고 요소 위에 마우스가 위치할 때(:hover)의 스타일 변화도 확실히 알고 있어야 한다.

```html
<!DOCTYPE html>
<html>
  <head>
    <meta charset="utf-8" />
    <style>
      a:link  {  /*방문하지 않은 링크 */
        color: hotpink;  }
      a:visited { /* 방문한 링크 */
        color: green; }
      a:hover { /* a 태그 요소위에 마우스가 있을 때 적용 */
        color: white;
        background-color: red; }
      a:active { /* 현재 선택된(활성화된) 링크: 누르고 있는 상태 */
        color: yellow; }
    </style>
  </head>
<body>
  <h3>링크와 관련된 스타일 적용 예제</h3>
  <div>
    <b><a href="https://www.google.com/" target="_blank">This is a link</a>
    </b>
  </div>
  <p>
    자주 사용하지는 않지만, 스타일이 효과적으로 동작하기 위해서는 :link와
    :visited가 먼저 정의되어야 하며, 다음은 :hover가 정의되고, 마지막은
    :active를 정의합니다. 참고하세요.
```

```
        </p>
    </body>
</html>
```

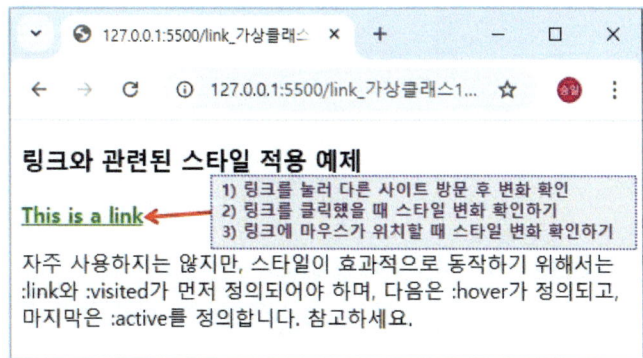

다음은 :nth-child(2n+1) 가상 클래스 선택자를 활용하는 예제이다. 이것은 홀수 번째 자식 요소들에 대해 스타일을 적용할 때 사용하는 선택자이다.

```
<!DOCTYPE html>
<html><head> <meta charset="utf-8"> <style>
/*임의의 부모(p) 안에서 홀수 번째 child 선택*/
div:nth-child(2n+1) { /*= div:nth-child(odd)*/
  color: white; font-weight: bold;
  background-color: dodgerblue;
  padding: 8px;   /*요소의 내용(Content)과 테두리 사이의 여백*/
  text-align: center;
}
div:hover {   /*div 태그에 마우스를 올려 놓으면 배경색이 빨간색으로 변경*/
  background-color: red;
}
</style></head>
<body>
<h3>Hover와 :nth-child(2n=even, 2n+1=odd) 실습</h3>
<p>
    <div>(div1)마우스를 올려놓아(hover) 보세요</div>
```

```
      <div>(div2)p 태그가 부모 태그가 되지요</div>
      <div>(div3)p 태그가 부모 태그가 되지요</div>
      <div>(div4)p 태그가 부모 태그가 되지요</div>
      <div>(div5)body 태그가 부모 태그가 되지요</div>
    </p>
  </body></html>
```

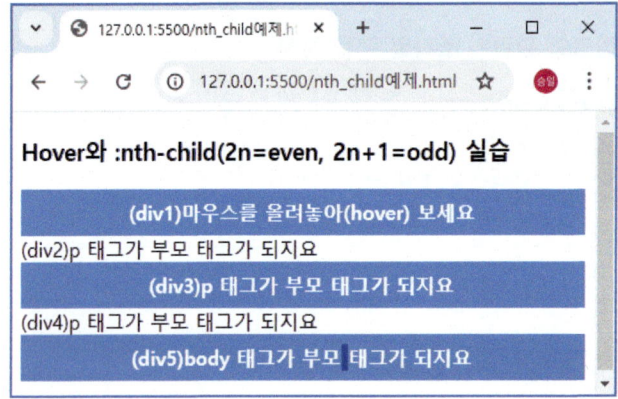

다음은 입력 태그의 text 속성에 가상 클래스인 :focus를 적용한 예제이다. 텍스트 속성을 갖는 입력 요소가 선택되는 해당 요소에 커서가 깜박이는데, 이처럼 커서가 깜박이는 상태는 포커싱이 되었음을 의미한다. 포커싱이 된 입력 요소는 배경색과 글자색을 변경한다.

```
<!DOCTYPE html>
<html>
  <head>
    <meta charset="utf-8" />
    <style>
      input[type="text"]:focus {
        background-color: dodgerblue;
        color: white;
      }
    </style>
  </head>
```

```html
  <body>
    <form>
      성 명: <input type="text" name="name" /><br />
      비밀번호: <input type="password" name="pwd" /><br />
      <input type="submit" value="Submit" />
    </form>
  </body>
</html>
```

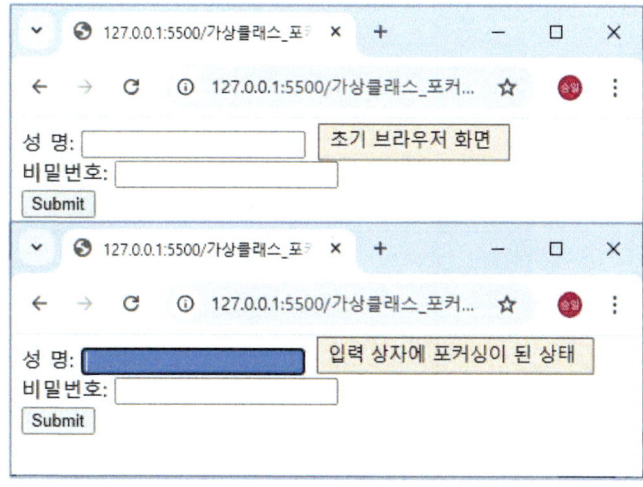

3.5 의사(가상) 요소 선택자(Pseudo-element Selector)

가상(의사) 요소는 선택한 요소의 특정 부분에만 스타일을 적용할 때 사용한다. 선택자 뒤에 ::(더블 콜론)을 붙이고 의사 요소 선택자를 붙인다. 텍스트를 갖는 요소의 첫 글자나 첫 줄에 스타일을 적용하거나 한 요소의 앞쪽(before)이나 뒤쪽(after)에 콘텐트를 삽입하면서 스타일을 적용하고 싶을 때 사용한다. 다만, 너무 많은 가상 요소 사용은 코드의 복잡성을 증가시키고, 유지 관리를 어렵게 할 수 있다. 기본적인 문법은 다음과 같다.

■ 가상 요소 선택자

```
선택자::pseudo-element {
   속성1: 값1; 속성2: 값2; 속성3: 값3;
};
ex) div::first-letter {color: blue; }/*블록 태그의 첫 글자에 스타일을 적용*/
```

자주 사용하는 가상 요소(Pseudo-element) 선택자의 종류를 아래와 같이 정리하였다.

가상 요소	설명
::first-letter	블록형 태그의 첫 글자에 스타일(디자인)을 적용
::first-line	블록형 태그의 첫 줄에 스타일을 적용
::before	선택한 요소의 콘텐츠 바로 앞 부분에 별도의 콘텐츠를 삽입할 수 있음
::after	선택한 요소의 콘텐츠 바로 다음에 별도의 콘텐츠를 삽입할 수 있음
::marker	목록(List) 아이템의 마커를 선택 마커의 색상, 크기 등을 변경할 수 있음
::selection	사용자가 마우스 드레그(drag) 등을 사용해 선택한 부분에 스타일 적용(글자색, 배경 등을 변경할 수 있음)

위에서 마커(Marker)는 리스트(List)의 각 항목 앞에 위치하여 해당 항목의 시작을 알리고, 목록의 구조를 시각적으로 명확하게 보여주는 기호나 문자이다.

의사 요소도 의사 클래스처럼 콜론(:)을 하나만 사용해도 대부분 동작하지만, 2개의 콜론을 사용하는 것이 표준이다. 단, marker 등은 반드시 2개의 콜론을 사용하자.

다음은 마우스로 드레그하여 콘텐츠 영역을 선택해 스타일을 적용한 ::selection 가상 요소 선택자와 목록 아이템에 스타일을 적용하는 ::marker 가상 요소 선택자에 대한 예제이다. 이 두 가상 요소는 반드시 표준인 ::(더블 콜론)을 사용해야 한다.

```html
<!DOCTYPE html>
<html>
  <head>
    <meta charset="utf-8" />
    <style>
      /* 마우스로 드레그하여 글자를 선택하면  스타일 적용*/
      ::selection {
        color: white;
        background: darkblue;
      }
      /*ul/ol 요소의 아이템 마커를 조작: li::marker*/
      ::marker {
        color: aquamarine;
        font-size: 20px;
      }
    </style>
  </head>
  <body>
    <h3>Mont Blanc(몽블랑)</h3>
    <p>
      프랑스와 이탈리아의 국경을 따라 길게 뻗어있는 알프스산맥의 최고봉이자
      서유럽 최고봉으로 높이는 4,807m. 트랭킹을 하기에도 아주 좋은 지역이라고
      합니다.
    </p>
    <h3>음료수를 선택하세요</h3>
    <ul>
      <li>스프라이트</li>
      <li>칠성 사이다</li>
      <li>오렌지 주스</li>
    </ul>
  </body>
</html>
```

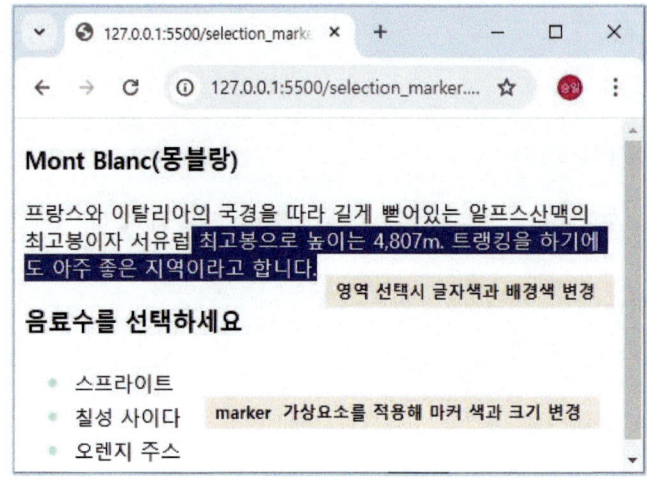

다음은 first-letter와 first-line 가상 요소 선택자를 사용해 스타일을 적용하는 예제이다.

```
<!DOCTYPE html>
<html>
  <head>
    <meta charset="utf-8" />
    <style>
      p::first-letter { /*p 태그의 첫 글자에 스타일 적용*/
        color: #ff00ff;
        font-size: 36px;
      }
      p::first-line { /*p 태그의 첫 줄에 스타일 적용*/
        color: purple;
        font-weight: bold;
      }
    </style>
  </head>
  <body>
    <h3>Mont Blanc(몽블랑)</h3>
    <p>
      프랑스와 이탈리아의 국경을 따라 길게 뻗어있는 알프스산맥의 최고봉이자
      서유럽 최고봉으로 높이는 4,807m. 트랭킹을 하기에도 아주 좋은 지역이라고
```

```
       합니다.
    </p>
  </body>
</html>
```

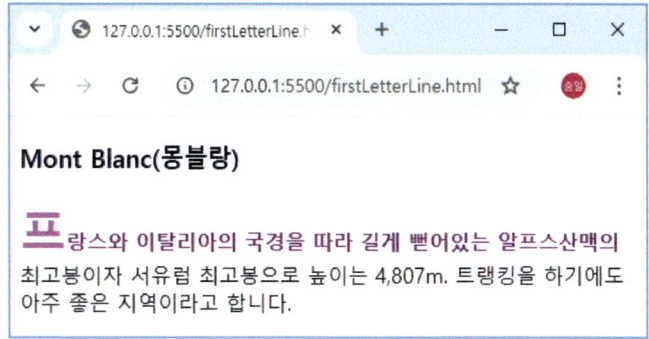

1 before와 after 가상 요소 선택자

before 가상 요소 선택자는 선택한 요소의 콘텐츠 바로 앞 부분에 콘텐츠를 삽입하는 것이다. 이때 기존 콘텐츠와는 같은 부모 태그를 갖는다. after 가상 요소 선택자는 선택한 요소의 콘텐츠 바로 다음에 콘텐츠를 추가한다. 이 또한 기존 콘텐츠와는 같은 부모를 갖는다. 따라서 두 가상 요소 선택자는 디폴트가 인라인(inline) 요소의 콘텐츠를 삽입하는 것이다. 그러므로 CSS 스타일 속성에 반드시 텍스트를 작성할 수 있는 content 속성을 가져야 한다.

물론 콘텐츠의 내용으로 이미지를 불러오는 것은 허용한다. 이때는 이미지의 크기를 직접 조절할 수는 없다. 기본 문법은 다음과 같다.

■ before와 after 가상 요소 선택자

```
선택자::before(혹은 after) {
  content: ""; /*content 속성은 필수임*/
  속성2: 값2; 속성3: 값3;
};
ex) h1::before { content: "안녕"}   /*content에 문자열*/
    h3::after { content: url("sample.gif") } /*content에 이미지(이미지 크기 조절 불가)*/
```

다음은 before와 after 가상 요소 선택자를 사용한 예제이다.

```html
<!DOCTYPE html>
<html>
  <head>
    <meta charset="utf-8" />
    <style>
      div::before {
        content: "앞쪽 추가 "; /*필수요소. 빈 문자열이라도...*/
        color: dodgerblue;
        font-weight: bold;
      }
      div::after {
        content: " 뒤쪽에 추가";
        color: red;
        font-weight: bold;
      }
    </style>
  </head>
  <body>
    <div>Mont Blanc(몽블랑)</div>
    <h3>content 속성을 필수적으로 가져야 함.</h3>
    <p>
      ::before 의사 요소: 선택 요소 텍스트의 앞쪽에 텍스트를 삽입<br />
      ::after 의사 요소: 선택 요소 텍스트의 뒤쪽에 텍스트를 삽입
    </p>
  </body>
</html>
```

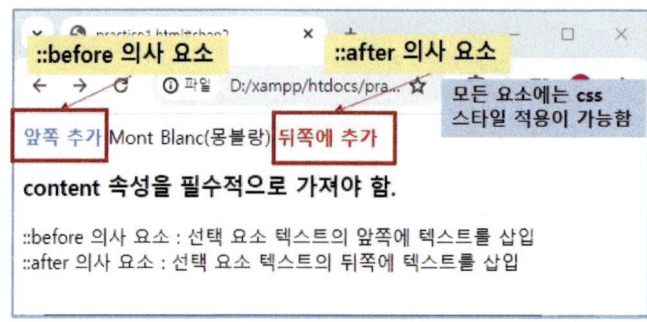

2 CSS 카운터(Counter) 함수

CSS 카운터(Counter)는 HTML 문서 내에서 지정한 요소들에 대해 자동 번호 매김 기능을 부여할 때 사용한다. 즉, 목차나 섹션 번호를 자동으로 생성하고자 할 때 유용한 기능이다.

아울러 숫자, 로마자, 알파벳 등 다양한 형식의 번호 매기기 기능을 지원한다. CSS 카운터 관련 속성을 정리하면 다음과 같다.

■ counter-reset
- 카운터 변수를 생성하고, 카운터를 초기화(디폴트:0)하거나 특정 값을 설정
- 부모 요소에 설정하며, 자식 요소의 카운터 관리

■ counter-increment
- 카운터 변수 값을 증가시킴(일반적으로 가상 요소 선택자 내에서 수행)
- 자식 요소에 적용하며, 부모 요소의 카운터 값을 참고(항상 counter( )함수보다 먼저 수행)

■ counter(카운터변수, 카운터스타일) 함수
- 가상 요소 선택자인 ::before 혹은 ::after의 content 속성에 카운터 값 표시
- counter( ) 함수는 카운터 값을 불러와 돌려줌

카운터 스타일은 다음과 같은 유형이 있다.

■ counter style 종류 :counter(카운터변수, 카운터스타일)

1. decimal(디폴트): 0부터 1씩 증가함(1, 2, 3, ...)
2. decimal-leading-zero: 한 자리 숫자일 경우에 앞에 0을 붙임(01, 02, 03, ...)
3. lower-roman: 소문자 로마 숫자(i, ii, iii, ...)
4. upper-roman: 대문자 로마 숫자(I, II, III, ...)

다음은 ::before 가상 요소 선택자를 사용해 특정 태그 요소에 카운터 함수를 적용해 자동 증가한 번호를 브라우저에 출력하도록 할 수 있다. 각 장에 순차적 번호를 붙일 때 활용할 수 있는

예제이다.

```html
<!DOCTYPE html>
<html>
  <head>
    <meta charset="utf-8" />
    <style>
      body {
        counter-reset: var; /*카운터 변수 var을 선언하고, 0으로 초기화*/
      }
      h3::before {
        counter-increment: var; /*변수를 1 증가*/
        /*디폴트는 숫자를 삽입하지만, 2nd 인자로 다른 문자 출력 가능*/
        content: "제 " counter(var) "장. "; /* counter(var): 카운터 값 리턴*/
      }
    </style>
  </head>
  <body>
    <h2>CSS 카운터 사용:</h2>
    <h3>한국의 역사</h3>
    <h3>스페인의 역사</h3>
    <h3>아랍의 역사</h3>
    <h3>아르헨티나의 역사</h3>
  </body>
</html>
```

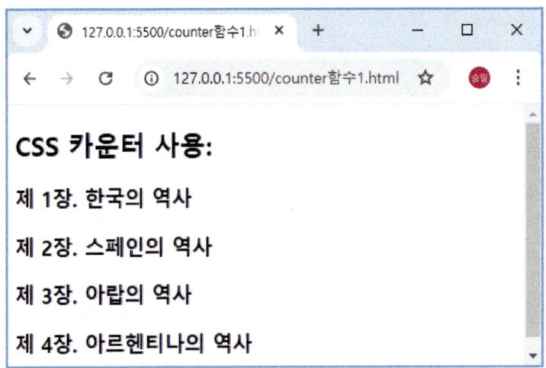

다음은 카운터 변수 var에 초기값을 6으로 설정해 실제 출력은 7부터 하는 예제이다. 변수에 설정된 값은 항상 카운터 함수에서 불러오기 전에 counter-increment에 의해 먼저 +1이 증가된다.

```html
<!DOCTYPE html>
<html>
  <head>
    <meta charset="utf-8" />
    <style>
      body {
        /*카운터 변수 var을 선언하고, 6으로 초기화*/
        counter-reset: var 6; /*변수명   초기값*/
      }

      h3::before {
        counter-increment: var; /*변수를 1 증가*/
        content: "제 " counter(var) "장. "; /* counter(var): 카운터 값 리턴*/
        color: forestgreen;
      }
    </style>
  </head>
  <body>
    <h2>CSS 카운터 사용:</h2>
    <h3>한국의 역사</h3>
    <h3>스페인의 역사</h3>
    <h3>아랍의 역사</h3>
    <h3>아르헨티나의 역사</h3>
  </body>
</html>
```

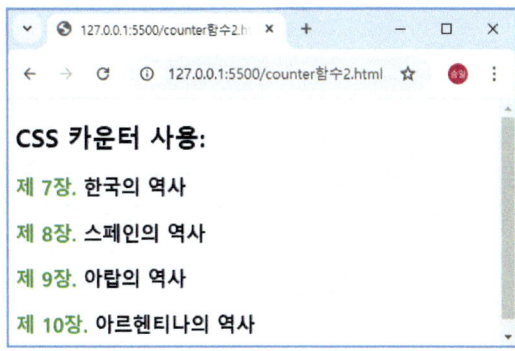

3.6 CSS 칼라(Color) 속성

CSS의 color 속성은 HTML 요소의 텍스트 색을 지정할 때 사용한다. 물론 HTML 문서는 텍스트 배경, 선, 박스, 그림자 등 사실상 모든 요소에 대해 색상을 적용할 수 있다. 이미 학습하였지만, 색상 값은 #RRGGBB와 같이 R, G, B 성분을 0~FF(16진법) 사이의 값으로 설정할 수도 있고, RGB(R, G, B) 함수로 R, G, B 성분을 0~255 사이의 값을 전달해 설정할 수도 있고, RGBA(R, G, B, Alpha) 함수로 기존의 RGB( ) 함수에 0~1 사이의 투명도 값 추가로 전달하는 함수를 사용해 색상을 설정할 수 있다. 또한 색상 성분을 숫자 값으로 전달하지 않고, 색상 명으로 사용하는 것도 가능하다.

"https://www.w3schools.com/tags/ref_colornames.asp" 사이트는 색상 명으로 색을 설정할 때 지원하는 색상 명을 보여준다. 다음은 색상 명의 일부만을 모아서 보여주고 있다.

CSS 칼라 스타일을 적용하는 기본 문법은 다음과 같다.

```
#RRGGBB: #7F56F3;
RGB(R, G, B): RGB(100, 120, 255);
RGBA(R, G, B, A): RGBA(255, 99, 71, 0.5);
```

- P {color: red}   /*P 요소 내의 글자색을 빨간색으로 설정*/
- div { color: rgb(180, 120, 250); } /* div {color: #B478FA; } 같은 표현임*/

> • div {color: #fa80ff; background-color: gray; border-color: Violet }
> 주) border는 경계선(테두리)를 의미함.

여기서 설명할 색상 관련 3가지 CSS 속성은 아래 정리하였다.

구분	CSS 스타일 속성	값(모두 dodgerblue색 의미)
글자색	color 속성	#1E90FF;
배경색	background-color 속성	rgb(30, 144, 255);
테두리색	border-color 속성	rgba(30, 144, 255, 1); dodgerblue;

다음은 CSS color 속성을 사용해 특정 요소의 텍스트 색상을 지정하는 예제이다. 예제는 인라인 스타일을 사용해 구현하였다.

```html
<!DOCTYPE html>
<html>
  <head>
    <meta charset="utf-8" />
  </head>
  <body>
    <h3 style="color: Tomato">글자색</h3>

    <p style="color: DodgerBlue">오늘이 지나면 내일이 오지요.</p>
    <p style="color: MediumSeaGreen">봄은 만물이 소생하는 시기입니다.</p>
    <p style="color: magenta">
      여름이면 삼계탕, 냉면, 콩국수, 수박 그리고 시원한 팥빙수가 생각납니다.
    </p>
    <p style="color: olive">
      설악산, 내장산의 가을 단풍은 너무 아름다워서 말로 표현하기 쉽지 않아요. 그 단풍길을 다시 걷고 싶어요.
    </p>
    <p style="color: plum">
      함박눈이 내린 겨울 산행을 해보셨나요. 동화속의 주인공이 된 기분입니다.
```

```
      </p>
   </body>
</html>
```

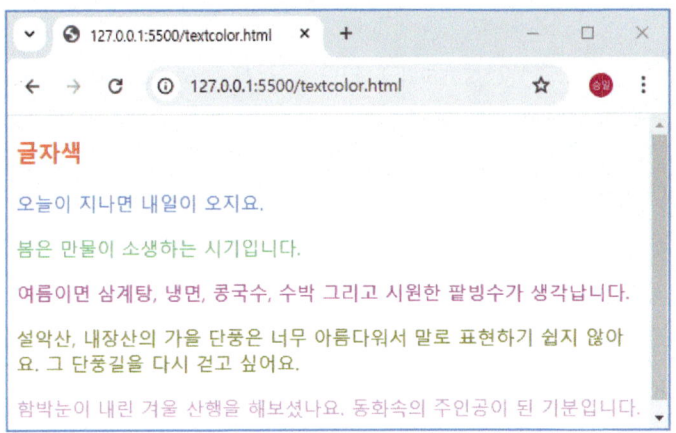

다음은 CSS 스타일을 사용해 배경색을 설정하는 예제이다. <P> 태그는 블록 태그이므로 브라우저 화면 전체 너비를 사용한다. 그렇기 때문에 배경색이 각 줄의 브라우저 너비에 적용된다. <Span> 태그와 같은 인라인 태그 요소일 경우에는 해당 요소의 콘텐츠 영역에만 배경색이 적용된다는 것을 이해해야 한다.

```
<!DOCTYPE html>
<html>
   <head>
      <meta charset="utf-8" />
   </head>
   <body>
      <h3 style="background-color: Tomato">배경색</h3>

      <p style="background-color: DodgerBlue; color: white">
         블록 태그 요소는 항상 한 줄 전체의 배경색이 바뀝니다.
      </p>
      <p style="background-color: olive">
```

```html
            설악산, 내장산의 가을 단풍은 너무 아름다워서 말로 표현하기 쉽지 않아요. 그
            단풍길을 다시 걷고 싶어요.
        </p>
        <p style="background-color: plum">
            함박눈이 내린 겨울 산행을 해보셨나요. 동화속의 주인공이 된 기분입니다.
        </p>
        <p>
            <span style="background-color: red">인라인 태그는 </span>
            <span style="background-color: springgreen">
            선택된 부분만 배경색이 변합니다.
            </span>
        </p>
    </body>
</html>
```

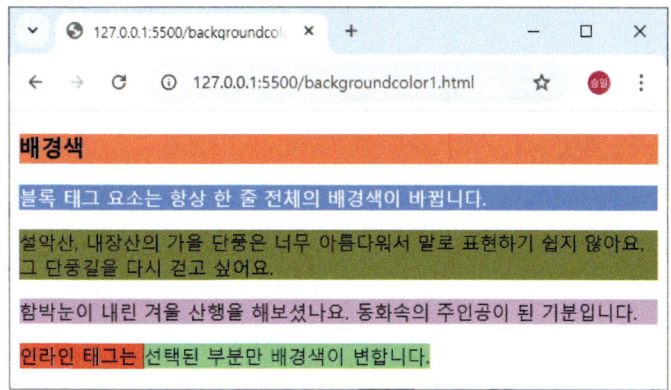

다음은 CSS 스타일을 사용해 테두리(Border) 색을 설정하는 예제이다. 테두리는 경계선이라고도 한다. 본 예에서는 CSS border 속성에 다음과 같이 3가지 값을 적용한 것이다.

- border: 테두리선굵기 테두리선유형 색;

```html
<!DOCTYPE html>
<html>
  <head>
    <meta charset="utf-8" />
  </head>
  <body>
    <h3>CSS 테두리 속성: 선택자 {border: 선굵기 선형태 색;}</h3>
    <div style="border: 2px solid DodgerBlue">
      테두리(경계선)은 기본적으로 없는 것이 대부분이지만, border 속성을 적용하여
      테두리를 볼 수 있습니다.(블록태그)
    </div>
    <p>
      <span style="border: 2px solid Tomato">옆으로 나란히</span>
      <span style="border: 2px solid darkgreen">배치되는 것이</span>
      <span style="border: 2px solid purple">인라인 태그입니다.</span>
    </p>

    <span style="border: 2px solid fuchsia"
      >인라인 태그로 1줄이넘는 문장을 작성하고 있습니다. 어떻게 출력될까요.
      예상해 보세요. 테두리가 줄을 따라가면 생성되고 있지요.
    </span>
  </body>
</html>
```

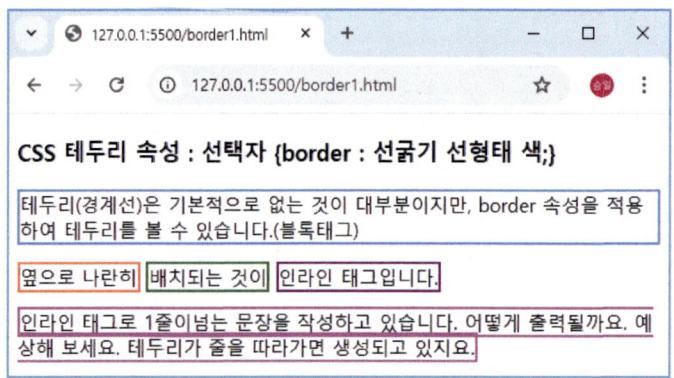

3.7 길이(크기) 단위

글자의 크기, 화면의 너비나 높이, 박스 크기 등을 지정할 때 여러 가지 방식의 단위를 사용할 수 있다. 웹 브라우저 관련 단위에서 여러분들이 가정 먼저 접한 단위는 px(pixel:화소)이다. HTML 문서의 기본 폰트 크기는 16px이다. 본 절에서는 CSS 스타일을 정의할 때 사용하는 길이(크기) 단위에 대해 소개할 것이다. 여러분들이 주목해야 할 단위는 현재 부모 폰트 크기의 배수로 지정하는 단위인 'em'과 루트 요소의 폰트 크기(디폴트:16px)의 배수로 지정하는 단위인 'rem', 부모 요소의 설정값에 상대적인 비율로 설정하는 단위인 "%"는 매우 중요하다. 다음은 현재 사용 중인 단위들을 정리한 것이다.

구분(단위)	설명
px	화소(pixel). 기본 폰트 크기: 16px
em	현재 부모 폰트 크기의 배수. 1.5em, 3em, 0.8em
rem	루트 요소의 폰트 크기(16px)의 배수. 2rem, 1.7rem
%	부모 요소의 설정값에 대한 상대적 비율. 100%는 부모 요소와 같음
vw	웹 페이지가 출력되고 있는 화면 너비의 상대적 비율. 1vw~100vw
vh	웹 페이지가 출력되고 있는 화면 높이의 상대적 비율. 1vh~100vh
vmin vmax	• v: viewport(웹 브라우저에서 실제 콘텐츠가 출력되는 영역) • 1~100 사이(1vmin ~ 100vmin, 1vmax~100vmax) • 너비=800px, 높이=1080px이면, 1vmin은 8px, 1vmax는 10.8px

CSS 스타일에서는 반드시 숫자 뒤에 단위를 표시하는 것이 좋다.

글자 크기(Font size)에 서로 다른 단위를 적용할 때, 해석되는 의미를 정리한 것이다. 단위는 소수점이 있는 실수를 사용하는 것도 가능하다.

100%	부모 요소에 설정된 글자 크기의 100%. 즉, 부모와 같은 글자 크기 사용
85%	부모 요소에 설정된 글자 크기의 85%.
1em	부모 요소에 설정된 글자 크기와 같음
1.5em	부모 요소에 설정된 글자 크기의 1.5배

1rem	최상위 루트에 설정된 글자 크기와 같음(디폴트는 16px)
2rem	최상위 루트에 설정된 글자 크기의 2배.(부모 요소의 글자 크기가 아님)
10vh	브라우저 화면 높이의 10% 크기
20vw	브라우저 화면 너비의 20% 크기

만약에 부모 요소의 글자 크기 속성이 16px이면, 16px=1rem=1em=100%

다음은 여러 가지 단위를 사용해 글자 크기를 알아보는 예제이다. 여기서 소개된 단위는 실제로 자주 사용되므로, 잘 이해하고 있어야 한다.

```html
<!DOCTYPE html>
<html>
<head><meta charset="utf-8"></head>
<body>
<h4>아래는 다른 단위를 사용하지만 모두 같은 글자 크기</h4>
<div>원래글자크기 <span style="font-size:1.3em;">폰트크기설정(1.3em)</span></div>
<div>원래글자크기 <span style="font-size:130%;">폰트크기설정(130%)</span></div>
<div>원래글자크기 <span style="font-size:1.3rem;">폰트크기설정(1.3rem)</span></div>
<div>원래글자크기 <span style="font-size:20.8px;">폰트크기설정(20.8px)</span></div>
<hr>
<h4>부모 폰트 상속과 루트 상속의 차이</h4>
<p style="font-size:20px;">부모폰트 <span style="font-size:1.5em;">부모폰트크기상속(1.5em)</span></div>
<p style="font-size:20px;">부모폰트 <span style="font-size:1.5rem;">루트폰트크기상속(1.5rem)</span></div>
</body>
</html>
```

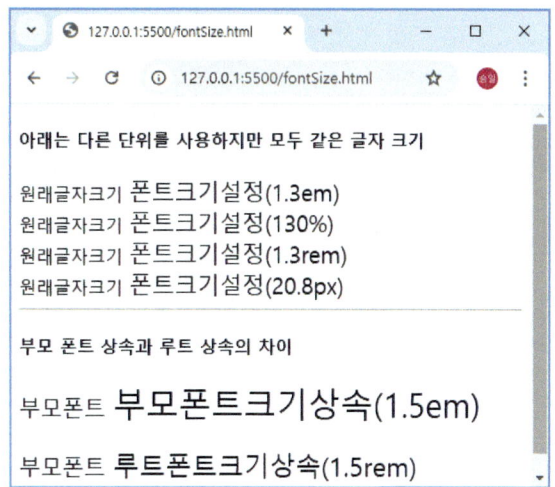

3.8 Text 속성

웹 페이지를 작성할 때 CSS 텍스트 관련 속성들을 자주 사용한다. 특히 text-align 속성이나 text-decoration 속성은 매우 중요한 속성들이다. 또한 각 문장의 텍스트 들여쓰기가 필요할 경우에는 text-indent 속성을 사용하고, 대소문자의 변환이 필요할 경우에는 text-transform 속성을 사용한다. 글자 간격을 조절할 때는 letter-spacing 속성을 사용하고, 단어 간격을 조절할 때는 word-spacing 속성을 사용한다. 그리고 텍스트에 그림자 효과를 주고 싶으면 text-shadow 속성을 사용한다. 다음은 텍스트 관련 CSS 속성을 정리한 것이다.

■ text-align

블록 레벨 영역 내의 텍스트 정렬 방식을 지정(왼쪽, 오른쪽, 가운데 및 양쪽 정렬)

```
left(=start), right(=end), center, justify, none
```

■ text-decoration

글자 위, 아래, 중간에 줄 긋기(underline, overline, line-through)

- **text-transform**

텍스트를 대문자, 소문자 등으로 변환

```
uppercase, lowercase, capitalize
```

- **letter-spacing**

글자 간격을 조절. 음의 값도 허용(letter-spacing: 3px).

- **word-spacing**

단어 간격을 조절(word-spacing: 8px)

- **line-height**

줄 간격을 조절[em, px, % 단위 및 숫자(글자 크기의 배수)]

```
line-height: 1.8; (참고) 디폴트: 1.2~1.3
```

- **text-indent**

첫 줄 들여쓰기를 지정(디폴트: 0)

- **text-shadow**

텍스트에 그림자 효과 부여

1 text-align 속성

text-align 속성은 텍스트를 왼쪽, 오른쪽, 가운데, 양쪽 정렬 등 다양한 방식으로 텍스트를 정렬할 때 사용한다. 디폴트는 왼쪽 정렬이다. 속성값으로 왼쪽 정렬은 Left 혹은 start, 오른쪽 정렬은 right 혹은 end, 가운데 정렬은 center, 양쪽 정렬은 justify를 할당한다. 기본 문법은 다음과 같다.

```
text-align: left(=start) | center | right(=end) | justify;
```

다음 text-align 속성을 적용한 간단한 예제이다.

```html
<!DOCTYPE html>
<html>
  <head>
    <title>텍스트 정렬</title>
    <meta charset="utf-8" />
  </head>
  <body>
    <div>
      <h3>텍스트 정렬(text-align)</h3>
      <p>왼쪽 정렬 텍스트(디폴트: left 혹은 start)</p>
      <p style="text-align: center">가운데 정렬 텍스트</p>
      <p style="text-align: right">오른쪽 정렬 텍스트(right)</p>
      <p style="text-align: end">오른쪽 정렬 텍스트(start)</p>
      <p style="text-align: justify">
          이 단락에서는 텍스트 양쪽 정렬 텍스트를 수행하고 있습니다. 여기서는 양쪽
          정렬을 테스트 중입니다(justify).
      </p>
    </div>
  </body>
</html>
```

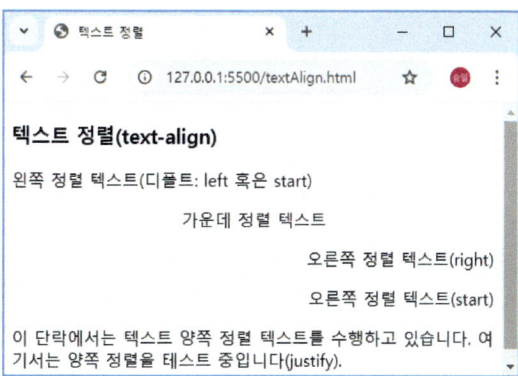

2 text-decoration 속성 및 text-indent 속성

Text-decoration 속성은 텍스트의 위, 아래, 중간에 줄 긋기를 적용해 장식 효과를 주고자 할 때 사용한다. 이 속성은 텍스트의 링크 표시, 강조 및 삭제 표시 등을 할 때 사용한다.

다음은 텍스트에 장식(Decoration)을 위해 사용하는 기본 문법이다.

```
text-decoration: none(디폴트) | underline | overline | line-through;
```

텍스트에 장식을 적용하지 않는 디폴트는 none이며, 텍스트에 밑줄을 표시할 때는 underline을 할당하며, 텍스트에 윗줄을 표시할 때는 overline을 할당하며, 텍스트 가운데에 제거를 의미하는 줄을 표시할 때는 line-through를 할당한다.

Text-decoration 속성은 몇 가지 세부 속성을 가진다. 세부 속성으로 분할해 스타일을 적용할 때는 뒤에 '-'를 붙이고 세부 속성 명을 적는다. 다음은 text-decoration에 대한 세부 속성을 정리한 것이다.

■ 장식 선 종류

```
text-decoration-line: unerline | overline | line-through | none;
```

■ 장식 선 색상

```
text-decoration-color: olive;   /*장식 선 색상 지정*/
```

■ 장식 선 스타일

```
text-decoration-style :dotted | dashed | solid | wavy(물결 모양);
```

■ 장식 선 굵기

```
text-decoration-thickness :2px;   /*장식 선 굵기*/
```

위에 소개한 개별 세부 속성보다는 세부 속성들을 한 번에 통합한 단축형(Shortcut) 표현 방식을 많이 사용한다. 단축형에는 필요한 세부 속성들만 작성하면 된다. 그리고 세부 속성의 순서는 중요하지 않다. 다음은 단축형으로 작성하는 방식이다.

■ Shortcut 표현법

```
text-decoration: 선굵기  선종류  선스타일  선색;  /*순서는 중요하지 않음*/
```

[작성 예]
- text-decoration: line-through solid green 1px; /*할당 값의 순서는 중요하지 않음*/
- text-decoration: navy underline dashed 2px;
- text-decoration: 2px underline navy;
- text-decoration: 2px wavy overline lime;   /* wavy는 물결모양의 선 */

다음은 텍스트 장식을 사용하는 예제이다. 인라인 스타일에 단축형으로 텍스트 장식 속성을 적용하였으며, 많이 사용되는 방식이다.

```html
<!--textDecoration1.html-->
<html>
  <head>
    <meta charset="utf-8" />
    <title>텍스트 장식 실습1</title>
  </head>
  <body>
    <h2>Text-Decoration 속성 연습</h2>
    <p style="text-decoration: overline solid tomato 5px">
      오버라인 텍스트 장식
    </p>
    <p style="text-decoration: line-through solid green 1px">
      라인쓰루 텍스트 장식
    </p>
    <p style="text-decoration: 2px underline wavy navy">언더라인 텍스트 장식</p>
  </body>
</html>
```

다음은 텍스트 장식과 관련된 예제이다. 여기에는 CSS에서 한 문단의 첫 줄을 들여쓰기하는데 사용하는 text-indent 속성도 포함하였다. 들여쓰기할 때, 음수 값을 적용하여 우측이 아닌 좌측으로 내어쓰기를 할 수도 있다. 다양한 단위의 사용이 가능하다.

```
text-indent: 2em | 32px | 200% | -2rem; /*기존의 글자 크기 단위. 음수 값 사용 가능*/
```

<a> 태그의 경우, text-decoration에서 "none" 속성을 적용해 앵커 태그의 기본 속성인 밑줄을 제거할 수 있는데, 이는 내비게이션을 위한 디자인을 할 때 많이 사용하는 텍스트 장식 방법이다.

```html
<!--textDecoration2.html-->
<!DOCTYPE html>
<html>
  <head>
    <meta charset="utf-8" />
    <style>
      .overline {
        text-decoration: overline red;
      }
      .underline {
        text-decoration: underline navy;
      }
      .line-through {
        text-decoration: line-through lime;
```

```html
      }
      .navi {
        text-decoration: none;
      }
      .center {
        text-align: center;
      }
      .right {
        text-align: right;
      }
      .indent {
        text-indent: 2em;
      }
    </style>
  </head>
  <body>
    <h3 class="overline center">오버라인 텍스트 장식</h3>
    <h3 class="underline right">Underline 텍스트 장식</h3>
    <h3 class="line-through">Line-through 텍스트 장식</h3>
    <h3>
      네비게이션을 위한 장식제거
      <a class="navi" href="https://www.google.com/">구글사이트로가기</a>
    </h3>

    <p class="indent">
      주룩 주룩 비가 오는 날씨면 꼭 생각나는 음식 있을 것입니다. 부침개, 수제비,
      국수 등등 다양한 음식이 있습니다. 비가 오면 막걸리 한 잔에 자주 먹는
      그리고 떠오르는 음식을 각자 생각해 보아요.
    </p>
  </body>
</html>
```

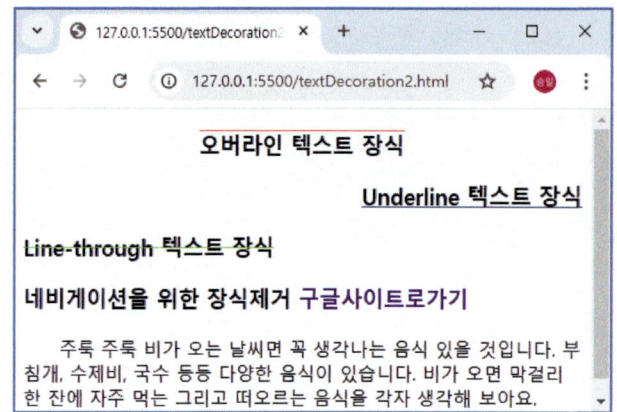

3 텍스트 변환 속성(text-transform)

text-transform 속성은 전체 텍스트를 모두 대문자로 변경하거나 소문자로 변경할 수 있으며, 각 단어의 첫 글자를 대문자로 변경할 수 있다. 모든 글자를 대문자로 변경할 때는 uppercase, 모든 글자를 소문자로 변경할 때는 lowercase 그리고 각 단어의 첫 글자를 대문자로 변경하고 싶으면 capitalize로 속성을 설정한다. 다음은 text-transform의 기본 문법이다.

```
text-transform: uppercase | lowercase | capitalize | none; /*디폴트는 none*/
```

다음은 텍스트 변환에 대한 간단한 예제이다.

```
<!--textTransform.html-->
<!DOCTYPE html>
<html>
  <head>
    <meta charset="utf-8" />
    <style>
      p.uppercase {
        text-transform: uppercase;
      }
      p.lowercase {
```

```html
      text-transform: lowercase;
    }
    p.capitalize {
      text-transform: capitalize;
    }
    .color {
      color: darkred;
      font-weight: bold;
    }
  </style>
</head>
<body>
  <h3>text-transform 속성 사용하기</h3>
  <p class="uppercase">
    <span class="color">모두 대문자:</span>Just add your desired image
    sizeafter our URL, and you'll get a random image.
  </p>
  <p class="lowercase">
    <span class="color">모두 소문자:</span> Just add your desired image
    sizeafter our URL, and you'll get a random image.
  </p>
  <p class="capitalize">
    <span class="color">단어 첫 글자 대문자:</span> Just add your desired
    image size.
  </p>
</body>
</html>
```

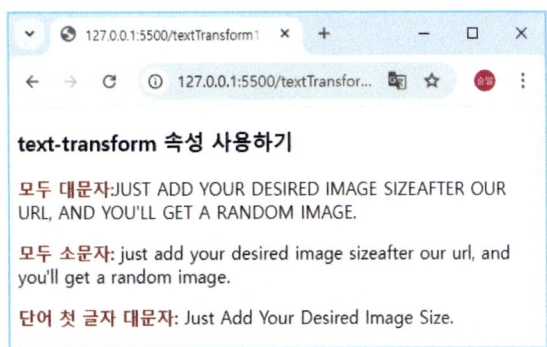

4 글자 간격 속성(letter-spacing)

Letter-spacing 속성은 각 글자 사이의 간격을 조절할 때 사용하는 속성이다. 글자 간의 공백을 확대하거나 축소해 텍스트의 전체적인 모양과 느낌을 변경할 때 사용한다. 기본 문법은 다음과 같다. 음수의 값도 사용할 수 있다.

```
letter-spacing:  normal(디폴트)  |  3px(확대)  |  -2px(축소);
```

다음은 글자 간격을 알아보기 위한 간단한 예제이다. 글자 간격을 조절할 필요가 있을 때는 여러분들이 px 값을 변경하면서 적절한 것으로 결정해야 한다.

```
<!--letterSpacing.html-->
<!DOCTYPE html>
<html>
  <head>
    <meta charset="utf-8" />
    <title>문자 간의 간격 조정 속성</title>
    <meta name="viewport" content="width=device-width, initial-scale=1" />
  </head>
  <body>
    <h2>Letter spacing</h2>
    <p style="letter-spacing: normal">
      정상 글자간격: Example of Normal Letter Spacing.
    </p>
    <p style="letter-spacing: 7px">
      증가된 글자간격: Example of the increased Letter Spacing.
    </p>
    <p style="letter-spacing: -2px">
      음의 글자간격: Example of the decreased Letter Spacing.
    </p>
  </body>
</html>
```

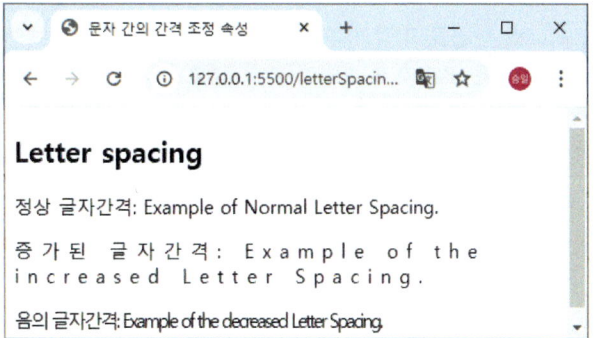

5 라인 높이(line-height)

CSS의 line-height 속성은 한 줄의 높이를 설정할 때 사용한다. 즉, 행 간격을 조절할 때 사용한다. 이는 텍스트의 가독성을 높일 수 있다. 기본 문법은 다음과 같다.

```
line-height: 숫자 | % | px | em | rem;
```
- 숫자: 행 간격이 글자 크기의 배율

디폴트는 라인 높이는 1.2~1.5 사이이며, 브라우저의 종류에 따라 약간 씩 차이가 있을 수 있다고 한다.

6 텍스트 그림자 속성(text-shadow)

text-shadow 속성은 텍스트에 그림자 효과를 주어 입체감이나 강조 효과를 표현할 때 사용한다. 기본 문법은 다음과 같다.

```
text-shadow: offset-x  offset-y  [blur-radius | color];
```
- offset-x, offset-y: [필수]기준 텍스트로부터 수평/수직 방향으로 지정한 값만큼 떨어져 기준 텍스트 뒤쪽에 보여짐(px 단위 사용). 음수 값 사용 가능.

- blur-radius: [옵션] blur의 반경을 지정. 디폴트는 0.
  값이 클수록 더욱 흐려지고 그림자는 더 넓고 밝게 보임(px 단위 사용).
- color: [옵션] 그림자의 색을 지정

다음은 text-shadow 속성을 설정하는 몇 가지 방법을 소개하고 있다.

- text-shadow: 5px 5px #ab36fa;   /*옵셋x 옵셋y 색*/ #ab36fa 5px 5px(가능함)
- text-shadow: 2px 3px 2px cyan; /*옵셋x 옵셋y blur효과 색*/
- text-shadow: 4px 7px;   /*옵셋x 옵셋y : 2개 요소는 필수*/

다음은 텍스트 그림자 효과를 적용한 예제이다.

```
<!DOCTYPE html>
<html>
  <head>
    <meta charset="utf-8" />
    <style>
      p {
        font-size: 24px;
      }
      p.std {
        text-shadow: 3px 3px; /*옵셋 x, y는 필수*/
      }
      p.diffColor {
        color: dodgerblue;
        text-shadow: 3px 3px peru; /* offset-x  offset-y  color */
      }
      p.blur1 {
        color: red;
        text-shadow: 3px 3px 3px slateblue; /* offset-x  offset-y  blur-radius  color */
      }
    </style>
```

```
</head>
<body>
  <h3>텍스트 그림자 효과는 텍스트 뒤쪽에 생김</h3>
  <p class="std">텍스트 그림자 효과(기본형)</p>
  <p class="diffColor">텍스트와 그림자 색을 다르게(x,y 옵션, 그림자색)</p>
  <p class="blur1">흐려지게 하는 blur 효과 추가(x, y, blur-radius, 색)</p>
</body>
</html>
```

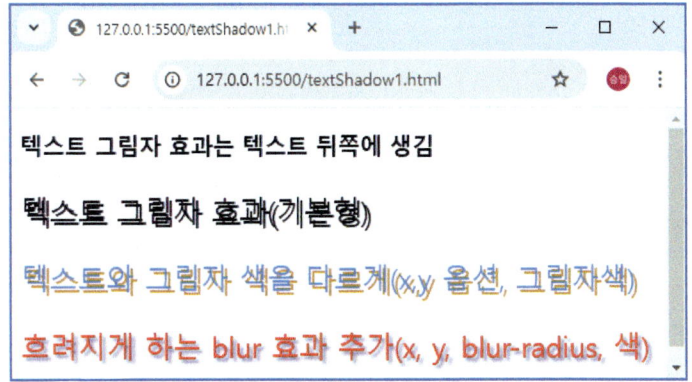

텍스트 그림자 효과를 잘 활용하면 멋진 글자를 만들어 낼 수 있다. 그리고 그림자 효과는 2번 이상 중첩 적용할 수 있다. 다음 예제는 텍스트에 그림자 효과를 부여해 몇 가지 멋진 글자를 만들어 내고 있다.

```
<!DOCTYPE html>
<html>
  <head>
    <meta charset="utf-8" />
    <style>
      p {
        font-size: 24px;
      }
      p.textEff1 {
```

```
      color: white;
      text-shadow: 2px 2px 5px red;
    }
    p.textEff2 {
      text-shadow: 0 0 3px red;
    }
    p.textEff3 {
      text-shadow: 0 0 3px green, 0 0 5px orange; /*2개 중첩 적용*/
    }
    p.textEff4 {
      color: white;
      text-shadow: 1px 1px 2px green, 0 0 20px tomato, 0 0 5px darkblue;
    }
  </style>
</head>
<body>
  <h3>텍스트 그림자 효과 활용</h3>
  <p class="textEff1">텍스트 효과1: Text Effect 1</p>
  <p class="textEff2">텍스트 효과2: Text Effect 2</p>
  <p class="textEff3">텍스트 효과3: Text Effect 3</p>
  <p class="textEff4">텍스트 효과4: Text Effect 4</p>
</body>
</html>
```

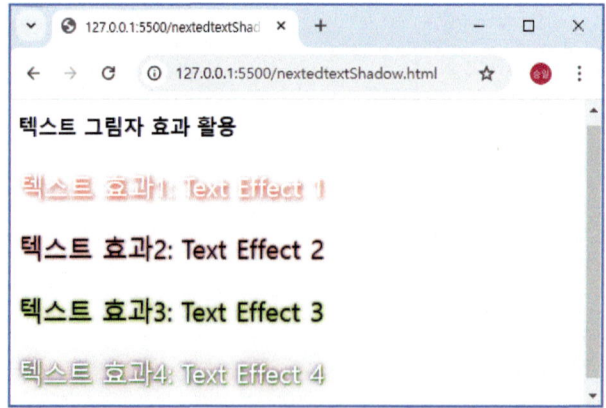

3.9 폰트(Font)

폰트는 글자체 혹은 글꼴이라고 한다. 여기서는 글꼴, 글자 크기, 글자 굵기, 글자 스타일 등을 알아보자. 다음은 폰트 속성들을 정리한 것이다.

font 속성	설명	예
font	글꼴 관련 속성을 한 번에 설정하는 단축형(Shortcut)	font: 24px Arial, serif;
font-family	글꼴의 이름	font-family: Arial, serif;
font-size	글자 크기	font-size: 24px;
font-style	글꼴의 스타일	font-style: italic;
font-weight	글꼴의 굵기	font-weight: bold;

Font-family 속성부터 차례대로 학습해보자.

1 글꼴(font-family)

글꼴(글자체)은 font-family 속성을 사용해 설정할 수 있다. 일반적으로 시스템에서 지원하지 않는 글꼴이 있을 수 있으므로, 몇 개의 후보군을 콤마(,)로 구분해 나열한다. 나열된 순서대로 시스템에서 지원하는 최초의 글꼴을 사용한다. 모두 일치하지 않을 때는 기본 글꼴을 사용한다. 글꼴의 기본 문법은 다음과 같다.

```
font-family: 글자체1, 글자체2, 글자체3; /*콤마로 구분해 나열함*/

예) font-family: Arial, Verdana, sans-serif, Tahoma;
```

오늘날 사용 중인 일부 글꼴을 알아보자. 글꼴에 따라 차별화된 느낌이나 분위기를 전달할 수 있고, 웹 페이지의 디자인 완성도를 한층 높일 수 있다. 다음은 몇 가지 주요 글꼴의 특징을 정리한 것이다. 실제로는 이보다 훨씬 많은 글꼴이 존재한다.

serif 글꼴	글자의 끝 부분에 돌출이 있는 글꼴 예) serif, 'Times New Roman', Garamond
sans-serif 글꼴	글자의 끝 부분에 돌출이 없는 글꼴 예) sans-serif, Arial, Verdana, Helvetica
Monospace 글꼴	모든 글자의 폭이 같은 글꼴 예) Monaco, 'Courier New'
웹 폰트	웹 서버에서 지원하는 글꼴 예) Google Fonts(https://fonts.google.com), 　　Adobe Fonts(https://fonts.adobe.com/)

다음은 중요한 일부 글꼴들의 출력을 보여준다.

```
HEY, FIGHTING(serif체)
  Serif 체는 글자의 끝 부분에 돌출이 있음
HEY, FIGHTING(sans-serif체)
  Sans : "~이 없는"= without
HEY, FIGHTING(monospace체)
  모노페이스는 수평 글자 간격이 동일함
HEY, FIGHTING(cursive체)

HEY, FIGHTING(Times New Roman체)

HEY, FIGHTING(arial체)

HEY, FIGHTING(fantasy체)
```

```css
.serif {
  font-family : serif ;
}
.sans-serif {
  font-family : sans-serif ;
}
.monospace {
  font-family : monospace ;
}
.cursive {
  font-family : cursive ;
}
.times {
  font-family : 'Times New Roman' ;
}
.arial {
  font-family : Arial ;
}
.fantasy {
  font-family : fantasy ;
}
```
fonts-family : serif, sans-serif, Arial, 'Times New Roman';
- 시스템에 지원하는 폰트가 없으면 다음 후보의 글꼴 확인...

2 글자 크기(font-size)

font-size는 CSS에서 글자의 크기를 지정하는 속성이다. 디폴트 글자 크기는 16px이다. 기본 문법은 다음과 같다.

```
font-size: 10px | 3.1em | 1.5rem | 110% |5vw | small | medium | large;
```
• 다양한 방식으로 글자 크기를 지정할 수 있음.

여기서 small, medium, large는 절대적인 크기가 아니라 기본 크기를 기준으로 상대적인 크기이다. 따라서 정확한 글자 크기를 지정하고 싶으면, 명확한 단위가 있는 글자 크기로 지정하기 바란다.

3 글자 스타일(font-style)

Font-style은 글자를 이탤릭체(기울임체)로 표현하기 위한 스타일 속성이다. 속성값 중에 oblique가 있는데, 이는 이탤릭체와 거의 같으므로 일반적으로 사용하지 않는다. 기울임체는 문장을 강조하고 싶을 때 사용한다. 기본 문법은 다음과 같다.

```
font-style: normal(디폴트) | italic | oblique;
```
- Italic이나 oblique는 모두 기울임체

4 글자 굵기(font-weight)

글자의 굵기(진하기)를 설정하기 위해 font-weight 속성을 사용한다. 진한 글씨를 표현하고 싶으면, bold를 주로 적용하며, 100부터 900 사이의 숫자를 사용해 글자 굵기를 지정할 수도 있다. 400은 normal에 해당하며, 700은 bold와 같으며, 900은 가장 굵은 글씨를 표현한다. 기본 문법은 다음과 같다.

```
font-weight: normal(디폴트) | bold | 100~900(숫자);
```
- normal: 디폴트로 일반 텍스트의 굵기(진하기)
- bold: 굵은 글씨
- 100~900(숫자): 100(가장 가는 글씨), 400(normal), 700(bold), 900(가장 굵은 글씨)

5 글꼴 변형(font-variant)

Font-variant 속성은 CSS에서 글꼴의 변형 형태를 설정할 때 사용하는 속성이다. 많이 사용되는 속성은 아니지만, 다음과 같은 기본 문법을 갖는다.

```
font-variant: normal(디폴트) | small-caps;
```

- small-caps: 소문자를 약간 작은 대문자로 변형해 표시

6 글꼴 단축형(font)

글꼴 관련 속성을 한 번에 설정하는 단축형(Shortcut)인 font 속성의 기본 문법은 다음과 같다. 필요한 속성만 작성하면 된다.

```
font: 스타일  굵기  크기/라인높이  글꼴명1, 글꼴명2, …;

ex) font: italic  bold 25px/1.5  Arial, serif, sans-serif;
         /*위에서 라인 높이는 글씨 크기의 1.5배*/
```

다음은 font 관련 속성에 대한 간단한 예제이다. 글꼴과 관련된 속성들은 종종 사용되기 때문에 잘 이해하고 있어야 한다.

```
<!DOCTYPE html>
<html>
  <head>
    <meta charset="utf-8" />
    <style>
      div.italic {
        font-style: italic;
      }
      div.small-caps {
        font-variant: small-caps;
      }
      .bold {
        font-weight: 700;
      } /*bold=700*/
      div {
```

```html
      margin-bottom: 10px; /*div 다음 요소를 10px를 떨어트림*/
    }
  </style>
</head>
<body>
  <h3>폰트 속성 연습</h3>
  <div class="italic">
    "런던교"라는 이름은 로마 시대부터 템스 강을 가로질러 중앙 런던의 시티 오브
    런던과 사우스워크를 연결해온 여러 역사적인 다리이다.
  </div>
  <div class="small-caps">
    (영어에 적용) small caps is for English and font-variant property
  </div>
  <div class="bold">글자를 진하게 표현하는 속성을 적용했습니다.</div>
</body>
</html>
```

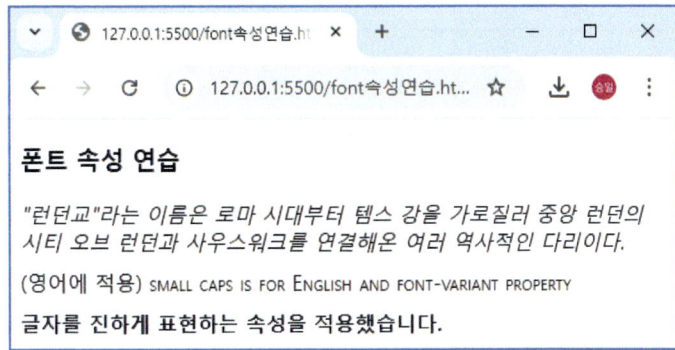

7 이미지가 아닌 폰트 아이콘 사용하기 (Font Awesome)

HTML 문서를 작성하다 보면, 종종 이미지를 사용할 필요가 있다. 폰트 아이콘을 이미지 대신에 사용할 수 있다면, 여러분들은 다음과 같은 장점이 있기 때문에 적극적으로 활용해야 한다.

첫째, 폰트 아이콘은 텍스트 형식으로 취급되어 이미지 파일보다 용량이 매우 작다. 둘째, 이미지보다 웹 페이지 로딩 속도가 빨라져 사용자 경험이 향상된다. 셋째, 폰트 아이콘은 벡터 그래픽으로 제작되어 있어 아무리 확대하더라도 손실 없이 선명하게 표현된다.

현재 폰트 아이콘의 가장 유명한 사이트는 "Font Awesome" 사이트이다. 다음 그림은 폰트 오썸 사이트에서 제공한 일부 아이콘들을 보여주고 있다.

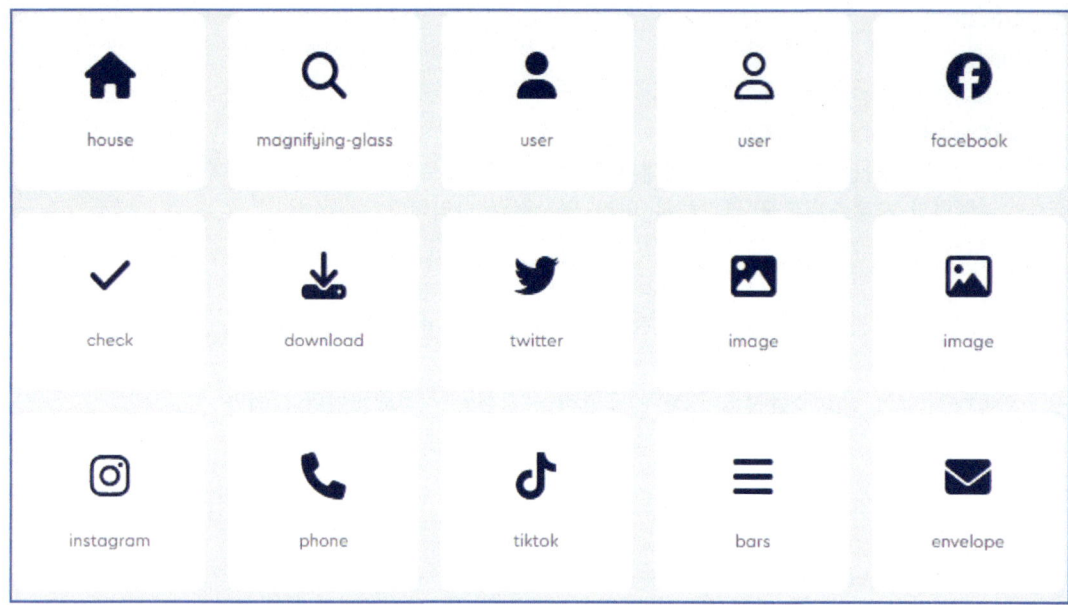

폰트 아이콘을 사용하면 일반 글씨와 동일하게 font-size 속성을 사용해 아이콘 크기를 조작할 수 있다. 폰트 오썸에서 제공하는 폰트 아이콘을 사용하려면, "cdnjs.com" 사이트에 접속해 font-awesome의 CSS를 사용할 수 있는 링크를 복사해서 HTML의 <head> 내에 링크를 포함시켜야 한다. 다음은 "cdnjs.com" 사이트에서 font awesome을 검색한 것이다.

HTML 문서에서 사용하기 위한 폰트 오썸에 대한 링크를 복사한 후 <head> 태그 내에 링크를 다음과 같이 추가한다.

```
<head>
<link rel="stylesheet"
href="https://cdnjs.cloudflare.com/ajax/libs/font-awesome/6.7.2/css/all.min.css"
integrity="sha512-Evv84Mr4kqVGRNSgIGL/F/aIDqQb7xQ2vcrdIwxfjThSH8CSR7PBEakCr51Ck+w+/U6sw U2Im1vVX0SVk9ABhg==" crossorigin="anonymous" referrerpolicy="no-referrer" />
</head>
```

다음은 폰트 오썸 사이트에 접속해 원하는 폰트 아이콘을 찾는 과정을 설명한 것이다.

1. Font Awesome 사이트 접속해 ICONS 메뉴 선택
   https://fontawesome.com/icons
2. 검색창 아래 첫 번째 'icons' 메뉴 선택 후 'free' 메뉴 선택
3. 원하는 아이콘을 누르면 소스 코드 제공
4. HTML에 사용

다음은 폰트 아이콘을 생성한 HTML 코드를 폰트 오썸 사이트에서 얻는 과정을 보여준다.

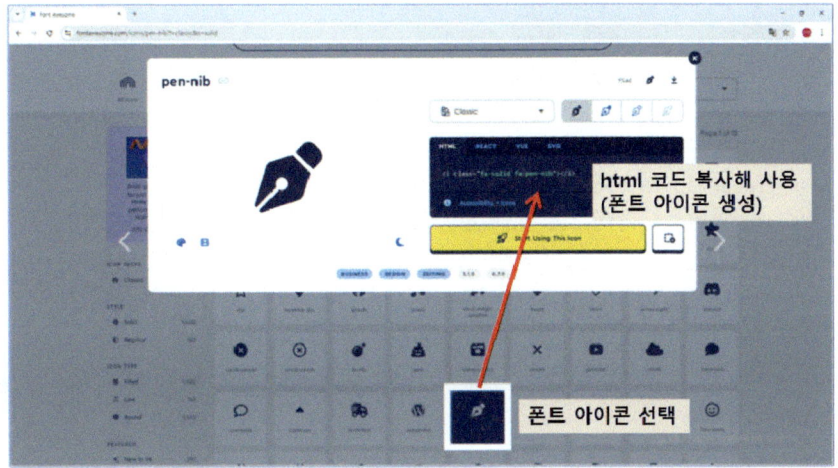

마지막으로 폰트 오썸에서 제공하는 폰트 아이콘을 불러와 브라우저 화면에 보여주는 예제이다. 폰트 아이콘은 텍스트와 같은 방식으로 크기, 색상 등을 지정할 수 있기 때문에, 알고 있으면 매우 유용하게 활용할 수 있다.

```
<!DOCTYPE html>
<html>
  <head>
    <meta charset="utf-8" />
    <title>Font Awesome 아이콘 소개</title>
    <meta name="viewport" content="width=device-width, initial-scale=1" />
    <link
      rel="stylesheet"
href="https://cdnjs.cloudflare.com/ajax/libs/font-awesome/6.7.2/css/all.min.css"
integrity="sha512-Evv84Mr4kqVGRNSgIGL/F/aIDqQb7xQ2vcrdIwxfjThSH8CSR7PBEakCr51Ck+w+/U6sw
U2Im1vVX0SVk9ABhg==" crossorigin="anonymous"    referrerpolicy="no-referrer"
    />
  </head>
  <body>
    <h3>Font Awesome 아이콘 사용해 보기</h3>
    <p>폰트 오썸 사이트의 무료 폰트 맛보기</p>
    <i class="fa-solid fa-house"></i>
    <i class="fa-solid fa-phone"></i>
    <i class="fa-solid fa-heart"></i>
    <i class="fa-solid fa-truck-fast"></i>
    <i class="fa-solid fa-gear"></i>
    <i class="fa-solid fa-headphones"></i>

    <h3>텍스트 스타일 적용과 동일하게 크기, 색 등을 지정 가능함</h3>
    <i class="fa-solid fa-bicycle"></i>기본형 폰트<br />
    <i class="fa-solid fa-bicycle" style="font-size: 30px"></i>폰트 크기 :
    30px<br />
    <i class="fa-solid fa-bicycle" style="color: blue; font-size: 35px"></i
    >파란색의 36px<br />
    <i class="fa-solid fa-bicycle" style="color: orangered; font-size: 50px"></i
    >오렌지색의50px<br />
```

```
    </body>
</html>
```

3.10 박스 모델(Box Model)

CSS 박스 모델은 모든 HTML 요소를 사각형의 박스(Box)로 취급한다. 이러한 박스는 콘텐트(Content), 패딩(Padding), 테두리(Border), 마진(Margin)이라는 4개의 영역으로 구성된다. 물론 별도의 영역을 갖지는 않지만, 테두리 외부인 마진 영역에 아웃라인(Outline)이 존재할 수 있다. 각 영역은 상하좌우 4개의 영역에 대해 공간을 자유롭게 설정할 수 있다.

CSS 디자인에서 매우 중요한 개념이다. 다음은 박스 모델에 대한 그림이다.

위의 그림처럼 실제적인 내용을 작성하는 영역이 콘텐트(Content) 영역이다. 콘텐트 영역을 둘러싸는 것은 패딩(Padding) 영역이며, 패딩 영역 다음에 테두리(Border) 영역이 존재할 수 있다. 그리고 마지막으로 마진(Margin) 영역은 다른 요소와의 간격을 조절할 때 사용하는 영역이다. 아웃라인(Outline)은 테두리 외곽에 존재할 수 있으며, 독립적인 공간을 갖지 않는다. 만약에 마진(여백)이 있으며 마진 영역에서 존재할 수 있지만, 마진 영역이 존재하지 않으면 다른 영역을 침범할 수도 있다. 다음은 박스 모델에서 사용하는 각 영역을 표로 정리한 것이다.

Content 영역	실제 내용(텍스트와 이미지 등)이 위치하는 영역
Padding 영역	콘텐트와 경계선 사이의 빈 공간
Border 영역	경계(테두리) 선이 위치하는 영역
Margin 영역	테두리 외곽으로 이웃 요소와 분리된 공간. 마진은 투명(Transparent)
Outline 영역	경계선 외부에 추가적으로 위치할 수 있는 외곽선 (독립적인 공간을 확보하지 않고, 기존 영역 위에 외곽선을 그림)

1 Width, height 속성 그리고 box-sizing 속성

CSS 디자인에서 width 속성과 height 속성은 HTML 요소의 크기를 지정할 때 사용한다. Width 속성은 요소의 너비를 설정할 때 사용하며, height 속성은 요소의 높이를 설정할 때 사용한다. 너비와 높이의 단위는 글자크기에서 사용하는 단위를 그대로 사용할 수 있다. 픽셀(px), em, rem, %, vw, vh 등의 단위를 사용할 수 있다. 그런데, width와 height 속성의 값은 선택한 요소의 콘텐츠에 대한 너비와 높이를 의미한다. Box-sizing 속성과 연계해서 사용하지 않을 경우에는 항상 선택한 요소의 콘텐츠에 대한 너비와 높이임을 명심하기 바란다.

다음은 박스 모델에 기초한 기본 예제이다. 예제에서 Width는 디폴트인 콘텐츠의 너비를 의미하며, 패딩이나 마진(여백)에 하나의 값만 할당하면 상하좌우에 모두 같은 패딩이나 마진 값을 설정한다는 것을 의미한다. 아래의 간단한 정리부터 먼저 확인한 다음 예제를 살펴보기 바란다.

■ 예제의 CSS 속성 값 해석

- width ;   400px;   /* 디폴트인 콘텐트 영역의 너비*/
- border: 25px solid AQUA; /* 선굵기(25px)   선스타일(실선) 선색(아쿠아색)*/
- padding: 50px; /* 상하좌우 패딩 값은 모두 50px */
- margin: 25px; /* 상하좌우 마진 값은 모두 25px */

※ 상하좌우: top, bottom, left, right

만약에 태그 요소에 배경색을 설정한다면, 배경색은 콘텐트 영역부터 패딩 영역까지 영향을 미친다는 것을 알고 있어야 한다.

```html
<!DOCTYPE html>
<html>
  <head>
    <meta charset="utf-8" />
    <style>
      Div {
        background-color: mistyrose;
        width: 400px; /*디폴트:콘텐트 영역 너비*/
        border: 25px solid AQUA; /*선굵기  선스타일  선색*/
        padding: 50px;
        margin: 25px;
      }
    </style>
  </head>
  <body>
    <h3>기본적인 박스 모델 예</h3>
    <div>
      [콘텐트 영역은 실제 출력되는 부분]CSS(Cascading Style Sheets) is a
      stylesheet language[스타일시트 언어] used to describe the presentation of
      a document written in HTML or XML (including XML[XML 포함함]).
    </div>
    <p>박스 모델에서 요소에 배경 지정은 패딩 영역까지 적용</p>
  </body>
</html>
```

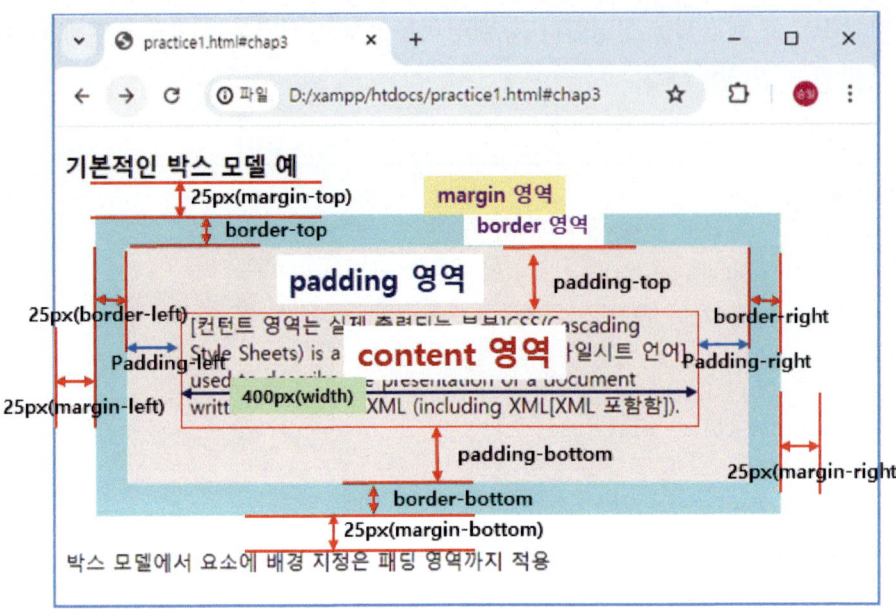

다음은 outline을 포함하는 예제이다. 이미 설명하였지만, outline은 독자적으로 영역을 차지하지 않는다. 따라서 마진(여백)이 설정되어 있다면, 마진 영역 위에 outline(외곽선)을 그린다. 예제에서 outline은 테두리 외부에 점선으로 출력되고 있다.

```
<!DOCTYPE html>
<html>
  <head>
    <meta charset="utf-8" />
    <style>
      div {
        background-color: mistyrose;
        width: 400px;
        border: 25px solid AQUA; /*선굵기   선스타일   선색*/
        padding: 50px;
        margin: 25px;
        outline: 15px dotted TOMATO; /*선굵기   선스타일   선색*/
      }
    </style>
```

```
    </head>
    <body>
      <h3>기본적인 박스 모델 예</h3>
      <div>
        [컨텐트 영역는 실제 출력되는 부분]CSS(Cascading Style Sheets) is a
        stylesheet language[스타일시트 언어] used to describe the presentation of
        a document written in HTML or XML (including XML[XML 포함함]).
      </div>

      <p>박스 모델에서 요소에 배경 지정은 패딩 영역까지 적용</p>
    </body>
</html>
```

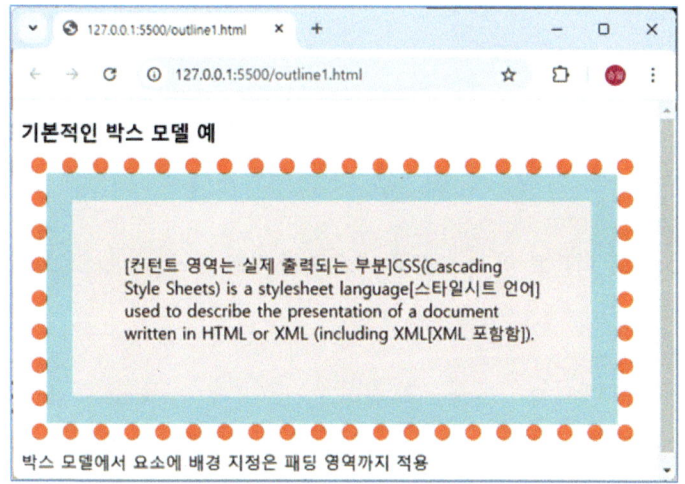

2 요소의 전체 너비와 높이

박스 모델에서 width와 height는 디폴트가 콘텐트(Content) 영역의 너비와 높이를 의미한다고 설명하였다. 물론 CSS 스타일 설정 변경을 통해 width와 height의 다른 해석이 가능할 수 있는데, 이러한 내용은 box-sizing 속성에서 설명할 것이다.

요소의 전체 너비와 높이를 알기 위해서는 콘텐트, 패딩, 테두리(경계), 마진 등에 대한 이해가 필수이다. 다음은 요소의 전체 너비와 높이를 계산하는 방법을 정리한 것이다.

전체 너비 =
  (콘텐트 + padding-left +padding-right + border-left +
  border-right + margin-left + margin-right)너비값

전체 높이 =
  (콘텐트 + padding-top + padding-bottom + border-top +
  border-bottom + margin-top + margin-bottom)높이값

다음의 예제에서는 "box-model" 클래스 요소의 전체 너비를 여러분들 자신이 직접 계산해 보기 바란다.

```html
<!DOCTYPE html>
<html>
  <head>
    <meta charset="utf-8" />
    <style>
      * {
        margin: 0;
      } /*모든 요소의 디폴트 마진 설정을  0으로 초기화*/
      div.box-model {
        width: 320px;
        height: 100px;
        padding: 20px;
        border: 20px solid red;
        margin: 10px;
      }
    </style>
  </head>
  <body>
    <h3>기본 박스 모델에서 요소가 차지하는 너비와 높이</h3>
    <img
      src="https://picsum.photos/420/200"
      width="420"
      height="220"
```

```
      alt="그림의 너비는 320픽셀"
    />
    <div class="box-model">
      13세기 말 오스만 1세가 아나톨리아 북서부에서 건국했으며, 1354년에 유럽으로
      건너가 발칸반도를 정복하고 세 대륙에 걸친 거대한 오스만 제국을 세웠다고
      한다.
    </div>
    <div>이것은 또 다른 div 태그입니다.</div>
  </body>
</html>
```

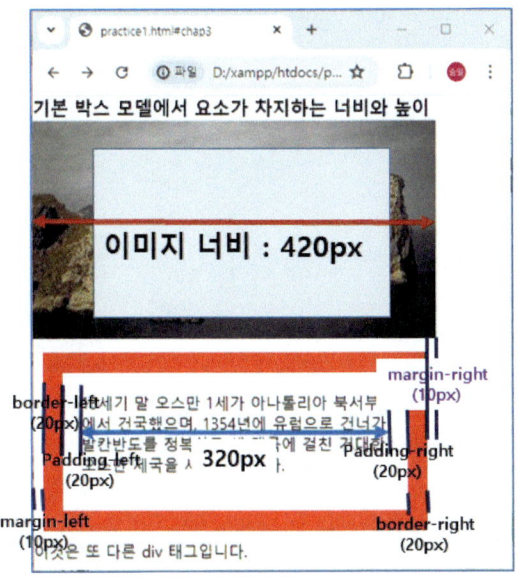

3 box-sizing 속성

CSS 박스 모델에서 box-sizing 속성은 요소의 너비(Width)와 높이(Height) 속성이 어떻게 적용할 것인지를 결정한다. 바꾸어 말하면, box-sizing 속성의 설정값에 따라 width와 height의 정의가 달라진다. 디폴트인 content-box는 요소의 너비와 높이는 내용(content) 영역만을 의미하지만, border-box는 요소의 너비와 높이는 내용(content), 패딩, 테두리까지 포함한 영역을 의미한다. border-box를 사용하면 요소의 전체 크기를 파악하기가 쉽기 때문에 더 선호되는 속성값이

다. 기본 문법은 다음과 같다.

> box-sizing: content-box(디폴트) | border-box;
>
> - content-box: 요소의 너비와 높이는 콘텐트 영역의 너비와 높이(디폴트)
>   width(height) = content너비(높이)
> - border-box: 요소의 너비와 높이는 테두리까지의 너비와 높이
>   width(height) = (content+padding+border)

다음 그림은 box-sizing 속성을 설명하고 있다. 반응형 설계 등 섬세한 디자인을 할 경우에는 border-box의 값을 설정하는 것이 유리하다.

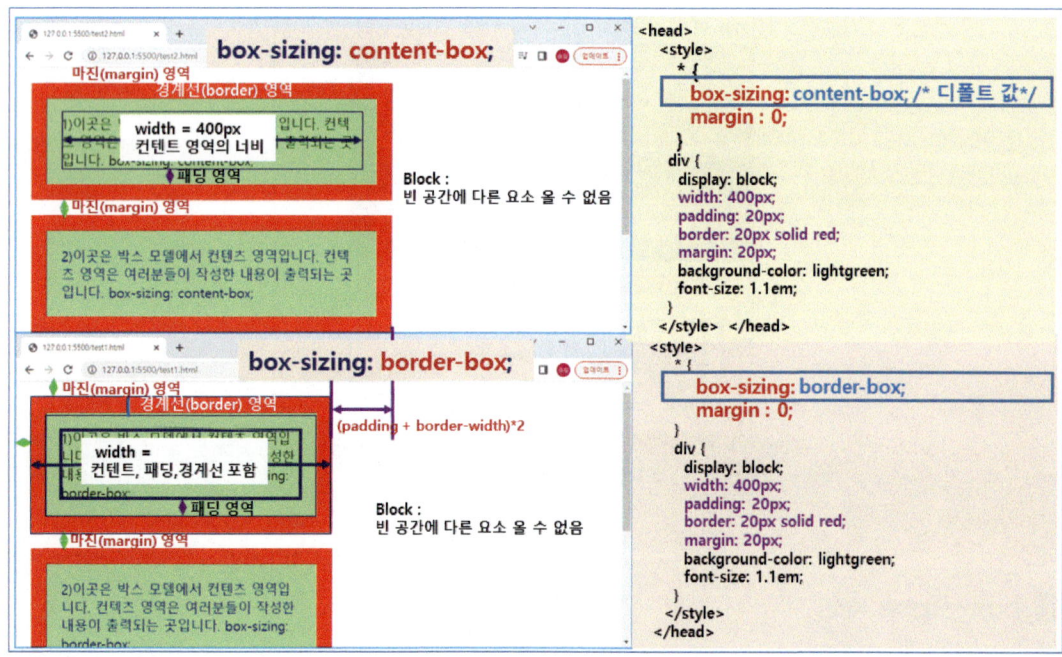

4 최소 및 최대 너비(높이) 지정

일반적으로 새로운 줄에서 시작하는 블록 요소의 너비 디폴트는 콘텐트 영역이고, box-sizing 속성이 border-box인 경우에는 테두리까지의 너비를 의미한다. Min-width와 max-width 속성

은 HTML 요소의 최소 너비와 최대 너비를 설정할 때 사용한다. 즉, 요소가 최소 너비 이하로는 축소되지 않으며, 최대 너비 이상으로는 확대되지 않는다. 최소와 최대 너비 사이에서는 브라우저의 크기에 따라 유연하게 변한다. Min-height와 max-height 속성도 앞의 너비 설명과 동일한 방식으로 동작한다.

속성	설명
min-width, min-height	• 요소의 최소 너비(높이)를 지정 • 최소 너비(높이) 이하로는 줄어들지 않음(최소 너비(높이) 확보) { min-width: 500px; min-height: 300px; }
max-width, max-height	• 요소의 최대 너비(높이)를 지정 • 최대 너비(높이)가 되면, 그 이상의 브라우저 화면에서는 최대 크기로 고정됨 { max-width: 500px; max-height: 300px; }

3.11 패딩(Padding) 속성

Padding 속성은 요소의 콘텐트와 테두리 사이의 여백(공간)을 설정할 때 사용한다. 배경색이 설정되어 있으면 패딩 영역까지 배경색이 적용된다. 패딩은 상하좌우 4가지 방향으로 설정할 수 있다. 각 방향으로 개별적 설정을 할 수도 있고, 단축형을 사용해 동시에 설정할 수 있다. 먼저 각 방향으로 개별 설정할 수 있는 패딩 속성의 기본 문법은 다음과 같다.

속성	설명
padding-top	콘텐트의 위쪽에만 패딩 설정. padding-top: 20px;
padding-bottom	콘텐트의 아래쪽에만 패딩 설정. padding-bottom: 25px;
padding-left	콘텐트의 왼쪽에만 패딩 설정. padding-left: 1.5em;
padding-right	콘텐트의 오른쪽에만 패딩 설정. padding-right: 2rem;

패딩값은 기존에 학습한 것과 마찬가지로 다양한 단위를 사용할 수 있다. 고정된 크기로 지정할 때는 픽셀(px), 상하좌우 패딩을 모두 부모의 너비를 기준으로 상대적으로 적용하는 퍼센트(%), 부모 요소의 글자 크기에 대한 배수로 설정할 때는 em, 최상위 요소의 글자 크기를 기준으로 설정할 때는 rem을 사용한다.

비교적 최근에는 표준화된 위와 아래에 동시에 패딩을 적용할 수 있는 padding-block과 왼쪽과 오른쪽에 동시에 패딩을 적용할 수 있는 padding-inline 속성이 있다.

속성	설명
padding-block	• 콘텐트의 위쪽과 아래쪽(상하) 동시에 패딩 적용 　padding-block-start: 20px;　/*padding-top과 같음*/ 　padding-block-end: 30px;　/*padding-bottom과 같음*/ 　padding-block: 20px　30px;　/*단축형(위쪽　아래쪽)*/
padding-inline	• 켄텐트의 왼쪽과 오른쪽(좌우) 동시에 패딩 적용 　padding-inline-start: 24px;　/*padding-left와 같음*/ 　padding-inline-end: 32px;　/*padding-right와 같음*/ 　padding-inline: 24px　32px;　/*단축형(위쪽　아래쪽)*/

다음은 단축형으로 padding-block과 padding-inline을 설정하는 그림이다.

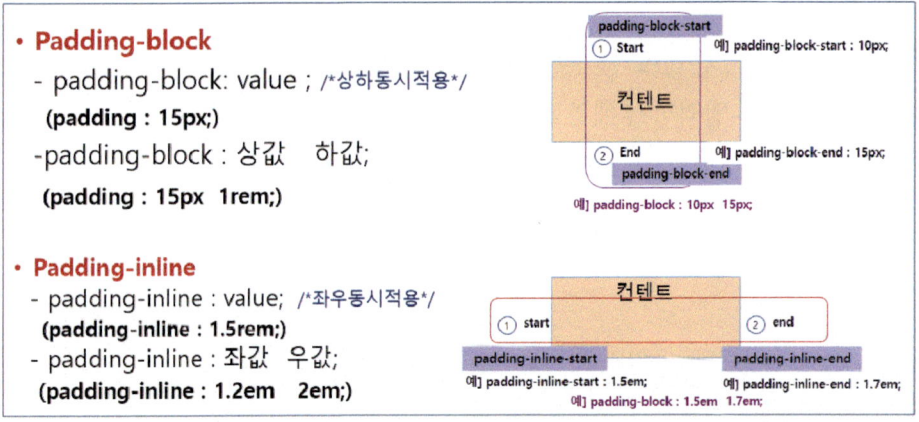

padding 단축형을 사용해 패딩을 설정하는 경우도 많이 있다. 가장 많이 볼 수 있는 것은 padding 속성에 하나의 값만 할당하는 경우이다. 이 때는 상하좌우 4 방향에 대한 동일한 패딩 값을 설정할 때 사용한다.

■ padding 단축형

```
padding: 값 ;   /*padding: 20px;*/
```
• 상하좌우에 같은 값으로 패딩을 설정

패딩 단축형으로 패딩을 설정할 때 인자의 개수에 따라 패딩을 적용하는 방식이 다를 수 있다. 4개의 인자를 할당하면, 상하좌우 패딩을 설정한다. 3개의 인자를 할당하면, (위, 좌우, 아래) 순서로 패딩값을 할당해 4개 방향에 적용한다. 2개의 인자를 할당하면, (위아래, 좌우) 순서로 각 인자 수직 방향과 수평 방향으로 패딩을 설정한다. 아래 그림을 잘 살펴보기 바란다.

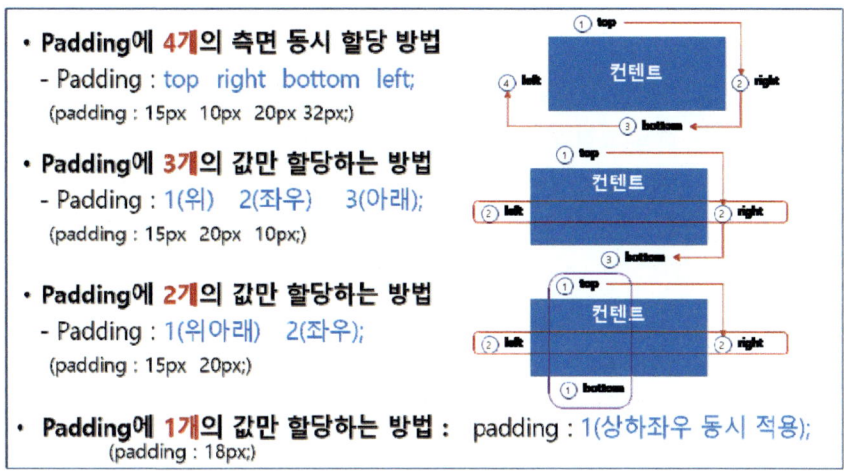

다음은 HTML 문서에 다양한 방식으로 패딩을 적용해보는 예제이다.

```
<!DOCTYPE html>
<html>
  <head>
    <meta charset="utf-8" />
    <style>
      body {
        padding: 0;
```

```css
      margin: 0;
    }
    div {
      width: 400px;
      height: 50px;
    }
    div.noPad {
      background-color: gray;
    }
    div.fourPad {
      padding: 10px 36px 4px 15px;
      background-color: lightgreen;
    }
    div.twoPad {
      padding-inline: 24px; /*좌우 패딩*/
      padding-block: 12px; /*상하 패딩*/
      /*위의 표현은 다음 표현과 같은*/
      /*padding: 12px  24px*/
      background-color: mistyrose;
    }
    div.threePad {
      /*padding: 상   좌우   하(아래)*/
      padding: 10px 36px 4px;
      background-color: plum;
    }
    div.leftPad {
      padding-left: 20px; /*padding-inline-start: 20px;*/
      background-color: gold;
    }
  </style>
</head>
<body>
  <h3>기본 박스 모델에서 요소(padding)</h3>
  <!--높이 설정을 하지 브라우저가 자동으로 확장해감.-->
  <div class="noPad">
    [패딩없음]13세기 말 오스만 1세가 아나톨리아 북서부에서 건국했으며...
  </div>
```

```html
    <div class="fourPad">
        [4-패딩]13세기 말 오스만 1세가 아나톨리아 북서부에서 건국했으며...
    </div>
    <div class="twoPad">
        [2-패딩(상하, 좌우)]13세기 말 오스만 1세가 아나톨리아 북서부에서
        건국했으며...
    </div>
    <div class="threePad">
        [3-패딩(상 좌우 하)]13세기 말 오스만 1세가 아나톨리아 북서부에서
        건국했으며
    </div>
    <div class="leftPad">
        [좌측만-패딩적용]13세기 말 오스만 1세가 아나톨리아 북서부에서
        건국했으며...
    </div>
</body>
</html>
```

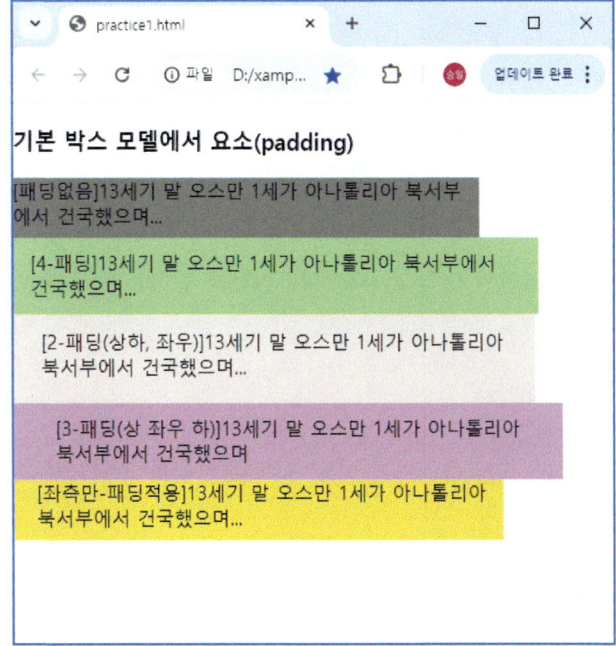

다음은 padding-inline과 padding-block 속성을 적용한 예제이다. 그리고 padding 단축형에 1개의 값만 할당하면, 상하좌우 모든 측면에 동일한 패딩값을 적용한다.

```html
<!DOCTYPE html>
<html lang="en">
  <head>
    <meta charset="UTF-8" />
    <meta name="viewport" content="width=device-width, initial-scale=1.0" />
    <title>패딩 인라인, 패딩 블록</title>
    <style>
      .padding1 {
        padding-inline: 50px; /*좌우 패딩 동시 적용*/
        padding-block: 10px; /*상하 패딩 동시 적용*/
        background-color: mistyrose;
      }
      .all-around {
        padding: 24px; /*상하좌우 동시에 같은 패딩 값*/
        background-color: gray;
      }
    </style>
  </head>
  <body>
    <h3>Perito Moreno Glacier(페리토 모레노 빙하)</h3>
    <div class="padding1">
      이 빙하는 아르헨티나의 탐험가인 프란시스코 모레노의 이름이 유래했다고
      한다. 빙하의 평균 넓이는 대략 4.5km이며, 빙하의 길이는 약 30km이다. 이
      빙하는 세계 유산이다.
    </div>
    <div class="all-around">
      감상평: 나무로된 산책로에 영어로 A, B, C로 이름이 있는 것을 확인할 수
      있다. 빙산의 소리를 듣는 타이밍에 맞춰 걸어보는 것도 좋다. 1981년 세계
      자연 유산으로 지정되었다.
    </div>
  </body>
</html>
```

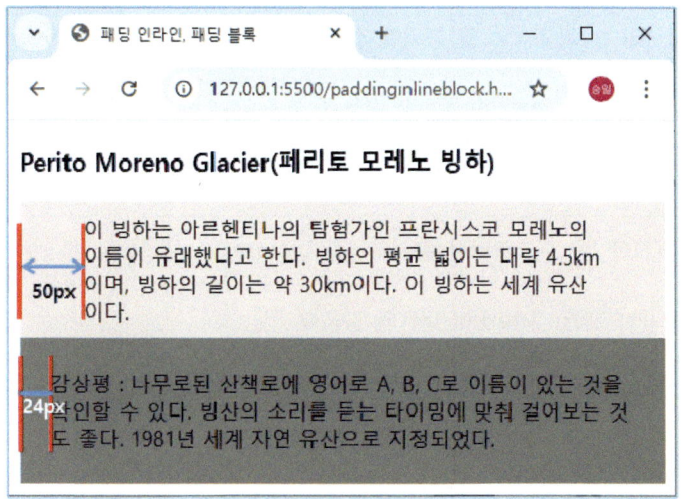

3.12 마진(Margin) 속성

마진은 테두리 외곽에 존재하는 공간으로 이웃한 요소와 간격을 띄울 때 사용한다. 마진 속성도 패딩 속성과 마찬가지로 4개의 측면(top, bottom, left, right)에 대한 개별 설정 및 동시 설정이 가능하다. 마진의 배경은 부모 요소의 배경 속성을 상속받아 사용한다. 이전 절에서 학습하였던 padding을 margin으로 변경하면 동일하게 사용할 수 있다. 마진의 경우 음(Minus)의 마진도 허용한다. 마진의 단위는 패딩에서 사용하는 단위와 같다. 다음은 마진에 대한 기본 문법이다.

```
margin: 전체 마진에 대한 단축형 설정.
        margin: 20px; /*margin: 20px 20px 20px 20px;*/
```

- margin-top: 마진의 top 영역을 설정. margin-top: 20px;
- margin-bottom: 마진의 bottom 영역을 설정. margin-bottom: 20px;
- margin-left: 마진의 left 영역을 설정. margin-left: 20px;
- margin-right: 마진의 right 영역을 설정. margin-right: 20px;

> **margin-block:** 마진의 top과 bottom을 동시에 설정. margin-block: 20xp 30px;
>
> - margin-block-start: 20px; /*margin-top과 같음*/
> - margin-block-end: 30px; /*margin-bottom과 같음*/

> **margin-inline:** 마진의 left와 right를 동시에 설정. margin-inline: 25px;
>
> - margin-inline-start: 25px; /*margin-left와 같음*/
> - margin-inline-end: 25px; /*margin-right와 같음*/

다음은 다양한 마진 속성을 적용한 예제이다.

```
<!DOCTYPE html>
<html>
  <head>
    <meta charset="utf-8" />
    <style>
      div.fourMargin {
        border: 1px solid darkred;
        /* margin: top right bottom left ; */
        /* margin: 40px 100px 40px 60 ; */
        margin-top: 40px;
        margin-bottom: 40px;
        margin-left: 60px;
        margin-right: 100px;
        background-color: lime;
      }
      .blockMargin {
        margin-block: 20px; /*margin-block: 20px  20px;*/
        background-color: aqua;
      }
      .inlineMargin {
        /*margin-inline 적용해 보기*/
        margin-inline: 20px; /*margin-inline: 20px  20px;*/
```

```
        background-color: khaki;
      }
    </style>
  </head>
  <body>
    <h3>개별 마진 속성, margin-block, margin-inline 속성</h3>
    <div class="fourMargin">
      요소의 4가지 측면에 대한 마진 값을 개별적으로 부여할 수 있다.
    </div>
    <div class="blockMargin">
      [margin-block]요소의 상하 측면에 대한 마진 값을 일괄적으로 부여할 수 있다.
    </div>
    <div class="inlineMargin">
      [margin-inline]요소의 좌우 측면에 대한 마진 값을 일괄적으로 부여할 수
      있다.
    </div>
  </body>
</html>
```

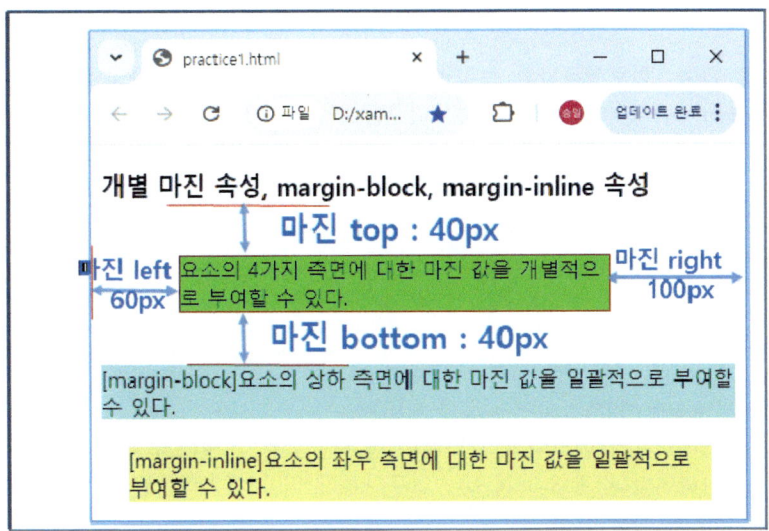

다음은 마이너스(음수) 마진을 적용한 예제이다.

```html
<!DOCTYPE html>
<html lang="en">
  <head>
    <meta charset="UTF-8" />
    <meta name="viewport" content="width=device-width, initial-scale=1.0" />
    <title>마이너스 마진 연습</title>
    <style>
      div {
        background-color: mistyrose;
        border: 1px solid red; /*테두리 긋기*/
        margin-block: 10px; /*각 div 블록 간에는 10px의 간격을 가짐*/
      }
      div.pos-mar50 {
        margin-left: 50px;
      }
      div.neg-mar50 {
        margin-left: -50px;
      }
    </style>
  </head>
  <body>
    <div>
      마진설정 없음: 아르헨티나와 브라질의 경계에 있는 세계에서 가장 거대한
      폭포중의 하나이다(세계 3대 폭포). 이구아수 강이 지류이며, 반원 모양이며
      2.7km에 이르는 폭포이다.
    </div>
    <div class="pos-mar50">
      마진설정 +50px: 아르헨티나와 브라질의 경계에 있는 세계에서 가장 거대한
      폭포중의 하나이다(세계 3대 폭포). 이구아수 강이 지류이며, 반원 모양이며
      2.7km에 이르는 폭포이다.
    </div>
    <div class="neg-mar50">
      마진설정 -50px: 아르헨티나와 브라질의 경계에 있는 세계에서 가장 거대한
      폭포중의 하나이다(세계 3대 폭포). 이구아수 강이 지류이며, 반원 모양이며
      2.7km에 이르는 폭포이다.
    </div>
  </body>
</html>
```

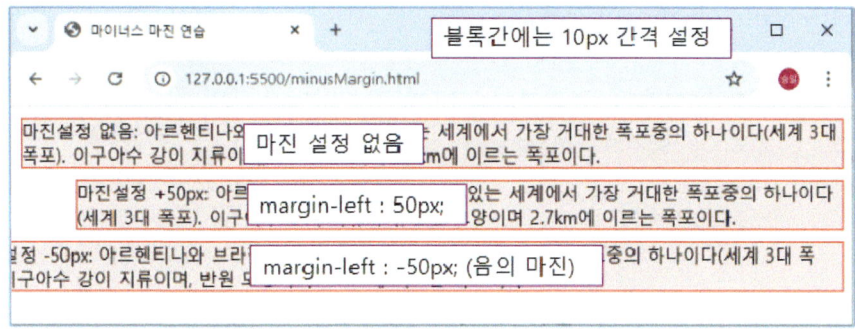

■ 마진 붕괴(Margin Collapse)

마진 붕괴는 CSS 스타일에서 인접한 요소들의 마진이 예상과 다르게 합쳐지는 현상을 말한다. 즉, 배치 과정에서 다른 요소와 상하 마진이 서로 겹칠 때 각 마진들이 합쳐진 값이 아닌 더 큰 마진 값으로 새로운 마진이 결정되는 현상이다. 단, 좌우 마진은 마진 붕괴에 해당하지 않는다. 마진 붕괴에 대해서 꼭 알고 있어야 한다. 아래 그림을 살펴보자.

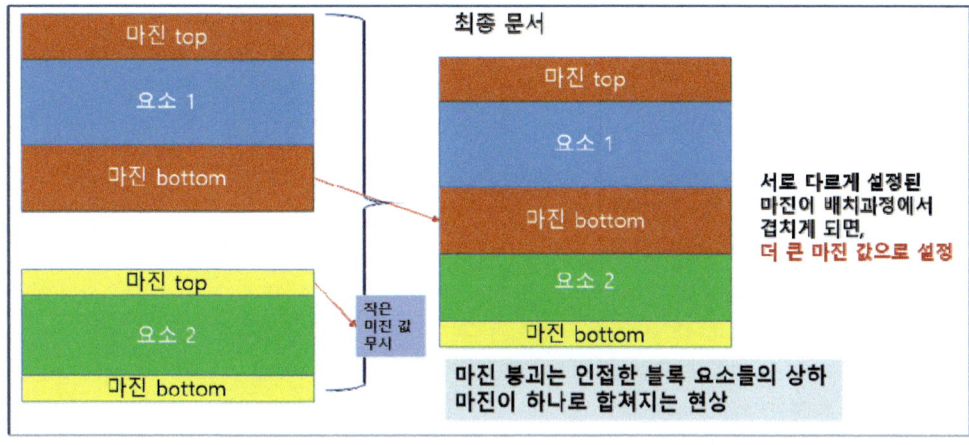

다음 2가지의 경우에는 마진 붕괴가 발생하지 않는다. 이 부분은 아직 학습하지 않았기 때문에 간단히 참고만 하기 바란다.

■ 마진 붕괴(Margin Collapse) 적용 예외

- 플로트(Float) 요소: float 속성이 적용된 요소는 마진 붕괴(상쇄)가 발생하지 않음.
- 위치 요소: position: absolute 또는 position: fixed 속성이 적용된 요소는 마진 붕괴(상쇄)가 발생하지 않음.

3.13 테두리(Border) 속성

CSS의 border 속성은 패딩 바로 외곽에 테두리를 만들 때 사용하는 속성이다. 테두리 속성에는 테두리 스타일, 테두리 선의 굵기(두께) 및 테두리 색상 등 3가지가 있다. 박스 모델에 테두리를 적용하기 때문에, 테두리를 상하좌우 성분으로 나누어 적용할 수 있으며, 단축형을 사용해 한 번에 적용할 수 있다. 따라서 속성을 적용할 때, border, border-top, border-bottom, border-left, border-right, border-inline, border-block을 사용할 수 있다. 테두리 스타일의 기본 문법부터 알아보자.

1 테두리 스타일(border-style)

Border-style 속성은 테두리의 스타일을 설정할 때 사용한다. 대략 9개의 테두리 스타일을 지원한다. 테두리 스타일의 기본 문법은 다음과 같다.

```
border-style: solid | dotted | double | dashed | groove | ridge |
              inset | outset | none(디폴트);
border-style: top  right  bottom  left;  /*4개의 측면에 서로 다른 스타일 적용*/
              border-style: dotted  groove  ridge  none;
              인자의 개수에 따른 적용은 패딩(마진)과 같음
border-top-style: groove;   /*위쪽에만 테두리 선을 적용*/
```

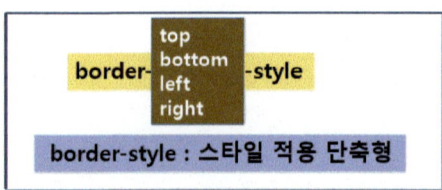
border-style : 스타일 적용 단축형

다음은 테두리 선의 스타일을 간단히 정리한 것이다. 테두리 선을 그리고 싶다면, 반드시 테두리 스타일을 "none"이 아닌 값으로 설정해야 한다.

solid(실선)	dotted(점선)	dashed(약간 긴 점선)
double(이중선)	groove(홈 모양)	ridge(융기(돌출) 모양)
inset(안쪽으로 들어간 효과)	outset(밖으로 튀어나온 효과)	none(테두리 없음)

다음은 테두리에 border-style 속성을 적용한 예제이다.

```
<!DOCTYPE html>
<html>
  <head>
    <meta charset="utf-8" />
    <style>
      p { border-color: red; /*테두리에 색상 지정*/ }
      p.dotted { border-bottom-style: dotted; }
      p.solid { border-left-style: solid;/*좌측 테두리에만 스타일 적용*/ }
      p.dashed { border-style: dashed; /*전후좌우에 모두 스타일 적용*/ }
      p.double { border-top-style: double; }
      p.groove { border-style: groove; }
      p.ridge { border-style: ridge; }
      p.inset { border-style: inset; }
      p.outset { border-style: outset; }
      p.none { border-style: none;/*디폴트(테두리 선 없음*)/ }
      p.hidden { border-style: hidden; }
      p.blend { border-style: dashed solid double none;
               /*단축형을 사용하여 동시 적용*/ }
    </style>
  </head>
  <body>
    <h3>border-style 적용해 보기</h3>
    <p class="dotted">dotted 스타일의 경계선을 갖는 블록</p>
    <p class="solid">solid 스타일의 경계선을 갖는 블록</p>
    <p class="dashed">dashed 스타일의 경계선을 갖는 블록</p>
```

```
            <p class="double">double 스타일의 경계선을 갖는 블록</p>
            <p class="groove">groove 스타일의 경계선을 갖는 블록</p>
            <p class="ridge">ridge 스타일의 경계선을 갖는 블록</p>
            <p class="inset">inset 스타일의 경계선을 갖는 블록</p>
            <p class="outset">outset 스타일의 경계선을 갖는 블록</p>
            <p class="none">none(테두리 없음: 디폴트)</p>
            <p class="hidden">hidden 스타일의 경계선을 갖는 블록</p>
            <p class="blend">각 사이드마다 다른 스타일 설정</p>
    </body>
</html>
```

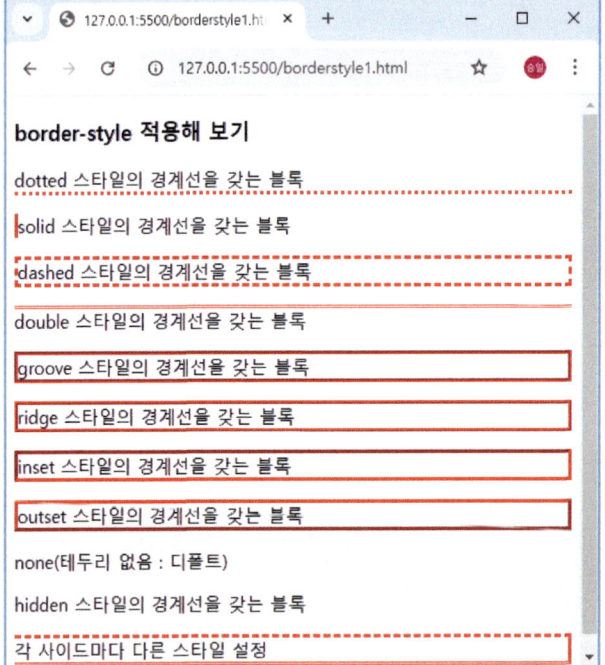

2 테두리 두께 및 색상(border-width, border-color)

Border-width 속성은 테두리 선의 굵기(두께)를 설정한다. 디폴트 테두리 선두께는 'medium' (약 2~3px)이다. Border-color 속성은 테두리 선의 색을 설정할 때 사용하며, 디폴트 테두리 선 색은 텍스트 색과 같다. 다음 그림을 살펴보기 바란다.

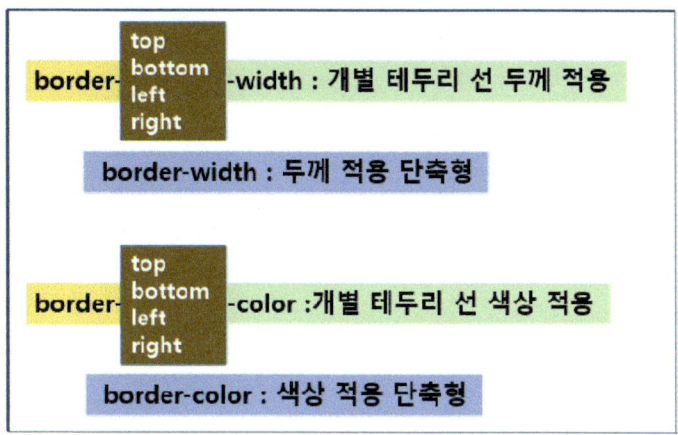

다음은 테두리 스타일, 두께 및 색상을 적용해보는 예제이다. 각 방향으로 스타일, 두께 및 색상 등을 지정해 작성한 것을 확인할 수 있을 것이다.

```
<!DOCTYPE html>
<html><head><meta charset="utf-8"><style>
p.dotted {border-bottom-style: dotted; border-color: darkgreen }
p.solid {border-left-style: solid; border-width: 3px;}
p.dashed {border-style: dashed; border-color: navy;}
p.double {border-top-style: double; border-color: fuchsia}
p.groove {border-style: groove; border-color:red; border-left-width: 5px; }
p.ridge {border-style: ridge; border-bottom-color:brown;}
p.inset {border-style: inset; border-color:darkorchid; border-bottom-width: 4px;}
p.blend {border-style: dashed solid double dotted; border-top-color:DeepPink;
border-top-width:5px; }
</style></head>
<body>
<h3>border-style 적용해 보기</h3>
<p class="dotted">dotted 스타일의 경계선을 갖는 블록</p>
<p class="solid">solid 스타일의 경계선을 갖는 블록</p>
<p class="dashed">dashed 스타일의 경계선을 갖는 블록 </p>
<p class="double">double 스타일의 경계선을 갖는 블록</p>
<p class="groove">groove 스타일의 경계선을 갖는 블록</p>
```

```
<p class="ridge">ridge 스타일의 경계선을 갖는 블록</p>
<p class="inset">inset 스타일의 경계선을 갖는 블록</p>
<p class="blend">각 사이드마다 다른 스타일 설정</p>
</body></html>
```

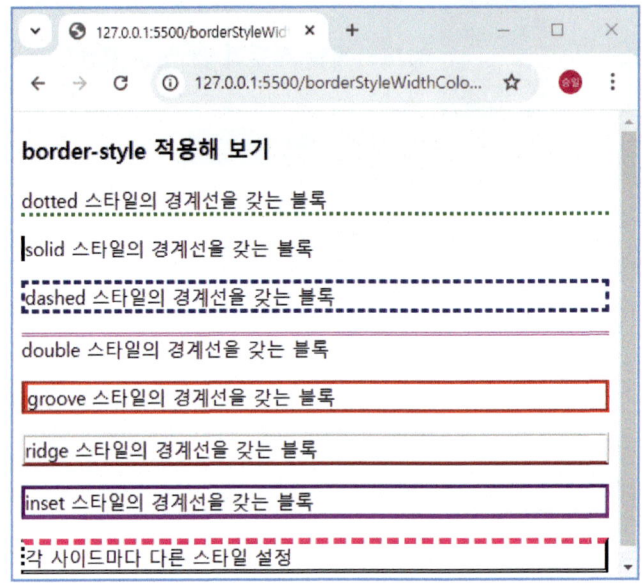

3 단축형 테두리 속성(border)

단축형인 border 속성은 border-width, border-stylc, border-color 세 가지 속성을 한 번에 설정할 수 있다. 기본 문법은 다음과 같다.

■ 단축형 border 속성

```
border: 테두리굵기    테두리스타일(필수)    테두리색;
예) div { border: 2px   dotted   fuchsia  }
    -> 할당 값의 순서는 바뀌어도 됨(dotted  2px  fuchsia)
```

```
border-left(top,bottom, right) : 테두리굵기    테두리스타일(필수)    테두리색;
  p { border-left: 3px   groove   olive; }
```

Border-inline과 border-block 속성은 비교적 최근에 소개된 표준이다. 이러한 2가지 속성은 다음과 같이 정리할 수 있다.

---
border-inline: 좌우 테두리선 지정
예) border-inline: 2px dotted red; /*굵기 스타일(필수) 색*/

---
border-block: 상하 테두리선 지정
예) border-block: dashed gray; /*스타일(필수) 색*/

다음은 단축형인 border 속성을 적용한 예제이다. 테두리 속성 중에서 테두리 스타일은 필수 속성이라는 것을 꼭 기억하고 있어야 한다.

```html
<!DOCTYPE html>
<html>
<head><meta charset="utf-8"><style>
.border1 {
  border: dashed ;   /*스타일은 필수(default: none)*/ }
.border2 {
  border: 2px solid green;  }
.border3 {
  border: dotted deeppink; /*default width: medium(약2~3px)*/ }
</style></head>
<body>
<h3>border(테두리) 단축형: {border: width  style color}</h3>
<p class="border1">테두리 단축형 예1</p>
<p class="border2">테두리 단축형 예2</p>
<p class="border3">A dotted blue border</p>
</body></html>
```

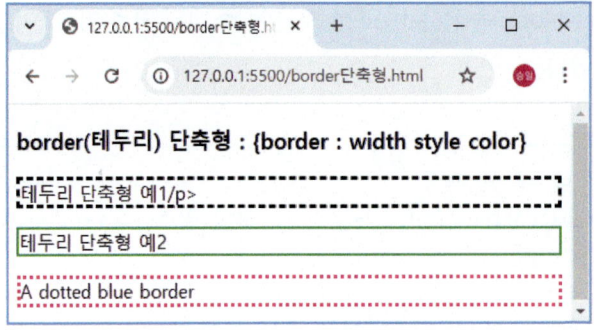

다음은 지금까지 학습한 테두리(Border)의 다양한 표현법을 적용해 구현한 예제이다.

```html
<!DOCTYPE html>
<html>
  <head>
    <meta charset="utf-8" />
    <style>
      p { width: 400px;}
      p.top {border-top: 3px solid  olive; }
      p.bottom {border-bottom: 2px dashed darkblue;}
      p.left {border-left: 4px outset cyan;}
      p.right {border-right: 3px ridge fuchsia}
      p.block {border-block: 3px inset  teal; }
      p.inline {border-inline: 4px groove   tomato;}
    </style>
  </head>
  <body>
    <h3>border-top(bottom, left, right) 속성 적용해 보기</h3>
    <p class="top">테두리의 top 속성에 대한 단축 속성 적용해보기</p>
    <p class="bottom">테두리의 bottom 속성에 대한 단축 속성 적용해보기</p>
    <p class="left">테두리의 left 속성에 대한 단축 속성 적용해보기</p>
    <p class="right">테두리의 right 속성에 대한 단축 속성 적용해보기</p>
    <h3>border-block(inline) 속성 적용해 보기</h3>
    <p class="block">테두리의 block 속성에 대한 단축 속성 적용해보기</p>
    <p class="inline">테두리의 inline 속성에 대한 단축 속성 적용해보기</p>
  </body>
</html>
```

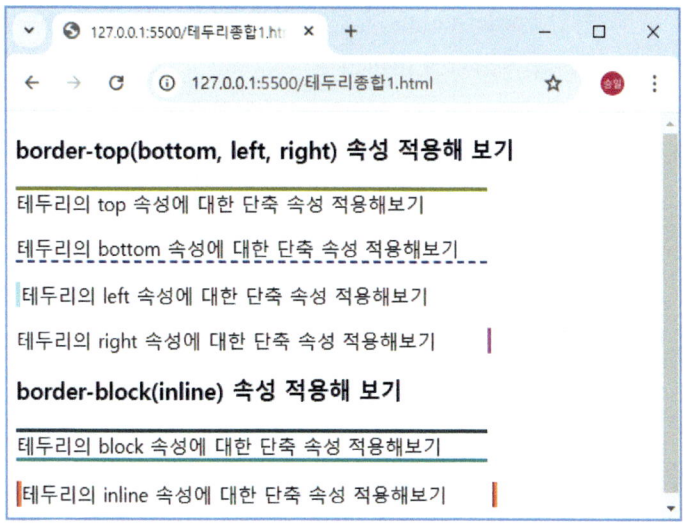

4 테두리 반지름 속성(border-radius)

CSS 스타일의 Border-radius 속성은 HTML 요소의 테두리를 둥글게 만들어주는 속성이다. 테두리 반지름 속성은 아주 유용하기 때문에 반드시 숙지하고 있어야 한다. 테두리 반지름 값은 모서리를 얼마나 둥글게 할 것인지를 결정한다. 반지름 값이 커지면 타원형으로 변한다. 모서리별 테두리 반지름 속성을 적용하기 위해서 사용하는 속성을 아래 정리하였다. 기존의 패딩이나 마진 등과는 약간 다르다는 것을 알아야 한다. 이 방식은 자주 사용하지 않기 때문에 간단히 참고만 하자.

border-top-left-radius	위쪽-왼쪽 코너(꼭지점) 영역
border-top-right-radius	위쪽-오른쪽 코너(꼭지점) 영역
border-bottom-left-radius	아래쪽-왼쪽 코너(꼭지점) 영역
border-bottom-right-radius	아래쪽-오른쪽 코너(꼭지점) 영역

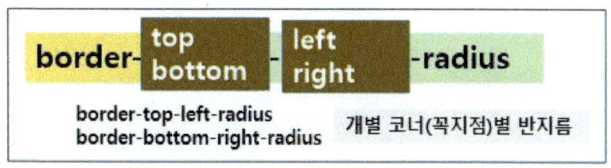

실무에서는 대부분 단축형인 border-radius 속성에 CSS 디자인을 적용하는 방법 사용하고 있다. 아래 설명한 내용은 반드시 숙지하기 바란다.

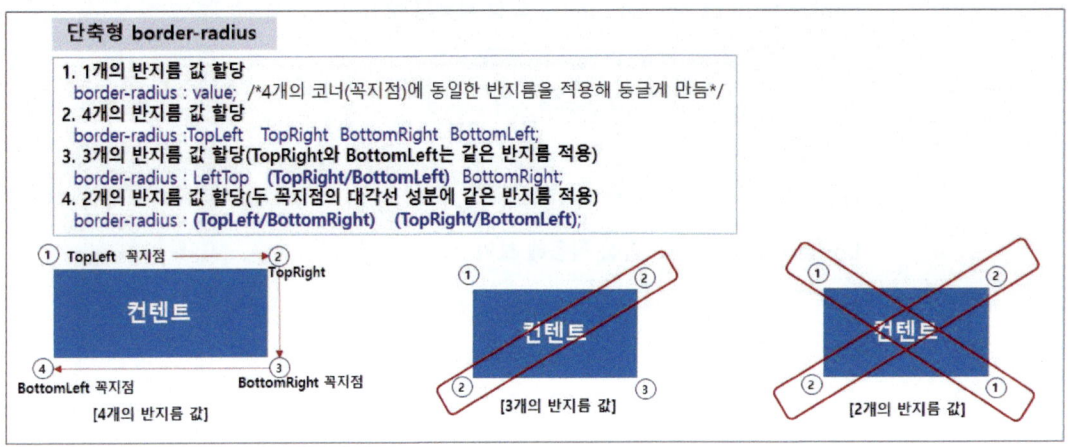

다음은 단축형 border-radius를 적용해 꼭지점 영역을 둥글게 변경한 예를 보여주는 그림이다.

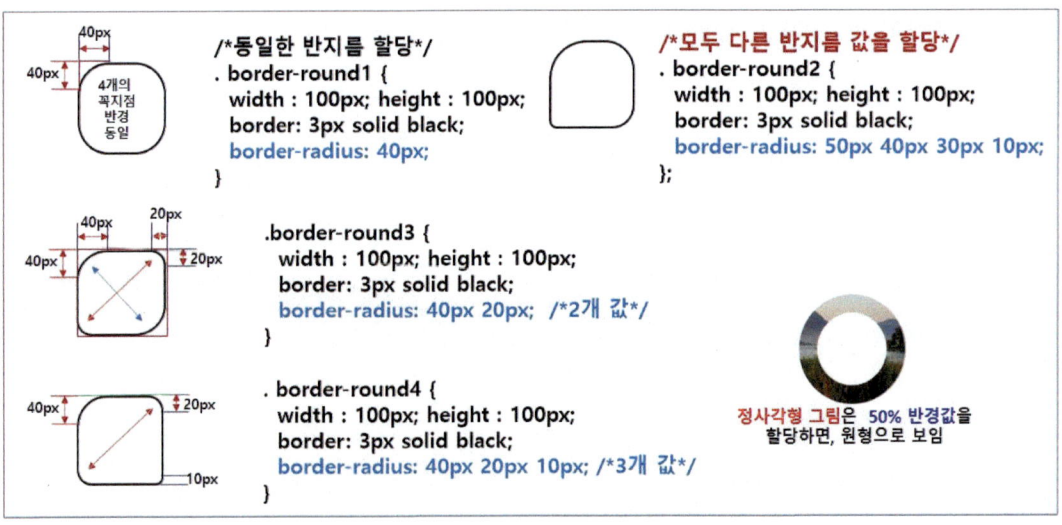

다음은 border-radius 속성을 적용한 예제이다. 테두리 반지름 속성은 자주 사용하는 속성이므로 반드시 숙지하고 있어야 한다.

```
<!DOCTYPE html>
<html>
<head><meta charset="utf-8"><style>
.rnd1 {
  border: 2px solid darkslateblue;
  border-radius: 8px;
  padding: 8px;  }
.rnd2 {
  width: 100px; height: 100px;
  border: 3px solid black;
  border-radius: 50px 40px 30px 10px;
  padding: 8px;  }
.imgRound {
  display: block;   /*img 태그의 속성을 블록 태그로 변경함*/
  /*정사각형에서 width의 50%는 원이 됨.*/
  border-radius: 50%;   }
</style></head>
<body>
<h3>border-radius 속성</h3>
<p class="rnd1">안녕하세요....</p>
<p class="rnd2"><br>서로 다른 반경 값으로 설정해 보았습니다.</p>
<img class="imgRound" src="https://picsum.photos/200" width="200" height="200" alt="이미지 테두리 rounding"/>
</body></html>
```

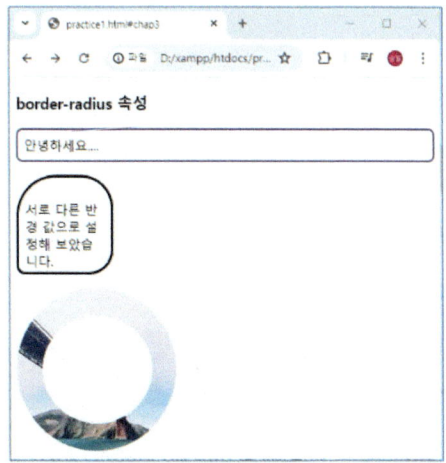

3.14 아웃라인(Outline) 속성

outline 속성은 요소의 테두리 외부를 둘러싸는 선이다. 그런데 아웃라인(외곽선)은 별도의 독립적인 공간이 없다. 즉, 다른 요소와 겹칠 수도 있다. 마진 영역에 아웃라인(외곽선)을 생성하는 것이 좋다. 패딩, 마진 등과 거의 같은 방식으로 사용되지만, 테두리로부터 떨어진 거리를 설정하는 outline-offset 속성이 있다. 다음은 아웃라인의 기본 문법을 보여준다.

```
outline: 전체 아웃라인에 대한 단축형
        예) outline: 3px groove  purple; /*굵기   스타일   색상*/
```
```
outline-style: 테두리 스타일과 사용법이 같음(outline-style: groove;)
outline-color: 아웃라인 색상 설정(outline-color: dodgerblue;)
outline-width: 아웃라인 선의 두께를 설정(outline-width: 3px;)
```
```
outline-offset: 테두리와 아웃라인 사이의 공간(간격)(outline-offset: 5px;)
```

다음은 outline 속성을 활용하는 예제이다. 예제에서는 테두리로부터 떨어진 거리를 설정하기 위한 outline-offset 속성을 사용하고 있다.

```
<!DOCTYPE html>
<html>
  <head>
    <meta charset="utf-8" />
    <style>
      p {
        margin: 2rem;
        padding: 1em;
        background: olive;
        color: white;
        border: 5px ridge purple;
        outline: 4px outset SeaGreen;
        outline-offset: 10px; /*테두리와 아웃라인 사이의 간격*/
      }
```

```
        </style>
    </head>
    <body>
        <h3>아웃라인 예</h3>
        <p>
            어떤 프로젝트를 위해서든 다운로드 및 사용할 수 있는 아름다운 무료 이미지
            및 사진을 제공하는 사이트가 있습니다.
        </p>
    </body>
</html>
```

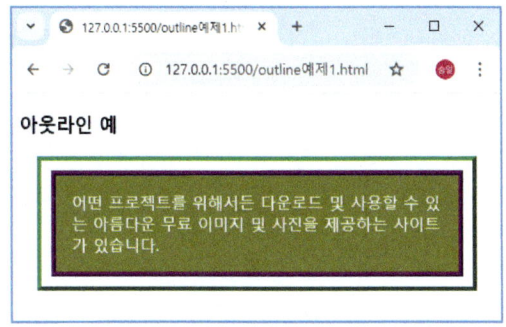

3.15 박스 그림자(Box-shadow) 속성

Box-shadow 속성은 기본 박스 요소에 그림자 효과를 추가해 입체감이나 강조 효과를 줄 때 사용한다. 디폴트는 기본 요소 박스 뒤에 그림자 박스가 나타난다. 이미 학습한 text-shadow 속성과 유사성이 있다. 기본 문법은 다음과 같다.

```
box-shadow: offset-x  offset-y blur-radius  spread-radius color [inset];
```

- offset-x/offset-y: [필수] 수평 및 수직 방향으로 기준 박스로 부터 떨어진 거리(px). 음수가 가능하며, 디폴트는 0.
- blur-radius :[옵션] 값이 클수록 더 흐려지고 박스 그림자가 더 넓고 밝아짐. 디폴트는 0
- spread-radius :[옵션] 값이 커지면 더 그림자 박스가 더 확장됨. 음수는 박스를 축소시킴.
- inset :[옵션]그림자가 박스 내부 쪽으로 그림자가 생기도록 그림자 방향 변경

다음은 그림자 박스를 활용하는 예제이다.

```html
<!DOCTYPE html>
<html>
<head><meta charset="utf-8"><style>
p {width :400px; height:50px; border: 1px solid black; padding: 8px;}
.boxShadow1 {
    box-shadow: 4px 6px 5px red;   }
.boxShadow2 {/*inset은 그림자가 박스 안쪽에 생기게 함*/
    box-shadow: 4px 6px 5px red inset;   }
.boxShadow3 {
                       /*x   y   blur   spread   color*/
    box-shadow: 8px 12px 5px 4px blue;   }
</style></head>
<body>
<h3>그림자 박스 연습</h3>

<p class="boxShadow1">box-shadow: x y blur 빨간색</p>
<p class="boxShadow2">box-shadow: x y blur 빨간색 inset<br>
inset은 그림자가 박스 안쪽에 생기도록 함</p>
<p class="boxShadow3">box-shadow: x y blur spread 파란색 </p>
</body></html>
```

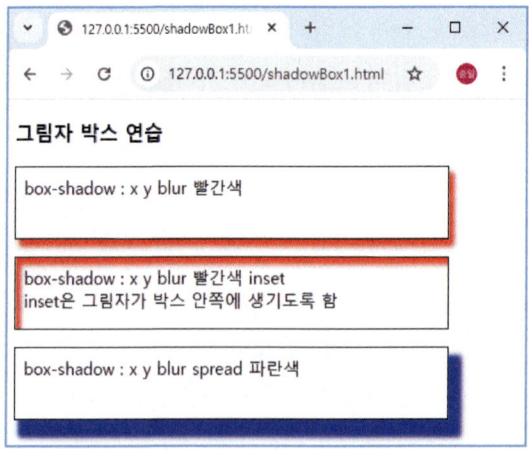

3.16 배경(Background) 속성

background 속성은 HTML 요소의 배경을 설정할 때 사용한다. 배경 속성을 사용해 요소에 대한 배경색이나 배경 이미지에 대한 조작이 가능하다. 배경 속성은 색상, 이미지, 반복, 부착(attachment), 위치, 크기 등 모두 6개의 속성이 있다. 다음은 각 속성에 대해 간단히 정리한 것이다.

■ **background: 전체 배경에 대한 단축형 속성**

- background-color: 배경색을 지정(이미 학습함)
- background-image: 배경 이미지를 지정
- background-repeat: 수평이나 수직 방향으로 이미지 반복
- background-attachment: 배경 이미지의 스크롤이나 고정 여부 지정
- background-position: 배경 이미지의 위치를 지정
- background-size: 배경 이미지의 크기 지정([너비 높이]: (200px 300px;))

1 배경 이미지(background-image)

background-image 속성은 HTML 요소의 배경에 이미지를 적용할 때 사용한다. 기본 문법은 다음과 같다.

```
background-image: url("파일명"); /*이미지 파일의 경로를 url 함수에 작성*/
```

다음은 배경으로 이미지를 보여주는 예제이다.

```
<!DOCTYPE html>
<html>
  <head>
    <meta charset="utf-8" />
    <style>
```

```
        body {
          /*이미지 크기 = 200px * 200px*/
          background-image: url("https://picsum.photos/200");
        }
      </style>
    </head>
    <body>
      <h3>가장 기본적인 배경 이미지(디폴트: 요소화면을 모두 채우도록 반복)</h3>
      <p>
        엘사는 모든 것을 얼릴 수 있는 신비한 힘을 가졌지만, 점점 제어할 수 없는
        자신의 힘이 두려워 왕국을 떠난다. 이에 동생 안나는 꽁꽁 언 왕국의 저주를
        풀기 위해 언니를 찾아 위대한 모험을 떠난다.
      </p>
    </body>
</html>
```

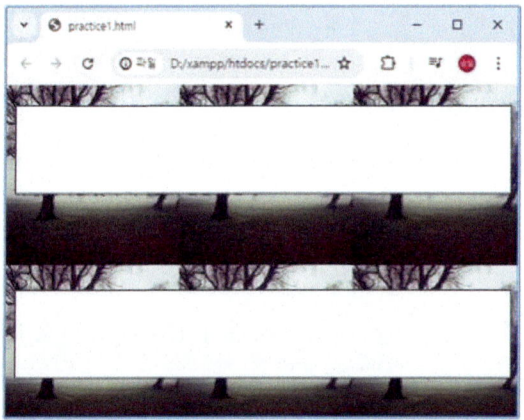

디폴트는 배경 이미지가 요소 전체를 모두 채우도록 반복해서 출력된다.

2 배경 이미지 반복(background-repeat)

Background-repeat 속성은 요소에 적용한 배경 이미지의 반복 방식을 정의할 때 사용한다.

Background-repeat 속성의 기본 문법은 다음과 같다.

```
background-repeat: no-repeat | repeat | repeat-x | repeat-y;
```

- no-repeat: 이미지가 한 번만 출력
- repeat: 수평 및 수직 방향으로 이미지를 반복 출력(디폴트)
- repeat-x: 이미지를 가로 방향으로만 반복
- repeat-y: 이미지를 세로 방향으로만 반복

다음은 배경 이미지 반복을 사용하는 예제이다. 또한 여러분들이 속성값을 no-repeat이나 repeat-y 등으로 변경한 후 브라우저의 출력을 확인해 보기 바란다.

```html
<!DOCTYPE html>
<html>
<head><meta charset="utf-8">
<style>
body {
  /*배경 이미지 크기 = 200px * 200px*/
  background-image: url("https://picsum.photos/200");
  /*아래 속성을 no-repeat, repeat-y 등을 바꾼 후 결과를 확인해 보자*/
  background-repeat: repeat-x;/*수평 방향으로만 반복 */
}
</style>
</head>
<body>

<h3>가장 기본적인 배경 이미지</h3>

<p>엘사는 모든 것을 얼릴 수 있는 신비한 힘을 가졌지만, 점점 제어할 수 없는 자신의 힘이 두려워 왕국을 떠난다. 이에 동생 안나는 꽁꽁 언 왕국의 저주를 풀기 위해 언니를 찾아 위대한 모험을 떠난다.</p>

</body>
</html>
```

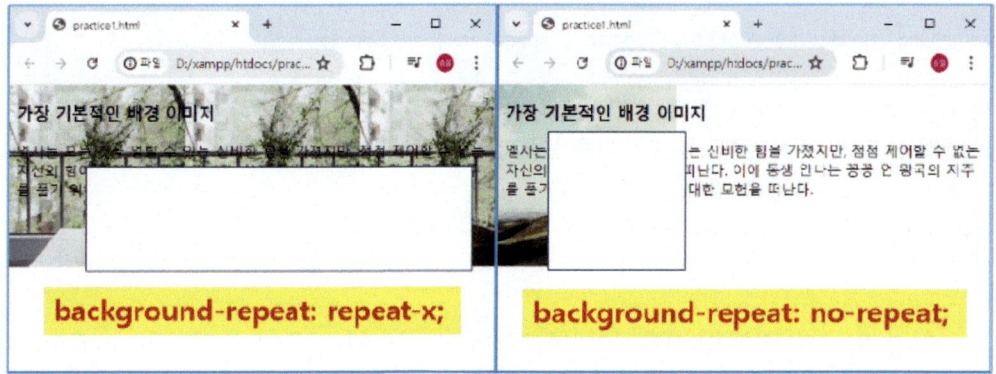

3 배경 이미지 고정(background-attachment)

Background-attachment는 배경 이미지의 고정 여부를 설정할 때 사용한다. 기본 동작은 브라우저 화면을 스크롤할 때 배경 이미지도 함께 움직이는 것이다. 그런데 속성값을 fixed로 설정하면, 배경 이미지가 고정된다. 기본 문법은 다음과 같다.

```
background-attachment: scroll(디폴트) | fixed;
```

- fixed: 화면이 스크롤이 되더라도 배경 이미지는 고정됨

4 배경 이미지 위치(background-position)

background-position 속성은 배경 이미지의 브라우저 출력 위치를 지정할 때 사용한다.

기본 문법은 다음과 같다.

```
background-position: x값   y값;
```

- 디폴트 값: left top; (좌표: 0px 0px)
- (x값 y값): (left top) (left center) (left bottom)
            (right top) (right center) (right bottom)
            (center top) (center center) (center bottom)
- 실제 좌표 값도 사용 가능함: 120px 200px;

5 배경 이미지 크기(background-size)

background-size 속성은 배경 이미지 크기를 설정할 때 사용한다. 기본 문법은 다음과 같다.

```
background-size: (width height) | auto(디폴트) | cover ;
```

- auto: 디폴트. 배경 이미지의 원래 크기로 표시
- (width height): 배경 이미지의 너비와 높이 지정(200px 300px)
- cover: 배경 이미지를 확대/축소하여 요소 전체를 차지함

다음은 background와 관련해 다양한 속성들을 종합적으로 활용해 보는 예제이다. 본 예제를 제대로 하려면 스크롤이 가능하도록 HTML 문서의 내용을 추가해야 한다.

```html
<!DOCTYPE html>
<html>
  <head>
    <meta charset="utf-8" />
    <style>
      body {
        background-color: seashell;
        background-image: url("https://picsum.photos/200");
        background-repeat: no-repeat;
        background-position: center center;
        /*fixed는 특정 위치에 고정, 디폴트: scroll*/
        background-attachment: fixed;
        /*background-attachment: scroll; */
        background-size: 300px 400px; /*이미지의 크기를 지정*/
      }
    </style>
  </head>
  <body>
    <h3>배경 종합 실습</h3>
    <p>
      이 내용이 많아야 합니다. 이 내용을 복사한 다음 같은 내용을 많이 반복
```

```
        paste한 후에 조작해 보세요.
    </p>
  </body>
</html>
```

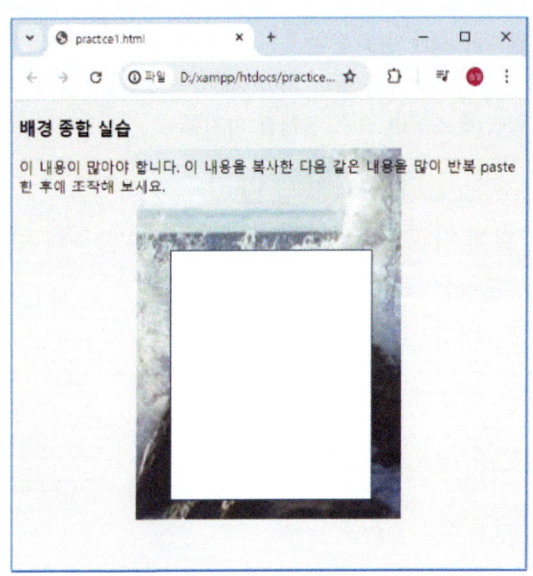

3.17 불투명도(Opacity) 속성

Opacitiy 속성은 요소의 불투명도(혹은 투명도)를 지정할 때 사용한다. 투명해서 요소가 보이지 않는 0부터 완전히 불투명한 1 사이의 실수로 설정할 수 있다. Opacity 속성을 활용하여 글자나 이미지 등의 투명도를 조절하여 웹 페이지의 디자인을 개선할 수 있다. 기본 문법은 다음과 같다.

```
opacity: 0 ~ 1 사이의 실수;   /*0: 투명, 0.5: 반투명, 1: 불투명*/
```

다음은 opacity 속성을 알아보기 위한 예제이다. 불투명도의 값의 변화에 따른 브라우저 출력 변화를 살펴보기 바란다.

```html
<!DOCTYPE html>
<html>
 <head>
   <meta charset="utf-8" />
   <style>
     div { background-color: maroon;
           padding: 12px; }
     div.op1 { opacity: 10%;/*0.1대신 10% 사용 가능*/
               color: white; }
     div.op2 {  opacity: 0.3;
                color: white; }
     div.op3 { opacity: 0.7;
               color: white; }
     div.op4 { opacity: 1; /*디폴트 값*/
               color: white; }
   </style>
 </head>
 <body>
   <h3>opacity 실습(배경색: maroon색)</h3>
   <div class="op1">opacity 0.1</div>
   <div class="op2">opacity 0.3</div>
   <div class="op3">opacity 0.7</div>
   <div class="op4">디폴트 출력(1):완전 불투명</div>
 </body>
</html>
```

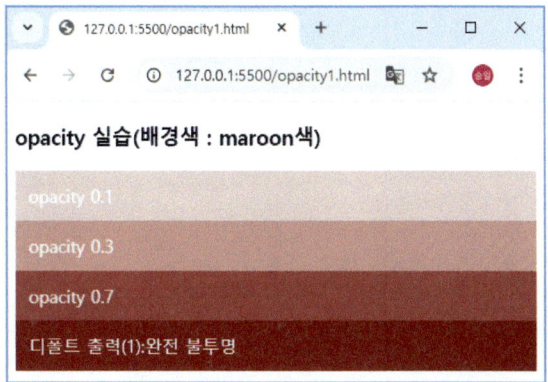

다음은 이미지에 opacity 속성을 적용한 예제이다.

```
<!DOCTYPE html>
<html>
  <head>
    <meta charset="utf-8" />
    <style>
      .op1 { opacity: 0.1; }
      .op2 { opacity: 0.3; }
      .op3 { opacity: 0.7; }
      .op4 { opacity: 1; } /*디폴트가 1임*/
    </style>
  </head>
  <body>
    <h3>opacity 실습(이미지)</h3>
    <img class="op1" src="https://picsum.photos/200" />
    <img class="op2" src="https://picsum.photos/200" />
    <img class="op3" src="https://picsum.photos/200" />
    <img class="op4" src="https://picsum.photos/200" />
  </body>
</html>
```

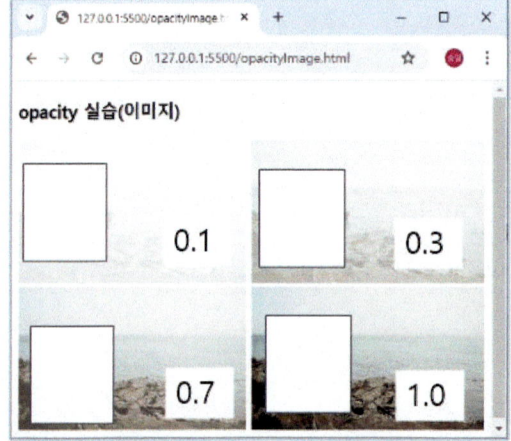

3.18 커서(Cursor) 속성

CSS cursor 속성은 요소 위에 마우스 커서가 위치했을 때, 보여줄 마우스 포인터 모양을 지정한다. 요소의 목적에 따라 마우스 포인터의 모양이 변경된다면 사용자는 훨씬 좋은 사용자 경험을 얻게 될 것이다. 실제로 지원하는 마우스 포인터는 많지만, 여기서는 일부만 소개한다. 기본 문법은 다음과 같다.

```
cursor: default | none | pointer | progress | wait ...;
```

"https://github.com/wesbos/CSS-Cursor" 사이트에 접속해 보면, 마우스 포인터 모양에 대한 더 많은 정보를 얻을 수 있다. 해당 사이트에 접속하면 아래 그림과 같은 마우스 포인터 모양들을 볼 수 있다.

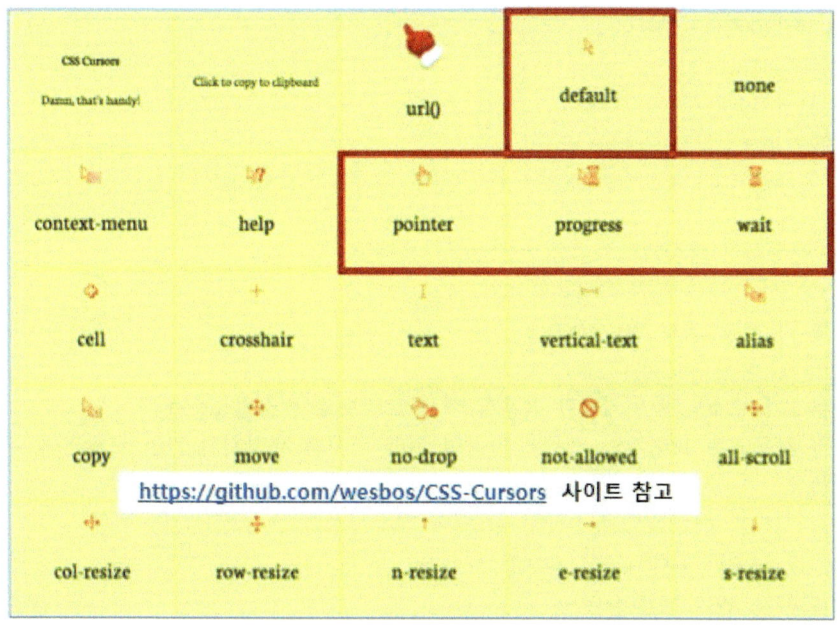

다음은 cursor 속성을 사용해 각 요소에 마우스가 진입했을 때, 마우스 포인터 모양을 설정하는 예제이다. 여러분들이 사각형의 박스 위에 커서를 위치시키면, 설정된 마우스 포인터 모양을 볼 수 있다.

```html
<!DOCTYPE html>
<html>
  <head>
    <meta charset="utf-8" />
    <style>
      div { display: inline-block;
            width: 80px;
            height: 50px;
            border: 1px solid navy;
            margin-bottom: 8px; }
      .all-scroll { cursor: all-scroll; }
      .auto { cursor: auto; }
      .cell { cursor: cell; }
      .default { cursor: default; }
      .pointer { cursor: pointer; }
      .help { cursor: help; }
      .move { cursor: move; }
      .progress { cursor: progress; }
      .wait { cursor: wait; }
      .zoom-in { cursor: zoom-in; }
      .zoom-out { cursor: zoom-out; }
    </style>
  </head>
  <body>
    <h3>몇 가 주요 커서 연습</h3>
    <p>
      마우스가 요소위에 위치하면 적용한 커서 모양으로 변경됨<br />
      가끔 사용되는 10여개의 커서를 사각형 위에 커서를 위치시켜 가면서 확인해
      보세요.
    </p>
    <div class="all-scroll">all-scroll</div>
    <div class="auto">auto</div>
    <div class="cell">cell</div>
    <div class="default">default</div>
    <div class="pointer">pointer</div>
    <div class="help">help</div>
```

```html
        <div class="move">move</div>
        <div class="progress">progress</div>
        <div class="wait">wait</div>
        <div class="zoom-in">zoom-in</div>
        <div class="zoom-out">zoom-out</div>
    </body>
</html>
```

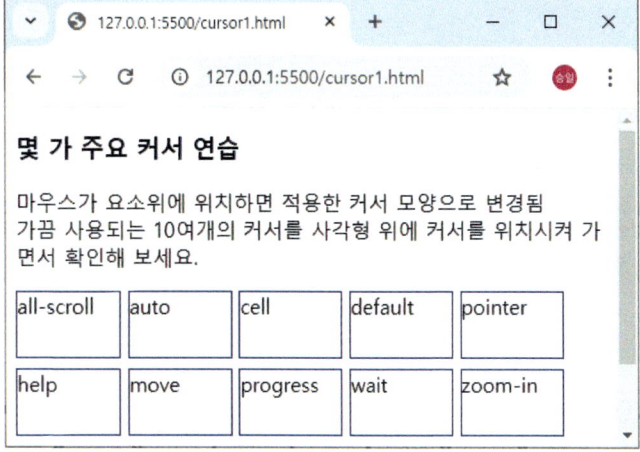

연습문제

1. CSS의 주된 역할은?

   ① 웹페이지의 구조를 정의한다.   ② 웹페이지의 스타일을 지정한다.
   ③ 웹페이지의 동작을 제어한다.   ④ 웹페이지의 데이터를 저장한다.

2. CSS의 약자는 무엇인가?

   ① Calendar Style Sheet   ② Cascading Style Sheet
   ③ Creative Style Sheet   ④ Colorful Style Sheet

3. CSS의 기본 구성 요소가 아닌 것은?

   ① 선택자(Selector)   ② 속성(Property)
   ③ 값(Value)   ④ 이벤트(Event)

4. CSS에서 주석(Comment)을 작성하는 방법은?

   ① ⟨!-- 주석 --⟩   ② /* 주석 */
   ③ // 주석   ④ ' 주석 '

5. CSS에서 외부 스타일시트를 연결하는 방법으로 적절한 것은?

   ① ⟨link rel="stylesheet" href="style1.css"⟩
   ② ⟨style src="style1.css"⟩
   ③ ⟨script href="style1.css"⟩
   ④ ⟨css href="style1.css"⟩

6. 다음 중 블록(block) 요소가 아닌 것은?

   ① ⟨div⟩   ② ⟨p⟩
   ③ ⟨span⟩   ④ ⟨h1⟩
   ⑤ ⟨form⟩   ⑥ ⟨footer⟩

연습문제

7. margin 속성의 역할은?

   ① 테두리(border) 안쪽의 여백을 지정한다.   ② 요소의 외부 여백을 지정한다.
   ③ 요소의 색상을 변경한다.   ④ 요소의 글자 크기를 변경한다.

8. CSS의 box model에서 가장 안쪽에 위치하는 요소는?

   ① margin   ② border
   ③ padding   ④ content

9. 다음 중 opacity 속성을 사용하지 않고도 동일한 효과를 낼 수 있는 CSS 속성은?

   ① rgba()   ② visibility
   ③ display   ④ filter

10. CSS에서 가상 클래스(Pseudo-class)의 예시 5개만 열거하시오.

11. (   ) 가상 클래스는 사용자가 마우스를 요소 위에 올렸을 때 스타일을 적용한다.

12. font-size의 크기 단위에서 (   )은 문서의 루트 요소(〈html〉)에 설정된 글자 크기를 기준으로 크기를 지정하는 단위이다.

13. CSS에서 margin과 padding의 차이점을 설명하시오.

14. CSS에서 ::before와 ::after 가상 요소의 역할을 설명하시오.

CHAPTER 4

고급 CSS

CONTENTS

4.1 개요

4.2 Display 속성

4.3 Visibility 속성

4.4 Position과 left, right, top, bottom 속성

4.5 Z-index 속성

4.6 Overflow 속성

4.7 Float 속성

4.8 List-style 속성

4.9 Table 관련 속성

4.10 Form 속성

4.11 Transformation 속성

4.12 Transition 속성

4.13 Animation 속성

4.14 Filter 속성

■ 연습문제

3장에서는 가장 보편적인 CSS의 속성들에 대해 학습을 하였으며, 본 4장에서는 CSS의 고급 속성들에 대해 자세히 학습할 것이다.

4.1 개요

CSS와 관련 기본 속성들은 이미 3장에서 학습하였다. 그렇지만, 3장에서 학습한 CSS 문법만을 사용해서는 제대로 된 웹 페이지 디자인을 완성할 수 없다. 여러분들이 원하는 멋진 웹 페이지를 만들기 위해서는 좀 더 진보한 CSS 스타일 속성들을 학습해야 한다. 본 장에서는 이러한 고급 CSS 스타일 속성들에 대해 자세히 학습할 것이다. 여기서 다루는 스타일 속성들은 다음과 같다.

- display: HTML 요소의 화면 출력 방식을 결정
- position: HTML 요소의 위치를 조절할 때 사용
- left, right, top, bottom: position 속성과 함께 요소의 위치를 세밀하게 조절
- float: HTML 요소를 부모 요소 내에서 왼쪽 또는 오른쪽으로 띄워 배치
- z-index: 요소들이 겹쳐 보일 때 어떤 요소를 위에 표시할지를 결정
- overflow: 요소의 크기를 초과할 때, 콘텐츠를 처리할 방법을 결정
- list-style: 〈UL〉이나 〈OL〉 태그에 스타일 적용
- table: 테이블에 다양한 스타일 적용
- form: 폼을 구성하는 다양한 요소들에 대해 스타일을 적용
- transformation: 요소의 모양과 위치 등에 대한 다양한 변환을 적용
- transition: 요소의 모양, 크기, 색상 등의 유연한 시간적 천이 효과를 적용
- animation: 요소에 다양한 애니메이션 효과 적용
- filter: 다채로운 시각적 효과 주기

다음 절부터는 위에 소개한 속성들에 대해 자세히 학습할 것이다.

4.2 Display 속성

Display 속성은 HTML 요소가 웹 페이지에서 어떻게 표시될지를 규정하는 속성이다. Display 속성은 디폴트 display 속성을 다시 설정해 새롭게 지정할 수 있다. 즉, 기존의 display 속성이 inline이냐 block이냐에 상관없이 새롭게 지정할 수 있다. Display 속성은 CSS 스타일에서 매우 중요한 속성이므로 여러분들은 반드시 숙지하고 있어야 한다. 기본 문법은 다음과 같다.

```
display: block | inline | inline-block | flex | grid | table | none;
```

다양한 display 속성값들이 존재한다. 속성값에 따라 웹 페이지에 표시되는 방법이 다르다. 이미 언급한 바와 같이, 이러한 속성값에 대한 이해는 매우 중요하기 때문에 다음의 표로 정리하였다.

block	블록 레벨(새로운 줄을 차지하며, 부모 요소의 너비 전체를 차지) 마진과 패딩을 적용할 수 있음.
inline	인라인 레벨(현재 줄에 맞춰 자연스럽게 배치됨) 수평 방향의 마진과 패딩은 가능하지만, width,height속성이 없음
inline-block	inline 요소처럼 한 줄에 배치되지만, block 요소처럼 높이와 너비 가짐. 마진과 패딩을 적용할 수 있음
none	요소를 화면에서 완전히 사라지게 함(공간도 차지하지 않음)
flex	flexbox 레이아웃 모델(1차원). 반응형 레이아웃에 장점
grid	2차원 그리드 시스템. 반응형 레이아웃에 장점
table	테이블 형태의 레이아웃. 현재는 거의 사용하지 않음

여기서는 display 속성 중에서 블록 요소로 화면에 표시하게 하는 block 모드와 인라인 요소로 화면에 표시하게 하는 inline 모드, 그리고 인라이 요소의 특성과 블록 요소의 특성을 동시에 갖는 inline-block 모드 및 요소가 브라우저에서 사라져 보이지 않으면서 요소가 차지하던 공간도 없어지는 none 모드에 대해 중점적으로 학습할 것이다. Flex 박스 레이아웃 모델은 특히 중요하기 때문에, 다음 장에 설명할 자세히 다룰 예정이다.

1 block 요소와 inline 요소

Display 속성을 block 값으로 설정하면 HTML 요소는 블록 레벨 요소로 지정된다. 너비와 높이를 설정할 수 있으며, 패딩 및 마진을 자유롭게 설정할 수 있다. 그리고 항상 새로운 줄에서 시작하므로, 다른 요소와 같은 줄에 있지 않다. 즉, 독립된 박스(영역)에 디자인을 적용한다. 본래 모든 HTML 요소는 디폴트 display 값을 가지고 있지만, display 속성값을 새롭게 지정하면 지정한 요소로 즉시 변경된다. 참고로 디폴트 속성이 블록 레벨 요소인 태그들을 다음과 같다. <div>, <h1> ~ <h6>, <p>, <form>, <header>, <nav>, <section>, <article>, <aside>, <footer>, <main> 태그 등을 포함해 그 밖에 여러 태그들이 있다. 이러한 태그들도 display 속성을 다른 모드로 지정하면, 즉시 변경된 모드의 특징을 갖는다. 블록 레벨 요소는 다음의 특징을 갖는다.

- 항상 새로운 줄에서 시작함(다른 요소와 같은 줄에 있지 않음)
- 부모 요소로부터 상속받은 이용 가능한 전체 너비를 차지함(배경 색 등이 적용)
- 너비와 높이를 지정할 수 있음
- 패딩(Padding)과 마진(Margin)을 자유롭게 적용할 수 있음

Display 속성을 inline 값으로 설정하면 HTML 요소는 인라인 레벨 요소로 지정된다. 새로운 줄에서 시작하지 않고, 필요한 너비만큼만 공간을 차지한다. 즉, 텍스트처럼 흐름에 따라 자연스럽게 배치된다. 또한, 너비(width)와 높이(height)를 설정할 수 없다. 패딩과 마진도 오직 left와 right에만 정상 적용할 수 있고, top과 bottom은 독립된 공간을 제공하지 않아 다른 요소를 침범한다. 즉, 인라인 요소의 패딩과 마진은 좌측과 우측만 정상 적용할 수 있다는 의미이다. 참고로 디폴트 속성이 인라인 레벨 요소인 태그들을 다음과 같다. <span>, <a>, <strong>, <em>, <sub>, <sup>, <cite>, <mark> 태그 등이 있다. 인라인 레벨 요소는 다음의 특징을 갖는다.

- 자동 줄 바꿈을 하지 않고, 주변 텍스트의 흐름에 따라 배치
- 너비와 높이를 지정할 수 없음(컨텐트의 내용에 따라 크기가 결정)
- 패딩과 마진의 좌우 값만 정상 적용됨. 상하 적용은 다른 요소를 침범.
- 블록 요소를 자식으로 가질 수 없음

2 Inline-block 요소

Inline-block은 인라인과 블록 요소의 특성을 모두 가지고 있다. 즉, 인라인 요소 특성인 새로운 줄에서 시작하지 않고, 주변 텍스트와 같이 흐름에 따라 배치되지만, 블록 요소의 특성인 너비와 높이를 설정할 수 있으며 패딩과 마진은 전후좌우 정상 적용된다. 인라인-블록은 텍스트 흐름에 따라 배치되지만, 블록 요소처럼 독립적인 디자인 적용이 가능한 특징이 있다. 다음은 inline-block 모드의 특징을 정리한 것이다.

- 주변 요소들과 같이 같은 줄에 배치(인라인 요소 특성)
- 너비와 높이를 지정할 수 있음(블록 요소 특성)
- 패딩과 마진을 자유롭게 적용함(블록 요소 특성)

다음은 block 요소, inline 요소 및 inline-block 요소를 비교한 것이다. 잘 파악해 두기 바란다.

Block 요소	inline 요소	inline-block 요소
항상 새 줄에서 시작 (같은 줄에 다른 요소 허용하지 않음)	새로운 줄에서 시작하지 않고, 텍스트처럼 자연스럽게 배치) (다른 요소와 수평으로 배치)	새로운 줄에서 시작하지 않고, 텍스트처럼 자연스럽게 배치) (다른 요소와 수평으로 배치)
블록 박스 내에 배치함	제약 사항 없음	제약 사항 없음
너비와 높이 속성 지원	너비와 높이 속성이 없음	너비와 높이 속성 지원
패딩 및 마진 속성 지원	좌우 패딩 및 마진 지원. 상하 성분은 다른 요소 침범	패딩 및 마진 속성 지원
Border 속성 지원	좌우 Border는 지원 상하 Border는 다른 요소 침범	Border 속성 지원

다음은 display 속성값 설정이 브라우저 출력에 미치는 영향을 알아보는 예제이다. HTML 요소의 display 속성에 새로운 값을 설정하는 즉시 새롭게 적용한 모드로 브라우저에 출력하게 된다. 만약에 여러분들이 inline 요소에서 padding, margin 등을 변경해 보면, 상하 방면으로 다른 요소 영역을 침범하는 것을 확인할 수 있을 것이다. 여기서 값을 할당할 때는 좀 더 큰 값을 할당해야 변화를 쉽게 확인할 수 있다.

```html
<!DOCTYPE html>
<html>
  <head>
    <meta charset="utf-8" />
    <style>
      span.b1,  span.b2, span.b3 {
        display: block;
        width: 250px;
        height: 50px;
        padding: 0.5rem;
        border: 2px solid red;
        background-color: lightgray;  }
      div.d1,  div.d2, div.d3 {
        display: inline;
        /*최초 수행 후, 아래 주석을 제거하고 실행해 볼 것.*/
        padding: 15px;
        background-color: tomato;  }
    </style>
  </head>
  <body>
    <h3>display 속성을 새롭게 설정해 display타입을 변경 가능</h3>
    <span class="b1">span: 인라인태그지만, block 요소 변경</span>
    <span class="b2">span: 인라인태그지만, block 요소 변경</span>
    <span class="b3">span: 인라인태그지만, block 요소 변경</span>
    <h3>inline 요소는 width, height 속성 적용 불가</h3>
    <h4>
      마진/패딩의 top/bottom 방향 적용: 다른 컨텐트 영역을 침범하므로 사용하지 말 것.
    </h4>
    <div class="d1">div -> 인라인 요소로 변경</div>
    <div class="d2">div -> 인라인 요소로 변경</div>
    <div class="d2">div -> 인라인 요소로 변경</div>
    <div>아무 css 요소가 적용되지 않은 div 태그 영역입니다.</div>
  </body>
</html>
```

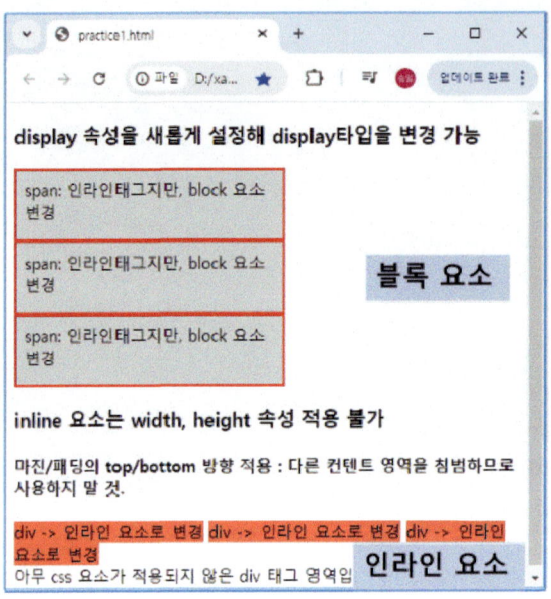

다음 그림은 위의 예제에서 요소의 전 방향에 대해 패딩을 15px로 할당했을 때의 결과 화면이다. 상하 방향의 패딩은 다른 요소를 침범함을 알 수 있다. 마진이나 테두리에 대해서도 상하 방향은 다른 요소를 침범한다. 그리고 여러분들이 너비나 높이 속성을 할당해도 적용되지 않는다.

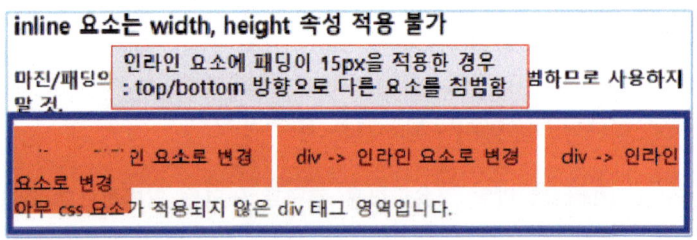

다음 예제는 인라인 요소나 블록 요소를 inline-block 요소로 변환한 후 브라우저에 표시되는 내용을 확인한다. Inline-block 요소 내부에 텍스트가 있는 경우에는 디폴트가 마지막 라인의 글자 선을 기준으로 인라인-블록 요소를 수직 방향으로 정렬한다. 인라인 요소에 대한 수직 정렬은 이어서 설명할 것이다.

```html
<!DOCTYPE html>
<html>
  <head>
    <meta charset="utf-8" />
    <style>
      span.b1 {
        display: inline-block;
        width: 250px; /*너비와 높이 지정이 가능*/
        height: 100px;
        padding: 0.5rem; /*패딩도 정상 적용*/
        border: 2px solid red;
        background-color: lightgray;
      }
      div.d1 {
        display: inline-block;
        /*vertical-align :baseline;  (인라인요소 수직정렬 디폴트값)*/
        width: 150px;
        height: 50px;
        padding: 0.5rem;
        border: 2px solid navy;
        background-color: tomato;
      }
    </style>
  </head>
  <body>
    <h3>display 속성을 새롭게 설정해 display타입을 변경 가능</h3>
    <span class="b1">span: 인라인블록 요소 변경 </span>
    <div class="d1">div: 인라인블록 요소로 변경</div>
  </body>
</html>
```

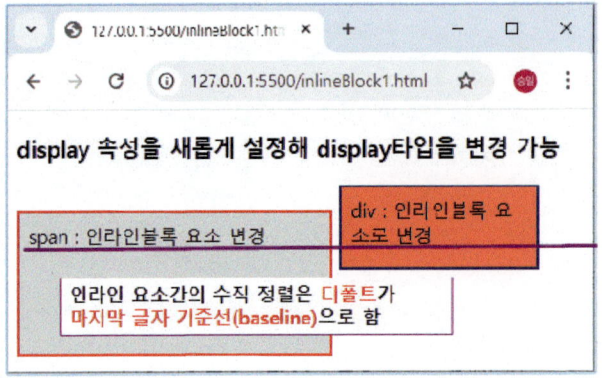

위의 그림을 보면 인라인-블록(혹은 인라인) 요소들을 정렬할 때는 박스의 top, bottom 혹은 중간(Middle) 등으로 정렬할 필요성을 느낄 것이다. 다음은 이와 관련해 설명할 것이다.

3 3가지 레벨 요소별 태그 분류

여기서는 현재까지 학습한 내용을 바탕으로 인라인 요소, 블록 요소, 인라인-블록 요소에 해당하는 태그들을 정리하였다. 각 태그의 동작을 기준으로 정리하였다.

레벨 요소 구분	태그
block-level 요소 태그	`<div>`, `<p>`, `<h1>~<h6>`, `<hr>`, `<table>`, `<tr>`, `<th>`, `<td>`, `<ul>`, `<ol>`, `<li>`, `<form>`, `<blockquote>`, `<pre>`, `<address>`, `<header>`, `<footer>`, `<section>`, `<article>`, `<aside><main>`, `<nav>`
inline-level 요소 태그	`<a>`, `<span>`, `<b>`, `<i>`, `<em>`, `<strong>`, `<u>`, `<mark>` `<small>`, `<q>`, `<ins>`, `<sub>`, `<sup>`
iline-block level 요소 태그	`<img>`, `<button>`, `<input>`, `<textarea>`, `<select>`, `<video>`, `<audio>`,

4 vertical-align 속성

CSS vertical-align 속성은 인라인(혹은 인라인-블록) 요소 혹은 테이블 셀 내에서 요소의 수직 방향 위치를 정렬할 때 사용한다. 병렬로 배치된 요소들을 부모 요소 내에서 위쪽(top), 아래쪽(bottom), 가운데(middle) 및 기준 글자선(baseline) 중에서 어느 기준으로 배치할 것인지를 지정해야 한다. 기본 문법은 다음과 같다.

> vertical-align: baseline | top | bottom | middle | text-top | text-bottom;
>
> - baseline: [디폴트]요소의 기준선을 기준으로 정렬. 텍스트의 기준선과 일치
> - middle: 요소를 부모 요소의 중앙에 정렬
> - top: 요소의 위쪽을 부모 요소의 위쪽에 정렬
> - bottom: 요소의 아래쪽을 부모 요소의 아래쪽에 정렬
> - text-top: 요소를 부모 요소의 font top(텍스트 상단)에 정렬
> - text-bottom: 요소를 부모 요소의 font bottom(텍스트 하단)에 정렬

인라인 요소에 적용하는 수직 정렬 속성은 테이블, 이미지, 텍스트 정렬에도 사용할 수 있다. 인라인 요소에 텍스트가 있을 때와 없을 때 출력 결과가 다를 수 있으므로, 여러분들이 실제 vertical-align에 값을 할당해 가면서 최종적인 디자인을 선택해야 한다.

다음은 텍스트가 없는 두 개의 인라인 요소에 동일한 vertical-align 속성값을 적용하였을 때 화면 출력을 나타낸 것이다. 수직 방향으로 아래, 위, 중간에 정확히 일치시키려면, 개별 요소에 같은 수직 속성값을 설정하는 것이 좋다.

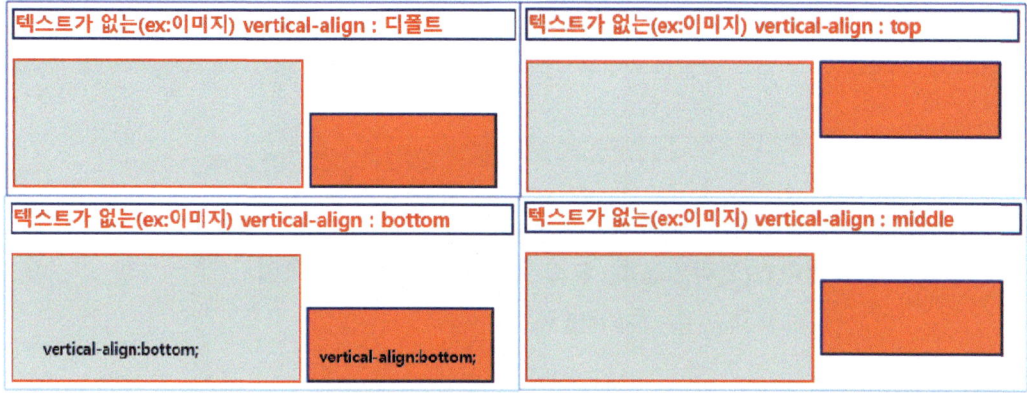

다음은 텍스트에 대해 vertical-align을 적용한 예제이다.

```
<!DOCTYPE html>
<html><head>   <meta charset="utf-8">
```

```html
<style>
span {  color: red; font-size: 1.5rem;}
.baseline {  vertical-align: baseline;}
.text-top {  vertical-align: text-top;}
.text-bottom {  vertical-align: text-bottom;}
</style></head>
<body>
<h2>인라인(인라인블록) 요소 및 테이블셀의 수직정렬</h2>

<h3>vertical-align: baseline (디폴트):</h3>
<p>이것은 <span class="baseline">인라인태그</span> 디폴트 수직정렬입니다.</p>

<h3>vertical-align: text-top:</h3>
<p>이것은 <span class="text-top">인라인태그</span> 텍스트 탑에 인라인 블록을 수직 정렬합니다.</p>

<h3>vertical-align: text-bottom:</h3>
<p>이것은 <span class="text-bottom">인라인태그</span> 텍스트 바텀에 인라인 블록을 수직 정렬합니다.</p>
<h3>vertical-align: middle:</h3>
</body></html>
```

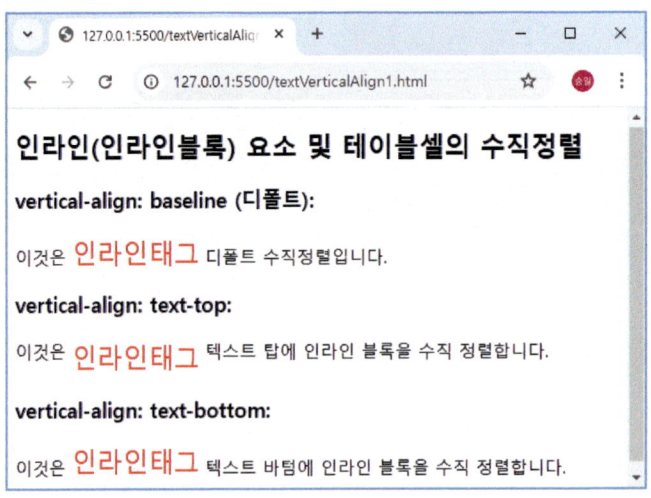

4.3 Visibility 속성

Visibility 속성은 HTML 요소를 잠시 숨겼다가 다시 보여주려고 할 때 사용한다. 이 속성의 특징은 요소가 차지하던 공간을 유지하지만, 내용은 보이지 않도록 할 때 사용한다. 예를 들어 답안을 보이지 않게 감추었다가 답안 보기를 클릭하면 답안을 보여주는 용도로 사용할 수 있을 것이다. 기본 문법은 다음과 같다.

> visibility: visible(디폴트) | hidden;
>
> - visible: 요소가 브라우저에 정상적으로 보이는 디폴트 상태
> - hidden: 요소의 내용은 보이지 않지만, 차지하던 본래의 공간은 유지함

"visibility: hidden"과 "display: none"의 차이점을 여러분들이 꼭 알고 있어야 한다. 둘 다 요소의 내용이 브라우저 화면에서 보이지 않는 것은 같다. 그러나 화면 내에서 공간을 차지하지도 않는 것은 "display:none"이고, 화면 내에서 공간을 확보하고 있는 것은 "visibility: hidden"이다.

다음은 display와 visibility 속성이 화면에 영향을 미치는 것을 알아보기 위한 예제이다. 먼저, 둘 다 화면에 보이지 않을 때 어떤 차이가 있는지를 예제의 결과 화면을 보고 파악하기 바란다. 예제의 두 속성을 모두 보이게 변경한 후, 다시 수행해 보기 바란다.

```html
<!--visibilityHidden.html-->
<!DOCTYPE html>
<html>
<head> <meta charset="utf-8">
<style>
div.disNone, div.visHidden {   width: 400px; height: 80px;
}
div.disNone {
  background-color: salmon;
  display: none;  /*display: block; 으로 변경 후 수행*/
}
div.visHidden {
```

```
    background-color: slateblue;
    visibility: hidden; /*visibility: visible; 로 변경 후 수행*/
}
</style>
</head>
<body>

<h3>display:none과visibility:hidden 비교</h1>
<div class="disNone">display 설정 영역입니다.</div>
<div>위는 display 영역이고 아래는 visibility영역입니다</div>
<div class="visHidden">visibility 설정 영역</div>
<div>여기가 이 문서의 마지막 라인입니다.<div>
</body>
</html>
```

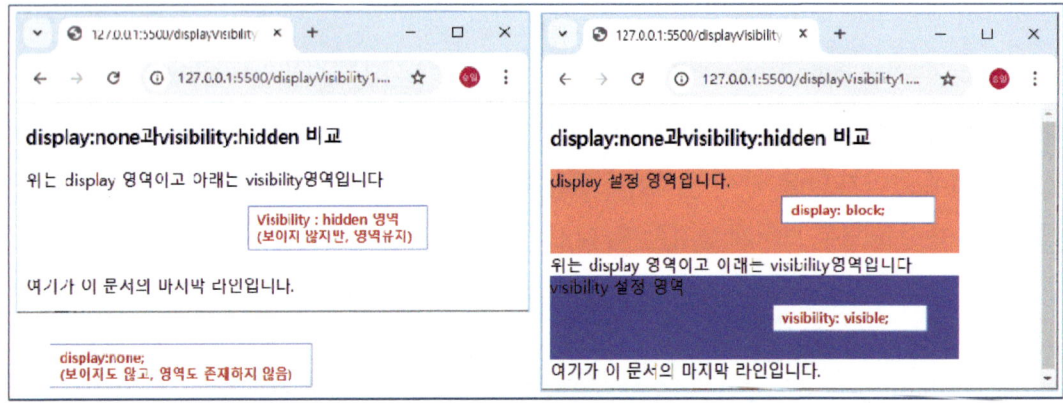

4.4 Position과 left, right, top, bottom 속성

Position 속성은 브라우저 내에서 HTML 요소를 배치하는 방법을 결정한다. 지금까지 학습한 것을 생각해 보면, 자신의 코딩한 순서대로 요소들이 배치되었다. 인라인 요소냐 블록 요소냐 등에 따라 요소를 배치하는 방법과 지원하는 속성이 달랐다. Position 속성은 요소를 배치하는 방법, 배치하는 기준점, 기준 위치로부터 상하좌우 이동 등을 지정할 수 있다. 기본 문법은 다음과 같다.

```
position: static(디폴트) | relative | absolute | fixed | sticky;
```

다음은 position 속성값들에 대해 정리한 것이다. 매우 중요하기 때문에 반드시 이해하고 있어야 한다.

static (정적배치)	[디폴트] HTML 문서에서 코딩 순서대로(Normal flow) 배치 top, bottom, left, right(상하좌우) 속성을 사용할 수 없음
relative (상대배치)	Normal flow의 기본 위치에 대해 상대적으로 top, bottom, left, right 속성을 적용해 이동 배치
absolute (절대배치)	1. Normal flow에서는 브라우저 창을 기준으로 상하좌우 배치 2. 상대배치(혹은 고정배치) 내에서는 부모 요소를 기준으로 상하좌우 배치 주)절대배치는 별도의 층(Layer)으로 존재하므로 다른 배치들 위에 떠있음
fixed (고정배치)	브라우저 화면을 기준으로 상하좌우 조절해 배치(스크롤에 영향받지 않음) 화면 기준 상하좌우(top, bottom, left, right) 속성을 적용해 배치
sticky (스티키배치)	1. 스티키(부착) 배치는 사용자의 스크롤 위치를 기준으로 배치 2. 스티키 요소는 화면 내 위치에 따라 상대배치나 고정배치로 동작 3. 스크롤하기 전까지는 정상적인 위치를 유지하다가 스크롤에 따른 특정 위치에 도달하면 해당 위치에 고정

Position 속성의 디폴트 값인 static은 요소를 나열한 순서대로 문서의 흐름에 따라 배치하지만, top, bottom, left, right(상하좌우) 속성을 지원하지 않는다. Static 값을 제외한 나머지 모든 설정은 top, bottom, left, right 속성을 사용할 수 있다. 다만, position(배치) 속성값에 따른 속성 적용의 기준 위치가 상이하므로 사용할 때 주의할 필요가 있다.

1 top, bottom, left, right 속성

HTML 요소의 배치 위치를 정밀하게 조절할 때 사용하는 top, bottom, left, right 속성에 대해 자세히 알아보자. 이러한 속성은 position 속성과 연계해 사용하는 속성이다. 이 속성값들은 요소(혹은 브라우저) 안쪽 방향이면 + 값이며, 요소(혹은 브라우저) 외부 방향이면 - 값이다. 상하좌우 속성은 아래 그램과 같이 적용된다.

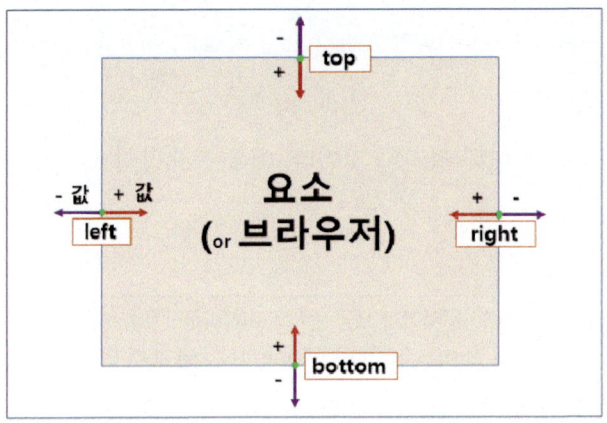

Position 속성값이 static 이외의 값을 가질 때는 top, bottom, left, right 속성을 사용할 수 있다.

2 상대 배치(Relative)

position: relative 속성은 정상 흐름(normal flow)의 기본 위치에 대해 상대적으로 top, bottom, left, right 속성을 적용해 이동 배치할 때 사용한다. 즉, 요소가 원래 위치해야 할 기준 위치를 기준으로 상대적인 위치를 설정한다는 의미이다.

다음은 30px x 30px 크기인 4개의 <div> 요소들을 정상 흐름인 정적(static) 배치에서 상대(relative) 배치를 박스 "나"와 "다"에 적용할 때의 변화를 그림으로 보여주는 예이다.

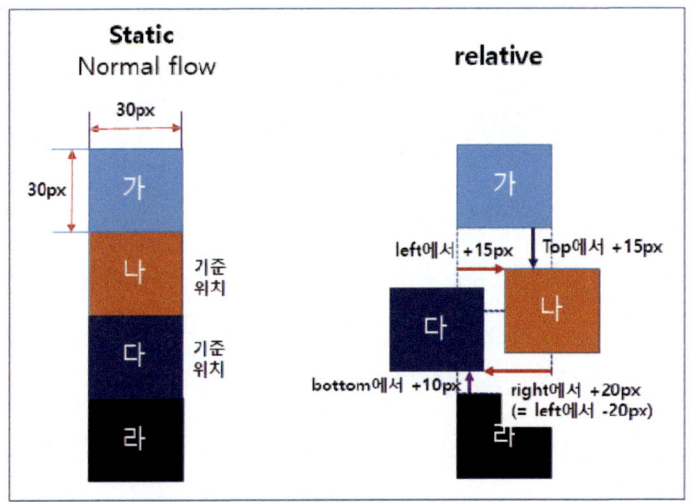

상대 배치는 요소가 정상 흐름일 때 배치되는 기준 위치를 기준으로 상하좌우 속성을 적용해 상대적으로 위치를 이동시켜 배치하는 개념이다.

다음은 상대 배치 속성을 적용한 예제이다.

```html
<!DOCTYPE html>
<html>
  <head>
    <meta charset="utf-8" />
    <style>
      div {  width: 120px;
        margin-left: 50px;  font-size: 3rem;
        color: white;  font-weight: bold;  }
      .ka {  background-color: blue;    }
      .na {  background-color: brown;
        position: relative;
        left: 25px;    top: 20px;    }
      .ta {  background-color: purple;
        position: relative;
        right: 25px;   bottom: 20px;    }
      .ra {  background-color: black;   }
    </style>
  </head>
  <body>
    <h3>{ position: relative;} 연습</h3>
    <div class="ka">가</div>
    <div class="na">나</div>
    <div class="ta">다</div>
    <div class="ra">라</div>
  </body>
</html>
```

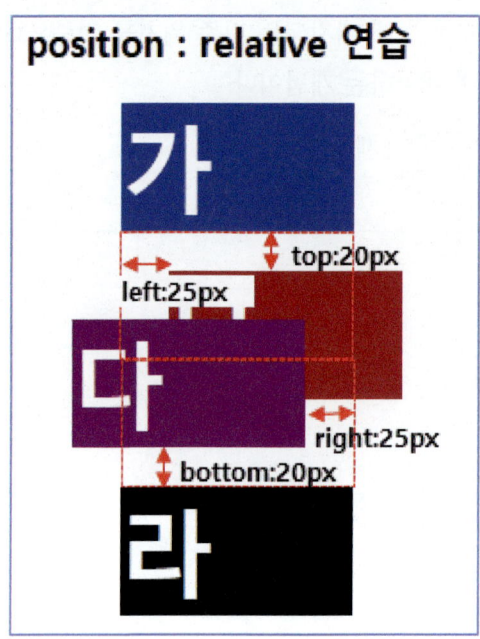

다음은 인라인 요소에 상대 배치를 적용한 예제이다.

```
<!DOCTYPE html>
<html>
  <head>
    <meta charset="UTF-8" />
    <meta name="viewport" content="width=device-width, initial-scale=1.0" />
    <title>인라인 요소의 상대 배치 연습</title>
    <style>
      h3 {  color: navy;  }
      span {
        position: relative;
        top: -20px;    left: 10px;
        background-color: olive;   }
    </style>
  </head>
  <body>
    <h3 style="margin-bottom: 2rem">
```

```
      인라인 요소에 상대 배치 속성을 적용한 실습
    </h3>
    <h3>
      여러분의 <span style="color: crimson">방문</span>을
      <span style="color: blue">진심</span>으로
      <span style="color: orange">환영</span>합니다.
    </h3>
  </body>
</html>
```

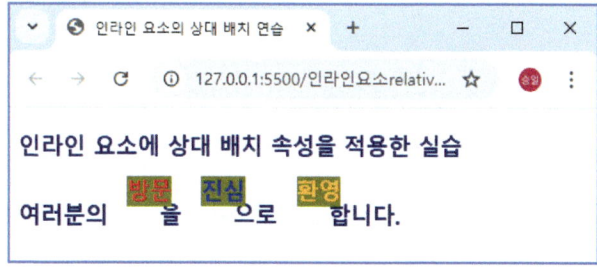

3 절대 배치(Absolute)

position: absolute 속성은 HTML 요소를 문서 흐름에서 완전히 분리된 기존 문서 위에 떠있는 층(Layer)으로 취급한다. 절대 배치 아래 빈 공간이 존재한다면 기존에 작성한 문서들이 자연스럽게 배치된다. 절대 배치는 2가지 방식으로 동작한다. 하나는 position 속성이 디폴트인 static일 경우이다. 이때의 절대 배치는 브라우저 창을 기준으로 top, bottom, left, right 속성을 적용할 수 있다.

다음 예제는 정적(static) 배치 내에서 절대 배치를 적용했을 때 절대 배치가 화면에 출력되는 방식을 보여준다. 정적 배치 내에서 절대 배치는 상하좌우 속성이 브라우저 창을 기준으로 적용된다는 것을 기억해야 한다.

```
<!DOCTYPE html>
<html><head><meta charset="utf-8">
<style>
div.absolute {
  position: absolute;
  top: 70px;   right: 40px;
  width: 250px;   height: 100px;
  background-color: gray;   color: white;
  border: 3px solid red;
}
</style></head>
<body>
<h3>절대 배치 연습</h3>
<p>정적배치 내에서 절대 배치가 있는 경우를 먼저 알아봅시다.</p>

<div>본 내용의 아래에는 절대 배치를 갖는 div 요소 컨텐트가 있습니다. 아래 절대배치에 상하좌우 속성을 설정하면 브라우저 화면을 기준으로 상하좌우 속성이 적용됩니다.
<div class="absolute">이 영역은 절대배치하였습니다. 절대 배치를 하면 기존 배치 계층에 떠있는 계층으로 생성됩니다. </div>
<div style="background-color:lightyellow;">이 내용은 절대 배치 바로 아래에 있는 내용입니다. 구분을 위해 배경색을 연한 노랑색으로 지정하였습니다. </div>
</body></html>
```

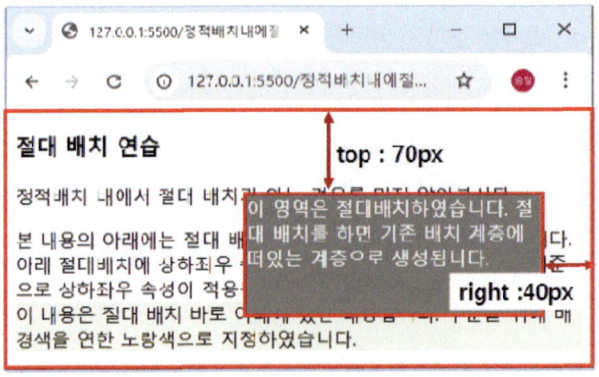

두 번째는 절대 배치를 포함하는 가장 가까운 조상에 position 속성이 static이 아닌 상태이다. 이 경우에는 static이 아닌 가장 가까운 조상 요소를 기준으로 절대 위치를 지정한다. 상대 배치 내에 절대 배치를 포함하는 경우가 가장 흔한 예이다. 이때에는 상대 배치된 위치를 기준으로 상하좌우 속성을 적용한다.

다음은 상대 배치 내에 절대 배치를 한 경우에 상하좌우 속성이 상대 배치된 요소를 기준으로 적용된다는 것을 보여주는 예제이다.

```html
<!DOCTYPE html>
<html>
  <head>
    <meta charset="utf-8" />
    <style>
      div.relative {
        position: relative;
        width: 400px;  height: 150px;
        border: 3px solid darkgreen;  }
      div.absolute {
        position: absolute;
        top: -50px;  right: 40px;
        width: 250px;  height: 100px;
        background-color: aliceblue;
        border: 3px solid indigo;  }
    </style>
  </head>
  <body>
    <h2>상대 배치 내에 배치한 절대배치 연습</h2>
    <p>
      마터호른(또는 마테호른)은 알프스 산맥의 봉우리이며, 특유의 삼각뿔 모양의
      웅장하고 아름다운 모습 때문에 가장 유명한 봉우리 중 하나이다.
    </p>
    <div class="relative">
      이 div 태그는 상대 배치로 지정되었습니다. 따라서 이 내부에 절대배치를
      한다면, 이 상대배치 요소를 기준으로 상하좌우 속성이 적용됩니다.
      <div class="absolute">
        상대배치 내에 절대배치된 것은 상대배치 기준 좌표를 사용해 상하좌우
        속성이 적용된다.
      </div>
```

```
      </div>
   </body>
</html>
```

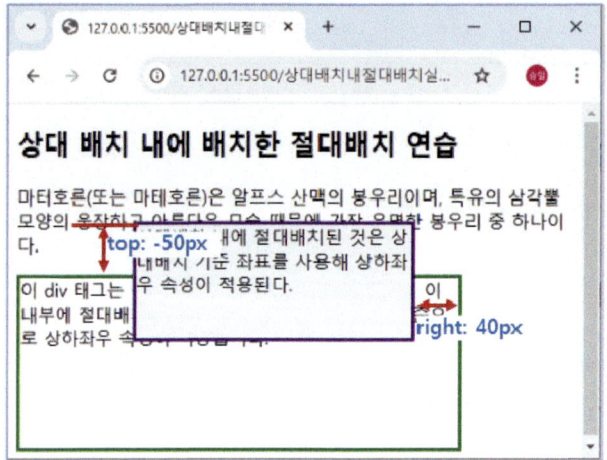

다음은 상대 배치 내에 절대 배치를 적용해 이미지 위에 텍스트를 출력하는 예제이다.

```
<!DOCTYPE html>
<html><head><meta charset="utf-8">
<style>
.relative {
  position: relative;    width: 100%;    }
.topleft {
  position: absolute;   top: 10px;   left: 1em;   }
.bottomright {
  position: absolute;   bottom: 10px;   right: 1em;   }
img {
  width: 100%;   height: 100%;   opacity: 0.5;   }
</style></head>
<body>
<h2></h2>
<p>상대배치로 위치한 이미지 위에 상대 좌표를 기준으로 글자를 절대 배치할 수 있어요.</p>
```

```
<div class="relative">
  <img src="https://picsum.photos/1000/400" alt="그림" >
  <div class="topleft">왼쪽 top에 표시</div>
  <div class="bottomright">아래쪽 오른쪽에 표시</div>
</div>
<p>상대배치와 절대배치를 잘 활용하세요.</p>
</body></html>
```

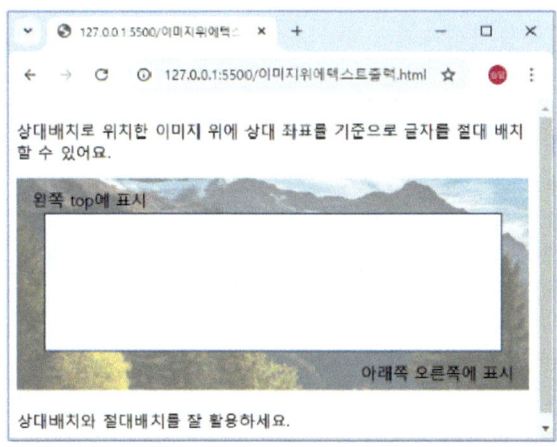

4 고정 배치(Fixed)

position: fixed 속성은 요소를 브라우저 창의 특정 위치에 고정할 때 사용한다. 사용자가 페이지를 스크롤(Scroll)할지라도 항상 지정한 위치에 고정 배치된다. 따라서 고정 배치로 지정된 요소는 HTML 문서의 정상 흐름에서 완전히 독립된다. top, right, bottom, left 속성을 적용하여 원하는 위치에 요소를 고정 배치한다.

다음은 고정 배치를 적용한 예제이다. 웹 브라우저를 검색하다 보면, 종종 사용하는 것을 볼 수 있을 것이다.

```
<!DOCTYPE html>
<html>
  <head>
```

```html
    <meta charset="utf-8" />
    <style>
      .fixed {
        position: fixed;
        bottom: 8px;  right: 8px;
        width: 300px;
        background-color: beige;
        border: solid red;
      }
    </style>
  </head>
  <body>
    <h3>고정 배치 연습</h3>
    <p>
      오로지 브라우저 화면을 기준으로 배치됨. Top, bottom, left, right 속성은
      모두가 브라우저 화면을 기준으로 계산된 값임. 그리고 스크롤에 영향을 받지
      않습니다.
    </p>
    <div class="fixed">
      [고정(fixed) 배치 영역]: 스위스 체르마트에 있는 마테호른 산의 황금호른은
      일출 할 때 햇살에 비추어 황금색을 띤다고 해서 붙여진 이름이다. 멋진 일출...
    </div>
  </body>
</html>
```

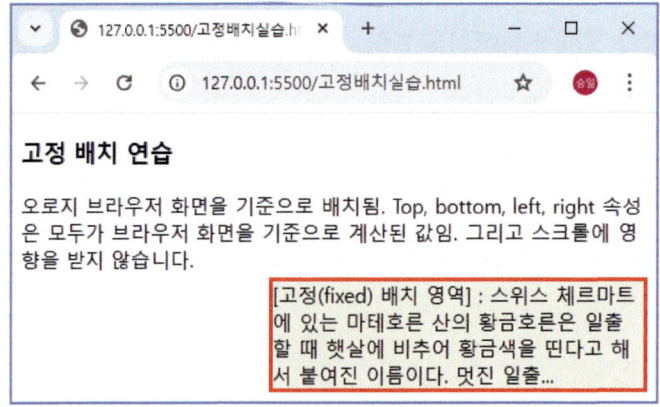

5 스티키(부착) 배치(Sticky)

이 속성은 position:fixed와 position:relative의 특징을 동시에 보유하고 있다. 특정 스크롤 위치에 도달하기 전까지는 일반적인 HTML 문서 흐름을 따르지만, 특정 위치에 도달하면 그 위치에 고정(부착: Sticky)된다. 주의할 것은 지정된 스크롤 위치에 도달하면 무한정 고정되는 것이 아니라 요소가 부모 요소 내에서만 고정된다. 부모 요소가 화면에 더 이상 보이지 않으면 해당 스티키 배치 요소도 사라진다. 상하좌우 속성이 브라우저 창을 기준으로 한다.

다음은 스티키 배치를 적용한 예제이다.

```
<!DOCTYPE html>
<html>
<head><meta charset="utf-8"><style>
.sticky {
  position: sticky;
  top: 0;
  padding: 5px;
  background-color: azure;    border: 2px solid blueviolet;   }
</style></head>
<body>
<h3>이 예제는 sticky 배치의 동작을 이해하기 위한 것입니다. </h3>
<h4>스티키 요소는 특정 스크롤 위치에 도달하기 전까지는 일반적인 문서 ...</h4>
<div class="sticky">여기가 스티키로 설정된 영역입니다. 이 영역은 상하좌우 속성 내에 스티키 영역이 존재하면 정상적으로 브라우저에 보여주지만, 설정값을 넘어설 경우에는 화면의 상하좌우 설정에 고정됨 </div>
<p>고정될 때는 브라우저 창을 기준으로 합니다. </p>
<p>비교적 최근에 소개된 배치 속성입니다. 유익하게 잘 활용하기 바랍니다. </p>
   <p>이 부분에 내용이 있어야 정상적인 실습이 됩니다. 따라서 내용을 좀 길게 붙여 넣은 다음에 실습하세요. [다른 내용을 더 붙여 넣으세요]</p>
</body></html>
```

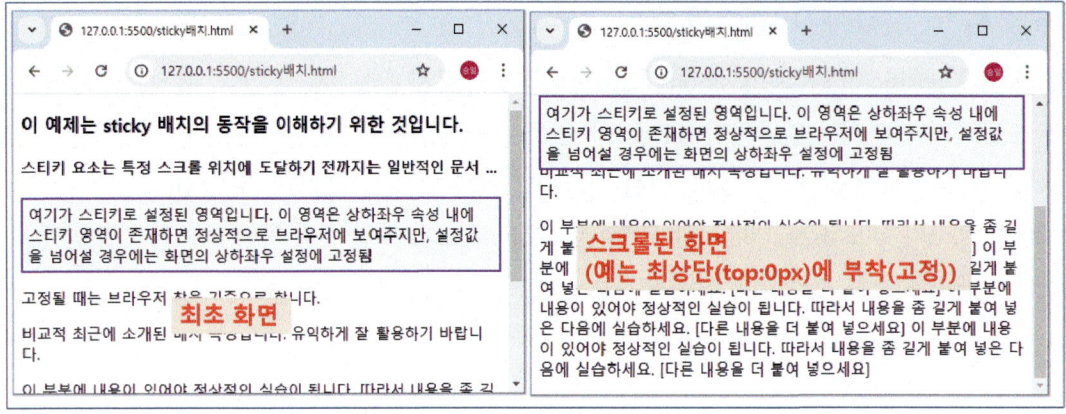

6 배경 이미지에 투명도를 적용하기

실제로 배경 이미지에 투명도를 적용하는 것은 초보자들에 쉽지 않은 일이다. 여기서는 배경 이미지에 절대 배치를 적용해 투명도를 적용하는 방법을 소개한다. 여러분들이 필요할 경우에 여기서 제시된 예제를 활용하기 바란다. Background-size: cover 속성은 배경 이미지를 지정한 공간에 꽉 채우게 한다.

```
<!--bgOpacity.html-->
<!DOCTYPE html>
<html>
  <head>
    <meta charset="utf-8" />
    <style>
      .container { width: 100%; /*height: 100%;*/
        position: relative;  }
      .container::after {
        width: 100%;  height: 100vh;
        content: ""; /*좌측에 글씨를 써봐요. 어디 출력되는지도 확인해봐요*/
        background: url("https://picsum.photos/500?random=1234");
        background-repeat: no-repeat;
        background-size: cover; /*화면 채우기*/
        position: absolute;
        top: 0;    left: 0;
```

```
      opacity: 0.2;  }
    </style>
  </head>
  <body>
    <div class="container">
      Lorem Ipsum is simply dummy text of the printing and typesetting industry.
      Lorem Ipsum has been the industry's standard dummy text ever since the
      1500s, when an unknown printer took a galley of type and scrambled it to
      make a type specimen book.
    </div>
  </body>
</html>
```

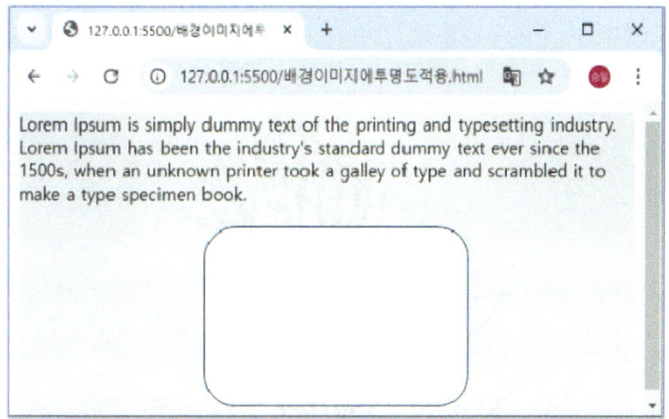

4.5 Z-index 속성

Z-index 속성은 요소들이 겹쳤을(Overlap) 때 요소들의 출력 순서(Stack order)를 결정할 때 사용한다. 정적(Static) 배치는 정상 흐름이기 때문에 z-index 값이 영향을 미치지 않는다. 즉, position 속성이 static 배치가 아닌 요소에만 z-index가 적용된다. 디폴트 출력 순서는 코딩 순서(나열 순서)이지만, z-index에 할당한 값이 큰 것이 위에 위치한다. z-index는 절대적인 값이 아니라, 같은 부모 요소를 가지는 서로 다른 요소들 사이의 상대적인 값에 의해 배치 순서가 결정된다. z-index의 기본 문법은 다음과 같다.

```
z-index:  auto(디폴트) | value; //숫자
```

- value: 양수, 음수 모두 가능(가급적이면 정수 값을 사용할 것)
  요소가 겹쳤을 때 큰 z-index 값을 갖는 것이 위에 배치됨
  주)음수의 경우에는 배경보다 뒤에 배치됨(배경이 있으면 보이지 않음)

다음은 상대 배치 내에서 절대 배치 요소들에 z-index 값을 지정하여 화면에 출력 순서를 새롭게 설정하는 예제이다. 요소들이 중첩될 경우에는 z-index 값이 큰 요소가 위에 배치된다.

```
<!DOCTYPE html>
<html><head><meta charset="utf-8"><style>
.relative {  position: relative; background-color: lightgray;
   width: 500px; height: 300px;}
.abs1, .abs2,.abs3,.abs4 {width: 200px; height: 170px; }
.abs1 {
  position: absolute;  top:0; left:0;    z-index: 7;   border: 2px solid black;
  background-color: red;  }
.abs2 {
  position: absolute;  top:20px; left:20px;   z-index: 4;
  border: 2px solid black;  background-color: green;  }
.abs3 {
  position: absolute;  top:40px; left:40px;   z-index: 0;
  border: 2px solid black;  background-color: blue;  }
.abs4 { /* z-index :-10; (음수의 값은 배경보다 뒤에 배치함) */
  position: absolute;  top:60px; left:60px;   z-index: -10;
  border: 2px solid black;  background-color: yellow;  }
</style></head>
<body>
<h3>Z-index 연습</h3>
<p>요소들이 겹쳤을 경우에 z-index 값이 큰 요소가 화면의 위로 출력됩니다. 양수, 음수, 0 등을 사용할 수 있습니다.</p>
<div class="relative">
    <div class="abs1">첫번째 코딩(z-index: 2)</div>
    <div class="abs2">두번째 코딩(z-index: 4)</div>
```

```
    <div class="abs3">세번째 코딩(z-index: 0)</div>
    <div class="abs4">네번째 코딩(z-index: -10)</div>
</div>
</body></html>
```

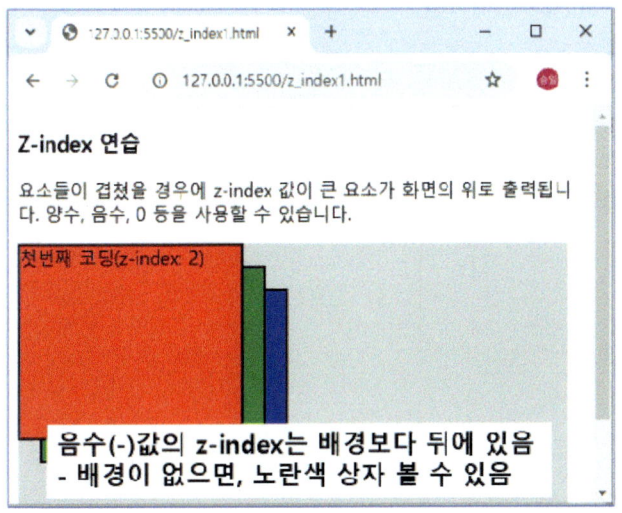

4.6 Overflow 속성

Overflow 속성은 요소에 할당한 콘텐츠 영역의 크기보다 더 많은 콘텐츠가 존재할 때 발생하는 문제를 처리하기 위한 속성이다. 높이기 정해진(지정된) 블록 요소에 대해서만 overflow 문제가 발생한다. 기본적인 문법은 다음과 같다.

```
overflow: visible(디폴트) | scroll | hidden | auto; //[단축형]
overflow-x(overflow-y): x축이나 y축 방향으로 overflow를 설정시 사용하는 속성

• visible: [디폴트] 컨텐트 영역을 벗어나는 내용도 자르지 않고 모두 보여줌
• scroll: 넘치는 컨텐트가 존재하면 스크롤 바를 생성
• hidden: 넘치는 컨텐트 내용은 패딩 박스에서 잘라짐
• auto: 넘치는 내용이 있을 때만 스크롤 바 등을 생성함
```

다음은 오버플로우 속성을 알아보기 위한 예제이다.

```html
<!DOCTYPE html>
<html>
  <head>
    <meta charset="utf-8" />
    <style>
      div.overflow {
        background-color: coral;
        width: 200px;
        height: 80px;
        /*각 옵션을 변경해 가면서 수행해 보세요*/
        overlow: visible; /*디폴트 */
        /* overflow: scroll; */
        /* overflow: hidden; */
        /*overflow: auto;*/
      }
    </style>
  </head>
  <body>
    <h3>오버플로우 실습</h3>
    <p>
      overflow 속성값: visible | scroll | hidden | auto;<br />
      디폴트는 visible
    </p>
    <div class="overflow">
      방문해야 하는 강추 장소: 플리트비체 국립공원은 크로아티아의 국립공원으로 세계에서 가장 아름다운 곳으로 알려졌으며, 수많은 폭포로 연결되는 16개의 호수가 유명하다.영화 아바타의 모티브가 된 곳이라고 합니다.
    </div>
  </body>
</html>
```

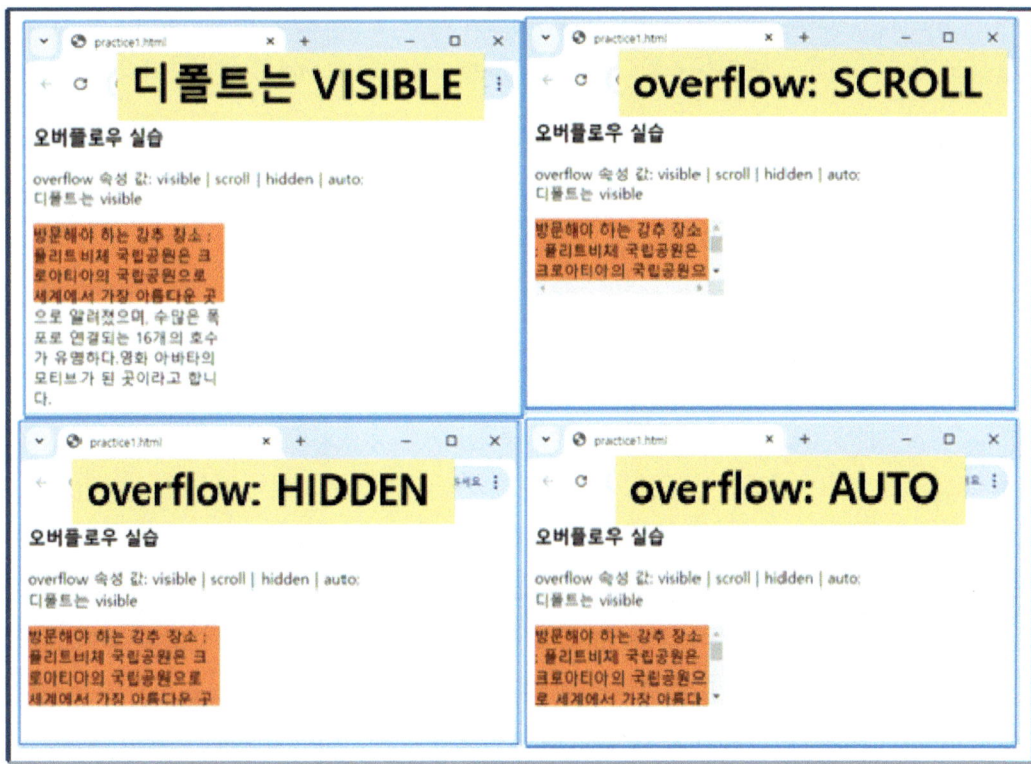

4.7 Float 속성

Float 속성은 어떤 컨테이너(요소) 안에서 이미지를 텍스트의 왼쪽이나 오른쪽에 배치(떠있음)시키기 위해 사용한다. 콘텐츠가 이미지 옆의 전체 영역을 사용하고자 할 때 float 속성을 사용한다. 이미지가 떠있는 요소의 영역 아래 부분은 이웃한 요소가 자리를 차지를 하지만, 텍스트가 올 수는 없다. 이 속성은 한 때 주요 레이아웃을 위해 사용했으나, 이제는 flex나 grid 레이아웃이 도입되면서 이미지 좌우 정렬에 주로 사용한다. 기본 문법은 다음과 같다.

```
float: none(디폴트) | left | right;
```

- left: 요소가 컨테이너의 왼쪽에 떠있음(배치)
- right: 요소가 컨테이너의 오른쪽에 떠있음(배치)
- none: 디폴트이며, 정상 흐름으로 배치됨

Float 속성을 지정하는 기본적인 방법은 다음의 예를 보면 알 수 있다. float1 클래스를 가진 요소를 부모 요소의 왼쪽으로 이동시키고, 너비를 300px, 높이를 150px로 설정하고 있다.

```css
.float1 {
    float: left;  /*right*/
    width: 300px;
    height: 150px;
    background-color: tomato;
}
```

Float 속성이 설정되면 인라인이나 블록 요소 여부와 상관없이 왼쪽이나 오른쪽에 떠있는 요소가 된다. 병행하는 요소들은 float 요소 영역을 침범하지 않는다. 다만, float 요소 옆에 빈 공간은 다른 요소들이 위치할 수 있다. 문맥상 float 요소 아래에 새 요소를 위치시키고 싶다면, clear 속성을 새 요소에 적용해야 한다. Float 속성을 해제하는 clear 속성은 다음과 같이 동작한다. float 요소 옆에 병행 출력을 해제하려면, 해제하려는 요소의 시작에 clear 속성을 설정해야 한다. 즉, float 요소의 영향을 받지 않도록 새롭게 요소를 위치시키기 위해 사용한다. 기본 문법은 다음과 같다.

```
clear: left | right | both | none(디폴트);
```

- left: 좌측 float 설정 해제
- right: 우측 float 설정 해제
- both: 좌우 float 설정 해제
- none: 정상 문서 흐름에 따라 배치

Float 속성은 상하좌우 패딩과 마진을 적용할 수 있다. 아래 그림은 float 속성을 사용한 이미지 좌우 배치 및 내부 콘텐츠 그리고 float 해제를 보여준다.

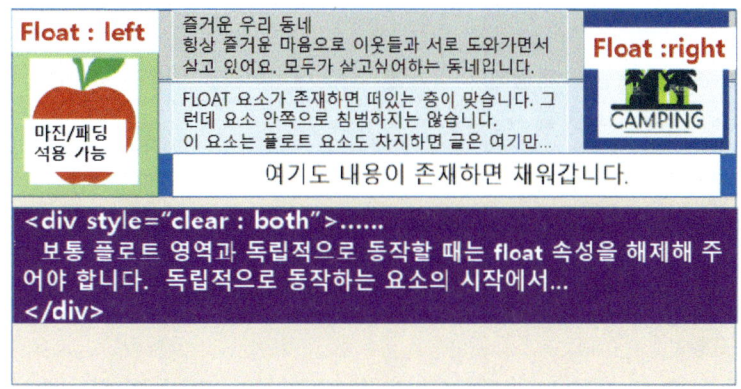

다음은 float 속성을 적용해 이미지를 좌우에 배치한 예제이다. Float 속성은 패딩이나 마진 속성을 적용할 수 있다. 만약에 여러분들이 float 속성을 해제(clear)하지 않는다면, float 요소 옆에 남는 공간이 있으면 새롭게 이어지는 콘텐츠가 남는 공간에 자동적으로 채워간다.

```
<!DOCTYPE html>
<html>
  <head>
    <meta charset="utf-8" />
    <style>
      img.left {
        float: left;
        width: 150px;   height: 150px;
        margin-right: 10px;
      }
      img.right {
        float: right;
        width: 150px;   height: 150px;
        margin-left: 10px;
      }
    </style>
  </head>
  <body>
    <h3>Float 속성을 사용한 이미지 좌,우 배치 연습</h3>
```

```html
    <p>
        여기서는 FLOAT 속성을 이용해 이미지를 좌우 배치하고, 이미지 사이에
        컨텐츠들이 나란히 배치될 수 있도록 한다.
    </p>
    <p>
        <img class="left" src="https://picsum.photos/150" alt="그림1" /><img
          class="right"
          src="https://picsum.photos/150?random=100"
          alt="그림2"
        />Lorem Ipsum is simply dummy text of the printing and typesetting
        industry. Lorem Ipsum has been the industry's standard dummy text ever
        since the 1500s, when an unknown printer took a galley of type and
        scrambled it to make a type specimen book. It has survived not only five
        centuries, but also the leap into electronic typesetting, remaining
        essentially unchanged.
    </p>
    <p>여러분들의 노고를 치하하며, 계속 응원하겠습니다.</p>
  </body>
</html>
```

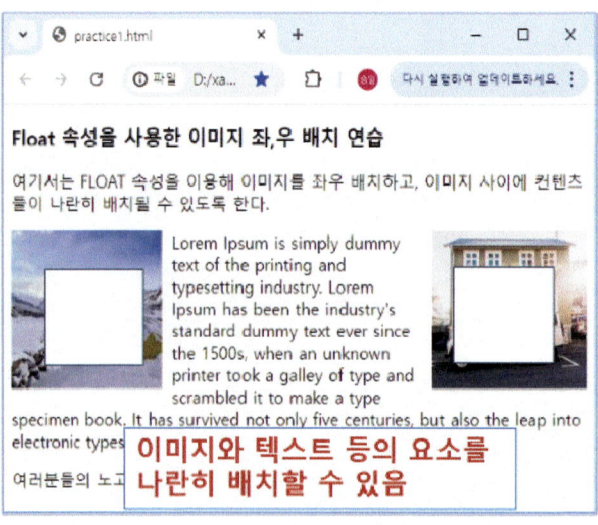

Float 요소 다음에 clear 속성을 사용해 float 속성을 해제하지 않으면, float 요소 다음에 오는 임의의 요소가 원하는 위치에 배치되지 않을 수 있다. Clear 속성이 설정된 요소는 앞에 위치하는 float 요소의 영향을 받지 않고 float 요소 아래쪽에 위치할 수 있다. 즉, float 요소 아래 위치시키고 싶은 새로운 요소가 있더라도 clear 속성을 사용해 float 속성을 해제하지 않으면 float 요소의 옆에 남는 공간이 있으면 새 요소가 자동으로 남는 공간을 채우기 때문이다. 다음은 float 요소 아래 새로운 요소를 출력하기 위해 clear 속성을 사용해 float 속성을 해제하는 예제이다.

```html
<!DOCTYPE html>
<html>
<head><meta charset="utf-8"><style>
img.right {
  float: right;
  width: 150px; height: 150px;
  margin-left: 10px;  margin-bottom: 10px;}
p.clear {clear: right; /*clear: both; 도 많이 사용*/}
</style>
</head>
<body>
<h3>Float 속성을 사용한 이미지 좌,우 배치 연습</h3>
<p>여기서는 FLOAT 속성을 이용해 이미지를 좌우 배치하고, 이미지 사이에 컨텐츠들이 나란히 배치될 수 있도록 한다.</p>
<img class="right" src="https://picsum.photos/150?random=100" alt="그림2">
<p>이미지와 나란히(동시에) 텍스트나 다른 요소들을 출력할 수 있습니다. 그런데 내용이 짧네요.</p>
<p class="clear">블록 태그인 P 요소를 이미지와 분리해 출력하고 싶네요. 이 요소에 clear 속성을 적용하세요.</p>
</body></html>
```

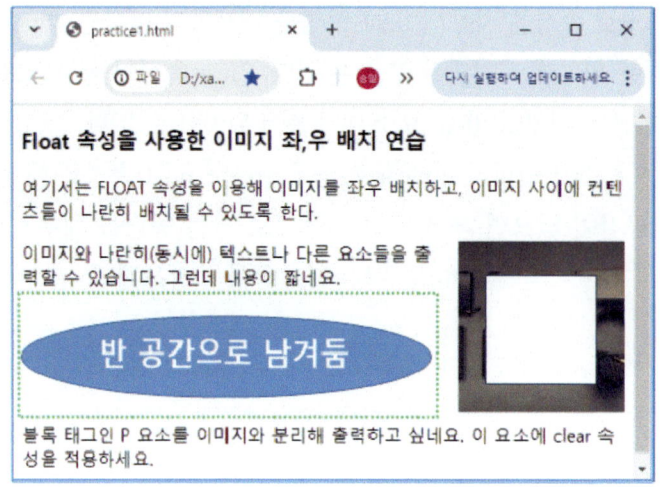

부모 요소에 대해서만 float 속성을 적용하고, 부모 요소 이외에서는 float 속성을 적용하고 싶지 않다면 clear 속성 대신에 부모 요소에 "overflow:auto"를 설정하면 된다. 사실상 앞의 예제와 동일한 역할을 한다. 이러한 예제는 다음과 같다.

```
<!DOCTYPE html>
<html>
<head><meta charset="utf-8"><style>
img.right {
  float: right;
  width: 150px; height: 150px;
  margin-left: 10px;   }
p.clear-fix {
    /*float 속성을 포함하는 부모 태그*/
    overflow: auto;
}
</style>
</head><body>
<h3>Float 속성을 해제하기 위해 부모 요소에 overflow:auto 설정</h3>
<p>여기서는 FLOAT 속성을 이용해 이미지를 좌우 배치하고, 이미지 사이에 컨텐츠들이 나란히 배치될 수 있도록 한다.</p>
<p class="clear-fix"><img class="right" src="https://picsum.photos/150?random=100"
```

```
alt="그림2">
이미지와 나란히(동시에) 텍스트나 다른 요소들을 출력할 수 있습니다. 그런데 내용이
짧네요.</p>
<p>블록 태그인 P 요소를 이미지와 분리해 출력하고 싶네요. 이 요소에 clear 속성을
적용하세요.</p>
</body></html>
```

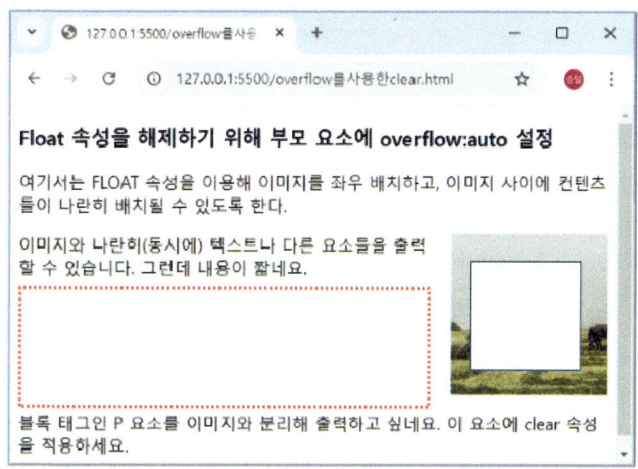

4.8 List-style 속성

list-style 속성은 목록의 아이템에 대한 스타일을 지정할 때 사용한다. 순서가 없는 목록인 <ul> 태그와 순서가 있는 목록인 <ol> 태그가 존재한다. List-style 속성을 사용해 아이템의 마커(Marker), 배경색, 마커 이미지 지정 등이 가능하다. List-style 속성은 웹 페이지 디자인에서 가장 중요한 부분 중의 하나이다. 마커의 모양(형태)을 지정할 때 사용하는 List-style-type 속성, 마커를 이미지로 지정할 때 사용하는 list-style-image 속성, 그리고 마커의 위치를 지정할 때 사용하는 list-style-position 속성이 있다.

1 List-style-type 속성

마커의 모양(형태)을 지정할 때 사용하는 List-style-type 속성에 대한 기본 문법은 다음과 같다.

■ 순서가 없는 목록<ul>

```
list-style-type: disc(디폴트) | circle | square | none;
```

■ 순서가 있는 목록<ol>

```
list-style-type: decimal(디폴트) | decimal-leading-zero | lower-roman | upper-roman |
                 lower-alpha | upper-alpha;
```

list-style-type과 관련된 속성값들에 대해 아래와 같이 정리하였다.

순서가 없는 목록	순서가 있는 목록
disc: 검은 원형 마커	decimal: 숫자(1, 2, 3,...)
circle: 빈 원형 마커	decimal-leading-zero: 숫자 앞에 0(01, 02, 03, ...)
square: 정사각형 마커	upper-roman: 대문자 로마숫자(I, II, III, ...)
none: 마커 없음	lower-roman: 소문자 로마숫자(i, ii, iii, ...)
	upper-alpha: 대문자 알파벳(A, B, C, ...)
	lower-alpha: 소문자 알파벳(a, b, c, ...)

2 List-style-image 속성

List-style-image 속성은 목록 마커로 사용할 이미지를 설정할 때 사용한다. 순서가 없는 목록의 마커를 생성할 때 주로 사용한다. 단, 이 방법을 사용하면 이미지 크기 조작이 어렵다. 본 교재에서는 이 속성은 소개만 할 것이다. 기본 문법은 다음과 같다.

```
list-style-image: url("sample.jpg");
```

3 List-style-position 속성

List-style-position 속성은 목록 마커의 위치를 설정할 때 사용한다. 디폴트는 목록 태그들의 디폴트 값인 좌측 40px의 패딩 앞쪽에 마커를 위치시키는 outside 값이다. 그러나 40px의 디폴트 패딩 이후에 마커를 위치시키는 inside 값이 있다. 기본 문법은 다음과 같다.

```
list-style-position: inside | outside(디폴트);
```
- inside: 마커가 아이템 콘텐츠 내부에 위치(마커가 패딩 다음의 콘텐츠 영역에 위치)
- outside: 마커가 아이템 콘텐츠 외부에 위치(마커가 콘텐츠 밖의 패딩 영역에 위치)

목록 태그의 아이템들은 좌측 40px의 패딩이 디폴트로 적용된다. 따라서 좌측 40px 이후가 본래는 콘텐츠 영역이다.

4 단축형 List-style 속성

List-style 속성은 list-style-type 속성, list-style-image 속성, list-style-position 속성을 한 번에 설정하기 위한 단축형 속성이다. 리스트에 일괄적으로 스타일을 적용할 때 많이 사용한다. 기본 문법은 다음과 같다.

```
list-style: type  image  position;   /*1개 이상의 인자 값이 존재하면 정상 동작함*/
예) list-style: square;
```

다음은 List-style 속성에 대한 예제이다. 다양한 값으로 변경해 가면서 브라우저 화면의 변화를 살펴보기 바란다.

```html
<!--listStyle.html-->
<!DOCTYPE html>
<html>
  <head>
    <meta charset="utf-8" />
    <style>
      .uli1 {
        /*list-style: square  inside; */
```

```html
        /*disc, circle, none*/
        list-style-type: square;
        list-style-position: inside;
        /*list-style-image: url('');*/
      }
      .oli1 {
        /*list-style: upper-alpha  outside; */
        /*decimal | decimal-leading-zero | lower-roman
        | upper-roman |lower-alpha | upper-alpha*/
        list-style-type: upper-alpha;
        list-style-position: outside;
      }
    </style>
  </head>
  <body>
    <h3>리스트 스타일 연습</h3>
    <div>
      순서가 없는 목록
      <ul class="uli1">
        <li>커피(그윽한 향기가 스르르)</li>
        <li>보이차(마음을 씻어주는 맛)</li>
        <li>사이다(갈증 해소에는 역시)</li>
      </ul>
    </div>
    <div>
      순서가 있는 목록
      <ol class="oli1">
        <li>물을 500cc 냄비에 넣고끓인다.</li>
        <li>자신의 취향에 따라 적절한 시점에 라면과 스프를 넣는다.</li>
        <li>풍미를 더하고 싶다면, 계란과 파를 넣는다.</li>
      </ol>
    </div>
  </body>
</html>
```

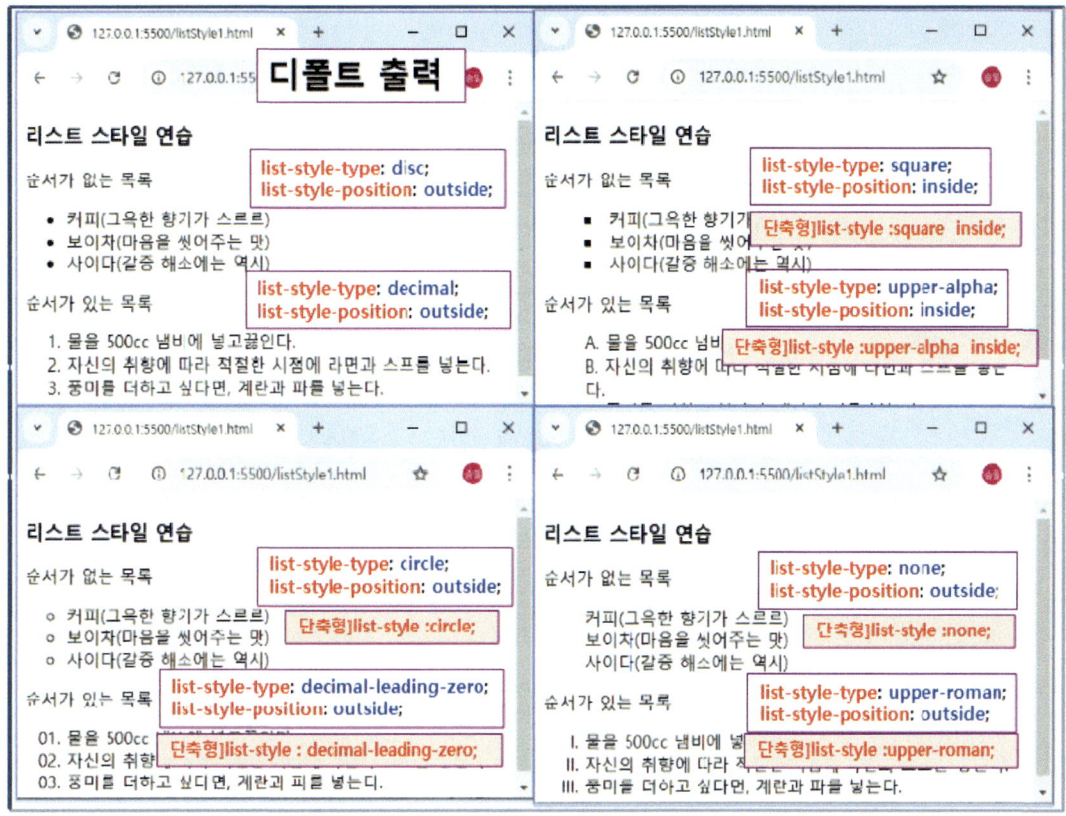

4.9 Table 관련 속성

테이블 전체의 외관이나 개별 셀들에 대한 다양한 스타일을 적용해 자신이 원하는 테이블을 완성할 수 있는 기법을 학습해보자. 테이블은 <table> 태그 내에 테이블의 요소들을 작성한다. 테이블의 열이나 행 방향으로 제목을 지정할 때 사용하는 <th> 태그와 실제적인 데이터를 작성하는 <td> 태그가 가장 중요한 요소이다. 테이블 전체에 적용하는 속성은 선택자로 <table> 태그를 선택해 CSS 스타일을 작성해야 한다. 물론 <th>나 <td> 셀에 적용할 속성은 선택자로 <th>나 <td>를 선택해 CSS 스타일을 작성해야 한다.

다음은 <table> 요소를 선택해 테이블 전체에 적용할 수 있는 속성을 정리한 것이다.

속성	설명
border	• 테이블의 외곽 테두리를 설정. 중복시 ⟨th⟩의 우선 순위가 가장 높음 • 내부 셀의 테두리에는 영향을 미치지 않음 • .table {border: 2px solid red;}
border-collapse	• ⟨table⟩, ⟨th⟩, ⟨td⟩의 테두리를 하나로 합칠지 여부를 지정 • border-collapse: separate(디폴트)	collapse; -collapse 값은 테두리를 하나로 합침
border-spacing	• 테이블 셀 사이의 간격의 지정(border-spacing: 10px 20px;) (가로간격, 세로간격) • 디폴트 border-collapse 상태에서 정상 동작함
width, height	• 테이블의 전체 너비와 높이를 설정 (너비와 높이가 주어지면, 행과 열 방향으로 적절하게 나누어 가짐)

다음은 테이블의 개별 셀(th, td)에 적용할 수 있는 속성을 정리한 것이다.

셀(th, td) 속성	설명
color	셀의 글자 색상을 설정
text-align	셀 내의 텍스트 정렬(text-align: left | right | center)
background-color	셀의 배경색을 설정
padding	셀의 컨텐트와 테두리 사이의 간격(공간)을 설정
vertical-align	셀 내에서 텍스트의 수직 정렬(vertical-align:top | bottom | middle)
border	셀들에 대한 테두리 설정
width, height	셀의 너비 및 높이 설정(가급적이면, 너비와 높이는 ⟨table⟩에 설정)

1 테두리 속성이 있는 ⟨table⟩, ⟨th⟩, ⟨td⟩

테이블에서 <table> 태그, <th> 및 <td> 태그는 테두리(Border) 속성이 존재한다. 한 가지 주의할 점은 <tr> 태그는 테두리 속성이 없다는 것이다. <table> 태그에 테두리 속성을 지정하면 테이블의 외곽선에 대한 테두리를 설정할 때 사용한다. 만약에 <th> 셀의 테두리와 중복된다면 우선권은 <th> 셀의 테두리가 갖는다. 그리고 <td> 태그보다는 <table> 태그의 테두리가 우선권을 갖는다. 기본적인 문법은 다음과 같다.

```
border: 테두리두께  테두리스타일  테두리색상;  /*3px  dashed  orange;*/
```

```
[사용 예]
table, th, td { border: 2px dotted red; }   /*기존의 테두리그리기  <table  border="1">*/
• table:  표의 외곽 테두리 선을 그림
• th: th 요소의 테두리 선을 그림
• td: td 요소의 테두리 선을 그림
```

2 border-collapse 속성

Border-collapse 속성은 <table>, <th>, <td>의 테두리를 하나로 합칠지 여부를 결정할 때 사용한다. 디폴트(Separate)는 각 요소의 테두리 선들이 개별적으로 표시되는 방식이지만, collapse 값으로 설정하면 분리된 테두리 선들을 하나의 테두리 선으로 통합한다. Border-collapse 속성은 테이블의 최상위인 <table> 태그에 설정해야 한다. 기본 문법은 다음과 같다.

```
border-collapse: separate(디폴트) | collapse;
```

• separate: 디폴트 값으로 각 요소의 테두리 선들을 개별적으로 그림
• collapse: Table, th, td의 분리된 선들을 하나의 테두리 선으로 합침

3 너비, 높이 및 정렬

<Table> 태그에 테이블의 전체 크기를 width와 height 속성을 적용해 설정할 수 있다. 물론, 열 단위의 셀 크기는 <th>, <th>에서 width 속성을 적용할 수 있고, 셀들의 개별 높이는 height 속성을 설정해 지정할 수 있다.

각 셀들 내의 텍스트는 text-align 속성을 적용해 정렬할 수 있다.

```
text-align: left(start) | right(end) | center; /*각 테이블 셀들에 적용 가능함*/
```

4 셀내 수직 정렬(vertical-align 속성)

Vertical-align 속성은 테이블 내에 있는 콘텐츠(텍스트 혹은 이미지 등)에 대해 수직 방향으로 정렬할 때 사용한다. 각의 셀의 위, 아래 및 가운데에 배치할 수 있다. 기본 문법은 다음과 같다.

```
vertical-align: top | bottom | middle(디폴트) ;
```

다음은 테이블 셀의 수직 정렬과 관련된 그림이다.

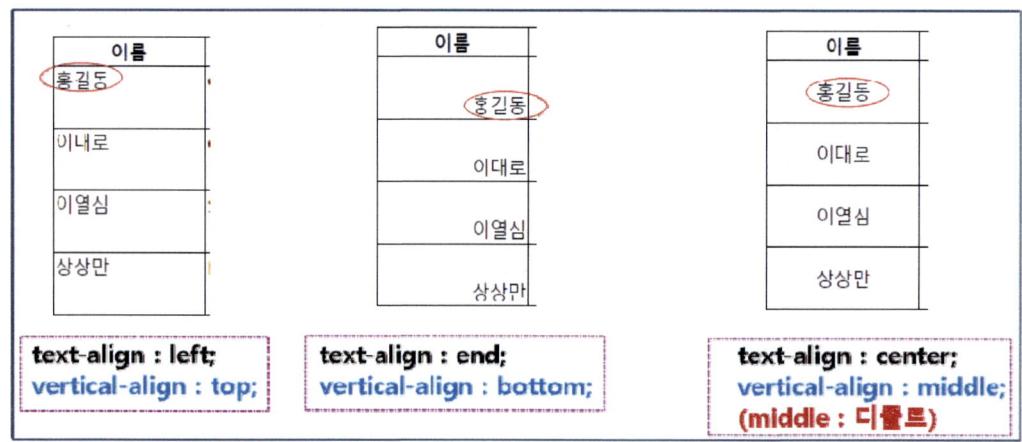

이어서 테이블에 대한 몇 가지 예제를 소개할 것이다. 먼저 기본적인 테이블을 생성해 보는 예제이다. 테두리 속성을 적용하고, 테이블 전체에 너비와 높이를 지정하였다.

```
<!--tableCss1.html-->
<!DOCTYPE html>
<html>
<head><meta charset="utf-8"><style>
table, th, td {
  border: 2px solid; }
table {
  width: 480px;
```

```html
      height: 180px;
}
th {color: darkgreen; background-color: azure;}
td {color: fuchsia; background: beige;}
</style></head>
<body>
<h3>기본 테이블 실습1</h3>
<table>
  <tr>
    <th>이름</th>
    <th>나이</th>
    <th>취미</th>
    <th>소속</th>
  </tr>
 <tr>
    <td>홍길동</td>
    <td>주선자</td>
    <td>이기한</td>
    <td>척척박사</td>
  </tr>
  <tr>
    <td>23</td>
    <td>21</td>
    <td>37</td>
    <td>30</td>
  </tr>
  <tr>
    <td>봅슬레이</td>
    <td>노르딕 스키</td>
    <td>철인3종경기</td>
    <td>사이클</td>
  </tr>
</table>
</body></html>
```

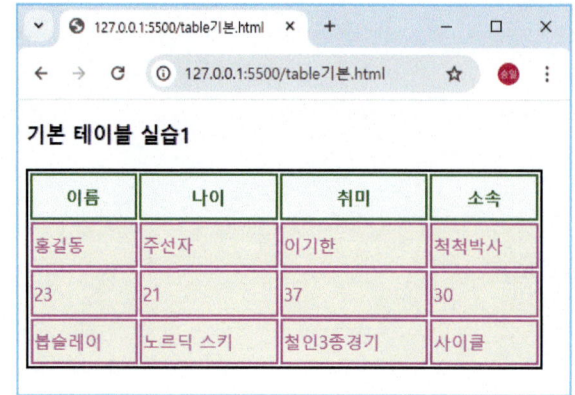

다음은 콘텐츠를 셀 가운데 정렬하고, 단일 테두리 선으로 합치며, 부모의 100% 너비를 사용하는 예제이다.

```html
<!DOCTYPE html>
<html>
<head><meta charset="utf-8"><style>
table, th, td {
  border: 2px solid;
  text-align: center;
}
table {
  width:100%; /*화면 전체 활용하기*/
  border-collapse: collapse; /*한 줄 통합*/
}
td, th {padding-block: 1rem;}
th {color: darkgreen; background-color: azure;}
td {color: Fuchsia; background-color: beige;}
</style></head>
<body>

<h3>테이블 실습2</h3>
<table>
  <tr>
```

```html
        <th>이름</th>
        <th>나이</th>
        <th>취미</th>
        <th>소속</th>
    </tr>
    <tr>
        <td>홍길동 </td>
        <td>23</td>
        <td>봅슬레이</td>
        <td>한국스키동아리</td>
    </tr>
    <tr>
        <td>제임스</td>
        <td>21</td>
        <td>노르딕 스키</td>
        <td>노르웨이국대</td></td>
    </tr>
    <tr>
        <td>이가한</td>
        <td>37</td>
        <td>철인3종경기</td>
        <td>철인협회</td>
    </tr>
</table>
</body>
</html>
```

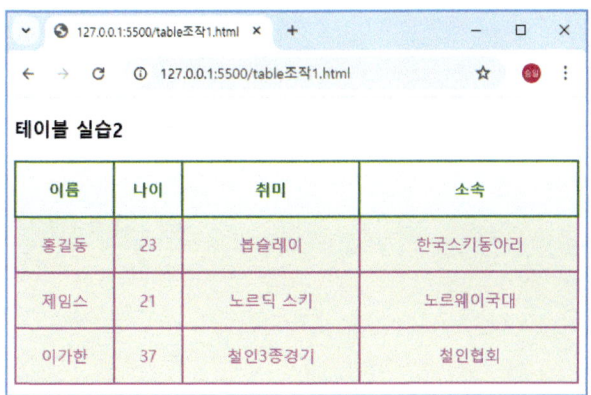

다음은 테이블의 행 위에 마우스를 위치시킬 때 반응하는 hover 기능을 적용한 예제이다. 여기서 한 가지 주의할 점은 <tr> 태그에 배경색을 설정한 것보다 <tr> 내부에 있는 <th> 태그에서 설정한 배경색의 우선 순위가 높다는 것이다. 동일한 속성이 중첩될 경우에는 콘텐츠에 가까이 있는 속성이 우선권이 높다. 그리고 <tr> 태그에 대해 배경색을 적용하기 위해 nth-chilid( ) 가상 선택자를 사용하였다. 여러분들은 브라우저 화면에서 마우스를 행 단위로 이동해 보면서 변화를 확인하기 바란다.

```
<!DOCTYPE html>
<html>
<head><meta charset="utf-8"><style>
table, th, td {
  border: 2px solid; /* 디폴트 테두리 색은 글자색 */
  text-align: center;  }
table {
  width:100%; /*화면 전체 활용하기*/
  border-collapse: collapse; /*한 줄 통합*/  }
td, th {padding-block: 1rem;}
th {color: darkgreen; background-color: azure;}
tr:nth-child(even) {background-color: beige;}
tr:nth-child(odd) {background-color: lightgray;}
tr:hover {background-color: red; color:white;}
</style></head>
<body>
<h3>테이블 실습2</h3>
<table>
  <tr>
    <th>이름</th>
    <th>나이</th>
    <th>취미</th>
    <th>소속</th>
  </tr>
  <tr>
    <td>홍길동</td>
    <td>주선자</td>
```

```html
        <td>이기한</td>
        <td>척척박사</td>
      </tr>
      <tr>
        <td>23</td>
        <td>21</td>
        <td>37</td>
        <td>30</td>
      </tr>
      <tr>
        <td>봅슬레이</td>
        <td>노르딕 스키</td>
        <td>철인3종경기</td>
        <td>사이클</td>
      </tr>
    </table>
  </body>
</html>
```

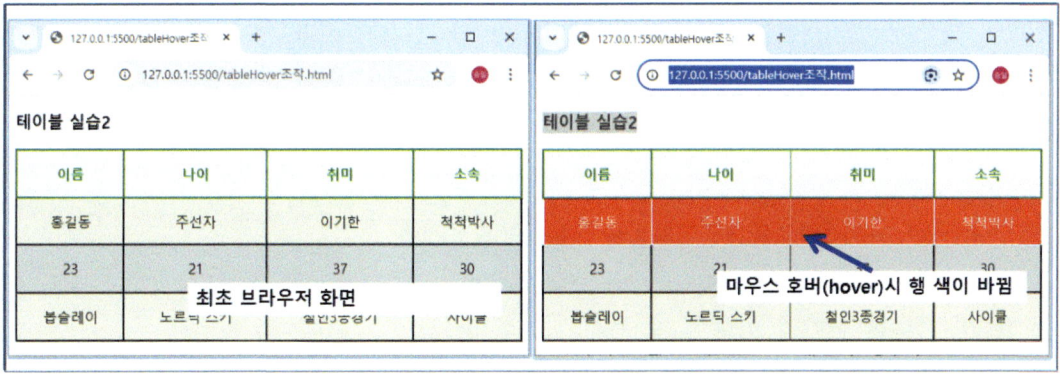

4.10 Form 속성

<form> 요소는 HTML 문서에서 클라이언트와 서버 사이에 데이터를 교환하는 인터페이스 역할을 한다. 이러한 입력 폼의 외형은 CSS 스타일을 적절히 활용하면 멋지게 꾸밀 수 있다.

Form 태그 안에서 사용되는 요소 중에서 <input>, <textarea>, <button>, <select> 등의 태그 요소는 width와 height 속성을 적용하여 각 요소의 너비와 높이를 조절할 수 있다. 아울러 패딩과 마진 속성도 적용할 수 있어 실질적으로는 inline-block 요소로 동작한다. 다음의 표를 잘 살펴보기 바란다. 우리가 알고 있는 display 속성과 다르게 동작하는 태그들이 있기 때문에 주의깊게 보아야 한다.

폼 요소	display 속성	설명
input	인라인-블록요소	width, height, padding, margin 속성 지원
textarea		width, height, padding, margin 속성 지원. cols와 rows를 사용한 설정 가능
select		width, height, padding, margin 속성 지원. size 속성을 사용한 너비 조절 가능
button		width, height, padding, margin 속성 지원

참고로 <label> 태그는 인라인 레벨 요소이다.

만약에 여러분들이 "input { width: 500px;}"과 같이 CSS 스타일을 기술한다면, 이는 모든 <input> 태그 요소에 똑같게 적용된다. 따라서 <input> 태그 중에서 특정 입력 형식(type)에만 스타일을 적용하고 싶다면, 다음과 같은 방식으로 속성 선택자(Attribute selector)를 기술해야 한다. 이러한 내용은 이미 학습한 바 있다.

- input[type=text]: 입력 태그 중에서 type이 text인 요소 선택
  참고) [type=text]과 [type="text"] 모두 정상 동작함
- input[type="password"]: type이 password인 요소 선택
- input[type="email"]: type이 email인 요소 선택
- input[type="tel"]: type이 tel인 요소 선택
- 기타 type: number, range, radio, checkbox, color, file, search, button, submit, reset 등

특히 <input> 태그의 type 속성은 아주 다양하기 때문에 종종 속성 선택자를 잘 활용하기 바란다. 폼 요소는 매우 중요하기 때문에 다음에 나오는 몇 개의 예제를 잘 익혀두기 바란다.

1 입력 요소 예제 1

다음은 <input> 태그 요소에 너비, 높이, 마진 및 패딩 등을 모든 입력 요소에 적용하는 예제이다. <span> 태그와 같은 인라인 레벨 요소와 달리 <input> 태그는 부모 요소로부터 width 속성 값을 상속받아 부모 너비의 100%를 사용할 수 있다.

```html
<!--inputForm1.html-->
<!DOCTYPE html>
<html><head><meta charset="utf-8"><style>
input {
  box-sizing: border-box;
  width: 100%; /*부모 너비 전체를 사용*/
  padding-inline: 12px;
  padding-block: 8px;
  background-color: beige;
  border-radius: 10px;
  margin-top: 4px;
  margin-bottom: 16px;
}
input[type="submit"] {
  background-color: mistyrose;
  font-weight: bold;
  }
legend {text-align: center;}
</style></head>
<body>
    <h3>입력 폼에 스타일 적용하기 1</h3>
    <form>
      <fieldset>
      <legend>로그인</legend>
      <label for="name">성  명</label>
      <input type="text" id="name" name="name" placeholder="홍길동">
        <label for="password">비밀번호</label>
      <input type="password" id="password" name="password" maxlength="12">
      <input  type="submit" value="제출하기">
      </fieldset>
```

```
            </form>
        </body></html>
```

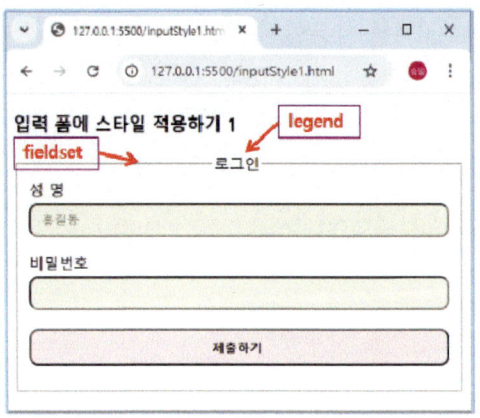

2 입력 요소 예제 2

다음은 폼 요소의 <input> 태그에 :focus 가상 클래스 선택자를 사용해 CSS 스타일을 적용한 예제이다. Border 속성 등을 조작하였으며, 본래 <input> 태그 요소에 포커싱이 이루어지면 검은색 테두리의 outline 테두리가 기본적으로 생성된다는 것을 파악하고 있어야 한다. 예제는 이러한 기본 동작 대신에 새로운 테두리 값을 설정하면서 outline 속성은 제거하였다.

```
<!--inputForm2.html-->
<!DOCTYPE html>
<html><head><meta charset="utf-8"><style>
input {
  box-sizing: border-box;
  width: 100%; /*부모 너비 전체를 사용*/
  padding-inline: 12px;
  padding-block: 8px;
  background-color: beige;
  border: 2px solid red;
  border-radius: 10px;
  margin-top: 4px;
```

```css
      margin-bottom: 16px;   }
input[type="submit"] {
  background-color: mistyrose;
  font-weight: bold;       }
legend {text-align: center;}
input[type=text] { color: blue;}
input:focus {
  border: 2px dashed green;
  outline: none;
  background-color: azure;
}
</style></head>
<body>
    <h3>입력 폼에 스타일 적용하기 2</h3>
    <form>
      <fieldset>
      <legend>로그인</legend>
      <label for="name">성  명</label>
      <input type="text" id="name" name="name" placeholder="홍길동">
       <label for="password">비밀번호</label>
      <input type="password" id="password" name="password" maxlength="12">
      <input  type="submit" value="제출하기">
      </fieldset>
    </form>
</body>
</html>
```

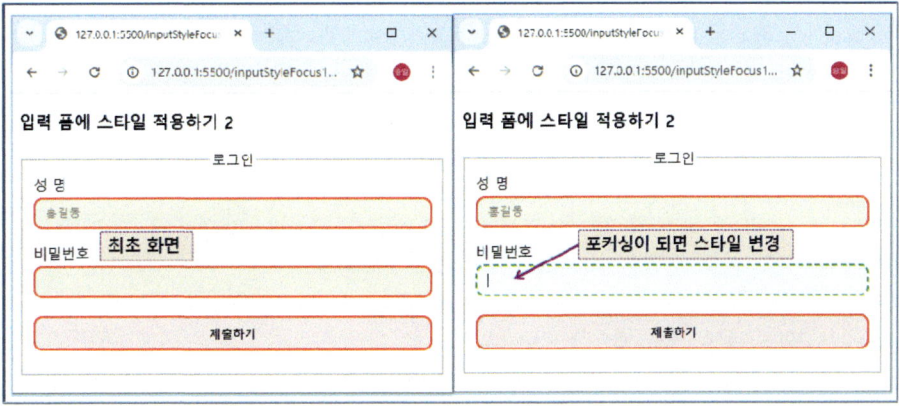

3 입력 요소 예제 3

다음은 작성된 입력 폼 양식을 가운데 정렬하는 예제이다. <form> 태그는 block 레벨 요소이기 때문에 수평 방향으로 가운데 정렬을 원한다면, "margin: 0 auto;" 속성을 적용하면 된다. 그리고 폼 요소 전체에 배경색을 적용하였다.

```
<!DOCTYPE html>
<html>
<head><meta charset="utf-8"><style>
form {
  width: 400px; margin: 0 auto;
  background-color: aliceblue;  }
input {
  box-sizing: border-box;
  width: 100%; /*너비를 제한*/
  padding-inline: 12px;    padding-block: 8px;
  background-color: beige;
  border: 2px solid red;   border-radius: 10px;
  margin-top: 4px;
  margin-bottom: 16px;  }
input[type="submit"] {
  background-color: mistyrose;
  font-weight: bold;      }
legend {text-align: center;}
input[type=text] { color: blue;}
input:focus {
  border: 2px dashed green;
  background-color: azure;  outline:none;    }
</style></head>
<body>
     <h3>입력 폼에 스타일 적용하기 3(입력폼 가운데 정렬)</h3>
     <p>너비를 지정한 다음에 마진 속성을 0 auto로 해보세요.</p>
     <form>
       <fieldset>
       <legend>로그인</legend>
       <label for="name">성  명</label>
```

```
            <input type="text" id="name" name="name" placeholder="홍길동">
              <label for="password">비밀번호</label>
            <input type="password" id="password" name="password" maxlength="12">
            <input  type="submit" value="제출하기">
          </fieldset>
      </form>

  </body>
</html>
```

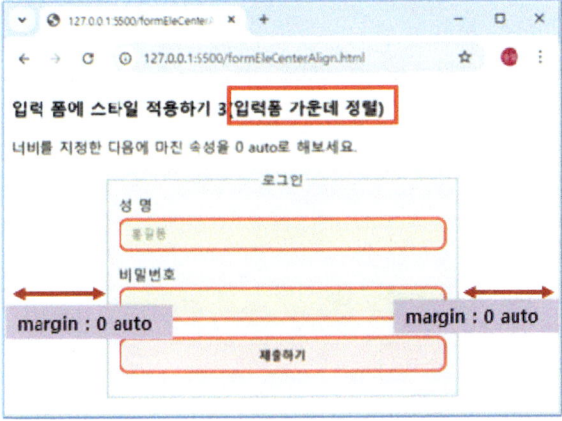

4 입력 요소 예제 4

다음은 <input> 태그가 아닌 <select> 태그와 <textarea> 태그에 CSS 스타일을 적용한 예제이다. 패딩과 마진 속성 등을 추가해서 적용해 보기 바란다.

```
<!DOCTYPE html>
<html>
  <head><meta charset="utf-8" />
    <style>
      .select { width: 100%;  padding: 16px 30px;
        border: none;  border-radius: 8px;
        background-color: aquamarine;
```

```
      margin-bottom: 12px;  }
    .textarea {
      width: 100%;  height: 120px;
      padding: 12px 20px;
      box-sizing: border-box;
      border: 2px solid #ccc;
      border-radius: 8px;
      background-color: cornsilk;  }
    input[type="submit"], input[type="reset"] {
      width: 45%;  margin-left: 3%;
      padding-block: 5px;
      background-color: darkviolet;
      color: white;   border-radius: 8px;  }
    .textarea:focus {
      background-color: coral;
      color: white;   font-weight: bold;  }
  </style></head>
<body>
  <h3>select 요소와 textarea 연습</h3>
  <form>
    <select class="select" id="hobby" name="hobby">
      <option value="등산">등산</option>
      <option value="자전거타기" selected>자전거타기</option>
      <option value="마라톤">마라톤</option>
      <option value="수상스키">스상스키</option>
    </select>
    <textarea  class="textarea"   name="memo"
      placeholder="여기에 필요한 내용을 적으세요"></textarea>
    <input type="submit" value="제출하기" />
    <input type="reset" value="초기화" />
  </form>
 </body>
</html>
```

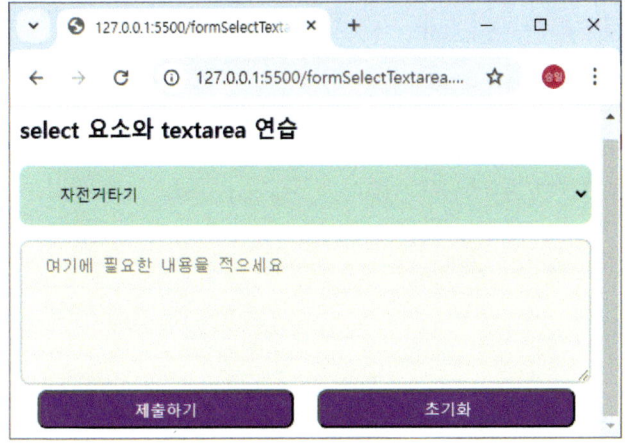

5 입력 요소 예제 5

다음은 간단한 회원 가입(Registration) 폼 예제이다. 이러한 유형의 폼을 몇 차례 반복해 연습해 보면, 웹 페이지 제작에 대한 자신감이 많이 향상될 것이다.

```html
<!DOCTYPE html>
<html><head><meta charset="utf-8">
<meta name="viewport"
content="width=device-width, initial-scale=1">
<style>
* { box-sizing: border-box; }
.container {padding-inline: 2rem; /*입력 폼*/ }
label {font-weight: bold;}
input[type=text], input[type=password] {
  width: 100%;
  padding: 1rem 2rem;   margin-block: 8px 24px;
  border: none;   border-radius: 12px;
  background: FloralWhite;   }
input[type=text]:focus, input[type=password]:focus {
  outline: 2px dotted purple; /*디폴트를 새로운 값으로*/
  background-color: white; color: blue;   }
.gender {
```

```
      margin-bottom: 24px;   font-weight: bold;  }
.regBtn {
   background-color: maroon;
   font-size: 1.2rem;   color: white; font-weight: bold;
   padding: 16px 20px;   margin-block: 10px;
   border: none;   border-radius:  2rem;
   cursor: pointer;    width: 100%;  }
</style>
</head>
<body>
    <form class="container">
        <h2>회원 가입</h2>
        <label for="name">성      명</label>
        <input type="text" placeholder="홍길동" name="name" id="name" required>
        <label for="email">전자메일</label>
        <input type="text" placeholder="sarang@hankook.com" name="email"
         id="email" required>
        <div class="gender">성별 :
        <input type="radio" name="gender" id="male" value="남자"> <label for="male">
        남자</label>  ¦ 
        <input type="radio" name="gender" id="female" value="여자"><label for="female">
        여자</label>
        </div>
        <label for="password">패스워드</label>
        <input type="password" placeholder="12글자 이내 " name="password"
         id="password" maxlength="12" required>

        <label for="repassword">패스워드 재입력</label>
        <input type="password" placeholder="패스워드 재입력" name="repassword"
         id="repassword" required>
        <hr>
      <input class="regBtn" type="submit" value="회원 등록하기">
    </form>
</body>
</html>
```

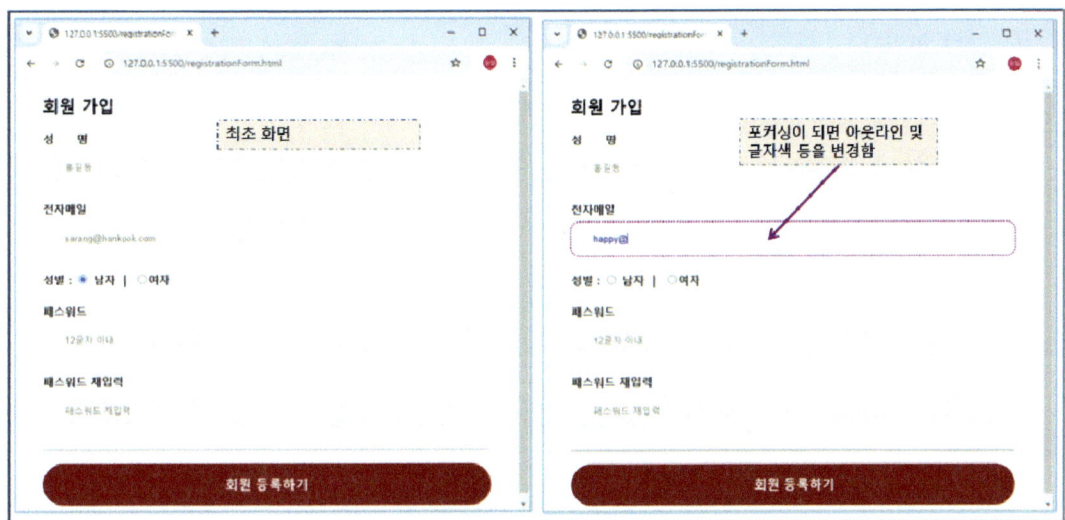

6 입력 요소 예제 6

폼 양식에 따라 작성한 내용은 최종적으로 서버로 전송해 처리해야 한다. 이미 학습하였지만, 폼 전송 방식 2가지를 다시 아래와 같이 간단히 정리하였다.

구분	GET 방식	POST 방식
용도	서버에서 데이터를 가져오는 용도	서버에 데이터를 전송해 상태 변경하는 용도
데이터 전송 위치	URL 뒤에 쿼리 문자열(Query string) 형태로 전송(?이름1=값1&이름2=값2)	요청 본문(Request body)에 데이터를 포함하여 전송
데이터 노출	URL에 데이터가 노출 보안에 취약	데이터가 요청 본문에 포함 보안에 비교적 안전
사용 예	웹 페이지 검색, 이미지다운로드	회원가입, 게시글작성, 파일업로드

다음은 GET 방식으로 클라이언트에서 서버로 데이터를 전송할 때 사용할 수 있는 폼 양식 예제이다. <form> 태그 내의 속성으로 method="get"을 지정해야 한다. 예제에서는 폼 양식을 전송한 데이터를 처리하는 서버 프로그램은 action 속성에 지정한 "/action_page.php" 파일이라는 것을 알려준다.

```html
<!DOCTYPE html>
<html>
<head><meta charset="utf-8">
<style> input { color: red;  } </style>
</head>
<body>
<h2>HTML Forms</h2>

<form action="/action_page.php" method="get">
  <label for="fname">First name:</label><br>
  <input type="text" id="fname" name="myname" value="길동"><br>
  <label for="lname">Family Name:</label><br>
  <input type="text" id="lname" name="surname" value="홍"><br><br>
   <label for="email">Family Name:</label><br>
  <input type="email" id="email" name="email"
    placeholder="gildong@hankook.ac.kr"><br><br>
  <input type="submit" value="Submit">
</form>

<p>폼을 작성한 후, 전송 버튼을 누르면 url 주소에
실려서(?myname=길동&surname=홍&email=gildong@hs.ac.kr) 서버의 "/action_page.php" 파일로
전달됩니다.</p>
</body>
</html>
```

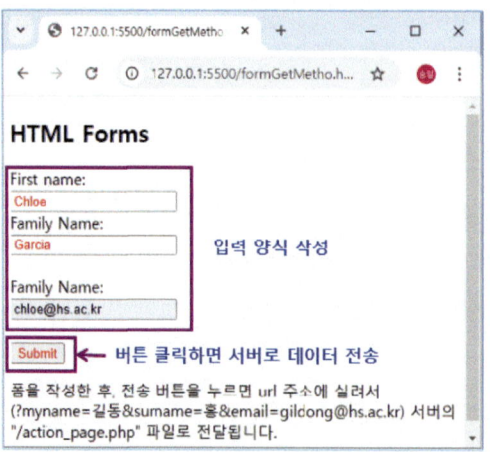

위와 같이 작성한 내용을 "Submit" 버튼을 클릭해 GET 방식으로 서버에 데이터를 전송하면 URL을 통해서 데이터가 서버로 전송된다. 아래 그림을 살펴보자.

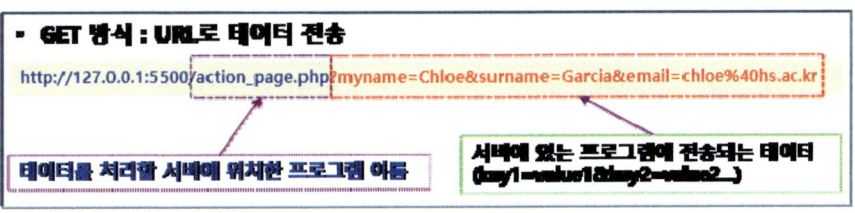

4.11 Transformation 속성

CSS를 사용한 HTML 요소의 동적 변환을 구현할 수 있다. 오늘날에는 과거보다 훨씬 많은 것들을 자바스크립트를 사용하지 않고서도 동적 변환을 할 수 있다. 물론 지금도 대부분의 중요한 동적 변환은 자바스크립트를 사용하고 있다. 여기서는 CSS 속성 조작만을 통해 웹 페이지에 동적 변환을 구현하는 방법들을 소개할 것이다. 먼저 CSS 스타일에서 지원하는 주요 동적 변환 3가지를 정리하였다. 변환(Transform), 천이(혹은 전환)(Transition) 및 애니메이션(Animation)을 사용한 동적 변환이 가능하다.

변환(Transform)	이동, 확대 및 축소, 회전, 스큐(Skew: 비틀어 변환)
천이(Transition)	요소의 속성값 변환에 시간 요소를 부여해 부드럽게 변화시킴
애니메이션	다수의 keyframe을 이용해 다양한 애니메이션 효과 구현

이러한 3가지 동적 변환 중에서 변환(Transform)에 대해 먼저 알아보자. 변환은 HTML 요소에 대해 이동(Move 혹은 Translate), 회전(Rotate), 확대/축소(Scale) 및 비틀기(Skew) 등을 수행하는 것을 의미한다. 다만, 변환은 시간 개념이 없고, 변환된 결과만을 보여준다. 기본 문법은 다음과 같다.

```
transform: translate( ) | rotate( ) | scale | skew( );
```

- translate(x, y): 기존 위치를 x, y만큼 이동. translateX( ), translateY( )
- rotate(30deg): 지정한 요소의 중심을 기준으로 30도 시계 방향(양수)회전. 반시계 방향(음수)
- scale(x, y): 가로 x배, 세로 y배로 확대/축소함(실수값). scaleX( ), scaleY( )
- skew(x, y): x축 혹은 y축을 따라 설정한 각도(deg)만큼 뒤틀리게 하는 것.
  : skewX( ), skewY( ) 예) skew(300deg, 50deg); 양수는 시계방향

1 이동(Translate)

Translate( ) 함수를 적용하면 요소의 기준 위치로부터 x축과 y축 방향으로 인자에 설정된 값만큼이 이동시킨 결과가 출력된다. 변환을 적용하는 방식은 여러 가지 방식이 허용되므로 적절히 활용하기 바란다. 이동시킬 값은 px, em, % 등의 단위를 사용하면 된다. 양수와 음수를 사용할 수 있다.

```
transform: translate(x값, y값);  //transform: translate(100px, 125px);
transform: tranlateX(x값)  tranlatey(y값);

[아래의 표현은 동작은 하지만, 표준 문법이 아님]
translate: x값   y값; //translate: 100px   125px;
translateX: x값;
translateY: y값;
```

변환은 즉시 적용되기 때문에 변환 과정은 볼 수 없고, 웹 페이지에서 결과 화면만을 볼 수 있다. 다음은 변환에서 translate(이동)을 적용한 예제이다.

```
<!DOCTYPE html>
<html>
<head><meta charset="utf-8"><style>
div {
  width: 300px;
```

```
    height: 100px;
    background-color: aqua;
    border: 2px solid magenta;
    /* translate: 50px  80px;  [아래 표현과 같음(표준문법아님]*/
    transform: translate(50px, 80px);
}
</style></head>
<body>
<h3>변환: 값(translate(x, y)</h3>
<div>
이 박스는 기준 위치로 부터 x축으로 50px, y축으로 80px 수평 이동했습니다.
</div>
</body></html>
```

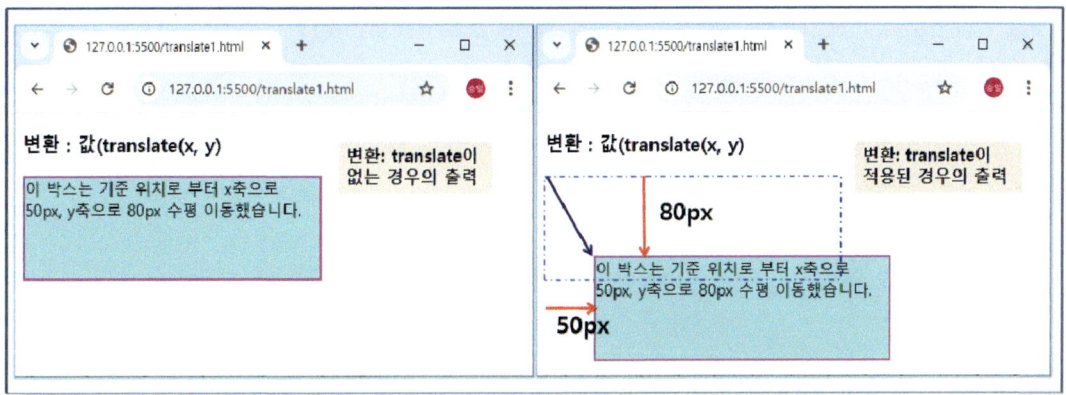

2 회전(Rotate)

Transform 속성에서 HTML 요소를 2차원 평면상에서 회전시키는 rotate( ) 함수는 지정한 각도 만큼 시계 방향(양수)이나 반시계 방향(음수)으로 회전시킬 때 사용한다. 회전하는 각도의 단

```
transform: rotate(30deg); /*시계 방향으로 30도 회전*/
transform: rotate(-45deg); /*반시계 방향으로 45도 회전*/
```

[아래의 표현은 동작은 하지만, 표준 문법이 아님]
  rotate: 값;

위는 "deg"이다. 회전 중심의 디폴트는 요소의 정중앙이다. 기본 문법은 다음과 같다.

한편, CSS 스타일을 사용해 요소의 회전 중심을 디폴트인 정중앙에서 다른 점으로 설정할 수 있다. 즉, 디폴트는 (50% 50%)로 요소의 중앙을 의미한다. Transform-origin 속성을 사용하면 된다. 기본 문법은 다음과 같다. X축 방향과 y축 방향의 회전 기준점을 설정할 때 사용할 수 있는 값은 %(요소 전체 크기: 100%), px, left, right, top, bottom이 가능하다.

```
transform-origin: x값   y값;   /*회전의 중심값을 지정*/
```
- %: 요소의 전체 크기 100%(요소의 크기에 대한 상대적인 위치 지정).
- left: 요소의 왼쪽을 기준점으로 지정
- right: 요소의 오른쪽을 기준점으로 지정
- top: 요소의 위쪽을 기준점으로 지정
- bottom: 요소의 아래쪽을 기준점으로 지정

ex] transform-origin: 50% 50%;/*디폴트*/   transform-origin: left top;

다음은 변환 속성 중에서 회전을 적용한 예제이다. 여러분들이 중심점을 변경하는 연습도 함께 적용해 보길 권고하는 바이다.

```
<!DOCTYPE html>
<html>
  <head>
    <meta charset="utf-8" />
    <style>
      div {
        width: 300px;
        height: 100px;
        background-color: aqua;
        border: 2px solid magenta;
      }
      div.rotate {
        transform: rotate(30deg); /*rotate: 35deg;   같은 표현*/
        transform-origin: 50% 50%;/*(디폴트)*/
```

```html
            /*transform-origin: left top;*/
            background-color: greenyellow;
            color: red;
        }
    </style>
</head>
<body>
    <h3>Transform: rotate( )</h3>
    <p>각 도은 양/음 모두 가능하며, 양수이면 시계방향 회전</p>
    <div>정상적으로 배열(static position)된 사각형</div>
    <div class="rotate">
        이 곳은 30도 회전 변환이 적용된 것임. transform-origin:left top;
    </div>
</body>
</html>
```

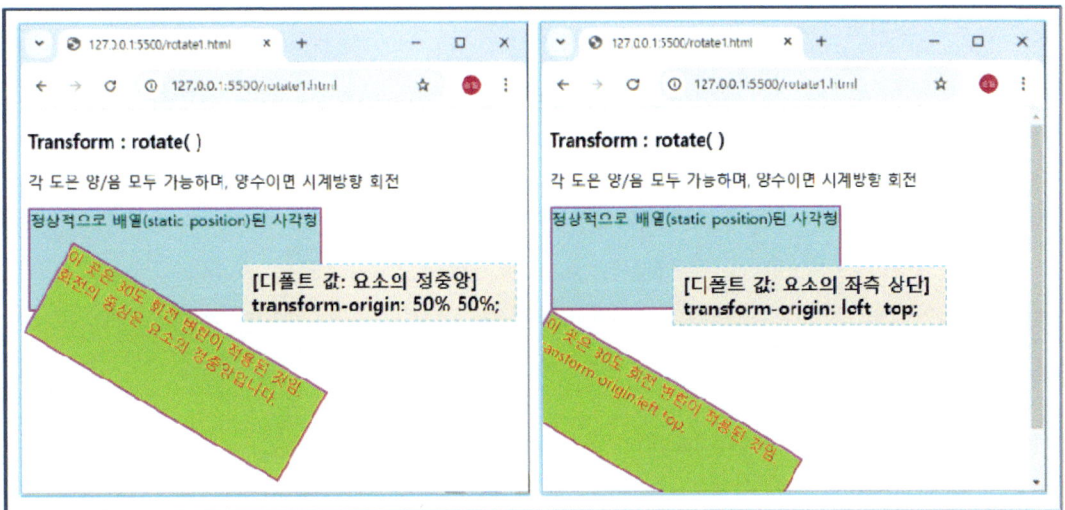

3 확대/축소(Scale)

Transform: scale( ); 속성은 HTML 요소의 크기를 확대하거나 축소할 때 사용한다. Scale() 함수는 요소의 현재 크기를 기준으로 상대적인 배율을 적용하며, 확대/축소 크기를 실수를 값으로로 표시한다. 디폴트 값은 1이며, 원래의 크기를 의미한다. 가로(X축)와 세로(Y축) 방향으로 독립적인 조절이 가능하다. 기본 문법은 다음과 같다.

```
transform: scale(x값, y값);  /*디폴트 값:1(원래 크기). 1보다 크면 확대 */
transform: scale(값);  /*하나의 값만 전달하면, x, y축 방향으로 동시에 적용됨*/
transform: scaleX(x값);  /*x축 방향으로 확대/축소*/
transform: scaleY(y값);  /*y축 방향으로 확대/축소*/

[아래의 표현은 동작은 하지만, 표준 문법이 아님]
scale: x값 y값;
scaleX: x값;
scaleY: y값;
```

다음은 요소의 확대/축소를 적용해 보는 예제이다. Scale 값이 1보다 작으면 요소를 축소하고, 1보다 크면 요소를 확대한다. 정상적으로 위치할 공간은 그대로 유지되며, 확대 시에는 기존의 다른 영역을 침범할 수 있다.

```
<!--확대축소.html-->
<!DOCTYPE html>
<html>
  <head>
    <meta charset="utf-8" />
    <style>
      * { margin: 0 auto; }
      div {
        height: 50px; width: 200px;
      }
      .original { background-color: gray; }
      .magnify {
        background-color: red;
        scale: 1.5;
      }
      .reduce {
```

```html
      background-color: slateblue;
      scale: 0.5;
    }
  </style>
</head>
<body>
  <h3>Scale 속성(확대/축소)</h3>
  <h4>아래는 확대한 박스입니다.</h4>
  <div class="original">Hello, 기본박스</div>
  <h4>아래는 확대한 박스입니다.</h4>
  <div class="magnify">Hello, 확대</div>
  <h4>아래는 축소한 박스입니다.</h4>
  <div class="reduce">Hello, 축소</div>
  <p>기본은 요소의 중심을 기준으로 확대/축소가 이루어집니다.</p>
</body>
</html>
```

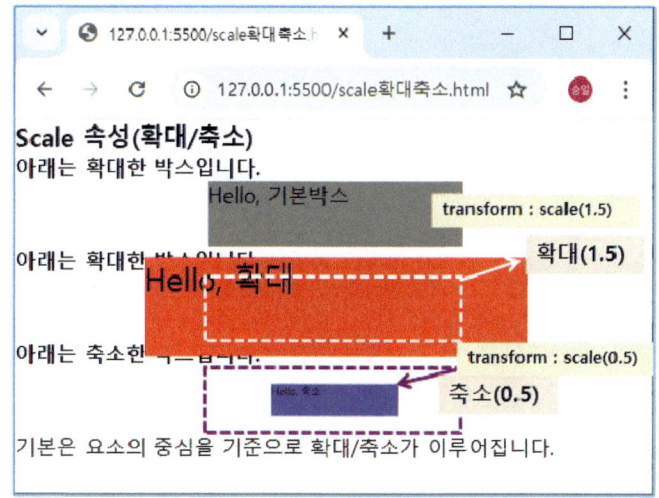

4 비틀기(Skew)

Skew에 대한 내용은 자세히 다루지 않을 것이다. 아래의 예제로 대체한다.

```html
<!DOCTYPE html>
<html lang="en">
  <head>
    <meta charset="UTF-8" />
    <meta name="viewport" content="width=device-width, initial-scale=1.0" />
    <title>Skew(비틀기) 예제</title>
    <style>
      body {
        display: flex; /*플렉스를 사용한 아이템의 정중앙 정렬*/
        justify-content: center;  align-items: center;
        height: 100vh; /*브라우저 전체 높이 사용*/
      }
      .skew-box {
        width: 300px;  height: 100px;
        background-color: gray;  color: white;
        transform: skew(30deg, 10deg);
        border: 2px solid crimson;
      }
    </style>
  </head>
  <body>
    <div class="skew-box">
      스큐를 적용한 박스. 관심이 있는 학생들은
      https://developer.mozilla.org/en-US/docs/Web/CSS/transform-function/skew
      사이트를 참고하세요.
    </div>
  </body>
</html>
```

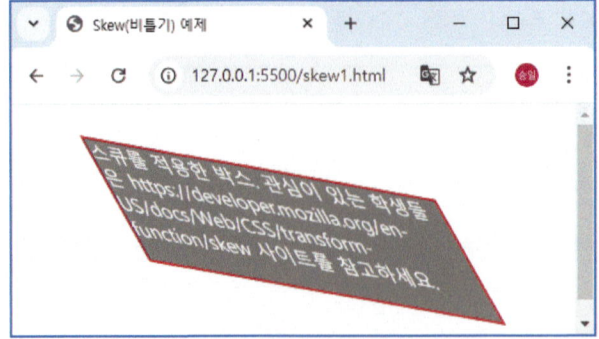

4.12 Transition 속성

CSS transition(천이 혹은 전환)은 HTML 요소의 스타일을 변경할 때 천이 시간을 부여해 부드러운 애니메이션 효과를 만들어 사용자에게 자연스러운 전환의 경험을 제공할 때 사용한다. 마우스 오버/아웃 등과 같은 상황에서 원하는 속성에 전환을 적용할 수 있다. Transition 속성은 4가지의 천이 속성을 한 번에 작성할 때 사용하는 단축형이다. 즉, 천이 효과를 적용할 CSS 속성 지정, 천이 효과가 완료되는 소요되는 시간 지정, 천이의 속도를 제어하는 천이 시간 타이밍 지정 및 천이 효과가 시작되기 전에 대기하는 시간 지정을 한 줄에 작성할 수 있다. 기본 문법은 다음과 같다. 4개의 속성 중에 일부만 사용할 수 있다.

```
transition: transition-property(천이속성)  transition-duration(sec)
            transition-timing-function    transition-delay(지연시간);

예) transition: all 0.7s ease-in-out; /*all(변화되는 모든 속성). color 속성 등 사용*/
```

Transition 속성을 구성하는 개별 속성들에 대한 설명은 다음과 같다.

천이 속성 transition-property	천이 효과를 적용할 CSS 속성을 지정 • color, width, height, background-color, transform 등의 속성 • all(천이를 적용하는 모든 속성을 의미) 예) transition-property: background-color;
천이 소요시간 속성 transition-duration	천이가 시작되어 완료될 때까지 소요되는 시간 • 단위: 초(s), 밀리초(ms). 예) 0.5s, 700ms 예) transition-duration: 5s;
천이 시간 함수 속성 transition-timing- function	천이의 진행 속도를 지정 • ease: 시작과 끝은 느리게, 중간은 빠르게 천이(디폴트) • linear: 일정한 속도로 천이 • ease-in: 처음에는 느리게 시작하고 점점 빨라짐 • ease-out: 처음에는 빠르게 시작, 마지막에 느리게 끝남 • ease-in-out: 시작과 끝이 느리게 천이, 중간은 빠름 • cubic-bezier(n, n, n, n): 사용자 지정 속도 함수 (참고 사이트: https://cubic-bezier.com/)
대기(지연) 시간 속성 transition-delay	천이가 시작되기 전 대기(지연) 시간을 설정 • 디폴트: 0s[지연 없음] • 예) transition-delay: 700ms;

위에서 시간 단위는 초에 대해서는 sec가 아닌 s를 사용하며, 밀리초에 대해서는 msec가 아닌 ms를 사용하기 때문에 주의하기 바란다. 천이 속성은 원본 요소에 작성해야 문제가 되지 않는다. 천이 속성 중에서 "all"은 해당 요소와 관련해 변경되는 모든 속성을 의미한다.

1 천이 속성 예제1

<div> 태그 요소에 마우스를 올려놓으면(Hover) 요소의 너비가 100px에서 300px로 넓어지는 예제이다. <div> 요소 위에 마우스를 올려놓으면 3초에 걸쳐 너비가 천이하는 것을 확인할 수 있다.

```html
<html>
<head><meta charset="utf-8">
<style>
div {
  width: 100px;
  height: 100px;
  background: red;
  transition: width 3s; /*너비에 천이가 발생하면 3초에 걸쳐 전환함*/
  /* 위의 속성은 아래와 같은 작성할 수 있음
  transition-property: width;
  transition-duration: 3s;
  */
}
div:hover {
  width: 300px;
}
</style>
</head>
<body>
<h3>천이(Transition) 속성</h3>
<p>아래 상자에 천이 효과가 호버시 발생함</p>
<div>마우스를 올려 놓으면 천이 효과 발생</div>
</body>
</html>
```

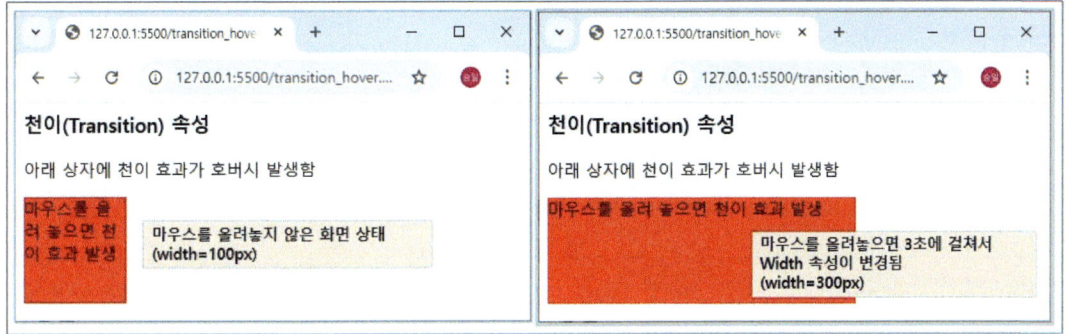

1 천이 속성 예제2

다음은 2개 이상의 속성에 대해 서로 다른 천이를 적용하는 예제이다. 각 요소에 대해 기존의 작성법에 따라 기술한 다음, 콤마(,)로 구분하여 천이 속성들을 기술한다. 아래와 같은 문법을 사용한다.

```
transition:   속성1 지연시간1 시간함수1 지연시간1,
              속성2 지연시간2 시간함수2 지연시간2, ...;  /*각 속성의 천이를 콤마(,)로 구분*/
```

```html
<html>
  <head>
    <meta charset="utf-8" />
    <style>
      div {
        width: 100px;   height: 100px;
        background: tomato;
        transition: width 2s, height 4s, color 3s, background 3s;
      }
      div:hover {
        width: 300px;   height: 200px;
        color: navy;    background-color: gray;
      }
    </style>
  </head>
```

```
    <body>
        <h3>2개 이상의 transition 속성</h3>
        <p>2개 이상의 속성에 대한 천이 가능함</p>
        <div>이 박스의 너비와 높이에 천이 적용됨</div>
    </body>
</html>
```

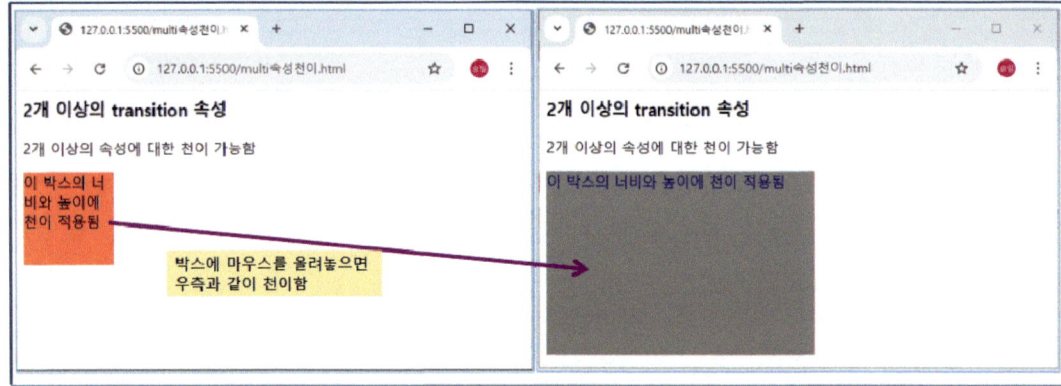

2 천이 속성 예제3

이전에 설명할 때 변환(Transform)은 시간 지연 개념에 존재하지 않는다고 설명하였다. 그런데, 시간 지연 속성을 변환에 부여하고 싶다면, 변환을 transition의 속성에 포함하면 된다. 예제는 회전 변환을 천이를 이용해 구현하고 있으며, 배경색, 너비 및 높이 등의 속성에 대해서도 천이(전환)를 적용하였다.

```
<html>
    <head>
        <meta charset="utf-8" />
        <style>
            div {
                width: 100px;
                height: 100px;
                background: red;
```

```
      transition: width 2s, height 2s, transform 2s, background-color 4s;
    }
    Div:hover {
      width: 300px;
      height: 300px;
      transform: rotate(180deg);
      background-color: olivedrab;
    }
  </style>
</head>
<body>
  <h3>천이 + 변환</h3>
  <p>마우스를 아래 요소에 올려 놓으면 천이가 시작됩니다.</p>
  <div>여기에 천이와 변환이 동시 적용됨</div>
  <p>여기는 div 태그 아래쪽 위치한 문단입니다.</p>
</body>
</html>
```

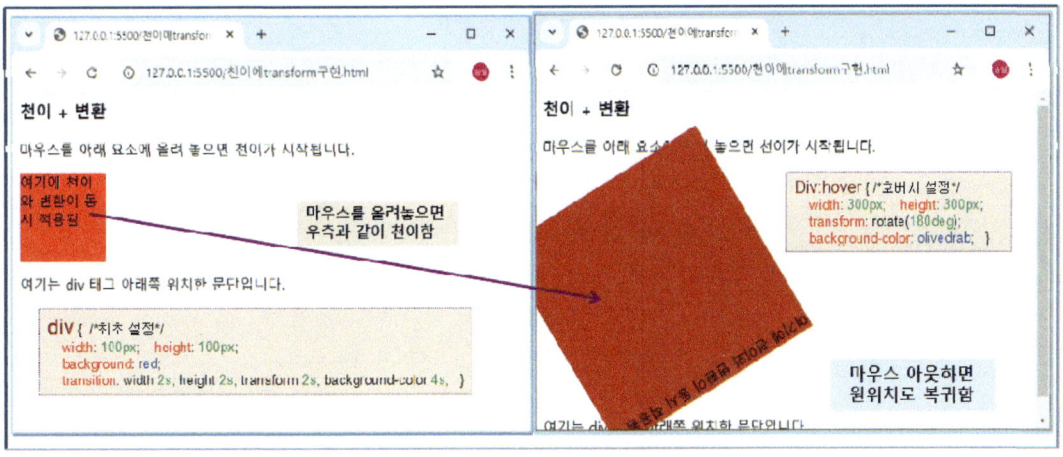

4.13 Animation 속성

Animation 속성은 정적인 웹 페이지에 동적인 효과를 부여하여 웹 페이지를 더욱 생동감 있게 만들고 싶을 때 사용한다. 자바스크립트를 사용하지 않고도 HTML 요소에 애니메이션을 적용할 수 있다. 애니메이션은 임의의 요소에 대해 하나 이상의 스타일을 다른 스타일로 점차 변경시켜 준다. 특히 @keyframes를 활용해 요소에 복잡한 애니메이션 효과를 적용할 수 있다. Animation 속성은 여러 개의 애니메이션 속성들을 한 줄에 표현하는 단축형이다. 단축형 animation 속성의 기본형은 다음과 같다. 나열된 속성 중에서 일부만 사용하는 경우가 많다.

```
animation: animation-name  animation-duration  animation-timing-function
           animation-delay  animation-iteration-count  animation-direction
           animation-fill-mode;
```

애니메이션 속성과 관련된 개별 속성들은 표로 정리하면 다음과 같다. 이러한 속성들은 개별 속성으로 사용할 수 있다.

애니메이션 속성	설명
animation-name	애니메이션의 이름을 정의하며, @keyframes에 설정한 이름과 같음 예) animation-name: my-anim;
animation-duration	애니메이션을 1회 완료하는데 소요되는 시간 설정(초:s, 밀리초:ms) 디폴트: 0s(0초). animation-duration: 850ms;
animation-timing-function	Transition 속성의 타이밍 함수 속성과 같음 예) animation-timing-function: ease-in;
animation-delay	애니메이션이 시작되기 전까지의 대기(지연) 시간(디폴트: 0s) 예) animation-delay: 2.1s;
animation-iteration-count	애니메이션의 반복 횟수를 지정(1(디폴트), 2, ..., infinite(무한반복)) 예) animation-iteration-count: infinite;

애니메이션 속성	설명
animation-direction	애니메이션의 반복 방향을 설정 • normal: [디폴트] 시작부터 끝까지 진행(시작-)끝, 시작-)끝,…) • reverse: 끝에서 시작 방향으로 진행 • alternate: 시작에서 끝, 끝에서 시작을 반복 수행 • alternate-reverse: alternate과 반대 순서로 동작함
animation-fill-mode	애니메이션이 시작되기 전이나 끝난 후의 상태를 정의 • none: [디폴트] 애니메이션 전후에 스타일 없음 • forwards: 애니메이션 종료 후 마지막 상태 유지 • backwards: 애니메이션 시작 전 첫 번째 상태 적용 • both: forwards와 backwards 모두 사용

애니메이션을 사용할 때는 animation-name 속성과 animation-duration 속성은 항상 설정해야 한다.

다음은 @keyframes에 대해 알아보자. 이것은 애니메이션 구현을 위한 필수 요소로 애니메이션의 각 단계를 지정할 때 사용한다. 일부에서는 @keyframes를 애니메이션의 전체적인 흐름을 생성하는 틀이라고 한다. 즉, 애니메이션의 특정 시점(Key frame)을 지정한 다음, 그 시점에 대한 요소의 스타일을 설정한다. 키프레임들을 설정할 때는 애니메이션의 시작점은 "from" 이나 0%로 표현하며, 애니메이션의 종료점은 "to"나 100%로 표시한다. 그리고 애니메이션의 중간(50%) 시점은 50%로 표시한다. 또한 @keyframes 바로 다음에는 animation-name에 할당한 이름과 같은 이름을 사용해야 한다. 애니메이션의 움직임(변화) 제어를 수행하는 @keyframes에 대한 기본 문법은 다음과 같다.

```
@keyframes 애니메이션이름 {  /*애니메이션이름 = animation-name 값*/
    from {/* 애니메이션 시작점에서의 스타일 정의*/}
    to {/* 애니메이션 종료점에서의 스타일 정의*/}
```

위의 방식을 적용한 간단한 예는 다음과 같다.

```
div {
  animation: 이동하기 2s infinite; /*애니메이션이름  지속시간  반복회수*/
}

@keyframes 이동하기 {
  from { left: 0px;   top: 0px;}
  to { left: 200px; top: 150px; }
}
```

@keyframes를 설정하는 또 다른 방법은 시작점(0%)과 종료점(100%) 사이의 시간 경과를 %로 표현하는 것이다. 기본 문법은 다음과 같다.

```
@keyframes  애니메이션이름 {  /*애니메이션이름 = animation-name 값*/
    0% {/* 애니메이션 시작점에서의 스타일 정의*/}
    37% {/* 애니메이션 시작점에서의 37% 경과한 시점의 스타일 정의*/}
    70% {/* 애니메이션 시작점에서의 70% 경과한 시점의 스타일 정의*/}
    100% {/* 애니메이션 종료점에서의 스타일 정의*/}
}
```

위의 방법을 사용한 간단한 예는 아래와 같다. 0% 대신에 "from"을 사용할 수 있고, 100% 대신에 "to"를 사용할 수 있다.

```
div.sample {
  animation: myAnim 1s infinite alternate;
}

@keyframes myAnim {
  0%, 100% {  /*시작과 끝이 같음*/
    transform: translateY(0); color: red;
  }
  50% {
```

```
      transform: translateY(50px); color: yellow;
   }
}
```

1 애니메이션 예제 1

애니메이션을 적용할 때 필수적으로 사용해야 하는 속성 2가지 있다. Animation-name 및 animation-duration 속성은 반드시 사용해야 한다. 다음은 필수적으로 사용해야 하는 속성과 @keyframes를 사용해 배경색을 변화시키는 간단한 애니메이션 예제이다. 디폴트 애니메이션 수행 횟수는 1회이다.

```
<!DOCTYPE html>
<html>
  <head>
    <meta charset="utf-8" />
    <style>
      div {
        width: 100px;   height: 100px;
        background-color: red;
        animation-name: example;
        animation-duration: 4s;   }

      @keyframes example {
        from { background-color: red; }
        50% { background-color: olive; }
        to { background-color: yellow; }
      }
    </style>
  </head>
  <body>
    <div>이 요소의 배경색에 애니메이션 적용</div>
  </body>
</html>
```

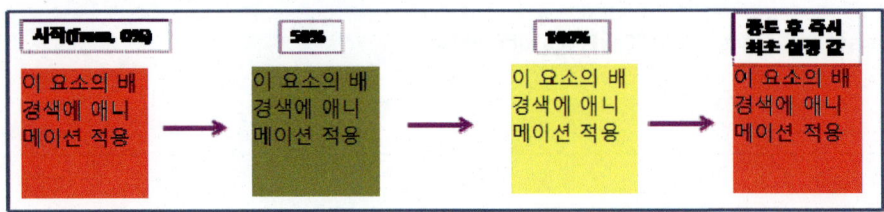

2 애니메이션 예제 2

다음은 4각형의 박스에 position 속성을 상대 배치(Relative)로 설정한 후, left, right, top, bottom 속성에 애니메이션을 적용해 이동시키는 예제이다. 키 프레임의 특정 시점은 %를 사용해 표현하였다. 또한 애니메이션의 반복 횟수(animation-iteration-count)도 값을 변경해 실행해 보자.

```html
<html>
  <head>
    <meta charset="utf-8" /> <style>
      .container {  border: 2px solid blue; }
    div.anim {   width: 100px;   height: 100px;
       background-color: red;
       position: relative;   /*left, right, top, bottom 속성 사용을 위해*/
       animation: example 4s;
       animation-iteration-count: 4; /*infinite가능*/   }
    @keyframes example {
      0% { background-color: red;
        left: 0px;     top: 0px;    }
      25% {  background-color: yellow;
        left: 200px;      top: 0px;     }
      50% { background-color: blue;
        left: 200px;      top: 200px;    }
      75% {  background-color: green;
        left: 0px;     top: 200px;     }
      100% { background-color: red;
        left: 0px;     top: 0px;    }
    } </style> </head>
```

```html
<body>
    <h3>Animation 연습하기</h3>
    <div class="container">
        <p>animation-iteration-count는 반복 횟수를 설정합니다.</p>
        <p>애니메이션이 종료되면 본래의 스타일로 돌아갑니다.</p>
        <div class="anim">이 요소가 움직임</div>
        <div>여기는 애니메이션 요소의 아래에 위한 요소입니다.</div>
    </div>
</body>
</html>
```

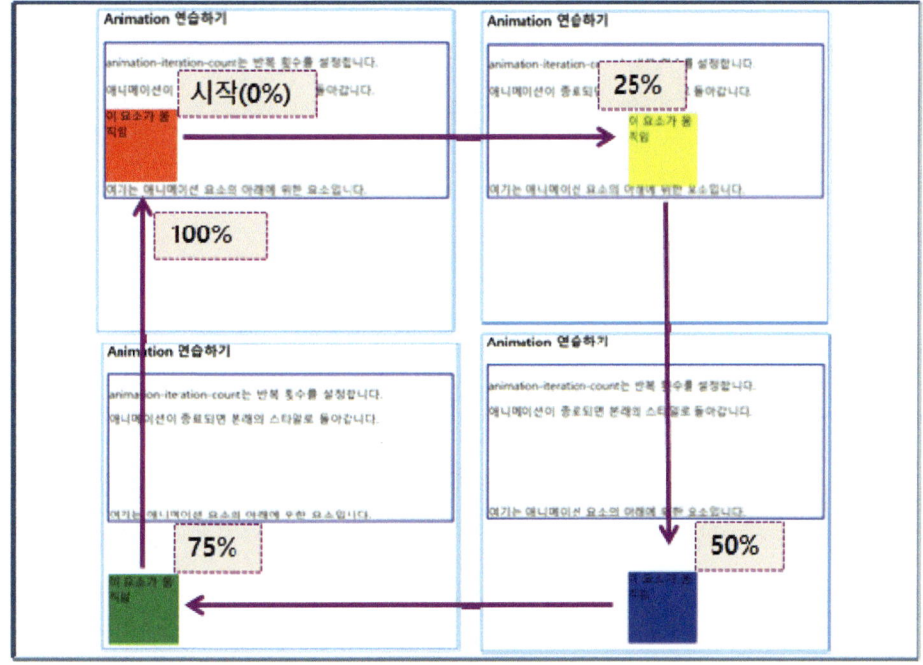

3 애니메이션 예제 3

다음은 animation-direction(애니메이션 진행 방향)을 알아보는 예제이다. 디폴트는 매번 처음부터 끝까지 재생하는 normal 모드(정상 순서)이다. 그리고 끝에서 처음까지 역방향으로 재생하는 reverse 모드(역순)도 있다. 그런데 애니메이션을 정상 순서와 역순을 번갈아 가면서 재생하는 alternate 모드가 있다. 여기서는 여러분들이 애니메이션 진행 방향의 속성값을 변경해 가면서 브라우저의 출력을 확인해 보자. 먼저 alternate 모드에 대한 그림을 확인한 다음, 이어지는 예제를 분석해 보자.

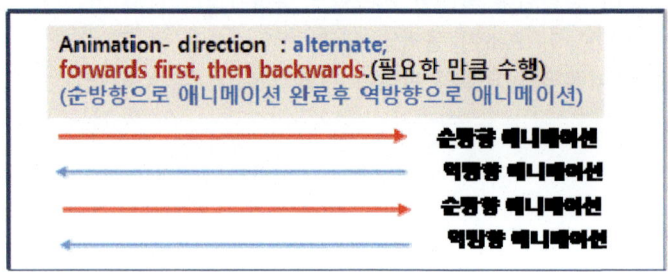

이 예제는 이전 예제와 소스 파일이 거의 동일하고, 특정 기능을 실습하기 위해 일부분의 코드만 다르다. 브라우저 실행 화면을 첨부하지 않았다.

```
<!doctype html><html>
<head><meta charset="utf-8">
<style>
div.anim {
  width: 100px;
  height: 100px;
  background-color: red;
  position: relative;
  animation-name: example;
  animation-duration: 4s;
  animation-iteration-count: 2;
  animation-direction: alternate;   /*reverse, alternate-reverse 도 적용해 보자*/
}
@keyframes example {
  0%   {background-color:red; left:0px; top:0px;}
  25%  {background-color:yellow; left:200px; top:0px;}
  50%  {background-color:blue; left:200px; top:200px;}
  75%  {background-color:green; left:0px; top:200px;}
  100% {background-color:red; left:0px; top:0px;}
```

```
}
</style></head>
<body>
<h3>Animation 연습하기</h3>
<p>animation-iteration-count는 반복 횟수를 설정합니다.</p>
<p>애니메이션이 종료되면 본래의 스타일로 돌아갑니다.</p>
<div class="anim">이 요소가 움직임</div>
<div>여기는 애니메이션 요소의 아래에 위한 요소입니다.</div>
</body>
</html>
```

4 애니메이션 예제 4

여기서는 단축형인 animation 속성을 사용해 애니메이션을 적용해 보았다. 단축형 animation 속성은 다음과 같다.

```
animation: name | duration(s) | timing-function | delay(s) | iteration-counter;
```

animation 단축 속성을 보면 알 수 있듯이 시간 단위를 갖는 속성은 duration과 delay가 있는데, 항상 duration(즉, animation-duration)이 앞에 위치한다. 그리고 delay는 필수 요소가 아니다.

아래 예제는 배경색에 대한 애니메이션을 무한 반복한다. 브라우저 실행 화면을 생략하였다.

```
<html>
<head><meta charset="utf-8">
<style>
div {
  width: 100px;
  height: 100px;
  background-color: gray; /*종료 후 최종 색*/
  animation: example 4s linear infinite alternate; /*단축형*/
}
```

```
@keyframes example {
  from  {background-color: red;}
  25%   {background-color: yellow;}
  50%   {background-color: blue;}
  to {background-color: green;}
}
</style></head>
<body>
<h1>CSS Animation</h1>
<div></div>
</body></html>
```

4 애니메이션 예제 5

다음은 플렉스 박스 디자인 개념을 알고 있어야 한다. 따라서 플렉스 박스 디자인의 개념을 이해하지 못했다면, 먼저 플렉스 박스 디자인을 학습한 다음에 예제를 학습하기 바란다. 그리고, 스타일 파일을 외부 파일로 작성해 사용하고 있다.

먼저 CSS 스타일 파일은 다음과 같다.

```
/*파일명: styles.css*/
body,
html { height: 100%; }
body { display: flex;
  align-items: center;  justify-content: center;}
.element {
  display: inline-flex;
  background-color: #0074d9;  height: 100px;  width: 100px;
  font-size: 24px;  padding: 1px;  color: white;  margin: 0 5px;
  animation: roll 4s infinite; /*단축형 animation*/
  opacity: 0.7;
  justify-content: center;  align-items: center;
  border-radius: 50%;
```

```
}
@keyframes roll {
  0% { transform: rotate(0);  }
  100% { transform: rotate(360deg);  }
}
```

다음은 위의 스타일 시트 파일을 사용한 HTML 예제이다. 애니메이션 효과를 잘 살펴보기 바란다. 수평 방향으로 놓인 3개의 원이 무한 회전하는 예제이다.

```html
<!DOCTYPE html>
<html>
  <head>
    <meta charset="UTF-8" />
    <meta name="viewport" content="width=device-width, initial-scale=1.0" />
    <title>anim+transform</title>
    <link rel="stylesheet" href="./styles.css" />
  </head>
  <body>
    <div class="element">1</div>
    <div class="element">2</div>
    <div class="element">3</div>
  </body>
</html>
```

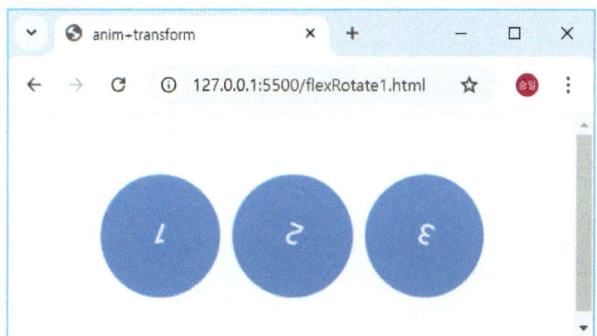

4.14 Filter 속성

CSS filter 속성은 HTML 요소에 그래픽 효과를 적용하고 싶을 때 사용한다. 일반 요소뿐만 아니라, 특히 이미지에 필터 효과를 주고자 할 때 자주 사용된다. 그리고 필터 속성은 한 번에 여러 개를 적용하는 것이 가능하다. 이러한 속성들을 사용하면 색의 변화, 투명도(Opacity), 밝기 조정(Contrast), 흐림 효과(Blur), 색상의 반전(Invert) 등을 간편하게 구현할 수 있다. Filter 속성의 기본 문법은 다음과 같다.

필터 효과를 적용하기 위해서는 제공하는 필터 함수를 알고 있어야 한다. 본 교재에서는 몇 개의 중요한 필터 함수에 관해서만 소개할 것이다.

필터 함수	설명	예(1.0=100%)
sepia(value)	• 세피아 톤(갈색 필름 효과)으로 변환. • value: 0(미적용) ~ 1(100%적용). 실수 가능	sepia(0.8) sepia(80%)
opacity(value)	• 투명도(불투명도)를 설정 • value: 0(투명) ~ 1(불투명)	opacity(0.3)
invert(value)	• 색상을 반전 • value: 0(기존색상) ~ 1(완전 반전색상)	invert(1) invert(100%)
grayscale(value)	• 흑백으로 변환 • value: 0(기존색상) ~ 1(완전 흑백)	grayscale(0.5) grayscale(50%)
blur(radius)	• 흐림효과 적용(반지름은 픽셀로 설정)	blur(7px);
brightness(value)	• 밝기 조절 • value: 1(디폴트), 0(완전 어두움)	brightness(1.5)
contrast(value)	• 대비를 조정 • value: 1(디폴트), 0(회색으로 표시)	contrast(2.4) contrast(240%)

위의 필터 함수에서 사용하는 단위는 소수점이나 %의 사용이 가능하다. 0.5는 50%로 표현할 수 있고, 1.2는 120%로 표현할 수 있다.

```
filter: none | filter-function(value1) filter-function(value2) ...;
```
• none: 필터 효과를 적용하지 않음(디폴트)
• filter-function: 요소에 하나 이상의 필터 함수를 적용할 수 있음

요소에 필터 효과를 2개 이상 적용하는 것도 가능하다. 필터 함수들을 공백으로 구분해 나열하면 된다. 아래의 예를 살펴보자.

- filter: grayscale(0.9); /*filter: grayscale(90%);*/
- filter: blur(7px); /*블러 함수의 인자는 반지름(px)*/
- filter: invert(70%) contrast(80%);
- filter: blur(5px) brightness(0.8) sepia(0.5); /*blur(5px) brightness(80%) sepia(50%)*/

다음은 filter(필터) 속성을 적용한 간단한 예제이다.

```html
<!DOCTYPE html>
<html lang="en">  <head>
    <meta charset="UTF-8" />  <title>filter 속성</title>
    <style>
      .img1 {   filter: sepia(85%);      }
      .img2 {   filter: grayscale(100%);     }
    </style>
  </head>
  <body>
    <h3>filter: filter-function(value) filter-function(value2) ...;</h3>
    <h4>필터함수: grayscale(50%) opacity(50%) invert(0.3) blur(5pxp), sepia(80%)
       brightness(1.5), contrast(2.1): 실수 or % 사용 가능함(1=100%)</h4>
    <h4>원본 영상</h4>
    <img src="./photo1.jpg" width="300" height="200" alt="사진1" />
    <img src="./photo2.jpg" width="300" height="200" alt="사진1" />
    <h4>fiter 속성 적용 영상</h4>
    <img class="img1" src="./photo1.jpg" width="300" height="200" alt="사진1" />
    <img class="img2" src="./photo2.jpg" width="300" height="200" alt="사진1" />

    <!-- 사진이 준비되지 않았으면, 아래의 picsum photos를 사용할 것 -->
    <!-- <img   class="img1"    src="https://picsum.photos/200/300?random=3"
       width="300"   height="200"   alt="사진1" /> -->
    <!-- <img     class="img2"   src="https://picsum.photos/200/300?random=73"
```

```
            width="300"    height="200"    alt="사진2"    />    -->
  </body>
</html>
```

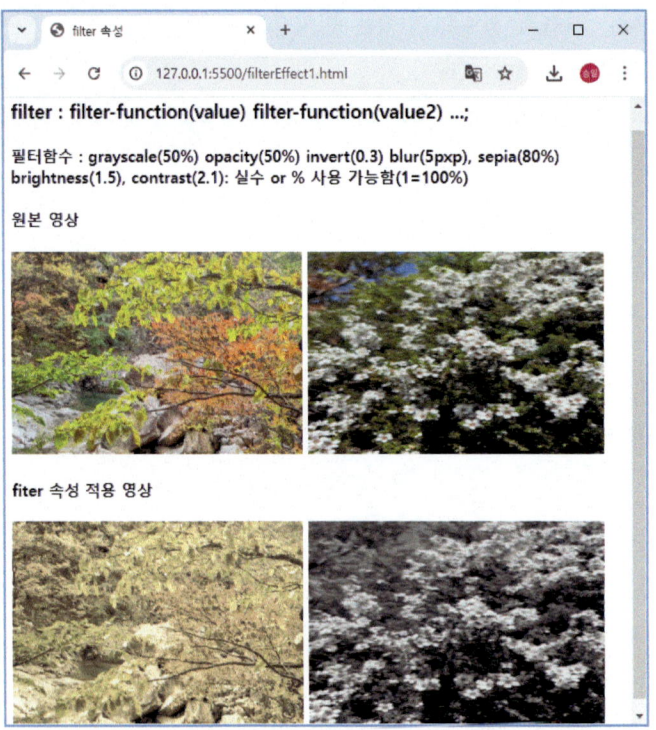

연습문제

1. display: none;과 visibility: hidden;의 차이점을 가장 잘 설명한 것은?

   ① 둘 다 요소를 숨기지만, display: none;은 공간을 차지하지 않고 visibility: hidden;은 공간을 차지한다.
   ② display: none;은 요소를 완전히 제거하고, visibility: hidden;은 요소를 투명하게 만든다.
   ③ 둘 다 요소를 숨기지만, visibility: hidden;은 공간을 차지하지 않고 display: none;은 공간을 차지한다.
   ④ visibility: hidden;은 요소를 완전히 제거하고, display: none;은 요소를 투명하게 만든다.

2. position: absolute; 속성을 사용하는 요소의 위치의 기준은?

   ① 항상 브라우저 창
   ② 가장 가까운 조상 요소 중 position 속성이 static이 아닌 요소
   ③ 뷰포트(Viewport)
   ④ HTML 문서의 시작 부분

3. Inline 요소처럼 한 줄에 표시되지만, block 요소처럼 너비와 높이를 지정할 수 있는 요소는 (　　)요소이다.

4. float 속성을 해제하는 방법은 clear:both;를 사용하거나, 부모 요소에 (　　)을 적용하면 된다.

5. position 속성이 static이 아닌 상황에서 겹쳐진 요소들의 화면 출력 순서를 지정하려면 (　　)속성을 사용한다.

6. (　　)속성은 컨테이너의 왼쪽이나 오른쪽에 요소를 배치하여 텍스트와 인라인 요소가 해당 요소를 둘러싸는 것을 허용한다.

연습문제

7. (　　)속성은 HTML 테이블에서 테두리) 스타일을 설정하는 CSS 속성으로, 셀의 테두리를 합칠지(collapse) 아니면 개별적으로 유지할지(separate)를 지정한다.

8. 요소를 x축으로 100px만큼 오른쪽으로 이동하고 싶다면, transform: (　　);과 같이 설정한다.

9. 요소를 시계 방향으로 45° 회전시키려면 transform: (　　);와 같이 설정한다.

10. 요소를 완전한 흑백으로 변환하고 싶으면, filter: (　　);로 설정하면 된다.

11. 요소를 가로 및 세로 방향으로 각각 1.5배씩 확대하려면, transform: (　　);와 같이 설정하면 된다.

12. input 요소에 포커스가 놓일 때, 테두리를 변경하는 CSS 속성은?
    ① border　　　　　　　　　　② outline
    ③ focus　　　　　　　　　　④ hover

13. transition-timing-function: ease-in-out;의 효과는?
    ① 시작과 끝이 빠르고 중간이 느리다.　　② 시작과 끝이 느리고 중간이 빠르다.
    ③ 시작이 느리고 끝이 빠르다.　　　　④ 시작이 빠르고 끝이 느리다.

연습문제

14. 다음은 CSS transition 속성을 정의하기 위한 예제이다. box 클래스 요소에 호버가 발생하면, 너비는 3초에 걸쳐 천이가 발생하며, 높이 2.5초에 걸쳐 천이가 발생하도록 완성하시오.

```
.box {
  width: 100px;
  height: 100px;
  background-color: dodgerblue;
  transition: ( _____ );
}
.box:hover {
  width: 200px;  height: 150px;
}
```

15. @keyframes를 사용하여 애니메이션을 정의할 때, 시작을 나타내는 것은?

    ① start
    ② begin
    ③ from
    ④ 0%
    ⑤ from과 0%

16. 다음 중 CSS 애니메이션을 적용하는 데 필요한 속성을 올바르게 나열한 것은?

    ① @keyframes, animation-name, animation-duration
    ② animation-effect, animation-speed, animation-keyframes
    ③ @keyframes, animation-color, animation-time
    ④ @keyframes, animation-type, animation-speed

17. 이미지에 filter: sepia(50%); 속성을 적용하면 어떤 효과가 나타날까?

    ① 이미지가 흑백으로 표시
    ② 이미지가 흐릿하게 표시
    ③ 이미지의 채도가 50% 감소
    ④ 이미지의 밝기가 50% 감소
    ⑤ 이미지가 브라운톤(갈색톤)으로 표시

CHAPTER **5**

플렉스 박스 레이아웃

CONTENTS

5.1 개요

5.2 플렉스 박스의 주축(Main axis)과 교차축(Cross axis)

5.3 플렉스 컨테이너(Flex Container)

5.4 플렉스 아이템(Flex item)

5.5 flex를 사용한 컨텐츠의 정중앙 정렬

5.6 미디어 쿼리(@media)

- 연습문제

5.1 개요

플렉서블(Flexible) 박스 모듈, 즉 플렉스 박스는 1차원 레이아웃 모델로 설계되었지만, 강력한 정렬 기능의 제공을 통해 아이템들의 공간적 배치를 지정할 수 있다. 플렉서블의 의미가 유연하다는 뜻이므로 요소 박스들의 크기나 위치에 대해 특정한 컨테이너 내에서 유연하게 조작이 가능하다고 이해하기 바란다.

다만, 1차원이란 의미가 하나의 행이나 열을 의미하기 때문에 하나의 행이나 열로 배치를 구성하기에는 너무 많은 아이템이 존재할 경우에는 다음 행이나 열로 순차적으로 배치하게 하는 옵션도 존재한다. 그렇지만 플렉스 박스는 한 행이나 열을 기준으로 배치를 구성할 때 가장 큰 강점을 보인다고 볼 수 있다.

아울러 행 방향과 열 방향으로 제어할 수 있는 CSS 그리드(Grid) 레이아웃도 주목받고 있는데, 이러한 배치를 2차원 레이아웃 모델이라고 한다. 향후 플렉스 박스 레이아웃과 그리드 레이아웃이 아이템의 배치와 관련된 레이아웃 분야에서 주류가 될 것으로 평가받고 있다.

기존의 Float나 position 속성을 사용하지 않고도 유연한(flexible) 반응형 레이아웃 설계를 훨씬 용이하게 구현할 수 있기 때문에 여러분들이 플렉스 박스 레아이웃은 반드시 숙지하고 있어야 한다. 플렉스 박스 레이아웃은 현재는 대부분의 웹 브라우저에서 지원하고 있으며, 많은 웹 페이지가 플렉스 박스를 사용하여 레이아웃을 구현하고 있음을 주목하기 바란다. 본 장에서는 오늘날 웹 디자인에서 가장 주목받고 있는 레이아웃 방식 중의 하나인 flex에 대해 자세히 알아볼 것이다.

CSS display 속성은 브라우저 화면에서 HTML 요소가 출력되는 방식을 결정하는 속성이다. 플렉스 박스 레이아웃은 display 속성값 중의 하나이다.

```
/* selector: html 태그 요소, 클래스, 아이디 */
selector(선택자) {
        display: flex | inline-flex ;
 }
```

flex는 플렉스 컨테이너를 블록 레벨 요소로 다루기 때문에 항상 새로운 줄에서 시작한다.

Inline-flex는 플렉스 컨테이너를 인라인 요소로 지정하지만, 아이템들은 플렉스 박스 속성을 유지한다는 것을 명심해야 한다.

플렉스 박스 모델은 플렉스 컨테이너(Container)와 플렉스 아이템(Item)으로 구성된다. 플렉스 컨테이너는 플렉스 박스 개념을 적용해 설계한 플렉스 아이템들을 감싸는 부모 요소이다. 플렉스 컨테이너는 블록 레벨의 요소이다. 플렉스 컨테이너로 사용할 요소는 "display: flex;" 속성을 설정해야 한다. 플렉스 컨테이너 안에 있는 직계 자식 요소들을 플렉스 아이템이라 한다. 플렉스 컨테이너의 속성에 따라 다양한 배치가 가능하다.

플렉스 박스 레이아웃의 특징을 요약하면 다음과 같다.

수평 및 수직 배치	flex-direction 속성을 사용해 컨테이너 내의 아이템을 수평 혹은 수직 방향으로 쉽게 배치 가능함
아이템 간격 조절	justify-content 및 align-items 속성을 이용해 아이템 간의 간격을 정밀하게 조절 가능함
아이템 순서 변경	order 속성을 통해 아이템의 순서를 자유롭게 변경 가능함
아이템 크기 조절	flex-grow, flex-shrink, flex-basis 속성을 통해 아이템의 크기를 동적으로 조절할 수 있음

먼저 플렉스 아이템들을 자식 요소로 갖는 플렉스 컨테이너는 다음의 속성들을 가지고 있다. 여러분들은 이러한 컨테이너의 속성을 적절히 잘 활용할 수 있어야 한다.

플렉스 컨테이너 속성들

flex-direction	아이템의 배치 방향을 설정(디폴트: 행(row) 방향)
flex-wrap	아이템들을 컨테이너에 배치할 때 줄 바꿈 여부를 지정 (디폴트: nowrap)
flex-flow(단축형)	flex-flow: flex-direction flex-wrap;
justify-content	주축(Main axis) 상에 아이템을 정렬는 방법을 설정
align-items	교차축(cross axis) 상에서 모든 아이템을 정렬하는 방법을 설정
align-content	2줄 이상 배치될 때 교차축 상에서 아이템을 정렬하는 방법을 지정 (flex-wrap 속성이 반드시 wrap으로 설정되어 있어야 함)
place-items	플렉스 모델에서는 align-items와 같음

place-content (단축형)	/*flex-wrap: wrap; 인 경우에만 유효함(grid 디자인도 가능)*/ place-content: **align-content** **justify-content**; //처음이 align
gap	플렉스 아이템 간의 간격

다음은 플렉스 박스 모델에서 플렉스 컨테이너 자식 요소에 해당하는 아이템들은 다음의 속성들을 가지고 있다.

플렉스 아이템 속성들

flex-grow	아이템을 배치하고 남는 공간을 분할하는 비율을 설정
flex-shrink	아이템을 배치할 때 기본 공간이 부족할 경우 축소할 비율을 설정
flex-basis	아이템의 최초 기본 크기를 설정
flex(단축형)	flex: flex-grow flex-shrink flex-basis;
order	플렉스 아이템의 배치 순서를 변경.
align-self	개별 아이템의 정렬

flex 속성은 플렉스 박스 디자인에서 플렉스 아이템의 크기와 공간 배분을 설정하는 단축 속성이다.

5.2 플렉스 박스의 주축(Main axis)과 교차축(Cross axis)

플렉스 아이템들을 담고 있는 부모 요소를 플렉스 컨테이너(Flex container)라고 한다. 반대로 플렉스 컨테이너의 자식 요소들을 플렉스 아이템(Flex item)이라 한다. 플렉스 컨테이너 안에서 플렉스 아이템을 배치하는 기본 방향은 디폴트가 가로(행) 방향이며, 행 방향을 주축(Main axis)이라 부른다. 이를 확대하여 해석하면 아이템을 배치하는 기본 방향을 세로(열) 방향으로 설정할 수 있다는 의미다. 그리고 주축과 직각으로 교차하는 축을 교차축(Cross axis)이라 부른다. 즉 아이템을 배치 방향에 따라 주축이 행 방향이 될 수도 있고 열 방향이 될 수도 있다. 지금까지 설명한 몇 가지 용어에 관심을 두고, 다음 그림을 잘 살펴보기 바란다. 주축(Main axis)에 적용할 수 있는 CSS 속성과 교차축에 적용할 수 있는 CSS 속성이 다르기 때문에 축 개념을 명확히 이해하고 있어야 한다.

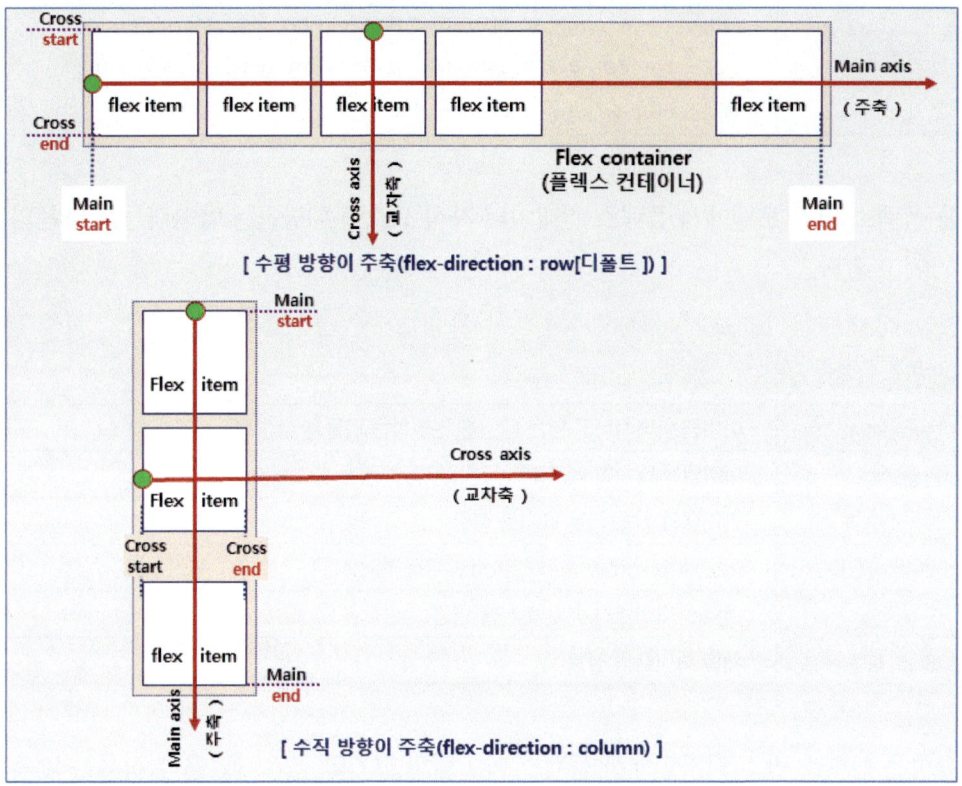

5.3 플렉스 컨테이너(Flex Container)

Display 속성을 flex로 설정하면 해당 요소(HTML 태그)는 플렉스 컨테이너가 된다. 그런데 플렉스 컨테이너는 부모 요소에 해당한다는 것은 반드시 명심해야 할 것이 있다. Display 속성으로 flex 혹은 inline-flex를 사용할 수 있는데, 여러분들은 flex에 대해서만 잘 이해하고 있으면 나머지는 자연스럽게 이해가 될 것이라 생각한다.

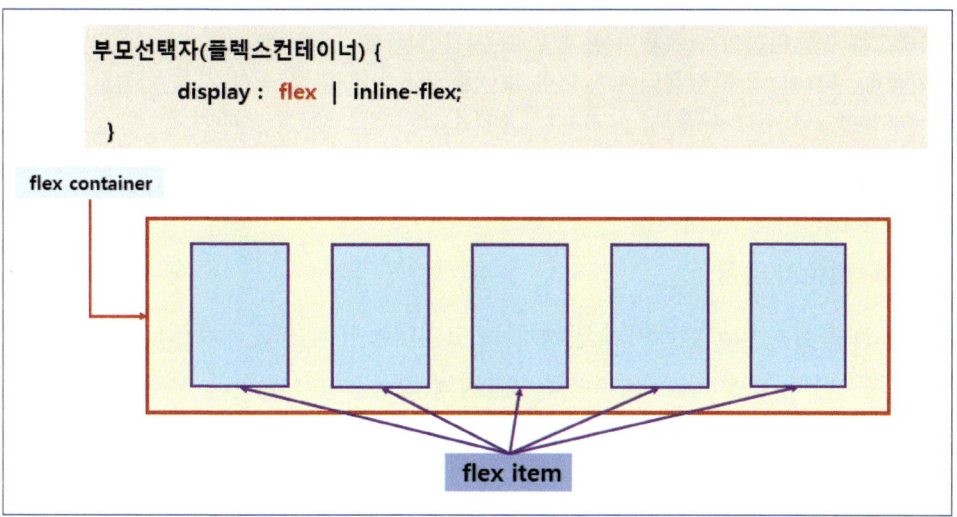

플렉스 컨테이너는 임의의 자식 요소를 가질 수 있는데, 이러한 자식 요소를 플렉스 아이템이라 한다.

먼저 플렉스 컨테이너에 적용할 수 있는 속성을 정리해 보았다.

display: flex | inline-flex;
//플렉스 방향의 디폴트는 row(행) 방향 flex-direction: row(디폴트) | column | row-reverse | column-reverse;
//디폴트는 nowrap flex-wrap: nowrap(디폴트) | wrap | wrap-reverse;
//flex-direction과 flex-wrap을 2개의 속성을 동시 적용 flex-flow : flex-direction flex-wrap;
//주축 방향으로 정렬 justify-content: start | end | center | space-around | space-between | space-evenly ;
//교차축 방향으로 정렬(한 줄 item이 존재할 때 사용) align-items: stretch | start | end | center | baseline ;

CHAPTER 5 플렉스 박스 레이아웃

```
//교차축으로 2줄 이상의 item들이 존재할 때 사용(디폴트: nowrap).
//flex-wrap: wrap; 으로 설정되어 있어야 함(2줄 이상이면 아래 속성 사용 가능).
align-content: stretch(디폴트) | start | end | center | space-around |
               space-between | space-evenly ;
```

1 Flex-direction 속성

Flex-direction 속성은 flex 컨테이너 안에 있는 아이템들이 배치될 주축(Main axis)의 방향을 설정할 때 사용한다. flex-direction 속성은 4가지의 속성값을 지원한다. 디폴트는 row 값으로 왼쪽부터 오른쪽으로 순서대로 자식 아이템들을 채워간다. 반대로 오른쪽부터 왼쪽으로 차례대로 아이템들을 배치하고 싶다면, row-reverse로 설정하면 된다. 이와 유사한 방식으로 열(Column) 방향으로 아이템들을 배치할 수 있다. 4가지 모드에 대해 실행한 결과를 확인해 보고, 모드에 따라 플렉스 컨테이너 내의 아이템(요소)들을 어떻게 배치하는지에 대해 이해하고 있어야 한다. 기본 문법은 다음과 같다.

```
flex-direction: row(디폴트) | row-reverse | column | column-reverse;
```
- row: 왼쪽에서 오른쪽으로 배치 (디폴트)
- row-reverse: 오른쪽에서 왼쪽으로 배치
- column: 위에서 아래로 배치
- column-reverse: 아래에서 위로 배치

일단 가장 기본이 되는 'display: flex;'로 지정된 상태에서 flex-direction 속성 설정에 따라 브라우저에 출력된 내용을 살펴보자. 여기서 flex-direction 부분이나 나머지 속성 일부를 여러분들이 변경해 가면서 브라우저 화면을 확인해 보자.

다음은 html의 헤드(head)와 바디(body)를 보여주는 기본 코드이다.

```html
<head>
  <style>
    .container {
      display: flex;
     /* 속성값을 변경하면서 실행: row-revers, column, column-reverse */
      flex-direction: row;
      background-color: darkred;
    }
    /*아래는 아이템에 대한 CSS 설정 */
    .container > div {
      background-color: white;
      width: 70px;
      margin: 10px;
      text-align: center;
      line-height: 50px;
      font-size: 30px;
    }
  </style>
</head>
<body>
  <h1>플렉스 direction 실습</h1>
  <h3 style="color: red">
    container { display: flex; flex-direction: row(디폴트);}
  </h3>

  <div class="container">
    <div>A</div>
    <div>B</div>
    <div>C</div>
  </div>
</body>
```

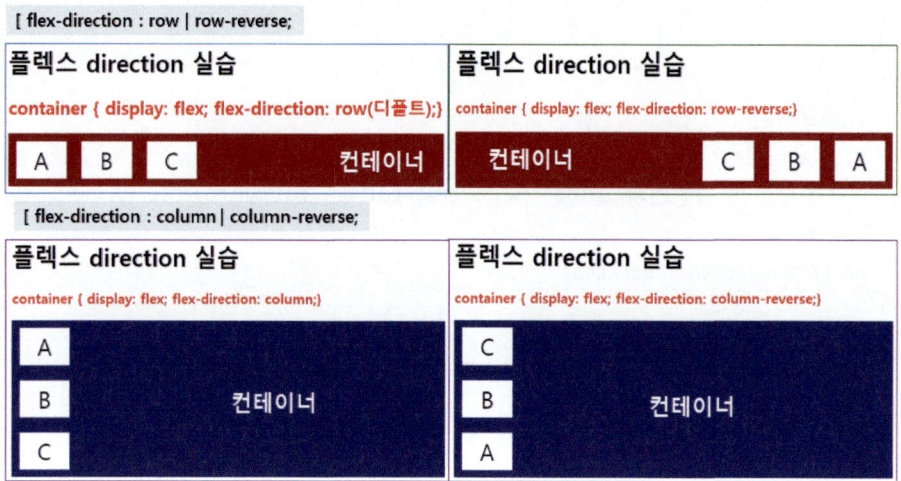

2 Justify-content 속성

플렉스 박스에서 Justify-content 속성은 주축을 기준으로 아이템의 배치를 설정할 때 사용한다. 기본 문법은 다음과 같다.

```
/* selector: html 태그 요소, 클래스, 아이디 */
selector(선택자) {
        display: flex ;
        justify-content: start | end | center |
                    space-around | space-between | space-evenly;
}
```

다음은 justify-content에서 지원하는 속성값들을 정리한 것이다.

start	주축 방향의 시작부터 끝 방향으로 정렬(디폴트)
end	주축 방향의 끝부터 시작 방향으로 정렬
center	아이템들을 주축 방향의 중앙에 정렬
space-between	주축의 양쪽 끝에 아이템을 먼저 배치하고, 나머지 공간을 동일하게 분할하여 배치함
space-around	각 아이템의 좌우 여백을 동일하게 분배해 배치
space-evenly	주축 내의 모든 아이템이 앞뒤 동일한 여백을 갖도록 배치함

다음은 Justify-content 속성을 알아보기 위한 예제이다. 이 예제의 justify-content 속성값을 변경해 가면서 브라우저 화면의 출력 결과를 살펴보기 바란다.

```html
<!DOCTYPE html>
<html><head><meta charset="utf-8">
<meta name="viewport" content="width=device-width, initial-scale=1.0">
<style>
.container {  /* 플렉스 컨테이너 */
  display: flex;
  background-color: lightblue;
  border: 1px solid navy;
  height: 20vh;
  /*start(디폴트), end, center, space-between, space-around, space-evenly;*/
  /*justify-content 속성값을 변경해 가면서 테스트해 볼 것*/
  justify-content: end;
}
.item { /* 플렉스 아이템 */
  width: 100px;   /*개별 아이템은 높이를 주지 않음 */
  line-height: 20vh;
  background-color: white;
  font-size: 30px;
  border: 1px solid blue;
}
</style></head>
<body><h2>flex box: justify-content 속성 </h2>

<div class="container">
  <div class="item">item1</div>
  <div class="item">item2</div>
  <div class="item">item3</div>
  <div class="item">item4</div>
  <div class="item">item5</div>
  <div class="item">item6</div>
</div>
</body></html>
```

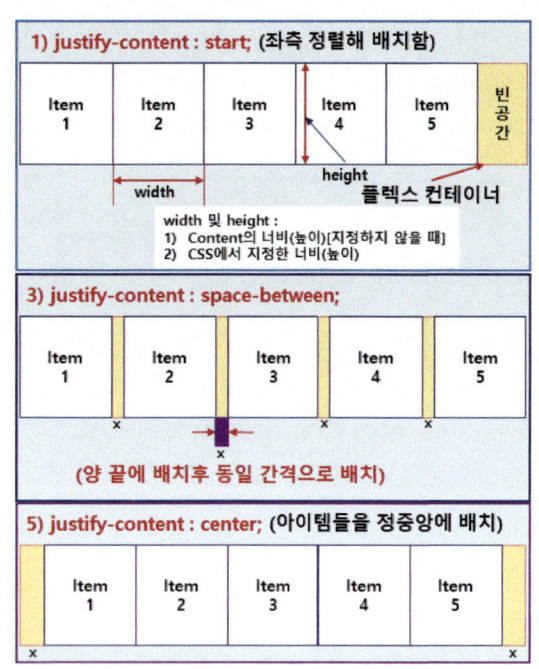
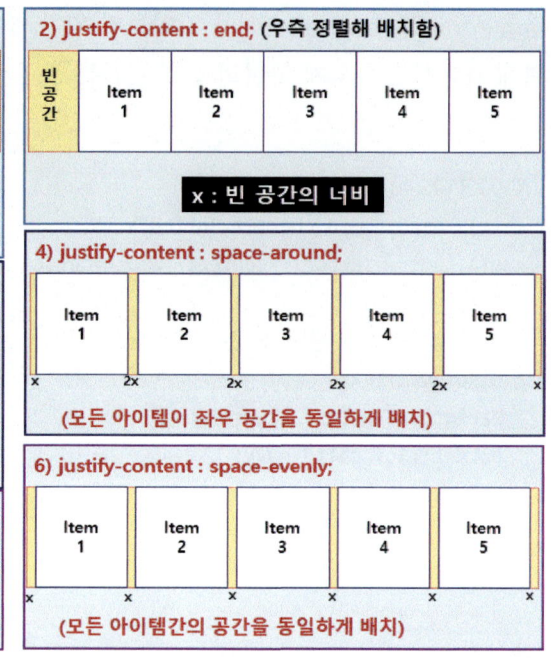

3 flex-wrap 속성

flex-wrap 속성은 컨테이너 내부의 아이템들이 컨테이너의 공간을 초과할 때 줄 바꿈을 허용할 것인가를 결정하는 속성이다. 디폴트 속성은 nowrap으로 아이템들의 배치에 있어서 줄 바꿈이 없이 한 줄에 모든 배치가 이루어진다. 즉, 모두 한 행(열)에 강제 배치된다. 따라서 공간이 부족할 경우에 아이템들의 내용을 구분하기가 쉽지 않을 수 있다. 잘 사용하지는 않지만, 아이템들이 2줄 이상 배치될 수 있도록 하는 wrap 속성값을 지원하고 있다. flex-wrap의 기본 문법은 다음과 같다.

```
flex-wrap: nowrap(디폴트) | wrap | wrap-reverse;
```

- nowrapp: 아이템들을 한 줄에 배치(디폴트)
- wrap: 아이템들을 2줄 이상 배치
- wrap-reverse: wrap과 유사하지만, 줄의 순서가 반대로 배치

다음은 flex-wrap 속성을 알아보기 위한 예제이다.

```html
<head>
    <style>
      .container {
        display: flex;
        /*nowrap(디폴트), wrap, wrap-reverse*/
        flex-wrap: wrap;
        background-color: olive;
      }
      .container > div {
        color: white;
        width: 70px;
        margin: 10px;
        text-align: center;
        line-height: 50px;
        font-size: 30px;
      }
    </style>
</head>
<body>
    <h2>플렉스 flex-wrap: wrap; 실습</h2>
    <h3 style="color: red">
      디폴트 :<br />
      container { display: flex; flex-direction: row; flex-wrap:wrap}
    </h3>
    <div class="container">
      <div style="background-color: red">A</div>
      <div style="background-color: orange">B</div>
      <div style="background-color: yellow">C</div>
      <div style="background-color: green">D</div>
      <div style="background-color: blue">E</div>
      <div style="background-color: indigo">F</div>
      <div style="background-color: violet">G</div>
      <div style="background-color: mistyrose">H</div>
      <div style="background-color: darkgreen">I</div>
```

```
        <div style="background-color: darkred">J</div>
        <div style="background-color: darkorange">K</div>
        <div style="background-color: darkblue">L</div>
    </div>
</body>
```

4 flex-flow 속성

flex-flow 속성은 flex-direction과 flex-wrap 속성을 한 번에 설정할 수 있는 단축형이다. Flex-direction 속성은 주축의 방향을 설정할 때 사용하는 속성이고, flex-wrap은 자식 아이템들을 2줄 이상 배치할 것인지를 결정하는 속성이다. 기본 문법은 다음과 같다.

```
flex-flow: [flex-direction] [flex-wrap];
```

다음과 같은 방식으로 컨테이너를 기술하면 된다.

```
.container {
  display: flex;
  flex-flow: row  wrap; /* 주축은 row, 여러 줄로 배치 */
  /*flex-flow: column  wrap-reverse*/
}
```

4 align-items 속성

align-items 속성은 flex 컨테이너 내부의 자식 아이템들을 교차축(cross axis) 방향으로 정렬하는 방식을 설정할 때 사용한다. 교차축은 주축과 수직인 방향을 말한다.

align-items 속성을 이해하기 위해서는 플렉스 박스의 컨테이너에 높이를 지정해야 한다. 높이가 있어야 전체 컨테이너 공간에서 교차축 방향으로 아이템들을 위치시킬 수 있게 속성을 설정할 수 있다. 디폴트 값은 교차축을 꽉 채우는 stretch이다. 기본 문법은 다음과 같다.

> align-items: stretch(디폴트) | start | end | center;
>
> - stretch: 컨테이너의 교차축을 채우기 위해 아이템을 확장(stretch)함(디폴트)
>   단, 아이템의 교차축의 크기(높이 혹은 너비)가 설정되어 있지 않을 것
> - start: 교차축을 기준으로 아이템을 컨테이너의 시작에 정렬해 배치함
> - end: 교차축을 기준으로 아이템을 컨테이너의 끝에 정렬해 배치함
> - center: 교차축을 기준으로 컨테이너의 중앙에 배치함

다음은 align-items 속성을 알아보는 예제이다. Align-items 속성은 변경해 가면서 브라우저 화면 출력을 확인해 보기 바란다.

```
<!DOCTYPE html>
<html lang="en">
  <head>
    <meta charset="UTF-8" />
    <meta name="viewport" content="width=device-width, initial-scale=1.0" />
    <title>플렉스 wrap 실습습</title>
```

```html
    <style>
      .container {
        display: flex;
        /* align-items: strech, start, end, center */
        align-items: center;
        background-color: mistyrose;
        height: 200px;
        border: 2px solid black;
      }
      .container > div {
        color: white;
        width: 70px;
        margin: 5px;
        text-align: center;
        line-height: 50px;
        font-size: 30px;
      }
    </style>
  </head>
<body>
    <body>
        <h2>플렉스 align-items 실습습</h2>
        <h3 style="color: red">
          디폴트 :<br />
          container { display: flex; align-items: stretch;}
        </h3>

        <div class="container">
          <div style="background-color: red">A</div>
          <div style="background-color: orange">B</div>
          <div style="background-color: blue">C</div>
        </div>
    </body>
</body>
</html>
```

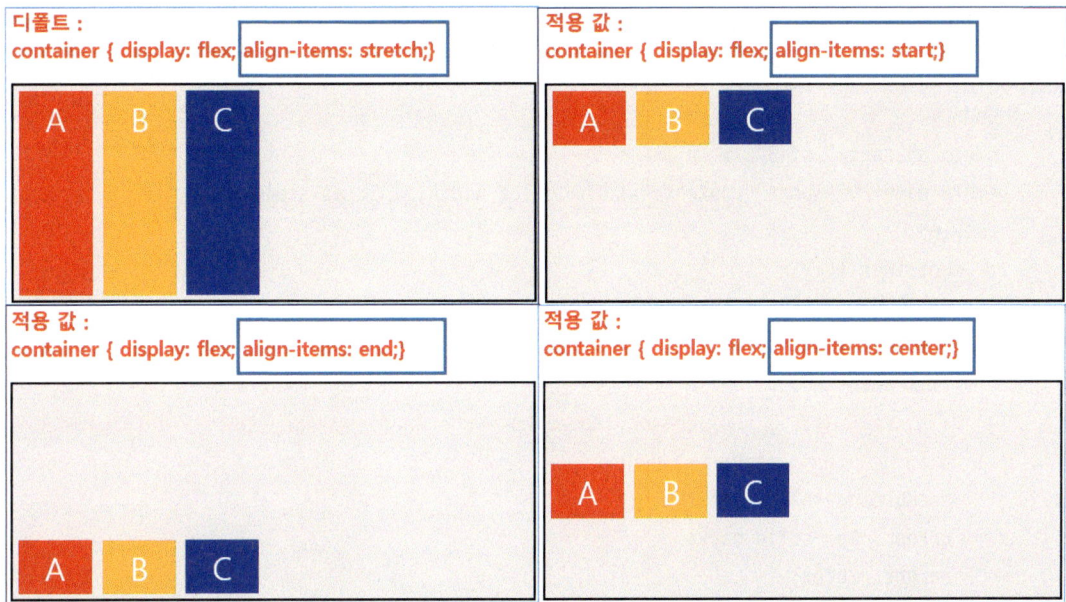

5 align-content 속성

align-content 속성은 flex 컨테이너 안의 자식 아이템들을 2줄 이상 배치할 때 교차축 방향으로의 정렬 방식을 결정한다. 주축 방향으로 정렬할 때 사용하는 속성인 justify-content 속성과 같은 속성값을 사용한다. 따라서 별도의 속성값에 대한 설명은 justify-content 속성 부분을 참고하기 바란다. 기본 문법은 다음과 같다.

```
align-content: stretch(디폴트) | start | end | center | space-around |
               space_between | space-evenly;
flex-wrap: wrap;   /*반드시 이 속성이 설정되어 있어야 함*/
```

다음은 align-content 속성을 알아보기 위한 예제이다.

```html
<!DOCTYPE html>
<html>
  <head>
    <meta charset="utf-8" />
    <meta name="viewport" content="width=device-width, initial-scale=1.0" />
    <style>
      .container {
        /* 플렉스 컨테이너 */
        display: flex;
        flex-wrap: wrap;
        /*start(디폴트), end, center, space-between, space-around, space-evenly;*/
        align-content: space-between;
        background-color: lightblue;
        border: 1px solid navy;
        height: 200px;
      }
      .item {
        width: 100px;
        background-color: white;
        font-size: 24px;
        border: 1px solid blue;
      }
    </style>
  </head>
  <body>
    <h2 style="color: blue">flex box: align-content: space-between;</h2>
    <h4>반드시 flex-wrap: wrap; 으로 설정되어 있어야 함</h4>
    <div class="container">
      <div class="item">item1</div><div class="item">item2</div>
      <div class="item">item3</div><div class="item">item4</div>
      <div class="item">item5</div><div class="item">item6</div>
      <div class="item">item7</div><div class="item">item8</div>
      <div class="item">item9</div><div class="item">item10</div>
      <div class="item">item11</div><div class="item">item12</div>
    </div>
  </body>
</html>
```

flex box : align-content : start

반드시 **flex-wrap : wrap;** 으로 설정되어 있어야 함

item1	item2	item3	item4	item5
item6	item7	item8	item9	item10
item11	item12			

flex box : align-content : end;

반드시 **flex-wrap : wrap;** 으로 설정되어 있어야 함

item1	item2	item3	item4	item5
item6	item7	item8	item9	item10
item11	item12			

flex box : align-content : center;

반드시 **flex-wrap : wrap;** 으로 설정되어 있어야 함

item1	item2	item3	item4	item5
item6	item7	item8	item9	item10
item11	item12			

flex box : align-content : space-between;

반드시 **flex-wrap : wrap;** 으로 설정되어 있어야 함

item1	item2	item3	item4	item5
item6	item7	item8	item9	item10
item11	item12			

5.4 플렉스 아이템(Flex item)

아이템들의 부모인 컨테이너에 적용하는 속성이 아닌 아이템 자신에게 적용해야 하는 CSS 속성들이다. 다음은 플렉스 아이템들에 적용할 수 있는 CSS 속성들을 정리한 것이다.

Flex item 속성	설명
order	• order에 할당된 값이 작은 숫자의 아이템이 컨테이너의 앞에 배치 • 디폴트는 코딩 순서임
flex-grow	• 주축 방향으로 남는 공간을 아이템에 배분하는 비율을 결정 • 숫자로 할당하며, 값의 크기에 정비례해 남는 공간을 분배
flex-shrink	• 컨테이너가 줄어들 때 축소되는 비율을 결정
flex-basis	• 아이템의 initial main size를 설정(픽셀, %) • 모두 0으로 설정하면 동일한 크기의 item 보장
flex	• 아이템에 css 속성을 적용하는 단축형(shortcut) 방식 • **flex: flex-grow flex-shrink flex-basis;**
align-self	• 개별 아이템을 교차축 방향으로 정렬 • stretch ｜ center ｜ start ｜ end

1 order 속성

Order 속성은 flex 컨테이너 안에 있는 자식 아이템들의 배치 순서를 지정할 때 사용한다. Order에 할당한 값이 작을수록 컨테이너의 앞쪽에 배치된다. 디폴트 배치 순서는 코딩 순서이며 모두 0의 값을 가진다. 음수의 값도 사용할 수 있지만, 일반적이지는 않다.

다음은 order 속성을 알아보기 위한 예제이다.

```html
<head>
 <style>
    .container {
      display: flex;
      /* align-items: stretch;   디폴트*/
      background-color: rgb(132, 66, 245);
    }
    .container > div {
      background-color: white;
      width: 100px;
      margin: 5px;
      text-align: center;
      line-height: 60px;
    }
  </style>
</head>
<body>
  <h3>플렉스 아이템 order 속성</h3>
  <div class="container">
    <div style="order: 4">코딩순서1<br />(order=4)</div>
    <div style="order: 3">코딩순서2<br />(order=3)</div>
    <div style="order: 2">코딩순서3<br />(order=2)</div>
    <div style="order: 1">코딩순서4<br />(order=1)</div>
    <div style="order: 5">코딩순서5<br />(order=5)</div>
  </div>
</body>
```

플렉스 아이템 속성인 order는 반응형 디자인에서 화면 크기가 변경되는 브레이크 포인트에서 레이아웃을 변경할 때 주로 사용한다. 아래는 실제 코딩 순서와 order 속성값에 따른 출력의 변화를 보여준다.

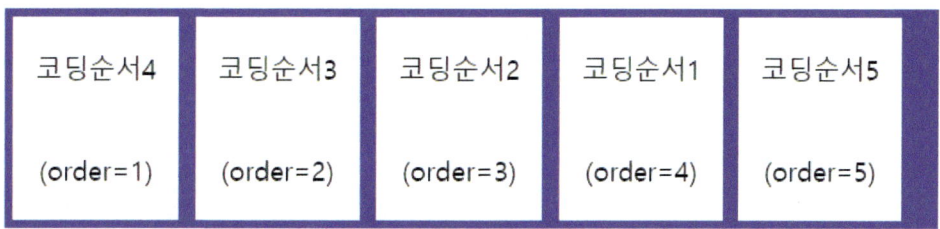

2 flex-grow 속성

플렉스 아이템에 flex-grow 속성을 적용하면, 최초의 아이템이 차지하는 공간을 제외한 주축 방향으로 남는 공간을 배분하여 아이템에 배분한다. 즉, 플렉스 아이템에 flex-grow 속성을 설정하면, 해당 플렉스 아이템에 설정된 전체 flex-grow 설정값을 합산하고, 전체에서 각 flex-grow 속성 설정 아이템의 비율을 계산해 비율만큼 남은 공간을 나누어 가진다. 따라서 flex-grow 속성값을 설정하지 않은 아이템들은 크기의 변화가 없다.

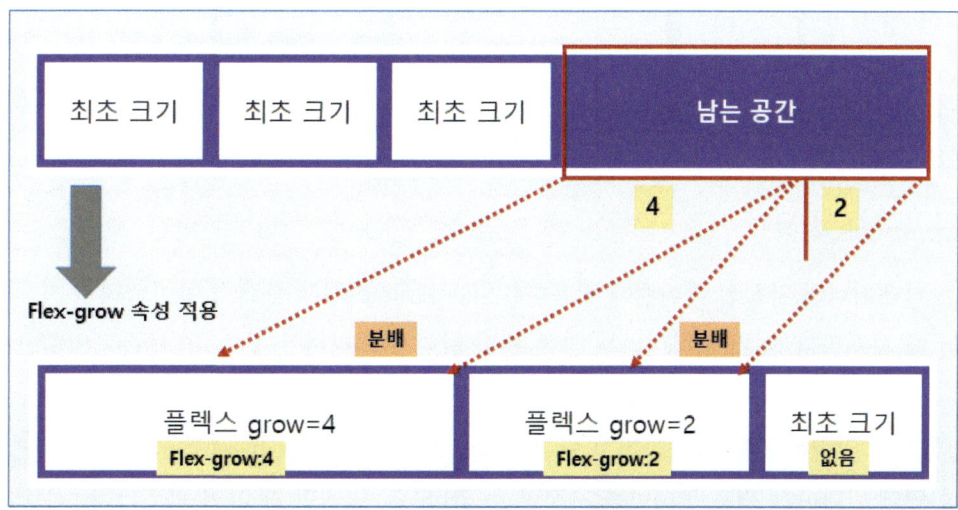

3 flex-shrink 속성

컨테이너의 아이템에 적용하는 flex-shrink 속성은 본래 지정한 너비보다 줄어들 때 작동하는 속성이다. flex-shrink 속성을 지정하지 않으면 브라우저의 너비가 줄어들어도 본래의 너비를 유지한다. 그렇지만 flex-shrink 속성을 설정했을 때 공간이 부족하면 설정된 값의 크기에 비례하여 너비가 줄어든다. 다만 텍스트의 최소 단어 너비까지 축소되면 더 이상은 축소되지 않고, 최소 단어보다 더 큰 너비를 가지는 flex-shrink 설정 아이템들만 축소된다.

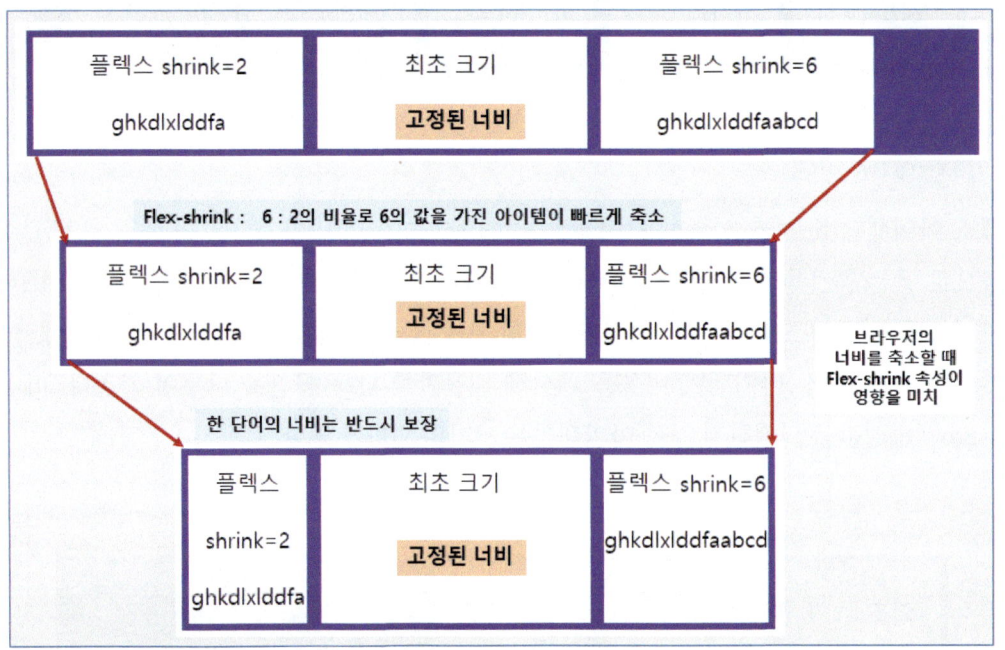

4 flex-basis 속성

플렉스 컨테이너의 자식인 아이템에 적용하는 flex-basis 속성은 플렉스 아이템의 초기 너비를 지정할 때 사용한다. 여기서 너비라는 말은 수평 방향을 의미하는 것이 아닌 주축 방향으로 길이를 너비라고 한다. 따라서 시각적 관점에서 보면 길이는 주축이 설정된 방향에 따라 너비 혹은 높이일 수 있다는 것만 주의하기 바란다. 아이템들에 대해 flex-basis 속성을 적용하면 브라우저 화면에 나타나는 최초의 너비를 지정할 수 있다. 단, 이러한 각 아이템의 너비는 브라우저 화면이 각 아이템의 너비를 수용할 수 있을 경우이다. 그렇지만 브라우저의 너비가 줄어들면

flex-basis 속성을 갖는 아이템들은 동일한 비율로 축소된다. flex-basis 속성의 기능을 이해하기 위한 예제는 아래와 같다.

```html
<head>
    <style>
      .container {
        display: flex;
        background-color: lightgray;
      }
      .container > div {
        color: white;
        margin: 4px;
        text-align: center;
        line-height: 50px;
        font-size: 30px;
      }
      .container > div:nth-child(2n + 1) {
        flex-basis: 200px;
      }
      .container > div:nth-child(2n) {
        flex-basis: 100px;
      }
    </style>
</head>
<body>
  <div class="container">
    <div style="background-color: red">A</div>
    <div style="background-color: orange">B</div>
    <div style="background-color: lightcoral">C</div>
    <div style="background-color: green">D</div>
  </div>
</body>
```

홀수 번째에 위치한 아이템들은 flex-basis가 200px이고, 짝수 번째 위치한 아이템들은 100px로 설정하였다. 브라우저 너비가 아이템들을 모두 정상적으로 보여줄 수 있기 때문에 아이템들은 설정된 너비를 가진다. 그러나 만약에 브라우저의 너비가 줄어들면 flex-basis 속성을 적용한 모든 아이템은 동일한 비율로 너비가 축소된다. 다음 그림을 살펴보기 바란다.

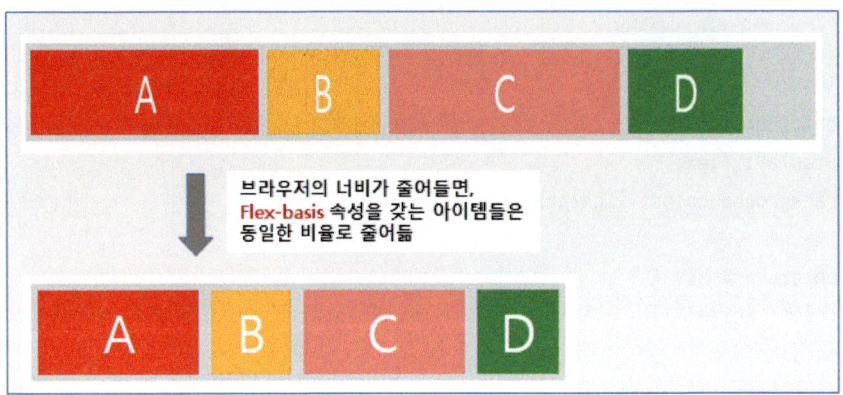

5 flex 속성

flex 속성은 flex-grow, flex-shrink 및 flex-basis 속성을 일괄적으로 적용하는 단축 속성이다.

```
flex: flex-grow  flex-shrink  flex-basis;
```
- flex 0 1 auto; //(디폴트)
- flex: 1 0 0; //브라우저 너비에 상관없이 모든 아이템들이 동일한 비율로 배분
- flex: 1 1 0; //위와 동일하게 동작(flex-bais는 작동하지 않음)
- flex: 1 0 150px; //아이템의 최소 너비는 150px이며, 동일한 비율로 증가

여기서 제시한 예만 알고 있으면 flex 속성을 충분히 활용할 수 있다.

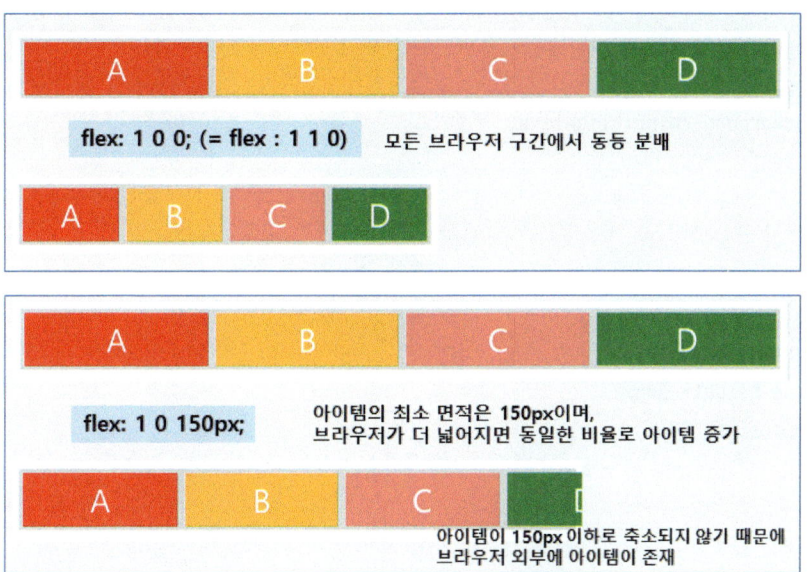

6 align-self 속성

플렉스 컨테이너의 아이템에 적용하는 속성 중에서 교차축 방향으로 개별 아이템에 적용할 수 있는 CSS 속성이 있다. 교차축 방향으로 align-self 속성을 적용하기 위해서는 반드시 부모인 플렉스 컨테이너에 높이가 설정되어 있어야 한다.

```
align-self: stretch | center | start | end;
```

align-item 속성을 사용하면 개별 아이템에 대해 교차축 방향으로 레이아웃 배치를 할 수 있다. 다음은 align-item 속성을 사용한 예제이다.

```html
<!DOCTYPE html>
<html>
  <head>
    <style>
      .container {
```

```
      display: flex;
      gap: 4px;
      background-color: lightgray;
      height: 300px;
    }

    .container > div {
      color: white;
      text-align: center;
      line-height: 50px;
      font-size: 30px;
      flex: 1 0 0;
    }
  </style>
</head>
<body>
  <div class="container">
    <div style="background-color: red; align-self: stretch">A(stretch)</div>
    <div style="background-color: orange; align-self: start">B(start)</div>
    <div style="background-color: lightcoral; align-self: center">
      C(center)
    </div>
    <div style="background-color: green; align-self: end">D(end)</div>
  </div>
</body>
</html>
```

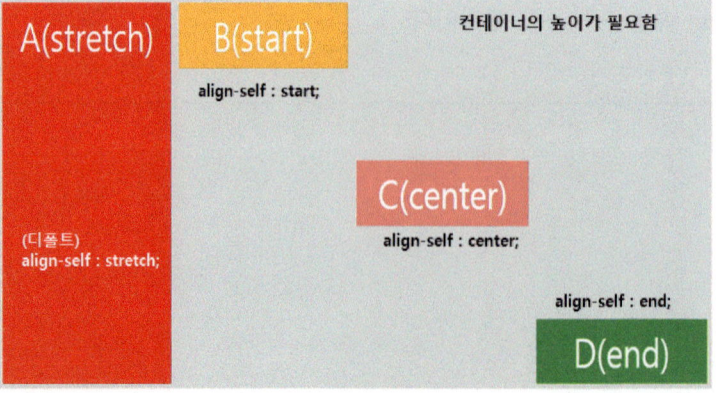

5.5 flex를 사용한 컨텐츠의 정중앙 정렬

요소의 콘텐츠를 플렉스 컨테이너 내의 정중앙 위치시킬 수 있다. 이미 학습한 내용을 기반으로 속성을 설정하면 된다. 요소 콘텐츠를 정중앙에 위치시키는 기본 문법은 다음과 같다.

■ 플렉스 컨테이너의 정중앙에 컨텐츠를 위치시키는 방법

```css
.container {
    display: flex;
    justify-content: center;
    align-items: center;
    width: 100%;
    height: 200px;
    font-size: 2.5rem;
    border: 2px red outset;
}
```

아울러 margin 속성을 활용하면 부모 너비의 일부만을 사용하는 블록 요소는 너비 방향으로 가운데 정렬을 할 수 있다. 다음의 기본 문법을 적용하면 된다.

■ 부모 너비의 일부만 사용하는 블록요소의 너비 방향으로 가운데 정렬

```css
.horizontal-center {
    width: 400px;
    padding: 10px;
    border: 2px solid darkblue;
    margin: 0 auto;
}
```

다음은 위에서 설명한 2가지 정렬을 구현한 예제이다. 정중앙 정렬이나 가운데 정렬은 매우 많이 사용되기 때문에 반드시 알고 있어야 한다.

```html
<!DOCTYPE html>
<html lang="en">
  <head>
    <meta charset="UTF-8" />
    <meta name="viewport" content="width=device-width, initial-scale=1.0" />
    <title>요소 정중앙 정렬</title>
    <style>
      .container {
        display: flex;
        justify-content: center;
        align-items: center;
        width: 100%;
        height: 200px; /* 화면 높이를 100%로 설정하여 전체 화면을 차지하게 함 */
        font-size: 2.5rem;
        border: 2px red outset;
      }
      .horizontal-center {
        width: 400px;
        padding: 10px;
        border: 2px solid darkblue;
        margin: 0 auto;
      }
    </style>
  </head>
  <body>
    <h2>flex 박스: 요소의 상하좌우 정중앙에 컨텐츠 위치시키기</h2>
    <div class="container">
      <div class="item">안녕, 여러분!!(flex 속성)</div>
    </div>
    <h2>마진 사용: 블록 요소를 브라우저 가운데 정렬하기(너비)</h2>
    <div class="horizontal-center">
      부모 너비를 모두 사용하지 않는 블록 요소를 너비 방향으로 가운데 정렬시킬 때는 <span style="color: coral">{ margin: 0 auto; }</span>를 사용하세요. 지금 여러분들이 화면으로 보고 있는 이러한 정렬 방식은 많이 사용되는 것입니다.
    </div>
  </body>
</html>
```

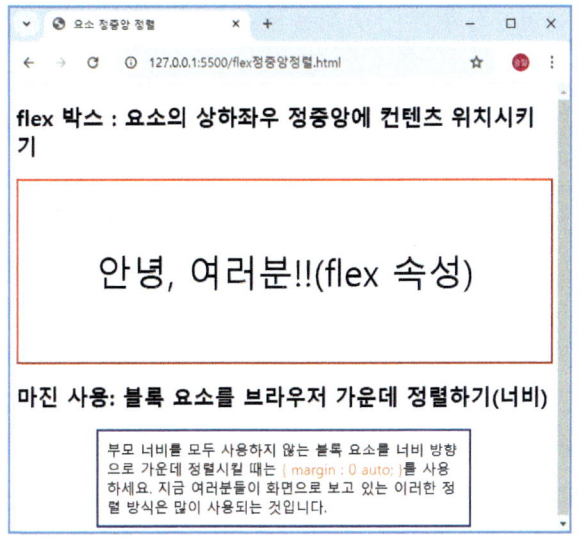

5.6 미디어 쿼리(@media)

@media 쿼리(질의)는 CSS에서 특정 조건에 따라 스타일을 다르게 적용할 때 사용한다. 특히 반응형 웹(Responsive Web) 설계에서 자주 사용되며, 화면 크기, 해상도, 방향 등의 조건에 따라 상이한 스타일을 적용할 때 사용한다. 스마트폰, 태블릿, 데스크 탑 등 기기의 사양에 적합한 웹 페이지를 능동적으로 구성해 사용자 경험을 향상시킬 수 있다. 일반적으로 화면의 크기에 따라 레이아웃을 재구성하여 요소를 배치할 때 많이 사용한다. @media 쿼리는 조건에 따라 다르게 동작하는 독립적인 쿼리를 여러 개 사용할 수 있다. 기본 문법은 다음과 같다.

```
@media (조건) {
    선택자 {
        /*조건에 합당할 때, 적용할 스타일 속성들을 작성;*/
    }
}
```

- @media: 미디어 쿼리를 시작할 때 사용하는 키워드
- (조건): 화면 크기, 기기 종류 등 다양한 조건 적용.
  and, or(쉼표로 대체 가능함), not 등의 연산자 사용 가능

미디어 쿼리의 조건을 판별하기 위해 자주 사용되는 속성들을 아래와 같이 정리하였다.

사용 속성	설명	조건 예시
max-width	지정한 너비 이하일 때 스타일 적용	@media (max-width: 720px)
min-width	지정한 너비 이상일 때 스타일 적용	@media (min-width: 720px)
max-height	지정한 높이 이하일 때 스타일 적용	@media (max-height: 960px)
min-height	지정한 높이 이상일 때 스타일 적용	@media (min-height: 10800px)
orientation	기기의 화면 방향 landscape(가로방향), portrait(세로방향)	@media (orientation: landscape)
aspect-ratio	화면 비율(너비:높이)에 따른 스타일	@media (aspect-ratio: 16/9)

1 미디어 쿼리 조건(Condition)

미디어 쿼리를 사용하는 상당수의 경우에는 하나의 조건을 사용한다.

```
@media (min-width: 768px) { /* 화면 너비가 768px 이상일 때 스타일 적용 */
/*@media (orientation: landscape) { (가로방향 화면일 때 스타일 적용)*/
  .nav {
    display: inline-block;
    color: olive;  background-color: mistyrose;
  }
}
```

미디어 쿼리는 and, or(쉼표로 대체 가능), not 연산자를 지원한다.

- @media (A) and (B) : 조건 A와 조건 B가 모두 참일 때
- @media (A), (B) : 조건 A나 조건 B 중에 하나라도 참일 때(or = ,)
- @media not (A) : 조건 A가 참이 아닐 때(거짓일 때)

다음은 쿼리 조건과 논리 연산자를 결합한 예이다.

- and 연산자(두 조건이 모두 참일 때)

```css
@media (min-width: 768px) and (orientation: landscape) {
  .main {
    font-size: 18px;   color: navy; width: 200px;
  }
}
```

- or(,) 연산자(한 조건이라도 참일 때)

```css
@media (max-width: 960px) or (orientation: portrait) {
  .section {
    font-weight: bold;   font-size: 14px;
  }
}
```

다음은 화면의 크기에 따라 다른 CSS 스타일을 적용하기 위해 미디어 쿼리를 작성한 예이다. 그리고 "screen"은 미디어 쿼리에서 미디어 유형(Media Type)을 지정할 때 사용되며, 웹 페이지가 모니터, 스마트폰, 태블릿 등과 같이 화면으로 볼 수 있는 모든 장치에 표시될 때를 의미한다. 너비 속성이 화면의 너비이므로, 예에서는 생략 가능하다.

```css
/*너비가 720px 이상이면, 여기 기술한 스타일 적용*/
@media screen and (min-width: 720px) { /*screen 생략 가능*/
  .sidebar {width: 200px; float: left;}
  .main {margin-left: 2rem;
         color: blue;
  }
}
/*너비가 992px 이상이면, 여기 기술한 스타일 적용*/
@media screen and (min-width: 992px) {
   body {
       background-color: blue;   color: red; }
}
```

2 미디어 쿼리 예제

다음은 미디어 쿼리의 간단한 예제이다. 예제에서는 화면의 너비 변화에 따라 배경색, 글자색, 배치 등을 변화시킨다.

```html
<!DOCTYPE html>
<html>
  <head>
    <meta charset="UTF-8" />
    <style>
      body { /*화면 너비 600px 미만*/
        background-color: mistyrose;   box-sizing: border-box;   }

      /*화면 너비 600px 이상*/
      @media screen and (min-width: 600px) { /*screen: 생략 가능*/
        body {  background-color: lavender; }
        .sect1 {  display: inline-flex;
          width: 49%;    color: red;   border: 1px solid red;    }
        .sect2 {  display: inline-flex;
          width: 49%;   color: green;   border: 1px solid darkblue;    }
      }
      /*화면 너비 960px 이상*/
      @media screen and (min-width: 960px) {
        body {  background-color: beige;    }
        .sect1 {
          display: inline-flex;  width: 32%;  }
        .sect2 {
          display: inline-flex;   width: 32%; }
        .sect3 {
          display: inline-flex;   width: 32%;
          color: darkblue;   border: 1px solid purple;    }
      }
    </style>
  </head>
  <body>
    <h1>미디어 쿼리 적용해보기</h1>
    <p>
```

```html
        미디어 쿼리를 적용하면 화면의 크기에 따라 화면의 레이아웃을 변경할 수
        있어요.
    </p>
    <p class="sect1">
        마이산: 이름처럼 말의 귀를 닮은 모양으로 두 개의 바위 봉이 나란히 솟아
        있다. 봉우리 이름에 암수를 붙여 동쪽 봉우리를 숫 마이봉, 서쪽 봉우리를
        암마이봉이라 칭한다. 암마이봉이 약간 더 높지만, 큰 차이는 나지 않는다.
    </p>
    <p class="sect2">
        향일암: 금오산의 기암절벽 사이에 울창한 동백이 남해의 일출과 어우러져
        절경을 이룬다고 하여 붙여진 이름이다. 백제 의자왕 19년인 659년 원효대사가
        원통암이라는 이름으로 처음에 창건했다고 한다. 유명 관광지이며, 근처
        마을에는 여수 특산품인 갓김치 판매하고 있다.
    </p>
    <p class="sect3">
        독산성: 백제 시기에 축조한 것으로 추정된다. 최초에는 토성이었으며, 이후
        신라가 돌로 성을 보충하였으며, 돌로 축조된 성벽의 길이는 약 3.6㎞이다.
        정확한 축성시기는 알 수 없으나, 독산성이 위치한 자리는 한강 권역에 가까운
        전략적 요충지였다.
    </p>
</body>
</html>
```

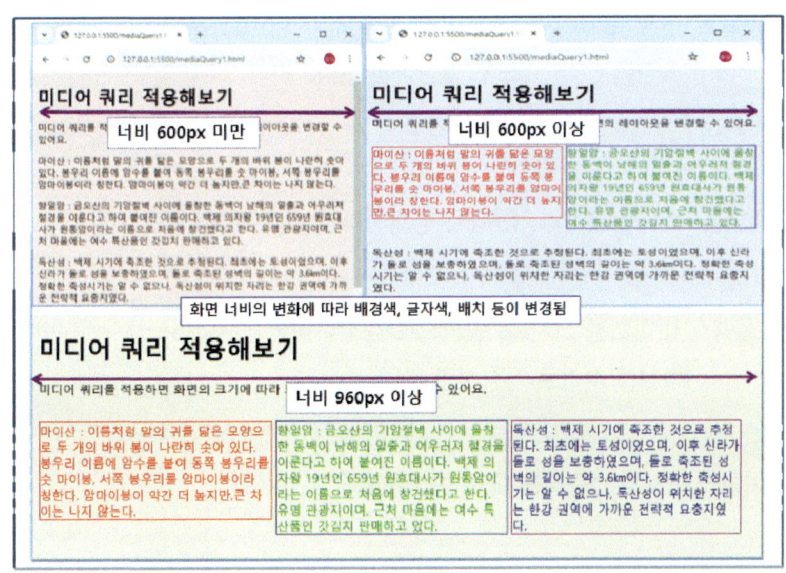

연습문제

1. 플렉스 컨테이너를 만드는 CSS 속성은?
   ① display: flex;   ② display: block;
   ③ display: inline;   ④ display: grid;

2. 플렉스 아이템의 주축 방향을 결정하는 CSS 속성은 (   )이다.

3. flex-wrap: wrap; 속성은 플렉스 아이템이 컨테이너를 넘칠 때 처리 방법은?
   ① 넘치는 아이템을 숨김
   ② 넘치는 아이템을 다음 줄로 배치
   ③ 넘치는 아이템의 크기를 줄여서 한 줄에 배치
   ④ 컨테이너의 크기를 늘려서 모든 아이템을 한 줄에 배치

4. 플렉스 아이템을 주축 방향으로 정렬하는 CSS 속성은 (   )이다.

5. 플렉스 아이템을 주축 방향의 양쪽 끝으로 정렬하고, 아이템 사이의 간격을 동일하게 하려면 justify-content 속성을 (   )으로 설정하면 된다.

6. 플렉스 아이템을 교차 축 방향의 가운데로 정렬하려면 align-items 속성을 (   )로 설정한다.

7. 여러 줄의 플렉스 아이템을 교차 축 방향으로 정렬하려면 먼저 flex-wrap: wrap;으로 설정된 상태에서 (   )속성을 추가로 지정하면 된다.

8. 플렉스 아이템의 순서를 변경하는 CSS 속성은 (   )이다.

연습문제

9. 플렉스 박스 디자인에서 order 속성의 값이 작을수록 플렉스 아이템의 배치는?

① 뒤쪽에 배치 ② 앞쪽에 배치
③ 가운데에 배치 ④ 순서는 변경되지 않음

10. 플렉스 아이템이 차지할 수 있는 공간의 비율을 지정하는 CSS 속성은 (   )이다.

11. flex-grow: 1; 속성을 모든 플렉스 아이템에 적용하면 결과는?

① 모든 아이템이 동일한 크기로 배치
② 모든 아이템이 컨테이너의 남은 공간을 동일한 비율로 나누어 분할
③ 첫 번째 아이템만 컨테이너의 남은 공간을 차지
④ 마지막 아이템만 컨테이너의 남은 공간을 차지

12. align-self 속성을 옳게 설명한 것은?

① 플렉스 컨테이너의 방향을 설정 ② 모든 플렉스 아이템의 주축 정렬을 설정
③ 개별 플렉스 아이템의 교차 축 정렬을 설정 ④ 플렉스 컨테이너의 줄 바꿈을 설정

13. order 속성의 기본값은 (   )이다.

CHAPTER **6**

JavaScript 시작하기

CONTENTS

6.1 개요

6.2 식별자(Identifier)와 주석(Comment)

6.3 변수와 상수

6.4 다이얼로그 박스를 사용한 메시지 출력 및 사용자 입력하기

6.5 연산자(Operator)

6.6 데이터형(Data Types)

6.7 숫자(Number)

6.8 문자열(String)

6.9 템플릿 리터럴(Template Literal)

6.10 부울(Bool)

6.11 배열(Array)

6.12 구조분해 할당(Destructuring Assignment)

6.13 전개 연산자(Spread Operator)

- 연습문제

6.1 개요

JavaScript(자바스크립트) 언어는 전 세계에서 가장 주목받고 있는 프로그래밍 언어에 속한다. JavaScript 언어를 처음 사용하게 된 계기는 클라이언트인 사용자의 웹 브라우저에서 동적인 액션을 지원하기 위해 개발되었지만, Node.js가 출현하면서 웹 서버용으로도 사용되고 있다. 만약에 자신이 웹 개발자가 되고자 한다면, HTML, CSS 및 JavaScript는 반드시 알고 있어야 한다. JavaScript는 ECMAScript 규약을 따르는 인터프리터 방식의 프로그래밍 언어이다. JavaScript를 줄여서 JS라고 부른다. HTML, CSS 그리고 JavaScript는 웹 페이지 제작을 위한 핵심 기술이다. 이전까지 HTML, CSS를 학습하였기 때문에, 이제부터는 JavaScript를 학습할 것이다. JavaScript와 Java는 다른 언어이다. Java 프로그래밍 언어를 알고 있는 독자들은 새로운 언어를 배운다고 생각하고 학습에 임해야 한다. 물론 다양한 언어를 알고 있는 독자라면 JavaScript에 대한 학습 속도가 매우 빠를 것이다. 지금부터 JavaScript 언어에 대해 순차적으로 학습해 보자.

웹 개발자가 되고자 한다면, 3개의 언어는 기본적으로 알고 있어야 한다. 웹 페이지의 전체적인 내용은 HTML(HyperText Markup Language) 언어를 사용해 작성하고, 웹 페이지의 글자색,

발표 년도	버전	별칭
1997	ECMAScript 1	ES1
1998	ECMAScript 2	ES2
1999	ECMAScript 3	ES3
-	ECMAScript 4	발표되지 않음
2009	ECMAScript 5	ES5
2011	ECMAScript 5.1	ES5.1
2015	ECMAScript 2015	ES6
2016	ECMAScript 2016	ES7
2017	ECMAScript 2017	ES8
2018	ECMAScript 2018	ES9
2019	ECMAScript 2019	ES10

매년 새로운 자바스크립트 확장 버전이 추가되고 있음

배경색, 글자 크기, 문단 배치 등 스타일(디자인)을 적용하려면 CSS(Cascading Style Sheet) 언어를 사용해 완성하고, 웹 페이지에 동적인 동작(액션)을 부여하고 싶다면 JavaScript 언어를 사용해야 한다.

JavaScript 언어는 1995년 Brendan Eich가 최초로 발표하였다. 이후 1997년 ECMA 표준이 되었다. ECMA(European Computer Manufacturers Association)는 1961년 설립되었으며, 정보통신기술 및 소비자 가전에 대한 표준을 제정하는 협회이다. ECMA는 최초의 JavaScript 표준으로 ECMAScript 1을 1997년 제정하였다. 따라서 JavaScript 언어의 공식적인 이름은 ECMAScript이지만, 줄여서 ES로 사용한다. JavaScript와 관련된 신규 문법이나 확장된 표준안은 사실상 매년 추가되고 있다.

크롬, 엣지, 오페라, 사파리, 파이어폭스 등 세계적인 웹 브라우저에서는 ES7 버전 이상의 최신 표준안도 지원한다. 여러분들은 ES5, ES6, ES7 등을 포함해 그 이상의 버전에 대한 자바스크립트 문법을 학습하기를 권고하는 바이다.

웹 페이지를 제작할 때 HTML, CSS 및 JavaScript에 대한 지식이 필요하고 하였는데, 이러한 3개의 언어에서 수행하는 기능을 코드와 대응시켜 보여주고 있다.

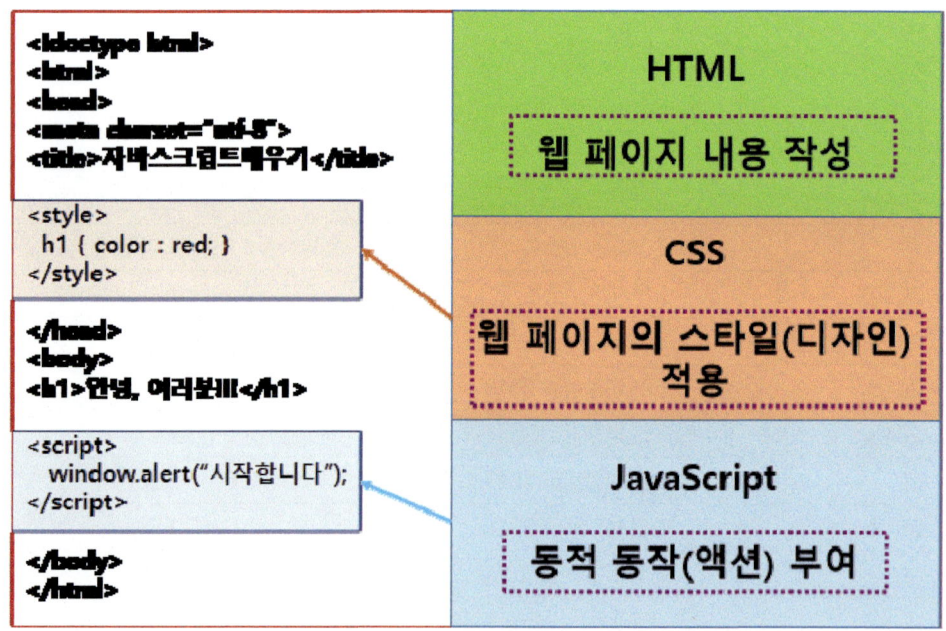

HTML 언어는 웹 페이지의 전체 내용을 표현하고, CSS는 웹 페이지의 디자인(스타일)을 수행한다. JavaScript는 HTML 언어 내에 <script> 태그 내에 일반적으로 작성한다. 웹 페이지에 동적인 동작(액션)을 부여하기 위해 사용한다. JavaScript 언어를 사용해 별도의 파일로 작성된 파일명의 확장자는 *.js이다. JavaScript를 활용해 구현할 수 있는 것들은 아래와 같다.

- 웹 페이지에 새로운 HTML 요소를 추가할 수 있음
- HTML 내용 및 스타일을 변경할 수 있음
- 마우스나 키보드에 대한 사용자 동작에 응답할 수 있음(이벤트).
- Form 데이터의 유효성 검증이 가능함
- 애니메이션 및 효과(Effect)를 지원
- 웹 브라우저에 대한 조작 지원
- 쿠키 조작 및 로컬 스토리지 데이터 저장 지원
- Node.js와 같이 웹 서버 프로그램으로 사용

위에서 언급된 모든 내용을 다룰 수는 없지만, 이 책을 통해 JavaScript에서 지원하는 많은 기능을 학습해 보자.

6.2 식별자(Identifier)와 주석(Comment)

여기서는 JavaScript의 식별자와 주석에 대해 알아보자.

1 식별자(Identifier)

JavaScript 코드 내에서 변수, 함수, 객체, 배열, 속성 이름 등을 식별(구분)하기 위해 사용하는 문자열을 식별자라고 한다. 식별자를 작명할 때는 JavaScript에서 정한 규칙을 따라야 한다. 식별자 작명 규칙은 다음과 같다.

- 대소문자를 구분한다. let abc와 let ABC는 다릅니다.
- 숫자로 시작할 수 없다. let 7abc, 123x 등은 허용하지 않는다.

- $, _, 영문자, 숫자의 조합으로 식별자를 구성할 수 있다.
- let $abc, _x, abs, a12 등이 가능하며, 특수 문자는 $, _ 만 허용한다.
- 하나의 식별자에 공백문자를 포함할 수 없다. let ab cd;는 식별자 오류이다.

이미 다른 프로그래밍 언어를 학습할 때 배웠겠지만, 식별자의 이름을 작명할 때는 의미 있는 이름을 사용하기 바란다. 어떤 사람의 성과 이름을 저장할 변수를 선언할 때, let a="홍"; let b="길동"처럼 작명하지 않는 것이 좋다. 식별자를 보고 바로 떠오를 수 있는 이름을 부여하기 바란다. 그리고 JavaScript는 lower Camel 방식의 작명법을 따르고 있으므로, 객체를 제외한 모든 식별자 작명시 첫 글자는 소문자로 시작하자. 그리고 연관된 두 번째 의미있는 단어를 붙일 때 첫 번째를 글자를 대문자로 시작하기 바란다. 예를 들면, 사람의 성은 영어로 "last name"이다. 이것을 식별자로 사용하고 싶으면, let lastName = "홍"과 같이 작명하면 된다. 그렇다면, 사람 이름은 영어로 "first name"입니다. 변수를 정의하면 let firstName = "길동"과 같이 정의하면 된다. 참고로 식별자 작명 방식으로 upper camel 방식이 있는데, 이는 모든 단어의 시작 글자를 대문자로 표기한다. 예로는 let LastName ="홍"과 같다. JavaScript는 lower camel 방식의 작명법을 사용한다는 것을 잊지 말자. JavaScript 코어 객체는 JavaScript 언어에서 기본적으로 제공되는 내장 객체들을 의미한다.

JavaScript 언어는 객체지향 언어이기도 하다. 차후에 JavaScript 객체를 다루게 될 것이다. 객체는 속성과 메서드로 구성되는데, 속성과 메서드의 이름 또한 위에서 언급한 식별자 작명 규칙을 따른다.

- 객체의 속성과 메서드(함수)의 식별자 이름은 소문자로 작명.
- 객체명 식별자 정의시 첫 글자는 대문자를 원칙으로 함. let Ob ={이름:"홍길동"};
- 코어 객체 이름 Array, Math, Object, String, Number의 첫 글자는 대문자.

예약어, 즉 키워드는 JavaScript에서 이미 특정한 용도로 사용하고 있으므로 식별자로 사용하면 오류를 발생한다. 이러한 예약어들은 이미 여러분들이 다른 언어에서 보았던 것과 유사하다. 여러 번 반복해서 읽어보면 자연스럽게 알게 될 것이다.

break	case	catch	class
const	continue	debugger	default
delete	do	else	export
extends	finally	for	function
if	import	in	instanceof
new	return	super	switch
this	throw	try	typeof
let	void	while	with
yield	implements	package	public
interface	let	private	static
protected	throws	null	true
false	undefined		

2 주석(Comment)

주석은 프로그램의 수행에는 영향을 미치지 않으면서 작성한 프로그램의 특정 블록의 문서화나 프로그램 개발 동안의 일시적인 변경을 위해 사용한다. 적절한 주석의 사용은 프로그램의 인수인계나 추후의 디버깅 등에 유용하게 사용될 수 있다. 이 책에서 배우는 3가지 언어에 대한 주석을 정리해 볼 것이다. 그런데, JavaScript의 주석은 C언어나 C++ 언어와 같은 방법으로 사용하면 된다.

■ JavaScript

- 한 줄 적용: //줄의 특정 위치에 2개의 dash가 나오면 줄 끝까지 주석으로 간주함.
- 두 줄 이상 코드 블록 적용: /* 코드 블록 */

■ HTML

- 줄 수와 상관없이 〈!-- 코드 블록 --〉

■ CSS

- 줄 수와 상관없이 /* 여기에 주석 작성 */

```html
<!DOCTYPE html>
<html>
  <head>
    <meta charset="utf-8" />
    <title>주석 사용하기</title>
    <style>
      #p1 {  color: red;  }
      /*여러분 여기는 css의 주석입니다.*/
    </style>
  </head>
  <body>
    <!-- html의 주석입니다. 출력되지 않지요 .... -->
    <header><h1>환영합니다.</h1></header>
    <p id="p1">여러분 반갑습니다.</p>
    <script>
      //자바스크립트의 한 줄 주석입니다. 블록의 경우에 /* ......*/ 사용
      alert("자바스크립의 시작");
      /*
      한 줄 이상의 주석을 사용할 때는 이러한 방식을 사용하세요.
      c, c++ 언어와 동일한 방식으로 주석을 사용하지요.....
      */
    </script>
  </body>
</html>
```

3 HTML과 JavaScript의 연동

지금 학습하고 있는 JavaScript 언어는 약속된 장소에 코딩해야 한다. JavaScript 코드를 HTML에 포함하는 방법은 다음과 같다. 방법 1부터 3까지는 자주 사용하기 때문에 반드시 숙지하고 있어야 한다.

- 방법 1: `<script>자바스크립트코딩</script>` 태그 안에 작성(HTML의 모든 위치 가능)
- 방법 2: 외부에서 작성한 자바스크립트 파일을 불러와 사용
    `<script src="자바스크립트파일.js"></script>`
- 방법 3: HTML 태그의 **이벤트 속성**에 직접 작성이 가능함(onclick 등)
- 방법 4: <A> 태그의 href 내에 작성하는 경우 – 그다지 사용하지 않음(버튼사용)
    `<a href='javascript: alert("자바스크립트와 친해지기")'>경고창띄우기</a>`

방법 1은 이미 여러분들이 앞에 보았을 것이다. 방법 2부터 설명할 것이다. 먼저 순수 JavaScript로만 구성된 독립된 자바스크립트 소스 코드는 확장자가 *.js인 파일로 저장한다. 순수 JavaScript 코드는 HTML에서 읽어 들여 사용할 수 있다. 아래 두 예제는 동일한 브라우저 화면을 보여줄 것이다.

HTML 소스 코드에 JavaScript 포함	JavaScript 파일을 HTML에 포함시키기

```html\n<!DOCTYPE html>\n<html>\n<head>\n <meta charset="utf-8">\n <title>자바스크립트 시작하기</title>\n</head>\n<body>\n <h1>순수 자바 파일을 인클루드합니다.</h1>\n <script>\n let x = 10;\n let y = 20;\n alert(x+y);\n </script>\n</body>\n</html>\n```	```js\n//pureJS.js 파일: <script> 태그 사용 불가.\nlet x = 10;\nlet y = 20;\nalert(x+y);\n```
	
	```html\n<!DOCTYPE html>\n<html>\n<head>\n <meta charset="utf-8">\n <title>자바스크립트 시작하기</title>\n</head>\n\n<body>\n <h1>순수 자바 파일을 인클루드합니다.</h1>\n\n <script src="pureJS.js"></script>\n</body>\n</html>\n```

JavaScript 코드를 HTML 소스에 직접 포함할 때는 <script></script> 태그 안에 코드를 작성해야 한다. JavaScript 코드의 위치는 어떤 위치든 가능하다. 그러나 순차적으로 수행되기 때문에 함수를 호출하여 사용하지 않는다면 여러분이 코드 삽입 위치를 판단해야 한다. 그렇지만, 많은 JavaScript 코드는 함수를 사용하기 때문에 함수를 호출할 경우에는 해당 함수들은 일반적으로 HTML의 </body> 종료 태그 위에 정의한다. 별도의 순수 JavaScript 파일로 작성한 후 HTML 소스에 포함시킬 경우에는 <script src="js소스파일명"></script>와 같이 원하는 위치에 기술한다. 순수 JavaScript 파일 내에는 <script> 태그를 사용하지 말아야 한다는 것을 명심하시기 바란다. 그리고 예제의 alert( ) 함수는 웹 브라우저에 별도의 경고창을 띄워주는 함수이며, 함수로 전달하는 문자열을 경고창에 보여준다.

문자열은 "abc"와 같이 이중 인용부호로 감싸거나, 'abc'와 같이 단일 인용부호로 감싼다.

다만, 시작과 끝을 동일한 인용부호를 사용하면 된다.

다음은 HTML의 이벤트 속성에 JavaScript 코드를 직접 작성하거나 함수를 호출해 사용할 수 있다. 예제는 "onclick"(요소에 마우스를 클릭할 때 발생하는 이벤트)를 <button> 태그에 적용하고 있다. 버튼 태그를 클릭해 이미지를 동적으로 변경하고 있다. 이벤트 활용은 이 책의 끝부분에서 학습할 것이기 때문에 우선은 전체적인 흐름만 파악하고 있어도 좋다.

```
<!DOCTYPE html>
<html>
  <head>
    <meta charset="utf-8" />
  </head>
  <body>
    <h3>태그의 이벤트 속성에 자바스크립트 작성</h3>
    <p>버튼을 클릭하면 사진이 변경되는 예</p>
    <img  id="img1"  src="https://picsum.photos/200?random=1"
      style="width: 250px" /><br />
    <button

onclick="document.getElementById('img1').src='https://picsum.photos/250?random=7'"
      > 위의 그림을 변경하기 </button>
```

```
    <button
onclick="document.getElementById('img1').src='https://picsum.photos/250?random=1'"
    > 처음 그림으로 돌리기 </button>
  </body>
</html>
```

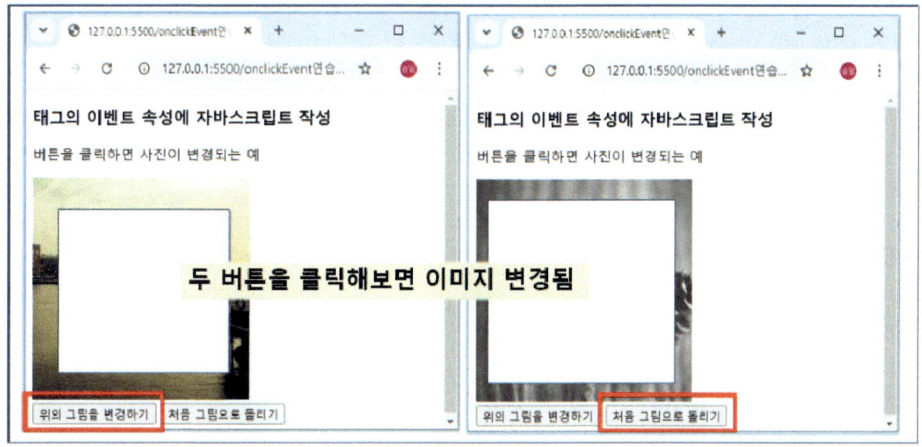

<script src="sample.js" defer><script>와 같이 외부에서 JavaScript 파일을 읽어올 때 "defer" 속성을 사용할 수 있다. 이것은 HTML의 <script> 태그에 사용되는 defer 속성은 스크립트 파일을 다운로드해 실행하는 방식을 제어할 때 사용한다. 특히 자바스크립트 파일을 <head> 내에서 읽어올 때 사용한다. 이러한 defer 속성을 적용하면 다음의 장점을 얻을 수 있다. 첫째는 브라우저가 HTML 문서를 파싱(Parsing)하는 동안 defer 속성이 설정된 스크립트 파일을 백그라운드로 다운로드를 진행한다. 즉, HTML 렌더링이 스크립트 다운로드와 동시에(병렬로) 수행된다. 두 번째로는 브라우저는 HTML 문서의 모든 요소가 파싱(Parsing)되고 DOM이 구성을 완료한 다음에 다운로드가 완료된 스크립트 파일을 실행한다. 따라서 DOM 구축이 완료되기 전, 자바스크립트가 DOM을 사용해 발생하는 오류를 없앨 수 있다. 기본 문법은 다음과 같다.

```
<head>
    <script defer src="script1.js"></script>
    <script defer src="script2.js"></script>
</head>
```

다음은 스크립트 파일을 다운로드 할 때 "defer" 속성을 사용하는 예제이다.

```
<!DOCTYPE html>
<html>
  <head>
    <meta charset="utf-8" />
    <title>script에 defer 사용하기</title>
    <script src="demo_defer.js" defer></script>
  </head>
  <body>
    <h2>SCRIT 태그에서 defer 속성을 사용하기</h2>

    <p style="color: darkblue; font-weight: bold">
        브라우저는 HTML 문서의 모든 요소가 파싱되고 DOM이 구성을 완료한 다음에
        다운로드가 완료된 스크립트 파일을 실행한다. 따라서 DOM 구축이 완료되기 전,
        자바스크립트가 DOM을 사용해 발생하는 오류를 없앨 수 있다.
    </p>
    <p>
        그렇지만, 외부에서 JS 파일을 다운로드 한 후, 발생할 수 있는 오류를
        최소화하는 방법은 'DEFER' 속성을 사용하는 것보다도 BODY 태그가 종료되기
        직전에 스크립트 파일을 다운로드하도록 스크립트 읽기를 작성하는 것이
        선호되고 있으니 참고 바랍니다.
    </p>
    <p style="color: red; font-weight: bold; border: 2px dotted purple">
        HEAD 영역에서 defer를 사용하지 말고, 이 위치에 스크립트 읽어오기를
        작성하세요
    </p>
  </body>
</html>
```

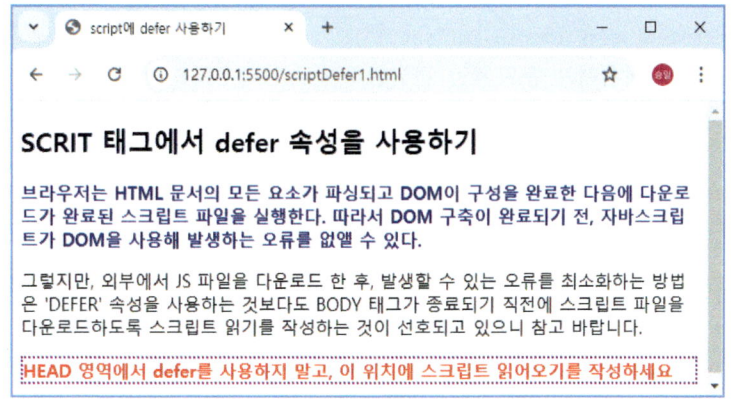

4 간단한 HTML 요소 조작

위에서 제시된 예제들을 살펴보면 가끔 document.getElementById( )와 같은 함수(메서드)를 보게 된다. 이 책에서는 순수 자바스크립트를 학습하는 것이 아니기 때문에 HTML 요소를 선택하고, 선택한 요소의 내용을 변경하거나 읽어내 사용하는 경우가 종종 있다. document.getElementById( ) 함수는 함수의 인자로 요소의 ID를 넘겨주면, 해당 ID를 갖는 요소 객체를 선택해 반환하는 함수이다. 그리고 JavaScript로 요소의 내용을 선택했으면, 선택된 요소는 객체이므로 요소의 내용을 조작할 할 수 있는 속성인 innerHTML과 innerText(혹은 innerContent)를 제공한다. innerHTML은 요소 내부의 모든 HTML을 의미한다. 즉, 요소 내에 있는 태그와 문자열을 읽어오거나 변경할 수 있다. innerText는 선택한 요소 내부의 텍스트만을 의미한다. 즉, 태그는 무시하고 순수한 텍스트만을 가져오거나 변경할 수 있다. 이러한 내용은 아래 요약 정리하였다. 앞으로의 기초 실습을 위해서는 꼭 알고 있어야 한다. 요소 객체는 직접 사용해도 무방하지만, 변수에 할당해 사용하는 경우가 많다.

```
//함수의 인자로 요소의 id값을 넘겨주면 해당 id를 갖는 요소 객체 선택해 반환하는 함수
 document.getElementById("id명"); //let   ele = document.getElementById("div1")
//요소 내에 있는 태그와 문자열을 읽어오거나 변경
 let sel = document.getElementById("div1");
 sel.innerHTML; = '<h3>화이팅 여러분!!!</h3>'; //브라우저의 해당 내용 변경
//태그는 무시하고 순수한 텍스트만을 가져오거나 변경(innerText, innerContent)
```

```
let selTx = document.getElementById("sect1");
selTx.innerText = "여기에는 문자열만 전달한다"; //브라우저의 해당 내용 변경
```

다음은 자바스크립트로 요소를 선택해 내용을 조작하는 예제이다. innerText 속성과 inner-Content 속성은 동일하게 동작한다.

```
<!DOCTYPE html>
<html><head>   <meta charset="utf-8"></head>
<body>
<h3>HTML 요소의 내용 조작 연습</h3>
<p>innerHTML, innerText(=textContent)</p>
<div id="div1" style="color:red;font-weight:bold;">Hello, Guys!!</div>

<p id="innerH"></p>
<p id="compare"></p>
<p id="innerT"></p>

<script>
   let content =   document.getElementById("div1").textContent;
   let text = document.getElementById("div1").innerText;
   let result = content == text;
   document.getElementById("innerH").innerHTML = "<h2>안녕 여러분!!!</h2>";
   document.getElementById("compare").innerHTML = "innerText와 textContent는 같나요 ? " + result;
   document.getElementById("innerT").innerText ="<b>진하게 옵션이 정상 동작했는지 확인해봐요.</b>: 태그도 그냥 문자로 취급하지요.";
</script>
</body></html>
```

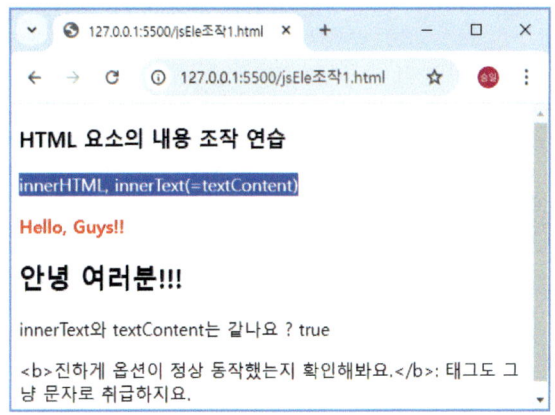

5 콘솔(Console) 창 활용하기

JavaScript 문서 혹은 JavaScript 소스가 포함된 HTML 문서는 웹 브라우저에서 실행하면 결과를 즉시 확인할 수 있다. 즉, JavaScript 인터프리터를 웹 브라우저가 자체 포함하고 있으므로 JavaScript 코드의 실행 결과를 웹 브라우저에서 볼 수 있다.

여러분이 작성한 웹 프로그램을 디버깅할 수 있도록 모든 웹 브라우저는 개발자도구를 제공한다. 웹 프로그램의 실행 결과뿐만 아니라 웹 프로그램 소스 및 콘솔 창 등 다양한 기능을 제공해 준다. 개발자도구를 활용하려면 키보드의 F12 키를 누르면 된다.

콘솔 창에 JavaScript 명령을 직접 작성해 실행할 수도 있고, JavaScript 소스에서 콘솔에 출력하게 작성할 수도 있다. 콘솔 창의 주요 기능을 다음과 같다.

자바스크립트 실행	웹 페이지의 동작을 제어하는 자바스크립트 코드를 직접 입력해 실행 가능함
오류 확인	웹 페이지에서 발생하는 오류를 확인할 수 있음(console.log())
정보 출력	웹 페이지 변수, 객체 등을 출력 검토할 수 있음
네트워크 요청 확인	웹 페이지 서버와 통신하는 데이터를 분석할 수 있음

다음 그림은 웹 프로그래머를 위한 개발자도구를 열어 실행한 결과를 보여준다. 여러분들은 F12 키를 눌러서 개발자도구를 자주 활용해 보기 바란다. JavaScript를 이해하는데, 많은 도움이 될 것이다.

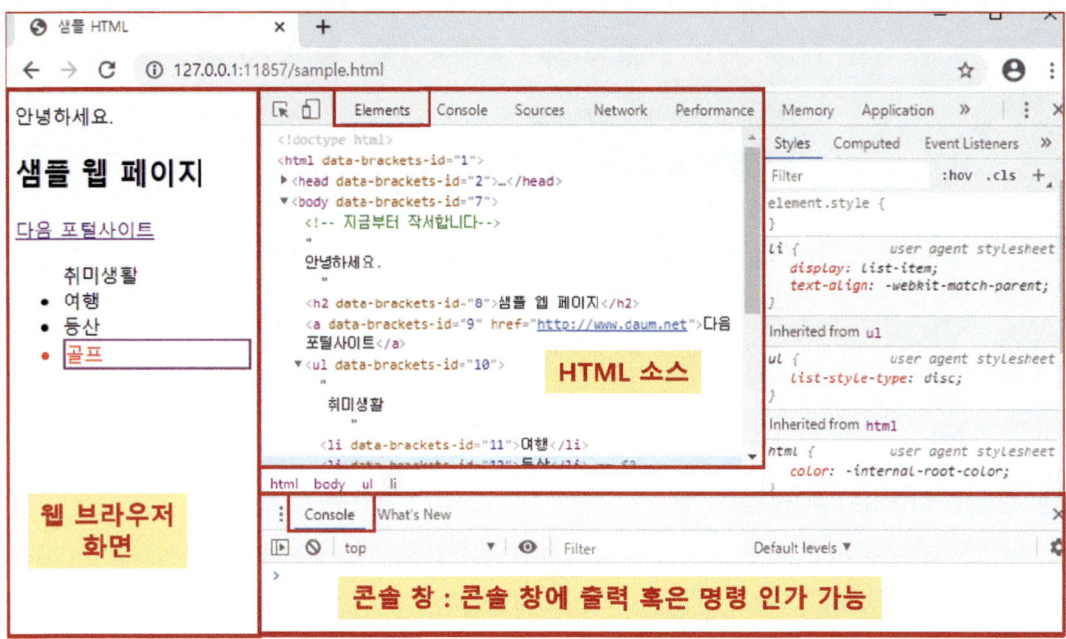

콘솔(Console)은 객체이다. 객체는 속성과 메서드를 보유한다고 이미 언급하였다. 메서드와 함수는 모두 함수와 같다는 공통점이 있다. 그렇지만 함수는 독립적으로 사용할 수 있는 반면, 메서드는 특정 객체에 종속되어 사용된다는 점이다. 중요한 콘솔 메서드들은 다음과 같은데, 콘솔은 주로 웹 개발시 테스트(디버깅) 목적으로 사용한다.

■ console 객체의 메서드: 활용 예 → console.log( )

clear( )	콘솔 창의 내용을 지움. console.clear()
error( )	콘솔 창에 에러 메시지를 출력. console.error("에러입니다")
log( )	콘솔 창에 메시지를 출력. console.log("메시지 출력");
warn( )	콘솔 창에 경고 메시지를 출력.
trace( )	콘솔 창에 stack trace를 출력.
time(label)	타이머가 시작. console.time( )
timeEnd(label)	console.time() 이후 경과 된 시간을 출력. console.timeEnd( )

위의 메서드 중에서 가장 많이 사용하는 것이 log( ) 함수(메서드)이다. 함수 파라미터로 문자열 등을 입력할 경우 이 값이 콘솔 창에 출력된다. 일반 문자열, 변수, 배열, 객체 등을 출력할 때 사용하면 유용하다. console.time( )과 console.timeEnd( )는 쌍으로 사용되며, Label은 동일한 문자열로 지정해야 한다. 시간 단위는 밀리초(ms)이다.

console 객체를 활용한 아래의 예제를 잘 살펴보기 바란다. 콘솔 객체를 사용하면 결과 값이 항상 콘솔 창에 출력된다는 것을 명심해야 한다.

```html
<!DOCTYPE html>
<html><head>
<meta charset="utf-8">
<title>콘솔 사용하기</title>
</head><body>
<h1>콘솔 메서드를 테스트</h1>
<p>먼저 F12 키를 눌러서 개발자도구 창을 띄워야합니다.</p>
<p>여러분이 console.log()등의 방식을 사용하면 콘솔 창에 메시지 확인 가능합니다.</p>
<script>
//console.clear();
let  x = 33;   //let은 변수를 의미하는 예약어(Key word)
console.log("x 값은: " + x);
let  arr1 = ["red", "orange", "yellow", "green" ];
console.log(arr1);
let  obj = {name:"홍길동", age:25, major: "information technology"} //자바스크립트 객체
console.log(obj);
let  y = 22/1.2;
console.warn("0으로 나누면 안됩니다. 주의하세요. 결과는: " + x);
console.time("측정");
for (i = 0; i < 100000; i++) {
  y += 1;
}
console.timeEnd("측정");
console.log("time에서 측정이라고 넣으면 측정: 경과시간출력, 그렇지 않으면 default: 경과시간출력");
</script>
</body></html>
```

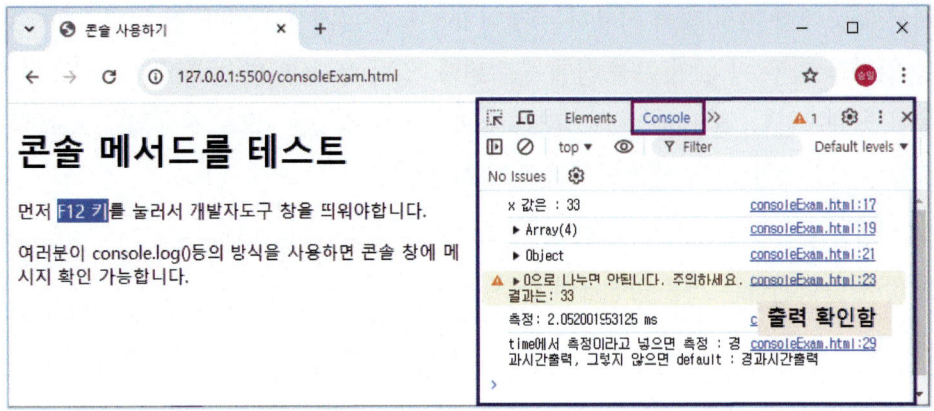

그리고 콘솔 창에서는 여러분들이 직접 간단한 JavaScript 명령을 타이핑하여 결과를 확인해 볼 수도 있다.

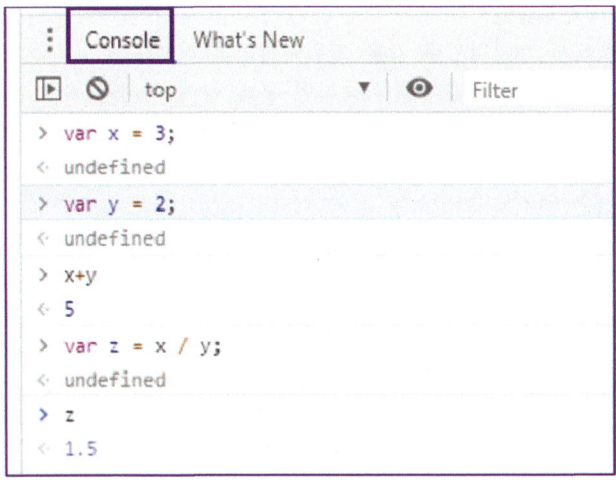

6.3 변수와 상수

JavaScript에서 변수는 고유한 이름을 가지는 식별자이다. 변수는 값을 저장하는 그릇과 같다. JavaScript에서 변수를 선언하는 세 가지 방법이 있다. JavaScript에서 사용할 변수를 선언할 때는 키워드 let, var, const다. C언어나 C++ 언어처럼 int, float, char 등과 같은 변수 형은 사용하지 않는다. 인터프리터가 동적으로(Dynamically) 처리하기 때문이다.

아래는 JavaScript나 Python과 같은 인터프리터 언어와 C언어와 같은 컴파일 방식 언어의 변수 선언 방법을 설명한다. JavaScript는 변수 형에 상관없이 let을 변수 앞이 붙이며, Python은 데이터의 형(Type)에 상관없이 변수에 단순히 값을 할당하면 된다. 그런데, 컴파일 방식의 언어는 변수마다 메모리 공간이 얼마나 필요하지를 미리 지정해야 한다. 그러나 인터프리터 방식의 언어는 메모리 공간 등은 인터프리터가 수행하는 과정에서 결정된다.

인터프리터 방식의 언어	C언어와 같은 컴파일 방식의 언어

[JavaScript]
let a; a=7; //변수 선언 후 할당
let x = 10; //변수 x의 값을 10으로 할당
let y = "abc";
let z = 3.14; z = z+10;
[Python]
a = None; a=7;
x = 10
y = "abc"
z = 3.14; z = z+10;
	char a; a=7;
	int x = 10;
	char *y = "abc";
	float z = 3.14; z = z+10;

변수에 값을 저장하는 것을 "변수에 값을 할당한다"라고 말한다. 컴파일 방식의 언어에서 int x=10;으로 선언하였다면 x에는 반드시 정수만을 할당해야 한다. 문자를 저장할 수 없다. 그런데 인터프리터 방식의 언어는 값을 할당하는 것에 있어서 굉장히 유연하다. 필요에 따라 동적으로 데이터형에 상관없이 값을 할당할 수 있다. 이처럼 동적으로 하나의 변수에 다른 형의 데이터를 마음대로 할당하는 것은 좋지 않다. 프로그램이 원하지 않는 방식으로 동작할 수 있고, 문제 해결을 어렵게 할 수 있기 때문이다. 이러한 문제를 해결하기 위해 Typescript 언어가 사용되기도 한다. 아래 예를 살펴보자.

인터프리터 방식의 언어	컴파일 방식의 언어

let x = 10;
x = "abcdef"; //문제가 되지 않음.
*)동적으로 다른 데이터형의 할당이 가능함
	char x =10;
	x = "abcdef"; //컴파일 오류

일반적인 언어들과 마찬가지로 JavaScript에서 변수를 선언할 때, 값을 할당할 수도 있고 선언만 할 수도 있다. 값을 할당하지 않으면, 변수의 값은 undefined라는 값을 가진다. 즉, 값이 정의되지 않았다는 뜻이다. 그런데 변수에 할당된 값을 비우고자 한다면, null이라는 키워드를 사용한다. null은 현재 값이 비어있다는 뜻이다.

데이터와 관련해 심도있는 내용을 배우기 전에 숫자와 문자열의 덧셈(+) 연산에 대해 배워 보자. 이 부분을 먼저 배우는 것이 이 책의 전개에 도움이 될 것 같아서 소개한다. 숫자 연산에서 3+5는 8이 된다. 문자 연산에서 "abc" + "def"는 "abcdef"가 된다. 문자열에 대한 덧셈은 두 문자열을 하나의 문자열로 합치는 연산이다. 문자열에서 덧셈은 연결 연산자를 의미한다. 그런데 문자열과 숫자가 혼합되어 있을 때가 있다. JavaScript는 이러한 연산을 지원한다. 그러나 숫자나 문자열의 연산 순서에 따라 결과는 다르게 도출된다. 항상 왼쪽부터 오른쪽으로 연산을 수행하면서 숫자 간의 연산은 덧셈을 수행하고, 숫자와 문자 혹은 문자와 숫자의 덧셈은 연결 연산자로 동작한다. 아래 예제를 살펴보고 잘 이해하시기 바란다. 문자열이 먼저 나오면 뒤에 이어지는 각각의 피연산자는 문자열 간의 연결로 해석한다. 그리고 문자열 바로 앞에 숫자가 위치하는 경우에도 문자열 간의 연산으로 해석한다.

표현식	결과 값
3 + 5 ;	8
"ab" + "cd"	"abcd"
3+5+"ab"	8 + "ab" ==> "8ab"
3+5+"ab"+8	8+"ab"+8 ==> "8ab"+8 ==> "bab8"
"ab"+5+3	"ab5"+3 ==> "ab53"
3+"ab"+7	"3ab"+7 ==> "3ab7"

아래는 숫자와 문자를 조합한 "+" 연산에 대한 JavaScript에서 처리 결과를 보여주는 예제이다. 숫자와 문자열을 더할 때, JavaScript는 숫자를 문자열로 취급해 처리한다.

```html
<!DOCTYPE html>
<html>
<head>
<meta charset="utf-8">
<title>숫자와 문자를 조합한 덧셈</title>
</head>
<body>
<h2>숫자와 문자의 + 연산</h2><hr>
<p id="p1"></p>
<p id="p2"></p>
<p id="p3"></p>
<p id="p4"></p>
<p id="p5"></p>

<script>
  let  x = 7 + 3;
  //id=p1 태그 내에 HTML 문장을 삽입함.
  document.getElementById("p1").innerHTML = '1) 7 + 3(숫자+숫자): ' + x;
  x = "abc" +"10";
  document.getElementById("p2").innerHTML = '1) "abc" +"10"(문자열+문자열): ' + x;
  x = 7 + 3 +"10";
  document.getElementById("p3").innerHTML = '1) 7 + 3 + "10"(숫자+숫자+문자열): ' + x;
  x = "10" + 7 + 3;
  document.getElementById("p4").innerHTML = '2) "10" + 7 + 3(문자열+숫자+숫자): ' + x;
  x = 7 + "10" + 3;
  document.getElementById("p5").innerHTML = '3) 7 + "10" + 3(숫자+문자열+숫자): ' + x;
</script>
</body>
</html>
```

document.getElementById( ) 메서드는 파라미터로 받는 id의 태그를 요소로 선택할 때 사용한다. 그리고 뒤에 붙는 innerHTML 속성은 선택한 요소의 콘텐츠(내용)을 읽어내거나 새롭게 재할당할 때 사용한다.

■ 3가지 방식의 변수 선언

최초의 JavaScript는 변수를 선언하기 위해 var 키워드만 지원하였다. 이후, ES6(ES2015)부터는 변수에 let과 const가 추가되었다. 최근에 변수를 사용하는 추세는 var 변수 대신에 let이나 const를 사용한다.

먼저 var 변수는 지역 변수나 전역 변수 등 모든 변수에 대해 사용할 수 있다. ES6 이전까지 변수를 선언하기 위한 유일한 예약어는 var 예약어만 존재하였다. 물론 변수명 앞에 어떤 예약어도 사용하지 않는 것도 허용하였지만, 이러한 코딩은 좋은 코딩 방식이 아니다. 전역 변수인지 지역 변수인지를 구분하는 기준(variable scope)은 함수였다. 즉, 함수 내에 선언된 변수는 함수 내에서만 의미가 있는 지역 변수이며, 그 밖의 영역에서 선언된 변수는 전역 변수로 취급되었다. 이것을 함수 레벨 스코프(Function-level scope)라고 한다. 블록은 중괄호({ })로 표시한다. 또한 var를 적용해 선언된 변수는 재 선언이 가능하다. 오늘날의 코딩 방식에서는 프로젝트의 규모가 대규모화되면서 문제 발생 소지가 많기 때문에 변수의 재 선언은 권고하지 않는다. 조금 전에 언급한 바와 같이 var 없이 x=100;과 같이 선언하면 선언 위치에 관계 없이 항상 전역 변수로 취급한다. 이 또한 좋은 코딩 관행은 아니기 때문에, 여러분들은 이러한 방식으로 변수를 선언하지 않았으면 한다.

다음으로 const를 사용한 변수의 선언은 ES6에서 최초로 표준화되고 공포되었다. 블록 레벨(Block-level: { })의 변수 스코프(Scope)를 갖는 상수를 선언할 때 사용한다. 그런데, 상수는 한 번 선언하면 재 할당과 재 선언이 불가하다. 그리고 const는 선언과 동시에 반드시 값을 할당해야 한다. 우리들이 알고 있는 순수한 상수(예 :100, "apha") 값 이외에도 배열, 객체, 함수, RegExp와 같은 변수를 선언할 경우에도 const를 사용하는 것이 바람직하다. const는 상수 값을 정의하는 것이 아니라, 값에 대한 constant reference를 정의하는 것이다.

따라서 배열이나 객체의 참조 주소는 변경할 수 없지만, 원소나 속성 등의 변경은 자유롭게 할 수 있다. 함수, if문, for문, while문 등은 대표적인 블록 레벨 스코프를 가지는 요소들이다.

```
const PI = 3.14159;
const str1 = "대한민국";
const car = [ "현대", "기아", "르노" ]
const newCar = { type :"4륜", model:"아반떼", color:"보라색", 출시년도: 2005 };
const func1 = function ( ) {
                return "함수의 리턴 값 내보내기";
     }   //JS는 익명 함수도 변수에 할당할 수 있음

//허용되지 않는 것
const PI;   //선언과 동시에 값을 할당해야 함
PI = 3.14159;

const  PI = 3.14159;
PI = 3.14159* 3; //(재 할당 불가함) 에러 발생
```

마지막으로 let을 사용해 변수를 선언할 수 있다. let 변수는 재 선언할 수는 없다. 그리고 변수를 사용하기 전에 반드시 선언되어 있어야 한다. const 변수와 마찬가지로 변수의 범위는 블록 레벨 스코프({ })를 갖는다.

```
//사용 전에 먼저 선언해야 함
console.log(x);
let x;

Uncaught ReferenceError: x is not defined    at <anonymous>:1:13

//재 선언을 허용하지 않음
let x;
x = 10;
let x = 1358;

SyntaxError: Identifier 'x' has already been declared
```

let 변수의 범위는 블록 레벨 범위라고 하였다. 즉, 중괄호({ }) 내에 선언한 let 변수는 { } 내에서만 유효하며, { } 밖에서는 인식되지 않는다. 블록 레벨 범위의 관점에서 함수도 중괄호로 감싸기 때문에 당연히 블록 레벨 범위에 해당한다.

```
let y = 10;

{
  let x = 12345;
}

y = y + x; //x는 블록 레벨 스코프를 갖는 변수(x는 블록 밖에서 인식되지 않음)
Uncaught ReferenceError: x is not defined
```

반복문에서 let 변수를 사용하면 블록 레벨 스코프로 인식되기 때문에 블록 내에서만 유효한 변수가 된다. 아래 예제를 살펴보자.

```
let sum = 0;

for (let i=0; i <= 100; i++) {
   sum += i;
}

console.log(sum)    // 5050이 출력됨

console.log(i) //i는 지역 변수이므로 블록 밖에서는 인식되지 않음
Uncaught ReferenceError: x is not defined
```

자바스크립트의 모든 변수는 호이스팅(Hoisting)된다. 변수에 값을 할당하기 전에 사용하면 var 변수의 경우에는 undefined를 인식되고, let이나 const 변수는 이미 언급한 바와 같이 "ReferenceError"를 발생한다. 개념적으로 호이스팅은 프로그램의 실행 동안 코드의 최상위로 변수를 위치시키는 것을 의미한다. 호이스팅을 그대로 해석하면 "위로 끌어올리다"란 의미이다. 하지만, 변수와 관련하여 여러분들은 변수에 값을 할당하기 전에는 변수 사용하지 않아야 한다. let과 const 변수를 호이스팅하면서 "Temporal Dead Zone에 먼저 위치시킨다" 등과 같은 설명은 중요하지 않다. 호이스팅은 함수에 대해서도 작동한다. 아래와 같이 요약할 수 있다.

■ 호이스팅(Hoisting)

- 변수나 함수 선언이 코드의 실제 위치보다 앞으로 끌어올린 것처럼 보이는 현상
- 코드의 실행 전 JavaScript 엔진이 변수나 함수 선언을 메모리에 할당
- 실제 코드의 이동은 아니고, 선언 부분만 메모리에 미리 할당. 초기값은 undefined
- 호이스팅 이유: JavaScript 엔진은 코드를 한 줄씩 순차적으로 수행하는 것이 아니고, 먼저 코드 전체를 스캔해 변수와 함수를 메모리에 할당

6.4 다이얼로그 박스를 사용한 메시지 출력 및 데이터 입력

웹 브라우저 화면에서 별도의 창을 띄워서 경고 메시지를 출력하거나, 메시지의 내용을 확인해 주거나, 문자열로 된 입력을 수신할 수 있다. 이러한 창을 다이얼로그 박스(Dialog Box)라고 한다. 우리는 이러한 창들을 기능에 따라 "경고창", "확인창", "입력창"이라 부른다.

이러한 3개의 창은 웹 페이지를 제작할 때 종종 사용하는 창이다. 이러한 다이얼로그 박스는 전역 함수이며, 경고창은 alert( ) 함수, 확인창에는 confirm( ) 그리고 입력창에는 prompt( ) 함수를 사용한다. 이 함수들은 모두 window 객체의 메서드(함수)들이다. 먼저 세 가지 다이얼로그 박스의 내용을 확인해 보자.

alert( ) 함수는 단순히 다이얼로그 박스에 경고하고자 하는 내용을 출력하고, 확인 버튼을 누를 때까지 프로그램의 수행이 중지된다. 확인 버튼을 누르면 프로그램의 다음 문장들을 수행하게 된다. confirm( ) 함수는 여러분들이 어떤 내용을 대화창을 통해 확인하고 싶을 때 사용한다. 여러분이 전달할 내용이 맞는지 확인하기 위한 용도이다. 확인 버튼을 누르면 true를 반환하고, 취소 버튼을 누르면 false를 반환한다. prompt( ) 함수는 키보드를 통해서 문자열이나 숫자 등을 입력받아서 JavaScript 내에서 사용하고자 할 때 사용한다. 확인 버튼을 누르면 여러분이 키보드를 통해서 입력한 내용을 반환하며, 취소 버튼을 누르면 null 값을 반환한다. 그리고 반환하는 값은 항상 문자열이다. 또한, 다이얼로그 박스 내에서 줄 바꿈은 "\n"을 사용해야 한다. 다이얼로그 박스는 웹 브라우저가 아니라 별도의 창이기 때문이다.

---

alert(message);   //=window.alert(message);
문자열로 입력된 메시지를 다이얼로그 박스에 출력하며, 확인 버튼을 누르면 다음 단계로 진행

confirm(message);
문자열로 입력된 메시지를 다이얼로그 박스에 출력하며, 확인 혹은 취소 버튼을 눌러 다음 단계로 진행.
return 값: true 혹은 false

prompt(message, defaultMessage);
다이얼로그 박스에 문자열인 message를 출력하며, 입력할 영역에 defaultMessage를 보여줌. defaultMessage는 옵션.
return 값: 키보드를 통해 입력한 값 혹은 null

아래는 다이얼로그 박스와 관련한 프로그램 예제이다.

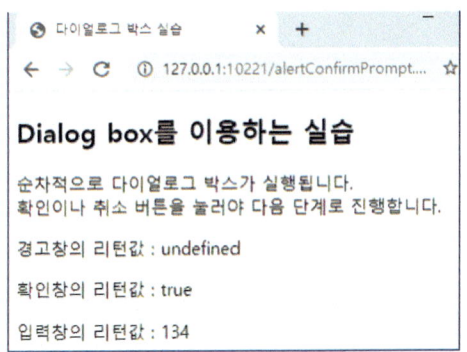

```html
<!DOCTYPE html>
<html>
<head>
<meta charset="utf-8">
<title>다이얼로그 박스 실습</title>
</head>
<body>
<h2>Dialog box를 이용하는 실습</h2>
<p>순차적으로 다이얼로그 박스가 실행됩니다.<br>
 확인이나    취소 버튼을 눌러야 다음 단계로    진행합니다.</p>
<p>경고창의 리턴값:     <span id="span1"></span></p>
<p>확인창의 리턴값:     <span id="span2"></span></p>
<p>입력창의 리턴값:     <span id="span3"></span></p>
<script>
//alert(      ) 변수를 통해서 값을    받을 필요는 없습니다.
let alert1    = alert("여러분 안녕하세요.\n 경고창입니다.");
let confirm1= confirm("당신이 입력한 값은 아래와 같습니다.\n 주스 1잔");
let prompt1= prompt("숫자를    입력해주세요", "default1234");
document.getElementById("span1").innerText = alert1;
document.getElementById("span2").innerText = confirm1;
document.getElementById("span3").innerText = prompt1;
</script>
</body>
</html>
```

6.5 연산자(Operator)

연산자는 모든 컴퓨터 프로그램에서 필수적으로 사용하는 것이다. 따라서 간단히 정리하고 다음으로 진행할 것이다. 연산은 산술연산, 논리연산, 비교연산, 비트 단위 연산 및 문자열 연산 등이 있다.

다음은 산술 연산자를 정리한 것이다.

산술 연산자(Arithmetic Operators)

+		덧셈	x = 3+5;
-		뺄셈	x = x - 10;
*		곱셈	x = 10 * 2;
/		나눗셈(소수점이하까지 출력)	x = 3 / 4 <== 0.75
%		모듈러스(나머지:정수값)	x = 12 % 5 <== 2
**		거듭제곱(ES7에 새롭게 추가)	x = 10 ** 3 <== 1000 cf) Math.pow(10,3);
e[or E]		10의 n제곱(7e3=7*1000)	x = 10E2 <== 10*(10*10)=1000
<<		signed 우측 쉬프트	-10 << 2 <== -40(부호가 보존됨)
>>		signed 좌측 쉬프트	-100 >> 2 <== 25(부호가 보존됨)
++	증가연산자	후증가	x++; 예) let x =1, y=0; y = x++ +10; (y=11, x=2)
		선증가	++x; 예) let x =1, y=0; y = ++x +10; (y=12, x=2)
--	감소연산자	후감소	x--;
		선감소	--x;

++, -- 증감 연산자는 값이 하나 증가하거나 하나 감소하는 것을 빼고는 동일한 방식으로 동작한다. 표현식에 다른 수식과 함께 후위 증감 연산이 존재하면 먼저 해당 연산을 처리한 다음 증감 연산자를 가진 변수의 값을 하나 증가시키거나 감소시킨다. <<, >>는 부호가 보존되는 산술 쉬프트 연산자이다. "10 << 2"는 10을 2비트 좌측으로 이동시키면서 빈자리는 0으로 채운다.

```
<!DOCTYPE html>
<html>
<head>
<meta charset="utf-8">
<title>여러 가지 할당 연산자 활용</title>
</head>
<body>
<h2 style="color: red;">e와 **</h2>
<script>
alert("3.14e2 = " + 3.14e2);
```

```
alert("3 ** 3 = " + 3 ** 3);
alert("Math.pow(3,3) = " + Math.pow(3,3));
</script>
</body>
</html>
```

문자열은 사칙 연산 중에서 유일하게 덧셈 연산만을 지원한다. 문자열에 대한 덧셈은 연결 연산자로 해석한다. 따라서 문자열을 연결하여 하나의 문자열로 만들 수 있다. 예를 들면, 문자열 뺄셈은 숫자가 아니기 때문에 뺄셈 연산을 수행할 수 없으므로 NaN(Not a Number)을 돌려준다. 숫자와 문자열의 덧셈은 이미 위에서 언급하였으니 참고하시기 바란다.

■ **문자열 연산(+): + 연산만 지원됨(Concatenation)**

```
let  x = "help";
let  y = "me";
let  z = x + " " + y;    <== help me를 z에 저장함
```

논리 연산자는 논리 AND, 논리 OR, 논리 부정(NOT) 연산이 있다. 다음은 JavaScript에서 지원하는 논리 연산들이다.

논리 연산자(Logical Operators)

&&	논리 AND	A && B; //결과: A, B중에 0이 있으면 0, 그렇지 않으면 B값
||	논리 OR	A || B; //결과: A, B 모두 0이면 0, 그렇지 않으면 첫 번째 만난 0아닌 값
!	논리 부정	!A; //결과: A가 0이면 true, 나머지 값은 false
>>>	논리 쉬프트	a >>> b; //우측 쉬프트를 수행하며, 우측 빈자리는 0으로 채워짐.

다음은 비교 연산자를 소개하겠다. 관계 연산자라고도 한다. 두 수를 비교하여 조건과 부합하면 true(참)가 되고, 그렇지 않으면 false(거짓)가 된다. 조건문이나 반복문에서 주로 사용한다. 나중에 소개하겠지만, JavaScript는 true 혹은 false 값을 가질 수 있는 부울린형 데이터가 있다. 따라서 비교 연산을 수행하면 결과는 true나 false 값 중에서 하나를 돌려준다.

비교 연산자(Comparison Operators)

==	값이 같다	x == 100 //값이 같다(true)	true 혹은 false 리턴
!=	값이 같지 않다	x != "abcd"	
>	크다	a > b	
<	작다	a < b	
>=	크거나 같다	x >= 50	
<=	작거나 같다	x <= 50	
===	값과 데이터 타입이 모두 같다	x === y //값과 데이터 타입이 모두 같을 때, true	
!==	값과 데이터 타입이 하나라도 같지 않다.	x !== y //값과 데이터 타입이 하나라도 같지 않을 때, true	

===와 !== 연산자는 값뿐만 아니라 데이터형까지 일치하는지를 판별하기 위해 사용한다.

삼항(Ternary) 조건 연산자(Conditional operator)는 3개의 오퍼랜드를 가질 수 있는 연산자이다. 사용이 편리하기 때문에 종종 사용한다.

```
let  a = (조건) ? b: c;
```
- 조건이 참이면 a에 b를 저장하고, 거짓이면 a에 c를 저장함.
  ```
  let  minValue = (a > b) ? a: b;
  ```

표현식이 여러 연산자를 포함하고 있으면 여러분이 이미 알고 있는 연산 우선순위 규칙을 따른다. 그리고 여러 연산이 섞여 있을 때는 괄호를 적절히 사용할 것을 권고한다.

다음은 비트 단위의 연산자(Bitwise operator)에 대해 알아보자. JavaScript는 모든 비트 단위 연산을 32비트 값으로 변환하여 수행한다. 변환된 수를 사용해 연산을 수행한 후 결과를 돌려준다. 비트 단위 NOT은 1의 보수를 취하는 것과 같다. 비트 단위 XOR는 동일한 비트 위치에 두 값이 홀수 개의 1을 가지면 해당 위치 값은 1이 된다. 나머지 설명은 생략한다.

비트 연산자	기능	사용 예	출력(리턴)
|	bitwise OR	10 | 7 [이진수: 1010 | 0111]	15
&	bitwise AND	10 & 7 [이진수: 1010 & 0111]	2
~	bitwise NOT	~10 [이진수: ~1010]	-11
^	bitwise XOR	10 ^ 7 [이진수: 1010 ^ 0111]	13

컴퓨터 프로그램에서 자주 사용하는 연산자로 할당 연산자가 있다. let x = 3;과 같을 때, 3이라는 값을 변수 x에 할당한다고 한다. 할당 연산자는 "="을 사용한다. 이 연산자는 이미 알고 있을 것이다. 다음은 복합 할당 연산자를 정리한 것이다.

할당 연산자(Assignment Operators)

연산자	사용법	기존 방법
=	a = b;	a = b;
+=	a += b;	a = a + b:
-=	a -= b;	a = a - b:
*=	a *= b;	a = a * b:
/=	a /= b;	a = a / b:
%=	a %= b;	a = a % b:
**=	a **= b; [ES7 표준]	a = a ** b:
<<=	a <<= b;	a = a << b:
>>=	a >>= b;	a = a >> b:
>>>=	a >>>= b;	a = a >>> b:
&=	a &= b;	a = a & b:
|=	a |= b;	a = a | b:
^=	a ^= b;	a = a ^ b:

아래는 간단한 복합 할당 연산자를 실습하는 프로그램 예제이다.

```
<!DOCTYPE html>
<html><head>
<meta charset="utf-8"><title>여러 가지 할당 연산자 활용</title>
</head>
<body>
<h2 style="color: red;">할당 연산자 실습</h2>
<p style="color: brown;"><b>x=10, y=3 (except for (>>>))</b></p>
<p id="p1"></p>
<p id="p2"></p>
<p id="p3"></p>
<p id="p4"></p>
<p id="p5"></p>
<script>
let  x = 10, y=3;
x /= y;
document.getElementById("p1").innerText = 'x /= y: ' + x;
x = 10; x %= 5;
document.getElementById("p2").innerText = 'x %= 5: ' + x;
x = 10; x >>= y;
document.getElementById("p3").innerText = 'x >>= y: ' + x;
x = 10; x <<= y;
document.getElementById("p4").innerText = 'x <<= y: ' + x;
x = -10; x >>>= 2;
document.getElementById("p5").innerText = 'x(=-10) >>>= 2: ' + x;
</script>
</body></html>
```

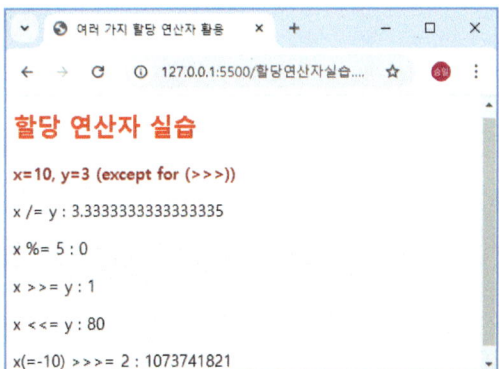

6.6 데이터형 (Data Types)

기본 데이터(Primitive Data)는 더 이상 작은 단위로 나눌 수 없는 기본적인 데이터이다. 한번 값이 할당되면 그 값을 직접 변경할 수 없다. 예를 들어 문자열은 변경할 수 없다. 숫자도 변경할 수 없다. 새로운 변수에 값을 다시 할당해야 한다. JavaScript는 다음과 같은 기본 데이터형을 제공한다.

- number(숫자):정수,실수(최대값:Infinity, 최소값:-Infinity),NaN(Not a Number)
- string(문자열): 문자열 데이터형만 존재(문자 데이터는 없음)
- boolean(부울린형): true, false
- undefined: 변수에 값을 할당하지 않았음의 의미

그리고 객체형의 데이터형은 다음과 같다. 객체는 속성과 메서드를 가지고 있다.

Object	객체
Array	배열
내장 객체	new Number( ), new String( ), new Boolean( ), new Date( ) Math: 전역객체로 new없이 Math 키워드로 사용. Math.PI
function	함수
null 객체	값을 비울 때, null을 할당

자바스크립트는 데이터형을 문자열로 반환하는 연산자가 있다. 알아두면 유용하게 사용할 수 있다.

```
typeof  [혹은 typeof( )]  // typeof 30;
```

비교 연산 등은 가급적 기본 데이터형을 사용해야 한다. 예를 들어 숫자에도 33이라는 기본 데이터와 new Number(33)로 생성하는 객체형 숫자가 있다. 원래 객체는 독립적인 요소라 객체 간에 비교할 수 없다. 두 객체에 같은 값이 저장되어 있어도 다른 객체이다.

숫자의 데이터형은 C 언어와 같이 int, float, double 등과 같은 형으로 분류되지 않고, 모든 숫자의 데이터형은 number이다. NaN(Not a Number)도 숫자 데이터형이다. 말 그대로 숫자가 아니다는 의미다. 예를 들어, 3/"abc"는 NaN을 리턴한다. 문자와 문자열에 대한 구분되는 데이터형이 있는 것이 아니라 문자열의 길이와 상관없이 데이터형은 문자열이다. 부울린형 데이터는 true와 false 두 가지 값 중에 하나를 가질 수 있다.

undefined는 특정 변수에 아직 값이 할당되지 않았을 때를 의미하며, null은 변수 등에 할당된 값을 비울 때 사용한다. undefined는 기본 데이터형에 속하지만, null은 객체 데이터형에 속한다.

위에 정리한 데이터형들을 typeof 연산자를 사용하여 맞게 분류되었는지 확인해 보자. JavaScript에서 객체는 {name: "홍길동"}과 같이 정의할 수 있으며, 배열은 [1,2,3,4,5]와 같이 정의해 사용할 수 있다.

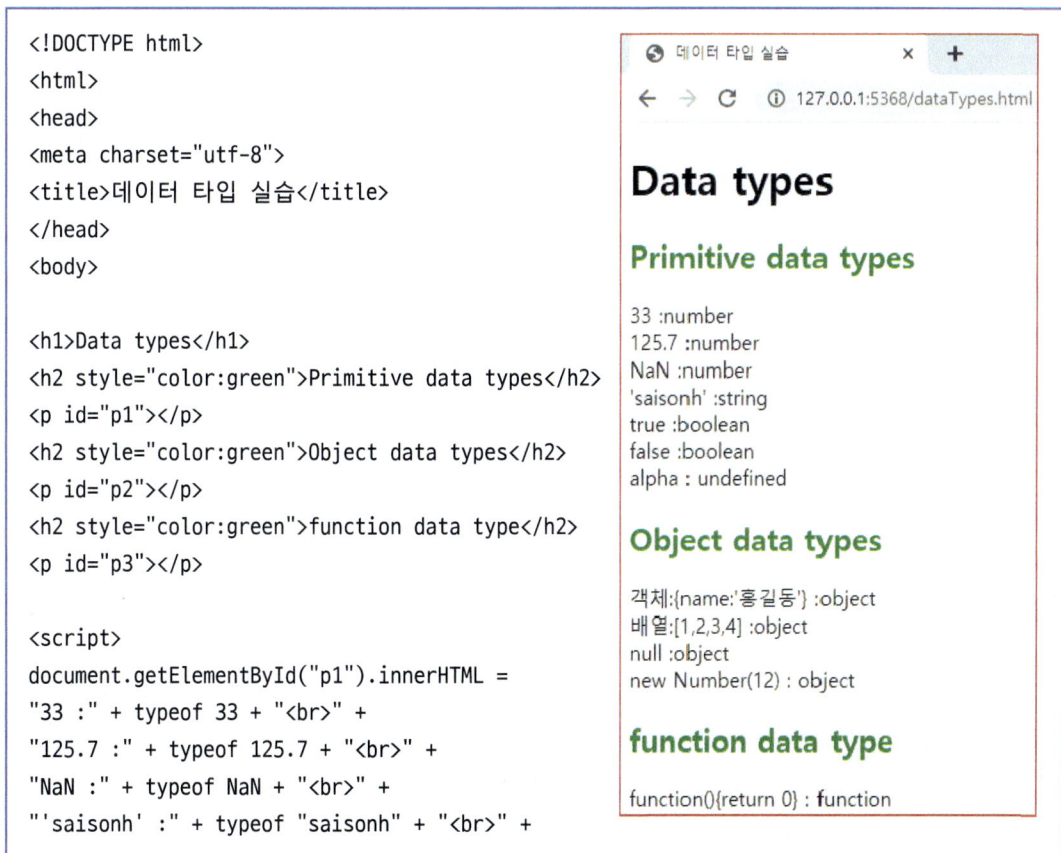

```
"true :" + typeof true + "<br>" +
"false :" +typeof false + "<br>" +
"alpha: " + typeof alpha;  //변수 선언하지 않았음
document.getElementById("p2").innerHTML =
"객체:{name:'홍길동'} :" + typeof {name:"홍길동"} + "<br>" +
"배열:[1,2,3,4] :" + typeof [1,2,3,4] + "<br>" +
"null :" + typeof null + "<br>" +
"new Number(12): " + typeof new Number(12) + "<br>";
document.getElementById("p3").innerHTML =
"function(){return 0}: " + typeof function(){return 0};
</script>

</body>
</html>
```

6.7 숫자(Number)

JavaScript에서는 숫자가 아닌 것을 NaN(Not a Number)이라고 한다. 그리고 숫자인지 아닌지를 판별해주는 isNaN( ) 함수가 있다. isNaN( ) 함수는 숫자가 아니면 true를 리턴한다. 참고로 NaN과 정상 숫자의 연산은 항상 NaN을 리턴한다.

- let x = 10/"orange";   //x에는 NaN이 할당
- isNaN("apple");   //apple이 숫자가 아니므로 true를 반환
- NaN * 20;   //NaN을 리턴
- NaN + "20";   //NaN20을 리턴(문자열과의 덧셈은 예외)

JavaScript가 표현할 수 없는 무한대의 양 혹은 음 값은 ±Infinity로 표현하며, 데이터형은 number이다.

- 10/0;   //Infinity
- -1/0;   //-Infinity

JavaScript를 포함한 대부분의 프로그래밍 언어들은 16진수를 표현할 때 숫자 앞에 0x를 붙인다. 8진수의 경우에는 숫자 앞에 0(숫자 0) 혹은 0o를 붙이고, 2진수의 경우에는 숫자 앞에 0b를 붙인다.

```
let   z = 0xAB;              //16진수 표기. 십진수 171에 해당. z=171과 같음.
let   x = 051, y = 0o51;     //8진수 표기. 십진수 41에 해당
let   y = 0b1010;            //2진수 표기. 십진수 10에 해당. y=10과 같음.
```

JavaScript는 2진수에서 36진수까지 표현할 수 있다. 그 이유는 숫자 10개, 영문자 26개를 가지고 표현할 수 있는 한 자리 숫자는 36가지이기 때문이다. 숫자를 문자로, 문자를 숫자로 변환할 수 있다.

먼저 toString( ) 함수(메서드)를 사용해 숫자를 문자열로 변환할 수 있는데, 인자로 문자열로 변경 시 적용할 진법을 넣어주면 해당 진법으로 변환된 문자열을 돌려준다. 디폴트는 10진수로 된 문자열을 돌려준다.

```
숫자.toString( [문자열로 변경 시 적용할 진법] ); //진법은 옵션
• let   x = 100;
  x.toString( );         //default는 10진수, 결과는 "100" , String(x)
  x.toString(2);         //2진수 문자열로 변환, 결과는 "1100100"
  x.toString(16);        //16진수 문자열로 변환, 결과는 "64"
  x.toString(36);        //36진수 문자열로 변환, 결과는 "2s"
  (0x123).toString( );   //십진수 291 변환, 결과는 "291"
```

JavaScript는 문자열을 숫자로 변환하는 3가지 방법이 있다. 모두 전역 함수인 Number( ) 함수, parseInt( ) 함수, parseFloat( ) 함수를 사용해 변환할 수 있다. 즉, Number( )는 window.Number( )와 같은 의미이다.

Number( ) 함수는 정수인지 실수인지의 여부와 관계없이 숫자로 된 문자열을 그대로 숫자로 변환해 돌려준다. 단, 문자열에 숫자 이외의 문자가 포함되어 있으면, NaN을 돌려준다.

```
• Number("64");          //숫자 64를 리턴
• Number("21.5");        //숫자 21.5를 리턴
• Number("21.ab");       //NaN을 리턴(숫자 이외의 문자가 포함되어 있지 않아야 함)
```

parseInt( ) 함수는 문자열을 정수로 변환해 준다. 문자열에 소수점이 있다면, 소수부는 제거한다. 그리고 문자열의 시작부터 숫자로 변환할 수 있는 부분까지 변환해 준다.
또한 parseInt( ) 함수는 입력되는 문자열의 진법을 지정해 줄 수 있다.

```
parseInt("문자열", [입력된 문자열의 진법] ); //진법은 옵션(default: 10진수)
• parseInt("33");              //숫자 33을 리턴
• parseInt("0x123");/          /16진수 입력. 십진수 291 리턴, parseInt("123",16);
• parseInt("33.123");          //숫자 33일 리턴(소수점 이하 제거)
• parseInt("33", 16);          //16진법으로 입력된 문자열 변환해 십진수 51 리턴
• parseInt("33.753", 16);      //십진수 51 리턴
• parseInt("10 20 30");        //첫번째 값인 10을 리턴
• parseInt("57ab");            //숫자 57를 리턴
• parseInt("ab77");            //NaN 리턴
```

parseFloat( ) 함수도 문자열을 실수로 변환해 준다. 즉, 문자열에 소수점 이하가 존재하면 소수점 이하까지 그대로 실수로 변환해 준다. Number( ) 함수와 달리 문자열이 숫자와 문자가 섞여 있을 때 왼쪽부터 시작해 숫자까지만 변환해 준다. 십진수의 문자열만 처리할 수 있다.

```
• parseFloat("33");          //숫자 33을 리턴
• parseFloat("33.123");      //숫자 33.123일 리턴
• parseFloat("33a.bc");      //33 리턴
• parseFloat("ab33.753");    //NaN 리턴
```

여러분들은 아직 객체에 대해 제대로 배우지 못했다. 다만, 객체는 속성과 메서드(함수)를 가진

다고만 설명하였다. 처음에는 좀 어렵더라도 숫자 객체에 대해 배워 보자.

우리는 지금까지 let x = 100;과 같이 숫자의 기본 데이터형인 number 위주로 학습하였다. 기본적으로 JavaScript에서는 숫자를 객체로 생성하여 사용하는 것을 권고하지 않는다. 즉, 기본 데이터형이 있으면 기본 데이터형으로 사용하는 것이 좋다. 객체로 생성해 사용하면 번거롭고, 속도 또한 저하된다고 한다. 그러나 JavaScript는 객체에서 지원하는 속성과 메서드(함수) 등을 기본 데이터형에도 사용할 수 있다. 좀 의외이기는 하다.

숫자를 객체로 생성하여 사용할 때는 다음과 같이 선언한다. new 키워드를 앞에 사용해야 한다.

- 숫자 객체 생성: new Number(생성할 숫자);
- 문자를 숫자로 돌려주는 Number( ) 함수와 다름.

```
let  x = new Number(100);                //x는 객체
typeof x;                                //데이터형이 object임.
let  x =100; typeof x;                   //데이터형이 number(기본 데이터형).
```

이전에도 언급하였지만, 객체 간의 비교는 할 수 없다. 객체는 독립적이라 같은 값이 할당되어 있어도 비교하면 항상 false를 돌려준다.

```
new Number(500) == new Number(500);      //항상 false 리턴
let  x=100; x == new Number(100);        //true 리턴
let  x=100; x === new Number(100);       //false 리턴(데이터형이 다름)
```

본래 기본 데이터형은 속성과 메서드를 가지지 않는다. 그런데 JavaScript는 기본 데이터형을 마치 객체처럼 취급하기 때문에 객체의 속성과 메서드를 사용할 수 있다.

본래 toString( ) 메서드도 객체의 속성인데, JavaScript에서 기본 데이터형에 사용할 수 있다.

다음은 숫자 객체와 관련한 유용한 메서드(함수)들 알아보자. 먼저 toFixed( ) 메서드와 toPrecision( ) 메서드가 있다. 주로 숫자의 소수점 이하 자릿수를 새로 지정할 때 사용한다. 두 메서드(함수) 모두 소수점 이하의 자릿수를 변경해 반올림을 적용한 후 숫자를 문자열로 반환

한다. 다시 숫자를 얻고 싶으면 Number( ) 함수를 적용하면 된다.

```
숫자.toFixed(소수점이하자릿수);   //소수점 이하의 자릿수 지정
• let  x = 10.757;
• x.toFixed(0);                  //"11"(반올림)
• x.toFixed(2);                  //"10.76"
• x.toFixed(5);                  //"10.75700"
```

```
숫자.toPrecision(전체자릿수);     //.을 제외한 전체 출력할 숫자들의 개수 지정
• let  x = 10.757;
• x.toPrecision(2);              //"11"(반올림)
• x.toPrecision(4);              //"10.76"
• x.toPrecision(6);              //"10.7570"
```

전에 이미 설명하였지만, 숫자는 데이터형이 기본형인 number와 객체인 Object형이 있다. Object형 간에는 비교 연산이 불가능하다고 하였다. 이를 해결하기 위해 숫자가 객체형일 때 기본형으로 변경하는 valueOf( )메서드가 존재한다. 모든 객체 데이터형은 valueOf( ) 메서드를 가지고 있다. 즉, 문자열 객체는 "객체문자열".valueOf( )를 수행하면 기본 데이터형인 string으로 변환되며, Boolean 객체에도 동일하게 적용할 수 있다. 정리하면, valueOf( ) 메서드는 객체 데이터형을 기본 데이터형으로 변환해 주는 메서드이다. 기본 데이터형에 valueOf( ) 메서드를 적용하면 아무런 변화가 없다.

```
숫자객체.valueOf( );             //문자열객체.valueOf( ), 부울린객체.valueOf( )
• let  x = new Number(30);       //x의 데이터형: object
• x.valueOf( );                  //x의 데이터형: number
```

그리고 마지막으로 중요하지는 않지만, 알아두면 도움되는 Number 객체 속성이 있다. JavaScript가 표현할 수 있는 최대값과 최소값을 알려주는 속성이다. 여기서 말하는 최소값은 0

에 수렴하는 가장 작은 값을 의미하는데, 거의 사용하지는 않는다. 다음과 같다.

- Number.MAX_VALUE   //최대값: 1.7976931348623157e+308
- Number.MIN_VALUE   //최소값: 5e-324

6.8 문자열(String)

대부분의 프로그래밍 언어들이 그러하듯이 JavaScript도 문자열을 효과적으로 다루는 강력한 기능들을 지원한다. 기본 데이터형은 string이다. 이중 인용부호 혹은 단일 인용 부호 내에 문자들을 감싸면 문자열이 된다. 기본 문자열 데이터형은 string이다.

```
let  x = "Hello, Guys!!!";        //이중 인용부호 사용
let  y = 'Help me';               //단일 인용부호 사용
let  z = "";                      //빈 문자열
typeof x;                         //기본 문자열 string 리턴
```

문자열 간의 덧셈은 두 문자열을 하나로 합치는 연결 연산이라고 배웠다. 문자열 내에 특별한 기호를 삽입할 경우에는 탈출 문자(Escape Character)인 \(Backslash)를 먼저 적고 뒤에 특수 문자를 적는다.

\'	단일 인용부호	\"	이중 인용부호
\\	Backslash	\n	줄바꿈
\t	탭 적용	\b	Backspace

```
let  x = "우리는 \"반드시\" 승리한다.";  //우리는 "반드시" 승리한다.
```

이중 인용부호를 문자열 내에 포함하고 싶다면, 위의 방법보다는 다음의 방법을 사용하는 것이 간편하다.

```
let  x = '우리는 "반드시" 승리한다.';   //우리는 "반드시" 승리한다.
```

반대로, 단일 인용부호를 문자열에 포함시키고 싶다면, 다음과 같이 할 수 있다.

```
let  x = "우리는 '반드시' 승리한다.";   //우리는 '반드시' 승리한다.
```

문자열은 단일 인용부호 혹은 이중 인용부호를 사용할 수 있는데, 단일 인용부호 내의 문자열에는 이중 인용부호를 사용할 수 있고, 이중 인용부호 내의 문자열에는 단일 인용부호를 사용할 수 있다.

전역 함수인 String( ) 함수(=window.String())에 대해 알아보자. 숫자, Boolean 값, 날짜(Date( )) 등을 문자열로 변환해 준다. 객체인 new String( )과는 달리 다른 데이터형의 데이터를 문자열로 변환해 주는 전역 함수이다. 가끔 사용하는 경우도 있으니, 잘 살펴보시기 바란다.

```
• String(123);            //문자열 "123"으로 변환. (123).toString(2) :2진수 문자열변환
• String(10+20);          //문자열 "30"으로 변화하여 리턴
• String(true);           //문자열 "true"로 변환하여 리턴
• String(new Date());     //"Fri Feb 21 2028 15:06:22 GMT+0900 (대한민국 표준시)"
• String(null);           //문자열 "null" 리턴
• String(undefined)       //문자열 "undefined" 리턴
• String(NaN);            //문자열 "NaN" 리턴(=NaN.toString())
```

string 데이터는 문자열의 개수를 알려주는 length 속성이 존재다. 다음을 잘 살펴보기 바란다. 속성은 메서드(함수)가 아니므로 ( )가 존재하지 않는다. 매우 자주 사용한다.

```
let  len = "abcdef".length;    //len=6(문자열의 개수가 6개임)
let  x = "안녕하세요!!!";  let  y = x.length; //y=8
```

문자열은 기본 데이터형으로 생성하는 것이 좋지만, 객체로 생성할 수 있다. new String( )을 사용하면, 문자열을 객체로 생성한다. 다음 예를 살펴보자.

```
let  a = new String("홍길동");  //변수 a에 문자열 객체가 할당됨.
typeof a;   //데이터형으로 object를 리턴
let  b = "홍길동";
typeof b;   //데이터형으로 기본 데이터형인 string을 리턴
```

문자열을 객체로 생성하면, 객체 간에는 비교 연산을 할 수 없다. 그리고 기본 데이터형보다 속도도 느리므로 객체 문자열을 사용하지 않기를 권고한다.

```
new String("a") == new String("a");    //false 리턴
"a" == new String("a");   //true 리턴
```

문자열은 개별 문자를 액세스할 수 있는데, "abcdef"일 경우 각각의 문자는 0부터 시작해 하나씩 증가하는 식으로 인덱스(index) 값을 갖는다. 문자열[index]와 같이 액세스하고자 하는 인덱스를 할당한다.

```
let  x = "abcedf";    let  y = x[0]; //y는 b가 저장됨.
x[0] = "x"; //문자열의 값 변경은 불가능함. Error
let  y = x[1];   //값을 읽는 것은 가능함.
```

JavaScript에서는 기본 데이터형으로 생성한 문자열 데이터도 문자열 객체의 메서드나 속성을 사용할 수 있다. 문자열 객체에서 지원하는 메서드(함수)들을 아래에 표로 정리하였다.

메서드	설명
.charAt(index)	• index 값에 위치하는 문자를 리턴함. 　let c = "abcdef", y= c.charAt(1);　//y=b
.concat(str[,..strN])	• 입력된 문자열들을 연결하여 리턴함.(문자열 덧셈을 활용할 것) 　str + str1 + str2 형태의 문자열 덧셈과 동일함.
.indexOf(검색문자열[, 검색시작index])	• 검색 문자열과 처음 일치하는 위치의 index를 리턴함.(search( )와 유사) • 일치하는 문자열이 없으면, −1을 리턴함. 　("abcdef").indexOf("bc");　//1을 리턴
.lastIndexOf(검색문자열)	• 검색 문자열과 마지막으로 일치하는 위치의 index를 리턴함. • 일치하는 문자열이 없으면, −1을 리턴함. 　("ab cd ab").indexOf("ab");　//6을 리턴
.trim( )	• 문자열의 시작과 끝 부분에 있는 공백을 제거하여 리턴함. 　("　abc　").trim( );　//abc 리턴
.toUpperCase( )	• 문자열의 내용을 모두 대문자로 변환하여 리턴함. 　("aBcDef").toUpperCase( );　// ABCDEF 리턴
.toLowerCase( )	• 문자열의 내용을 모두 소문자로 변환하여 리턴함. 　("aBcDef").toUpperCase( );　// abcdef 리턴
.startsWith(searchStr)	• 문자열이 searchStr문자열로 시작하는지 여부를 판별(true/false) 　("ab cd ef").startsWith("ab");　//true 리턴
.endsWith(searchStr)	• 문자열이 searchStr문자열로 종료하는지 여부를 판별(true/false) 　("ab cd ef").endsWith("ef");　//true 리턴
.match(regExp)	• 정규표현식(혹은 문자열)과 일치하는 문자열들을 배열로 리턴함.(배열로 접근) • 일치하는 것이 없으면 null을 리턴함. 　let c="abcdabedfab"; let z = c.match("cd");　//z=['cd'] 　let y = c.match(/ab/gi); y=['ab', 'ab', 'ab']와 같이 저장, y[0]
.search(searchStr)	• 문자열과 searchStr을 비교하여 처음 일치하는 문자열 위치의 index를 리턴함. • 일치하지 않으면 −1을 리턴(검색은 문자열 혹은 정규표현식 가능함) 　let x = "I am a boy"; x.search("am");　//2 리턴

위에서 소개한 string 객체 메서드들 이외에 자주 사용되는 메서드들이 있다. 별도로 정리해 보았다.

.replace(A, B)	• 기존 문자열 A(정규표현식 가능)를 새로운 문자열 B로 대체하여 리턴함. let str = "I am a boy."; let rep = str.replace("boy", "girl"); 결과: I am a girl을 rep 변수에 저장함
.substring(start, end)	• 문자열의 start index부터 end index까지를 읽어서 리턴함.(end 값은 포함 안함) • 원래 문자열은 수정되지 않으니, 반드시 새로운 변수에 담을 것 • end 인자가 없으면, 문자열 끝까지를 의미함. let x = "happiness is..."; let res = x.substring(1,5); //res="appi"
.substr(start, length)	• 문자열의 start index부터 length개 만큼 뽑아서 리턴함. • length가 0이하이면, 빈 문자열을 리턴. let x = "happiness is..."; let res = x.substr(1,3); //res="app"
.slice(start, end)	• substring( )과 동일함. end가 생략되면, 마지막 문자까지 포함. • 음수 index 사용도 가능(뒷 부분 추출시)(-5, -1)은 가능, (-1, -4)는 허용 안함. let str ="hello, guys"; let y=str.slice(-4); //y="guys"

마지막으로 꼭 설명해야 하는 중요한 메서드(함수)가 있다. 이 메서드를 다른 메서드와 구분하여 설명하는 이유는 중요하기 때문이다. 아직 배열은 제대로 배우지 않았지만, 여기서 미리 알아두기 바란다. 문자열을 배열로 변환하는 메서드와 배열을 문자열로 변환하는 메서드에 대한 것이다. 문자열을 배열로 변환하는 메서드는 split( ) 메서드이다. 그리고 배열을 문자열로 변환하는 메서드는 join( ) 메서드이다.

split( ) 함수를 먼저 설명하겠다. 여러분들은 미리 문자열의 특성을 파악하고 배열의 원소들로 분할하기 위한 적합한 구분자(separator)를 인자로 전달해야 한다.

문자열.split(separator);

- 문자열의 각 아이템들을 separator를 기준으로 분리하여 배열로 반환함.
- 추가적인 파라미터로 limit가 있지만, 거의 사용하지 않기 때문에 생략하였음.

```
let   str = "I am a boy";
let   res = str.split(" "); //공백을 기준으로 배열의 item을 나눔. res=["I", "am", "a", "boy"]
str.split( ); //하나의 item을 갖는 배열 ["I am a boy"]
str.split(""); //모든 문자를 item으로 갖는 배열 ['I ',' ' , 'a','m',' ' , 'a',' ' , 'b','o','y']
```

```
let  x ="a,b,c,d,e";
let  res = x.split(","); // res = ["a", "b", "c', "d", "e"]
```

join( ) 메서드(함수)는 모든 배열의 원소(item)들을 문자열로 연결하여 표현할 때 사용한다. 함수의 파라미터로 구분자를 넣어주면, 배열의 각 원소 사이에 구분자가 삽입되어 문자열로 변환된다.

배열.join(separator);

- 배열의 각 원소들 사이에 separator를 넣어 문자열을 생성해 반환함.
- 구분자(separator)가 없으면 각 원소들을 ,로 구분하여 문자열을 생성해 반환함.

```
let  arr = ["do", "re", "mi", "pa", 5];
let  res = arr.join( );//구분자가 없음. res = "do,re,mi,pa,5"
arr.join("*"); //"do*re*mi*pa*5" 리턴
arr.join("OK"); //"doOKreOKmiOKpaOK5"
```

이제 여러분들은 배열을 문자열로, 문자열을 배열로 변환할 수 있어야 한다. 그런데, 배열을 문자열로 변환하는 메서드가 하나 더 있는데, 바로 toString( ) 함수이다.

간단히 요약하면, toString( ) 메서드는 파라미터가 없는 join( ) 메서드와 동일하다.

```
let  arr = ["do", "re", "mi", "pa", 5];
let  res = arr.toString( );  //res = "do,re,mi,pa,5", arr.join()과 동일함.
```

다음은 split( )과 join( ) 함수의 동작을 알아보는 예제이다.

```html
<!DOCTYPE html>
<html>
<meta charset="utf-8">
<title>스플릿, 조인 메서드 학습하기</title>
<body>

<h2>split( )과 join() 메서드</h2>

<h3>split( ) 메서드 응용</h3>
<p id=p1><p>
<script>
  let  str = "I am a boy";
  let  arr = str.split(" ");
  document.getElementById("p1").innerHTML = arr;
</script>
<h3>Join( ) 메서드 응용</h3>

<p id="p2"></p>
<script>
let  octave = ["do", "re", "mi", "pa", "sol", "la", "si", "do"];
let  arr = octave.join("**");
document.getElementById("p2").innerHTML = arr;
</script>

<h3>toString( ) 메서드 적용</h3>
<p id="p3"></p>
<p>본래 배열은 디폴트로 toString( )가 적용되어 innerHTML에 전달됩니다.</p>
<script>
let  octave = ["do", "re", "mi", "pa", "sol", "la", "si", "do"];
document.getElementById("p3").innerHTML = octave.toString( );
</script>
</body>
</html>
```

문자열과 관련된 전역 함수 중의 하나로 eval( )(=window.eval( )) 함수가 있다. eval( ) 함수의 인자로는 JavaScript 표현식, 변수, 문장, 다문장 등 모두가 가능하다. 쉽게 표현하면, 문자열로 표현된 수식을 일반 수식처럼 계산하여 결과 값을 돌려준다. 아래 예를 살펴보기 바란다. 중요한 내용은 아니기 때문에 가볍게 살펴보기 바란다.

웹 페이지를 제작할 때 post나 get 방식으로 수식을 수신하였을 경우에 사용하면 유용하다. post나 get 방식으로 수신한 데이터는 문자열이기 때문입니다. 물론 숫자로 변환하여 사용할 수 있다.

```
<script>
let  x = 77, y=33;
let  a = eval("x+y");   //a=100
let  z = eval("let  x=1; let  y=3; x+y");   //z=4 (여러 문장을 기술할 수 있음)
let  mix = eval("'abc'+1000");    //mix = "abc1000"
</script>
```

6.9 템플릿 리터럴(Template Literal)

템플릿 리터럴은 본래 문자열과 관련된 내용이지만, 매우 중요하기 때문에 별도의 절로 다루게 되었다. 템플릿 리터럴에 대한 개념도 ES6에서 처음으로 도입되었고, 현재 많은 JavaScript 사용자들이 사용하고 있는 문법이다. 기존의 단일 인용부호나 이중 인용부호를 사용한 문자열은 말 그대로 문자열 데이터이다. 그리고 문자열 내에서 다른 수식 등을 삽입하여 표현하는 것이 불가능하다. 템플릿 리터럴은 이러한 문제점을 해결한 것이다. 파이썬 프로그램에서 포맷화된 문자열(Formatted string)에 대응되는 개념이다. 즉, 파이썬 프로그램에서는 문자열을 f"안녕하세요. 내 이름은 { name }입니다."와 같이 표현하면, 문자열 내의 중괄호({ }) 안에 다양한 형태의 표현식을 사용할 수 있다. 이러한 표현식의 최종 연결 결과가 문자열에 자연스럽게 합체되어 출력되는 방식이다.

자바스크립트에서는 이러한 것이 가능하도록 ES6에서 "템플릿 리터럴"이란 표준으로 지정하였다. 이러한 템플릿 리터럴은 따옴표 대신에 백틱(Back-tick : `)을 사용해 문자열 내에 표현식의 사용을 허용해 주는 문자열 리터럴(String literal)이다. 백틱은 키보드 자판의 Esc 키 바로 아래에 위치하는 문자이다. 템플릿 리터럴은 멀티 라인(Multi-line) 문자열로 정의할 수 있다. 기존의 문자열은 멀티 라인 표현을 하고 싶으면 "\n" 탈출 문자를 문자열 내에 추가해 표현할 수 있다. 즉, 기존 문자열에서 여러분이 의도적으로 Enter 키를 누르면 에러 메시지가 발생한다. 그렇지만 템플릿 리터럴은 여러분이 Enter 키를 누르면 줄 바꿈으로 인식된다. 그리고 가장 중요한 템플릿 리터럴 문자열 내에 ${ 표현식 }의 사용이 가능하다. 물론 템플릿 리터럴은 문자열에 공백뿐만 아니라 탭("\t")을 비롯한 탈출 문자의 사용도 가능하다. 기존의 문자열 사이의 연결(Concatenation)은 '+' 연산자를 사용하였다. 그렇지만 템플릿 리터럴 문자열의 지원으로 문자열을 감싸는 백틱 내에 ${ 표현식 }을 사용해 연산 결과를 돌려받아 즉시 사용할 수 있게 되었다.

```
let motto = `우리는
모든 일에 최선을 다하는
대한민국의 일꾼들`;

console.log(motto);
```
```
//[출력] 콘솔에 문자열 출력은 Enter 키가 줄 바꿈으로 변환됨.
우리는
모든 일에 최선을 다하는
대한민국의 일꾼들
```

위의 예를 보면 알 수 있듯이 문자열을 출력할 경우에는 콘솔 창에서 Enter 키가 줄 바꿈으로 변환되어 출력되는 것을 확인할 수 있다.

템플릿 리터럴 내에 ${ }를 사용한 표현식을 적용해 보자.

```
const firstName = "길동";
const lastName = "홍";
const age = 26;
```

CHAPTER 6 JavaScript 시작하기   439

```
//기존의 따옴표가 아닌 백틱(Back-tick)으로 감싸야 함.
const intro = `성은 ${lastName}씨이고, 이름은 ${firstName}이며, 나이는 ${age}세입니다.`

console.log(intro);
```

[출력]
성은 홍씨이고, 이름은 길동이며, 나이는 26세입니다.

${ } 내에 수식 등을 사용하는 것도 가능하다.

```
let admissionFee = 1000;

let audience = 33;

let income = `입장료는 ${admissionFee}이고, 입장객은 ${audience}이며,
총 수입은 ${admissionFee * audience}입니다.`;

console.log(income);
```

[출력]
입장료는 1000이고, 입장객은 33이며,
총 수입은 33000입니다.

HTML 파일 내에 JavaScript를 작성하고, 브라우저 화면에 출력되는 내용을 확인해 보자.

```
<!DOCTYPE html>
<html>
<head>
    <meta name="viewport" content="minimum-scale=1.0, width=device-width, maximum-scale=1.0, user-scalable=no"/>
    <meta charset="utf-8">
    <title>Template Strings</title></head>
<body>
```

```
<h1>템플릿 문자열(Template Strings)</h1>
<p>Open the console</p>
<p>F12 키를 눌러서 console창을 확인해보세요.</p>

<script>
    const lastName = "Oh"
    const middleName = "현석"
    const firstName = "Frank"

    const sample = document.getElementById("sample");
    //ES6 템플릿 문자열(브라우저)
    sample.innerHTML = `<h3>${lastName}, ${firstName} ${middleName}</h3>`

    // ES6 템플릿 문자열(콘솔 창)
    console.log(`${lastName}, ${firstName} ${middleName}` )
</script>
</body>
</html>
```

또 다른 예를 살펴보자. 전체 소스 코드는 아니지만, 객체를 활용하는 방법에 대한 힌트를 얻을 수 있다.

```
<script>

    const article = {
      title: "템플릿 리터럴 문자열 연습",
      body: `
        <div>
          <p>Lorem ipsum dolor sit amet, consectetur adipiscing elit, sed do eiusmod tempor</p>
          <p> laboris nisi ut aliquip ex ea commodo consequat.</p>
        </div>
      `
    }
```

```
        document.body.innerHTML = `
    <section>
      <header>
          <h1>The HTML5 Blog</h1>
      </header>
      <article>
          <h2>${article.title}</h2>
          ${article.body}
      </article>
      <footer>
          <p>copyright ${new Date().getYear()} | The HTML5 Blog</p>
      </footer>
    </section>
    `
</script>
```

여러분들은 앞으로 '+' 연산자를 사용한 문자열의 연결보다는 백틱을 사용한 통합 문자열을 사용하기 바란다.

6.10 부울(Bool)

Boolean 데이터형은 2가지의 값만을 가질 수 있다. true 혹은 false 값 중에 하나를 가질 수 있다. 대부분의 경우에는 조건 연산을 수행하면 Boolean 데이터형을 반환한다. true나 false는 예약어이므로, 식별자로 사용할 수 없다는 것은 알고 있을 것이다.

표현식이 참인지 거짓인지를 판별하기 위해 전역 함수인 Boolean( ) 함수(window.Boolean)를 사용할 수 있다.

아래를 살펴보기 바란다.

```
Boolean( 200 == 200); // true를 리턴함

200 == 200;    //true 리턴
200 < 100;     //false 리턴
```

위를 보면, 전역 함수인 Boolean( ) 함수를 사용하는 것보다, 단순히 비교 표현식을 기술하면 true 혹은 false를 반환함을 알 수 있다. 따라서, 여러분들도 Boolean( ) 함수를 사용하지 말고, 간단히 비교 표현식만을 사용하여 프로그램하면 된다. 정리하면, JavaScript에서 비교 및 조건에 대한 표현식의 리턴 값은 부울린 값(true, false)이다.

다음은 Boolean 값의 리턴 값을 정리해 보았다. 아래와 같이 정리하면 명확하다.

- **false를 리턴하는 경우**

  ```
  0, -0, +0, 0.0 등 모든 형태의 0은 false   // Boolean(-0.0): false리턴
  빈 문자열("")의 Boolean 값: Boolean(""): false 리턴
  null 값: Boolean(null): false 리턴
  undefined 값: Boolean(a): false 리턴(a의 변수 선언이 없음)
  NaN 값: Boolean(NaN): false 리턴
  비교 결과가 거짓일 경우: false 리턴 [Boolean(3 > 100)
  ```

- **true를 리턴하는 경우**

  ```
  위의 false를 리턴하지 않는 나머지 모든 경우
  비교 결과가 참일 때: true 리턴 [Boolean(3 > 10)]
  Boolean("Hello"); Boolean(1); Boolean(0.01); :모두 true 리턴
  ```

Boolean 값을 객체로 생성할 수 있다. 다음과 같이 Boolean 값을 개체로 생성한다. new Boolean( ) 함수를 사용한다.

```
let  x = new Boolean(true);
typeof x;   //object 리턴
let  y = false; //boolean 리턴
```

Boolean 값을 생성할 때도 객체로 생성하지 말고, 기본 데이터형으로 생성하자. 아래는 객체는 비교할 수 없다는 것을 보여준다.

```
new Boolean(true) == new Boolean(true) //false 리턴
```

6.11 배열(Array)

배열은 일정한 형식의 데이터를 모아 효율적으로 관리하기 위해 만든 데이터형이다. C언어의 경우 int num[5] = {1,2,3,4,5};와 같이 정수 데이터를 배열이라는 하나의 변수로 처리할 수 있게 한다. 그런데, 인터프리터 방식 언어들은 배열을 좀 다르게 운용한다. 파이썬의 경우에는 배열이라는 용어 대신에 list라는 데이터형을 사용한다. JavaScript는 인터프리터 방식의 언어인데, C언어에서 의미하는 배열과 어떻게 다를까? 아래 자바스크립트 배열의 예를 살펴보자.

```
const fruits = ["apple", "banana", "mango", "pear"];
```

배열의 기호로 [ ]를 사용하여 내부에 콤마로 구분하여 배열 요소들을 나열한다. C언어의 { }과 유사하다. 그리고 JavaScript의 배열과 달리 C 언어에서 배열을 선언할 때는 배열의 개수를 num[5]와 같이 배열 변수명 뒤에 명시한다. 물론 배열의 크기를 생략하고 num[]={1,2,3}과 같이 표현할 수도 있다. 또한 배열의 개별 요소에 접근하기 위해서는 num[1]과 같이 변수명 뒤의 대괄호 안에 index 값을 지정한다. 개별 요소에 접근할 때 index는 0부터 시작한다는 것은 대부분의 언어가 같다.

위에서 예시하였던 JavaScript의 배열은 가장 기본적인 것이지만, C언어와 결정적으로 다른 점이 있다. 아래 예시를 살펴보자.

```
let  complex = [1, 100, "홍길동", true, 33, "apple",[1,2]];
let  x = complex[2]; // x에 "홍길동" 저장[배열 요소 값 읽기]
complex[1] = 27; //[1,27,"홍길동",true,33,"apple",[1,2]]; [배열요소값변경]
typeof complex;   //object 리턴
```

배열을 구성하는 요소들의 데이터형이 달라도 문제가 되지 않는다. 배열 요소를 나열하는 것이 매우 유연하다. 많이 활용되는 데이터형이다. 배열은 객체에 속한다.

배열은 new 키워드를 사용하여 아래와 같이 생성할 수 있다.

```
let   arr = new Array( 'John', 'Thompson', 'David' );
let   arr = [ 'Lorem', 'Ipsum', 'Dolor' ];
```

여러분 위의 두 방식은 모두 배열을 생성할 때 사용할 수 있다. 간단하고, 수행 속도도 빠른 let arr = ['Lorem', 'Ipsum', 'Dolor'];와 같은 방식을 사용할 것을 권고한다.

배열의 요소는 무엇이든지 가능한데, 심지어 함수도 할당할 수 있다. 함수는 다음에 다룰 예정이다. 아래 예도 잘 살펴보기 바란다.

```
let   arr = [{name:"홍길동", age:20}, true, {hobby:"soccer", car: "ray"},
             function(){return 11}, 127];
```
- 함수 액세스: arr[3]( )   //함수가 실행되어 11을 리턴
- 객체 액세스: arr[0].name //홍길동을 리턴
- 부울린 값: arr[1]   //true 리턴

배열은 객체이므로 여러 가지 속성 및 메서드를 제공한다. 먼저 length 속성에 대해 알아보자. 이미 배운 문자열도 length 속성이 있다. 배열에서 length 속성은 배열이 가지고 있는 요소들의 개수를 알려준다.

```
let   arr = [ 'Lorem', 'Ipsum', 'Dolor' ];
arr.length //3의 리턴(배열 요소의 수가 3개)
arr[arr.length-1] // 배열의 마지막 요소 액세스
```

```
<!DOCTYPE html>
<html>
<head>
<meta charset="utf-8">
<title>스플릿, 조인 메서드 학습하기</title>
</head>
<body>
<h2>JavaScript Arrays</h2>
<p>배열: let  fruits = ["Banana", "Orange", "Apple", "Mango"];
<br>과 같이 선언함</p>
<div style="color:red">
배열의 길이는 아래와 같습니다.<br>
<san id="s1"></span>
</div>
<script>
let  hobby = ["reading", "sports", "climbing", "biking"];
let  len = hobby.length;
document.getElementById("s1").innerText = len;
</script>

</body>
</html>
```

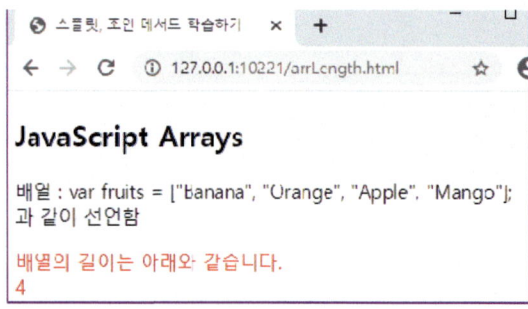

아직 배우지는 않았지만, 프로그램에 대한 약간의 지식만 있으면 아래의 for 루프가 포함된 프로그램을 이해할 수 있을 것입니다.

```
<!DOCTYPE html>
<html>
<head>
<meta charset="utf-8">
<title>Length 속성 활용하기</title>
</head>
<body>
<h2>자바스크립트 배열 응용</h2>
<p>for loop를 사용한 web page 출력 테스트</p>

<div style="color: red">
<b>나의 취미는</b><br>
<div id="array1"></div>
</div>
여러분 화이팅하세요.
<script>
let  hobby, text, len;
hobby = ["운동하기", "요리만들기", "자전거타기", "등산하기"];
len = hobby.length;

text = "<ol>";
for (let  i = 0; i < len; i++) {
  text += "<li>" + hobby[i] + "</li>";
}
text += "</ol>";

document.getElementById("array1").innerHTML = text;
</script>
</body>
</html>
```

JavaScript에서는 배열의 활용에 있어서 위의 반복문뿐만 아니라 forEach( ) 메서드를 종종 활용한다. 반복문을 배운 이후에 학습해도 좋지만, 이 교재를 학습하는 대부분의 학생들은 이미 반복문에 알고 있을 것이라 믿는다. 배열에 대해 forEach( ) 메서드를 사용해 반복문을 구현할 수 있다. forEach( ) 내의 함수에 최대 3개의 파라미터를 전달할 수 있다. 첫 번째는 순서대로 전달받게 되는 배열 요소이고, 두 번째는 배열의 index이며, 세 번째는 배열 자체를 파라미터로 받는다. 두 번째와 세 번째 파라미터는 옵션이다. 내부 함수에 배열요소들을 하나씩 전달받아 처리한다. 다음을 잘 살펴보기 바란다. 앞의 설명처럼 내부 함수의 파라미터의 전달 순서는 정해져 있으니, 꼭 기억하고 있어야 한다.

배열명.forEach(function(배열요소, index, 배열자체))

- 배열요소: 현재 배열 요소의 값. 순서대로 [필수]
- index: 배열 요소에 해당하는 index 값[옵션]
- 배열자체: 본래의 배열 자체[옵션]

다음은 이전의 반복문을 forEach( ) 메서드로 구현한 예제이다.

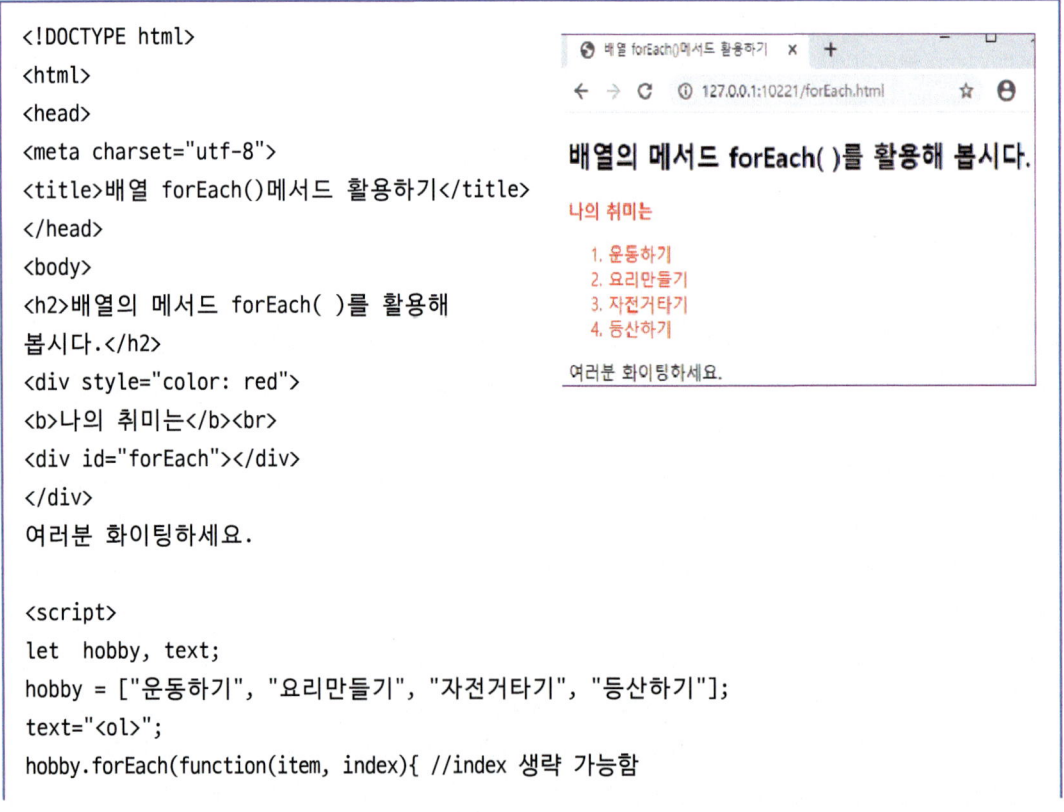

```
<!DOCTYPE html>
<html>
<head>
<meta charset="utf-8">
<title>배열 forEach()메서드 활용하기</title>
</head>
<body>
<h2>배열의 메서드 forEach( )를 활용해
봅시다.</h2>
<div style="color: red">
<b>나의 취미는</b><br>
<div id="forEach"></div>
</div>
여러분 화이팅하세요.

<script>
let  hobby, text;
hobby = ["운동하기", "요리만들기", "자전거타기", "등산하기"];
text="<ol>";
hobby.forEach(function(item, index){ //index 생략 가능함
```

```
    text += "<li>" + item + "</li>";
});
text += "</ol>"

document.getElementById("forEach").innerHTML = text;
</script>
</body>
</html>
```

배열의 선언과 관련하여 좀 더 정리해 보자. 여러분들은 new를 사용하는 배열의 생성은 가급적 사용하지 않길 권고하는 바이다. 그리고 변수가 배열인지의 여부를 판단하는 메서드가 있는데, Array.isArray( ) 메서드가 있다.

- 빈 배열 정의: let x = [ ];   //let x = new Array( );
- let y = [1, 2];   //let y = new Array(1, 2);
- let z = new Array(40); //주) 40개의 undefined 배열 요소를 생성함.
- Array.isArray(y);   //y가 배열인지를 확인하는 메서드(true 리턴)

배열을 문자열로 만드는 메서드 join( )과 toString( )은 이미 앞에서 학습하였다.

JavaScript의 배열에서 가장 빈번하게 사용하는 메서드를 먼저 소개하겠다. push( )와 pop( ) 메서드이다. 배열의 마지막에 배열 요소를 추가할 때는 push( ) 메서드를 사용하고, 배열의 마지막 요소를 반환해 주면서 마지막 요소를 제거하는 pop( ) 메서드이다.

- push(item1, item2, ..., itemN); //배열 끝에 item들을 추가. 배열길이 반환
- pop( ); //배열의 마지막 요소를 리턴. 마지막 요소를 제거.(파라미터 없음)

```
let  arr = [ ];
arr.push(1);   //arr=[1] 배열에 파라미터로 넘겨주는 값을 추가함
arr.push(2);   //arr=[1,2]
arr.push(3,4,5); //arr=[1,2,3,4,5]
```

```
let  x = ["a", "b", "c", "d", "e", "f"], y=null;
y = x.pop( );   //y="f",   x=["a", "b", "c", "d", "e"] 마지막 요소가 제거
y = x.pop( );   //y="e",   x=["a", "b", "c", "d"]
```

push( )와 pop( ) 메서드는 배열의 마지막에 값을 추가하거나 마지막 값을 반환하고 제거하는 기능을 수행한다. 이제는 배열의 앞 부분을 새로운 값을 추가하거나 제거하는 메서드를 알아보자. unshift( ) 메서드는 배열의 맨 앞에 새로운 요소를 추가한다. 그리고 shift( ) 메서드는 배열의 첫 번째 요소를 반환하고 제거한다.

- unshift(item1, item2, ..., itemN);//배열 맨 앞에 item을 추가. 배열길이 반환
- shift( ); //배열의 첫 번째 요소 리턴. 첫 번째 요소를 제거.(파라미터 없음)

```
let  arr = [1, 2, 3];
arr.unshift("x");   //arr=["x", 1, 2, 3] 배열에 파라미터로 넘겨주는 값을 추가함
arr.unshift("y");   //arr=["y", "x", 1, 2, 3]
arr.unshift(10, 70); //arr=[10, 70, "y", "x", 1, 2, 3]
```

```
let  x = ["a", "b", "c", "d", "e", "f"], y=null;
y = x.shift( );   //y="a",   x=["b", "c", "d", "e", "f"] 첫 번째 요소가 리턴 및 제거
y = x.shift( );   //y="b",   x=["c", "d", "e", "f"]
```

다음은 배열의 임의의 요소들 선택하여 선택한 요소들을 새로운 배열로 리턴하는 메서드가 있습니다. slice( ) 메서드이다. 본래 배열의 내용은 변경되지 않는다.

```
slice(startIndex, endIndex); //시작부터 종료 index 전까지 배열로 반환
```

```
let  x = ["a", "b", "c", "d", "e", "f"], y=null;
y = x.slice(1, 4);   //y=["b", "c", "d"]
y = x.slice(3);      //y=["d", "e", "f"]  startIndex=3, endIndex 생략[마지막 요소]
```

배열에 요소를 추가하거나 제거할 수 있고, 제거된 요소들은 배열로 리턴해주는 splice( ) 메서드가 있습니다. 배열 요소의 추가 및 제거를 하나의 메서드로 할 수 있는 특징이 있다.

```
splice(index, 삭제갯수, item1, ....., itemN)
```

- index: 기준 index
- 삭제갯수: 기준 index를 기준으로 삭제 개수만큼의 요소들을 리턴하고 제거함
- item1,..,itemN: 기준 index 위치에 추가할 배열 요소들

```
let   x = ["a", "b", "c", "d", "e", "f"], y=null;
y = x.splice(4, 2);   //index 4부터 2개 리턴 후 삭제   y=["a", "b", "c", "d"]
x.splice(1, 0, "alpha");   //삭제 없이 추가함 x=["a", "alpha", "b", "c", "d"]
y = x.splice(1, 1, "x", 1, "y") //삭제 1, 추가 3, y=["a", "x", 1, "y", "b", "c", "d"]
```

```
<!DOCTYPE html>
<html>
<head>
<meta charset="utf-8">
<title>배열 요소 추가 및 삭제 실습</title>
</head>
<body>

<p>배열 요소의 추가 및 삭제를 실습합니다.</p>
<div>
최초 배열: ["a", "b"]<br>
<span id="span1"></span>
</div>

<script>
document.getElementById("span1").innerHTML += "c, d, e, f, g 요소를 추가하기<br>";
let   arr = ["a", "b"];
arr.push("c"); arr.push("d"); arr.push("e"); arr.push("f"); arr.push("g");
document.getElementById("span1").innerHTML += arr;
document.getElementById("span1").innerHTML += "<br>pop( )을 사용하여 마지막 요소 리턴후
```

```
제거<br>";
arr.pop( ); //마지막 추가 요소인 g를 제거하고 리턴
document.getElementById("span1").innerHTML += "<br>unshift( )를 사용해 앞 부분에 
추가하기<br>";
arr.unshift("beta"); arr.unshift("alpha");   //배열 앞에 추가
document.getElementById("span1").innerHTML += arr;
document.getElementById("span1").innerHTML += "<br><br>shift( )를 사용해 앞 부분 요소 
제거<br>";
arr.shift( ); //배열의 첫 번째 요소를 제거하고 리턴
document.getElementById("span1").innerHTML += arr;
document.getElementById("span1").innerHTML += "<br><br>slice( )를 사용해 선택 요소들 
배열로 리턴<br>";
arr.slice(4); //index 4 이후의 요소를 모두 리턴
document.getElementById("span1").innerHTML += arr;
document.getElementById("span1").innerHTML += "<br><br>splice( )를 사용해 요소들 
추가<br>";
arr.splice(2,0, "아빠", "엄마"); //index 2 자리에 2개 요소 추가
document.getElementById("span1").innerHTML += arr;
document.getElementById("span1").innerHTML += "<br><br>splice( )를 사용해 선택 요소 리턴 
후 삭제<br>";
arr.splice(2,2); //index 2부터 2개 요소 리턴 후 삭제
document.getElementById("span1").innerHTML += arr;
</script>

</body>
</html>
```

중요한 배열 관련 메서드(함수)들을 아래에 정리하였다.

.concat(arr[,..arrN])	• 2개의 배열을 합쳐서 하나의 배열로 리턴함. • 파라미터로 2개 이상의 배열이 올 수 있음. `let a = [1,2], b=['a','b']; a.concat(b) //[1,2,'a','b']`

every(function(curItem, index, 배열자체));	• 배열 내의 모든 요소들이 테스트 조건을 만족하는지를 체크함
	• 하나라도 조건을 만족하지 못하면 false 리턴, 그렇지 않으면 true 리턴
	curItem: 배열 index 순의 요소, index :배열요소의 index
	`let num= [10, 20, 55, 500]`
	`num.every(function(curItem){`
	`　return curItem > 300;`
	`}); //false를 리턴함.`

some(function(curItem, index, 배열자체));	• 배열 내의 요소 중에서 하나라도 테스트 조건을 만족하는지를 체크함.
	• 조건을 만족하는 첫 번째 요소를 찾으면 true 리턴, 모두 만족하지 않으면 false
	`let num= [10, 20, 55, 500]`
	`num.some(function(curItem){`
	`　return curItem > 300;`
	`}); //false를 리턴함.`

reduce(function(total, curItem, Index, 배열자체));	• 배열을 단일 값으로 축소해 리턴함.
	• total[필수]: 배열의 첫 번째 요소로 초기값 혹은 전 단계에서 반환된 결과 값
	• curItem[필수]: 배열의 두 번째부터 마지막 요소까지의 값
	• index, 배열자체: 옵션(생략 가능)
	`let num = [1,3,5,7,9]`
	`let x = num.reduce(function(temp, curItem){`
	`　return temp - curItem;`
	`}); //1-3-5-7-9 = -23을 x에 저장`

find(function(curItem, index, 배열자체));	• 테스트 조건을 만족하는 첫 번째 배열 요소를 리턴함.
	• 조건을 만족하는 배열 요소를 찾지 못하면 undefined를 리턴함.
	`let num = [10, 20, 55, 500]`
	`num.find(function(curItem){`
	`　return curItem > 300;`
	`}); //500 리턴`

findIndex(function(curItem, index, 배열자체));	• 테스트 조건을 만족하는 첫 번째 배열 요소의 index를 리턴함.
	• 조건을 만족하는 배열 요소를 찾지 못하면, -1을 리턴함.
	`let num= [10, 20, 55, 500]`
	`num.findIndex(function(curItem){`
	`　return curItem > 300;`
	`}); //3 리턴함.`

indexOf(item, 시작index)	• 찾고자 하는 배열 요소(item)를 발견하면 해당 요소의 index를 리턴함
	• 배열 요소 item을 찾지 못하면 -1을 리턴함.
	• 두 번째 인자가 없으면 배열의 처음부터 순차적으로 찾음.
	`let  num= [10, 20, 55, 500]`
	`num.indexOf(55); //`

lastIndexOf(item, 시작index)	• 끝에서부터 배열 요소(item)를 발견하면 해당 요소의 index를 리턴함
	• 두 번째 인자는 역으로 검색할 배열 요소의 시작 index
	`let  x = [1,2,3,4,50,1,2,3,4,5];`
	`x.lastIndexOf(50,8); //index 8부터 역으로 검색함.(4 리턴)`

includes(검색Item, 시작idex)	• 배열에 찾는 검색Item이 있으면 true를 리턴하고 그렇지 않으면 false 리턴
	• 두 번째 인자는 역으로 검색할 배열 요소의 시작 index
	`let  fruit = ["apple", "Orange", "pear", "raspberry"];`
	`let  x = fruit.includes("pear"); //true 리턴 [검색조건: case sensitive]`

모든 배열 요소에 대해 하나씩 요소 값을 함수에 전달하여 연산을 수행하여 결과 값을 다시 배열로 리턴해주는 map( ) 메서드가 있다. 콜백 함수의 파라미터는 every( ) 메서드와 동일하다.

- 배열명.map(function(curItem, index, arr));   //배열로 리턴

map( ) 메서드는 예제를 가지고 설명하는 것이 이해에 도움이 될 것 같다.

```
<!DOCTYPE html>
<html>
<head>
<meta charset="utf-8">
<title>배열 map()메서드 활용하기</title>
</head>
<body>
```

```
<h2>map( ) 메서드 활용하기</h2>
<p>배열의 모든 item에 대해 함수에서
연산을 수행하여 배열로 리턴함.<br>
아래는 1부터 10까지의 수에 대해 각각
x2를 하여 리턴하는 예제임.</p>
<p id="p1"></p>

<script>
let  num = [1, 2, 3, 4, 5, 6, 7, 8, 9, 10];
let  numx2 = num.map(function (item, index) {
  return item*2;
});
let  x = document.getElementById("p1");
x.innerHTML = numx2;
</script>

</body>
</html>
```

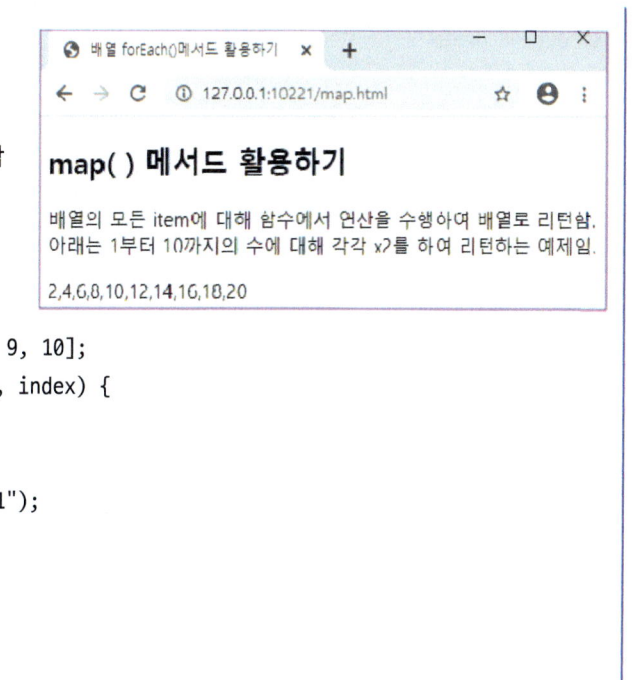

filter( ) 메서드에 대해 알아보자. 배열에서 테스트 조건을 만족하는 모든 요소들을 다시 배열로 돌려준다.

- 배열명.filter(function(curItem[필수], index, arr));   //배열로 리턴

아래는 filter( ) 메서드를 활용하는 예제이다.

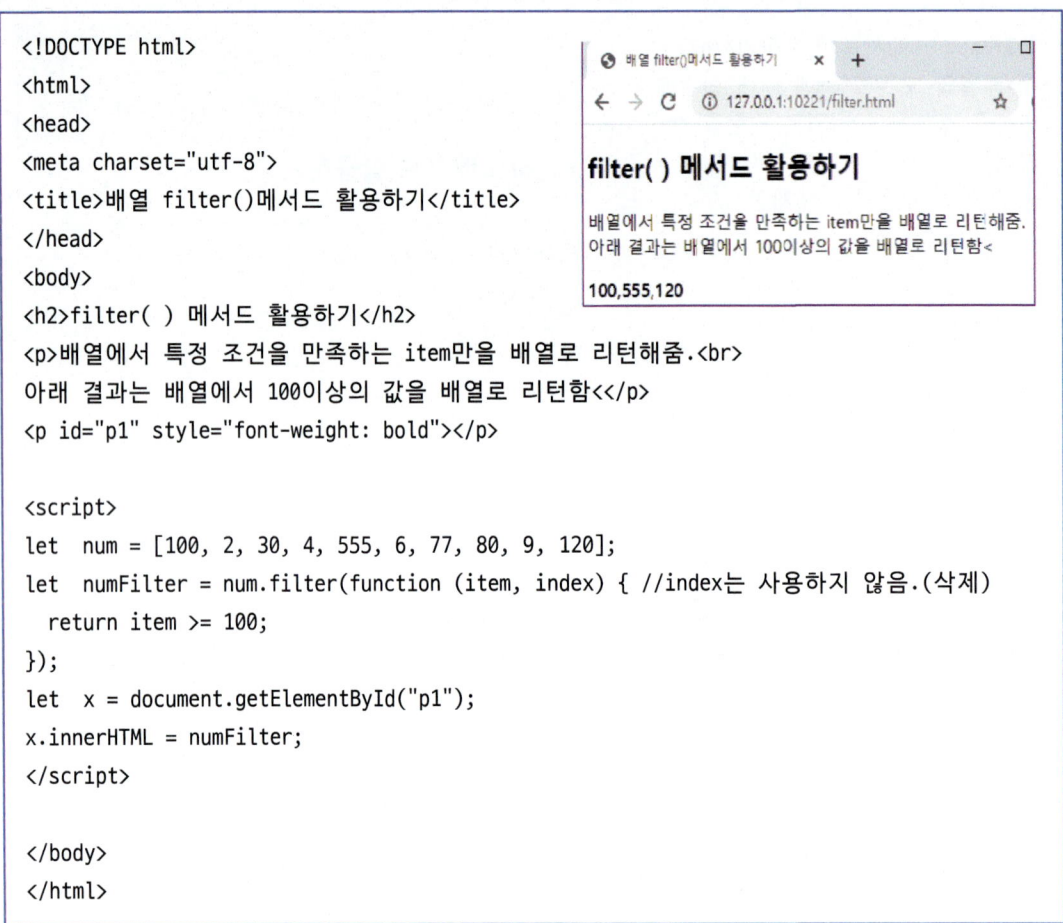

```
<!DOCTYPE html>
<html>
<head>
<meta charset="utf-8">
<title>배열 filter()메서드 활용하기</title>
</head>
<body>
<h2>filter( ) 메서드 활용하기</h2>
<p>배열에서 특정 조건을 만족하는 item만을 배열로 리턴해줌.<br>
아래 결과는 배열에서 100이상의 값을 배열로 리턴함<</p>
<p id="p1" style="font-weight: bold"></p>

<script>
let  num = [100, 2, 30, 4, 555, 6, 77, 80, 9, 120];
let  numFilter = num.filter(function (item, index) { //index는 사용하지 않음.(삭제)
  return item >= 100;
});
let  x = document.getElementById("p1");
x.innerHTML = numFilter;
</script>

</body>
</html>
```

다음은 배열에서 문자열의 정렬을 알아보자. 문자열의 정렬이 기본 정렬이다. 배열 내에서 문자열의 오름차순 정렬은 sort( ) 메서드를 사용하며, 문자열의 요소들을 역으로 나열할 때는 reverse( ) 메서드를 사용한다. 메서드 호출시 파라미터가 필요하지 않다. 원래의 배열이 정렬된 형태로 변경된다.

- 배열명.sort( ); //배열의 요소들을 오름차순으로 정렬하여 리턴. 원본 배열 변화
- 배열명.reverse( ); //배열의 요소들을 역순으로 배치함. 원본 수정

위에서 소개된 배열 관련 두 함수(메서드)를 보고, 문자열로 된 배열의 요소들을 내림차순으로 정렬하는 방법은 두 함수를 연속 수행하면 된다는 것을 알 수 있다.

■ 문자열 배열의 내림차순 정렬

```
const arr = ["호박", "배추", "고추", "가지", "참깨"];
arr.sort();   //오름차순 정렬
arr.reverse(); //역순 배치
console.log(arr);   //콘솔 출력: [ '호박', '참깨', '배추', '고추', '가지' ]
```

다음은 브라우저에 배열의 내용을 오름차순으로 정렬 및 역순으로 배치를 수행한 결과를 출력해 보는 예제이다.

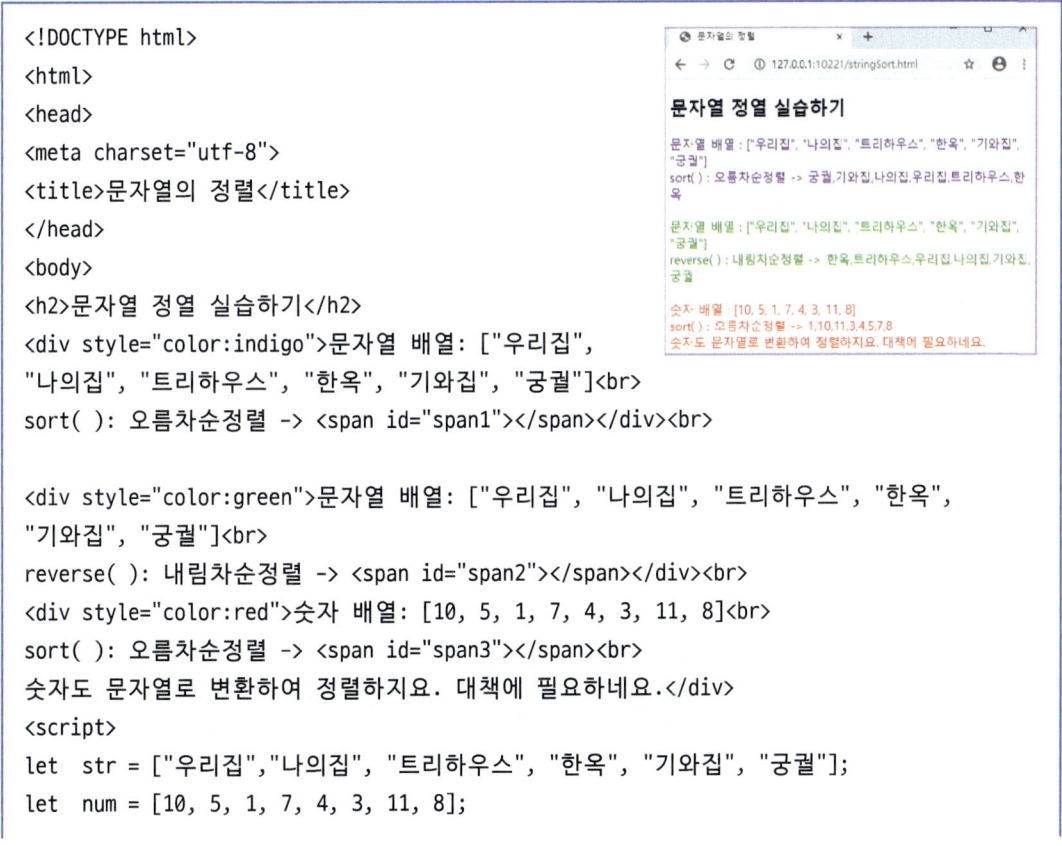

```
<!DOCTYPE html>
<html>
<head>
<meta charset="utf-8">
<title>문자열의 정렬</title>
</head>
<body>
<h2>문자열 정렬 실습하기</h2>
<div style="color:indigo">문자열 배열: ["우리집",
"나의집", "트리하우스", "한옥", "기와집", "궁궐"]<br>
sort( ): 오름차순정렬 -> <span id="span1"></span></div><br>

<div style="color:green">문자열 배열: ["우리집", "나의집", "트리하우스", "한옥",
"기와집", "궁궐"]<br>
reverse( ): 내림차순정렬 -> <span id="span2"></span></div><br>
<div style="color:red">숫자 배열: [10, 5, 1, 7, 4, 3, 11, 8]<br>
sort( ): 오름차순정렬 -> <span id="span3"></span><br>
숫자도 문자열로 변환하여 정렬하지요. 대책에 필요하네요.</div>
<script>
let  str = ["우리집","나의집", "트리하우스", "한옥", "기와집", "궁궐"];
let  num = [10, 5, 1, 7, 4, 3, 11, 8];
```

```
document.getElementById("span1").innerHTML = str.sort();
document.getElementById("span2").innerHTML = str.reverse();
document.getElementById("span3").innerHTML = num.sort();

</script>
</body>
</html>
```

위의 예제를 살펴보면 숫자로 구성된 배열도 마치 문자열의 정렬과 같은 방식으로 정렬된다. 즉, 숫자도 정렬 시에는 문자열로 변환하여 정렬을 수행한다. 따라서 숫자를 정렬하고 싶다면, sort( ) 메서드 내에 파라미터로 비교함수를 넣어주어야 한다. 배열의 원본 내용이 정렬된 값으로 변경된다. 기본 문법은 아래와 같다.

- 배열명.sort(compareFunction); //배열의 요소가 숫자일 때[비교함수 사용]
- sort(function(a,b){ return a-b;}); //오름차순으로 정렬(원본 변경)
- sort(function(a,b){ return b-a;}); //내림차순으로 정렬(원본 변경)

아래는 숫자로 된 배열의 요소들을 정렬하는 예제 프로그램이다.

```
<!DOCTYPE html>
<html>
<head>
<meta charset="utf-8">
<title>숫자 배열의 정렬</title>
</head>
<body>
<h2>숫자로 된 배열 요소 정렬 실습하기</h2>

<div style="color:navy">숫자 배열: [10, 200, 5, 1, 7, 70, 4, 3, 11, 8]<br>
sort(function(a,b){return a-b;});<br>
sort( ): 오름차순정렬 -> <span id="span1"></span><br>
```

```
숫자도 문자열로 변환하여 정렬하지요. 대책이 필요하네요.</div><br>

<div style="color:red">숫자 배열: [10, 200, 5, 1, 7, 70, 4, 3, 11, 8];<br>
sort(function(a,b){return b-a;});<br>
sort( ): 내림차순정렬 -> <span id="span2"></span><br>
숫자도 문자열로 변환하여 정렬하지요. 대책이 필요하네요.</div>

<script>
let num = [10, 200, 5, 1, 7, 70, 4, 3, 11, 8];

document.getElementById("span1").innerHTML= num.sort(function(a,b){return a-b;});
document.getElementById("span2").innerHTML= num.sort(function(a,b){return b-a;});

</script>
</body>
</html>
```

6.12 구조분해 할당(Destructuring Assignment)

구조분해 할당은 JavaScript에서 배열이나 객체를 분해해 원하는 원소(값)들을 개별 변수에 할당할 수 있게 해주는 ES6 이상에서 지원하는 비교적 신개념의 문법이다. 이러한 구조분해 할당을 사용하면, 더욱 간결하고 가독성 있는 코드를 작성할 수 있다. 배열을 구조 분해하려면 [ ] 안에 변수들을 나열하고, 객체를 구조 분해하려면 { } 안에 변수들을 나열한다. 구조분해 할당을 사용할 때의 장점은 다음과 같이 정리할 수 있다. 구조분해 할당은 배열, 객체, 함수에서 많이 사용되고 있다.

코드 간결화	객체나 배열에서 원하는 값을 추출해 할당하는 과정을 한 줄로 표현
가독성	변수명을 직관적으로 사용하므로 코드의 의미를 명확하게 전달
함수의 파라미터 처리	함수에 객체나 배열을 파라미터로 전달할 때, 구조분해 할당을 사용해 필요한 변수만을 간편하게 얻을 수 있음

구조분해 할당과 관련된 주요 내용을 배열, 객체의 구조분해 할당 순서로 자세히 알아보자.

1 배열의 구조분해 할당

배열의 원소 나열(열거) 순서를 기준으로 값을 할당하는 개념이다. 구조분해 할당의 기본 문법은 할당 연산자 '='을 기준으로 좌측과 우측은 모두 배열이어야 한다. 그리고 좌측의 변수와 우측의 값이 순서대로 맵핑되어 할당된다. 물론 좌측과 우측의 변수나 원소의 개수가 같지 않으면, 좌측에 할당 가능한 수만큼만 맵핑된다.

```
const seasons = ['spring', 'summer', 'autumn', 'winter'];
const [seed, swim, maple, ice] =seasons;
console.log(seed);   //seed = seasons[0]; ('spring')
console.log(swim);   //swim = seasons[1]; ('summer')
console.log(maple);  //maple = seasons[2]; ('autumn')
console.log(ice);    //ice = seasons[3]; ('winter')
```

즉, 우측 배열의 개별 원소를 좌측의 배열 기호 내에 열거한 변수에 할당한다. 그런데, 위의 구조에서 변수 seed와 maple에만 값을 할당하고 싶다면 다음과 같이 구조분해 할당을 할 수 있다. 여기서 배열의 값을 할당하지 않는 변수 자리는 비워 놓으면 된다. 그리고 마지막 할당 변수 이후는 생략해도 된다.

```
const seasons = ['spring', 'summer', 'autumn', 'winter'];
const [seed, , maple, ] =seasons;   //[seed, , maple] (할당할 변수가 없는 뒤쪽은 생략)
console.log(seed);   //seed = seasons[0]; ('spring')
console.log(maple);  //maple = seasons[2]; ('autumn')
```

다음으로 배열에 할당할 값이 존재하지 않을 경우를 대비해 배열 변수에 디폴트 값을 할당할 수 있다. 아래 예를 살펴보기 바란다. 배열 구조분해에서 디폴트 할당은 배열 변수 중에서 맨 뒤쪽에 위치해야 한다.

```
const arr = [21, 76];
const [x, y, z=2] = arr;   //x=21, y=76, z=2;
console.log(x, y, z); // 21, 76, 2
```

또한 나머지 연산자(...rest)를 사용해 변수에 할당되지 못한 모든 나머지 요소를 새로운 배열에 할당할 수 있다. 나머지 연산자를 사용하는 변수는 항상 배열의 마지막에 위치해야 한다.

```
const arr = [2, 4, 6, 8, 10, 12, 14, 16, 18, 20];
const [a, , b, ...rest] = arr; //2번째 원소를 할당하지 않음. 4번째부터 나머지 변수 rest
console.log(a); // 2
console.log(b); // 6
console.log(rest); // [ 8, 10, 12, 14, 16, 18, 20 ]
```

중첩 배열의 구조 분해 할당도 가능하다. 여기서는 간단한 예만 소개할 것이다.

```
const nestedArr = [12, [72, 123], 54];
const [a, [b, ], c] = nestedArr;   //=[a, [b ], c]
console.log(a, b, c); //12, 72, 54
```

마지막으로 함수의 파라미터로 배열을 수신할 때 구조 분해 할당을 통해 구현할 수 있다.

함수에 배열을 전달하면, 구조분해 할당을 통해 파라미터 변수에 맵핑되는 배열 값을 전달한다.

```
function  diffOfMinMax( [min, max] ) { //(배열구조분해)최대값과 최소값의 차를 출력
    console.log(max-min);
}

const arr = [5, 310]; //[min, max]
diffOfMinMax( arr ); //305
```

2 객체의 구조 분해 할당

객체의 구조 분해 할당을 사용하면 객체의 속성을 변수에 간단히 할당할 수 있다. 배열의 구조 분해 할당과 매우 유사하지만, 객체 속성의 키(key) 이름을 변수로 사용해 값을 할당한다는 점이 다르다. 좌측의 중괄호({ }) 내에 기술한 속성의 키 이름은 변수명이 되고, 해당 변수명에 우측과 같은 이름으로 할당한 속성의 키에 대응하는 값이 할당된다. 객체의 속성은 key-value 쌍으로 구성된다. 객체의 구조 분해 할당에 대한 기본 예는 다음과 같다.

```javascript
const person = { name: '홍길동', age: 22, hobby: '산악자전거' };
// 객체의 구조분해 할당(우측의 속성(키) 값을 할당하려면, 좌측에 같은 이름의 변수로 나열
const { name, age } = person;   //name='홍길동', age=30, hobby는 사용하지 않음
console.log(name); // 홍길동
console.log(age);    // 22
```

위의 예제에서는 person 객체의 name 속성을 name 변수에, age 속성을 age 변수에 할당한다. 다음으로 객체 속성의 키(key)가 없을 때, 디폴트 값을 설정할 수 있다. 그리고 변수로 사용하지 않는 속성은 좌측에 열거하지 않으면 된다.

```javascript
const obj1 = {a:'이집트', b:'프랑스', c:'스페인', d:'독일'};
const { a, d, k='베트남' } = obj1; //좌측에 열거되지 않은 변수(속성)는 사용하지 않음
console.log(a, d, k); //
```

객체의 나머지 연산자(...rest)를 사용해 할당하지 않은 나머지 속성들만을 객체로 저장할 수 있다.

```javascript
const obj = { city1: '광주', city2:'오산', city3:'서울', city4:'순천'}
const { city2, ...rest } = obj;
console.log(city2); //오산
console.log(rest); //{ city1: '광주', city3: '서울', city4: '순천' }
```

변수로 사용하는 객체 속성의 키에 값을 할당할 때, 변수명을 다른 이름으로 변경해 할당할 수 있다. 속성명 다음에 콜론(:)과 새로운 변수명을 할당하면, 향후 새로운 변수명을 사용해 액세스할 수 있다.

```
const {속성명1, 속성명2:새변수명2, 속성명3:새변수명3} = 객체;
```

다음 예를 살펴보자.

```
const person = { name: '홍길동', age: 22, hobby: '산악자전거' };
const { name: myName, age:myAge } = person; //새로운 이름으로 할당
console.log(myName); //홍길동
console.log(myAge);  //22
```

객체도 배열처럼 중첩된 경우에 객체의 구조 분해 할당이 가능하다. 다음의 예제를 살펴보자.

```
const member = {
  name: 'Tom Jones',
  age: 24,
  hobby: {
    spring: 'waling', summer: 'kayak',
    autumn: 'maple tour', winter: 'skating',
  }
};
const { hobby: { autumn } } = member;
console.log(autumn); //
```

함수의 파라미터로 전달되는 객체에 대해서도 배열과 마찬가지로 객체 구조 분해 할당을 사용해 간편하게 객체 내의 속성들을 개별 변수로 추출해 사용할 수 있다.

```
function intro( {name, age, hobby} ){
  console.log(`내 이름은 ${name}이고, 나이는 ${age}이고, 취미는 ${hobby}입니다.`);
}

const person1 = {name: "아인쉬타인",
                 age:25,
                 hobby:'웹프로그래밍'};
intro(person1); //내 이름은 아인쉬타인이고, 나이는 25이고,  취미는 웹프로그래밍입니다.
```

6.13 전개 연산자(Spread Operator)

JavaScript에서 전개 연산자는 세 개의 점(...)으로 표현하며, 문자열, 배열 및 객체와 같은 반복 가능한(Iterable) 데이터를 펼쳐서 개별 요소로 취급하는 연산자이다. 이를 통해 배열이나 객체의 원소들을 새로운 독립된 원소로 복사할 수 있다. 또한 함수에 인자를 전달할 때도 효과적으로 활용할 수 있다.

다음은 전개 연산자를 활용하는 여러 가지 유용한 연산을 정리한 것이다.

항목	설명
배열 복사	기존 배열을 복사하여 새로운 배열을 생성 예) `const newArr = [...oldArr];`
배열 병합	2개 이상의 배열을 하나의 배열로 합침 예) `const newArr = [...arr1, ...arr2];`
함수인자 전달	배열을 함수의 인자로 전달할 때 개별 요소로 펼쳐서 수신 예) `function max(...nums) { ... }    max([1, 2, 3, 4, 5, 3])`
객체 복사	기존 객체를 복사하여 새로운 객체를 생성 예) `const newObj = {...oldObj};`
객체 병합	2개 이상의 객체를 하나의 객체로 합침 예) `const mergedObj = {...obj1, ...obj2};`
문자열 분리	문자열을 개별 문자로 분리하여 배열 예) `const chars = [...'안녕하세요'];`

다음은 전개 연산자를 사용하는 간단한 예제이다.

```javascript
// 배열 복사 및 병합
const num = [1, 3, 5, 7, 9];
const newNum = [...num]; // [1, 3, 5, 7, 9]
const mergedNum = [...num, 20, 50, 70];
console.log(mergedNum);// [1, 3, 5, 7, 9, 20, 50, 70]
// 객체 병합
const person = { name: '홍길동', age: 25 };
const address = { city: '수원', street: '광교로' };
const mergedPerson = { ...person, ...address };
console.log(mergedPerson); //{ name: '홍길동', age: 25, city: '수원', street: '광교로' }
// 함수 인자 전달
function max(...numbers) { //가변 개수의 인자를 배열로 받음
  return Math.max(...numbers);
}
const maxValue = max(1, 2, 5, 8, 11); // 11

// 문자열 분리
const str = '안녕하세요';
const chars = [...str]; // ['안', '녕', '하', '세', '요']
```

함수의 파라미터로 전개 연산자를 사용하면 개별 입력을 배열로 묶어서 처리할 수 있다. 다음 예제를 살펴보자.

```javascript
const sum = (...params) => { //가변 개수의 입력을 배열로 받음
  params.forEach((item) => {
    data.push(item ** 2);
  });
};

let data = [ ];
sum( 1, 2, 3, 4, 5, 6, 7, 8, 9, 10 );
console.log(data);   //data: [ 1, 4, 9, 16, 25, 36, 49, 64, 81, 100 ]
```

1 전개 연산자 이외의 방식을 사용한 배열 병합

spread 연산자는 배열이나 문자열을 합칠 때 매우 편리하고, 자주 사용되고 있다. 기존의 방법을 사용해 배열을 합칠 수 있다.

먼저 concat( ) 메서드(함수)를 사용해 배열을 합칠 수 있다. 이 방식은 기존 배열에 새로운 요소나 배열을 추가해 새로운 배열을 반환한다. 원본 배열을 변경하지 않고 새로운 배열을 돌려준다.

```
const newArr = arr.concat(arr1, arr2, ...); //newArr = [...arr, ...arr1, ...arr2]
```
- arr: 원본 배열(혹은 문자열). 원본은 변경되지 않음
- arr1, arr2: 합칠 배열(혹은 문자열) 혹은 개별 값

다음은 기존 배열에 다른 배열이나 원소를 합쳐서 하나의 새로운 배열로 반환한다. 대부분의 경우에는 전개 연산자를 사용해 배열을 합친다.

```
const arr = ['가'];
const arr1 = ['나', '다', '라'];  //배열
const val = '마'; //단일 값
const newArr = arr.concat(arr1, val);

console.log(newArr); //[ '가', '나', '다', '라', '마' ]
console.log(arr); //[ '가' ] (원본은 변경되지 않음)
```

다음의 예는 기존의 문자열에 다른 문자열이나 문자를 합쳐서 하나의 새로운 문자열을 반환한다. 그렇지만, 문자열의 병합은 '+' 연산자를 사용하는 것이 일반적이기 때문에 추가적인 설명은 생략한다.

다음으로 push( ) 메서드(함수)를 사용해 배열을 합칠 수 있다. concat( ) 함수와 다른 점은 원본 배열에 추가되기 때문에, 원본 배열이 변경된다. 그리고 배열의 원소들을 펼쳐서 추가하고 싶다면, 확산 연산자를 적용해 주어야 한다.

```
const arr = ['가'];
const arr1 = ['나', '다', '라'];  //배열
const val = '마'; //단일 값
arr.push(arr1, val); //원본 배열이 변경됨.
console.log(arr); //[ '가', [ '나', '다', '라' ], '마' ]
```

```
arr.push(...arr1, val); //배열 원소들을 펼쳐서 합칠 때, 확산 연산자
console.log(arr); //[ '가', '나', '다', '라', '마' ]
```

2 전개 연산자 이외의 방식을 사용한 객체 병합

spread 연산자 이외의 방식을 사용해 객체들을 하나로 합칠 수 있다. 다만, 가장 선호되는 방식은 전개 연산자를 사용하는 것이다. 먼저 Object.assign( ) 메서드(함수)를 사용해 하나 이상의 객체를 타겟 객체에 복사하여 새로운 객체를 반환하거나 기존 객체를 수정할 수 있다.

기본 문법은 다음과 같다. 합칠 때 키가 중복될 경우에는 뒤에 나오는 객체가 우선한다.

```
Object.assign(dest, src1, src2, ...);
```
- dest: 합쳐진 객체가 최종적으로 저장될 목적지(dest = {...dest, ...src1, ...src2 })
- src1, src2: 합쳐질 객체들

다음은 객체들을 합쳐서 하나의 객체 만드는 예제이다. 잘 살펴보기 바란다.

```
const obj1 = { name: "홍길자",  age: 23, city:"오산" };
const obj2 = { hobby: "명상",  city:"수원"};

// 새 객체로 합치기(빈 객체에 {...obj1, ...obj2}를 할당)
const mergedObj = Object.assign({}, obj1, obj2);
console.log(mergedObj); // { name: '홍길자', age: 23, city: '수원', hobby: '명상' }

// 기존 객체 수정(원본 객체가 변경됨)
```

```
Object.assign(obj1, obj2); //obj1 = {...obj1, ...obj2}
console.log(obj1); // { name: '홍길자', age: 23, city: '수원', hobby: '명상' }
```

for~in 문을 사용해 객체의 속성을 열거한 하나의 객체로 통합할 수 있다. 아래 예제를 살펴보자.

```
const obj1 = { name: "홍길자",  age: 23, city:"오산" };
const obj2 = { hobby: "명상",  city:"수원"};

const mergedObj = { };
for (let key in obj1) {
  mergedObj[key] = obj1[key];
}
for (let key in obj2) {
  mergedObj[key] = obj2[key];
}

console.log(mergedObj); //{name:'홍길자', age:23, city:'수원', hobby:'명상'}
```

객체를 병합해 하나의 새로운 객체를 생성하는 방법은 몇 가지 더 있지만, 위에서 소개한 방법을 알고 있으면 충분하다.

연습문제

1. 웹 개발자가 되고자 한다면, 3개의 언어는 기본적으로 알고 있어야 한다. 웹 페이지의 전체적인 내용은 (   )언어를 사용해 작성하고, 웹 페이지의 글자색, 배경색, 글자 크기, 문단 배치 등 스타일(디자인)을 적용하려면 (   )언어를 사용해 완성하고, 웹 페이지에 동적인 동작(액션)을 부여하고 싶다면 (   )언어를 사용해야 한다.

2. JavaScript 언어는 1995년 (   )가 최초로 발표하였다. JavaScript 언어의 공식적인 이름은 (   )이지만, 줄여서 (   )로 사용한다.

3. 자바스크립트의 식별자를 선언할 때 지원하지 않는 것들을 모두 고르시오?
   ① 영문자로 시작   ② $사용
   ③ 숫자로 시작   ④ ! 사용
   ⑤ 대문자로 시작

4. 자바스크립트를 HTML에 포함시키는 방법 3가지를 나열하시오.

5. (   )을 잘 활용하면 단순히 디버깅 용도로서 뿐만 아니라 JavaScript에 대한 여러분들의 이해를 향상시킬 수 있다.

6. 객체는 속성과 메서드를 보유한다. 메서드와 함수는 모두 함수와 같다는 공통점이 있다. 그렇지만 함수는 독립적으로 사용할 수 있는 반면, 메서드는 특정 (   )에 종속되어 사용된다는 점이다.

7. JavaScript에서 (   )은 변수나 함수 선언이 코드의 실제 위치보다 앞으로 이동되는 것처럼 보이는 현상이다.

연습문제

8. JavaScript에서 var, let, const에 대한 설명으로 틀린 것은?

   ① var는 함수 레벨 스코프를 가진다. ② let은 블록 레벨 스코프를 가진다.
   ③ const는 재할당이 가능하다. ④ var는 재선언이 가능하다.

9. 다음 중 자바스크립트의 데이터 유형이 아닌 것은?

   ① string ② boolean
   ③ number ④ integer

10. 다음 코드의 실행 결과 콘솔에 출력되는 내용은 ?

    ```
    let x = 10 + "5";
    console.log(typeof x);
    ```

    ① number ② string
    ③ boolean ④ undefined

11. 다음 중 innerHTML과 innerText의 차이로 올바른 것은?

    ① innerHTML은 태그를 포함하여 요소를 변경할 수 있다.
    ② innerText는 HTML 태그를 포함한다.
    ③ innerHTML은 텍스트만 변경할 수 있다.
    ④ 둘 다 동일한 동작을 수행한다.

연습문제

12. 다음 코드의 실행 결과 콘솔에 출력되는 내용은?

```
console.log(5 == "5");
console.log(5 === "5");
```

① true / false
② false / true
③ true / true
④ false / false

13. 다음 코드에서 콘솔에 출력된 결과는?

```
let arr = [1, 2, 3, 4, 5];
console.log(arr.slice(2, 4));
```

코딩으로 완성하기

14. window.prompt()를 사용하여 사용자로부터 이름을 입력받고, 입력된 이름을 alert()으로 출력하는 코드를 작성하세요.

15. Math.random()을 사용하여 1부터 100까지의 랜덤한 숫자를 생성하는 코드를 작성하세요. 단, 순수 자바스크립트로 작성하시오. 생성한 랜덤 값은 콘솔 창에 출력한다.'

16. 배열 arr=[10, 20, 30, 40, 50]을 map()을 이용하여 각 요소를 두 배로 만든 새로운 배열을 생성하세요. 새로운 배열은 twoTimesArr에 저장된다.

17. filter()를 이용하여 [12, 7, 25, 8, 19]에서 10보다 큰 숫자만 포함하는 배열을 생성하라.

CHAPTER 7

조건문과 반복문

CONTENTS

7.1 if 문

7.2 if-else 문

7.3 if-else-if 문

7.4 switch 문

7.5 for, for-in, for-of 문

7.6 while, do-while 문

7.7 break와 continue 문

■ 연습문제

조건문은 프로그램에서 조건에 따른 흐름 제어를 하기 위해 사용한다. 만약에 조건에 부합되면 시험에 합격한 것이고, 조건에 부합하지 못하면 시험에 실패한 것이라고 한다면 우리는 조건문을 사용해 구현할 수 있습니다. 조건문은 이미 C언어 등에서 학습하였다. 조건문에는 if 문, if-else 문, switch 문, 그리고 이미 소개한 삼항 연산자를 사용하는 방법이 있다.

반복문은 특정 코드 블록을 반복해서 실행하고 싶을 때 사용한다. 일반적으로 반복문은 정해진 횟수만큼 코드 블록을 수행하거나 특정 조건을 만족하는 동안 반복해서 코드 블록을 수행한다. 본 장에서는 조건문과 반복문에 대해 자세히 설명할 것이다.

7.1 if 문

if 문은 조건이 참일 때만 JavaScript의 특정 코드 블록을 수행한다. 물론 조건이 거짓이면 관련 코드 블록을 수행하지 않고 코드 블록 다음에 오는 JavaScript 문장을 수행한다. 다음은 if 문의 기본 문법이다. 코드 블록은 중괄호({ }) 내에 기술한다. JavaScript의 키워드(예약어)는 대소문자를 구분한다는 것은 이미 알고 있을 것이다.

```
if ( 조건 ) {
  //수행할 코드 블록
}
```

다음 그림은 if 문의 프로그램 수행 순서도(Flow chart)를 보여준다.

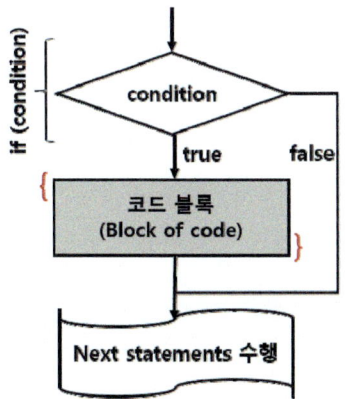

다음은 If 문을 활용하는 간단한 예제이다. 예제는 조건이 참이기 때문에, id가 p1인 요소에 "나는 행복합니다."를 출력할 것이다.

```html
<!DOCTYPE html>
<html>
<head>
<meta charset="utf-8">
<title>if문 연습하기</title>
</head>
<body>
<h2>if 문을 연습해 보겠습니다.</h2>
<p id="p1">Good Evening!</p>
<p>조건이 참이면, "나는 행복합니다."가 위에 출력됩니다.<br>
조건식의 부등호를 반대로 바꾼 후 수행해 보세요.</p>
<script>
let  x=70;
if (x > 50) {
  document.getElementById("p1").innerHTML = "나는 행복합니다.";
}
</script>
</body>
</html>
```

비교 연산자를 사용해 기술된 표현식은 조건을 판별해 true 혹은 false를 리턴하고, 비교 결과가 true이면 코드 블록을 수행하는 방식이다.

7.2 if-else 문

if-else 문을 사용하면 조건이 참일 때 수행하는 코드 블록과 거짓일 수행하는 코드 블록을 분리하여 실행할 수 있다. if-else 문의 기본 문법은 다음과 같다.

```
if ( 조건 ) {
  //조건이 true일 때, 수행할 코드 블록
} else {
  //조건이 false일 때, 수행할 코드 블록
}
```

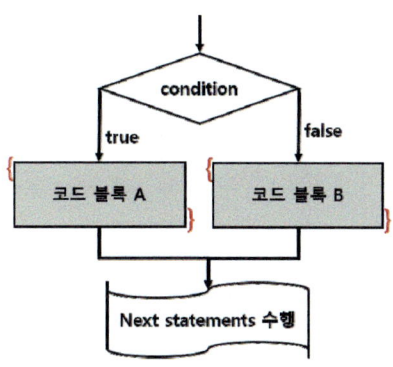

다음은 if-else 문을 사용하는 예제이다. 예제에서는 키보드를 통해 입력을 수신하는 prompt( ) 전역 함수를 사용하고 있다. prompt("설명....", "입력예시")와 같이 작성하며, 항상 문자열로 반환한다. parseInt( ) 함수는 문자열로 입력된 숫자를 숫자로 변환해 돌려준다.

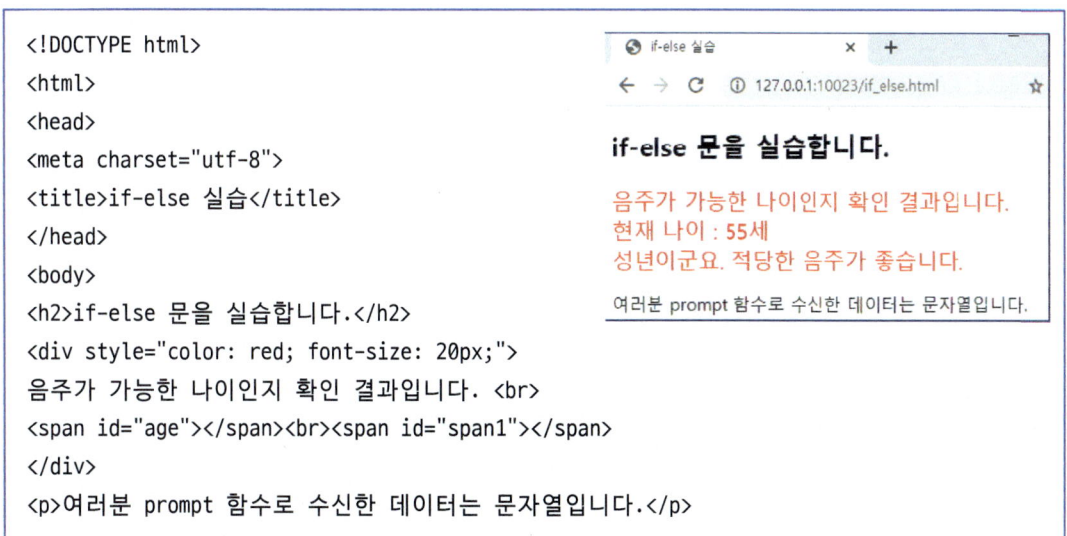

```html
<!DOCTYPE html>
<html>
<head>
<meta charset="utf-8">
<title>if-else 실습</title>
</head>
<body>
<h2>if-else 문을 실습합니다.</h2>
<div style="color: red; font-size: 20px;">
음주가 가능한 나이인지 확인 결과입니다. <br>
<span id="age"></span><br><span id="span1"></span>
</div>
<p>여러분 prompt 함수로 수신한 데이터는 문자열입니다.</p>
```

```
<script>
  let  year = parseInt(prompt('출생년도를 입력하세요.', '예)2000'));
  let  thisYear = new Date().getFullYear(); //올해의 년도를 number type으로 리턴
  document.getElementById("age").innerHTML = "현재 나이: " + (thisYear - year) + "세";

  if ( (thisYear - year) > 19) { //문자, 숫자의 뺄셈을 정상 뺄셈을 수행
    document.getElementById("span1").innerHTML = "성년이군요. 적당한 음주가 좋습니다.";
  } else {
    document.getElementById("span1").innerHTML = "아직은 주점에서 음주를 하시면 안됩니다.";
  }
</script>
</body>
</html>
```

7.3 if-else-if 문

if-else-if 문은 여러 가지 조건을 제시하고 조건이 참인 코드 블록만을 실행하는 조건문이다. 독자의 상당수는 이미 알고 있을 것이다. if-else-if 문의 기본 문법을 살펴보면 다음과 같다.

```
if ( 조건1 ) {
  //조건1이 true일 때, 수행할 코드 블록
} else if (조건2){
  //조건2가 true일 때, 수행할 코드 블록
} else if (조건3){
  //조건3이 true일 때, 수행할 코드 블록
}
...
} else {   //위의 조건들이 하나도 만족되지 않을 때 수행할 코드 블록

}
```

다음은 if-else if 문을 활용한 예제이다.

```html
<!DOCTYPE html>
<html>
<head><meta charset="utf-8"><title>if-else-if 실습</title>
</head>
<body>
<h2>if-else-if 문을 실습합니다.</h2>
<div style="color: red; font-size: 20px;">
당신의 나이 대를 알아봅니다.<br>
<span id="age"></span><br><span id="span1"></span>
</div>
<p>조건문의 마지막에 else { } 를 사용하여 그 밖의 모든 경우에 수행합니다.</p>
<script>
 let   year = parseInt(prompt('출생년도를 입력하세요.', '예)2000'));
 let   thisYear = new Date().getFullYear(); //number type으로 리턴
 let   yearDiff = thisYear - year;
 document.getElementById("age").innerHTML = "현재 나이: " + yearDiff + "세";
 let   temp="";
if (yearDiff < 10) {
   temp = "당신은 아직 아동입니다.";
} else if (yearDiff < 20) {
   temp = "당신은 10대입니다. 잘 놀고, 열심히 노력하세요.";
} else if (yearDiff < 30) {
   temp = "당신은 20대입니다. 진로를 잘 선택하세요.";
} else if (yearDiff < 40) {
   temp = "당신은 30대입니다. 삶의 모든 기초를 세우는 이립의 나이네요";
} else if (yearDiff < 50) {
   temp = "당신은 40대입니다. 사물의 이치를 터득하는 불혹이 되셨네요.";
} else if (yearDiff < 60) {
   temp = "당신은 50대입니다. 하늘의 이치를 아는 지명의 나이네요";
} else if (yearDiff < 70) {
   temp = "당신은 60대입니다. 인생의 경륜이 쌓인 나이네요";
} else if (yearDiff < 80) {
   temp = "당신은 70대입니다. 인생 70 고래희라는 말이 있지요.";
} else {
```

```
        temp = "나이 계산을 못하겠습니다. 100세 이상 건강하게 사세요.";
    }
    document.getElementById("span1").innerHTML = "<b>" + temp + "</b>";
</script>
</body></html>
```

if 문 안에 다시 if 문을 사용하는 중첩 if 문을 사용하는 것도 가능하다. 이러한 부분은 여러분들이 찾아서 학습하기 바란다. 기존의 프로그래밍 언어와 동일하다.

7.4 switch 문

if-else-if 문은 여러 가지 조건을 판별하여 조건에 따라 조건에 부합하는 코드 블록을 사용할 때 사용하는 방법이다. 그런데, if-else-if 문은 순차적으로 조건을 조사하기 때문에 조건이 맞지 않으면 다음 단계의 조건을 비교하는 방식으로 구현된다. 하지만 switch 문은 switch(expression)과 같이 표현식을 먼저 평가한 후 표현식의 결과 값과 일치하는 case 값이 있는 코드 블록을 수행한다. 이 또한 많이 활용되는 구문이다. switch 문은 대부분의 경우 break 키워드와 default 키워드를 조합하여 사용한다. break 키워드를 만나면 스위치 문을 탈출한다. break 키워드를 사용하지 않을 경우에는 조건이 일치하는 부분부터 break를 만날 때까지 순차적으로 수행되기 때문에 원하지 않는 코드 블록들이 수행될 수 있다. default 키워드는 제시된 case 값들이 switch 표현식과 일치하는 경우가 없을 때 수행되는 코드 블록을 작성하는 영역이다. default 키워드는 switch 문에서 마지막에 위치해야 하는 것은 아니다. 어느 곳에 있더라도 문제가 되지 않는다. default 키워드가 없고 일치하는 case 조건이 없다면, switch 문은 수행되지 않는다. case 문의 기본 문법은 다음과 같다.

```
switch(expression[표현식]) {
  case alpha:
    // 수행할 코드 블록
    break;
  case beta:
```

```
    // 수행할 코드 블록
    break;
  default:
    // 수행할 코드 블록
}
```

switch 문의 인자(파라미터)인 표현식(express)은 할당문이 아닌 일반적인 수식 등은 모두 가능하다. 단, case 다음에 오는 값은 상수값(Literal)만 사용하기 바란다. 물론 사용한 수식의 결과가 표현식의 결과와 같으면 실행되지만, 이러한 방법은 의미가 없다. 코드만 복잡하게 한다.

```
<!DOCTYPE html>
<html>
<head>
<meta charset="utf-8">
<title>switch문 실습</title>
</head>
<body>
<h2>swith 문 활용하기</h2>
<div>
오늘은 무슨 요일일까요.<br>
<span id="span1" style="color:red"></span>
</div>
<script>
let   day = new Date().getDay( ); //요일을 숫자로 리턴함.
let   y=1;   //case 다음 수식을 쓰는 것 확인용[실제로는 사용하지 말 것]
//day값, 0:일, 1:월, 2:화, 3:수, 4:목, 5:금, 6:토요일
let   x=["일", "월", "화", "수", "목", "금", "토"];

switch (day){
  case 0 :
    text = "일요일입니다.";
    break;
  case 1:
```

```
      text = "월요일입니다.";
      break;
    case 2:
      text = "화요일입니다.";
      break;
    case 2+1: //동작함. 3이라 쓰면 됨.
      text = "수요일입니다.";
      break;
    case 3+y: //동작함. 4라 쓰면 됨.
      text = "목요일입니다.";
      break;
    case 5:
      text = "금요일입니다.";
      break;
    default: //default 위치는 어디든 가능하지만, 주로 마지막에 사용함.
      text = "토요일입니다.";   //마지막은 break가 필요없음.
}
document.getElementById("span1").innerHTML = "<b>" + text + "</b>";
</script>
</body>
</html>
```

case 블록의 마지막에 break 키워드를 사용하지 않으면 switch 문을 탈출하지 않고 다음에 나오는 case 블록을 자동으로 수행한다. switch 문에서 case 블록 끝에 break를 전혀 사용하지 않으면 조건이 만족하는 case 블록부터 switch 문의 끝까지 수행되므로 주의하기 바란다. 그러나 가끔은 이러한 break 키워드를 사용하지 않는 경우가 있다. 다음 예제를 살펴보기 바란다. 이전 예제를 수정하여 설명할 것이다. 주말과 평일을 구분하여 출력하려면 다음과 같이 적절히 break 키워드를 제거하면 된다.

```html
<!DOCTYPE html>
<html>
<head><meta charset="utf-8">
<title>switch문 실습</title>
</head>
<body>
<h2>swith 문 활용하기- break의 적절한 제거</h2>
<div>
오늘은 무슨 요일일까요.<br>
<span id="span1" style="color:red"></span>
</div>
<script>
let  day = new Date().getDay( ); //요일을 숫자로 리턴함.
//day값, 0:일, 1:월, 2:화, 3:수, 4:목, 5:금, 6:토요일
let  x=["일", "월", "화", "수", "목", "금", "토"];

switch (day){
  case 0 :
  default:   //case 6: 도 가능함.
    text = "주말입니다.";
    break;
  case 1: //1부터 5까지는 동일한 수행함
  case 2:
  case 3:
  case 4:
  case 5:
    text = "평일입니다.";
}
document.getElementById("span1").innerHTML = "<b>" + text + "</b>";
</script>
</body>
</html>
```

7.5 for, for-in, for-of 문

이 절부터는 반복문에 대해 학습한다. for 루프, while 루프 및 do-while 루프를 이용하는 반복문에 대해 이미 접해 본 독자들이 많을 것이다. 이러한 반복문 이외에도 JavaScript는 for-in과 for-of 반복문을 지원한다. 다음은 JavaScript에서 지원하는 반복문을 정리한 것이다.

for	제시된 반복 횟수만큼 코드 블록을 수행함
while	조건이 참인 동안 코드 블록을 수행함
do-while	조건이 참인 동안 코드 블록을 수행함
for-in	객체의 속성(property)을 순차적으로 받아서 코드 블록을 수행함
for-of	반복 가능한 객체(배열, 문자열 등)의 값을 순차적으로 받아서 코드 블록을 수행함

for 문의 기본 문법은 다음과 같다.

```
for ( 초기값; 조건; 증감식) {
   //수행될 반복문의 코드 블록
}
```

다음은 for 반복문을 사용하는 예제이다. 예제는 2개의 for 반복문을 사용하고 있다.

```
<!DOCTYPE html>
<html>
<head>
<meta charset="utf-8">
<title>for 반복문 실습</title>
</head>
<body>
<h2 style="color: red">for 루프 실습하기</h2>
<h2>1부터 100까지 정수의 합 구하기</h2>
<p id="p1"></p>
<h2>배열을 입력받아서 모든 요소의 수를 더하기</h2>
```

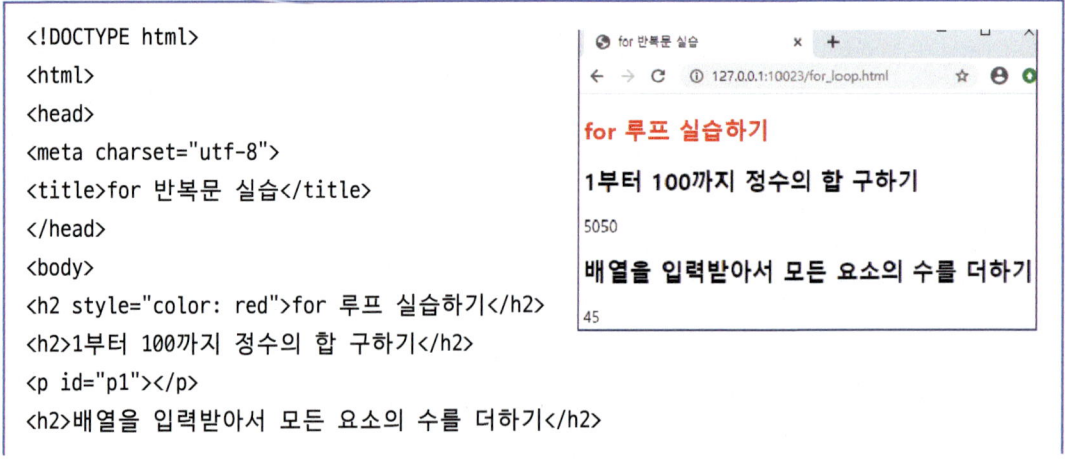

```
<p id="p2"></p>

<script>
//1부터 100까지 정수를 더하기
let   sum=0;
for (let   i=1; i <= 100; i++) {
  sum += i;
}
document.getElementById("p1").innerHTML = sum;
//배열의 요소를 for 루프를 사용하여 처리하기
let   nums = [1,5,9,13,17];
let   len = nums.length; //배열의 길이
let   arrSum = 0;
for (let   i=0; i < len; i++) {
  arrSum += nums[i];
}
document.getElementById("p2").innerHTML = arrSum;
</script>
</body>
</html>
```

다음은 for-in 문에 대해 알아보자. for-in 문은 주로 객체에 반복문을 적용할 때 사용한다. 객체 obj가 다음과 같이 선언되어 있다고 하자. let obj = {name :"홍길동", age: 20, hobby: "writing"}처럼 개별 아이템이 "속성: 값"의 형태로 구성된다. 속성을 키(key)라고도 한다. for-in 문 내의 변수명은 객체의 속성(키)을 순차적으로 받아서 반복 수행되는 코드 블록에 차례대로 넘겨준다. for-in 문의 기본 문법은 다음과 같다.

```
for (변수명 in 객체) {   //속성(property)이 있는 객체
   //수행될 반복문의 코드 블록
}
```

다음은 객체에 대해 for-in 문을 사용해 반복문을 수행하는 예제이다. 잘 살펴보기 바란다.

```html
<!DOCTYPE html>
<html>
<head>
<meta charset="utf-8">
<title>for-in 반복문 실습</title>
</head>
<body>
<h2>속성이 있는 객체의 반복문(for-in)</h2>

<p  style="font-weight: bold;">실습 객체: <br>
let  obj = {name: "홍길동", age:20, hobby: "writing"};</p>
<p id="p1" style="color: red;font-weight:bold;"></p>

<script>
let  obj = {name: "홍길동", age:20, hobby: "writing"};
let  str = "";
for (let  x in obj) { //x는 속성을 순차적으로 받아서 코드 블록에 넘겨줌[배열이면 index 넘겨줌]
  str += "Property: " + x + ", Value: " + obj[x] + "<br>";
}
document.getElementById("p1").innerHTML = str;
</script>

</body>
</html>
```

for-of 반복문은 반복 가능한 객체의 값을 기반으로 반복문을 수행한다. 배열, 문자열, Map과 같은 객체의 반복문에 사용한다. for-of 반복문에 가장 많이 사용하는 데이터는 배열이다. for-of 문의 기본 문법은 다음과 같다. for-of 문의 변수명은 문자열이나 배열의 값을 순차적으로 받아서 코드 블록에 전달한다.

```
for (변수명 of 값기반객체) {   //문자열, 배열 객체
   //수행될 반복문의 코드 블록
}
```

다음은 for-of 문을 사용하는 예제이다. 배열과 문자열에 대해 for-of 문을 사용하여 반복문을 구현하고 있다.

```
<!DOCTYPE html>
<html>
<head>
<meta charset="utf-8">
<title>for-of 반복문 실습</title>
</head>
<body>
<h2>값을 기반으로 하는 객체의 반복문
    (for-of)</h2>
<h2>배열, 문자열 객체에 적용</h2>

<p  style="font-weight: bold;">실습 객체 1: <br>
let  arr = [10, 20, 30, 40, 40, 60, 70];</p>
<p id="p1" style="color: red;font-weight:bold;"></p>
<p  style="font-weight: bold;">실습 객체 2: <br>
let  str = "Hello, Guys!!"</p>
<p id="p2" style="color: red;font-weight:bold;"></p>

<script>
let  arr = [10, 20, 30, 40, 40, 60, 70];
let  arrSum=0;
for (let  x of arr) { //x는 배열 값을 받아서 코드 블록에 넘겨줌
  arrSum += x;
}
document.getElementById("p1").innerHTML = "배열 요소의 합: " + arrSum;

let  str = "Hello, Guys!!";
```

```
let  temp="";
for (let  x of str) { //x는 배열 값을 받아서 코드 블록에 넘겨줌
  temp += x + "*";
}
document.getElementById("p2").innerHTML = "각 문자사이에 * 넣기: " + temp;
</script>
</body>
</html>
```

7.6 while, do-while 문

while 문은 조건이 참인 동안 코드 블록을 실행하는 반복문이다. 조건이 항상 참이면, 코드 블록을 무한 반복 수행한다. 다음은 while 문의 기본 문법이다.

```
while (조건) {  //조건이 참인 동안 코드 블록을 반복 수행함
  //수행될 반복문의 코드 블록
}
```

while 문을 사용해 반복문을 구현한 예제를 살펴보자. while 문은 for 문과 달리 반복 조건에 활용되는 변수를 미리 선언하고 초기값을 설정해 놓아야 한다.

```
<!DOCTYPE html>
<html>
<head>
<meta charset="utf-8">
<title>for-of 반복문 실습</title>
</head>
<body>
<h2>While 루프를 활용하는 실습</h2>
<p>1부터 100까지 더한 합계: </p>
<p id="p1" style="color:red;font-weight:bold"></p>
```

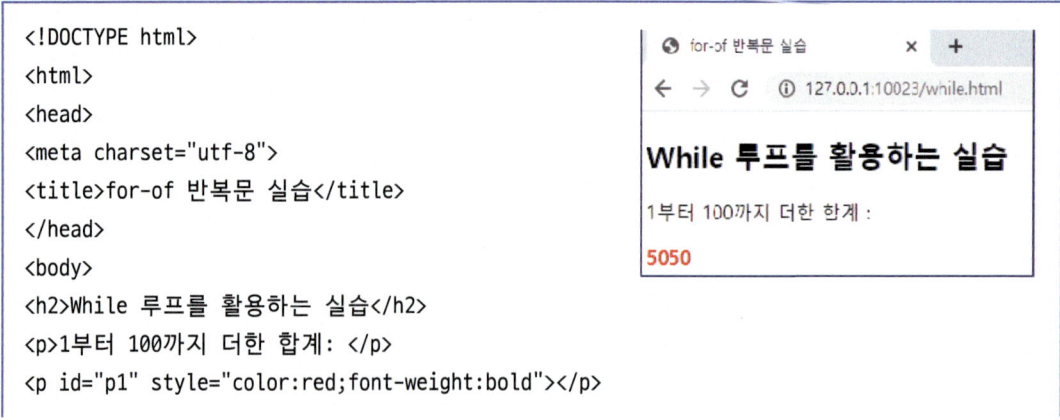

```
<script>
//1부터 100까지 수 더하기
let  sum = 0;
let  i = 0; //조건에 사용할 변수를 먼저 정의
while (i <= 100) {  //조건 비교
  sum += i;
  i++; //조건 변수 증감
}
document.getElementById("p1").innerHTML = sum;
</script>
</body>
</html>
```

do-while 문도 다른 프로그래밍 언어에서 학습한 것과 같다. do-while 문은 조건을 코드 블록의 마지막에 조사하기 때문에, 최초 한 번은 무조건 수행된다는 특징이 있다. do-while 문의 기본 문법은 다음과 같다.

```
do {   //최초 한 번은 수행됨
   //수행될 반복문의 코드 블록
} while (조건)
```

다음은 do-while 문을 활용하는 예제이다.

```
<!DOCTYPE html>
<html>
<head><meta charset="utf-8">
<title>do-while 반복문 실습</title>
</head>
<body>
<h2>do-while 루프를 활용하는 실습</h2>
<p>1부터 100까지 더한 합계: </p>
<p id="p1" style="color:red;font-weight:bold"></p>
```

```
<script>
//1부터 100까지 수 더하기
let  sum = 0;
let  i = 1;
 do {  //조건 비교
   sum += i;
   i++; //조건 변수 증감
} while (i <= 100);
document.getElementById("p1").innerHTML = sum;
</script>
</body></html>
```

7.7 break와 continue 문

switch 문에서 break 문을 사용하는 방법은 이미 학습하였다. 반복문과 관련하여 중요하게 사용하는 키워드는 break와 continue 문이다. 사실 두 키워드는 C 언어에서 여러분들은 이미 학습하였다. break 문은 자신을 포함하고 있는 가장 가까운 반복문을 탈출한다. 중첩 반복문이라면 자신을 감싸고 있는 가장 가까운 반복문을 탈출한다. continue 문은 자신을 포함하고 있는 가장 가까운 반복문의 시작 부분으로 가서 수행을 계속한다. 즉, continue 문 아래에 있는 가장 가까운 반복문의 나머지 부분을 건너뛰고 가장 가까운 반복문의 시작에서부터 다시 수행을 시작한다. 아래 그림과 같은 방식으로 동작한다.

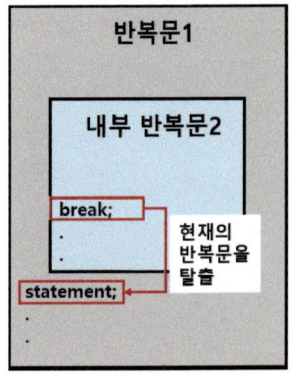 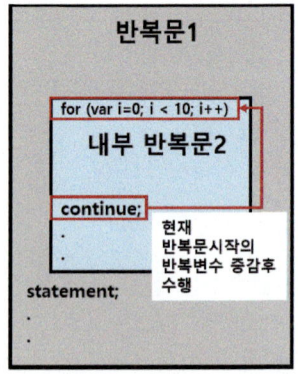

여기까지는 일반적으로 여러분들이 알고 있는 내용이다. Break와 continue 문은 label을 사용할 수 있다. 기본 문법은 다음과 같다.

```
레이블명:
    statements;

    break 레이블명;     //레이블명에 해당되는 코드 블록을 탈출
    continue 레이블명;  //아래 부분의 수행을 건너뛰고 레이블명 시작에서 수행
```

label을 갖는 break와 continue 문의 실행 방식은 다음과 같다.

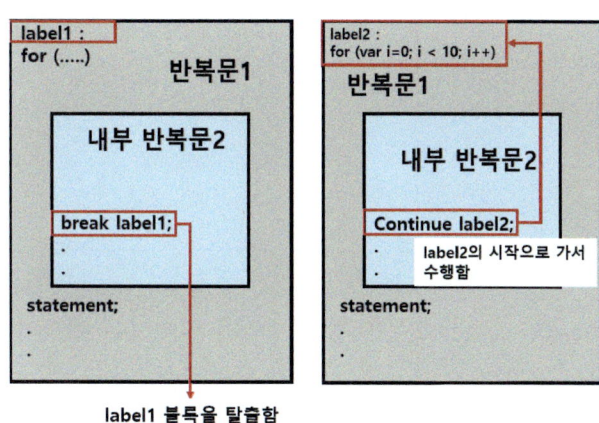

break와 continue 문을 활용한 아래 예제를 살펴보기 바란다. 간단한 프로그램으로 의미는 크게 두지 말고, 동작 방식만 이해하면 된다.

```
<!DOCTYPE html>
<html>
<head>
<meta charset="utf-8">
<title>break와 continue 문 실습</title>
</head>
```

```
<body>
<h2>break & continue 실습하기</h2>
<p id="p1"></p>

<script>
let  str = "";
for (let  i = 0; i < 10; i++) {
  if (i % 3 != 0) { continue; }
  str += "Output: " + i + "<br>";
  for (let  k =0; k < 7; k++) {
      if (k == 0) {break; str +="hello";} //진입하자마자, break를 만나 한 번도 수행되지 않음.
  }
}
document.getElementById("p1").innerHTML = str;
</script>

</body>
</html>
```

다음은 label을 갖는 break와 continue 문의 활용 방식을 알아보는 예제이다. label 사용법과 동작 방식에 대해 이해하기 바란다.

```
<!DOCTYPE html>
<html>
<head><meta charset="utf-8">
<title>label을 갖는 break와 continue문</title>
</head>
<body>
<h2>Label을 갖는 break & continue 실습하기</h2>
<p id="p1"></p>
<script>
let  str = "";
label1:   //레이블명 붙이고 :을 사용함.
```

```
for (let  i = 0; i < 10; i++) {
  if (i % 3 == 0) {continue label1;  }
  str += "Output: " + i + "<br>";

  label2:  //레이블
  for (let   k =0; k < 7; k++) {
     if (k == 2) {continue;}
     if (k == 3) {break label1;}
     str +="hello <br>";
  }
}
document.getElementById("p1").innerHTML = str;
</script>
</body></html>
```

연습문제

1. 다음 중 if 문이 참일 때 실행되는 JavaScript 코드는?

   ① if (x > 10) { console.log("조건이 참이다."); }
   ② if x > 10 { console.log("조건이 참이다."); }
   ③ if [x > 10] { console.log("조건이 참이다."); }
   ④ if {x > 10} console.log("조건이 참이다.");

2. 반복문 중 최소 한 번은 실행되는 반복문은?

   ① while
   ② for
   ③ do-while
   ④ for-in

3. 다음 중 switch 문에서 break;를 생략할 경우 나타날 수 있는 현상은?

   ① 다음 case 문이 실행되지 않는다.
   ② 오류가 발생한다.
   ③ 다음 case 문까지 계속 실행된다.
   ④ 프로그램이 종료된다.

4. for-in 반복문은 어떤 데이터 타입을 반복하는 데 적합한가?

   ① 배열(Array)
   ② 문자열(String)
   ③ 객체(Object)
   ④ 모든 데이터 타입

5. for-of 반복문과 for-in 반복문의 차이점으로 올바른 것은?

   ① for-in은 값(value)을 반환하고, for-of는 속성(property)을 반환한다.
   ② for-in은 속성을 반환하고, for-of는 값을 반환한다.
   ③ for-in은 배열에만 사용되고, for-of는 객체에만 사용된다.
   ④ 두 반복문은 동일한 기능을 한다.

연습문제

6. 다음 코드의 실행 결과 콘솔 창에 출력될 값은?

    ```
    let sum = 0;
    for (let i = 1; i < 6; i++) {
        sum += i;
    }
    console.log(sum);   //출력 값 ?
    ```

7. 반복문에서 다음 중 continue 문이 하는 역할은?

    ① 현재 반복을 종료하고 다음 반복을 실행
    ② 전체 반복문을 종료
    ③ 특정 case 문을 실행
    ④ 현재 반복을 종료하고, 중첩 반복의 시작에서 수행
    ⑤ if 문과 함께 실행

8. for-in 반복문을 사용하여 객체 속성과 값을 출력하는 코드를 완성하시오.

    ```
    const person = { name: "홍길동", age: 25, hobby: "등산" };
    //콘솔 창에 출력하는 양식: 속성(키): 값
    ```

연습문제

9. 배열의 요소를 순차적으로 출력하고자 한다면, 빈 칸에 적합한 코드는?

```
let arr = [10, 20, 30, 40, 50];
for (let value (_____) arr) {
    console.log(value);
}
```

CHAPTER **8**

함수

CONTENTS

8.1 기본 함수

8.2 익명 함수(Anonymous Function)

8.3 함수의 Arguments 객체

8.4 화살표 함수(Arrow Function)

8.5 함수의 정의 출력하기

8.6 지역(Local) 변수와 전역(Global) 변수

8.7 중첩 함수

8.8 콜백(Callback) 함수

8.9 타이머 함수(Timer Function)

8.10 Write( ) 메서드

8.11 함수에서 구조 분해 할당과 전개 연산자 활용하기

- 연습문제

JavaScript에서 함수는 Function 객체이다. 객체란 속성과 메서드를 가질 수 있다. JavaScript 함수는 변수에 할당할 수 있으므로 일급(First-class) 객체라고 한다. 일반적으로 함수는 자주 사용되는 코드 블록을 미리 선언해 놓고, 필요할 때마다 호출하여 사용한다.

기본 함수, 익명(Anonymous) 함수 그리고 화살표(Arrow) 함수로 구분하여 설명할 것이다.

8.1 기본 함수

기본적인 함수의 정의 방식은 C언어와 약간 다르다. 일단 JavaScript와 C언어의 함수 정의 방식을 살펴보자.

JavaScript	C 언어

`function` 함수이름(parameters) {
  //함수의 코드 블록
  return 12; //데이터유형 지정 안함
}
	`returnType` 함수이름(parameters) {
	  //함수의 코드 블록
	  return 12; //returnType과 같아야 함
	}

parameters: 변수 데이터유형 지정 안함. (x, y, z....)	parameters: 변수 데이터유형을 지정함 (int x, char y, int z,....)

JavaScript는 함수를 정의할 때 반드시 function 키워드를 사용해 정의한다. 그리고 함수에 파라미터를 넘겨줄 때, 데이터형을 지정하지 않는다. 데이터형은 함수가 호출되어 수행되는 순간 결정되기 때문이다.

위와 같이 정의된 함수는 호출되어야 수행이 된다. 함수 내에서 값을 돌려줄 때는 return 키워드 뒤에 값이나 표현식을 사용하면 된다. 함수는 값을 return하지 않을 수도 있다.

기본 함수의 예를 들어 살펴보자. 리턴 값을 갖는 함수는 일반적으로 리턴된 값을 변수에 담아야 한다. 함수를 실행하려면, 함수를 호출해야 한다.

```
<script>
//함수의 선언(정의)
function triangleArea(a, h) {   //삼각형의 면적
```

```
  return a * h * 0.5;
}

//함수의 호출
let  x = triangleArea(3, 10);    //x에 15가 저장됨
let  z = x + 37;
</script>
```

함수는 값을 리턴하지 않을 수 있다. 기본적인 정보를 콘솔 창에 단순히 출력할 때 많이 사용한다. 콘솔에 간단한 정보를 출력하는 예제는 다음과 같다.

```
let  x=3, y=10;
function info(a, b) {
  console.log("덧셈 계산을 테스트합니다.");
  console.log(a+b);  //a와 b를 더한 결과를 출력
  console.log("종료합니다.");
}

//함수의 호출
info(x, y); //함수를 호출할 때, 리턴 값이 없으면 함수 호출하고, 값 할당은 없음
info(20,55);
```

기본 함수의 선언을 할 때, 파라미터에 디폴트 값을 설정할 수 있다. 모든 파라미터에 디폴트 값을 설정할 수도 있으며, 파라미터의 일부만 디폴트 값을 설정할 수 있다. 여기서 한 가지 주의할 점은 파라미터의 일부만 디폴트 값으로 설정할 경우에는 반드시 뒤 쪽에 나오는 파라미터를 디폴트로 설정해야 한다. 만약에 앞 부분만 디폴트 값을 할당하면 의미가 없다. 아래 예제를 살펴보기 바란다. 웹 페이지에서 함수를 사용할 때, 함수의 정의보다 먼저 호출하는 것도 허용된다. 먼저 함수의 모든 파라미터에 디폴트 값을 설정한 예제이다.

```
let  x = sum( );  //파라미터를 넣지 않으면 디폴트 값을 사용함. sum(1,2,3,4)
let  y = sum(2,3);  //앞의 2개의 값은 넘겨준 값으로, 나머지는 디폴트 값을 사용함.
                //sum(2,3,3,4)와 동일
let  z = sum(5);   //sum(5,2,3,4)와 동일함.

function sum(a=1, b=2, c=3, d=4) {
  return a+b+c+d;
}
```

다음은 함수의 일부 파라미터에 디폴트 값을 설정하는 방법을 알아보자.

```
function sum(a, b, c=5, d=6) {
  return a+b+c+d;
}

let  x = sum(3,3);    //sum(3,3,5,6)과 동일
let  y = sum(5,5,2);  //sum(5,5,2,7)와 동일
let  z = sum(1,2,3,4); //4개의 파라미터를 모두 새롭게 전달
```

함수를 사용한 곱셈을 한 결과를 웹 페이지에 출력하는 예제를 아래에서 살펴보자.

```
<!DOCTYPE html>
<html>
<head>
<meta charset="utf-8">
<title>함수를 이용한 구구단 실습</title>
</head>
<body>
<h2>자바스크립트 함수 실습하기(구구단)</h2>
<p>구구단 실습하기</p>
<p id="p1"></p>
```

```
<script>
let  dan = parseInt(prompt("구구단의 원하는 단을 입력해주세요."));
let  mul = multiply(dan);

document.getElementById("p1").innerHTML = mul;

function multiply(x) {   //x는 단
  let  str="";
  for (let  i=1; i < 10; i++){
    str += x + " x " + i + " = " + (x*i)
       + "<br>";
  }
  return str;
}
</script>
</body>
</html>
```

위의 예제는 한 번만 함수를 수행한다. 따라서 버튼을 누를 때마다 함수를 수행하여 결과를 웹 페이지에 출력하는 예제를 살펴보자. HTML의 onclick 속성이 있는데, 여기에 함수를 할당한다. 즉, 버튼을 누를 때마다 함수를 호출하게 된다.

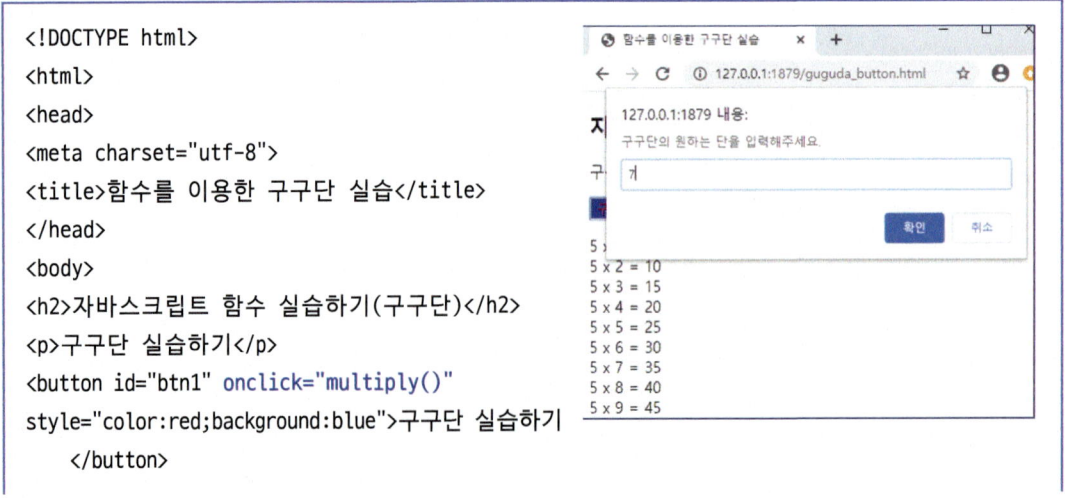

```
<!DOCTYPE html>
<html>
<head>
<meta charset="utf-8">
<title>함수를 이용한 구구단 실습</title>
</head>
<body>
<h2>자바스크립트 함수 실습하기(구구단)</h2>
<p>구구단 실습하기</p>
<button id="btn1" onclick="multiply()"
 style="color:red;background:blue">구구단 실습하기
    </button>
```

```
<p id="p1">여기에 결과가 출력됩니다.</p>

<script>
function multiply() {   //x는 단
  let   str="";
  let   dan = parseInt(prompt("구구단의 원하는 단을 입력해주세요."));

  for (let   i=1; i < 10; i++){
    str += dan + " x " + i + " = " + (dan*i) + "<br>";
  }
  document.getElementById("p1").innerHTML = str;
}
</script>
</body>
</html>
```

8.2 익명 함수(Anonymous Function)

익명 함수는 일반적으로 인터프리터 방식의 언어에서 사용되는 함수이다. Python과 같은 인터프리터 방식의 언어를 살펴보면 익명 함수를 사용하고 있다. 익명 함수는 함수의 이름이 없는 경우를 의미한다. JavaScript에서 함수는 일급 객체이며, 변수에 할당하는 것이 가능하다. 아래와 같이 정리할 수 있다.

- `const   함수명 = function (parameters) { //코드 블록   };`
- 함수의 호출: `함수명(인자전달);`

함수명이 변수로 할당되어 있다고 생각하면 쉽다. 아래 예제를 살펴보자. 두 수 중에서 큰 수를 리턴해주는 익명 함수이다.

```
let  maxValue = function (a, b) {  //함수 이름이 없는 익명 함수 선언
                 let  temp = (a >= b ) ? a: b;
                 return temp; }
let  x = maxValue(100, 200);   //함수 호출
```

JavaScript는 익명 함수를 자주 사용한다. 아래 예제 프로그램은 웹 브라우저에서 익명 함수를 활용하여 구현한 것이다.

```
<!DOCTYPE html>
<html>
<head>
<meta charset="utf-8">
<title>익명함수 실습</title>
</head>
<body>
<h2>익명 함수는 변수에 저장할 수 있습니다.</h2>
<p id="p1"></p>

<script>
let  x = function (a, b) {
        let  x = (a >= b) ? a: b;
        return a + "와 " + b + " 중에서 큰 수는 " + x + "입니다.";
     };
document.getElementById("p1").innerHTML = x(200, 300);
</script>
</body>
</html>
```

일급 객체란 무엇인지 간단히 정리해 보겠습니다. JavaScript에서 함수는 일급 객체에 해당하기 때문에 아래의 정의를 적용할 수 있다. 위와 같이 함수를 변수에 할당할 수 있고, 심지어 함수를 파라미터로 전달할 수도 있고, 반환 값이 함수가 될 수도 있으며, 객체나 배열의 데이터로 저장할 수도 있다.

- 변수에 저장할 수 있다.
- 함수의 파라미터로 전달할 수 있다.
- 함수의 반환값으로 사용할 수 있다.
- 배열이나 객체에 저장할 수 있다.

JavaScript는 자기 호출 함수를 사용할 수 있다. 자기 호출 함수는 함수명의 유무와 상관없이 사용할 수 있다. 거의 사용하지 않으니 간단히 확인만 해보자.

```
<script>
  //함수명이 있음.
  (function sum(a, b){
    return a+b;
  })(2,3);   //5를 리턴함.
</script>
```

```
<script>
  //함수명이 없음.
  (function (a, b){
    return a+b;
  })(2,3);   //5를 리턴함.
</script>
```

8.3 함수의 Arguments 객체

JavaScript 함수는 arguments 객체를 보유하고 있다. 함수로 전달되는 인자들을 배열로 관리하는 객체이다. 배열은 length 속성이 있으므로 전달된 함수의 인자 수의 정보를 담고 있다. 그렇다고, 배열과 동일하지는 않다. 배열의 pop( ), push( ) 등과 같은 메서드는 지원하지 않는다. arguments[0]은 첫 번째 인자 값이고, arguments[agruments.length-1]는 마지막 인자 값이다. arguments 객체는 JavaScript 함수가 넘겨받는 파라미터 수에 대한 엄격한 규정이 없기 때문이다. JavaScript 함수는 가변 파라미터 수를 지원한다.

다음은 이해를 돕기 위한 간단한 예제이다.

```
<script>
function sum(a, b){
    return a+b;
```

```
<script>
function sum( ){
    return arguments[0] + arguments[1];
```

```
}
let  x = sum(1,2);   //3 저장
</script>
```

```
}
let  x = sum(1, 2); //3 저장
</script>
```

위의 예를 보면 좌측의 파라미터 a, b는 우측의 arguments[0], arguments[1]과 같다. 그리고 우측을 보면 sum( ) 함수는 전달받는 파라미터가 정의되어 있지 않다. JavaScript 함수는 기존에 사용하였던 파라미터의 개수를 일치시켜서 코딩해야 하는 제한이 없다. 필요하다면 언제든지 함수로 전달되는 파라미터의 개수를 변경할 수 있다. 즉, 파라미터를 10개 정의해 놓고, 5개만 전달할 수도 있고, 파라미터가 없는데 호출할 때마다 가변으로 파라미터를 부여할 수 있다.

Arguments 객체를 사용하여 함수를 구현한 예제이다.

```
<!DOCTYPE html>
<html>
<head>
<meta charset="utf-8">
<title>arguments 객체 실습[함수]</title>
</head>
<body>

<h2>함수에서 arguments 객체 활용하기</h2>
<p id="p1"></p>

<script>
let  sum=0;
//입력되는 모든 수의 덧셈을 수행하여 리턴하기
function summation( ) { //가변 파라미터 수용
  for (let  i =0; i < arguments.length; i++) {
    sum += arguments[i];
  }
  return "인자 수: " + arguments.length + "개, 합계: " + sum;
}
//summation 함수의 파라미터를 여러분 마음대로 바꾸어 보세요.
document.getElementById("p1").innerHTML = summation(2,3,5);
```

```
</script>
</body>
</html>
```

한 가지 확인할 것이 있다. 함수는 객체라고 하였다. 객체인 것은 맞지만, typeof 연산자를 사용하면 데이터형으로 function을 리턴하니 참고하기 바란다.

- typeof function () {return 10;} //function을 리턴함.

8.4 화살표 함수(Arrow Function)

 JavaScript의 화살표 함수는 익명 함수의 한 종류이다. 화살표 함수는 ES6에서 새로 추가된 함수 표현 방식으로, 익명 함수를 더욱 간결하게 작성할 수 있다. 최근 들어 점점 많은 프로그래머가 화살표 함수를 사용하고 있다. 익명 함수의 기본 문법과 익명 함수를 arrow 함수로 변경하는 과정은 다음과 같다.

```
[arrow 함수: 화살표 함수]
( ) => { /* js 코드 작성 */   }
```

[익명 함수를 arrow 함수로 변경하는 방법]
- `function` 키워드를 사용하지 않음(제거)
- (파라미터)와 {(함수 블록의 시작) 사이에 => 를 삽입함.
- 함수의 블록이 값을 반환하는 한 줄 코드일 경우에는 중괄호({})와 `return` 키워드를 생략할 수 있음.
- 함수의 인자인 파라미터가 하나일 경우에는 괄호[( )]를 제거할 수 있음

화살표 함수 내에서 this 키워드의 사용은 자제해야 한다. 화살표 함수의 this는 컴파일 타임에 코드에서 물리적 위치에 따라 결정되는 어휘적 범위(Lexical scope)를 갖기 때문에, 기존의 런타임(run-time)에 함수가 호출되는 방식에 따라 달라지는 동적 범위와 달리 어휘적 범위는 정

적이며 프로그램 실행 내내 동일하게 유지된다. 정확히 이해하려면 어렵다. 한마디로 요약하면, 화살표 함수 내에서는 this 키워드를 사용하지 말자. this 키워드가 필요하면 익명 함수를 사용하기 바란다. 다음은 익명 함수와 arrow 함수의 차이점을 정리한 것이다.

구분	기존의 익명 함수	arrow 함수
this 바인딩	함수 호출 시점에 결정 (**동적** 바인딩)	함수가 정의되는 시점의 lexical 범위 (**정적** 바인딩)
arguments 객체	사용 가능	사용 불가
function 키워드	필요	필요 없음

Arrow 함수는 콜백 함수 등 함수형 프로그래밍에서 자주 사용된다. 다음은 익명 함수를 arrow 함수로 변환하는 몇 가지 예이다. 함수 블록이 한 문장의 반환문이라면, return과 블록({ }) 기호를 생략할 수 있다.

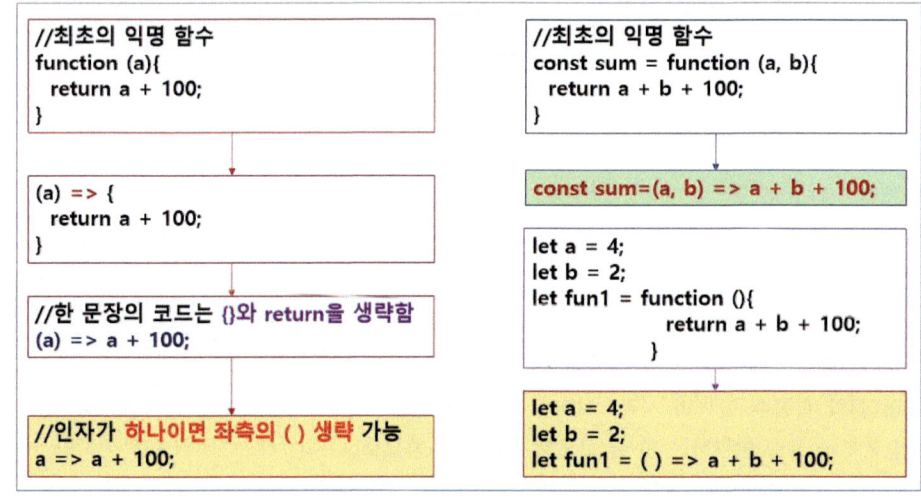

다음의 그림 또한 Arrow 함수를 활용하는 예이며, 객체에서 this를 사용하는 예도 포함되어 있다.

```
const example = function (a, b){
  let offset = 124;
  return a + b + offset;
}

const example = (a, b) => {
  let offset = 124;
  return a + b + offset;
}

const obj = {
  count : 10,
  doSomethingLater : function(){
    setTimeout( ( ) => {
      this.count++; //this는 객체 obj
      console.log("카운터 값 : ", this.count);
    }, 300);
  }
}
obj.doSomethingLater();
```

[익명 함수 (일반 함수)의 this]
- 객체의 메서드로 호출될 때 객체 자신
- 일반 함수로 호출될 때, window 객체

```
function bob (a){
  return a + 100;
}
```

let bob = a => a + 100;   함수 호출 : bob(30);

const func = ( ) => ({ foo: 1 });
//객체는 ( )로 감싸야 함

```
const obj = { // does not create a new scope
  i: 10,
  b: ( ) => console.log(this.i, this), //익명함수의 this는 window
  c: function( ) {
    console.log(this.i, this);
  }
}
obj.b( ); // 출력 : undefined, Window {...} (or the global object)
obj.c( ); // 출력 :  10, Object {...}
```

[arrow 함수의 this]
- 함수가 정의된 상위 스코프의 this를 상속
- 정적으로 this의 값이 고정됨

8.5 함수의 정의 출력하기

함수 func(1, 2)라 하면, 함수를 호출하는 것을 뜻한다. 2개의 인자를 수신해 함수를 실행한다. 그런데 함수의 이름인 func만을 사용하면 함수 객체를 의미한다. 이처럼 함수에서 ( )를 제외한 함수 이름만을 사용하면 함수의 정의를 리턴해 준다. 예제에서, getElementByID("id명").value 에서 .value는 <input>, <textarea>, <select>와 같은 폼 요소에 입력된 값을 읽어오거나 설정하는 속성이다.

다음은 함수의 정의를 출력해주고, 화씨를 섭씨로 변경하는 예제이다.

```
<!DOCTYPE html>
<html>
<head><meta charset="utf-8">
<title>함수의 정의 출력하기</title>
</head>
<body>
<h2>화씨를 섭씨로 변경해 봅니다.</h2>
<p>섭씨 = (화씨-32) / 1.8</p>
화씨 :<input  type="text" id="fah" size="5">
```

```
<button id="btn1" onclick="degConvert()">섭씨온도로 변환>></button>
섭씨: <input type="text" id="cel" size="5">
<h2>실습을 위해 정의한 함수는 아래와 같습니다.</h2>
<p id="p1"></p>
<script>
function degConvert( ) {
  let  fah = document.getElementById("fah").
      value;
  let  cel = (fah - 32) / 1.8;
  document.getElementById("cel").value =
    cel.toFixed(2);
  //함수의 이름은 함수의 정의를 돌려줌
    [함수 정의 출력]
  document.getElementById("p1").innerHTML
    = degConvert;
}
</script>
</body>
</html>
```

8.6 지역(Local) 변수와 전역(Global) 변수

JavaScript에서 변수 스코프(Scope)는 변수에 접근할 수 있는 유효 범위를 뜻한다. 변수 스코프를 이해하는 것은 JavaScript 코드의 동작 방식을 이해하기 위해 매우 중요하다.

자바스크립트에서 변수의 범위는 전역 스코프(Global Scope)와 지역 스코프(Local scope)로 구분할 수 있다.

전역 스코프는 함수 외부에 선언된 변수로 전역 변수가 될 수 있다. 전역 변수는 어디에서든지 접근할 수 있다. 브라우저에서 전역 변수는 window 객체의 속성으로 등록된다. 함수 외부에 선언할 때 전역 변수가 될 수 있는 것은 다음의 2가지가 있다.

■ 전역 변수 선언 방법

- var x =1;   //키워드 var로 시작하고 함수 외부에 선언
- y = 0;   //키워드 없이 선언(함수 포함해 위치와 상관없이 전역 변수)

var 키워드를 사용하더라도 함수 내에서 선언하면, 함수 스코프의 지역 변수가 된다. 즉, 지역 변수는 해당 함수 내에서만 유효하기 때문에, 함수 밖에서는 인식되지 않는다.

전역 변수는 다른 스크립트나 라이브러리와의 변수 충돌에 의한 프로그램의 오작동 가능성 때문에 사용을 권고하지 않는 추세이다. 다음 예를 참고하기 바란다.

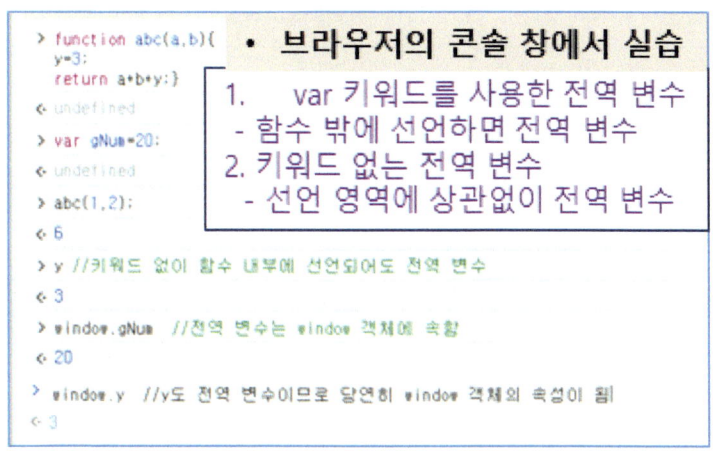

지역 스코프(Local Scope)는 초창기에는 함수 내부에서 선언된 변수만을 의미하였다. 이것을 함수 스코프(Function Scope)라고 부른다. 아울러 ES6부터 let과 const를 사용해 블록({ }) 안에서 선언된 변수는 해당 블록 내에서만 유효한 블록 레벨 스코프(Block level scope) 개념이 도입되었다. 사실 함수도 블록({ }) 내에 정의하기 때문에 블록 스코프라고 말할 수 있다. 최근의 자바스크립트를 사용한 프로그램의 경우 블록 스코프 레벨을 적용해 코딩할 것을 강력하게 권고하고 있다.

다음은 블록 레벨 스코프를 적용하면서 var 키워드로 선언한 변수에 대한 액세스도 함께 확인하기 위한 예제이다.

```
let x = 100;

{
   //블록 내에 선언한 변수를 블록 안에서만 유효
   let bx = 11;
   var v = 20; //함수 이외의 영역에 선언된 변수는 전역 변수
   const cy = 111;
   console.log("[블록 밖에서 선언된 x 액세스 ]: ", x);
}
console.log("[ 블록 내에 선언된 변수들의 액세스 실습 ] ")
console.log("var v 액세스: ", v); //var 전역 변수이므로 정상 액세스
console.log("let bx 액세스: ", bx); //ReferenceError: by is not defined
console.log("const cy 액세스: ", cy); //ReferenceError: by is not defined
```

8.7 중첩 함수

JavaScript는 함수 내에 다른 함수를 정의하여 사용할 수도 있고, 외부 함수를 호출하여 사용할 수 있다. 먼저 함수 내에 다른 함수 정의하여 사용하는 아래의 예제를 살펴보자.

```
function sum_square(a, b) {
  let  sum = a+b;
  //square 함수 정의(선언)
  function square(x, y) {   //두 수의 제곱의 함
    return x*x + y*y;
  }

  let  squared = square(a,b);  //함수 내에 선언된 함수를 호출
  return sum + squared; // 두 수의 합 + 두 수의 제곱의 합
} //함수 끝

console.log(sum_square(3,4)); //함수 호출하여 console창에 출력[32 출력]
```

두 번째는 외부에서 선언한 함수를 함수 내에서 호출하여 사용할 수 있다. 위의 예제를 약간 수정하여 사용해 보자.

```javascript
//독립된 함수 선언
function square(x, y) {
    return x*x + y*y;
}

//함수에서 외부 함수 호출
function sum_square(a, b) {
  let  sum = a+b;

  let  squaredSum = square(a,b); //외부함수 호출

  return sum + squaredSum;
}

console.log(sum_square(3,4));   //32 출력함
```

세 번째로는 함수의 반환문에 함수를 호출하여 값을 리턴할 수 있다.

```javascript
function sum_square(a, b) {
  let  sum = a+b;
  //내부 함수 선언
  function square(x, y) {
    return (x+y) +x*x + y*y;
  }

  return square(a,b);  //함수를 리턴함.
}

console.log(sum_square(3,4));   //32 출력함
```

네 번째로는 함수 호출 시 내부 함수에 파라미터를 전달할 수도 있다. 내부 함수에서 외부 함수의 값을 받아서 내부 함수의 값과 함께 처리하도록 하고, 내부 함수에서 리턴하도록 한다. 그리고 외부 함수에서 내부 함수를 리턴하도록 하면 최종 결과를 얻을 수 있다.

```javascript
//내부 함수에 파라미터 전달하기
function outer_func(a) {
  //내부 함수 선언
  function multiply(b) {
    return a*b;
  }

  return multiply; //함수를 리턴(함수의 이름)
}

console.log(outer_func(2)(3));   //6을 리턴함.   함수(외부 파라미터)(내부파라미터)
```

8.8 콜백(Callback) 함수

콜백 함수는 어떤 함수의 인자로서 전달되는 함수를 말한다. 콜백 함수는 함수 내에서 호출되어 정의된 task를 수행한다. 동기적으로 혹은 비동기적으로 동작할 수 있다. 콜백 함수는 jQuery나 Node.js에서 아주 많이 사용된다.

아래는 동기적인 콜백 함수를 활용하는 예제이다. 동기적 수행이란 우리가 예측하듯이 순차적으로 수행되는 것을 뜻한다.

```javascript
function sum(a, b , callback){  //콜백 함수: callback
   let  hap = a+b;
   callback(hap);   //덧셈 결과 hap을 callback 함수 인자로 넘김.
}

function printOut(message){
   console.log("최종 결과는 " + message);
}
```

```
//sum() 함수 호출
sum(5, 6, printOut); //printOut은 callback 함수 => 출력: "최종 결과는 11"
```

한편, 콜백 함수는 비동기적 수행도 지원할 수 있다. 어떤 함수들은 함수의 호출 순서와 다르게 콘솔 창에 값을 출력하는 것을 볼 수 있다. setTimeout( ) 함수는 대표적인 비동기 함수이다. 아래 예제는 콘솔 창을 열어서 보면 수행 결과를 확인해 보면, 호출한 순서와 콘솔 창에 출력된 순서가 같지 않음을 확인할 수 있다.

```
<!DOCTYPE html>
<html>
<head>
<meta charset="utf-8">
<title>비동기 콜백</title>
</head>
<body>
<h2>비동기 콜백</h2>
<p>비동기 콜백 함수 실행 예제</p>

<script>
function funcA(){
  setTimeout(function(){
    console.log("화이팅");
    }, 3000); //3초
}
function funcB(){
  console.log("FuncB: 여러분 이 함수는 funcA 다음 호출되었습니다.");
}

funcA();   //funcA 호출
funcB( );  //funcB 호출
</script>
</body>
</html>
```

8.9 타이머 함수(Timer Function)

JavaScript에서 자주 사용하는 타이머 관련 함수(메서드)는 2가지 종류가 있다. 하나는 일정한 시간 간격으로 콜백 함수나 표현식을 수행하는 방식이고, 다른 하나는 설정된 시간이 경과하면 한 번만 콜백 함수나 표현식을 수행하는 방식이다. 타이머 함수들은 전역 함수이다.

타이머 설정(Set) 함수와 타이머 설정 해제(Clear) 함수가 쌍으로 존재한다. 그리고 타이머에서 사용하는 시간 단위는 ms(밀리초)이다.

먼저 setTimeout( ) 함수(메서드)와 clearTimeout( ) 함수(메서드)를 알아보자. setTimeout( ) 함수의 기본 문법은 아래와 같다.

> setTimeout(콜백함수, 설정시간(ms) [, param1, param2,...]);
>
> - 콜백함수: 설정 시간이 경과하면 수행될 함수
> - 설정시간: 콜백 함수가 수행되기 전 대기해야할 시간(밀리초 단위)
> - params: 함수에 전달할 파라미터들
> - 리턴 값: 설정된 타이머의 숫자로 표시된 ID값. clearTimeout(ID)로 타이머 해제

setTimeout( ) 함수는 타이머가 설정될 때 숫자로 된 ID(타이머 식별자)를 리턴한다. 이 값을 변수에 저장한 후, 타이머를 해제하고 싶을 때 ID 인자로 전달하면 된다. 위의 설명에도 나와 있듯이 clearTimeout(ID)와 같이 메서드를 호출하면 설정된 타이머는 해제된다.

clearTimeout( ) 메서드는 setTimeout( ) 메서드를 사용해 설정한 타이머를 해제하는 기능을 수행한다. 이전 설명과 같이 파라미터로 타이머 설정시 리턴받아 저장한 ID 값을 넘겨주면 된다. clearTimeout( ) 함수의 기본 문법은 다음과 같다.

> - let ID1 = setTimeout(funcA, 3000); //ID1은 타임아웃 설정 함수의 ID 리턴 값
> - clearTimeout(ID1); //ID1을 가지는 타이머를 해제함.

다음은 setTimeout( )과 clearTimeout( ) 함수를 활용하는 예제이다.

```html
<!DOCTYPE html>
<html>
<head>
<meta charset="utf-8">
<title>setTimeout/clearTimeout</title>
</head>
<body>

<h2>타이머 설정과 해제[한 번만 수행됨]</h2>

<button onclick="setTimer()">setTimeout( )메서드 실행</button>
<button onclick="clearTimer()">clearTimeout( )메서드 실행</button>
<p id="p1"></p>

<script>
let  myID; //타이머의 ID 값 저장할 변수
function setTimer() {
  document.getElementById("p1").innerHTML = "타이머 동작이 시작되었습니다.";
  myID = setTimeout(function(){
    alert("타이머의 실행 결과입니다.");
    }, 2000); //2초
}
function clearTimer() {
  console.log(myID); //콘솔창에 ID 값 출력[F12 키 사용할 것]
  clearTimeout(myID);
  document.getElementById("p1").innerHTML = "타이머를 해제하였습니다.";
}
</script>
</body>
</html>
```

일정한 시간마다 콜백 함수를 수행하거나 표현식을 평가하는 setInterval( ) 함수가 있다.

이 함수는 clearInterval( ) 함수가 호출될 때까지는 반복적으로 수행을 지속한다. 이 함수 또한 콜백 함수가 주기적으로 수행하도록 시간 간격을 설정할 때 ID(타이머 식별자)를 리턴한다. ID 값은 변수에 저장해 두었다가 타이머를 해제하고 싶을 때 clearInterval(ID)처럼 호출하면 된다.
setInterval( ) 함수의 기본 문법은 다음과 같다.

> setInterval(콜백함수, 설정시간(ms) [, param1, param2,...]);
>
> - 콜백함수: 설정된 시간 단위로 수행되는 함수
> - 설정시간: 콜백 함수를 수행하는 시간 간격 설정(밀리초 단위)
> - params: 함수에 전달할 파라미터들
> - 리턴 값: 설정된 타이머의 숫자로 표시된 ID 값. clearInterval(ID)로 타이머 해제

clearInterval( ) 메서드는 특별히 설명하지 않겠다. 위에서 언급한 내용만 알고 있으면, 사용이 가능하다. 아래는 setInterval( )과 clearInterval( ) 함수를 사용하는 예제이다.

```html
<!DOCTYPE html>
<html>
<head>
<meta charset="utf-8">
<title>setInterval/clearInterval</title>
</head>
<body>
<h2>반복 동작하는 타이머 설정과 해제</h2>
<button onclick="setTimeInterval()">setInterval( )메서드 실행</button>
<button onclick="clearTimeInterval()">clearInterval( )메서드 실행</button>
<p id="p1"></p>

<script>
let  myID; //타이머의 ID 값
let  i=0; //타이머 함수 수행 횟수
function setTimeInterval() {
  myID = setInterval(function(){
    i += 1;
    document.getElementById("p1").innerHTML = i + "번째 타이머 수행";
```

```
    }, 1000); //1초
}
function clearTimeInterval() {
  console.log(myID); //콘솔창에 ID 값 출력
  clearInterval(myID);
  i =0; //i 값 초기화
  document.getElementById("p1").innerHTML = "타이머를 해제하였습니다.";
}
</script>
</body>
</html>
```

다음은 콜백 함수에 파라미터를 전달하는 방법을 보여주기 위한 예제이다. 자주 사용되지 않지만 필요하면 예제와 같은 방법으로 파라미터를 전달해 사용하기 바란다.

```
<script>
//setInterval은 전역 함수이다. 즉, window 객체의 메서드(함수)이다.
let  intervalID = window.setInterval(callback, 100, '안녕', 3); //parameters: '안녕', 3
//파라미터 전송
function callback(a, b) //2개의 파라미터를 받음
{
 console.log(a);
 console.log(b);
}

//Interval 함수 해제
function clearTimer( )
{
 clearInterval(intervalID);
}
</script>
```

8.10 Write( ) 메서드

write( ) 메서드는 document 객체의 메서드(함수)이다. 이 함수는 HTML 문서에 직접 웹 페이지 관련 내용을 출력하기 위해 사용한다. 아직 DOM(Document Object Model) 객체를 배우지 않았지만, JavaScript 관련해 많은 도서가 초반에 write( ) 함수를 사용하여 실습을 하기도 한다. 이 함수는 HTML 표현식이나 JavaScript 코드로 작성한 것을 변환해 웹 페이지 문서에 직접 출력할 때 사용한다. 그런데, write( ) 함수를 사용하여 웹 페이지에 출력할 경우 이미 모든 웹 문서가 로딩이 완료되었다면 기존의 모든 HTML 삭제하고 다시 웹 페이지에 출력하는 문제가 있다. 따라서 write( ) 함수는 JavaScript 관련 간단한 실습이나 테스트를 할 때만 사용하기 바란다. writeln( ) 메서드도 있는데, 사실상 웹 브라우저와 관련해 사용하면 거의 동일하게 동작한다. 유일한 차이점은 writeln( ) 함수는 한 칸을 띄우는 기능만을 수행한다. 기본 문법은 다음과 같다.

- document.write(express1, express2, ...);
- document.writeln(express1, express2, ...);   //출력 후 한 칸을 띄움

좀 전에 write( ) 함수는 현재의 HTML 웹 페이지를 완전히 지우고 새롭게 웹 화면에 출력한다고 했다. write( ) 함수를 사용하면 개개의 함수들은 웹 페이지 화면에 출력 스트림을 형성한다. 출력 스트림을 끊고 싶으면, document.close( ) 메서드를 사용하면 되고, 웹 페이지의 처음부터 다시 출력을 시작하고 싶으면 document.open( )을 사용하거나 단순히 document.write( ) 메서드를 사용하면 된다. 줄 바꿈을 원하면
 태그를 사용해야 한다.

- document.open(); //현재 문서를 열어 쓰기 스트림을 시작하는 함수(메서드)
- document.close();   //출력(쓰기) 스트림을 닫는 함수(메서드)

다음은 write( )와 writeln( ) 함수를 활용한 예제이다.

```html
<!DOCTYPE html>
<html>
<head>
<meta charset="utf-8">
<title>write/writeln 메서드 실습</title>
</head>
<body>

<h2>write( )와 writeln( )은 document 객체의 메서드입니다. </h2>
<h2>이 메서드들은 주로 테스트 용도로만 사용되고 있습니다. </h2>

<button onclick="docuWrite( )">write( ) 메서드</button>
<button onclick="docuWriteln( )">writeln( ) 메서드</button>

<script>
var i=100; //단순 출력용
function docuWrite() {
  document.open(); //현재 웹 화면의 깨끗이 지우고 새로운 출력 스트림을 받을 준비함.
  //open( ) 메서드는 종종 사용하지 않을 수도 있음.
  document.write("<h2>안녕하세요. 여러분!!!</h2>");
  document.write("<p>HTML 문법을 적용하여 작성할 수 있습니다.</p>");
  document.write("<p>출력 스트림이 이어져 출력됩니다.</p>");
  document.write(i, 33, 55, 17); //값들간에 띄어쓰기 안됩니다.
  document.write("여러분<br>","안녕하세요");
  document.write("write 출력 간에 띄워쓰기가 적용되지 않네요.");
  //출력 스트림을 끊습니다. write( )는 처음부터 다시 화면 출력하게 됩니다.
  document.close(); //현재 문서의 스트림을 종료함.
}

function docuWriteln() {
  document.open(); //현재 웹 화면의 깨끗이 지우고 새로운 출력 스트림을 받을 준비함.
  //open( ) 메서드는 종종 사용하지 않을 수도 있음.
  document.writeln("<h2>안녕하세요. 여러분!!!</h2>");
  document.writeln("<p>HTML 문법을 적용하여 작성할 수 있습니다.</p>");
  document.writeln("<p>출력 스트림이 이어져 출력됩니다.</p>");
  document.writeln(i, 33, 55, 17); //값들간에 띄어쓰기 안됩니다.
  document.writeln("여러분<br>","안녕하세요");
  document.writeln("writeln 출력 간에는 한 칸만 띄웁니다.");
```

```
        //출력 스트림을 끊습니다. write( )는 처음부터 다시 화면 출력하게 됩니다.
        document.close(); //현재 문서의 스트림을 종료함.
    }
    </script>
    </body>
    </html>
```

8.11 함수에서 구조 분해 할당과 전개 연산자 활용하기

구조 분해 할당과 전개 연산자는 프로그램의 코드를 간결하고 가독성 좋게 만들어주는 유용한 도구이다. 본 절에서는 함수와 연관된 구조분해 할당 (Destructuring Assignment)과 전개 연산자(Spread Operator)에 설명할 것이다.

1 구조 분해 할당을 통한 파라미터 전달

구조 분해 할당은 객체나 배열의 원소를 분해해 개별 변수에 할당하는 기능이다. 함수에 전달하는 파라미터를 다룰 때 특히 유용하다. 배열의 구조 분해 할당은 함수의 파라미터로 전달할 때, 배열의 요소들을 개별 변수에 할당하는 것이다. 아래 예제를 살펴보자.

```javascript
function  average( [min, median, max] ) { //(배열구조분해)최대값과 최소값의 차를 출력
    avg = (min + median + max)/3;
    console.log(avg.toFixed(2));//소수점 이하는 2자리로 제한
}

const arr = [5, 185, 310]; //[min, max]
average( arr );   //166.67
```

객체 구조 분해는 함수에 객체를 파라미터로 전달할 때, 필요한 속성만 변수에 할당할 수 있는 기능이다. 함수 파라미터 전달 영역에 { } 내에서 추출하고자 하는 속성명을 열거하면, 속성에 매핑된 값을 갖는 변수로 함수 내에서 사용할 수 있다. 그리고 변수명을 다른 이름으로 변경해 사용할 수도 있다. 아래 예제는 hobby를 '취미'라는 변수로 변경해 사용하는 예이다.

```
function intro( {name, age, hobby:취미} ){ //hobby의 변경된 변수명=취미
  console.log(`내 이름은 ${name}이고, 나이는 ${age}이고, 취미는 ${취미}입니다.`);
}

const person1 = {name: "아인쉬타인",
                 age:25,
                 hobby:'웹프로그래밍'};
intro(person1); //내 이름은 아인쉬타인이고, 나이는 25이고,  취미는 웹프로그래밍입니다.
```

2 전개 연산자를 사용한 파라미터 전달

전개 연산자는 배열이나 객체의 모든 요소를 펼쳐서 개별적인 값으로 전개해 사용할 수 있게 해준다. 함수에 파라미터를 전달할 때, 나머지 연산자와 함께 사용해 유연한 파라미터 처리를 가능하게 한다. 함수의 파라미터로 사용하는 배열의 모든 요소를 함수의 인자로 전달할 수 있다. 다음은 배열 요소들을 개별 변수로 전개해 수신해 전체 평균을 구해 출력하는 예제이다.

```
function arrAvg(a, b, c, d) {
  return (a + b + c + d)/4;
}

const num = [76, 98, 64, 112];
const avg = arrAvg(...num); // num 배열의 모든 아이템을 함수의 인자로 전달
console.log("평균 값 = ", avg); // 평균 값 =  87.5
```

다음은 함수로 전달할 파라미터의 개수가 가변적일 때, 나머지 매개변수(Rest parameter:...rest)를 사용해 나머지 모든 인자를 배열로 받을 수 있다.

```
function partialSum(x, y, ...rest) { //...rest: 2개의 원소를 제외한 나머지=배열
  console.log(`처음 두수의 합 = ${x+y}`); //template literal 사용
  restSum=0;
  for( item of rest){
```

```
    restSum += item;
  }
  console.log(`나머지 값들의 합 = ${restSum}`);
}

partialSum(51, 32, 23, 14, 75, 63); //처음 두수의 합 = 83,나머지 값들의 합 = 175
```

객체를 전개해(펼쳐서) 함수에 개별적인 인자로 전달할 수 있다. 그렇지만, 이 방법 보다는 구조 분해 할당을 사용해 객체를 전달하는 방법이 일반적이다. 아래 예제는 간단히 참고만 하기 바란다. Object.values( )는 객체의 값들만을 추출해 배열로 돌려주는 함수(메서드)이다.

```
function intro(name, age, hobby) {
  console.log(`내 이름은 ${name}이고, ${age}살이며, 취미는 ${hobby}입니다.`);
}

const person = {
   name: "걸리버",   age: 35,   hobby: "세계여행"
};

console.log(Object.values(person)); //[ '걸리버', 35, '세계여행' ]
// 객체를 전개 연산자로 전개해(펼쳐서) 함수에 전달
intro(...Object.values(person));//intro('걸리버', 35, '세계여행');
//내 이름은 걸리버이고, 35살이며, 취미는 세계여행입니다.
```

연습문제

1. JS에서 함수를 선언할 때는 반드시 (   )키워드를 사용해야 한다.

2. 자바스크립트에서 함수를 변수에 저장할 수 있는 이유는?

   ① 함수는 항상 전역 변수이기 때문이다.
   ② 함수는 일급 객체이기 때문이다.
   ③ 자바스크립트는 정적 타입 언어이기 때문이다.
   ④ 함수는 객체가 아니기 때문이다.

3. 콜백 함수의 역할로 적절한 것은?

   ① 함수 내의 모든 실행을 완료한 후, 실행하는 함수이다.
   ② 함수 내에서 다른 함수를 인자로 받아서 실행하는 함수이다.
   ③ 함수 실행을 차단하는 역할을 한다.
   ④ 모든 함수에서 자동으로 실행된다.

4. 비동기 작업에서 특정 시간이 경과되면 한 번 수행하는 함수는 (   )이고, 특정 시간이 경과할 때마다 주기적으로 수행하는 함수는 (   )함수이다.

5. 다음 프로그램은 arrow 함수를 포함한 것이다. 콘솔 창에 출력되는 값은?

   ```
   const add = (a, b) => a * b;
   console.log(add(2, 3));
   ```

연습문제

6. 배열에 map( ) 함수를 적용하고 있는데, 배열의 각 원소를 제곱한 값을 배열로 반환한다. map( ) 함수의 인자로 콜백 함수가 사용되는데, 이를 화살표 함수로 구현하시오.

```
const num = [2, 4, 6, 8, 10];
const squaredNum = num.map(_____);
console.log(squaredNum); //[ 4, 16, 36, 64, 100 ]
```

7. 배열의 reduce( ) 함수(메서드)를 사용해 배열 전체의 합계를 구하는 코드이다. 빈 칸을 화살표 함수를 사용해 완성하시오.

```
const arr = [112, 165, 98, 231, 53, 172, 201];
const totalSum = arr.reduce(_____);
console.log(totalSum);
```

8. 비동기 프로그래밍에서 setTimeout을 활용하여 3초 후에 콘솔창에 "Hello, World!"를 출력하는 코드를이다. 밑줄 친 부분을 완성하시오.

```
setTimeout(() => {
    console.log("Hello, World!");
}, _____ );
```

연습문제

9. 객체 person이 있다. person 객체의 값들을 구조분해 할당을 통해서 수신하는 함수의 파라미터 전달 부분을 완성하시오.

```
//함수가 구조분해 할당을 통해 인자를 전달받음
function introduce( {_____} ) {
    console.log(`이름: ${name}, 나이: ${age}, 취미: ${hobby}`);
}

const person = { name: "아사달", age: 22, hobby: "축구" };
introduce(person);
```

CHAPTER **9**

객체

 CONTENTS

9.1 객체 만들기

9.2 객체 생성자(Constructor) 함수

9.3 프로토타입(Prototype) 속성

9.4 객체와 배열

9.5 메서드 재사용[call(), apply()]

■ 연습문제

JavaScript는 객체 기반의 인터프리터 언어이다. JavaScript는 거의 모든 구성 요소들은 객체로 존재한다. 숫자, 문자열, 부울린, 배열, 함수 등도 객체로 생성할 수 있다. 모든 JavaScript 값은 기본 데이터형을 제외하고 객체이다. JavaScript는 숫자, 문자열, 부울린, undefined의 기본 데이터형을 제공한다.

객체 또한 변수이다. 그렇지만, 객체는 속성(Property)과 메서드(Method, 함수)가 존재한다. 그리고 객체의 값들은 "이름(혹은 키): 값"의 쌍으로 구성된다. 따라서 JavaScript 객체는 이름이 있는 값들의 모음(Collection of named values)이라고도 한다. JavaScript의 객체는 파이썬의 "key: value" 식으로 표현하는 딕셔너리(Dictionary) 문법과 아주 흡사하다.

메서드란 객체에 적용하는 행위(혹은 행동)를 정의한다. 객체 메서드는 객체에서 수행하는 행위를 함수를 이용해 정의한 것이다.

컴퓨터라는 객체를 생각해 보자. 아래와 같은 속성들을 포함하고 있을 것이다.

컴퓨터 객체

속성	값
cpu	2.5GHz
cache	8MB
main memory	8GB
graphic card	geforce(지포스)
mouse	광마우스

속성을 살펴보면 컴퓨터라면 기본적으로 보유하고 있어야 하는 항목들이다. 다만, 개별 속성값들은 다른 값을 가질 수 있을 것이다. 메서드도 속성에 속한다. 하지만 메서드는 능동적인 일을

컴퓨터 객체

메서드(속성)	값
한글편집작업	function ( ) { 아래한글로 편집을 수행합니다......}
파워포인트작업	function( ) { 파워포인트를 사용해 발표자료를 준비합니다....}
그림판작업	function( ) {그림판 에디터를 사용해 그림을 편집합니다....}
spec	function( ){console.log("cpu :" + this.cpu +" " + "cache: " + this.cache); }

CHAPTER 9 객체

한다. 컴퓨터 객체 관련 메서드를 한번 생각해 보자.

메서드는 위에서 언급했던 기본 속성들과 달리 메서드는 컴퓨터라는 객체에 대해 어떠한 일련의 액션을 수행한다. 즉, 속성 중에서 함수로 구현된 것을 메서드라고 한다.

9.1 객체 만들기

JavaScript에서 객체는 2가지 방법을 사용해서 만들 수 있다. 먼저 가장 많이 사용하는 방법을 설명하겠다. 사실 여러분들은 이미 기본적인 객체를 경험하였다. 첫 번째 방법은 객체 리터럴(Literal)을 사용하는 것이다. 객체는 {   }(중괄호)로 감싸고 "속성: 값"들을 열거하고 변수에 할당하면 된다. 다음과 같이 컴퓨터 객체를 만들 수 있다.

```
let  computer = {cpu :"2.5GHz", cache:"8MHz",
            mainMemory:"8GB", graphicCard:"geforce", mouse:"광마우스"};
```

JavaScript는 특이하게 속성인 cpu, cache 등은 인용부호로 감싸지 않는다. 하지만 속성을 인용부호로 감싸는 것도 가능하다.

객체의 속성에 접근하거나 속성값을 바꾸는 방법은 다음과 같다. 객체명.속성명 혹은 객체명["속성명"]으로 액세스할 수 있다. 속성값을 읽어서 변수에 저장해 보자.

```
let  x = computer.cpu; //x에 2.5GHz 저장됨.[이 방법의 선호됨]
let  y = computer["cache"]; //y에 8MHz 저장됨.
```

이제 속성 값을 변경해 보자.

```
let  computer.cpu = "5.7GHz"; //cpu: "5.7GHz" 로 변경
let  computer["cache"] = "16MB"; //cache: "16MB"로 변경
```

이제 computer 객체에 속성을 추가해 보자. 컴퓨터에 usb 포트가 있는지를 알려주는 속성이다.

```
let  computer.usb = "있음"; //객체에 속성 추가함
let  computer["usb"] = "있음";
```

위와 같은 방식으로 얼마든지 속성을 추가할 수 있다. 먼저 객체만 선언하고 위와 같은 방식으로 계속해서 객체의 속성을 추가할 수도 있다.

객체의 속성을 제거하고 싶을 수도 있다. 특정 속성을 제거하고 싶다면 아래와 같이 delete 키워드를 사용하여 해당 속성을 제거한다. 단, 부모로부터 상속받은 속성은 제거할 수 없다.

```
delete computer.usb; //객체의 usb 속성을 제거함.
```

객체를 생성하는 두 번째 방식은 new 키워드를 사용하는 것이다. 다음과 같이 new Object( ); 표현식을 사용하면 객체가 생성된다. 이 방법은 참고만 하시고, 실전에서는 첫 번째 방법을 사용하기 바란다. 첫 번째 방식과 같은 결과를 얻는데, 두 번째 방식이 더 번거롭다. 다음 예제는 new Object( )를 사용해 computer 객체를 생성한다.

```
let  computer = new Object( );   //computer 객체를 생성
computer.cpu = "2.5GHz";   //속성 추가
computer.cache = "8MHz";
computer.mainMemory ="8GB";
computer.graphicCard = "geforce";
computer.mouse = "광마우스";
```

객체에 속성을 추가하거나 제거하는 것은 두 방식 모두 동일하다.

이미 앞 장에서 객체의 속성을 이용하는 for-in 반복문을 배웠으니, 다시 복습해 볼 것을 권고한다.

이제 객체의 메서드에 대해 설명해 보겠다. 메서드도 객체의 속성에 해당한다. 메서드의 기능은 객체가 수행하는 행위를 정의한다고 하였다. 아래와 같이 메서드를 정의한다. 메서드 spec

을 정의한다.

```
let  computer = {cpu :"2.5GHz", cache:"8MHz",
            mainMemory;"8GB", graphicCard:"geforce", mouse:"광마우스",
            spec: function( ){console.log("cpu :" + this.cpu +" " +
                            "cache: " + this.cache); }};
```

위와 같이 객체를 정의할 때 "메서드명: function( ){…}"처럼 작성하면 된다. 기본 속성과 사용법은 약간 다르다. 그리고 함수에 이름이 없다. 이러한 함수를 익명 함수라고 한다. 메서드는 함수이기 때문에 사용하려면 호출해야 한다. 아래와 같이 메서드를 호출하면 함수가 수행된다. 메서드가 리턴 값을 가지면 차후 사용을 위해 변수에 리턴 값을 담아야 한다.

```
computer.spec( ); //메서드는 함수이므로 반드시 뒤에 ( )이 필요함.
```

메서드에 보시면, 익명 함수 내에 this라는 키워드가 보인다. 여기서 this는 익명 함수의 소유자를 의미한다. 익명 함수의 소유자는 바로 computer 객체이다. 따라서 this.cpu는 컴퓨터 객체가 소유한 속성 cpu를 의미한다.

만약에 컴퓨터의 그래픽카드 사양만을 알아내기 위한 메서드를 추가하고 싶다면 다음과 같이 하면 됩니다.

```
computer.graphic = function ( ) {
                console.log("그래픽 카드: " + this.graphicCard)};
```

다음은 순수 JavaScript로 객체를 생성한 다음 여러 가지 조작을 적용해 보는 예제이다. Visual Studio Code에서 작성하였고, 파일명은 ob1.js이다. 여기서 JS를 실행하기 위해서는 먼저 "extensions"를 선택한 다음 "code runner" 프로그램이 설치되어 있어야 한다. 실행 결과는 예제 소스에 이어서 확인할 수 있다.

```javascript
//obj1.js
let computer = {   //computer 객체 생성
  cpu: "2.5GHz",
  cache: "8MHz",
  mainMemory: "8GB",
  graphicCard: "geforce",
  mouse: "광마우스",
};
let cpu = computer.cup; //cpu = computer["cpu"]
computer.mouse = "Ball 마우스";
//속성 추가
computer.usb = "있음";
console.log("[computer 객체]", computer); //{cpu: "2.5GHz", cache: "8MHz", mainMemory:
"8GB", graphicCard: "geforce", mouse: "Ball 마우스", usb:"있음"}
//메서드(함수) 추가하기
//this는 함수의 소유자를 의미, 즉, computer 객체의 속성 cpu, cache를 의미함
computer.spec = function () {
  return "[컴퓨터 사양]: cpu " + this.cpu + ", 캐쉬메모리 " + this.cache;
};
console.log("[메서드 추가된 computer 객체]", computer);
console.log(computer.spec()); //컴퓨터 사양: cpu 2.5GHz, 캐쉬메모리 8MHz
//속성 제거하기
delete computer.usb;
delete computer.mouse;
console.log("속성 usb, mouse가 제거된 computer 객체]", computer); //{cpu: "2.5GHz",
cache: "8MHz", mainMemory: "8GB", graphicCard: "geforce", spec: f}
```

```
PROBLEMS    OUTPUT    DEBUG CONSOLE    TERMINAL    PORTS
[Running] node "c:\Users\saisonh\html\obj1.js"
[computer 객체] {
  cpu: '2.5GHz',
  cache: '8MHz',
  mainMemory: '8GB',
  graphicCard: 'geforce',
  mouse: 'Ball 마우스',
  usb: '있음'
}
[메서드 추가된 computer 객체] {
  cpu: '2.5GHz',
  cache: '8MHz',
  mainMemory: '8GB',
  graphicCard: 'geforce',
  mouse: 'Ball 마우스',
  usb: '있음',
  spec: [Function (anonymous)]
}
[컴퓨터 사양] : cpu 2.5GHz, 캐쉬메모리 8MHz
속성 usb, mouse가 세거된 computer 객체] {
  cpu: '2.5GHz',
  cache: '8MHz',
  mainMemory: '8GB',
  graphicCard: 'geforce',
  spec: [Function (anonymous)]
}
```

obj1.js 파일 실행 결과

9.2 객체 생성자(Constructor) 함수

이전 절에서 설명한 것은 개별적인 객체의 생성 및 속성 추가, 삭제 등에 관한 내용이다.

만약에 같은 타입을 가지는 객체들을 다수 생성하여 사용할 수 있다. 공통으로 사용할 설계도를 만들어 놓고 필요할 때마다 형태가 동일한 객체를 생성하여 사용한다면 편리할 것이다.

객체의 설계도를 만들 때 객체 생성자 함수를 사용한다.

전 세계에 출시된 자동차를 객체를 생성해 관리하고자 할 때, 공통된 속성이나 메서드의 설계도를 만들어 놓을 수 있다. 자동차의 출시년도, 배기량, 연료타입, 중량 등의 속성은 공통적 필요한 속성이다. 생성자 함수이므로 반드시 함수로 정의해야 한다. 향후에 객체 생성을 위해 사용할 것이기 때문에 함수명의 첫 글자를 대문자로 사용한다. 생성자 함수에 넘겨주는 파라미터는 향후 객체 생성 시 사용할 속성 설정값이라고 생각하면 된다. 그리고 향후 객체 속성에 포함된다는 것을 지시하기 위해 속성 이름 앞에 this 키워드를 사용한다.

```
//자동차 객체 생성자 함수(설계도 제작)
function Car(year, cc, fuel, weight) {
  this.year = year;   //객체 속성 year에 파라미터 year를 할당
  this.cc = cc;
  this.fuel = weight;
}
```

객체 생성자 함수를 사용해 설계도를 만들어 놓았으니, 실제 객체를 생성해 보자. 생성자 함수 앞에 new 키워드를 붙여서 호출하면 객체가 만들어진다. 트레일블레이저와 쏘렌토 객체를 만들어 보자.

```
//사용할 객체 생성
const   trailBlazer = new Car(2019, 1331, "gasoline", 1340);
const   sorento = new Car(2020, 1995, "diesel", 1860);
```

위를 살펴보시면 일종의 틀을 만들어 놓고 속성값들만 수정하여 객체를 생성하는 것을 확인할 수 있다. 다양한 종류의 자동차 객체를 생성하여 사용할 수 있다.

만약에 트레일 블레이저에만 승객수 속성을 추가할 수 있다. 트레일블레이저에만 추가한 속성은 쏘렌토 객체에서는 사용할 수 없다.

```
//트레일블레이저에만 passenger 속성 추가
trailBlazer.passenger = 4;
```

다시 트레일블레이저에서 메서드를 추가하고 싶다면, 다음과 같이 메서드를 추가할 수 있다.

```
//트레일 블레이저에만 display 메서드 추가
trailBlazer.display = function( ) {
  return this.year + "  " + this.cc;
};
```

```html
<!DOCTYPE html>
<html>
<head>
<meta charset="utf-8">
<title>객체 생성자 함수</title>
</head>
<body>

<h2>객체 생성자 함수 사용하기</h2>
<p>생성된 개별 객체에 대한 속성, 메서드 추가는 기존의 방식과 같습니다.</p>

<p id="p1"></p>
<p id="p2"></p>
<script>
```

```javascript
// 객체 생성자 함수 Car [설계도]
function Car(year, cc, fuel, weight) {
  this.year = year;
  this.cc = cc;
  this.fuel = fuel;
  this.weight = weight;
  //this.spec = function()
    {return this.year }; [사용 가능함]
}

// Car 객체 생성
let   trailBlazer = new Car(2019, 1331, "gasoline", 1340);
let   sorento = new Car(2020, 1995, "diesel", 1860);
//트레일 블레이저에서 승객수 속성 추가
trailBlazer.passenger = 4;
//트레일 블레이저에 display 메서드 추가
trailBlazer.display = function ( ) {
  return trailBlazer.year + "  " + trailBlazer.cc;
};
//트레일 블레이저 출력 실습
document.getElementById("p1").innerHTML = trailBlazer.passenger + "명, 메서드   " +
```

```
trailBlazer.display( );
// 객체 생성함수에 직접 속성 추가 불가
Car.country = "Korea";  //적용되지 않음
console.log(trailBlazer); //Car {year: 2019, cc: 1331, fuel: "gasoline", weight: 1340,
passenger: 4}
//쏘렌토는 트레일 블레이져에서 개별적으로 생성한 속성등은 사용하지 못함.
document.getElementById("p2").innerHTML = "쏘렌토 속성 승객수: " + sorento.passenger;
</script>

</body>
</html>
```

만약에 모든 자동차에 자동차 생산국 속성을 포함하고 싶으면, 아래와 같이 작성하면 될까?. 개별 객체에 추가하는 것은 가능하지만, 생성자 함수에 직접 추가할 수는 없다.

```
//모든 자동차에 country 속성을 추가[생성자 함수에 추가할 수 없음]
Car.country = "Korea";   // 허용되지 않음.
```

그렇다면 모든 자동차에 공통의 메서드를 추가하고 싶어서 위와 같이 메서드를 작성하면 될까? 역시 생성자 함수에 메서드를 추가할 수 없다.

```
//모든 자동차에 view 메서드를 추가[생성자 함수에 추가할 수 없음]
Car.view = function ( ) {   // 허용되지 않음.
   return this.year + "   " + this.cc;
};
```

위의 방식을 적용하여 작성한 아래 프로그램 실행하면 정상적으로 실행되지 않는다. "Uncaught TypeError: trailBlazer.view is not a function"와 같은 에러가 발생한다. 이러한 문제를 해결하는 방안은 다음 절에서 다룰 것이다.

```html
<!DOCTYPE html>
<html>
<head>
<meta charset="utf-8">
<title>객체 생성자 함수</title>
</head>
<body>

<h2>객체 생성자 함수에 직접 속성, 메서드를 추가할 수 없습니다.</h2>
<p>추가된 속성 및 메서드는 실제는 추가되지 않음</p>
<p>메서드의 경우에는 프로그램이 실행되지 않게 함</p>

<p id="p1"></p>
<p id="p2"></p>

<script>
// 객체 생성자 함수 Car [설계도]
function Car(year, cc) {
  this.year = year;
  this.cc = cc;
  //this.spec = function(){return this.year }; [사용 가능함]
}

// Car 객체 생성
let  trailBlazer = new Car(2019, 1331);
let  sorento = new Car(2020, 1995);
//생성자 함수에  생산국 속성 추가(x)
Car.country = "Korea";
//생성자 함수에 view 메서드를 추가(x)
Car.view = function ( ) {
  return this.year + "   " + this.cc;
};
//트레일 블레이저 출력 실습[동작하지 않음]-에러 발생
document.getElementById("p1").innerHTML = trailBlazer.country + "명, 메서드   " + trailBlazer.view( );
```

```
//쏘렌토는 Car.country 속성을 사용하지 못함.
document.getElementById("p2").innerHTML = "쏘렌토 속성 승객수: " + sorento.country;
</script>
</body>
</html>
```

9.3 프로토타입(Prototype) 속성

JavaScript는 prototype 기반의 언어라고 한다. 모든 JavaScript 객체는 부모 혹은 다른 객체의 prototype 속성으로부터 속성과 메서드를 상속받아 사용할 수 있다. 배열 객체는 Array.prototype 으로부터 상속을 받고, 위에서 정의한 생성자 함수 Car 객체는 Car.prototype으로부터 상속을 받는다. prototype 상속 체인에서 최상위는 Object.prototype이다. 따라서 배열이나 Car 객체는 Object.prototype을 상속받는다.

new Car(...)와 같이 새로운 객체를 생성한다면 속성이나 메서드를 상속하게 되는 통로인 Car.prototype을 사용하여 새로운 속성이나 메서드를 등록해 주면, Car로 생성한 모든 객체에서 공통으로 사용할 수 있다. 먼저 배열에 특별한 속성 alpha를 등록해 보겠다. 개념만 이해하면 된다.

```
//모든 배열에서 사용할 수 있는 속성 추가
Array.prototype.alpha = "hello";  //속성 추가
let  arr = [1,2,3,4];
arr.alpha;  //hello 를 의미합니다.
```

다음은 이전 절에서 배웠던 생성자 함수 Car에 공통으로 사용할 수 있는 새로운 속성이나 메서드를 등록하는 예제이다.

```
//자동차 객체 생성자 함수(설계도 제작)
function Car(year, cc, fuel, weight) {
  this.year = year;  //객체 속성 year에 파라미터 year를 할당
```

```
    this.cc = cc;
    this.fuel = weight;
}
//생성자 함수에 속성 country 추가
Car.prototype.country = "Korea";

//생성자 함수에 메서드 view( ) 추가
Car.prototype.view = function( ) {
  return "출시 년도: " + this.year + ", 배기량: " + this.cc;
}

//사용할 객체 생성
let  trailBlazer = new Car(2019, 1331, "gasoline", 1340);
let  sorento = new Car(2020, 1995, "diesel", 1860);
//추가한 속성의 액세스
let  x = trailBlazer.country;
trailBlazer.country = "대한민국";   //변경도 가능함
//추가한 메서드의 액세스
let  view = trailBlazer.view( );
```

새롭게 생성하는 모든 객체에서 추가된 속성이나 메서드를 사용할 수 있도록 prototype을 사용하여 추가하였다. 아래 예제를 살펴보기 바란다.

```
<!DOCTYPE html>
<html>
<head>
<meta charset="utf-8">
<title>객체 생성자 함수</title>
</head>
<body>

<h2>객체 생성자 함수 사용하기</h2>
<p>객체 생성자 함수에 속성 및 메서드를 추가할
  경우, prototype을 사용해야 함</p>
```

```html
<p id="p1"></p>
<p id="p2"></p>
<script>

// 객체 생성자 함수 Car [설계도]
function Car(year, cc, fuel, weight) {
  this.year = year;
  this.cc = cc;
  this.fuel = fuel;
  this.weight = weight;
  //this.spec = function(){return this.year }; [사용 가능함]
}

// Car 객체 생성
let   trailBlazer = new Car(2019, 1331, "gasoline", 1340);
let   sorento = new Car(2020, 1995, "diesel", 1860);
//prototype을 이용한 속성 추가[모든 생성 객체에서 사용 가능]
Car.prototype.country = "Korea";
//prototype을 이용한 메서드 추가[모든 생성 객체에서 사용 가능]
Car.prototype.view = function ( ) {
  return "출시년도: " + this.year + ", 배기량: " + this.cc;
};
//트레일 블레이저 출력 실습
document.getElementById("p1").innerHTML = trailBlazer.country + "  " + trailBlazer.view( );
//쏘렌토의 country 속성을 변경
sorento.country = "대한민국";
//쏘렌토는 트레일 블레이저에서 개별적으로 생성한 속성등은 사용하지 못함.
document.getElementById("p2").innerHTML = sorento.country + "  " + sorento.view( );
</script>

</body>
</html>
```

객체 생성자 함수 사용하기

객체 생성자 함수에 속성 및 메서드를 추가할 경우, prototype을 사용해야 함

Korea 출시년도 : 2019, 배기량: 1331

대한민국 출시년도 : 2020, 배기량: 1995

9.4 객체와 배열

이 절에서는 객체를 생성하여 배열에 저장해 보자. 이름과 나이를 객체로 생성하여 배열에 순차적으로 등록해 보자. 여기서는 배열에서 지원하는 메서드(함수)인 push( )를 사용하여 배열의 끝에 추가하고 있다.

```javascript
//배열 선언
let  arr = []; //빈 배열 선언
//이름과 나이를 관리하는 객체 생성자 함수
function Employee (name, age) {
  this.name = name;
  this.age = age;
}
//객체 생성 및 배열 등록
let  mem1 = new Employee("홍길동", 21);
let  mem2 = new Employee("김순자", 24);
arr.push(mem1);    //arr.push(mem1, mem2); 가능
arr.push(mem2);
//배열 요소 액세스([]) 후, 객체의 속성으로 접근
let  x = arr[0].name;
let  y = arr[0].age;
};
```

아래 예제를 잘 살펴보자. 위에서 작성한 순서 JavaScript를 HTML과 연동해 사용하는 예제이다.

```html
<!DOCTYPE html>
<html><head><meta charset="utf-8">
<title>객체와 배열의 응용</title>
</head>
<body>
<h2>객체와 배열의 응용</h2>
<p>객체를 배열에 등록하고, 액세스하는 방법을 알아봅니다.</p>
```

```
<p id="p1"></p>
<p id="p2"></p>
<script>
let  arr = [ ]; //배열 선언
//객체 생성자 함수 정의
function Employee(name, age) {
  this.name=name;
  this.age=age;
}

let  mem1 = new Employee("홍길동", 21);
let  mem2 = new Employee("김순자", 24);

arr.push(mem1); //하나씩 등록
arr.push(mem2);

let  mem3 = new Employee("추진력", 33);
let  mem4 = new Employee("날아라", 27);
arr.push(mem3, mem4); //추가할 요소를 나열할 수 있음

let  x = arr[0].name;
let  y = arr[0].age;

document.getElementById("p1").innerHTML = x + " " + y;
document.getElementById("p2").innerHTML = arr[3].name + "  " + arr[3].age;
</script>
</body></html>
```

객체는 반복문을 사용할 경우 for-in 문을 사용하여 구현할 수 있다. 아래에 간단한 예제 소스를 제공하였으니, 잘 살펴보기 바란다. for-in 문에서는 순차적으로 객체 내의 각 객체의 속성(키)을 순차적으로 전달한다.

```
<!DOCTYPE html>
<html><head>
<meta charset="utf-8">
<title>for-in문 -자바스트립트 객체</title>
</head>
<body>
<h2>for-in 문을 사용한 객체 다루기</h2>

<h3 id="h3"></h3>
<h3 id="forin"></h3>

<script>
let   str1="";
let   str2=""
let   obj = {name:"홍길동", age:24, hobby:"sports", gender:true};
for (let   x in obj) { //x는 객체의 name 값을 순차적으로 받음
  str1 += x + "    ";
  str2 += obj[x] + "   "; //for-in 문에서는 속성을 [ ]에 사용
}
document.getElementById("h3").innerHTML = str1;
document.getElementById("forin").innerHTML = str2;
</script>
</body></html>
```

이제 객체 내의 값이 배열로 되어있을 때, 객체 내의 배열 부분을 처리하는 방법을 알아보자. 앞의 예제에서 살펴본 바와 같이 for-in 문을 활용할 수도 있고, 배열의 length 속성을 사용하여 배열의 요소들을 처리할 수도 있다. 다음 예제를 살펴보기 바란다.

```
<!DOCTYPE html>
<html>
<head>
<meta charset="utf-8">
<title>객체내 배열 for 활용</title>
</head>
```

```html
<body>

<h3 style="color:red">객체내에 배열이 있을 때
    활용 방안</h3>
<h4 id="p1"></h4>
<hr />
<h4 id="p2"></h4>

<script>
let   obj;
let   str1 = "";
obj = {name:"홍길동", age:24, hobby:
    [ "운동", "독서", "영화", "음악듣기" ]};

//객체 내의 배열(for-in 문 사용가능)
for (let  i in obj.hobby) {
  str1 += obj.hobby[i] + "<br>";
}
document.getElementById("p1").innerHTML = "<b>객체내의 배열(for-in): </b><br>" + str1;

//객체 내의 배열에서 .length 속성 사용하기
let   str2 ="";
for (let   i=0; i < obj.hobby.length; i++) {
  str2 += obj.hobby[i] + "<br>";
}
document.getElementById("p2").innerHTML = "<b>객체내의 배열(for loop): </b><br>" + str2;
</script>

</body>
</html>
```

9.5 메서드 재사용 [call(), apply()]

어떤 객체가 존재할 때, 해당 객체에 대해 특정 기능을 수행하는 메서드를 정의할 수 있다. 그런데 각 객체들이 동일한 메서드를 필요로 한다면, 공통의 메서드를 정의해 놓고 각 객체들이 공통 메서드를 사용한다면 코드를 좀 더 효율적으로 관리할 수 있을 것이다. 공통의 메서드를 이용할 때 사용하는 메서드가 call( )과 apply( ) 메서드이다. 둘은 같은 기능을 수행하지만, 사용하는 방법에 있어서만 약간 다르다.

```
사용할메서드.call(적용할객체 [, param1, param2,...]);   //param은 옵션
사용할메서드.apply(적용할객체 [, [param1, param2,...] ]); //param은 옵션
```

call( ) 메서드는 적용할 객체의 파라미터를 사용할 메서드에 전달할 때 사용하는데 콤마로 구분하여 파라미터를 열거하는 방식이다. apply( ) 메서드는 적용할 객체의 파라미터를 사용할 메서드에 전달할 때 배열로 전달하는 방식이다.

먼저 파라미터가 없는 경우를 알아보자. 파라미터가 없는 경우에는 call( )과 apply( ) 메서드는 사용 방법이 같다.

```
<!DOCTYPE html>
<html>
<head>
<meta charset="utf-8">
<title>call( ), apply( )</title>
</head>
<body>

<h2>call( )과 apply( ) 메서드[파라미터가 없는 경우]</h2>
<p>call( )과 apply( ) 메서드의 활용법은 파라미터를 전달할 때만 다릅니다. </p>

<p id="p1"></p>
<p id="p2"></p>
```

```
<script>
//사용할 객체의 메서드 정의
let  person = {
  print1: function() {
    return this.name + " " + this.age;
  }
}
let  person1 = {
  name:"홍길동",
  age: 22
}
let  person2 = {
  name:"황금보",
  age: 33
}
let  x = person.print1.apply(person1);
document.getElementById("p1").innerHTML = x;
let  y = person.print1.call(person2);
document.getElementById("p2").innerHTML = y;
</script>

</body>
</html>
```

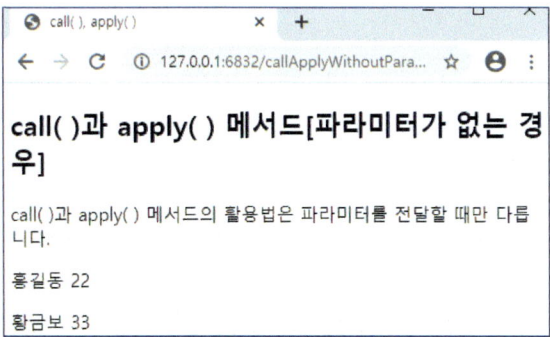

다음 call( )과 apply( ) 메서드에서 파라미터를 넘겨주는 예제 소스를 살펴보자.

```
<!DOCTYPE html>
<html>
<head>
<meta charset="utf-8">
<title>call( ), apply( )</title>
</head>
<body>

<h2>call( )과 apply( ) 메서드[파라미터가 있는 경우]</h2>
<p>call( )과 apply( ) 메서드의 활용법은 파라미터를 전달할 때만 다릅니다. </p>

<p id="p1"></p>
<p id="p2"></p>

<script>
//사용할 객체의 메서드 정의
let  person = {
  print1: function(hobby, grade) {
    return this.name + " " + this.age + " " + hobby + "  " + grade + "학년";
  }
}
let  person1 = {
  name:"홍길동",
  age: 22
}
let  person2 = {
  name:"황금보",
  age: 33
}
let  x = person.print1.apply(person1, ["Writing", 3]);
document.getElementById("p1").innerHTML = x;
let  y = person.print1.call(person2, "Reading", "4");
document.getElementById("p2").innerHTML = y;
</script>
```

```
</body>
</html>
```

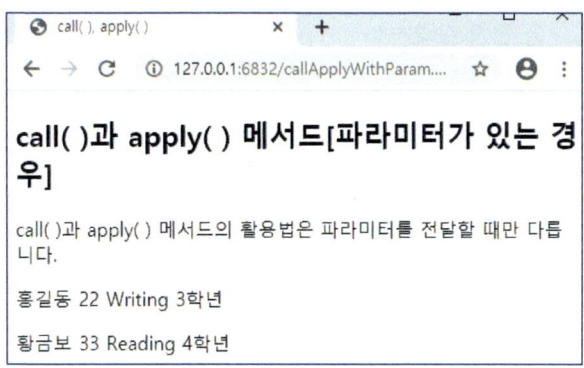

연습문제

1. 다음 코드 실행 시 콘솔 출력 결과는?

   ```
   const person = { name: "홍길동", age: 30 };
   console.log(person["name"]);
   ```

2. 객체 생성자 함수의 특징으로 올바른 것은?

   ① 생성자 함수의 첫 글자는 반드시 소문자로 시작해야 한다.
   ② new 키워드를 사용해 새로운 객체를 생성한다.
   ③ 생성자 함수 내부에서 this는 전역 객체를 가리킨다.
   ④ 객체 생성자 함수는 속성을 추가할 수 없고, 메서드만 추가할 수 있다.

3. 다음 코드 예제에서 객체 obj1에서 새로운 속성 grade를 추가하면서 값은 3.57를 할당하라.

   ```
   function Person(name, age) {
     this.name = name;
     this.age = age;
   }
   const obj1 = new Person("홍길동", 23);
   ( _____ ) //속성 grade 추가
   console.log(obj1.grade);
   ```

4. JavaScript 객체의 속성을 삭제(제거)하는 방법으로 올바른 것은?

   ① delete object.property;
   ② remove object.property;
   ③ object.removeProperty("property");
   ④ object.property = null;

연습문제

5. 다음 코드 실행 후 console.log(person.intro());의 결과는?

    ```
    function Person(name, age) {
      this.name = name;
      this.age = age;
      this.intro = function() {
        return `내 이름은 ${this.name}이고, ${this.age}살입니다.`;
      };
    }
    const person = new Person("김선달", 23);
    console.log(person.intro());
    ```

6. 객체의 모든 인스턴스에서 사용할 수 있도록 새로운 속성을 추가하는 방법은?

    ① object.newProperty = "value";
    ② Object.prototype.newProperty = "value";
    ③ Object.addProperty("newProperty", "value");
    ④ Object.setProperty("newProperty", "value");

7. 다음 JavaScript 코드의 실행 결과로 콘솔에 출력되는 값은?

    ```
    const person = {
      name: "홍길동",
      age: 30,  job: "대학생"
    };
    console.log(Object.keys(person));//출력: ( _____ )
    console.log(Object.values(person));//출력: ( _____ )
    ```

연습문제

8. Object.assign(target, source); 실행 시 Object.assign()이 target 객체를 변경하면서 source 속성을 복사한다. 이것과 동일한 동작을 하도록 전개 연산자를 사용해 표현하면 (   ) 과 같다.

9. Set과 Map 객체의 차이를 설명하시오.

10. 다음은 객체의 구조분해 할당이다. 최종적으로 콘솔 창에 출력되는 값은?

    ```
    let user = {fullName: {firstName: "데이비드", lastName:"스미스"}};
    const { fullName: { firstName: name } } = user;
    console.log(name);   //최종 출력은 ? _____
    ```

CHAPTER **10**

Date, Math 그리고 JSON 객체

 CONTENTS

10.1 Date 객체

10.2 Date 포맷

10.3 Date 객체 핵심 메서드

10.4 Math 객체

10.6 JSON

■ 연습문제

Date와 Math 객체는 JavaScript의 내장 객체이다. 본 장에서는 이러한 2개의 객체에 대해 자세히 알아볼 것이다. 특히 Date 객체는 많이 사용된다. 물론 Math 객체도 사용되기는 하지만, Date 객체를 확실하게 이해하는 것이 중요하다. 아울러 JSON 객체는 최근 들어 중요성이 부각되고 있다. JSON은 데이터를 저장하거나 전송하는 데이터 형식이다. 데이터를 교환할 때 간결하고, 편리하므로 JSON 방식의 데이터 교환을 많이 사용한다.

10.1 Date 객체

Date 객체는 생성자 함수에 해당한다. Date 객체는 JavaScript 언어에 내장된 데이터형 중의 하나이다. 생성자 함수이기 때문에 객체를 생성하기 위해서는 new Date( )와 같이 사용한다. 이때 Date 생성자 함수는 특정한 시간을 기준으로 경과된 시간을 ms(밀리초)로 생성한다.

즉 Date 객체는 1970년 1월 1일 UTC(국제표준시) 0시 0분 0초부터 경과된 시간을 ms 단위로 돌려준다. 기본적으로 JavaScript는 브라우저 시간 존을 사용하고 문자열로 시간을 출력해 준다. 그리고 우리나라의 시간은 GMT(그리니치 평균시)에 9를 더한 값이 대한민국 표준시이다. new Date( ) 생성자를 사용해 새로운 Date 객체를 생성하는 4가지 방법이 있다. 아래 4가지 방법을 정리하였다.

```
• new Date( );
• new Date( year, month [, day, hours, minutes, seconds, millisconds] );
• new Date( millisconds ); //밀리초
• new Date("date string"); //'December 25, 2027'(영문 3자이상), '3-25-2027'
  참고] Date( ); //현재 시간과 날짜를 문자열로 리턴함( data type: string)
```

new Date( )는 현재의 날짜와 시간 정보를 포함하는 새로운 Date 객체를 생성한다. new Date(year, month,[이하 옵션])는 파라미터로 전달한 값을 사용해 Date 객체를 생성한다.

파라미터는 모두 숫자이다. 달(Month) 정보는 0부터 표시한다. 즉, 0은 1월에 해당한다. 연도와 달은 필수 파라미터이다. new Date(millisconds)는 밀리초로 환산한 숫자 값을 파라미터로 전달하면 1970년 1월 1일 0시 0분 0초로부터 경과한 시간을 날짜와 시간 변환된 값을 가지는 객체를 생성한다. new Date(dateString)은 날짜와 시간 정보를 문자열로 전달하면 날짜와 시간

값을 가지는 객체를 생성한다. 이때 날짜와 시간에 대한 문자열의 표현 방식은 몇 가지 정해진 형식을 준수해야 한다. dateString 에서는 월을 숫자가 아닌 영어로 표기할 수 있는 영문 3글자 이상을 적으면 생성자 함수가 알아서 변환해 준다. new 키워드를 사용하지 않고 생성자 함수 Date( )를 호출하면 객체를 생성하지 않고 현재 날짜와 시간을 문자열로 리턴해 준다. 이밖에 Date.now() 함수는 JavaScript에서 현재 시각을 1970년 1월 1일 0시 0분 0초(UTC) 부터 경과한 시간을 밀리초(millisecond) 단위로 반환해 주는 정적 메서드이다.

2개의 Date.now( ) 함수를 호출해 얻은 값을 이용해 특정 태스크의 소요 시간을 측정할 수 있다.

다음 Date 객체를 활용하여 날짜와 시간을 표현하는 다양한 방법을 알아보는 예제이다.

```html
<!DOCTYPE html>
<html>
<head><meta charset="utf-8"><title>Date 객체 알아보기</title>
</head>
<body>
<h2>JavaScript Date 객체 활용하기</h2>
<p>Date 객체를 활용해 날짜와 시간을 표현하는 다양한 방법을 이해하기</p>

<p id="p1"></p>
<p id="p2"></p>
<p id="p3"></p>
<p id="p4"></p>
<p id="p5"></p>

<script>
let   date1 = new Date(); //객체
let   date2 = new Date(2020, 1, 15, 12,10,11);//월은 0부터 시작
let   date3 = new Date("May 15 2020 10:11:12");
//다음의 표현도 무방함(date3 ~ date6은 동일한 출력)
//let   date4 = new Date("2020 may 15 10:11:12");//시:분:초:밀리초 방식 사용
//let   date5 = new Date("2020 5 15 10:11:12"); //문자열은 월이 1부터 시작함.
//let   date6 = new Date("2020, may 15 10:11:12");//년월일 사이에 , 가능함
let   date7 = new Date(1500000000000); //밀리초로 표현
//let   d = new Date(-150000000000); //음수는 1970년 이전
```

```
    let   date8 = Date( );  //현재 날짜와 시간을 문자열로 리턴

document.getElementById("p1").innerHTML = "new Date( ): <b>" + date1 + "</b>, date type: " + typeof date1;
document.getElementById("p2").innerHTML = "new Date(2020, 1, 15, 12,10,11): <b>" + date2 + "</b>, date type: " + typeof date2;
document.getElementById("p3").innerHTML = 'new Date("May 15 2020 10:11:12"): <b>' + date3 + "</b>, date type: " + typeof date3;
document.getElementById("p4").innerHTML = "new Date(1500000000000): <b>" + date7 + "</b>, date type: " + typeof date7;
document.getElementById("p5").innerHTML = "Date( ): <b>" + date8 + "</b>, date type: " + typeof date8;
</script>
</body></html>
```

JavaScript Date 객체 활용하기

Date 객체를 활용해 날짜와 시간을 표현하는 다양한 방법을 이해하기

new Date( ) : **Sun Mar 01 2020 12:47:29 GMT+0900 (대한민국 표준시)**, date type: object

new Date(2020, 1, 15, 12,10,11) : **Sat Feb 15 2020 12:10:11 GMT+0900 (대한민국 표준시)**, date type: object

new Date("May 15 2020 10:11:12") : **Fri May 15 2020 10:11:12 GMT+0900 (대한민국 표준시)**, date type: object

new Date(1500000000000) : **Fri Jul 14 2017 11:40:00 GMT+0900 (대한민국 표준시)**, date type: object

Date( ) : **Sun Mar 01 2020 12:47:29 GMT+0900 (대한민국 표준시)**, date type: string

예제에서 출력을 보면 대한민국 표준시로 표시해 준다. 이것은 웹 브라우저를 실행하고 있는 지역에 맞게 출력해 주는 것이다. 날짜 정보가 모두 문자열로 출력된 것을 볼 수 있다.

즉, HTML에서 Date 객체를 출력하면 웹 브라우저는 문자열로 자동 변환해 준다. Date 객체 뒤에 .toString( ) 메서드를 붙인 것과 같은 효과가 나타난다.

```
기본 출력: Sun Mar 01 2020 15:23:17 GMT+0900 (대한민국 표준시)
```

10.2 Date 포맷

날짜와 시간 정보를 문자열로 입력할 때, 4가지 방식 중의 하나를 따라야 한다. 다음은 JavaScript 입력 양식 4가지를 정리한 것이다.

ISO Date	"2026-03-01" (YYYY-MM-DD형식) [월, 일은 옵션]
Short Date	"03/01/2026"
Long Date	"Mar 01 2026" or "Jul, 07 2026" or "Dec, 11, 2026" 콤마는 무시됨.
Full Date	"March 01 2026"
시간	HH:mm:ss 형식으로 Date 뒤에 사용 [10:17:36]
날짜와 시간 표현 예 [다양한 조합 가능]	"2027-07-12 11:23:57" 혹은 "2028-07-12T11:23:57" //T는 날짜와 시간을 구분하는 구분자 "Mar 10 2028 10:10:11" "2028 15:33:47" "2027-08"

많이 사용되는 방법은 ISO Date나 Long Date 표준을 사용한다. Full Date 방식으로 쓰는 것보다는 달(월)의 영문 3글자만을 사용하는 방식을 선호한다.

Date 객체의 parse( ) 메서드는 date 문자열을 1970년 1월 1일 0시로부터 경과된 시간을 밀리초로 환산해 리턴해 주는데, Date.parse(dateString)과 같이 호출한다. 중요한 것은 아니기 때문에, 참고만 하기 바란다.

- let time = new Date("2018-10-24");
- let x = Date.parse(time); //1540339200000을 x에 저장

Date 객체의 now( ) 메서드(함수)는 현재의 시간을 1970년 1월 1일 0시로부터 경과된 시간의 밀리초로 환산하여 돌려준다. Date.now( ) 함수는 종종 사용하므로 기억하고 있어야 한다.

- let time1 = Date.now( ); //단위: ms

다음은 Date.now( ) 함수(메서드)를 사용해 어떤 태스크의 수행시간을 측정하는 예제이다.

이 함수는 1970년 1월 1일 0시 0분 0초부터 경과한 시간을 밀리초 단위의 정수 값으로 반환해 준다. 맨 아래쪽의 문자열은 템플릿 리터럴을 사용해 표현하였다.

```html
<!DOCTYPE html>
<html><head>
<meta charset="utf-8">
<title>Date.now( ) 메서드</title>
</head>
<body>
<h2>Date.now( ) 메서드를 활용하여 두 지점 간에 소요된 시간을 측정하기</h2>

<p id="p1"></p>

<script>

  let time2;
  let temp=0;
  let time1 = Date.now();
  for (let  i=0; i < 100000; i++) {
      temp += i;
  }
  time2 = Date.now( );

  document.getElementById("p1").innerHTML =
           `소요된 시간:  ${time2 - time1}ms`; //경과된 시간 출력(ms)
</script>
</body></html>
```

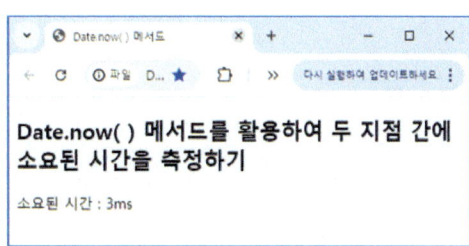

다음은 날짜와 시간에 대해 JavaScript에서 제공하는 기본 출력 양식을 사용하지 않고 필요한 부분만 출력하는 메서드를 배워 보자. 이러한 메서드를 먼저 아래에 정리하였다. 사용 빈도가 높은 4가지로 한정하였다. 사용 예는 Date객체명.toDateString( ) 방식으로 사용한다.

toDateString( )	요일을 포함한 날짜까지만 문자열로 리턴함
toTimeString( )	시간만 문자열로 리턴함.
toLocaleDateString( )	날짜까지만 해당 zone(지역)에서 사용하는 방식의 문자열로 리턴함
toLocaleTimeString( )	시간만 해당 지역에서 사용하는 방식의 문자열로 리턴함.

다음은 날짜나 시간을 효과적으로 표현하기 위해 4가지 메서드를 활용한 예제이다.

```html
<!DOCTYPE html>
<html>
<head><meta charset="utf-8">
<title>Date 객체 날짜와 시간만을 표시하기</title>
<style>
p {color: red};
</style>
</head>
<body>
<h2>날짜와 시간만을 한정해서 출력합니다.</h2>

<p id="p1"></p>
<p id="p2"></p>
<p id="p3"></p>
<p id="p4"></p>

<script>
  let  fulldate = new Date();
  let  p1 = fulldate.toDateString();
  let  p2 = fulldate.toLocaleDateString();
  let  p3 = fulldate.toTimeString();
  let  p4 = fulldate.toLocaleTimeString();
```

```
    document.getElementById("p1").innerHTML = "toDateString( ): " + p1;
    document.getElementById("p2").innerHTML = "toLocaleDateString( ): " + p2;
    document.getElementById("p3").innerHTML = "toTimeString( ): " + p3;
    document.getElementById("p4").innerHTML = "toLocaleTimeString( ): " + p4;
</script>
</body></html>
```

10.3 Date 객체 핵심 메서드

날짜와 시간 정보 중에서 특정한 부분만을 읽어오는 메서드와 특정한 부분만을 설정하는 메서드가 있다. 정보를 설정하는 메서드보다 정보를 읽어오는 메서드가 더 중요하다. 중요한 읽기 메서드를 먼저 학습해 보자. 읽기 메서드를 실행하였을 때 리턴되는 데이터형은 모두 숫자이다. Date 객체의 메서드를 정리하면 다음과 같다.

Date 객체 메서드	설명
getFullYear( )	연도를 숫자로 리턴
getMonth( )	달을 숫자로 리턴함. [주]달은 0 ~ 11 사이의 값, 0:1월
getDate( )	1~31 사이의 날짜를 숫자로 리턴
getDay( )	요일을 0~6 사이의 숫자로 리턴 [주]0:일요일, 1:월요일, ...6:토요일
getTime( )	1970년1월1일 0시 이후 경과된 시간을 ms 단위인 숫자로 리턴
getHours( )	시간 정보에서 시간을 0~23 사이의 숫자 값으로 리턴
getMinutes( )	시간 정보에서 분을 0~59 사이의 숫자 값으로 리턴
getSeconds( )	시간 정보에서 초를 0~59 사이의 숫자 값으로 리턴
getMillisecondes( )	시간 정보에서 0~999 사이의 ms만을 숫자로 리턴

Date 객체의 읽기 메서드가 어떻게 동작하는가를 알아보기 위한 예제이다. 잘 살펴보자.

```html
<!DOCTYPE html>
<html>
<head><meta charset="utf-8">
<title>Date 객체에서 특정 부분 읽기</title>
<style> p:nth-child(odd) {color: blue;}; </style>
</head>
<body>
<h2>get 메서드들은 모두 숫자를 리턴함.</h2>
<p style="color:red"><b>현재 시간: <span id="cur1"></span></b></p>
<p id="p1"></p><p id="p2"></p>
<p id="p3"></p><p id="p4"></p>
<p id="p5"></p><p id="p6"></p>
<p id="p7"></p><p id="p8"></p>
<p id="p9"></p>

<script>
  document.getElementById("cur1").innerHTML = Date();
  let  fulldate = new Date();
  let  p1 = fulldate.getFullYear();
  let  p2 = fulldate.getMonth();
  let  p3 = fulldate.getDate();
  let  p4 = fulldate.getDay();
  let  p5 = fulldate.getTime();
  let  p6 = fulldate.getHours();
  let  p7 = fulldate.getMinutes();
  let  p8 = fulldate.getSeconds();
  let  p9 = fulldate.getMilliseconds();

  document.getElementById("p1").innerHTML = "getFullYear(): " + p1;
  document.getElementById("p2").innerHTML = "getMonth(): " + p2 + " [0:1월, 1:2월, ...,11:12월]";
  document.getElementById("p3").innerHTML = "getDate(): " + p3;
  document.getElementById("p4").innerHTML = "getDay(): " + p4 + " [0:일, 1:월, ...,6:토]";
  document.getElementById("p5").innerHTML = "getTime(): " + p5 + " [ms 값]";
  document.getElementById("p6").innerHTML = "getHours(): " + p6;
  document.getElementById("p7").innerHTML = "getMinutes(): " + p7;
```

```
    document.getElementById("p8").innerHTML = "getSeconds(): " + p8;
    document.getElementById("p9").innerHTML = "getMilliseconds(): " + p9;
</script>
</body></html>
```

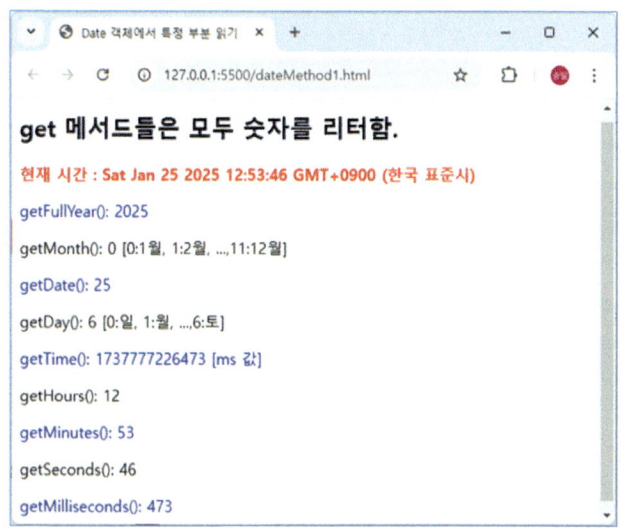

Date 객체의 읽기 메서드를 사용할 경우에 월과 요일은 우리의 일반 사고와 다른 방식으로 숫자 값을 리턴한다. 따라서 월과 요일의 값은 0부터 시작하는 숫자를 리턴하기 때문에 실무에서는 교정해 사용해야 한다. 다음은 월과 요일을 조작하는 예제이다.

```
<!DOCTYPE html>
<html>
<head>
<meta charset="utf-8">
<title>Date 객체에서 특정 부분 읽어서 가공하기</title>
</head>
<body>

<p><b>달과 요일을 읽어내서 원하는 방식으로 출력하기</b></p>
```

```
<p id="p1"></p>
<p id="p2"></p>
<script>
let  arrDay = ["일요일", "월요일", "화요일", "수요일", "목요일", "금요일", "토요일"];
let  fulldata = new Date( );
let  month = fulldata.getMonth( ); //0~11(0:1월, 1:2월,...)[숫자로 리턴]
let  day = fulldata.getDay( ); //0~6 (0:일, 1:월,...)[숫자로 리턴]
let  temp;
switch(day) {
  case 0: temp = arrDay[0]; break;
  case 1: temp = arrDay[1]; break;
  case 2: temp = arrDay[2]; break;
  case 3: temp = arrDay[3]; break;
  case 4: temp = arrDay[4]; break;
  case 5: temp = arrDay[5]; break;
  default: temp = arrDay[6];
}

document.getElementById("p1").innerHTML = fulldata;
document.getElementById("p2").innerHTML = (month +1) + "월,  " + temp;
</script>
</body>
</html>
```

날짜나 시간의 특정 정보만을 설정할 수 있는 메서드들이 있다. 아래는 Date 객체의 설정 메서드들을 정리한 것이다. 읽기와 비교하여 설정은 잘 사용되지는 않는다. 요일은 설정할 수 없다. 왜냐하면, 날짜를 설정하면 요일이 자동으로 결정되기 때문이다.

Date 객체 메서드	설명
setFullYear (param)	연도를 숫자로 전달하면 변경
setMonth(param)	달을 숫자로 전달하면 변경됨 [주]달은 0 ~ 11 사이의 값, 0:1월
setDate(param)	1~31 사이의 날짜를 숫자로 전달하면 변경
setTime(param)	1970년 1월 1일 이후 경과한 시간을 ms 단위인 숫자로 전달하면 변경

Date 객체 메서드	설명
setHours(param)	시간을 0~23 사이의 숫자로 전달하면 변경
setMinutes(param)	분을 0~59 사이의 숫자로 전달하면 변경
setSeconds(param)	초를 0~59 사이의 숫자 값으로 전달하면 변경
setMillisecondes(param)	0~999 사이의 값을 숫자로 전달하면 변경

다음은 시간 설정을 수행하는 몇 가지 예이다.

```
let  x = new Date( );
x.setFullYear(2007); //연도만 변경함
x.setMonth(10);   //달만 11월로 변경
x.setSeconds(47); //초만 변경.
x.setTime(1456403321748); //ms 값을 기준으로 날짜와 시간을 설정
```

10.4 Math 객체

Math 객체도 JavaScript의 내장 객체이다. Math 객체는 수학적인 계산을 위한 메서드들의 집합체이다. 이 객체의 메서드들은 기존의 내장 객체들과 달리 객체 생성 없이 바로 사용할 수 있다. 따라서 new 키워드는 당연히 사용하지 않는다. Math 객체에서 제공하는 메서드와 속성만을 사용한다. Math 객체는 당연히 수학적 연산의 도움을 얻기 위해 사용한다.

먼저 Math 객체의 속성을 아래와 같이 정리해 보았다.

Math 객체 속성	설명
Math.PI	3.141592653589793(원주율)
Math.E	2.718281828459045(오일러 상수 e)
Math.SQRT2	1.4142135623730951(2의 제곱근)
Math.SQRT1_2	0.7071067811865476(1/2의 제곱근)
Math.LN2	0.6931471805599453(밑이 e인 2의 값)
Math.LN10	2.302585092994046(밑이 e인 10의 값)

Math 객체 속성	설명
Math.LOG2E	1.4426950408889634(밑이 2인 e의 값)
Math.LOG10E	0.4342944819032518(밑이 10인 e의 값)

변수 x에 원주율을 설정하고 싶다면 아래와 같이 설정한다.

```
const x = Math.PI;   //x에 3.141592653589793 저장
```

다음은 Math 객체의 함수(메서드)에 대해 알아보자. 반올림, 난수, sine/cosine 함수, 급수 등 다양한 수학적 연산을 쉽게 처리해주는 메서드를 제공한다. 다음과 같다.

Math 객체 메서드	설명
abs(x)	x의 절대값 리턴
acos(x)	x의 아크 사인, 코사인, 탄젠트 값을 리턴
asin(x)	
atan(x)	
atan2(y, x)	각도를 라디안으로 리턴(x/y)
cos(x)	x의 코사인 값 리턴
sin(x)	x의 사인 값 리턴
exp(x)	E^x의 값을 리턴[E의 x승]
log(x)	밑이 2인 로그함수의 x값을 리턴
pow(x, y)	x^y을 리턴(x의 y승)
max(x1,x2,x3,...,xn)	인자중에서 가장 큰 값을 리턴
min(x1,x2,x3,...,xn)	인자중에서 가장 작은 값을 리턴
random( )	0부터 1미만은 난수 값을 리턴
round(x)	x를 반올림하여 리턴
ceil(x)	x의 소수점이 이하가 0이 아니면 값을 1증가(나머지 올림) (예) 1.0=>1, 1.0001=>2, 1.2=>2
floor(x)	x의 정수부만을 리턴(소수점 이하 제거) (예)1.9=>1, 2.39=>2

먼저 반올림 관련 메서드들을 활용해 보자. 다음 예제를 잘 살펴보고, 확실하게 이해해 두기 바란다.

```html
<!DOCTYPE html>
<html>
<head><meta charset="utf-8"><title>반올림 실습</title>
</head><body>
<script>
document.write('<h3>Math.ceil(), Math.floor(), Math.round( )</h3>');
document.write('<h3>x=3.5일 때</h3>');
document.write('Math.ceil(3.5): ', Math.ceil(3.5));
document.write('<br>Math.floor(3.5): ', Math.floor(3.5));
document.write('<br>Math.round(3.5): ', Math.round(3.5));

document.write('<h3>x=3.01일 때</h3>');
document.write('Math.ceil(3.01): ', Math.ceil(3.01));
document.write('<br>Math.floor(3.01): ', Math.floor(3.01));
document.write('<br>Math.round(3.01): ', Math.round(3.01));

document.write('<h3>x=3.5001일 때</h3>');
document.write('Math.ceil(3.5001): ', Math.ceil(3.5001));
document.write('<br>Math.floor(3.5001): ', Math.floor(3.5001));
document.write('<br>Math.round(3.5001): ', Math.round(3.5001));
</script>
</body></html>
```

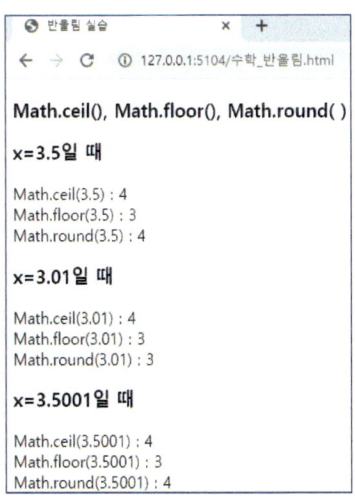

난수의 생성은 모든 프로그램 언어에서 자주 사용된다. Math.random( ) 메서드는 0에서 1 미만의 실수를 무작위로 생성하여 돌려준다.

```
const  x = Math.random( );   //0~1미만의 실수를 리턴
```

난수 생성 메서드를 사용하여 대한민국에서 판매하는 로또 번호 추출기를 한번 만들어 보자. 1부터 45까지의 정수 6개를 추출해야 한다. 그리고 랜덤(무작위) 생성된 6개의 숫자를 오름차순으로 정렬하여 출력하자. 다음의 예제 프로그램을 잘 살펴보기 바란다.

```html
<!DOCTYPE html>
<html>
<head><meta charset="utf-8">
<title>랜덤 함수를 이용한 로또 번호 추출기</title>
</head>
<body>
<h3>랜덤 메서드를 활용해 로또 당첨<br> 예측번호를 생성하기</h3>
<button id="btn1" onclick="randomNum()">로또 번호 생성</button>

<p id="p1"></p>

<script>
function randomNum ( ){
  let  lotto =[ ]; //빈 배열
  let  num=0;
  let  rand;
  while (lotto.length < 6) {
    rand = Math.random( ); //0 <= rand < 1.0[실수]
    rand = (rand * 45)+1;   //1<= rand <46
    rand = Math.floor(rand); //1 ~ 45

    if (lotto.indexOf(rand) == -1)
        { //일치 item이 없으면 -1리턴
      lotto.push(rand);
```

```
    }
  }
  lotto.sort(function(a, b){return a - b}); //숫자를 오름차순으로 소팅
  document.getElementById("p1").innerHTML = "<h2>추첨 번호: " + lotto + "</h2>";
}
</script>
</body></html>
```

10.6 JSON

JavaScript JSON은 데이터를 저장하거나 교환하는 표준 중의 하나이다. 빅 데이터 분야에서도 JSON 포맷의 데이터를 많이 사용하고 있다. JSON은 웹에서 서버와 클라이언트 사이의 데이터 교환에 사용된다. JSON은 JavaScript Object Notation의 약어이다. JSON은 XML 등과 비교하여 코드의 양이 적어서 최근 많이 선호되고 있는 데이터 교환 포맷이다. 그리고 사용하는 프로그램 언어에 독립적이기 때문에 많이 채택되고 있다고 한다. JSON의 약어를 보면 짐작되겠지만, JSON 형식은 구문적으로 JavaScript 객체를 생성하는 코드와 거의 같다. 결론적으로 말하면, JSON 형식으로 표시된 데이터를 쉽게 JavaScript 객체로 변환할 수 있다. JSON 데이터는 문자열이다. JSON 데이터는 JavaScript 객체의 표기법을 따르고 있기 때문에 name:value 쌍으로 구성된다. 아래는 JSON 객체로 표현하는 방법과 JavaScript 객체로 표현하는 방법을 보여준다.

JSON 객체	JavaScript 객체
'{"name":"홍길동", "age":23}'	{name:"홍길동", age:23}

JSON에서는 name:value 쌍에서 name을 반드시 인용 부호로 감싸야 하지만, JavaScript 객체는 인용 부호로 감싸지 않아도 알아서 처리한다. 그런데 이러한 JSON 객체를 서버와 클라이언트 사이에 데이터 교환을 할 때 문자열로 전달된다. 결과적으로 JavaScript에서 JSON 포맷으로 데이터를 전송하려면 JSON 객체를 문자열로 변환해서 전송해야 한다. 반대로 JSON 포맷으로 데이터를 수신하면 JavaScript에서는 JSON 객체의 문자열을 파싱(Parsing)해서 JavaScript 객체

로 변환해야 한다. 그런데 JSON 포맷과 JavaScript 객체 포맷이 아주 유사하기 때문에 변환이 쉽다.

JavaScript는 문자열로 표기된 JSON 객체를 JavaScript 객체로 변환하는 내장 메서드를 지원한다. JSON.parse(JSON객체문자열) 메서드를 수행하면 JavaScript 객체로 변환해 준다.

- let json1 = '{"name":"홍길동", "age":23}';   //JSON 객체 문자열
- let jj = JSON.parse(json1); //{name:"홍길동", age:23}; 리턴
- jj.name //홍길동 리턴, jj.age //23 리턴

물론 JSON 객체의 값(Value)은 JavaScript 객체에서 사용하는 모든 값을 사용할 수는 없다. 다음과 같은 JSON 객체의 값들을 사용할 수 있다. 단, 값으로 함수나 Date 객체는 사용하지 않아야 하는데, 변환 과정에 제거되기 때문이다.

■ JSON 객체의 값으로 사용될 수 있는 데이터

숫자, 문자열, 객체, 배열, 부울린 및 null

아래는 JSON 객체 문자열을 JavaScript 객체로 변환하여 사용하는 예제 소스이다. 잘 살펴보기 바란다.

```
<!DOCTYPE html>
<html>
<head><meta charset="utf-8">
<title>JSON to JavaScript 객체</title>
</head>
<body>

<h2>JSON 객체의 문자열을 JavaScript 객체로 변환하여
    액세스하기</h2>
<p id="p1"></p>
```

```
<p id="p2"></p>
<script>
//JSON 문자열
let  jsonText = '{"name":"홍길동", "age":23}';

let  obj = JSON.parse(jsonText);
document.getElementById("p1").innerHTML =
"이름: " + obj.name + ", 나이: " + obj.age;

let  jsonText2 ='{"student": [{"name":"김민호",
    "age":21}, {"name":"차오름", "age":27}]}';
obj = JSON.parse(jsonText2);
let  str="";
for (let  i=0; i < 2; i++) {
  str += i + "번: " + obj.student[i].name + " " + obj.student[i].age + "<br>";
}

document.getElementById("p2").innerHTML = str;
</script>

</body></html>
```

만약에 JSON 데이터 포맷으로 변환해 저장하든지 혹은 네트워크를 통해 전송을 하면 다른 사용자나 서버가 읽어서 자신의 프로그램에 알맞게 파싱해서 사용할 수 있다. JSON 데이터 포맷은 데이터 교환의 표준이기 때문에 일반적으로 프로그램마다 파싱 함수를 지원하고 있다. 그렇다면, 우리는 JavaScript 객체를 JSON 객체 문자열 포맷으로 변환하는 메서드가 필요하다. JavaScript 객체를 JSON 객체 문자열로 변환하는 메서드는 JSON.stringify(자바스크립트객체) 메서드이다. 다음과 같이 사용할 수 있다.

```
let  jsObj = {name:"홍길동", age:23};   //JavaScript 객체
let  jsonString = JSON.stringify( jsObj );   //'{"name":"홍길동", "age":23}' 리턴
```

아래는 JavaScript 객체를 JSON 문자열로 변환하는 프로그램 예제이다. 그리고 JavaScript 객체는 웹 페이지에 직접 출력할 수 없다는 것도 확인하기 바란다.

```html
<!DOCTYPE html>
<html>
<head><meta charset="utf-8">
<title>JavaScript 객체 to JSON 문자열</title>
</head>
<body>
<h2>자바스트립트 객체를 JSON 문자열로 변환하기</h2>
<h3 id="h3"></h3>
<h3 id="c3"></h3>
<h3 id="d3"></h3>
<script>
let  jsObj = { name: "홍길동", age: 24, hobby:
    "dance" };
let  jsonString = JSON.stringify(jsObj);
    //JSON 문자열 리턴
document.getElementById("h3").innerHTML =
    "JSON 문자열: " + jsonString;

//JavaScript 객체로 원위치하기
let  toJsConvert = JSON.parse(jsonString);
document.getElementById("c3").innerHTML = "객체 자체를 출력하지는 못함: " + toJsConvert;
document.getElementById("d3").innerHTML = "변환 값 출력: " + toJsConvert.name + " " +
toJsConvert.hobby;
</script>
</body>
</html>
```

자바스트립트 객체를 JSON 문자열로 변환하기

JSON 문자열 : {"name":"홍길동","age":24,"hobby":"dance"}

객체 자체를 출력하지는 못함 : [object Object]

변환 값 출력 : 홍길동 dance

연 습 문 제

1. Date 객체에서 new Date()를 사용해 날짜와 시간 정보를 생성할 때, 반환되는 데이터형은 (   )이다.

2. Date 객체에서 getMonth() 메서드가 반환하는 값의 범위는 (   )이고, getDay() 메서드가 반환하는 값의 범위는 (   )이다.

3. Math 객체에서 Math.floor(3.77)의 결과는 (   )이고, Math.ceil(3.45)의 결과는 (   )이고, Math.round(3.5)의 결과는 (   )이다.

4. JSON 객체에서 JSON.parse() 메서드의 역할은?

    ① JSON 객체를 문자열로 변환
    ② JSON 객체를 배열로 변환
    ③ JavaScript 객체를 JSON 문자열로 변환
    ④ JSON 문자열을 JavaScript 객체로 변환

5. JSON 객체에서 JSON.stringify() 메서드의 역할은?

    ① JSON 객체를 문자열로 변환
    ② JSON 객체를 배열로 변환
    ③ JavaScript 객체를 JSON 문자열로 변환
    ④ JSON 문자열을 JavaScript 객체로 변환

6. Date 객체에서 new Date(0)이 반환하는 날짜와 시간은 어떻게 되는지 콘솔 창을 열어 실행해 보면 (   )이다.

7. Math 객체에서 Math.random() 함수가 반환하는 값의 범위는 (   )이다.

연습문제

8. JSON 객체를 사용하여 데이터를 교환할 때의 장점을 간단히 설명하시오.

9. Date 객체에서 getTime() 메서드가 반환하는 값을 간단히 설명하시오..

CHAPTER **11**

HTML DOM 객체

 CONTENTS

11.1 HTML DOM의 정의

11.2 HTML DOM document 객체

11.3 HTML 콜렉션 요소 다루기

11.4 웹 페이지의 객체(노드) 생성하기

11.5 DOM 트리 순회

11.6 Node 객체의 메서드

11.7 classList 객체

■ 연습문제

브라우저 창 전체를 나타내는 최상위 객체는 window 객체이다. 현재 열려있는 HTML 문서를 나타내는 객체를 document 객체라고 한다. document 객체를 사용해 HTML 문서 구조, 요소, 내용 등을 조작할 수 있다. window 객체 내에 document 객체가 포함되어 있다. 최상위인 window 객체는 많은 속성과 메서드를 가지고 있으며, 그중에서도 객체를 값으로 갖는 속성들이 있다. 이러한 속성 객체들은 각각 고유한 기능을 갖는다. 주요 객체로는 document 객체, navigator 객체, screen 객체, location 객체, history 객체 등이 있다.

다음 그림을 살펴보자.

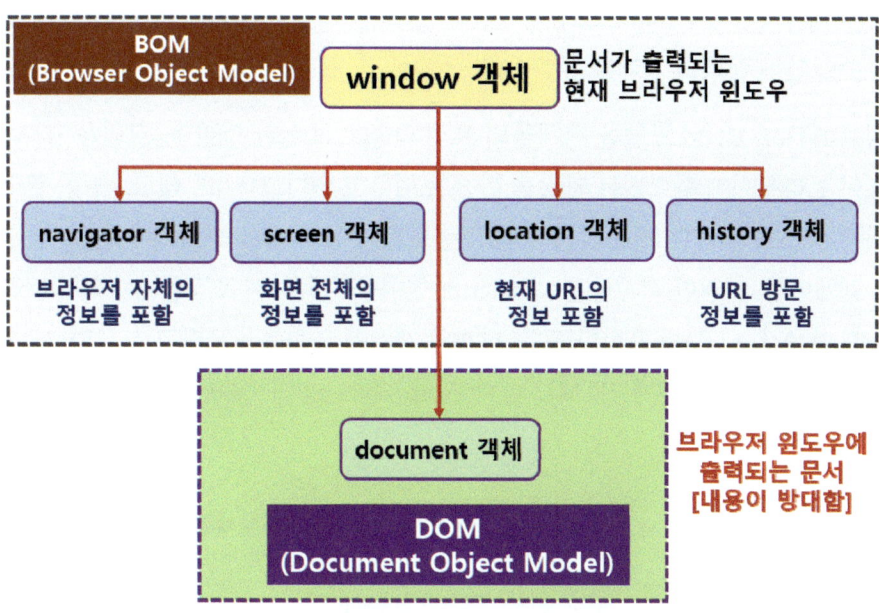

document 객체를 제외한 나머지 객체들은 다음 장에서 학습할 것이다.

DOM(Document Object Model:문서객체모델)은 객체지향 모델로 HTML과 XML 문서의 프로그래밍 인터페이스이다. DOM은 W3C(World Wide Web Consortium) 표준으로 문서 액세스에 대한 표준을 정의한다. DOM은 프로그램이나 스크립트를 사용해 문서의 내용이나 구조 및 스타일(Style Sheet)을 동적으로 접근하고 조작하기 위한 플랫폼이자 언어 중립적인 인터페이스이다.

본 장에서는 HTML DOM에 대해 자세히 알아보자.

CHAPTER 11 HTML DOM 객체 **579**

11.1 HTML DOM의 정의

DOM은 웹 페이지를 구성하는 모든 요소들을 객체로 표현한 것이며, document는 이러한 DOM의 최상위 객체이다. document 객체를 통해 DOM에 접근하여 웹 페이지를 동적으로 조작할 수 있다. HTML DOM은 HTML 요소들을 얻고, 변경하고, 추가하고, 제거하는 방식에 대한 표준이다.

HTML은 단순히 규칙에 따라 정해진 태그, 속성값으로 이루어진 언어이며, DOM은 브라우저가 HTML을 파싱(Parsing)한 후 생성되는 객체 모델로 document로 접근할 수 있는 객체이다. document는 계층적인 노드(Nodes)의 트리로 구성되며, 각 노드는 document 내의 요소 노드나 텍스트 노드와 같이 하나의 객체를 표현한다.

아래 그림은 HTML DOM 모델을 객체들의 트리 구조로 표현한 것이다. 그림은 HTML DOM과 HTML이 브라우저에 출력되는 과정을 함께 보여주고 있다. HTML 태그, 속성, 웹 브라우저에 출력되는 텍스트 등 HTML 문서를 구성하는 모든 것들이 하나의 객체가 된다. 심지어는 주석까지도 객체이다. 이러한 객체들은 JavaScript 언어를 사용하여 조작할 수 있다. 트리 구조에서 root 노드(HTML 태그)를 포함한 모든 개개의 객체를 노드(Node)라고 부른다. HTML 문서를 서버로부터 읽어오면 먼저 HTML 파서(Parser)를 사용해 DOM 객체 트리를 생성한다.

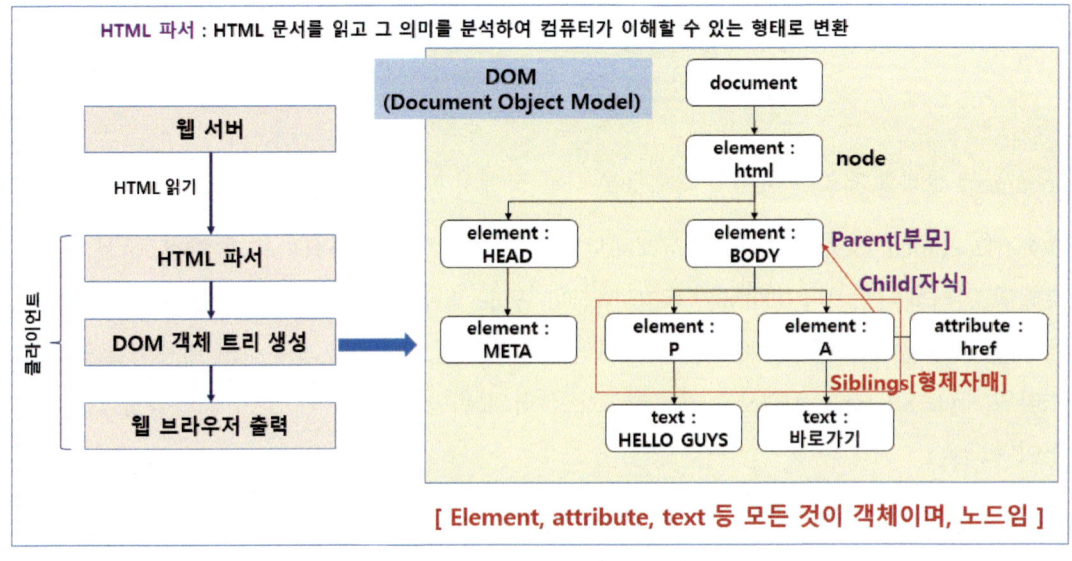

HTML DOM 객체를 생성한 이후에 웹 브라우저에 출력하게 된다. HTML DOM과 HTML이 브라우저에 출력되는 과정의 관계를 보여준다.

JavaScript는 동적인 HTML을 만들어내기 위해 DOM 객체에 접근해서 다양한 조작을 할 수 있다. JavaScript를 사용해 DOM 객체에 대한 수정, 추가, 삭제 등을 실행하면 웹 브라우저에 즉시 반영된다. 이번 장에서 학습하게 되는 DOM 객체의 특징은 다음과 같이 정리할 수 있다.

특징	설명
모든 요소가 객체	• 각 HTML 요소, 속성, 텍스트 등이 모두 객체 • 자바스크립트의 객체 지향적인 특성을 활용하여 조작 • JS를 통해 DOM에 접근해 웹 페이지의 동적인 변화
Tree 구조	• HTML 문서를 계층적인 트리 구조 형태로 표현 • 요소들 간의 관계를 파악하기가 용이함
Platform	• 다양한 브라우저에서 같은 방식으로 DOM에 접근해 조작
라이브 객체	• DOM은 동적인 객체로, HTML 문서가 변경되면 DOM 트리도 실시간 갱신

DOM 트리를 보면 부모-자식의 관계가 성립한다. 물론 조상, 후손이라는 개념도 존재한다.

DOM 객체를 이용해 조작할 수 있는 주요 기능들은 다음과 같다.

- 속성(Property)
- 메서드(Method)
- CSS3 스타일
- 이벤트 리스너(Event Listener)
- 콜렉션(Collection)

DOM은 객체이기 때문에 당연히 속성과 메서드를 보유하고 있다. HTML 태그의 속성을 이용한 요소의 읽기 및 수정이 가능하다. 메서드를 사용해 HTML 태그 요소에 대한 다양한 제어를 할 수 있다. DOM 객체는 CSS3 style 속성과 관련된 제어도 할 수 있다. DOM 객체를 이용해 이벤트 리스너를 제어하고, 이벤트의 등록이나 삭제 등도 가능하다. 콜렉션(Collection)은 일종의 유사 배열로 웹 페이지의 특정 조건에 맞는 요소들을 배열처럼 모아놓은 것이다. 다만 콜렉션은 length, 액세스 방법과 같은 최소한의 배열 기능만을 공유한다.

이 장을 배우고 나면 JavaScript를 이용해 다음과 같은 동적인 HTML 조작을 할 수 있다.

- 웹 페이지의 모든 HTML 요소(태그)를 조작
- 웹 페이지의 모든 속성을 조작
- 웹 페이지의 모든 CSS style을 조작
- 기존의 HTML 요소와 속성을 제거
- 새로운 HTML 요소와 속성을 추가
- 웹 페이지에서 기존의 모든 HTML 이벤트의 반응
- 웹 페이지에서 새로운 이벤트를 추가/삭제
- 애니메이션을 수행
- node 기반으로 객체

11.2 HTML DOM document 객체

DOM document 객체는 웹 페이지에 있는 모든 객체의 최상위 객체이다. 웹 페이지에 있는 관심 요소를 조작하려면 항상 document 객체의 메서드(함수)를 이용해 관심 요소를 찾아낸다. 메서드(함수)의 파라미터로 넘기는 모든 값은 문자열로 입력해야 한다. 찾는 요소가 없으면 null을 리턴한다. 아울러 인자 값으로 여러 개를 전달할 수 있다. 아래 내용은 매우 중요하기 때문에 반드시 알고 있어야 한다.

document 객체의 메서드	설명
getElementById(id)	• 요소의 id로 요소를 리턴함(없으면 null 리턴).
getElementsByTagName(name)	• HTML 태그명으로 요소들을 리턴함 • "*": 모든 태그를 의미함 [HTMLCollection 객체리턴]
getElementsByClassName(name)	• 클래스 이름으로 요소들을 리턴함[HTMLCollection 객체리턴] • ("classA classB ..."): 2개 이상의 클래스를 모두 포함하는 요소들을 리턴(나열은 AND조건).
getElementsByName(name)	• 속성인 name으로 요소들을 리턴함[HTMLCollection 객체리턴] ("name1");

decument 객체의 메서드	설명
querySelector(CSS_selector)	• CSS 선택자 표현 방식으로 요소를 리턴함. 첫 번째 일치하는 요소를 리턴함. ("h1, h3, p.classA"); 2개 이상 선택자 전달 가능함(콤마). → or 조건이며, 첫 번째 매칭되는 요소를 리턴함.

querySelectorAll(CSS_selector)	• CSS 선택자 표현 방식으로 모든 요소들을 리턴함.
	("h1, .classA, a.classC");//조건을 하나라도 매칭하는 모든 요소를 리턴함.
	[NodeList 객체로 전달]

HTML 문서 작성 시 id는 웹 페이지에서 유일한 것이어야 한다. 그래서 요소들이 아니라 요소(Element)인 것이다. 태그명이나 클래스명, 속성 내 이름은 웹 페이지에서 여러 개 있을 수 있기 때문에 elements를 사용한다. 이처럼 복수 개의 요소를 찾는 메서드는 배열과 유사한 HTMLCollection 객체를 돌려준다. 가장 많이 사용하는 메서드는 getElementById(id)이며, 최근에는 CSS 선택자를 사용해 요소를 선택하는 querySelelctor(CSS_selector)나 querySelelctorAll(CSS_selector)도 많이 사용하고 있다. 메서드에 전달하는 모든 인자는 공백으로 띄우고 나열한다. 단, queurySelector( )나 queurySelectorAll( ) 메서드는 CSS 선택자들을 콤마(,)로 구분한다.

HTML 문서가 웹 브라우저에 로드될 때, document 객체가 만들어진다. document 객체의 속성을 먼저 소개한다. <HTML> 태그는 HTML 문서의 루트(Root) 노드이다.

document 속성	설명
body	문서의 body 요소를 리턴하거나 설정함. document.body document.getElementsByTagName("body");//body 요소 collection 리턴
head	문서의 head 요소를 리턴함. document.head
title	문서의 title을 리턴하거나 설정함
documentElement	html 요소를 리턴함.
forms	문서에 있는 모든 form 요소의 콜렉션을 리턴함.
images	문서에 있는 모든 img 요소의 콜렉션을 리턴함.
scripts	문서에 있는 script 태그들의 콜렉션을 리턴함

document 속성	설명
cookie	문서에 있는 쿠키의 모든 name-value 쌍을 리턴함.
defaultView	문서의 window 객체를 리턴함.
doctype	문서의 doctype 선언 값을 리턴함. html
domain	문서 서버의 도메인 이름을 리턴함. "127.0.0.1"
readyState	문서의 상태를 리턴함. 리턴 값: [uninitialized, loading, loaded, interactive, complete]
URL	HTML의 전체 URL 주소를 리턴함. "http://127.0.0.1:14964/location.html"
lastModified	문서가 수정된 마지막 날짜와 시간을 리턴함. document.lastModified;

위의 내용은 일반적으로 요소들을 찾아내거나, 문서 관련 정보나 상태 등을 알아내기 위한 속성들이다. 요소를 찾았으면, 요소와 관련 내용을 읽어내거나 새로운 값으로 변경하는 속성을 사용할 수 있다. 이 부분은 사실 이전에 학습하였지만, 다시 정리해 보자.

요소 조작 속성	설명
innerHTML	• 하나의 요소에 대한 HTML 내용을 읽어오거나 설정함. • 요소 객체 내의 HTML 태그도 그대로 읽어내며, HTML 문법을 적용하여 작성하면 반영하여 갱신함. • 읽기: HTML요소객체.innerHTML; • 변경: HTML요소객체.innerHTML = "HTML 문법으로 작성";
innerText	• 찾은 요소 객체 내의 모든 텍스트를 읽어오거나, 새로운 값으로 설정함. • 순수한 텍스트만 출력하며, 갱신할 때도 텍스트만 가능함. • 읽기: HTML요소객체.innerText; • 변경: HTML요소객체.innerText="순수한 문자열만 입력";
textContent	• innerText와 거의 유사함. 약간의 차이는 무시하기 바람.

HTML 문장에서 태그 다음에 오는 것들이 속성이다. 아래 HTML 태그 문장을 간단히 살펴보자.

```
<p name="p1" id="p1" width="200" style="color:red">안녕하세요.</p>
<a href="http://www.daum.net">다음사이트</a>
```

p 태그 다음에 나오는 name, id, width 및 style은 모두 HTML 태그 내의 속성들이다. 그리고 a 태그 다음에 나오는 href는 a 태그와 관련된 속성이다. 이러한 속성들은 요소 객체를 찾은 이후 액세스가 가능하다. 즉, 수정이나 읽기가 가능하다는 뜻이다.

한 가지 주의해야 할 것이 있는데 CSS style을 정의하는 style 속성은 좀 다르게 조작한다. 이유는 style 속성은 여러 개의 세부 속성을 포함하고 있기 때문이다. 아래에 정리한 내용을 보시면 이해에 도움이 될 것이다.

태그 내 속성 읽기/수정 속성	설명
HTML요소.속성명	• 읽기: let x = document.getElementById("p1").width; • 수정: document.getElementById("p1").width = 300;
HTML요소.setAttribute(속성명, 값)	• 선택한 요소의 속성을 변경함. • let x = document.getElementById("p1"); • 수정: x.setAttribute("width", 300); //"300px"도 가능함.
HTML요소.getAttribute(속성명)	• 선택한 요소의 속성을 읽어냄. • 읽기: let width = x.getAttribute("width");
HTML요소.style.스타일속성명	• CSS style 속성은 style.스타일속성명;으로 액세스함. • 읽기: let x = document.getElementById("p1").style.color; • 수정: document.getElementById("p1").style.color = "blue";

지금까지 학습한 내용을 바탕으로 HTML DOM 객체를 활용하여 다양한 응용을 할 수 있다. 다음의 예제들은 아주 중요하다. DOM 객체를 다루기 위해서는 요소 탐색부터 시작한다는 것을 명심하고, 잘 살펴보기 바란다.

```
<!DOCTYPE html>
<html>
<head><meta charset="utf-8"><title>요소 찾아 변경하기</title></head>
<body>
<h2>엘리먼트(요소) 찾기 및 간단한 변경 응용</h2>
<button id="btn1" onclick="idFunc()">id로 변경하기</button>
<button id="btn2" onclick="classFunc()">class로 변경하기</button>
<button id="btn3" onclick="tagFunc()">tag명으로 변경하기</button><br>
```

```html
<button id="btn4" onclick="nameFunc()">name으로 변경하기</button>
<button id="btn5" onclick="querySelFunc()">querySelect로 변경하기</button>
<button id="btn1" onclick="querySelAllFunc()">querySelectAll로 변경하기</button>
<p id="id1" class="classA classC" name="name1">아이디 1입니다. 클래스는 classA입니다. name은 name1입니다.</p>
<p id="id2" class="classB" name="name1">아이디 2입니다. 클래스는 classB입니다. name은 name1입니다.</p>
<p id="id3" class="classA"  name="name2">아이디 3입니다. 클랙스A입니다. name은 name2입니다.</p>
<p id="id4" class="classB" name="name2">아이디 4입니다. 클랙스B입니다. name은 name2입니다.</p>
<script>
let  x;
function idFunc(){
  let  x = document.getElementById("id1");
  x.style.color = "red";
}
function classFunc(){
  let  x = document.getElementsByClassName("classA classC");//두 클래스를 모두 포함하는 요소들 선택
  x[0].style.color = "navy";
}
function tagFunc(){
  let  x = document.getElementsByTagName("p");
  x[0].style.color = "blue";x[1].style.color = "blue";
  x[2].style.color = "blue";x[3].style.color = "blue";
}
function nameFunc(){
  let  x = document.getElementsByName("name1");
  x[0].style.backgroundColor = "yellow";x[1].style.backgroundColor = "yellow";
}
function querySelFunc(){
  let  x = document.querySelector(".classA");
  x.style.backgroundColor = "pink";
}
function querySelAllFunc(){
  let  x = document.querySelectorAll(".classA, .classB"); //나열된 인자의 or 조건으로 탐색
  x[0].style.backgroundColor = "mistyrose";x[1].style.backgroundColor = "mistyrose";
```

```
    x[2].style.backgroundColor = "mistyrose";x[3].style.backgroundColor = "mistyrose";
}
</script>
</body></html>
```

HTML DOM 객체를 사용하여 속성을 읽고, 변경해 보자. <img> 태그를 기준으로 관련된 속성들을 읽고 변경하는 예제이다. 웹 브라우저에서 버튼을 클릭해 보면 변화를 확인할 수 있다.

```
<!DOCTYPE html>
<html>
<head>
<meta charset="utf-8">   `<title>HTML DOM 속성 액세스 및 수정</title>
<style>
body { margin: 0 auto; width: 1000px;}
</style>
<script>
function imgAttrFunc(){
let   x = document.getElementsByTagName("img");
  //x.length: 이미지의 개수를 리턴함.
let   imgattr = document.getElementById("p1");
x[0].width += 10;
x[0].height += 10;
```

```
    imgattr.innerHTML = x[0].src + " " + x[0].width
        + " " + x[0].height;
    }
  </script>
</head>
<body>
  <h2>이미지를 이용한 속성 접근 및 수정</h2>
  <button id="btn1" onclick="imgAttrFunc()">이미지 속성
      접근 수정</button><br><br>
  <img src="images/콤파스.png" alt="그림이 없습니다."
  width="500" height="600">
  <!-- 그림 파일이 없는 독자는 아래의 방식으로 수행 -->
  <!--<img src="https://picsum.photos/200" alt="픽섬을
  사용하고 있습니다.." width="500" height="600">-->

  <p id="p1"></p>
</body>
</html>
```

다음 예제는 이미지 요소를 생성한 후 속성을 설정하고, BODY 요소의 마지막 자식으로 추가한다. 이와 관련된 내용은 뒤에 설명하겠지만 먼저 JavaScript로 코딩하는 방식을 알아두기 바란다. 다음은 HTML 요소(Element)를 생성하고, 속성을 추가하고, <body> 태그의 마지막에 추가하는 내용이다. appendChild(추가할요소) 함수는 선택한 요소의 맨 마지막에 요소를 추가할 때 사용한다. createElement() 함수는 HTML에서 새로운 태그 요소를 생성할 때 사용한다.

```
<script>
  let  image1 = document.createElement("img"); //img 태그 요소를 생성함.
  image1.setAttribute("src", "loveMe.png"); //속성을 설정함.
  image1.setAttribute("width", "300");
  image1.setAttribute("height", "400");
  image1.setAttribute("alt", "그림을 출력할 수 없습니다.");
  document.body.appendChild(image1); //body의 마지막 자식으로 추가함
</script>
```

다음은 요소 내의 내용 읽기와 수정을 하는 예제이다. 많이 사용되는 것이니, 잘 살펴보자.

```html
<!DOCTYPE html>
<html>
<head><meta charset="utf-8">
<title>html 태그내 내용 변경</title>
</head>
<body>
<h2>html 태그 안의 내용 변경</h2>
<button id="btn1" onclick="innerHTMLFunc()">innerHTML로</button>
<button id="btn2" onclick="innerTextFunc()">innerText로</button>
<button id="btn3" onclick="textContentFunc()">textContent로</button><br>
<p id="id1" class="classA classC" name="name1">아이디 1입니다. 클래스는 classA입니다. name은 name1입니다.</p>
<p id="id2" class="classB" name="name1">아이디 2입니다. 클래스는 classB입니다. name은 name1입니다.</p>
<p id="id3" class="classA"  name="name2">아이디 3입니다. 클랙스A입니다. name은 name2입니다.</p>
<p id="id4" class="classB" name="name2" style="background:green"></p>

<script>
let  x;

function innerHTMLFunc(){
  let  x = document.getElementById("id1");   //읽기
  let  id4 = document.getElementById("id4");
  id4.innerHTML = "innerHTML 내용: " +  x.innerHTML;
  x.innerHTML = "<b style='color:red'>innerHTML 속성으로 P태그 내의 내용을 변경합니다.</b>"

}
function innerTextFunc(){
  let  x = document.getElementById("id2");
  let  temp = x.innerText;
  let  id4 = document.getElementById("id4");
  id4.innerText = "innerText 내용: " +  "<b style='color:red'>innerText는 문자열 전체가
```

```
    단순히 문자열로 인식됩니다.</b>";
      x.innerText = "textContent 내용: " + "<b>innerText는 문자열 전체가 단순히 문자열로
 인식됩니다.</b>" ;
}
function textContentFunc(){
  let  x = document.getElementById("id3");
  let  temp = x.textContent;
  id4.textContent = "<b>textContent는 문자열 전체가 단순히 문자열로 인식됩니다.</b>";
  x.textContent =  "<b>textContent는 문자열 전체가 단순히 문자열로 인식됩니다.</b>";
}
</script>
</body></html>
```

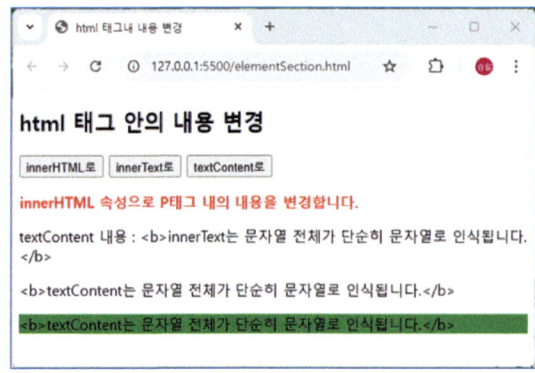

버튼을 클릭해 보면서 어떻게 화면의 변화가 생기는지 잘 확인해 보기 바란다.

다음은 선택한 요소에 getAttribute( )와 setAttribute( ) 메서드를 사용하여 속성을 변경하는 예제이다.

```
<!DOCTYPE html>
<html>
<head><meta charset="utf-8">
<title>getAttribute, setAttribute 메서드 실습</title>
<style>
```

```
.setClass {
  color: red; font-size: 20px;
  background: green;
}
</style>
</head>
<body>
<h3>getAttribute와 setAttribute 메서드를 실습하기</h3>
<button onclick="setAttrFunc()">setAttribute()</button>
<button onclick="getAttrFunc()">getAttribute()</button>
<p id="p2">설정: set속성 버튼을 먼저 클릭하여 설정하고, get 속성 메서드를 실행보세요.</p>
<h3>읽어온 속성은 아래에 출력합니다.</h3>
<p id="p3">???</p>

<script>
function setAttrFunc() {
  document.getElementById("p2").setAttribute
      ("class", "setClass");
      //속성 추가"setClass classA")
  document.getElementById("p2").setAttribute
      ("name", "myName");
}

function getAttrFunc() {
  let  x = document.getElementById("p2").getAttribute("class"); //속성 읽기
  let  y = document.getElementById("p2").getAttribute("name");
  document.getElementById("p3").innerHTML = "id=p3에 추가된 속성: class=" + x + ",  name="
+ y;
}
</script>
</body></html>
```

위에서 class 속성값을 2개 이상 추가하고 싶으면, 다음과 같이 설정하면 됩니다.

```
document.getElementById("p2").setAttribute("class", "setClass classA");
위의 명령을 적용하면 아래와 같이 실시간으로 변경됨.
<p id="p2" class="setClass classA" name="myName">설정: set속성 버튼을 먼저 클릭하여
설정하고, get 속성 메서드를 실행보세요.</p>
```

HTML CSS 속성을 변경하는 예제를 소개한다. 요소의 CSS 스타일 속성을 변경하는 것은 잘 알고 있어야 한다.

```
document.getElementById("id명").style.속성명 = 새스타일값;
```

또한, CSS 스타일 표기법을 자바스크립트 표기법으로 변경하는 방법은 다음과 같다. 이미 언급한 적이 있지만, CSS의 '-'를 제거하고, 새로 시작되는 단어의 첫 글자를 대문자로 변환한 후 한 단어로 합친다.

아래 예제를 살펴보자.

```
<!DOCTYPE html>
<html><head><meta charset="utf-8"></head><body>
<h3>JavaScript HTML DOM</h3>
<div>document.getElementById(id).style.속성 = 새스타일값</div>

<button  type="button" onclick="changeAttr()"
style="margin-top:12px;color:tomato;">아래요소속성변경하기(클릭)</button>
<p id="p2">CSS 속성 변경을 적용하고 확인해보세요.</p>
```

```
<script>
const p2Ele =document.querySelector("#p2");
function changeAttr( ){
  p2Ele.style.color = "blue";
  p2Ele.style.fontFamily = "Arial";
  p2Ele.style.fontSize = "25px";
  p2Ele.style.backgroundColor = "green";
}
</script>
</body></html>
```

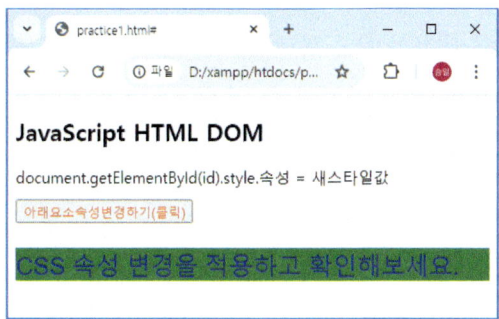

이번에는 DOM 요소에 이벤트를 발생시켜 CSS 스타일을 변경하는 간단한 예제이다. onclick 이벤트가 발생하면, 글자 색을 변경하는 예제이다.

```
<!DOCTYPE html>
<html><head><meta charset="utf-8"></head>
<body>
<h1 class="classA">이벤트 발생하면 색 변경</h1>

<button type="button"
onclick="document.querySelector('.classA').style.color = 'red'">
색상 변경을 원하면 클릭</button>

</body>
</html>
```

11.3 HTML 콜렉션 요소 다루기

2개 이상의 HTML 요소들은 HTML 콜렉션으로 리턴한다. 리턴된 요소 중에서 원하는 요소를 다시 선택하기 위한 여러 가지 방법이 존재한다. 많이 사용하는 방법은 요소들을 선택한 후 [index]를 사용하여 인덱스에 기초해 요소를 선택할 수 있다. 다른 하나는 item(index) 메서드를 사용하여 요소를 택하는 것이다. [index]와 item(index) 는 동일한 기능을 한다. 다른 하나는 namedItem(id 혹은 name)을 이용해 요소를 선택하는 것이다. 이 방식은 파라미터로 id 값을 사용하거나 name 값을 사용하는 것이 가능하다. 마지막으로 ["id 혹은 name"]으로 요소를 선택하는 것이다. 다음은 HTML 콜렉션 관련 내용을 정리하였다. HTML 콜렉션은 .length 속성을 가진다.

```
... HTML BODY부
<p id="p1" name="name1">안녕하세요. </p>
<p id="p2" name="name2">파이팅하세요. </p>
...
```

```
...SCRIPT 부
let x = document.getElementsByTagName("p"); //HTML Collection 리턴
x[1].innerHTML = "다시 안녕";
//[name or id] 사용 가능함
x["p2"].innerHTML = "Hello";   //x["name2"].innerHTML = "이름은 뭐예요?";
x.item(1).innerHTML = "item내 인자는 index";   //x[0].innerHTML
x.namedItem("p2").innerHTML = "최종 작성 끝"; //x.namedItem("name2")
```

다음은 HTML 콜렉션을 다루는 예제이다.

```html
<!DOCTYPE html>
<html>
<head><meta charset="utf-8">
<title>html Collection 실습</title>
</head>
<body>
<h3>HTML Collection을 실습합니다.</h3>
<button onclick="itemSearch()">index 번호로 요소찾기</button>
<button onclick="namedItemSearch()">id혹은name으로 요소찾기</button><br>
<button onclick="indexSearch()">[index]로 요소찾기</button>
<button onclick="id_nameSearch()">[id/name]로 요소찾기</button>
<br>
<p id="id1" class="classA" name="name1">namedItem()메서드는 id혹은 name으로 요소를 찾습니다.</p>
<p id="id2" class="classA" name="name1">item()메서드는 index 값으로 요소를 찾습니다.</p>
<p id="id3" class="classA" name="name2">[id혹은 name]으로 요소를 찾습니다.</p>
<p id="id4" class="classA" name="name2">[index]로 요소를 찾습니다.</p>

<script>
function itemSearch() {
  let  x = document.getElementsByTagName("p").item(3);
  x.innerHTML = "네 번째 항목을 바꿉니다"; x.style.color = "red";
}
function namedItemSearch() {
  let  x = document.getElementsByTagName("p").namedItem("name1");
  x.innerHTML = "첫 번째 내용을 바꿉니다."; x.style.color = "navy";
}
function indexSearch() {
  let  x = document.getElementsByTagName("p")[1];
  x.innerHTML = "두 번째 내용을 바꿉니다."; x.style.color = "green";
}
function id_nameSearch() {
  let  x = document.getElementsByTagName("p")["name2"]; //첫 번째 매칭만 선택
  x.innerHTML = "세 번째 내용을 바꿉니다."; x.style.color = "yellow";
}
</script>
</body></html>
```

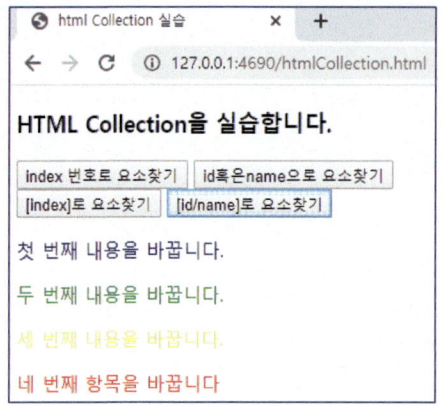

11.4 웹 페이지의 객체(노드) 생성하기

HTML 웹 페이지에 객체(노드)를 생성하려면 반드시 document 객체에서 제공하는 메서드를 사용해야 한다. 노드를 생성한다고 하더라도 즉각 HTML 웹 페이지에 추가되지 않는다. 별도의 작업을 수행해야 DOM 객체에 추가된다. 생성된 객체의 추가는 DOM 트리 순회를 통해 객체를 추가할 수 있다. DOM 트리에서 HTML 태그는 요소 객체에 해당된다. 요소 내의 내용(Content)은 텍스트 노드(객체)이며, 속성은 속성(Attribute) 노드이며, 주석도 주석(Comment) 노드(객체)이다. 이 중에서 요소 노드와 텍스트 노드는 알고 있어야 한다. 요소 및 텍스트 노드를 생성하는 방법은 다음과 같다. 노드(객체)의 생성은 document 객체의 메서드를 사용해야 한다는 것을 명심하자.

■ 요소 노드(객체) 생성

```
document.createElement("요소명"); //인자는 문자열
예] let button1 = document.createElement("P");   //<p></p> 만 생성
```

■ 텍스트 노드(객체) 생성

```
document.createTextNode("텍스트내용작성");
예] let  txt = document.createTextNode("여러분 안녕하세요.");
```

■ 요소 노드에 텍스트(내용) 넣기

1. 생성된 텍스트 노드 사용하기
   button1.appendChild(txt);
2. innerHTML 혹은 innerText 속성 사용하기
   button1.innerHTML = "여러분 안녕하세요";

■ 기타 노드 생성[참고만]

```
let  c = document.createComment("주석을 여기 작성하세요");
let  attr = document.createAttribute("class");
```

생성된 노드를 DOM 트리의 어느 곳에 추가할 것인가를 분명하게 알려주어야 DOM 트리에 추가되어 웹 페이지에서 우리가 볼 수 있다. 이러한 내용은 다음 절의 트리 순회에서 설명하겠다.

```
<!DOCTYPE html>
<html>
<head><meta charset="utf-8">
<title>요소 생성하여 DOM 트리에 추가하기</title>
</head>
<body>
<button onclick="createEle1()">요소 생성1</button>
<button onclick="createEle2()">요소 생성2</button>
<P>요소와 내용을 생성하여 body 요소의 마지막에 추가하기</P>

<script>
function createEle1() {
  let  ele = document.createElement("h3");
  let txt = document.createTextNode("body의 맨 아래 추가합니다.");
  ele.appendChild(txt);
  document.body.appendChild(ele); //선택 요소의 맨 끝부분에 추가함
}
function createEle2() {
  let ele = document.createElement("h2");
```

```
        ele.innerHTML = "<H1>다시 끝에 추가</H1>";
        document.body.appendChild(ele);
    }
</script>
</body></html>
```

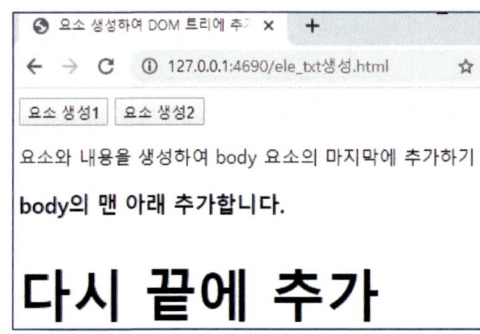

11.5 DOM 트리 순회

HTML DOM이 만들어지면, 노드들의 관계를 사용해 노드 트리를 순회(Traversing)할 수 있다. W3C HTML DOM 표준은 HTML 문서에 있는 모든 것을 노드로 맵핑한다. 사실 HTML DOM 트리는 최상위 객체인 Node 객체를 상속받는다. HTML 문서 전체는 document 노드이며, HTML 요소(즉, 태그)들은 element 노드이며, HTML의 모든 속성들도 attribute 노드이다. 그

구분	노드	유형(리턴값)	활용 예
문서전체	DOCUMENT_NODE	9	Node.DOCUMENT_NODE 혹은 document.DOCUMENT_NODE
요소	ELEMENT_NODE	1	Node.ELEMENT_NODE
텍스트	TEXT_NODE	3	Node.TEXT_NODE
속성	ATTRIBUTE_NODE	2	Node.ATTRIBUTE_NODE
주석	COMMENT_NODE	8	Node.COMMENT_NODE
문서유형	DOCUMENT_TYPE_NODE	10	Node.DOCUMENT_TYPE_NODE

리고 HTML 요소 내의 내용(즉, 텍스트)는 text 노드이며, 심지어 모든 주석(Comment)도 comment 노드에 해당한다. 노드의 종류는 모두 12가지가 있지만, 6개 정도만 알고 있어도 충분하다. 이 중에서도 요소 및 텍스트 노드를 가장 많이 사용한다.

Node 객체의 속성인 nodeType 속성은 노드의 유형을 숫자 값으로 리턴한다. 즉, 요소 노드(객체)라면 1의 값을 리턴한다. Node 객체의 nodeName 속성은 노드의 이름을 리턴한다. 요소 노드의 nodeName은 대문자로 태그명을 리턴하며, 속성 노드의 nodeName은 개발자가 작성한 속성의 이름을 리턴하며, 텍스트 노드의 nodeName은 항상 #text이며, 문서 노드의 nodeName은 #document이다. Node 객체의 속성으로 nodeValue가 있다. 요소 노드에 대한 nodeValue는 항상 null 값을 리턴하며, 텍스트 노드의 nodeValue은 텍스트 자체를 리턴하며, 속성 노드의 nodeValue는 속성값을 리턴한다. Node 객체의 속성을 정리해 보면 다음과 같다. 아래 제시한 3개의 속성은 개념적인 것만 알고 있으면 된다.

Node 객체의 속성

nodeType	노드의 타입을 값으로 리턴함.[1:요소노드, 3:텍스트노드 등]
nodeName	노드의 이름을 리턴함. 단, 요소 노드는 태그명을 대문자로 리턴함 [요소노드 : 태그명, 속성노드:속성명, 텍스트노드: #text, 문서노드: #document]
nodeValue	노드의 값을 리턴함. [요소노드: null, 텍스트노드: 텍스트내용, 속성노드: 속성값]

다음은 Node 객체의 속성을 알아보는 예제이다.

```html
<!DOCTYPE html>
<html>
<head><meta charset="utf-8">
<title>Node 객체의 속성</title>
<style>
 span { color: red; font-weight: bold;}
</style>
</head>
<body>
```

```html
<h3 id="id1">노드 객체의 간단한 속성을 알아봅니다.</h3>
<div>요소 노드 H3에 대한 Node 객체 속성: <br>
<span id="id2"></span>
</div><br>
<div>요소 노드 H3 안의 text에 대한 Node 객체 속성: <br>
<span id="id3"></span>
</div>

<script>
let  id2 = document.getElementById("id2");
id2.innerHTML = "노드타입: " + document.getElementById("id1").nodeType;
id2.innerHTML += ", 노드이름:  " + document.getElementById("id1").nodeName;
id2.innerHTML += ", 노드 값:  " + document.getElementById("id1").nodeValue;

let  id3 = document.getElementById("id3");
let  txt = document.getElementById("id1").firstChild;//첫 번째 자식은 text노드
id3.innerText = "노드타입: " + txt.nodeType;
id3.innerText += ", 노드이름:  " + txt.nodeName;
id3.innerText += ", 노드 값:  " + txt.nodeValue;
</script>
</body></html>
```

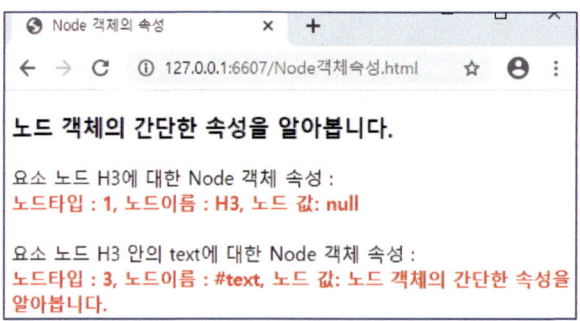

이제 노드 관계도를 살펴보고 트리 순회와 관련된 내용을 좀 더 세밀하게 학습해 보자. 다음 그림은 Node 관계를 보여주는 그림이다. 부모 노드, 자식 노드, 형제자매 노드, 조상, 후손(자손)의 개념을 사용한다.

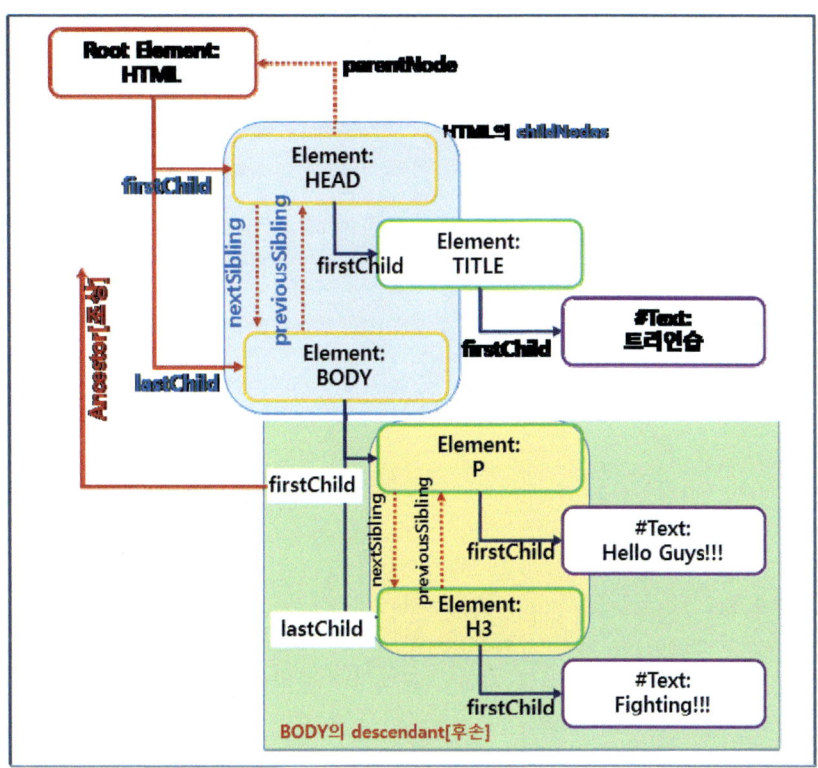

트리 순회를 위한 Node 객체의 속성을 정리해 보자. 여기서 소개하는 Node 속성도 일부분에 불과하다. 먼저 아래 제시된 Node 객체의 속성을 살펴보면 좀 더 노드 관계를 이해할 수 있을 것이다. 찾는 노드가 존재하지 않으면 null을 리턴한다.

트리 순회 Node 객체 속성들	설명
parentNode	선택된 노드의 부모를 리턴. 실제 부모 노드를 알고 싶으면, .nodeName 속성을 사용할 것. 부모 노드가 없으면 null을 리턴함.
childNodes, childNodes[index]	선택된 노드의 모든 자식을 포함하는 NodeList를 리턴함. NodeList중에서 하나의 노드 객체만 얻고자 하면, childNodes[index] 사용
firstChild	선택된 노드의 첫 번째 자식 노드를 리턴함.
lastChild	선택된 노드의 마지막 자식 노드를 리턴함.
nextSibling	선택된 노드의 다음에 존재하는 형제자매 노드를 리턴함.
previousSibling	선택된 노드의 앞에 존재하는 형제자매 노드를 리턴함.

위에 소개한 자식 노드나 형제자매 노드들은 HTML 문서 내의 태그 사이의 줄 바꿈이나 공백도 텍스트 노드로 생성하는 것을 알고 있어야 한다. 사실 태그 요소 사이의 공백이나 줄 바꿈은 여러분이 알고자 하는 내용은 아닐 것이다. 이러한 문제를 해결하기 위한 방안은 조만간 소개할 것이다.

```html
<!DOCTYPE html>
<html>
<head><title>트리연습</title>
</head>
<body>
<p id="id1">Hello Guys!!!</p>
<h3 id="id2">Fighting!!!</h3>
<div>
Fighting의 부모노드: <span id="sp1"></span><br>
body의 부모 노드: <span id="sp2"></span><br>
<span style="color:red">여러분 태그 사이의 공백이나 줄바꿈 등도 텍스트 노드입니다.</span><br>
Fighting의 이전 sibling: <span id="sp3"></span><br>
자식노드 childNodes를 알아보기: 태그 사이의 공백이나 줄바꿈도 하나의 노드로 취급합니다.<br>
body의 자식 노드들: <br><span id="sp4"></span><br>
</div>

<script>
let x = document.getElementById("id1").parentNode;
document.getElementById("sp1").innerText = x.nodeName;
let y = x.parentNode;
document.getElementById("sp2").innerText = y.nodeName;
//여러분 태그(요소) 사이의 공백이나 줄바꿈 등도 text 노드에 해당함
document.getElementById("sp3").innerText =
 document.getElementById("id2").previousSibling.previousSibling.innerText;
//childNodes를 사용해 보기
let z = document.body.childNodes;
let str ="";
for (let  i=0; i < 6; i++) { //z.length
```

```
    str += i+"번째 자식노드: " + z[i].innerText + "<br>";
}
document.getElementById("sp4").innerHTML = str;
</script>
</body></html>
```

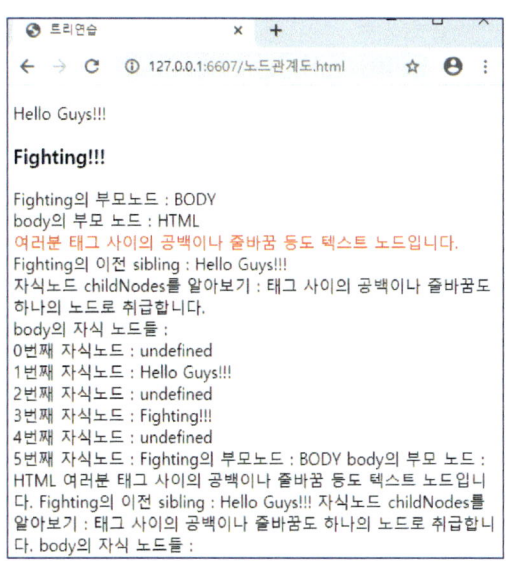

여기서 잠깐 HTML Collection과 NodeList의 특징에 대해 알아보자. 각 특징을 정리하면 다음과 같다.

항목	HTMLCollection	NodeList
공통점	DOM node들의 모음 길이: length 속성 사용	
DOM 노드 유형	요소 노드만을 가짐 (DOM 요소들의 실시간(live) 컬렉션)	모든 종류의 노드 유형을 가짐 (DOM 노드들의 정적(static) 컬렉션)
선택 방법	getElementsByTagName( ), getElementsByClassName( ) 등	childNodes, querySelectAll( ), document.forms 등
취급 유형	유사배열	유사배열
액세스 및 메서드	item( ), namedItem( ), [ ]사용 가능	item( ), entries( ), keys( ) 등 사용

Node 객체의 firstChild, lastChild, childNodes, nextSibling, previousSibling 등은 태그 사이의 공백이나 줄 바꿈도 하나의 노드로 취급한다. 따라서 이러한 속성을 사용하면 불편한 점이 많다. 이러한 문제를 해결하기 위한 방안을 알아보자.

HTML 문서를 조작할 경우에는 일반적으로 요소 객체(태그 요소)를 다루는 것이다. 따라서 HTML 문서에 요소를 기준으로 취급하는 것이 대부분이기 때문에 Node 객체의 요소(Element, 태그)들에 한정해 조작 방법을 알아보자. 아래 6개의 Node 객체의 속성을 이용하면 불편함이 없다. 6개의 Node 객체 속성을 정리해 보겠다. 이러한 속성은 순수 HTML 요소 노드만을 리턴한다는 것을 명심하자.

DOM 트리에서 요소객체만을 다루는 속성들

속성	설명
children	• 선택한 요소의 모든 자식 요소를 HTMLCollection으로 리턴함. • 선택한 요소.children;
firstElementChild	• 선택한 요소의 첫 번째 자식 요소를 리턴함. • 선택한 요소.firstElementChild;
lastElementChild	• 선택한 요소의 마지막 자식 요소를 리턴함. • 선택한 요소.lastElementChild;
childElementCount	• 선택한 요소.children.length와 동일함.
nextElementSibling	• 동일한 트리 레벨에서 선택한 객체 다음에 위치하는 형제자매 요소를 리턴함.
previousElementSibling	• 동일한 트리 레벨에서 선택한 객체 이전에 위치하는 형제자매 요소를 리턴함.
parentElement	• 선택한 요소의 부모가 되는 요소를 리턴함.

속성명을 보면, children 속성을 제외하고는 속성명에 Element를 포함하고 있다. 즉, 요소 객체(들)만을 리턴하라는 의미이다. 위에 제시된 속성들을 잘 활용할 수 있는 능력을 갖추면 DOM 트리에 대한 자신감을 얻을 수 있다. 아래는 위의 속성들을 활용한 요소들을 다루는 예제이다.

```html
<!DOCTYPE html>
<html>
<head><title>요소 객체만을 선택하기</title></head>
<body>
<h3>요소(태그)만을 선택하는 Node 객체 속성들</h3>
<button onclick="chren()">children속성</button>
<button onclick="fElChild()">firstElementChild</button><br>
<button onclick="lstElChild()">lastElementChild</button>
<button onclick="chdCount()">childElementCount</button><br>
<button onclick="nxtElSibl()">nextElementSibling</button>
<button onclick="preElSibl()">previousElementSibling</button>
<ol id="ol1">좋아하는 음식들
<li>감자[첫 번째 요소]</li>
<li>고구마[두 번째 요소]</li>
<li id="kimchi1">김치찌개[세 번째 요소]</li>
<li>불고기[네 번째 요소]</li>
<li>호박죽[다섯 번째(마지막) 요소]</li>
</ol>
<p>위의 버튼을 클릭하면 수행결과가 아래 출력됩니다.</p>
<p id="p1" style="color:red"></p>
<script>
function chren() {
  let chren= document.getElementById("ol1").children; //HTMLCollection리턴
  let str="";
  for (let i=0 ; i < chren.length; i++) {
     str += i + "번째 요소: " + chren[i].innerHTML + "<br>"
  }
  document.getElementById("p1").innerHTML = "모든 자식 요소는 <br>" + str;
}
function fElChild() {
  let firChild = document.getElementById("ol1").firstElementChild.innerHTML;
  document.getElementById("p1").innerHTML = "첫 번째 자식 요소: " + firChild; }
function lstElChild() {
  let lstChild = document.getElementById("ol1").lastElementChild.innerHTML;
  document.getElementById("p1").innerHTML = "마지막 자식 요소: " + lstChild; }
function chdCount() {
  let count = document.getElementById("ol1").childElementCount;
```

```
    document.getElementById("p1").innerHTML = "전체 요소 콜렉션의 수: " + count + "개"; }
function nxtElSibl() {
  let nextEl = document.getElementById("kimchi1").nextElementSibling;
  document.getElementById("p1").innerHTML = "김치찌개 앞의 형제자매 노드 내용: " + nextEl.innerHTML;
}
function preElSibl() {
  let prev = document.getElementById("kimchi1").previousElementSibling;
  document.getElementById("p1").innerHTML = "김치찌개 이전의 형제자매 노드 내용: " + prev.innerHTML;
}
</script>
</body></html>
```

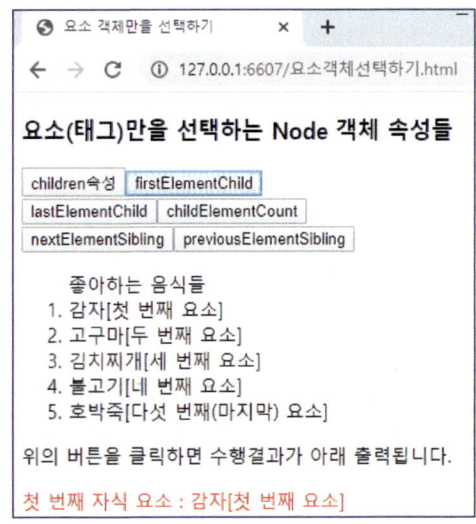

지금까지 학습한 node 관계도는 다음과 그림과 같이 정리할 수 있다. 자세히 살펴보기 바란다.

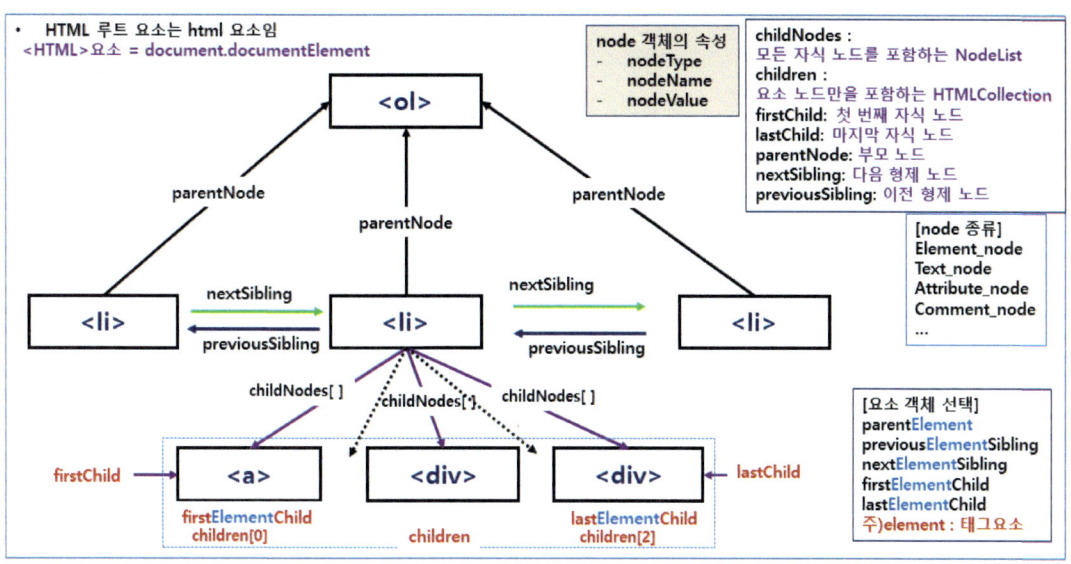

11.6 Node 객체의 메서드

HTML DOM 트리에 노드를 추가하거나 HTML DOM 트리에서 노드를 제거하는 메서드가 있다. 그리고 기존 노드의 내용을 변경하는 메서드도 존재한다. 본 절에서는 Node 객체의 이러한 메서드에 대해 학습한다. 먼저 몇 가지 중요한 메서드를 소개한다. 메서드 앞에는 항상 선택된 임의의 Node 객체가 존재해야 한다.

appendChild(NewNode)	• 선택한 요소 내의 마지막 자식으로 새로운 노드를 추가함. • 문서내 임의의 노드를 선택요소의 마지막 자식으로 이동 가능함. • 선택한요소.appendChild(NewNode);
insertBefore(NewNode, ExistingNode)	• 선택한 요소 내의 기존 노드 앞에 NewNode를 삽입함.
removeChild(node명)	• 선택한 요소 내의 지정한 자식 노드를 삭제함. • 제거된 노드를 리턴함(다른 위치로 옮길 수 있음) • 선택한노드.removeChild(제거할노드전달)
replaceChild(NewNode, ExistingNode)	• 선택한 요소 내에 있는 기존 노드를 새로운 노드로 변경함.
cloneNode(true 혹은 false)	• 선택한 노드를 복사하여 리턴함. • true: 선택한 노드와 모든 후손 트리를 복제하여 리턴함. • false: 선택한 노드 자체와 속성만을 복제하여 리턴함. 　(텍스트는 복제하지 않음)

아래는 위의 메서드를 이용한 예제이다. 잘 살펴보기 바란다. 초보자라면, 이 부분은 나중에 다시 살펴보는 것도 좋다.

```html
<!DOCTYPE html>
<html>
<head><title>노드 추가, 삭제, 변경</title></head>
<body>
<h3>노드를 추가하거나 삭제, 변경하는 실습</h3>
<button onclick="appendNode()">노드추가</button>
<button onclick="insertBe4()">insertBefore()</button>
<button onclick="replaceChild1()">replaceChild()</button>
<button onclick="removeChild1()">removeChild()</button>
<p>선택한요소.메서드(appendChild, insertBefore, replaceChild, removeChild)</p>
<ol id="ol1">
좋아하는 음식들
<li>감자[첫 번째 요소]</li>
<li>고구마[두 번째 요소]</li>
<li id="kimchi1">김치찌개[세 번째 요소]</li>
<li>불고기[네 번째 요소]</li>
<li id="pumpkin1">호박죽[다섯 번째(마지막) 요소]</li>
</ol>

<script>
function appendNode() {
  let n = document.createElement("li");
  //CreatTextNode()를 사용하지 말자....아래와 같이
  n.innerText = "콩나물국밥(appendChild())";
  document.getElementById("ol1").appendChild(n);
}
function insertBe4() {
  let n = document.createElement("li");
  n.innerHTML = "<b>삼겹살(insertBefore(new,기존노드))</b>";
  let kimchi = document.getElementById("kimchi1");
  document.getElementById("ol1").insertBefore(n, kimchi);
}
function replaceChild1() {
```

```
    let n = document.createElement("li");
    n.innerHTML = "<b>된장국(replaceChild(new,기존노드)))</b>";
    let pumpkin = document.getElementById("pumpkin1");
    document.getElementById("ol1").replaceChild(n, pumpkin);
}
function removeChild1() { //ol의 마지막 자식요소를 제거
    let x = document.getElementById("ol1").lastElementChild;
    document.getElementById("ol1").removeChild(x);
}
</script>
</body></html>
```

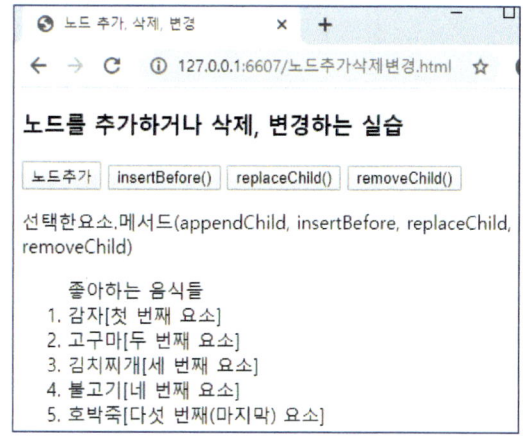

cloneNode( )메서드만 좀 더 설명하겠다. 다음과 같이 선언하여 노드를 복제한다. 복제된 노드는 DOM 트리에 소속된 것이 아니기 때문에 appendChild( )와 같은 메서드를 이용하여 DOM 트리의 구성 노드로 추가해 주어야 웹 페이지에서 볼 수 있다.

```
let  newClone = node.cloneNode(deep); //deep= true or false
```

다음의 예제를 살펴보기 바란다.

```html
<!DOCTYPE html>
<html>
<head><title>클론 노드 만들기</title></head>
<body>
<button onclick="cloneNodeTrue()">클론노드(true)</button>
<button onclick="cloneNodeFalse()">클론노드(false)</button>
<p>클론 노드를 복제하여 동일한 객체를 활용할 수 있습니다.</p>
<ol id="ol1">
  <li>등산하기</li>
  <li>TV보기</li>
  <li>음악감상</li>
</ol>
<ul id="ul1" style="color:darkgreen">
  <li>샌드위치</li>
  <li>햄버거</li>
  <li>와플</li>
</ul>
아래는 어떻게 나오나요.
<div id="div1" style="color:red; font-weight:bold;"> </div>

<script>
function cloneNodeTrue() {
  document.getElementById("div1").innerHTML =" ";
  let  orderList = document.getElementById("ol1");
  let  clone = orderList.cloneNode(true);
  //선택한 노드와 내부의 모든 것이 복제됨.(true)
  document.getElementById("div1").appendChild(clone);
}
function cloneNodeFalse() {
  document.getElementById("div1").innerHTML =" ";
  let  unorderList = document.getElementById("ul1");
  let  clone = unorderList.cloneNode(false);
  clone.innerHTML = "선택 node[ul]와 속성만 복제되고, 텍스트 등은 복제 안됩니다.(false)";
  document.getElementById("div1").appendChild(clone);
}
</script>
</body></html>
```

마지막으로 하나의 메서드만 더 소개하겠다. contains( ) 메서드이다. 이 메서드는 선택한 노드가 인자로 넘어오는 노드를 포함하는지를 알려준다. 포함하면 true를 리턴하고, 그렇지 않으면 false를 리턴한다.

```
선택한노드.contains(node);   // true 혹은 false 리턴
```

```
<script>
let  x = document.getElementById("alpha");
let  div = document.getElementById("id1").contains(x);
</script>
```

11.7 classList 객체

classList 객체는 JavaScript에서 DOM 요소의 클래스 속성을 쉽고 효율적으로 관리하기 위한 객체이다. HTML 요소는 1개 이상의 클래스 속성을 설정할 수 있으며, 이러한 클래스 속성을 관리하는 객체가 classList이다. classList 객체를 사용해 요소에 클래스를 추가하거나 제거할 수 있다. 이 객체를 사용해 클래스 속성을 조작하는 기본 문법은 다음과 같다.

- 요소에 클래스 추가하기
  요소.classList.add("New클래스1", "New클래스2", ….");
- 요소에서 클래스 제거하기
  요소.classList.remove("제거클래스1", "제거클래스2", ….");
- 요소에 클래스가 존재하면 제거하고, 없으면 추가하기
  요소.classList.toggle("토글클래스1", "토글클래스2", ….");
- 특정 클래스를 포함하는 지를 확인할 수 있음
  요소.classList.contains(" 찾는클래스명")   //true/false 리턴

주) 요소.className으로 클래스를 읽거나 수정 가능함.

classList는 CSS 스타일을 동적으로 변화시키기 위해 많이 사용하므로 반드시 여러 번 실습해 보기 바란다. 다음은 클래스를 추가, 삭제, 토글링할 때 사용하는 기본 함수를 보여준다.

```
<p  class="class1 class2"> 클래스를 실습합니다.</p>
```

```
let e = document.getElementById('class1');

function toggle() {
        //클래스가 존재하면 제거하고, 없으면 생성(토글링)
    e.classList.toggle('toggle-class');   //클래스를 토글링함
}

function add() {
    e.classList.add('new-class');   //새로운 클래스를 추가
}

function remove() {
    e.classList.remove('class1');   //class1을 제거함
}
```

다음은 클래스 토글링의 개념을 활용해 클래스를 추가하거나 제거하는 예제이다.

```
<!DOCTYPE html><html><head><meta charset="utf-8"><style>
.active {background-color: navy;
  color: white; font-weight: bold;   }
.plus {
  background-color: tomato;
  font-size: 1.5rem;   }
</style></head><body>
<h2>classList를 사용한 CSS 스타일 조작하기</h2>
<button onclick="toggFunc()">토글링하기</button>
<button onclick="addFunc()">클래스추가하기</button>
<button onclick="removeFunc()">클래스제거하기</button>
```

```html
<p id="classTest">클래스 토글링과 추가/삭제는 알고 있기....</p>

<script>
const ele1 = document.getElementById("classTest");

function toggFunc() {
    ele1.classList.toggle("active");   }
function addFunc() {
    ele1.classList.add("plus");   }
function removeFunc() {
    ele1.classList.remove("plus");   }
</script></body></html>
```

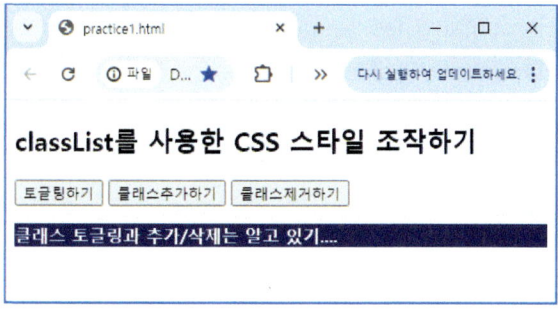

연습문제

1. 다음 중 DOM(Document Object Model)에 대한 설명으로 가장 올바른 것은?

   ① 웹 페이지의 HTML 구조를 JavaScript에서 접근하고 조작하는 인터페이스
   ② 웹 페이지의 동작(JavaScript)을 HTML에서 접근하고 조작하는 인터페이스
   ③ 웹 페이지의 디자인(CSS)을 JavaScript에서 접근하고 조작하는 인터페이스
   ④ 웹 서버와 클라이언트 간의 통신을 위한 인터페이스

2. 다음 중 HTML 요소를 선택하는 방법으로 가장 적합한 것은?

   ① document.getElementById("myElement")
   ② document.getElementsByClassName("myClass")
   ③ document.getElementsByTagName("div")
   ④ document.querySelector(".myElement")
   ⑤ document.querySelectorAll("#myElement")
   ⑥ 위의 예시 모두가 정답

3. DOM에서 document.getElementById() 메서드가 반환하는 값의 데이터형은 선택한 요소를 의미하는 (   )이다.

4. DOM에서 getElementsByClassName() 메서드가 반환하는 값의 데이터 타입은 (   )이다.

5. DOM에서 querySelectorAll() 메서드가 반환하는 값의 데이터 타입은 (   )이다.

6. DOM에서 document.createElement() 메서드를 사용하여 생성된 요소를 DOM 트리에 추가하기 위해 사용하는 메서드는?

   ① appendChild()   ② insertBefore()
   ③ removeChild()   ④ replaceChild()

연습문제

7. appendChild() 메서드는 선택한 HTML 요소의 (   ) 자식 요소로 추가한다.

8. DOM에서 classList 객체를 사용하여 클래스를 토글링하는 메서드는?
   ① add()
   ② contains()
   ③ toggle()
   ④ remove()

9. DOM에서 classList.contains() 메서드가 반환하는 값의 데이터 타입은 (   )이다.

10. 다음 중 NodeList와 HTMLCollection의 차이점으로 올바르지 않은 것은?
    ① NodeList는 정적 컬렉션이고, HTMLCollection은 동적 컬렉션이다.
    ② NodeList는 텍스트 노드와 주석 노드를 포함할 수 있지만, HTMLCollection은 HTML 요소만 포함한다.
    ③ NodeList와 HTMLCollection 모두 forEach() 메서드를 지원한다.
    ④ NodeList는 length 속성을 가지고 있지만, HTMLCollection은 length 속성을 가지고 있지 않다.

CHAPTER **12**

BOM
(Browser Object Model) 객체

 CONTENTS

12.1 개요

12.2 window 객체

12.3 window 객체의 주요 메서드

12.4 Location 객체

12.5 history 객체

12.6 Screen 객체

12.7 Navigator 객체

- 연습문제

12.1 개요

브라우저 객체 모델(BOM, Browser Object Model)은 웹 브라우저를 제어하고, 브라우저의 정보를 다루는 JavaScript 객체들의 집합이다. BOM 객체를 활용해 JavaScript는 브라우저 창과 프레임, 내비게이션, 로케이션, 히스토리, 스크린 등을 조작할 수 있다.

오늘날 많이 사용되고 있는 대부분의 웹 브라우저들은 JavaScript로 구현할 때 거의 유사하게 동작한다. 따라서 BOM 객체의 속성 및 메서드(함수)로 통일하여 사용하고 있다. BOM 객체의 계층도를 먼저 살펴보자.

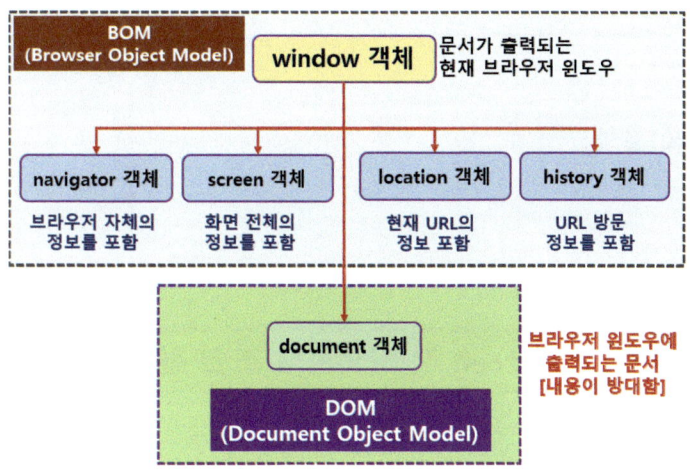

BOM은 최상위에 있는 window 객체의 속성으로 navigator 객체, screen 객체, location 객체, history 객체로 구성된다. 웹 페이지의 핵심인 DOM 객체와 함께 BOM 객체에 대한 지식도 갖추는 것이 좋다. window 객체는 문서가 출력되는 브라우저 창, 즉 frame을 의미한다. window 객체는 브라우저 기반 JavaScript에서 최상위 객체이다. 모든 객체는 window 객체를 상속한다. Navigator 객체는 브라우저와 운영체제에 대한 정보를 포함하고 있으며, screen 객체는 화면 전체(모니터 화면)의 정보를 포함하고 있다. Location 객체는 현재의 URL 정보를 관리하는 객체이며, history 객체는 URL 방문 정보를 관리하는 객체이다. Document 객체는 현재 브라우저 윈도우에 표시되는 웹 페이지 문서에 해당한다. BOM 객체에 대한 이해를 바탕으로 효과적으로 활용하면 멋진 웹 페이지를 만들 때 큰 도움이 될 것이다. 다음 그림은 BOM 객체를 모니터 화면에 맵핑시켜 보았다.

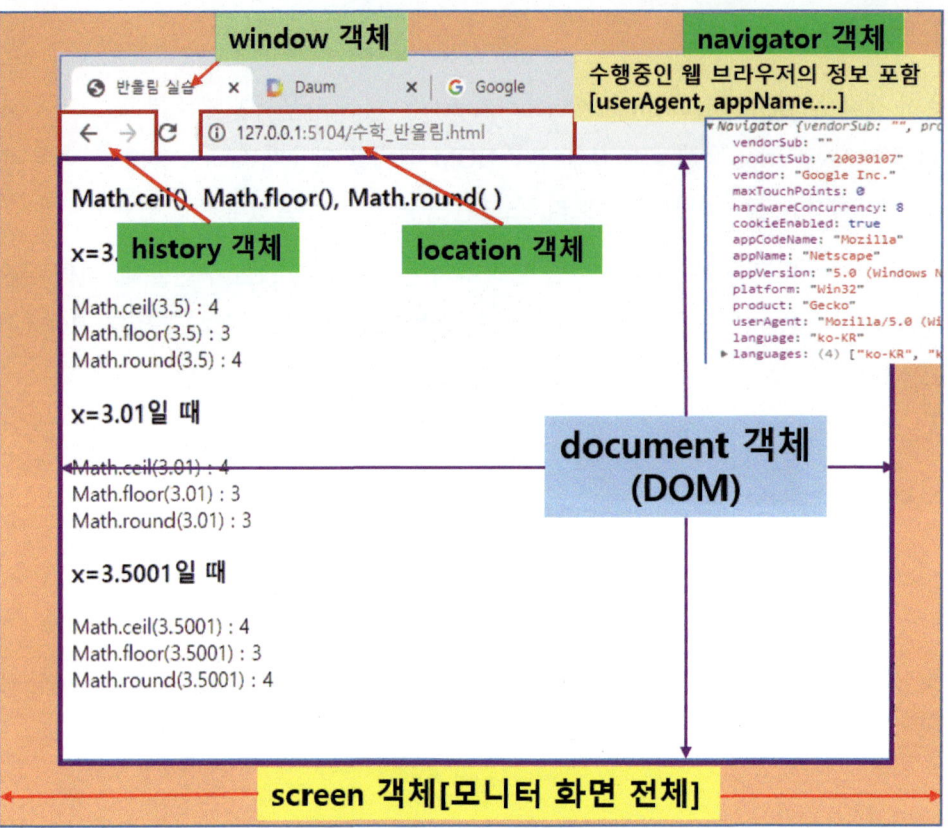

12.2 window 객체

window 객체는 웹 브라우저에서 열린 창을 의미한다. 물론 내부 창(iframe)이 있을 때에는 추가적인 window 객체를 관리한다. window 객체는 브라우저 객체 모델에 속하는 모든 객체를 포함하며, 내부의 모든 객체에서 접근이 가능한 전역 객체이다. 브라우저 탭 영역의 각 탭은 자신의 window 객체에 의해 관리된다. window 객체는 많은 속성과 메서드를 제공한다. F12 키를 눌러서 콘솔 창에서 window 객체를 출력해 보면 이미 설명한 BOM 객체들을 포함하고 있는 것을 확인할 수 있다.

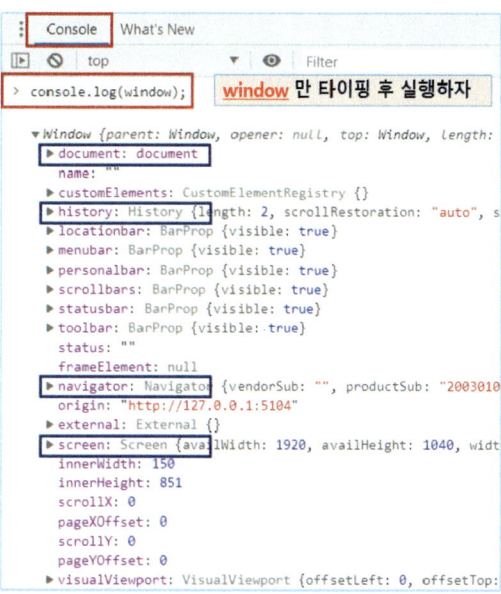

모든 BOM 객체는 window 객체의 속성이다. window 객체의 속성이나 메서드는 window 객체 이름을 생략하고, 해당 속성이나 메서드로 직접 호출해 사용할 수 있다. 다음 그림을 간단히 살펴보기 바란다. 즉, window.location이나 location은 같은 것이다.

window 객체는 다양한 속성을 제공해 준다. 이 중에서 중요한 몇 가지만 소개하겠다. 위에서 언급하였던 navigator, document, screen, history, location과 같은 속성은 별도로 취급하므로 아래 속성에는 포함하지 않았다.

window 속성	설명
closed	• 창이 닫혔으면 true를 리턴함.(윈도우이름.closed)

frameElement	• 현재 창에 포함되어 있는 iframe을 리턴함.
	  let frame1 = window.frameElement;
	  frame1.src = "http://www.daum.net";

length	• 현재 창에 있는 iframe의 개수를 리턴함.

localStorage	• 웹 페이지의 key-value 쌍으로 클라이언트 PC에 저장함.
	  localStorage.setItem("name", "홍길동"); //저장
	  localStorage.getItem("name"); //읽기

name	• 창의 이름을 리턴함.
parent	• 현재 창의 부모 창을 리턴함.
status	• 창의 상태바에 있는 문자열을 리턴함.
opener	• 현재 창을 오픈한 창의 참조(reference)를 반환. • 현재창이름.opener.document.write(....);
innerHeight	• 스크롤바를 포함한 창 문서 view 영역의 높이를 리턴함.
innerWidth	• 스크롤바를 포함한 창 문서 view 영역의 너비를 리턴함.
outerHeight	• 툴바와 스크롤바를 포함한 창의 높이를 리턴함.
outerWidth	• 툴바와 스크롤바를 포함한 창의 너비를 리턴함.

local Storage 속성을 추가 설명하겠다. JavaScript의 local Storage에 저장된 데이터는 브라우저를 닫더라도 사용자의 PC에 저장되어 유지된다. 심지어는 PC를 껐다가 켜더라도 데이터는 유지된다. 즉, 사용자가 직접 삭제하거나 브라우저의 캐시를 모두 지우기 전까지는 유효하다. 사용자의 ID나 닉네임 저장, 최근의 검색한 상품 저장 등을 위한 용도로 활용할 수 있다.

다음은 window 객체의 속성을 사용하는 방법을 간단히 소개한다. 먼저 window의 높이와 폭을 확인해 보는 예제이다.

```html
<!DOCTYPE html>
<html><head>
<meta charset="utf-8">
<title>window 객체의 속성 width와 height</title>
</head>
<body>
<script>
  let ow = window.outerWidth;
  let oh = window.outerHeight;
  let iw = window.innerWidth;
  let ih = window.innerHeight;
  document.write("현재 창의 너비와 높이를 알려주는 속성<br><br>");
  document.write("<b>OutterWidth: 현재 윈도우의 외관 너비, ", ow, "<br>");
  document.write("OutterHeight: 현재 윈도우의 외관 높이, ", oh, "<br>");
  document.write("innerWidth: 현재 윈도우의 문서를 보여주는 창의 너비, ", iw, "<br>");
  document.write("innerHeight: 현재 윈도우의 문서를 보여주는 창의 높이, ", ih,
"<br></b>");
</script>

</body>
</html>
```

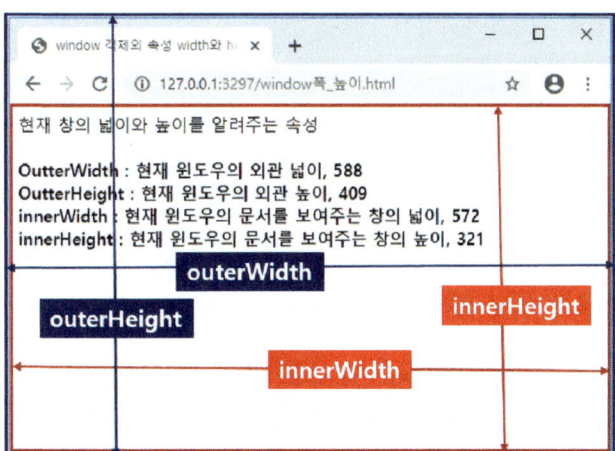

Window 객체와 관련하여 향후에도 사용 가능성이 있는 onload 속성을 알아보자. onload 속성은 본래 window객체, XMLHttpRequest객체 및 <img> 객체 등에 대해 load 이벤트를 처리하는 이벤트 핸들러(Event Handler)이다. 해당 객체의 로딩이 완료된 후에 이벤트를 발생한다. 이벤트의 속성은 on으로 시작한다. 아주 다양한 이벤트 속성이 있으며, 이는 다음에 설명하게 될 것이다. window.onload 속성은 window 객체가 완전히 로드된 후 이벤트가 발생한다. 즉, 웹 페이지의 모든 요소들의 로드가 완료된 후 이벤트가 수행된다. 바꾸어 말하면, 이미지, 스크립트, CSS 등 문서의 모든 내용이 로드된 후 발생하는 이벤트이다. window.onload는 이벤트 핸들러 함수를 익명 함수로 할당해주어야 한다. window.onload 속성을 사용하는 이유는 문서가 모두 로드되지 않았을 때 잘못된 동작을 할 수 있기 때문이다. 사용하는 방법은 아래와 같이 두 가지 방식 모두 사용이 가능하다.

```
<script>
  window.onload = function ( ) { //익명함수 할당
    console.log("웹 페이지 로딩을 완료하였습니다.");
    alert("다음 작업을 진행하세요.");
  }
</script>
```

```
<script>
  function loadDone( ) {   //함수 선언
    alert("다음 작업을 진행하세요.");
  }
  window.onload = loadDone;   //함수 할당
</script>
```

아울러 이벤트 등을 발생시켜 특별한 기능을 수행하도록 할 경우에도 window.onload의 할당 함수에 등록시켜서 사용하면 웹 페이지의 로딩이 완료 후에 이벤트가 동작하는 것을 보장한다.

onload 속성은 특정 요소 객체에 대해 적용할 수도 있다. 이때는 특정 요소 객체의 로딩이 완료된 후에 onload 이벤트를 발생한다.

```
[HTML 요소 태그 내에] - element는 태그
<element onload="자바스크립트코드 혹은 함수호출">내용......</element>
```

```
[JavaScript 내에]
<script>
  선택한요소.onload = function ( ) {
    //여기에 자바스크립 코드 작성
  }
</script>
```

12.3 window 객체의 주요 메서드

window 객체의 주요 메서드를 알아보자. 지금까지 사용해 본 적이 있는 alert( ), prompt( ), confirm( ), setInterval( ), setTimeout( ), clearInterval( ) 및 clearTimeout( )과 같은 메서드도 window 객체의 메서드들이다. 당연히 메서드 이름만을 사용해 호출할 수 있다. 알고 있으면 도움이 되는 window 객체의 몇 가지 메서드를 소개할 것이다.

먼저 현재 열려있는 웹 페이지를 프린터로 출력하는 메서드이다. 다음과 같다.

```
window.print( );    //print( ) 가능함
```

이 메서드는 현재 창의 내용을 프린터로 출력해 준다. 메서드를 실행하면 먼저 프린트 대화 상자가 뜬다. 필요한 옵션을 설정하여 출력하면 된다.

```
<!DOCTYPE html>
<html>
<head>
<meta charset="utf-8">
<title>window.print( )</title>

<script>
```

CHAPTER 12 BOM(Browser Object Model) **625**

```
function printOut() {
  window.print(); //print( )만 사용해도 됨.
}
</script>
</head>
<body>
<h3>현재 창의 내용을 프린트로 출력하는 메서드: print( )</h3>
<p>봉준호 감독의 영화 <b>기생충</b> 제92회 아카데미 시상식에서 4관왕을 기록했다고 합니다.
이러한 성적은 다양한 의미에서 최초의 기록이라고 합니다. 한국영화로서는 처음으로
아카데미상을 수상했으며, 외국어 영화로는 최초로 아카데미 작품상을 수상한 것입니다. 여기에
또 하나의 기록이 추가되었다고 하는데,
"가장 많은 아카데미상을 받은 외국어 영화" 부분에 공동 1위에 올랐다고 합니다..</p>
<p style="color:green;">아래 버튼을 눌러서 현재 페이지를 인쇄할 수 있습니다.</p>
<button onclick="printOut()" style="background:
red;font-size:20px;color:white;">현재페이지프린터출력하기</button>
</body>
</html>
```

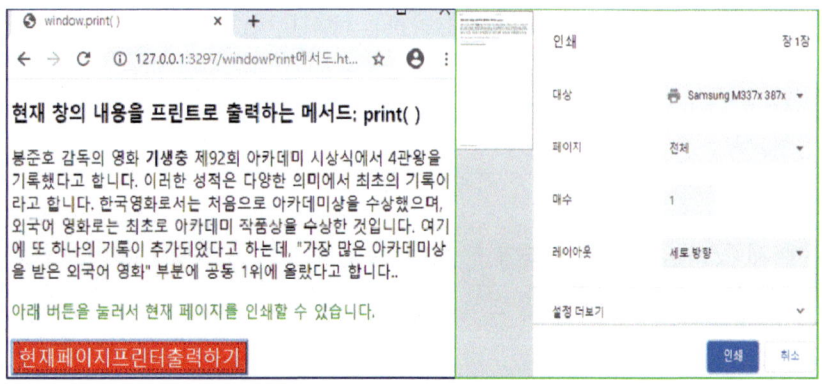

새로운 브라우저 창을 열거나(open) 특정 브라우저 창을 닫도록(close) 하는 메서드를 지원한다. 아래 각 메서드를 정리하였다.

> window.open([URL, 새창이름, specs]);
> : 현재 생성된 창의 참조(reference) 주소를 리턴.
>
> - URL: 새로운 창에 로드할 페이지의 URL을 지정함. URL이 없으면, URL이 about:blank를 갖는 새로운 윈도우나 탭이 열림.
> - 새창이름: _blank, _parent, _self, _top, 새창의 이름[문자열] 중의 하나를 사용 가능. 디폴트값은 _blank.
> - specs: 하나의 문자열 내에 생성할 창의 스펙을 설정(각 항목은 ,(콤마로 분리) "width=200px, height=300px, left=300px, top=250px" px는 생략 가능.

> window.close( );
>
> - 현재 창을 닫음. 메서드의 리턴 값 없음.
> - 참조주소.close( ); 혹은 window.참조주소.close( )를 수행하여 창 닫음.

아래는 새로운 창의 열기 및 닫기를 실습하는 프로그램 예제이다. 잘 살펴보기 바란다.

```
<!DOCTYPE html>
<html>
  <head>    <meta charset="utf-8" /> <title>window.open( ), close( )</title>
    <style>
      button { background: navy;  color: white;  font-size: 20px;  }
    </style>
    <script>
      let newWinRef;
      function openWindow() {
        //window.open(URL, 새창이름, specs); //기본형
        //left, top: 모니터 스크린 기준 offset 값임.
        newWinRef = window.open("http://www.daum.net", "mywin",
          "height=500px, width =800px,left=200px,top=300px" ); //방법 1
        //newWinRef = window.open("windowPrint메서드.html", "_blank", "height=500px,
        //  width =800px,left=200px,top=300px"); //방법 2[이전에 실습함 웹 문서를 열 경우]
      }
      function iframeWindow() {
```

```html
            // newWinRef = window.open("windowPrint메서드.html", "iframe1");
            newWinRef = window.open("https://picsum.photos/400/500", "iframe1");
        }
        function closeWindow() {
            newWinRef.close(); //window.newWinRef.close();과 동일
        }
    </script>
</head>
<body>
    <h3>새로운 창 열기와 창 닫기 실습</h3>
    <button onclick="openWindow()">새창열기버튼</button>
    <button onclick="closeWindow()">새창닫기버튼</button>
    <button onclick="iframeWindow()">내부창에 출력 버튼</button>
    <p>여러분이 위의 버튼을 눌러서 창을 열거나 닫아 보세요.<br />
        종종 사용합니다. 잘 익혀두시기 바랍니다.</p>
    <p>창의 스펙은 하나의 문자열 안에 콤마로 구분하여 작성하세요.</p>
    <iframe name="iframe1" width="400" height="400"
        style="background: yellow" src="http://example.com/"
        >iframe으로 출력 불가합니다.</iframe>
</body>
</html>
```

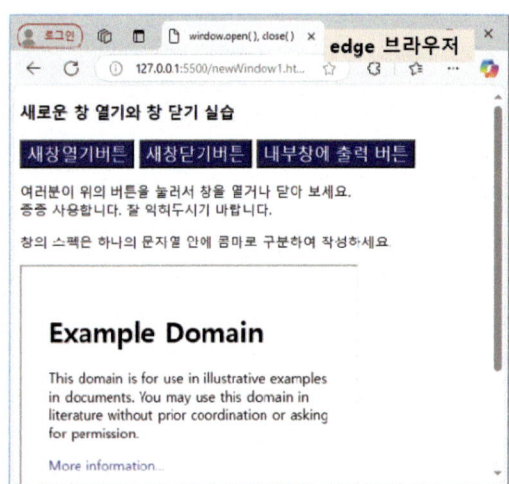

이제는 창을 이동시키는 메서드를 알아보자. moveBy( )와 moveTo( ) 메서드이다.

- moveBy(x, y): 스크린 상의 상대적인 위치로 창을 이동. x,y는 양수(음수)
- moveTo(x, y): 스크린 상의 특정한 위치(절대 위치)로 창을 이동.

주) 새 창의 다른 출처(origin)는 보안 제약으로 위치 제어를 할 수 없음

window.focus( )와 window.blur( )은 특정 창을 포커스를 얻게 하거나 포커스를 상실하게 하는 메서드이다. 창이 포커스를 얻는다는 것은 모든 창 중에서 가장 앞에 위치하는 액티브 창이 된다는 의미이다.

```html
<!DOCTYPE html>
<html>
<head><meta charset="utf-8"><title>moveBy(), moveTo( ) 메서드</title>
</head>
<body>
<p>타겟 창(window)을 스크린상의 상대적 혹은 절대적 위치로 이동시키는 메서드</p>
<button onclick="openWin()">새창 생성하기</button>
<button onclick="moveToWin()">새창 절대위치로 이동하기</button>
<button onclick="moveByWin()">새창을 상대적으로 이동하기</button>
<script>
let  winRef;
function openWin() {
  //아래의  html 파일은 독자들이 실습하고 동일 폴더의 다른 파일을 교체한 후 실행 요망
  winRef = window.open("windowPrint메서드.html", "", "width=400, height=400");
}

function moveToWin() {
  winRef.moveTo(100, 100); //(x, y) 절대 위치
  winRef.focus(); //본 창이 포커스를 얻음(가장 앞에 위치시킴)
}

function moveByWin() {
  winRef.moveBy(100, 50);   //기존 위치에서 상대적으로 이동
```

```
    winRef.focus();  //본 창이 포커스를 얻음(가장 앞에 위치시킴)
}
</script>
</body></html>
```

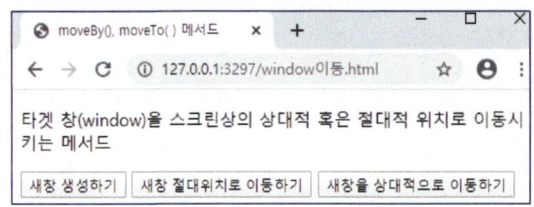

window 객체는 창의 크기를 조절하는 메서드를 제공한다. 아래는 창 크기와 관련된 두 개의 메서드에 대해 정리한 것이다.

- resizeTo(width, height): 정해진 크기로 창을 설정. 숫자값만 사용[단위:픽셀]
- resizeBy(width, height): 기존 창 크기를 상대적으로 증감. 양수, 음수 가능

다음은 창의 크기를 조절하는 예제이다.

```
<!DOCTYPE html>
<html>
<head> <meta charset="utf-8">
<title>resizeBy( ), resizeTo( ) 메서드</title>
</head>
<body>
<p>창의 크기를 조절하는 실습</p>
<button onclick="openWin()">새창 생성하기</button>
<button onclick="resizeToWin()">새창을 특정 크기로 설정</button>
<button onclick="resizeByWin()">새창 크기를 상대적으로 증감</button>
<script>
let  winRef;
function openWin() {
```

```
    winRef = window.open("", "", "width=500, height=500, left=200, top=150");
}

function resizeToWin() {
  //반드시 숫자를 사용해 픽셀을 표현할 것
  winRef.resizeTo(100, 100); //(width, height)
  winRef.focus(); //본 창이 포커스를 얻음(가장 앞에 위치)
}

function resizeByWin() {
  winRef.resizeBy(100, 50);  //기존 크기에 대해 상대적으로 증감
  winRef.focus(); //<-- 반대: winRef.blur();
}
</script>
</body></html>
```

이밖에 window.scrollBy(xOffset, yOffset)와 window.scrollTo(x, y)를 이용하여 문서를 스크롤 할 수 있다. 이 부분은 생략한다.

12.4 Location 객체

location 객체[=window.location]는 현재 웹 페이지의 URL 주소를 얻거나, 웹 브라우저가 새로운 웹 페이지로 리다이렉트(Redirect)할 때 사용한다.

```
> console.log(location);
▼ Location {href: "http://127.0.0.1:3297/window
  ingList, origin: "http://127.0.0.1:3297", pro
  ▶ ancestorOrigins: DOMStringList {length: 0}
    origin: "http://127.0.0.1:3297"
    protocol: "http:"
    host: "127.0.0.1:3297"
    hostname: "127.0.0.1"
    port: "3297"
    pathname: "/windowSize%EC%A0%9C%EC%96%B4.ht
    search: ""
    hash: ""
    href: "http://127.0.0.1:3297/windowSize%EC%
  ▶ assign: f assign()
  ▶ reload: f reload()
  ▶ toString: f toString()
  ▶ replace: f replace()
  ▶ valueOf: f valueOf()
```

다음은 location 객체의 주요 속성과 메서드를 정리한 것이다. 다시 언급하지만, location과 window.location은 같다.

location.href	• 읽기: 현재 웹 페이지의 URL을 리턴함 • 할당: 새로운 웹 페이지로 리다이렉트함.
location.protocol	• 웹 프로토콜을 리턴함(http, https)
location.host	• 웹 호스트의 도메인 이름과 포트 정보를 리턴함.
location.hostname	• 웹 호스트의 도메인 이름을 리턴함.
location.port	• 사용하는 포트 번호를 리턴함.
location.pathname	• 현재 웹 페이지의 파일명과 경로를 리턴함.
location.asign(*URL*)	• 새로운 문서를 로드함. location.assign("http://www.daum.net")
location.replace(*URL*)	• assign과 동일. 단, history 객체에서 호출하는 페이지를 제거함.

locaton.href 속성은 가장 많이 활용하는 속성이다. 특히 웹 페이지 리다이렉트에 유용하게 사용된다. 다음은 location 객체에서 제공하는 다양한 속성과 메서드를 알아보는 예제이다.

```
<!DOCTYPE html>
<html>
<head><meta charset="utf-8">
<title>location 객체 실습</title>
</head>
<body>
<h3>location 객체 실습하기</h3>
<h3>location.href와 window.location.href는
같습니다.</h3>

<p id="p1"></p>
<p id="p2"></p>
<p id="p3"></p>
<p id="p4"></p>
<p id="p5"></p>
<p id="p6"></p>
<button id="btn1" onclick="newPage(1)">location.href[리다이렉트]</button>
```

```html
<button id="btn2" onclick="newPage(2)">location.assign( ) 로드</button>

<script>
document.getElementById("p1").innerHTML ="웹 페이지의 url 주소: <b>" + location.href + "</br>";
document.getElementById("p2").innerHTML ="사용하는 프로토콜: <b>" + location.protocol + "</br>";
document.getElementById("p3").innerHTML ="location.host: <b>" + location.host + "</br>";
document.getElementById("p4").innerHTML ="location.hostname <b>" + location.hostname + "</br>";
document.getElementById("p5").innerHTML ="location.port <b>" + location.port + "</br>";
document.getElementById("p6").innerHTML ="location.pathname <b>" + location.pathname + "</br>";

function newPage(mode){
  if (mode ==1) {
    location.href = "http://www.daum.net";
  } else {
    location.assign("http://www.daum.net");
  }
}
</script>
</body></html>
```

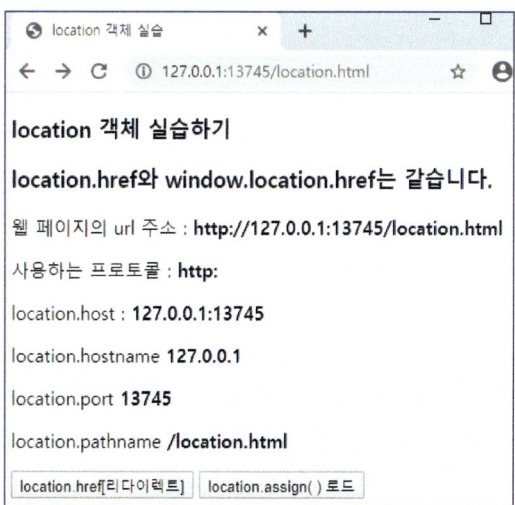

12.5 history 객체

history 객체[=window.history]는 브라우저가 방문한 웹 사이트의 이력(History)을 관리한다. 아래의 3가지 history 객체의 메서드를 기억하고 있으면 된다. 물론 등록된 history 개수를 알려주는 length 속성이 있지만, 거의 사용하지 않는다.

history.forward( )	• 현재 웹 페이지의 한 단계 앞 웹 페이지로 이동. history.go(1)과 동일
history.back( )	• 현재 웹 페이지의 한 단계 이전 웹 페이지로 이동. history.go(-1)과 동일
history.go(n)	• 현재 웹 페이지를 기준으로 인자(n)값에 따라 앞,뒤 웹 페이지로 이동함. • 양수 값은 forward 방향, 음수 값은 back 방향으로 이동함.

history.back( ) 메서드의 실행은 웹 브라우저의 "back" 버튼을 누른 것과 같으며, history.forward( ) 메서드의 실행은 웹 브라우저의 "forward" 버튼을 누른 것과 같다. 여기서 제일 많이 활용하는 것이 history.back( )이다.

아래 예제를 간단히 살펴보기 바란다.

```
<!DOCTYPE html>
<html>
<head><meta charset="utf-8">
<title>history 객체 실습</title>
</head>
<body>
<h3>history 객체 실습하기</h3>

<h3>history.back()와 window.history.back()은 같습니다.</h3>
<p>history.back( ), history.forward( ), history.go(+/- n)</p>
<button id="btn1" onclick="hBack()">history.back( )</button>
<button id="btn2" onclick="hForward()">history.forward( )</button>
<button id="btn3" onclick="hGo()">history.go(-1) </button><br>
<script>
function hBack() {
  history.back(); // window.history.back()
```

```
}
function hForward() {
  history.forward();
}
function hGo() {
  history.go(-1); //history.go(1), history.go(-2)
}
</script>
</body>
</html>
```

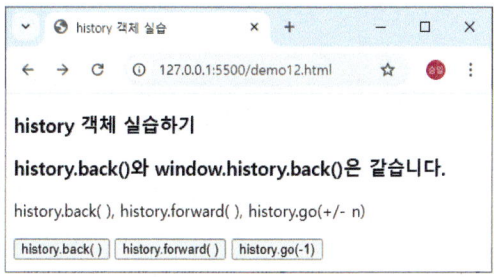

12.6 Screen 객체

screen 객체는 여러분이 웹 페이지를 보고 있는 스크린(모니터)에 대한 정보를 가지고 있다. screen 객체에서 제공하는 속성을 살펴보면 다음과 같다. 콘솔 창에서 screen 혹은 console.log(screen) 명령을 수행하면, 확인이 가능하다.

아래는 스크린 객체의 속성을 좀 더 자세히 정리한 것입니다.

screen.width	화면(스크린)의 너비를 리턴함.[pixel]
screen.height	화면(스크린)의 높이를 리턴함.
screen.availWidth	작업표시줄(toolbar)을 제외한 화면의 너비를 리턴함.
screen.availHeight	작업표시줄(toolbar)을 제외한 화면의 높이를 리턴함.
screen.colorDepth	한 화소의 색을 표시하기위해 사용하는 비트수 리턴함.[24]
screen.pixelDepth	screen.colorDepth와 같은 의미임.[24 비트]

작업 표시줄은 다음과 같이 컴퓨터 화면의 최하단에 아이콘들이 모여있는 영역이다.

JavaScript 코딩 영역에서도 위와 동일하게 사용면 된다.

```
<script>
  let  c = screen.pixelDepth;
  let  w = screen.Width, h=screen.height;
  document.write(w + "  " + h + "   " + c;
</script>
```

screen 속성을 알아보기 위한 예제를 아래에 제공하였다. 잘 살펴보기 바란다.

```
<!DOCTYPE html>
<html>
<head><meta charset="utf-8">
<title>screen 객체 실습</title>
</head>
<body>
<h3>screen 객체 실습하기</h3>
```

```html
<h3>screen 객체의 속성 실습하기</h3>
<p>screen.width, screen.height, screen.availWidth, screen.availHeight
    screen.colorDepth(=screen.pixelDepth)</p>
<button id="btn1" onclick="screenObj()">스크린객체 속성 출력</button>
<div id="div1">여기에 스크린 속성을 출력합니다.</div>
<script>
let   width = screen.width;
let   height = screen.height;
let   availWidth = screen.availWidth;
let   availHeight = screen.availHeight;
let   colorDepth = screen.colorDepth;
let   pixelDepth = screen.pixelDepth;

function screenObj() {
  let   str = "";
  str += "width: " + width + "<br>";
  str += "height: " + height + "<br>";
  str += "availWidth: " + availWidth + "<br>";
  str += "availHeight: " + availHeight + "<br>";
  str += "colorDepth: " + colorDepth;
  document.getElementById("div1").innerHTML = str;
}
</script>
</body></html>
```

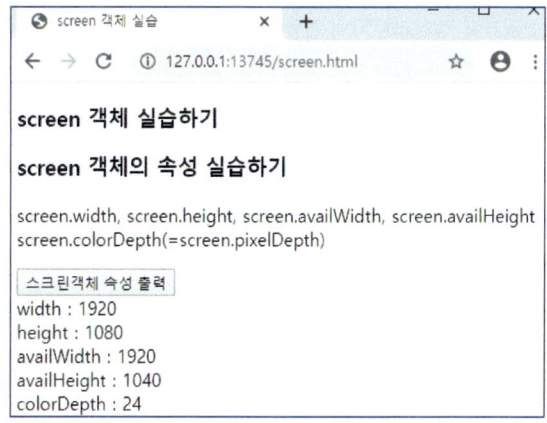

12.7 Navigator 객체

navigator 객체는 현재 수행 중인 웹 브라우저의 정보를 포함하고 있다. 콘솔 창에서 navigator 명령을 수행하면 아래와 같이 navigator 객체 관련 속성들이 출력된다.

```
▼Navigator {vendorSub: "", productSub: "20030107"
  hardwareConcurrency: 8, …}
    vendorSub: ""
    productSub: "20030107"
    vendor: "Google Inc."
    maxTouchPoints: 0
    hardwareConcurrency: 8
    cookieEnabled: true
    appCodeName: "Mozilla"
    appName: "Netscape"
    appVersion: "5.0 (Windows NT 10.0; Win64; x64)
    platform: "Win32"
    product: "Gecko"
    userAgent: "Mozilla/5.0 (Windows NT 10.0; Win6
    language: "ko-KR"
  ▶ languages: (4) ["ko-KR", "ko", "en-US", "en"]
    onLine: true
    doNotTrack: null
  ▶ geolocation: Geolocation {}
  ▶ mediaCapabilities: MediaCapabilities {}
  ▶ connection: NetworkInformation {onchange: null
  ▶ plugins: PluginArray {0: Plugin, 1: Plugin, 2:
  ▶ mimeTypes: MimeTypeArray {0: MimeType, 1: Mime
```

navigator 객체와 관련하여 종종 언급되는 주요 속성을 정리하였다.

navigator.appName	브라우저의 애플리케이션 이름 리턴
navigator.appCodeName	브라우저의 애플리케이션 코드 이름 리턴
navigator.platform	브라우저 OS를 리턴
navigator.userAgent	브라우저가 서버로 전송할 user-agent 헤더 리턴
navigator.cookieEnabled	쿠키가 enable되었다면 true리턴함
navigator.appVersion	브라우저의 버전 정보 리턴

다음은 navigator 객체의 속성을 알아보는 예제이다.

```html
<!DOCTYPE html>
<html>
<head><meta charset="utf-8">
<title>navigator 객체 실습</title>
</head>
<body>
<h3>navigator 객체 실습하기</h3>
<h3>navigator 객체의 속성 실습하기</h3>
<p>navigator.appName, .appCodeName, .platform, .userAgent
, .cookieEnabled, .appVersion</p>
<button id="btn1" onclick="navigatorObj()">네비게이터 속성 출력</button><br>
<div id="div1">여기에 네비게이터 속성을 출력합니다.</div>
<script>
let  appName = navigator.appName;
let  appCodeName = navigator.appCodeName;
let  platform = navigator.platform;
let  userAgent = navigator.userAgent;
let  cookieEnabled = navigator.cookieEnabled;
let  appVersion = navigator.appVersion;

function navigatorObj() {
  let  str = "";
  str += "appName: " + appName + "<br>";
  str += "appCodeName: " + appCodeName + "<br>";
  str += "platform: " + platform + "<br>";
  str += "userAgent: " + userAgent + "<br>";
  str += "cookieEnabled: " + cookieEnabled + "<br>";
  str += "appVersion: " + appVersion;
  document.getElementById("div1").innerHTML = str;
}
</script>
</body></html>
```

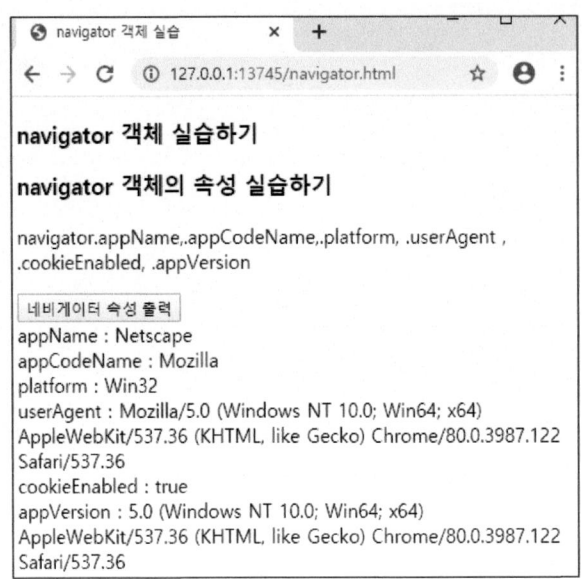

연습문제

1. BOM(Browser Object Model)에서 최상위 객체는 (　　)객체이다.

2. location.href 속성을 사용한 페이지 리다이렉트시, 다음 중 올바른 사용법은?

    ① location.href = "http://www.sample.com";
    ② location.href = "javascript:alert('여러분 화이팅!!!');"
    ③ location.href = "#id1";
    ④ 모두 정답

3. history 객체는 브라우저의 방문 기록을 관리하고 조작하는 데 사용되는 강력한 도구인데, history.back(), history.forward(), (　　)메서드를 사용하여 사용자를 이전 페이지, 다음 페이지 또는 특정 페이지로 이동시킨다.

4. window.print() 메서드의 기능은?

    ① 현재 창의 내용을 인쇄　　　　② 새로운 창을 열어 인쇄
    ③ 현재 창의 내용 복사　　　　　④ 모두 정답

5. 브라우저 창의 위치를 상대적으로 이동시키는 데 사용되는 함수는 window.moveBy(x, y)이고, 브라우저 창의 위치를 절대적으로 이동시키는 데 사용되는 함수는 (　　)이다.

6. navigator.geolocation 객체를 사용하여 사용자의 위치 정보를 얻기 위해 사용하는 메서드는?

    ① getCurrentPosition()　　　　② getLocation()
    ③ getGeoLocation()　　　　　　④ getPosition()

CHAPTER **13**

이벤트

CONTENTS

13.1 개요

13.2 마우스 이벤트

13.3 입력 폼 이벤트

13.4 키보드 이벤트

13.5 이벤트 객체

13.6 기타 이벤트

13.7 이벤트 등록 및 제거

13.8 이벤트 버블링(Bubbling) 및 캡처링(Capturing)

13.9 이벤트 위임(Event Delegation)

13.10 예외(Exception) 처리

- 연습문제

13.1 개요

이벤트(Event)란 중요하거나 특별한 일이 일어나는 모든 것을 의미한다. 웹 브라우저의 관점에서 보면, 우리가 키보드를 누르거나, 마우스를 클릭하는 일을 하면 이벤트가 발생했다고 볼 수 있다. 또는 내부적으로 웹 페이지가 로딩을 완료하였을 때나 마우스로 특별한 영역을 드래그하여 선택해도 이벤트가 발생한다. 또한 이미지의 로딩이 완료되었을 때도 이벤트를 발생한다. HTML DOM은 JavaScript가 HTML 이벤트에 반응하는 것을 허용한다. 즉 이벤트가 발생하면 JavaScript 코드가 수행될 수 있다. 이벤트의 종류를 열거해 보면 아래와 같다.

- 마우스 이벤트
- 키보드 이벤트
- HTML form 전송 이벤트
- 입력 필드 변경 이벤트
- 이미지 로딩 이벤트
- 웹 페이지 로딩 이벤트

JavaScript는 이벤트가 발생했을 때 JavaScript 코드를 수행할 수 있다. HTML은 HTML 요소(태그)에 이벤트 핸들러 속성을 추가할 수 있다. 이때 이벤트 속성은 항상 이벤트 이름 앞에 on이 붙는다. 이벤트 이름이 click이다면 HTML 요소의 속성은 onclick이 된다. 이것은 정해진 규칙이다. 그리고 이벤트 핸들러 속성의 값으로 JavaScript를 사용해 수행할 내용을 코딩한다. HTML 요소의 속성으로 이벤트를 추가하는 방식은 아래와 같다.

```
<HTMLElement  event속성= "JavaScript Code 작성">

예) <p onclick="document.getElementById("id1").innerText = 'Hello!'">...</p>
예) <p onclick="this.innerText = '안녕, 여러분!!!'">...</p>
```

위에서 마지막에 나오는 this는 HTML 요소 자신을 의미한다. 따라서 현재 P 요소 내용을 마우스로 클릭하면 event 속성에 설정한 JavaScript 코드를 수행한다. 그리고 이벤트 핸들러를 작성할 때는 함수를 호출하는 방식을 많이 사용한다. 이벤트 핸들러 함수를 사용하는 방법을 아래 간단히 설명하겠다. HTML 요소에 이벤트를 설정할 때, 이벤트 속성을 사용한다. 그리고 HTML DOM을 사용해 이벤트를 설정할 때는 요소 객체를 찾은 다음 요소 객체에 이벤트 속성을 추가하면 된다. 두 방식은 아래 예에서 제시된 h3 요소 영역을 마우스로 클릭할 때, 이벤트를 수행하게 된다.

```
<script>
  function eventHandler1( ) {
    document.getElementById("p1").innerHTML = Date(); //데이터형이 문자열
  }
</script>
```
[방식 1] - HTML 요소에 이벤트 속성
```
<h3 onclick="eventHandler1( )">누르면 현재 시간을 표시한다.</h3>
```
[방식 2] - HTML DOM 객체의 속성으로 이벤트 추가
```
document.getElementById("h3").onclick = eventHandler1;
```

그런데 JavaScript 코드는 웹 페이지의 아무 곳이나 위치시킬 수 있다. 그리고 브라우저가 웹 페이지를 보여줄 때, 웹 문서를 순차적으로 읽어서 수행한다고 하였다. 이것은 오동작을 발생시키는 원인이 되기도 한다. 아직 DOM 객체가 생성되지 않았는데, JavaScript가 DOM 객체를 사용할 수도 있기 때문이다. 특히 이벤트를 등록할 경우에는 이러한 문제를 고려해야 한다. 물론 JavaScript 코드가 웹 문서의 맨 끝 부분에 위치되어 있으면 모든 DOM 객체가 생성된 다음이기 때문에 문제가 되지 않지만, 코드의 가독성을 위해 종종 HTML의 HEAD 부에 JavaScript 코드를 삽입한다. 이런 경우에는 오동작을 방지하기 위해 onload 이벤트를 사용한다. window.onload 속성은 모든 웹 문서의 로딩이 완료되었을 때 발생하는 이벤트이다. 모든 문서의 로딩이 완료되었을 때 수행되는 이벤트이므로 HTML 문서 내의 모든 DOM 객체를 사용할 수 있다. 특히 이벤트들을 등록할 경우에는 window.onload 이벤트 핸들러 함수 안에 할당하는 것이 일반적이다. 아울러 모든 웹 문서의 로딩이 완료된 이후 수행할 함수가 있으면 여기에 작성한다. 작성 방식은 다음과 같다. 이 부분은 잘 이해하고 있어야 한다.

```
window.onload = function ( ) { //익명 함수로 이벤트 리스너(Listener) 등록
    //로딩 완료 후 수행할 함수
    //로딩 완료 후 이벤트 등록
}
```

최근의 경향은 window.onload 이벤트는 잘 활용하지 않고, 웹 문서의 종료 직전에 JavaScript 코딩을 하여 해결하고 있다.

13.2 마우스 이벤트

HTML 웹 문서에서 이벤트를 다룰 때 아마도 가장 먼저 접하는 것이 마우스 관련 이벤트이다. 마우스를 움직이거나 클릭하거나 더블클릭하는 것은 이벤트를 발생시킨다. 좀 더 세부적으로 정리하면 다음과 같다. mousemove와 같은 이벤트는 자주 사용되지는 않는다. 그리고 이벤트 속성 이름을 보면 모두가 소문자로 되어 있는 것을 확인할 수 있다.

Mouse 이벤트 속성

onclick	선택한 요소를 마우스로 클릭하면 이벤트 발생
ondblclick	선택한 요소를 마우스로 더블클릭하면 이벤트 발생
onmousedown	선택한 요소를 마우스로 누르고 있을 때 이벤트 발생. 일반적으로 click을 사용할 것.
onmouseup	선택한 요소 위에서 클릭한 마우스 버튼을 해제할 때 이벤트 발생. 일반적으로 click을 사용할 것.
onmouseenter	선택한 요소 위로 마우스가 진입할 때 이벤트 발생
onmouseleave	선택한 요소로부터 마우스가 빠져나갈 때 이벤트 발생
onmousemove	선택한 요소에서 마우스가 움직일 때마다 이벤트 발생
oncontextmenu	선택한 요소에서 마우스의 오른쪽 버튼을 클릭할 때 이벤트 발생

마우스 이벤트를 활용하는 아래 예제를 잘 살펴보자. 그리고 소스 코드에서 window.onload 관련 부분을 삭제하고 수행해 보기 바란다. 아마도 수행이 되지 않을 것입니다. 이유는 조금 전에 설명한 바와 같이 DOM이 완성되지 않은 상태에서 액세스하기 때문이다.

```html
<!DOCTYPE html>
<html>
<head><meta charset="utf-8"><title>마우스 관련 이벤트</title>
<script>
window.onload = function ( ) { //웹 문서 로딩 완료후 수행 [onload 삭제시 테스트 이줄 삭제]
    document.getElementById("pClick").onclick = function (){ //click
        alert("마우스를 클릭하였습니다.");   };
    document.getElementById("div1").onmouseup = function (){ //mouseup
        this.innerText ="mouse UP이 되어 있습니다.";   };
    document.getElementById("div1").onmousedown = function (){ //mousedown
        this.innerText ="mouse DOWN이 되어 있습니다.";   };
    document.getElementById("pDblclick").ondblclick = function (){ //dblclick
        alert("마우스를 더블 클릭하였습니다.");   };
    document.getElementById("div2").onmouseenter = function (){ //mouseenter
        this.innerText ="mouseenter: 마우스가 요소 영역에 진입하였습니다.";   };
    document.getElementById("div2").onmouseleave = function (){ //mouseleave
        this.innerText ="mouseleave: 마우스가 요소 영역을 벗어났습니다..";   };
    document.getElementById("pContext").oncontextmenu = function (){ //contextmenu
        this.innerText ="contextmenu: 마우스의 오른쪽 버튼을 클릭하셨군요.";   };
}; //[onload 삭제시 테스트 이줄 삭제]
</script>
<style>
#div1
{   padding:7px;    text-align:center;
    background-color:green;
    border:dotted 2px pink;   }
</style>
</head>
<body>
<p id="pClick">여기서 마우스를 클릭해 보세요.</p>
<div id="div1" >여기를 누르면 mouseup, mousedown 이벤트 확인 가능합니다.</div>
<p id="pDblclick">마우스를 더블클릭해보세요.</p>
<div id="div2">mouseenter와 mouseleave를 실습하고 있습니다.</div>
<b><p id="pContext">마우스의 오른쪽 버튼을 클릭해 보세요....</p></b>
</body></html>
```

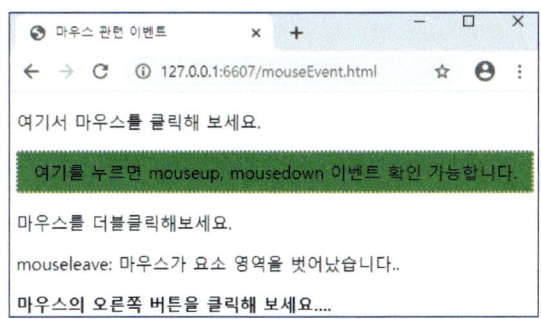

이벤트 핸들러 함수, 즉 이벤트 리스너 함수의 첫 번째 파라미터는 반드시 이벤트 객체이다. 어떠한 이름으로 파라미터를 넘겨주더라도 첫 번째 파라미터는 이벤트 객체라는 사실을 기억하고 있어야 한다. 이벤트 객체는 여러 가지 속성을 제공해 준다. 다음은 마우스 이벤트의 속성을 정리한 것이다. 실제는 더 많지만, 중요한 것만 정리하였다.

마우스 이벤트(event) 객체의 주요 속성

event.which	클릭된 마우스 버튼의 값을 숫자로 리턴함(비표준 속성) 1: 왼쪽 마우스 버튼, 2:가운데 마우스 버튼, 3: 우측 마우스 버튼
event.button	클릭된 마우스 버튼의 값을 숫자로 리턴함(표준 속성) 0: 왼쪽 마우스 버튼, 1:가운데 마우스 버튼, 2: 우측 마우스 버튼
event.clientX	웹 문서의 좌측 상단을 기준으로 요소의 x좌표 값
event.clientY	웹 문서의 좌측 상단을 기준으로 요소의 y좌표 값
event.screenX	화면(모니터)의 좌측 상단을 기준으로 요소의 x좌표 값
event.screenY	화면(모니터)의 좌측 상단을 기준으로 요소의 y좌표 값
event.offsetX	이벤트를 발생한 요소의 좌측 상단을 기준으로 요소의 x좌표 값
event.offsetY	이벤트를 발생한 요소의 좌측 상단을 기준으로 요소의 y좌표 값

다음은 마우스 이벤트 객체의 속성을 알아보는 예제이다.

```html
<!DOCTYPE html>
<html>
<head><meta charset="utf-8">
<title>마우스 이벤트 속성</title>
</head>
<body>
<h3>마우스 이벤트의 속성을 알아봅니다.</h3>
<div onmousedown="WhichBtnClick(event)"
style="border:1px solid red">붉은 상자 안을 눌러보세요.
   <p>1 = 마우스의 좌측 버튼을 클릭시 리턴하는 값<br>
    2 = 마우스의 가운데 버튼을 클릭시 리턴하는 값<br>
    3 = 마우스의 우측 버튼을 클릭시 리턴하는 값</p>
</div><br>
<div onclick="BtnClick(event)" style="border:1px solid navy">남색 상자 안을 눌러보세요.
   <p>clientX, clientY 속성: 브라우저(문서 영역)을 기준으로 좌표를 리턴함</p>
</div><br>
<div onclick="screenXYClick(event)" style="border:1px solid green">녹색 상자 안을 눌러보세요.
   <p>screenX, screenY 속성: 화면(모니터) 기준으로 좌표를 리턴함</p>
</div><br>

<script>
function WhichBtnClick(event) { //이벤트 리스너의 첫번째 인자는 event 객체
   alert("누른 버튼은 " + event.which); //event.button; [표준속성]
}
function BtnClick(event) { //이벤트 리스너의 첫번째 인자는 event 객체
   alert("clientX 좌표: " + event.clientX + ", clientY 좌표: " + event.clientY);
}
function screenXYClick(event) { //이벤트 리스너의 첫번째 인자는 event 객체
   alert("screenX 좌표: " + event.screenX + ", screenY 좌표: " + event.screenY);
}
</script>
</body></html>
```

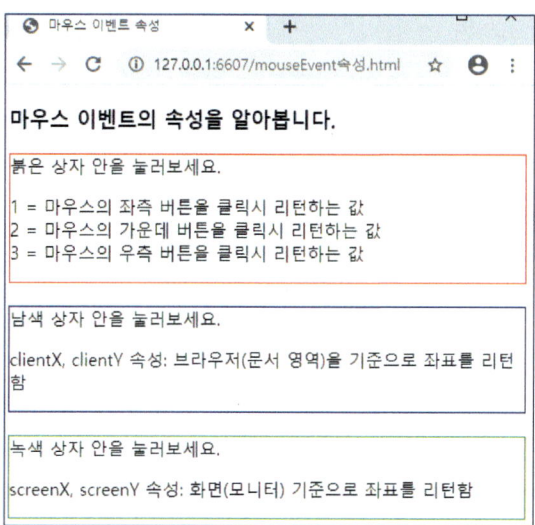

13.3 입력 폼 이벤트

입력 폼과 관련한 여러 가지 이벤트를 제공한다. onreset 이벤트를 제외하고는 자주 사용된다. focus를 받는다는 것은 쉽게 생각하면 해당 요소 내에서 커서가 깜박이도록 하는 것이며, 다른 곳을 클릭하여 커서의 깜박임을 제거하는 것(탭을 사용하는 것도 가능함)을 blur라고 한다. 따라서 focus와 blur 이벤트는 서로 반대의 상황을 구현하기 위한 이벤트이다.

Input Form 이벤트

onfocus	선택된 요소가 포커스를 얻으면 이벤트 발생
onblur	선택된 요소가 포커스를 잃으면 이벤트 발생
onchange	선택된 요소의 내용을 변경한 후 영역 밖을 클릭하면 이벤트 발생
onselect	textarea나 input 요소에서 드래그 혹은 더블클릭하여 글자를 선택하면 이벤트 발생
onsubmit	입력 폼을 전송(submit)하면 이벤트 발생
oninput	선택 요소의 값이 변경될 때마다 이벤트 발생

change 이벤트는 입력 폼의 입력란에 여러분이 타이핑을 하고 입력란 바깥 부분을 클릭하면 발생하는 이벤트이다. 즉, 여러분이 타이핑한 내용을 어느 곳에 반영할 때 사용한다. select 이

벤트는 textarea나 input 요소의 글자 입력란에 있는 글씨를 드래그 혹은 더블클릭하여 선택하면 발생하는 이벤트이다. 그리고 submit 이벤트는 입력 폼을 전송할 때 발생하는 이벤트인데, 특히 폼 내용의 유효성 검사를 할 때 아주 유용하다. 그리고 input 이벤트는 선택 요소의 값이 변경될 때마다 이벤트를 발생한다.

다음은 입력 폼과 관련된 예제이다. window.onload 이벤트 함수 내에 작성하지 말고, 웹 문가의 <body> 종료 태그 바로 위에 작성하고 다시 수행해 보면 같은 결과를 얻는다.

```
<!DOCTYPE html>
<html>
<head><meta charset="utf-8"><title>입력 폼 이벤트 연습</title>
<script>
window.onload = function ( ) {
  document.getElementById("name").onfocus = function ( ) {
   this.style.background = "navy";
  };
  document.getElementById("name").onblur = function ( ) {
   this.style.background = "mistyrose";
   this.style.color = "white";
  };
  document.getElementById("name").onchange = function ( ) {
   document.getElementById("id1").innerHTML = "성명의 내용 출력: " + this.value;
   this.style.color = "red";
  };
  document.getElementById("memo").onselect = function ( ) {
   document.getElementById("id1").innerHTML = "메모 내용:  " + this.value;
   this.style.color = "red";
  };
  document.forms["form1"].onsubmit = function ( ) {
   let  name = document.forms["form1"]["name"].value;
   let  pwd = document.forms["form1"]["password"].value;

   if (!name || !pwd) {
       alert("name 혹은 password를 다시 확인해주세요.");
       return false;   //false이면 form 전송하지 않음.
```

```
      }
   };  };
</script>
</head>
<body>
<h2>입력 Form event 실습하기</h2>
<form  id="form1">
 성 명:<br>
  <input type="text" name="name" id="name" placeholder="홍길동">
  <br><br>
  패스워드: <br>
  <input type="password" name="password">
  <br><br>
  <textarea cols=30 rows=5 id="memo" name="memo"></textarea><br><br>
  <input type="submit" value="로그인">
  <input type="reset" value="다시작성">
</form>
<hr>
<h2 id="id1" style="color:red" ></h2>
</body></html>
```

13.4 키보드 이벤트

이제 키보드와 관련된 이벤트에 대해 알아보자. keyup, keydown, keypress 등 3개의 키보드 관련 이벤트가 있다. 다음은 3가지 종류의 키보드 이벤트를 정리한 것이다.

Keyboard 이벤트 메서드

onkeypress	자판을 눌렀을 때 수행되며, 누르고 있는 동안 계속적으로 이벤트를 발생함.
onkeydown	자판을 눌렀을 때 수행되며, 한 번만 수행함.
onkeyup	자판에서 손을 떼어 release할 때 수행함.

주) 차이점
- Ctrl, Alt, Shift 키: keypress에서는 특수 키와 조합하여 동작하지만(개별키로는 인식하지 못함), keydown, keyup에서는 모든 키를 개별키로 반응함.
- keypress에서는 대,소문자 키를 원래의 ASCII 값으로 표현해주지만, keydown, keyup은 모두 대문자 키 값으로만 처리함.

키보드 이벤트를 사용하는 기본 문법을 알아보자. 3가지 방법으로 이벤트를 수행할 수 있는데, 마지막 방법은 다음에 설명할 예정이다. onkeypress 이벤트 기준이다.

- <HTML태그 onkeypress="자바스크립트코드작성 혹은 리스너함수등록">
- 선택요소.onkeypress = function(){ 자바스크립트코드작성 };
- 선택요소.addEventListener("keypress", 자바스크립트코드작성 혹은 리스너함수등록);

사용자가 키를 누르면 키보드 이벤트 객체를 통해서 알아낼 수 있다. 키보드 이벤트 이름이 event라 하면, event.which를 통해서 키값을 알아낼 수 있다. 일부 웹 브라우저에서는 event.keyCode를 통해서 알아내지만, 더 이상의 표준으로 사용하지 않는 속성이다. 그리고 최근의 발표를 보면, event.which도 더 이상 표준이 아니다. 입력한 키 코드 값을 알아낼 때 let keyCode = event.which ? event.which : event.keyCode; 와 같이 사용하기도 한다.

키보드 자판을 눌렀을 때, 해당하는 키의 ASCII 코드 값을 출력하는 예제 프로그램을 수행해보기 바란다. 예제와 상관없이 향후에는 event.key 속성의 사용을 권고하고 있다. event.key 속성은 눌린 키의 값을 문자열로 반환하며, 모든 브라우저에서 일관되게 작동한다.

```
<!DOCTYPE html>
<html>
<head><meta charset="utf-8"></head>
<body>
<h3>여러분 키보드의 ASCII 값을 알아보아요.</h3>
타이핑을 해보세요.: <input type="text" id="text">

<p>아래에 여러분이 최근 타이핑한 <span style="color:red">키보드 문자가 ASCII 코드 값</span>으로 출력됩니다.</p>
<div id="div1" style="color:navy;font-size:2em"></div>
<p>아래는 a와 A key 값을 눌렀을 때, 해당되는 ASCII 값을 보여줍니다.</p>
<h1 id="h1" style="color: red; background-color:aqua;"></h1>
<script>
  //keypress 키보드 이벤트[실습 후 onkeypress를 onkeydown으로 수정후 결과를 확인바람]
    document.getElementById("text").onkeypress = function(event){
    document.getElementById("div1").innerHTML = "Key: " + event.which;
    //event.which || event.keyCode로 수정 가능

    if (event.which == 97) { //(97은 a 키의 ASCII 코드 값)
      document.getElementById("h1").innerText = "a: " + event.which + "키가 출력되었음.";
}
    else if (event.which == 65) { //(65은 A 키의 ASCII 코드 값)
      document.getElementById("h1").innerText = "A: " + event.which + "키가 출력되었음.";
//A
    }
  };
</script>
</body></html>
```

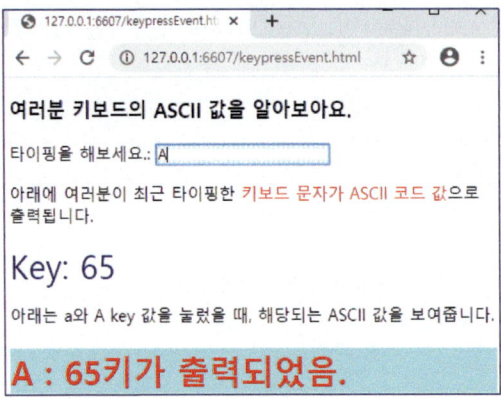

위의 예제에서 onkeypress를 onkeyup이나 onkeydown으로 변경하여 수행해 보기 바란다. 대소문자 구분을 하지 않고 항상 대문자의 ASCII 코드 값을 리턴해주는 것을 알 수 있다.

키 코드 값을 알고 싶으면 "http://gcctech.org/csc/javascript/javascript_keycodes.htm" 사이트를 방문해 보기 바란다.

13.5 이벤트 객체

이벤트 객체는 모든 이벤트 핸들러(리스너)에게 언제든 전달할 수 있다. 이벤트 객체의 속성을 통해서 필요한 정보를 얻는 것도 가능하다. 이벤트 객체는 이벤트 핸들러 함수의 첫 번째 파라미터로 전달할 수 있다. 다음과 같이 이벤트 핸들러 함수에 이벤트 객체를 진달한다.

```
선택한요소.onclick = function (event) {   //event는 이벤트 객체입니다.
   //여기서 이벤트 객체를 조작할 수 있습니다.
   ...
});
```

이벤트 객체가 제공하는 속성 및 메서드에 대해 알아보자. 주요 속성과 메서드를 기준으로 설명할 것이다. 여기서는 이벤트 객체가 e라 하고 설명할 것이다. e 대신 다른 이름인 event, eve 등과 같은 이름을 사용해도 괜찮다.

이벤트 객체(e) 속성 및 메서드

e.currentTarget	• 이벤트 핸들러가 실제로 바인딩된 DOM 요소를 반환 • e.currentTarget.nodeName으로 요소 이름 확인 가능
e.target	• 이벤트 처음 발생시킨 DOM 요소를 리턴 • HTMLElement 객체를 리턴하므로 e.target.nodeName으로 요소를 확인해야 함.
e.which	• 이벤트가 실제로 발생한 요소를 나타냄 • 사용자가 클릭하거나 조작한 실제 요소 • e.target.nodeName으로 요소 이름 확인 가능
e.type	• 발생된 이벤트 유형(타입)을 리턴(click, dblclick, mouseenter 등을 의미함). 즉 이벤트 이름.
e.pageX	• 다큐먼트의 왼쪽 상단을 기준으로 상대적인 마우스의 x 좌표 리턴
e.pageY	• 다큐먼트의 왼쪽 상단을 기준으로 상대적인 마우스의 y 좌표 리턴
e.preventDefault( )	• 이벤트의 기본 동작을 제거(취소)하는 메서드
e.stopPropagation( )	• 이벤트가 부모 요소(상위 요소)로 전달되지 않도록 중단하는 메서드

e.stopPropagation()은 버블링 방식과 캡처링 방식에 따라 작동하는 위치가 조금 다르다. 이벤트의 흐름 제어와 관련된 버블링 방식과 캡처링 방식은 이 장의 뒷 부분에서 자세히 다루도록 하겠다.

e.preventDefault( ) 메서드는 요소가 본래 작동해야 하는 일을 취소시키는 기능을 수행한다. 서버로 데이터 전송시 웹 페이지가 재 로딩되는 기본 동작을 취소시킬 때 많이 사용한다.

```
//요소 영역을 클릭했을 때 브라우저가 기본적으로 수행하는 동작을 중단
선택된요소.onclick = function(event) {
    event.preventDefault();
    ...
};
```

• 입력 폼을 제출시 페이지 재로딩(새로고침)을 취소시킴
• a 태그를 클릭하면 새로운 페이지로 이동하는 기본 동작을 막음
• 텍스트를 드래그하여 선택하는 기본 동작을 막을 수 있음

이벤트 속성을 포함하고 있는 아래 예제 프로그램을 살펴보기 바란다. 사실 e.pageX는 실제 웹 페이지의 내용이 길어야 정상적인 실습이 가능하다는 것은 알고 있어야 한다. 웹 페이지의 시작부터 떨어진 위치의 좌표를 알려준다.

```html
<!DOCTYPE html>
<html>
<head>
<meta charset="utf-8">
</head>
<body>
<p>움직이고 있는 마우스의 좌표 출력: <span id="ppos"></span></p>
<p style="color:red">브라우저내에서 마우스를 클릭하여 현재 좌표를 출력: <span id="cpos"></span></p>
<p style="color:blue">누른 마우스 버튼(1:좌, 2:센터, 3:우): <span id="cmou"></span></p>
<script>
 document.documentElement.onmousemove = function(e){
   document.getElementById("ppos").innerText = "X: " + e.pageX + ", Y: " + e.pageY;
 };
 document.documentElement.onmousedown = function(e){
   document.getElementById("cpos").innerText = "X :" + e.pageX + ", Y: " + e.pageY;
   document.getElementById("cmou").innerText ="마우 클릭한 번호: " + e.which + "이네요";
 };
</script>
</body>
</html>
```

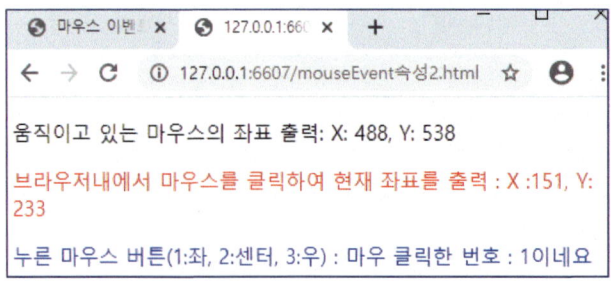

이전 예제에 이어서 이벤트 속성을 추가하고, preventDefault( ) 메서드의 동작을 실습해 보자.

```html
<!DOCTYPE html>
<html>
<head>
<meta charset="utf-8">
<script>
window.onload = function(){
  document.getElementById("anchr").onclick = function(e){
    e.preventDefault(); //타 사이트로 가는 것을 막음.
  };
  document.forms["form1"].onsubmit = function(e){
    e.preventDefault(); //입력 폼 제출 봉쇄(= return false)
  };
  document.getElementById("p1").onclick = function(e){
    //e.target, e.currentTarget은 HTML 요소 객체, nodeName 속성을 출력해보기
    this.innerHTML = "이 영역은 " + e.target.nodeName + "</b> 요소 입니다." + "현재의 이벤트 발생 노드명은: " + e.currentTarget.nodeName;
  };
  document.getElementById("hh2").ondblclick = function(e){
    this.innerHTML = "더블클릭하면, <b style='color:red'>" + e.type + "</b> 이벤트 발생.";
  };
};
</script>
</head>
<body>
<a href="http://www.daum.net" id="anchr">다음 사이트로 가기[e.preventDefault()로 동작하지 않음]</a><br><br>
<form name="form1">
텍스트 입력: <input type="text" >
<input type="submit" value="제출하기">
</form>
<p  id="p1" style="color:red">이것은 p 요소입니다.</p>
<h2 id="hh2">여기는 더블클릭하면 이벤트 발생하는 영역입니다.</h1>
</body>
</html>
```

13.6 기타 이벤트

이벤트의 마지막 분류에 속하는 윈도우 이벤트에 대해 알아보자. window의 DOM 객체나 이미지 요소가 완전하게 로드되었을 때 발생하는 onload 이벤트와 브라우저의 크기를 조절할 때 발생하는 resize 이벤트와 브라우저에서 스크롤을 조작할 때 발생하는 scroll 이벤트가 있다.

기타 이벤트

onresize	브라우저 윈도우의 크기가 변경될 때 수행되는 이벤트 예) 선택한요소.onresize = function(){ 자바스크립트 코드작성 };
onscroll	요소의 스크롤바가 스크롤되면 이벤트를 발생 예) 〈HTML태그요소 onscroll="자바스크립트코드"〉
onload	윈도우 객체 혹은 이미지가 모두 로딩되었을 때 수행되는 이벤트 메서드 예) 〈HTML태그요소 onload="자바스크립트코드"〉

다음 예제는 이미지의 로딩이 완료된 이후에 이미지의 너비와 높이 그리고 파일명 등을 얻기 위해 img.onload 이벤트를 사용한 것이다. onchange 이벤트는 HTML 요소의 값이 변경될 때 발생하는 이벤트이다. 즉, 드롭다운 상자에서 선택한 값이 변경되었을 때 이벤트가 발생한다.

```
<!DOCTYPE html>
<html>
<head><meta charset="utf-8">
<title>onload로 이미지 속성 출력하기</title>
<script>
```

```
function changeImage() {
    let sel = document.getElementById("sel");
    let img = document.getElementById("image1");
    img.onload = function () {
        // 이미지 속성 출력
      document.getElementById("p1").innerHTML = img.width + "x" + img.height +", 파일명: " + img.src;
    }
    //let index= sel.selectedIndex; // 선택된 옵션 인덱스
    //img.src = sel.options[index].value; // <option>의 value 속성
    img.src = sel.value;
    // 이미지 로딩 시작, 완료 후 onload 리스너 호출
}
</script>
</head>
<body onload="changeImage()">

<h3>onload로 이미지 속성 출력</h3>
<select id="sel" onchange="changeImage()">
    <option value="images/jabchaebab.PNG">잡채밥
    <option value="images/jjamppong.PNG">짬뽕
</select>
<p><img id="image1" src="images/jabchaebab.PNG" alt="그림이 없네요."></p>
<p id="p1">이미지 속성</p>
</body></html>
```

13.7 이벤트 등록 및 제거

HTML 요소에 이벤트를 등록하여 수행할 수 있다. addEventListener( ) 메서드를 사용하면 된다. 이벤트 등록 메서드의 기본 문법은 다음과 같다.

> 선택한요소.addEventListener(eventName, listenerFunction[, useCapture])
>
> - eventName: click, dblclick, mouseup, keydown 등과 같은 이벤트 이름[필수]
> - listenerFunction: 이벤트 리스너 함수를 등록[필수], 첫 번째 인자는 이벤트 객체
> - useCapture[옵션]: true: 캡쳐링 방식, false: 버블링 방식(디폴트 방식)

하나의 요소에 여러 개의 이벤트를 등록할 수도 있다. 기본 동작 방식은 버블링 방식이지만, 필요시 캡쳐링 방식을 사용할 수 있다. 그러나 대부분의 경우에 디폴트인 버블링 방식만 사용해도 상관없다. 이벤트 리스너 함수는 익명 함수로 선언하는 것도 가능하다. 그리고 HTML 요소뿐만 아니라, 모든 DOM 요소에 대해서도 동작한다.

addEventListener( ) 함수(메서드)를 이용해 등록한 이벤트는 필요하면 언제든지 제거할 수 있다. removeEventListener( ) 함수(메서드)를 사용하면 된다. 다음과 같은 기본 문법을 사용한다. 다만 이벤트 리스너를 익명 함수로 정의하였다면, 해당 이벤트를 제거할 수 없다.

> 선택한요소.removeEventListener(eventName, listenerFunction[, useCapture])
>
> - eventName: click, dblclick, mouseup, keydown 등과 같은 이벤트 이름[필수]
> - listenerFunction: 이벤트 리스너 함수를 등록[필수], 첫 번째 인자는 이벤트 객체
> - useCapture[옵션]: true: 캡쳐링 방식, false: 버블링 방식(디폴트 방식)

다음은 이벤트 리스너를 등록하고, 삭제하는 예제이다.

```
<!DOCTYPE html>
<html>
<head><meta charset="utf-8">
```

```html
<script>
window.onload = function(){
   function selectEvent(){
     document.getElementByID("memo").innerHTML = "입력 영역을 선택했음.->" + this.value;
   }
  let  in1 = document.getElementById("input1");
  in1.addEventListener("select", selectEvent);

  in1.addEventListener("blur", function(){ //입력 영역에서 포커스 사라짐.
  this.style.color = "red"; });
  //리스너 함수가 익명이면 이벤트 제거가 되지 않습니다.
  let  btn = document.getElementById("btn");
  btn.onclick  = function(){
    in1.removeEventListener("select", selectEvent);
  }
  //아래에 다양한 이벤트를 등록할 수 있음.
}
</script>
</head>
<body>
<h3>2개의 이벤트를 등록하여 수행시켜 봅니다.</h3>
<button id="btn">드래그이벤트를 제거하기</button><br>
<input id="input1" type="text" ><br><br>
<textarea id="memo" style="color: navy">
입력의 영역을 선택하면 여기에 출력됨.
</textarea>
</body></html>
```

13.8 이벤트 버블링(Bubbling) 및 캡처링(Capturing)

이벤트 버블링은 특정 요소를 선택하여 이벤트가 발생했을 때, 선택한 특정 요소부터 이벤트를 수행하면서 상위 요소의 이벤트가 존재하면 상위 요소의 이벤트를 조상(window)까지 탐색하면서 순차적으로 이벤트를 수행하는 방식을 의미한다. 이벤트 버블링은 웹 브라우저에서 이벤트의 디폴트 동작 방식이며, 캡처링 모드는 거의 사용하지 않는다. 반면에 캡처링 방식은 이벤트가 DOM 트리의 시작(상위 요소)부터 선택된 요소(하위 요소)까지 순차적으로 수행되는 방식이다. 다음 그림을 잘 살펴보기 바란다.

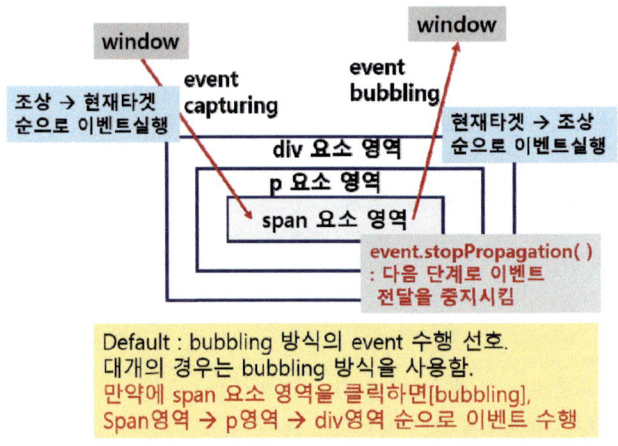

여기서 한 가지 주목할 것은 DOM 트리의 상위나 하위 단계로 이벤트의 전달을 중지시키고자 한다면 event.stopPropogation( ) 메서드를 사용하면 된다. event.stopPropogation( ) 메서드가 존재하는 영역까지만 이벤트를 수행하고, 이후의 이벤트는 수행을 중지시킨다. 위의 그림을 보면, span 요소 영역은 p 요소 및 div 요소 영역이기도 하다. 즉, span 요소를 클릭하였다면 p 요소 및 div 요소 영역을 클릭한 것과 마찬가지이기 때문에 각 요소에 이벤트가 연결되어 있다면 해당 이벤트를 수행해야 한다. 만약에 span 요소 영역 이외의 p 요소 영역을 클릭하였다고 가정한다면, div 요소 영역도 클릭한 것과 같다. 이처럼 이벤트를 해석할 때는 요소들 사이의 포함 관계를 잘 살펴보아야 한다.

아래 예제 프로그램을 살펴보시고 버블링의 개념을 잘 이해하기 바란다.

```
<!DOCTYPE html>
<html>
<head><meta charset="utf-8">
<style>
 div {height:100px; width:500px;
      margin:5px;
      border:1px dashed red;
      background-color:lightgray; }
 p { background-color: green}
 span {background-color: yellow}
</style>
</head>
<body>

<h2>event bubbling 방식을 실습하고 있습니다. </h2>
<div id="div1">
여기는 순수 div 영역입니다. div는 p와 span 영역을 감싸고 있습니다.
<p id="p1"> 여기는 순수 p 영역입니다. 이것은 span 영역을 감싸고 있습니다. <br>
<span id="span1">여기는 span 영역입니다.</span></p>
</div>
<script>
  document.getElementById("span1").onclick = function(event){
    alert("span 요소 영역을 클릭하였습니다.");
  };
  document.getElementById("p1").onclick = function(event){
    //event.stopPropagation();   //주석을 해제하면 이벤트 전달이 중지됨.
    alert("p 요소 영역을 선택하였습니다.");
  };
  document.getElementById("div1").onclick = function(){
    alert("div 요소 영역을 선택하였습니다.");
  };
</script>
</body>
</html>
```

13.9 이벤트 위임(Event Delegation)

이벤트 위임은 하나의 공통 부모 요소에 이벤트 핸들러(리스너)를 등록하여 여러 자식 요소의 이벤트를 처리하는 방식이다.

이벤트 위임은 캡쳐링과 버블링을 모두 활용할 수 있으며, 여러 요소(element)에 개별적으로 이벤트 핸들러를 할당하지 않고, 공통의 부모에 이벤트 핸들러를 등록하여 이벤트를 수행하게 한다. 즉, 이벤트 위임 방식의 특징은 다음과 같다.

■ 이벤트 위임 방식의 특징

- 공통의 부모에 하나의 이벤트 핸들러(리스너)만을 등록(e.currentTarget)
- 자식 요소의 이벤트들을 부모 요소에서 모아서 처리(e.target)
- 코드를 효율적이고 깔끔하게 관리할 수 있음

e.currentTarget은 이벤트가 등록된 요소를 가리키며, e.target은 실제 클릭한 요소를 가리킨다.

다음은 <nav> 요소에 하나의 클릭 이벤트 리스너를 등록하여 자식 요소들의 클릭 이벤트를 효율적으로 처리하는 예제이다. 최초로 이벤트를 발생시킨 요소는 자식 요소 중의 하나이며, e.target을 사용해 자식 요소를 알아낼 수 있다. classList 객체는 HTML 요소에 클래스를 동적으로 추가, 삭제, 확인하는 데 사용되는 자바스크립트 객체이다. classList.add( )는 요소에 클래스를 추가하고, classList.remove( )는 요소에서 클래스를 제거한다.

```html
<!DOCTYPE html><html lang="en">
  <head> <meta charset="UTF-8" />
    <title>이벤트위임2 연습</title>
    <style>
      div {display: flex; height: 30px; align-items: center; justify-content: space-around; }
      div > div { width: 100px; background-color: gray; }
      a { text-decoration: none; color: yellow; }
      .on { background-color: red; }
      .on a { color: white; }
    </style>
  </head> <body>
    <div id="nav">
      <div id="red" class="on"><a href="#">빨강</a></div>
      <div id="blue"><a href="#">파랑</a></div>
      <div id="green"><a href="#">초록</a></div>
      <div id="pink"><a href="#">분홍</a></div>
    </div>
    <script>
      const list = document.getElementById("nav");
      const eleCollection = list.children; //요소태그들의 콜렉션
      function clickHandler(e) {
        let target = e.target; //최초 event를 발생시킨 요소

        //tagName은 요소에 대문자 사용
        if (target.tagName == "A") {    //=target.nodeName
          target = target.parentNode; //parentElement 사용 권고
        } else if (target.id == "nav") {
          return false;   //div의 나머지 공간을 눌렀을 때의 동작을 방지하기 위함.
        }

        for (let ele of eleCollection) {
          ele.classList.remove("on");  //클래스명을 제거함
        }
        target.classList.add("on");  //클릭한 자식 요소에 클래스명을 추가함
      }
      //이벤트 위임을 사용해 부모 요소에 이벤트를 등록해 공통으로 사용
```

```
        document.getElementById("nav").addEventListener("click", clickHandler);
    </script>
</body></html>
```

13.10 예외(Exception) 처리

작성한 프로그램을 실행할 때 정상적인 프로그램의 흐름을 방해하는 사건(Event)을 예외라고 한다. 즉, 프로그램 수행 중에 예기치 않은 상황이 발생해 정상적인 프로그램 진행을 방해하는 모든 것을 예외라고 할 수 있다. 또 다른 방식으로 표현하면 예외란 어떤 예외적인 상황이나 에러가 발생하였음을 의미한다. 코딩 중의 문법 에러, 인터럽트 등도 모두 예외에 속한다. JavaScript는 run-time error가 발생할 때마다 예외를 발생시킨다. 예상을 벗어난 잘못된 입력을 수신하였거나 프로그래머가 의도한 특정 범위 내의 숫자 값 등이 아니면, 사용자는 의도적으로 에러를 발생시켜 해당 코드 블록의 디버깅 등에 활용할 수 있을 것이다. 이처럼 프로그래머는 의도적으로 강제적인 에러를 발생시킬 수 있다. 강제적인 에러를 발생시킬 때는 throw라는 키워드를 사용한다. throw 키워드 다음에는 다양한 표현식이 가능하다. 대개의 경우에는 에러 메시지를 사용한다. 예외가 발생하면 자바스크립트 인터프리터는 정상적인 프로그램 실행을 즉시 중단하고 가장 가까운 예외 처리기로 진입한다.

먼저 throw의 사용하는 문법은 다음과 같다. 에러 객체를 사용할 수도 있지만, 대개의 경우에는 문자열 형태의 표현식을 사용한다. 표현식 자체가 에러 객체이다.

```
throw 표현식; //throw "에러입니다.";
throw new Error("에러입니다.");
```

강제로 발생시킨 예외를 수신하여 처리할 곳이 없으면 즉시 콘솔 창에 띄워준다. "Uncaught SyntaxError: Missing catch or finally after try"와 같은 에러 메시지가 출력된다.

이제 정상적으로 에러를 처리할 수 있는 JavaScript 문법을 알아보자. 예외란 강제로 발생할 수도 있지만, 프로그램 수행 중에 발생할 수 있다. 이처럼 예외가 발생할 수 있는 코드 부분을 try

블록에 작성한다. 그리고 강제 예외 발생이든 프로그램 수행 과정상의 예외든 상관없이 모든 예외를 받아서 처리할 수 있는 곳이 catch 블록이다. 따라서 try 키워드를 사용한 블록을 작성한다면, 다음에 catch를 사용하는 블록을 작성해야 한다. 그리고 옵션으로 finally 키워드로 시작하는 코드 블록이 있을 수 있다. finally 키워드로 시작하는 블록은 예외 발생 여부와 상관없이 마지막에 딱 한 번만 수행하는 코드 블록이다.

```
try {
  //수행할 코드 블록 작성
  //예외가 발생할 수 있는 코드
} catch(exception) {
  //예외(에러)를 처리할 코드 블록 작성
  //예외가 발생하지 않으면 수행되지 않음
} finally {
  //예외 발생 여부와 상관없이 마지막에 한 번 수행되는 코드 블록 작성
}
```

try와 finally만을 사용하여 작성할 수 있지만, 일반적이지는 않다. 그리고 finally 키워드의 코드 블록은 사용하지 않는 경우도 많이 존재한다.

JavaScript에서 핵심 부분은 아니지만, 알고 있는 것이 좋다. 아래는 try-catch 구문을 사용하고 throw로 예외 객체를 던졌을 때, catch 블록에서 처리하는 예제이다.

```
<!DOCTYPE html>
<html>
<head>
<meta charset="utf-8">
</head>
<body>

<h3>나이를 입력해주세요.</h3>
<h2>나이는 1 ~ 130 사이의 값을 입력할 것.</h2>
```

```html
나이: <input id="age" name="age" type="text">
<button id="btn" onclick="ageTest()">입력값 확인하기</button>
<h4 id="hh4"></h4>
<script>
function ageTest() {
  let  inTag, age;
  inTag = document.getElementById("age");
  age = parseInt(inTag.value);
  try {
    if(isNaN(age)) throw "숫자를 입력하세요.";

    if(age < 1)   throw "나이는 1세 이상이어야 함.";
    if(age > 130)    throw "130세 이상 산 사람은 없어요.";

    document.getElementById("hh4").innerHTML = "적절한 입력 값: " + inTag.value;
  }
  catch(err) {
    document.getElementById("hh4").innerHTML = "수신한 예외 객체내용: " + err; //err은 예외객체
    inTag.select(); //다시 입력하도록 이전 입력 내용을 전체 선택함
  }
}
</script>
</body>
</html>
```

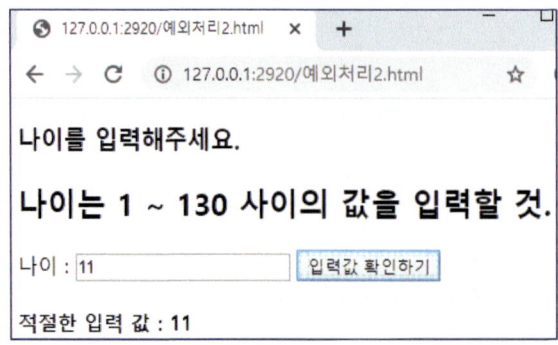

예외 객체는 catch 문의 첫 번째 인자로 전달할 수 있다. 프로그램 수행 중에 예외(에러)가 발생하면, try 문의 수행을 중지하면서 catch 문에 에러 객체를 전달한다. 즉, Error 객체는 에러가 발생했을 때 에러 정보를 전달한다. 에러 객체의 속성은 다음과 같다. 아래 2개의 속성만 알고 있으면 충분하다.

Error 객체(error)의 속성

error.message	에러 메시지
error.name	에러 이름

다음 예제는 일반적인 프로그램 수행에 나타날 수 있는 에러이다. Error 객체의 속성을 적절히 활용하기 바란다.

```html
<!DOCTYPE html>
<html>
<head><meta charset="utf-8">
</head>
<body>
<h3>try 문의 주석을 하나씩만 해제한 후
 실행해 보세요. </h3>
<p id="p1"></p>
<p id="p2"></p>
<script>
try {
  let  x=0;
  x = 10 - "abc"; //NaN을 리턴(에러가 아님)
  //메세지내용: a is not defined, 예외 이름: ReferenceError
  let  x = 10+a; //수행 완료후 이 문장을 주석 처리한 다음 다시 수행하세요.
  //메세지내용: hello is not defined, 예외 이름: ReferenceError
  hello("Welcome guest!");
}
catch(e) {
  document.getElementById("p1").innerHTML = "메세지내용: "+ e.message + ", 예외 타입: " + e.name;
```

```
          //console.log("에러가 발생하였으니, 코딩을 다시 수정하세요.");
      } finally {
          //이 블록은 반드시 마지막에 한 번 수행됩니다.
          document.getElementById("p2").innerHTML = "finally: 프로그램 수행을 종료합니다.";
      }
  </script>
</body></html>
```

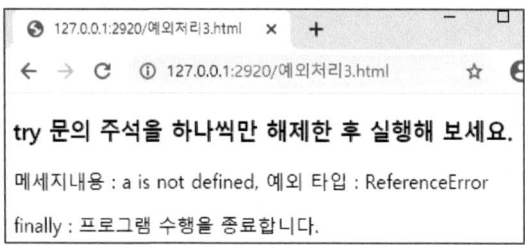

연습문제

1. 자바스크립트에서 이벤트(Event)의 정의로 올바른 것은?
   ① 사용자가 웹페이지를 로딩하는 과정
   ② 웹페이지에서 발생하는 특정 사건들
   ③ 자바스크립트 코드 실행 전 수행되는 작업
   ④ CSS에서 스타일을 적용하는 과정

2. 다음 중 HTML 이벤트 속성에 대한 설명으로 틀린 것은?
   ① 이벤트 속성은 항상 on 접두어를 가진다.
   ② onclick="alert('클릭됨')"과 같이 HTML 요소에 직접 이벤트를 지정할 수 있다.
   ③ addEventListener()를 사용하여 이벤트를 등록할 수 있다.
   ④ HTML에서는 CSS 속성을 직접 이벤트 핸들러에서 설정할 수 없다.

3. 다음 중 마우스 이벤트에 속하지 않는 것은?
   ① onmouseover
   ② onkeyup
   ③ onmousedown
   ④ onmouseup

4. window.onload 이벤트의 역할로 올바른 것은?
   ① HTML 문서의 모든 요소가 로딩된 후 실행된다.
   ② 페이지가 닫힐 때 실행된다.
   ③ 사용자가 특정 버튼을 클릭했을 때 실행된다.
   ④ HTML 요소를 생성할 때 실행된다.

5. preventDefault() 메서드의 기능은?
   ① 기본 이벤트 동작을 막는다.
   ② 이벤트를 캡처링 단계에서만 실행한다.
   ③ 이벤트를 제거하는 기능을 한다.
   ④ 이벤트 전파를 차단한다.

연습문제

6. 다음 코드 실행 시 alert 창에 표시되는 값은?

   ```
   <button onclick="alert(this.tagName)">클릭</button>
   ```

7. 이벤트 위임(Event Delegation)의 장점이 아닌 것은?

   ① 성능 최적화가 가능
   ② 동적으로 생성된 요소에도 적용 가능
   ③ 이벤트를 한 번에 여러 개 추가 가능
   ④ 이벤트가 한 번만 실행되도록 제한됨

8. addEventListener() 메서드의 디폴트 동작 방식은 이벤트가 버블링 단계에서 실행되는 것이지만, 세 번째 매개변수로 true를 전달하면 이벤트가 (   ) 단계에서 실행된다.

INDEX

A

Absolute	283
absolute	238, 279
action	100
addEventListener()	673, 674
Adjacent Sibling Selector	171
alert()	107
align-items	332, 358, 369
alt	74
anchr	659
Animation	338
animation	267
animation-duration	338
animation-iteration-count	338
animation-name	338
animation-timing-function	338
Anonymous Function	503
appendChild()	608
Array	444
Arrow Function	507
Attribute Selector	175

B

_blank	66
Background	251
background-color	251
background-image	251
background-position	254
background-repeat	252
background-size	255
block	268
BOM	619
Boolean	442
Border	238
border-bottom-color	241
border-bottom-left	241, 245
border-bottom-right	241
border-bottom-style	241
border-bottom-width	241
border-collapse	307
border-color	240, 241
border-radius	245
border-style	238
border-width	240
bottom	279
Box-shadow	249
break	490
brightness()	348
Bubbling	664
button	106

C

Callback	514
Capturing	664
case	480
catch	671
charAt()	434
Checked	117
checked	116
Child	168
childNodes	601
children	604

Chrome	18	do-while	489
class Selector	177	document	579
classList	611	document.close()	520
clearInterval()	518	document.open()	520
clearTimeout()	516	document.write()	520
close()	520	DOM	579
color	122	DOM tree	598
Color Name	122	dotted	239
colspan	95	double	239
concat()	434, 454	download	66
confirm()	416		
console.log()	405	**E**	
const	413	ECMAScript	394
contains()	611	Edge	18
continue	490	em	47, 56
contrast()	348	email	112
controls	77	EMMET	31
cover	255	enctype	120
createElement()	596	end	197
Cross axis	359	eval()	438
CSS	151	Event	645
currentTarget	657	Exception	668
Cursor	259		
		F	
D		Filter	348
dashed	239	filter()	455
Date	557	finally	669
delete	533	first-letter	182
Descendant	168	first-line	182
Destructuring Assignment	522	firstChild	601
Display	268	firstElementChild	604

INDEX **677**

fixed	254, 279
flex	357
Float	295
focus	177
Font	211
Font Awesome	215
font-family	152, 211
font-size	211, 212
font-style	213
font-weight	213
for	484
for-in	484, 485
for-of	486
forEach()	447
forms	583
function	499

G

General Sibling Selector	172
get	100
getElementById()	582
getElementsByClassName()	582
getElementsByName()	582
getElementsByTagName()	582
getItem()	622
grayscale()	348
groove	238

H

height	223
hidden	278
history	634
hover	177
href	66, 158
HTML	41
HTML DOM	580
HTMLCollection	603
HTTP	42
http	43
Hyperlink	16
HyperText	16

I

id	70
id selector	153
if	475
if-else	476
import(@import)	158
indexOf()	434, 454
Inline	154
Inline Frame	79
inline-block	268
inline-level element	269
innerHTML	584
innerText	584
innerWidth	622
input	109
inset	239
internetworking	15
invert()	348
IP address	23
IPv4	23

IPv6	24	margin	233
isNaN()	426	margin collapse	237
		margin-bottom	233
J		margin-left	233
JavaScript	393	margin-right	233
join()	435	margin-top	233
justify-content	361	Math	567
		Math.ceil()	569
K		Math.floor()	569
keydown	654	Math.random()	570
keyframes(@keyframes)	339	media(@media) query	383
keypress	654	meta	46
keyup	654	method	100
		MIME	76, 78
L		monospace	212
lastElementChild	604	moveBy()	629
left	279	moveTo()	629
length	432, 445	muted	76
let	412		
letter-spacing	197	**N**	
line-height	207	NaN	420
List-style	301	navigator	638
List-style-image	302	new	424
List-style-position	302	nextElementSibling	604
list-style-type	302	nextSibling	601
localStorage	622	node	596
location	631	none	268
		normal flow	279
M		nth-child()	177
Main axis	359	null	410
map()	454	Number	426

O

Object	424
onblur	651
onchange	651
onclick	647
oncontextmenu	647
ondblclick	647
onfocus	651
onkeydown	654
onkeyup	654
onload	646
onmousedown	647
onmouseenter	647
onmouseleave	647
onmousemove	647
onmouseup	647
onsubmit	651
opacity	256
open()	520
opera	18
option	133, 136
outline	248
outline-offset	248
outset	239
overflow	293

P

_parent	66
padding	227
padding-block	228
padding-bottom	227
padding-inline	228
padding-left	227
padding-right	227
padding-top	227
parentElement	604
parentNode	601
parseFloat()	428
parseInt()	428
placeholder	100, 111
position	278
post	100
preventDefault()	657
previousElementSibling	604
previousSibling	601
print()	625
prompt()	416
pseudo-class	177
pseudo-element	182
px	195

R

relative	279
removeChild()	607
removeEventLIstener()	662
repeat	253
replace()	435
reset button	106
resizeBy()	630
resizeTo()	630
rgb()	123
rgba()	123

ridge	239	stretch	361
right	279	String	431
rowspan	95	style	36
		submit button	107
		substr()	435
		substring()	435
		switch	480

S

Safari	18
sans-serif	212
screen	635
scroll	254, 293
scrollBy()	631
scrollTo()	631
select	136
selected	110
selector	152
self(_self)	66
semantic tag	141
sepia()	348
serif	212
setAttribute()	585
setInterval()	518
setItem()	622
setTimeout()	516
slice()	435
solid	239
split()	435
spread operator	464
spread-radius	249
src	119
start	197
static	279
stopPropagation()	657

T

_top	66
target	66, 657
text-align	197
text-decoration	200
text-indent	202
text-shadow	207
text-transform	204
textContent	584
throw	668
to	339
toLowerCase()	434
top	279
transform	325
transform-origin	328
transition	333
trim()	434
true	442
try	669

U

undefined	410
unicode	46

usemap	82
utf-8	46

V
valueOf()	430
var	511
vh	195
visibility	277
visited(:visited)	177
vw	195

W
W3C	16
while	488
width	223
window	620
window.onload	624
wrap	361

Z
z-index	291

HTML Tag 찾아보기

<!doctype>	45
<a>	66
<article>	141
<aside>	141
<audio>	75
<b>	56
<base>	63
<body>	45
 	50
<button>	106
<caption>	95
<datalist>	132
<dd>	72
<del>	56
<details>	134
<div>	60
<dl>	72
<dt>	72
<em>	56
<fieldset>	105
<figure>	141
<footer>	141
<form>	99
<h1>-<h6>	46
<head>	35
<header>	141
<hr>	55
<i>	56
<iframe>	79

<img>	74	<small>	56
<input>	109	<source>	75, 77
<ins>	56	<span>	61
<label>	102	<strong>	56
<legend>	105	<style>	154
<li>	86	<sub>	56
<link>	158	<summary>	134
<main>	141	<sup>	56
<mark>	56	<table>	92
<meta>	63	<tbody>	95
<nav>	141	<td>	305
<ol>	88	<textarea>	138
<option>	136	<tfoot>	95
<p>	47	<th>	305
<pre>	54	<thread>	95
<progress>	140	<title>	49
<script>	399	<tr>	92
<section>	141	<ul>	85
<select>	136	<video>	77

웹 프로그래밍 기본 완성 : HTML5, CSS3, JavaScript

1판 1쇄 인쇄 2025년 08월 21일
1판 1쇄 발행 2025년 08월 27일
저   자 손승일
발 행 인 이범만
발 행 처 **21세기사** (제406-2004-00015호)
경기도 파주시 산남로 72-16 (10882)
Tel. 031-942-7861   Fax. 031-942-7864
E-mail : 21cbook@naver.com
Home-page : www.21cbook.co.kr
ISBN 979-11-6833-184-6

정가 42,000원

이 책의 일부 혹은 전체 내용을 무단 복사, 복제, 전재하는 것은 저작권법에 저촉됩니다. 저작권법 제136조(권리의침해죄)1항에 따라 침해한 자는 5년 이하의 징역 또는 5천만 원 이하의 벌금에 처하거나 이를 병과(倂科)할 수 있습니다. 파본이나 잘못된 책은 교환해 드립니다.